博学而笃志,切问而近思。
（《论语·子张》）

博晓古今,可立一家之说;
学贯中西,或成经国之才。

复旦博学·复旦博学·复旦博学·复旦博学·复旦博学·复旦博学

主编简介

庄序莹，女，1971年生。经济学博士，对外经济贸易大学教授，硕士研究生导师，中国财政学会理事。近年来一直致力于财税理论与政策、国有资产管理和公共管理领域的研究，在多本学术刊物发表论文30余篇，出版专著《国有资本优化配置：演进与策略》《公共管理的经济学基础分析》《中国证券市场监管理论与实践》《公共管理学》等。曾获第二届全国青年社会科学成果优秀奖、2009年教育部高等学校科学研究优秀成果奖（人文社会科学）经济学三等奖、2010年上海市决策咨询二等奖等。

毛程连，男，1969年生。经济学博士。1997年至2011年曾在上海财经大学先后担任财政系主任，公共经济与管理学院副院长，财政专业（国家重点学科）教授、博士生导师。2011年至2018年为对外经济贸易大学国际经济贸易学院财税系教授、博士生导师。目前从事资产管理实务工作，主要从事财政基础理论、财政思想史、国有资产管理研究。中国成本研究会第六届常务理事，对外经济贸易大学、贵州财经学院兼职博士生导师、教授。主持并完成国家自然科学基金资助项目"在华外资企业逃避税行为的驱动机制、规模及效应研究"、国家社会科学基金重点项目"非经营性国有资产监督管理对策研究"、国家社会科学基金项目"公共财政理论的发展对国有资产管理理论的影响研究"。出版专著5部，主编教材6部，在学术刊物发表论文30余篇。其《公共财政理论与国有资产管理》一书获得了第七届上海市哲学社会科学优秀成果奖（三等奖）、中国财政学会优秀成果奖（三等奖）。曾获财政部"跨世纪学科带头人"称号、2004年霍英东教育基金会第九届高等院校青年教师奖一等奖、2009年高等学校科学研究优秀成果奖（人文社会科学）三等奖、2010年第七届上海市决策咨询研究成果二等奖，2004年入选了教育部新世纪优秀人才计划。还曾获得申银万国奖教奖特等奖、宝钢奖、中振科研奖等，被本校学生多次评为"我心目中的好老师"，并多次获得上海财经大学校教学奖励基金奖励。

博学·财政学系列

GUOYOU ZICHAN GUANLIXUE

（第二版）

国有资产管理学

主　编　庄序莹　毛程连

复旦大学出版社

内容提要

本教材建立在负责人主持并结项的国家社科基金项目"国有经济深入调整的战略目标、路径与政策选择研究"的基础上。从国内来看,国有资产管理的教学和研究处于发展阶段,但2013年以来,国有企业混合所有制改革不断更新,发展势头甚猛。本教材从国有经济战略性调整的角度展开探讨。国有资产管理和改革既是宏观经济学研究的重要内容,也是财政学和国有资产管理学的重大研究课题,本教材将有助于促进宏观经济理论和公共财政理论的融合发展,使国有资本优化配置的战略调整目标清晰化和具体化。

本教材对国有企业混合所有制改革现状、改革方向、改革路径和影响因素进行了规范的理论和实证分析,以揭示混合所有制改革的内在逻辑与本质,研究如何依靠资本市场,对市值管理、股东分类表决机制等制度进行检验,推进国有企业治理结构的理论研究。

PREFACE 前言

　　国有资产管理和改革既是宏观经济学研究的重要内容,同时也是财政学和国有资产管理学的重大研究课题。改革开放以来,国有资产管理——特别是经营性国有资产管理——取得了举世瞩目的成就。营利性国有企业完成了从计划经济年代的国有企业模式到现代国有企业模式的转变,国有经济战略性调整取得了显著的成效。2013年以来,相关国有企业混合所有制改革发展势头甚猛,改革不断取得突破。在国有资产管理改革的研究方面,改革开放四十多年来,许多学者专家进行了深入而广泛的探索,取得了很大的成就。但是,由于改革的实践在快速推进,各种新问题新现象层出不穷,所以理论的完善和创新仍需要不断努力。

　　本教材一如既往地将国有资产管理理论建筑在公共财政理论的框架上,即在公共财政框架下,必须按照社会公共需要来配置国有资产并对此进行日常的管理,并从经营性国有企业和非经营性国有资产均衡发展(即强调国有资产"保值增值"大循环)的视角为优化国有资本配置构筑分析框架。一方面,我们区分国有企业和非经营性国有资产的不同类别,强调有针对性地设计改革的重点和途径。在非经营性国有资产改革深化上,提出"大循环"理论,力图使研究成果既具有务实性又具有前瞻性。另一方面,我们对国有经济重要组成部分国有企业的治理结构及最近一个阶段混合所有制的改革现状、改革方向、改革路径和影响因素进行规范的理论和实证分析,揭示混合所有制改革的内在逻辑与本质,研究如何依靠资本市场推进国有企业治理结构的理论研究。

在我们看来,符合社会主义公共财政理论框架的国有资产管理理论体系应构建国有资本配置的宏观分析框架,提出国有资本配置的一体化目标;研究国有经济战略调整的不同路径、国有资产资本化路径的优劣,测算国有资本退出竞争性领域、注资非经营性领域的具体方式及规模等;经营性国有企业从长远来看,其混合所有制改革应服从国有资本优化配置的国有经济战略目标。国有资本优化配置的具体目标可以从以下三个方面来理解。(1)国有经济规模适度。应构建经营性国有经济与非经营性国有经济协同发展、国有经济与民营经济比重适宜的经济框架。纵观世界各国的国有经济发展历程不难发现,国有经济的适宜比重是个动态调整的过程,应寻找我国未来国有经济发展的临界点,通过经济效益、社会效益等指标对国有经济比重做规范研究。(2)国有企业竞争力增强,改革深化。国有营利性企业正向现代企业制度转变,对于该类企业的改革深化应注重其对民营经济的拉动作用,为国民经济的高速发展提供正向指引。将国有经济战略调整的改革焦点置于国有资本的实现和优化配置上,促进国家财政体制建设和国家财政能力的重构。(3)对于非营利性国有企业的改革应依据不同行业的垄断程度以及外部性的差异进行分行业设计,目标是坚持公共利益的最大化;增强国有资本在社会保障、医疗等准公益性行业的配置能力;推动国有营利性企业资产的资本化,将一部分资本充实于社会保障基金、医疗和教育等领域,实现公共事业服务提供的均等化。本书正是从上述几方面入手,来组织体系和内容的。

本教材的理论体系架构来自《国有资产管理新论》(上海财经大学出版社,2001年),该著作首次试图将国有资产管理学构建在一个坚实的经济学理论体系之上。在此书和随后的一些研究中,笔者又首先提出了一系列现在已逐渐被广泛接受的观点;先后主持或参加国家社科基金项目"公共财政理论的发展对国有资产管理理论的影响研究"(2003年)、"国有经济深入调整的战略目标、路径与政策选择研究"(2017年)和国家社科基金重点项目"非营利性国有资产监督管理研究"(2008年),对国有资产管理的各个方面又有了更为深入的理解。在此基础上,我们主持编写了现在的这本书,奉献给大家。除坚持和发展了自《国有资产管理新论》以来历年研究中的一些基本创新要点之外,本书还对国有资产管理的战略性结构调整、混合所有制改革对经济增长的作用机制及改革方式、国有资本向养老体系注资的可持续性和效应分析等前沿问题做了专门的讨论,教师同样可根据自己的教学偏好灵活取舍。本书还提供了一些案例和背景资料,以便于读者对书中的内容更好地理解。

本书除适用于高校教学外,同样适于有兴趣了解和研究国有资产管理问题的其他读者阅读、参考,因为本书几乎涉及了国有资产管理从理论到实践,从历史到现实以至未来,从理论研究、案例研究、政策制定到实务操作,从营利性国有资产到非营利性国有资产,从中国到外国的各个方面。

当然,本书也还存有很多不足,有待我们通过今后进一步的研究积累逐渐予以加强。我们希望在将来能够做得更好。

本书由庄序莹和毛程连担任主编,编委会其他成员还有凌云、吴敏、程北南等。

本书的出版要感谢复旦大学出版社王联合主任和方毅超编辑,他们的积极努力和认真细致的工作,给了我们很大的帮助;也要感谢这些年来《国有资产管理新论》《公共财政与国有资产管理》《国有资本优化配置:演进与策略》等书的热心读者和使用者以及那些关心和帮助着我们进行国有资产管理研究的朋友们和同行们。

虽经努力,书中仍然可能存有不少不当和错误之处,敬请各位读者批评指正。

主　编

2020 年 5 月

目 录

第一章　国有资产管理学的基本理论分析框架　/ 001

第一节　现代经济学的发展与国有资产管理学　/ 002
第二节　经济研究的基本要素、框架与国有资产管理学　/ 004
第三节　财政学与国有资产管理学　/ 013
第四节　资产、国有资产与国有资本　/ 015
习题　/ 018

第二章　规范的政府制度理论与国有资产管理　/ 020

第一节　规范研究　/ 020
第二节　公共品、私人品、混合品　/ 022
第三节　市场失灵　/ 023
第四节　政府制度的作用　/ 026
第五节　政府的经济职能　/ 031
第六节　国有资产管理的规范范围　/ 033
习题　/ 035

第三章　实证的政府制度理论与国有资产管理　/ 036

第一节　实证研究　/ 036
第二节　公共选择理论和国有资产管理的实证范围　/ 037
第三节　财政政策和国有资产管理政策　/ 043
习题　/ 052

第四章 企业制度理论与国有资产管理 / 054

- 第一节 企业制度 / 054
- 第二节 企业制度的目标 / 063
- 第三节 产权与企业治理 / 073
- 习题 / 085

第五章 我国国有资产管理的历史、现状与问题 / 087

- 第一节 我国国有资产管理的历史概述 / 087
- 第二节 国有企业的运行态势与发展水平 / 104
- 第三节 我国国有资产管理的现状与问题分析 / 112
- 习题 / 117

第六章 公共财政框架下的国有资产管理理论 / 119

- 第一节 公共财政框架下的国有资产管理 / 119
- 第二节 国有资产管理的目标 / 126
- 第三节 国有资产管理的大循环 / 128
- 第四节 国有资产管理的绩效评价 / 133
- 习题 / 141

第七章 国有营利性企业的管理与改革 / 142

- 第一节 国有营利性企业的财务结构问题 / 143
- 第二节 国有营利性企业的治理结构问题 / 149
- 第三节 国有营利性企业的外部环境问题 / 156
- 第四节 国有营利性企业的改革 / 163
- 习题 / 164

第八章 国有营利性企业的现代企业制度改造和资产重组 / 165

- 第一节 国有营利性企业的现代企业制度改造 / 165
- 第二节 国有营利性企业资产重组的动因和效应 / 172
- 第三节 国有营利性企业资产重组的方式 / 176

第四节　国有金融企业的重组　　　　　　　　　　　／ 185
习题　　　　　　　　　　　　　　　　　　　　　　／ 190

第九章　国有资产管理与资本市场　　　　　　　　　　／ 192

第一节　资本市场及其功能　　　　　　　　　　　　　／ 192
第二节　我国资本市场的发展及问题　　　　　　　　　／ 197
第三节　国有资产管理与资本市场　　　　　　　　　　／ 203
习题　　　　　　　　　　　　　　　　　　　　　　／ 209

第十章　国有企业改革举措及成效　　　　　　　　　　／ 210

第一节　国有企业建立董事会的意义和现状　　　　　　／ 210
第二节　外部董事和独立董事制度建立及其进展情况　　／ 211
第三节　股权激励机制建设　　　　　　　　　　　　　／ 213
第四节　股权分置改革及对国有企业改革的意义　　　　／ 219
第五节　经营责任考核机制　　　　　　　　　　　　　／ 222
第六节　混合所有制的改革方案　　　　　　　　　　　／ 228
习题　　　　　　　　　　　　　　　　　　　　　　／ 234

第十一章　国有资本优化：混合所有制　　　　　　　　／ 236

第一节　混合所有制改革的原因　　　　　　　　　　　／ 236
第二节　混合所有制改革的目标　　　　　　　　　　　／ 239
第三节　影响混合所有制改革目标的因素　　　　　　　／ 243
第四节　混合所有制改革的挑战与机遇　　　　　　　　／ 246
习题　　　　　　　　　　　　　　　　　　　　　　／ 251

第十二章　混合所有制改革与经济增长　　　　　　　　／ 252

第一节　促进经济增长的作用机制　　　　　　　　　　／ 252
第二节　国有企业混合所有制改革的方式及其短期绩效　／ 255
第三节　国有企业混合所有制改革的财政效应　　　　　／ 259
第四节　PPP模式的运行优势及挑战　　　　　　　　　／ 262
习题　　　　　　　　　　　　　　　　　　　　　　／ 268

第十三章　国有混合公司：国际经验与借鉴　/ 269

- 第一节　法国的国有混合公司　/ 269
- 第二节　美国的混合所有制公司　/ 272
- 第三节　瑞典的国有企业管理　/ 274
- 第四节　新加坡的国有企业管理　/ 276
- 第五节　加拿大的国有企业管理　/ 280
- 习题　/ 282

第十四章　混合所有制改革的实施策略　/ 283

- 第一节　加快各项体制建设　/ 283
- 第二节　持续改善公司治理结构　/ 293
- 第三节　PPP 模式的借鉴与改进　/ 298
- 习题　/ 300

第十五章　国有非营利性企业的管理与改革　/ 301

- 第一节　国有非营利性企业存在的必要性　/ 301
- 第二节　国有非营利性企业的绩效考核　/ 306
- 第三节　我国国有非营利性企业的问题和改革　/ 309
- 习题　/ 311

第十六章　国有资产管理的战略性结构调整与防治国有资产流失　/ 313

- 第一节　国有资产战略性结构调整的基本问题　/ 313
- 第二节　国有资产战略性结构调整的路径　/ 320
- 第三节　国有资产流失的防治　/ 327
- 习题　/ 331

第十七章　国有资本向养老体系注资的规模及可持续性　/ 332

- 第一节　国有资本最优使用途径的比较分析　/ 332
- 第二节　国有资本向养老体系注资的规模　/ 335

第三节　国有资本向养老基金注资的可持续性分析　　/ 347
习题　　/ 360

第十八章　国有资产管理体制　　/ 361

第一节　国有资产管理体制的历史沿革　　/ 361
第二节　我国现行国有资产管理体制面临的问题　　/ 368
第三节　国有资产管理体制的设置原则　　/ 370
习题　　/ 373

参考文献　　/ 374

第一章

国有资产管理学的基本理论分析框架

与其他任何经济问题的研究一样,对国有资产管理问题的研究同样是有规律可循的,有关这一经济领域的知识,以及我们针对有关问题所设计的解决方案决不应是零碎的,而应是一以贯之并成系统的。也唯有确信这一点,并在理论研究和实践工作中一以贯之,国有资产管理工作才有可能步入一良性的轨道,而不致头痛医头,脚痛医脚,顾此失彼。所有这一些要求我们的是,必须首先掌握切实有效的国有资产管理理论体系,并以之作为把握与解决问题的工具。

经济学经过近两百年来的发展,已经能够在相当程度上对于国有资产管理实践中的大量问题给予一规范性的回答,而公共经济学在近年来的发展更对国有资产管理学的发展有着直接的理论指导意义。为此,本书将首先概述性地描述现代经济学研究的基本体系,明了其对国有资产管理的指导性意义,然后再以这一范式为基础,对我国国有资产管理中的各种实践问题进行探索,从而使有关的研究能够有的放矢,形成有机联系的完整体系。

国有资产管理活动是与国家的经济活动紧密相连的。什么样的资产需要有国家来占有?国家占有了这些资产以后应该如何来运作?运作的绩效又应如何来评价?……所有这些问题都涉及对政府制度在经济中的作用的认识,因而国有资产管理问题基本上是归属于财政问题或公共经济学问题[①]的,而根据马克思主义经济学的基本原理,财政问题或公共经济学问题也同样不是孤立存在的,而是从属于整个经济问题的,即经济决定财政。所以,如果要对国有资产管理问题建立起全面的认识,就必须首先建立起对于整个经济体系,以及财政体系的全面认识,并在这个大系统中来解决对国有资产管理问题的认识。

---

① 财政学的研究领域在现代已不再限于仅仅对政府收支的研究而扩大到对政府制度在经济方面运作的机理的全面研究,因而也被称为"公共经济学"或"政府经济学"等。参见《财政学》第二版(哈维·S.罗森著,中国财政经济出版社,1992年)、《公共经济学》(安东尼·B.阿特金森和约瑟夫·E.斯蒂格里兹著,上海三联书店,上海人民出版社,1994年)、*Public Finance in Theory and Practice* (Richard A. Musgrave and Peggy B. Musgrave, Forth Edition, McGraw-Hill Book Company, 1989)以及 *The Public Finance: An Introductory Textbook* (James A. Buchanan and Marilyn R. Flowers, Sixth Edition, Richard D. Irwin, Inc, 1987)等书。

第一节　现代经济学的发展与国有资产管理学

"经济学"(economics)一词发源于古希腊,它是由两个词根"家庭"和"支配"组成,意为"家庭管理"。但是,我们现在的经济学与古代和中世纪的"经济学"相比,已有着本质的不同。古老的经济学主要是总结一些人们在过往经济活动中的经验,并以此来指导今后的实践,但这种经验的总结和对实践的指导并未能够上升到把握规律性的高度。作为一门科学的"经济学"是随着资本主义的产生与发展,在17、18世纪产生的。恩格斯曾经指出:"虽然到17世纪末,狭义的政治经济学已经在一些天才的头脑里产生了,可是由重农学派和亚当·斯密作了正面阐述的狭义的政治经济学,实质上是18世纪的产儿。"[1]这一政治经济学的特征是"研究了资产阶级生产关系的内部联系"[2],开始揭示在经济表象掩盖下的经济活动的内在规律,并以此与以前的仅仅从事描述、归纳、概括经济表象的研究工作区别开来,从而使经济学发展成为一门科学的学科。萨缪尔森和诺德豪斯(W.Nodhaws)也指出:"以学科的标准来看,经济学有两个世纪的历史。亚当·斯密的奠基之作《国民财富的性质和原因的研究》发表于1776年,也就是以美国《独立宣言》发表而著名的一年。两个事件出现在同一年绝不是偶然的巧合。从欧洲君主暴政下争取政治自由的运动和从政府强力控制下解放价格和工资的尝试,这二者之间是紧密相关的。"[3]由此可见,不论是马克思主义经济学家还是西方经济学家在关于经济学产生这一问题上的观点基本是相似的,即现代经济学是与资本主义制度的确立相关联而于18世纪诞生的,亚当·斯密的划时代著作则是其标志。

科学的经济学之所以产生于这一时代的必然性在于,随着生产力的快速发展,如何很好地组织急剧膨胀的要素资源使其被有效率地利用越来越成为一个在经济领域迫切需要解决的问题,而这一问题又远较前代复杂得多;这时作为一种经济制度的市场的一般形态也正好与生产力的发展相适应得以迅速地成为一种占主导地位的资源配置方式;这样,探究复杂而非直观的市场制度背后的规律性就成为一种时代的要求。一直到1929年资本主义世界经济大危机,以及随后的凯恩斯主义出现之前,由于西方世界的大多数经济问题都是通过市场制度解决的,所以这一时期的西方经济学就主要是阐述市场制度运行机理的"微观经济学"组成的。

20世纪30年代后,由于全球经济大危机的现实,凯恩斯主义应运而生,经济学开始关注政府制度的作用,财政学得到了空前的发展。20世纪70年代末期以来,企业制度也成为经济学家视野中的热点。经济学在政府制度与企业制度上的深入研究极大地丰富了微观经济学的内容[4],也为国有资产管理学摆脱就事论事的零散孤立的研究状况,并最终走上科学化、

---

[1] 恩格斯:《反杜林论》,《马克思恩格斯选集》第3卷,人民出版社,2012年,第529页。
[2] 马克思:《资本论》第1卷,《马克思恩格斯全集》第23卷,人民出版社,1980年,第98页。
[3] Paul Samuelson and Williamd Nordhaws: *Economics*, 13th edition, McGraw-Hill Book Company, 1989, p4.
[4] 现在的"微观经济学"已经不再仅仅是"关于市场制度的微观经济学",而是"关于所有制度的微观经济学"。

规范化的轨道奠定了坚实的基础。因为,财政学在最近的发展一方面揭示了政府制度应有的(规范的)作用方向,而国有资产管理从根本上来讲是服从于政府制度作用方向的,即什么资产应采取国家占有的方式决定于其是否能够为政府应有的活动服务;另一方面,财政学在最近的发展还揭示出了现实中的政府政策生成的客观性——而我们知道,国有资产管理政策正是政府政策,也即财政政策的一个组成部分。从企业制度理论发展对国有资产管理学的作用来看,一方面企业制度理论能够有助于我们科学地理解国有资产中的一个现实的重要组成部分——国有企业的运作机理;另一方面,企业制度理论所表明的有关企业制度的相对优势和劣势,也为我们从制度比较和替代的角度来正确判断国有资产的应有(规范性)范围提供了又一重大理论论据。

总的看来,**经济学**就是这样的一门学问:它研究人们如何借助于经济制度,最大限度地利用稀缺的资源来最好地达到配置效率与分配公平两大经济目标[①]。或者,更通俗地来讲,经济学就是一门权衡之学,它考察的是人们在社会活动中得多少、失多少,以及如何尽可能地多得少失。用经济学的术语来讲,就是"成本-收益"计量,这构成了经济学作为一门社会科学的独特视角与思考方法,并以此为基本特征将经济学与其他社会科学相对独立地分割开来。

比如,在教育问题上,教育学关注的焦点可能主要集中在具体的教育手段,以及有多少被教育者达到了怎样的可被反映的受教育水平等问题上,而从经济学的视角出发来看待这一问题,我们则主要关心从既定的社会范围来看,教育投入与产生的收益之比。

又如,在国防建设问题上,军事学主要关心武装力量的整体战斗力水平,而经济学则同样从国防投资所耗费的成本与其产生的社会效益对比的角度来看问题。

再如,在"推广高雅文化艺术"这样一项社会活动上,从文化学的视角来看,是所被推广的具体文化艺术对社会文化的影响;从道德学的视角来看,是该项活动对社会道德的作用;从政治学的视角来看,是对社会政治格局的促动;而从经济学的视角来看,则是培训演员、建造演出场地等所耗费资源的成本与取得的效益——效率与公平——之比究竟如何?

正如我们要把握一头大象的全貌有必要从上下左右各个方面都看一看一样,通过不同的视角对纷繁复杂的社会现象进行综合的观察,才有助于掌握事物的全面信息而不致偏颇——每一门社会科学都是这样一个观察社会活动的视角。毫无疑问,每一个视角无疑都是有必要的。通过这样一些例子,我们也不难发现,经济学作为社会科学的一门分支,它的视角可以涉及社会生活的方方面面,或者换句话说,一切社会部门的活动都包含着经济学的意义,都可以用经济学的方法加以研究,这是现代经济学相对于前代经济学的一大突破。

在我们以后将要展开的对国有资产管理有关问题的研究中,就有必要牢固地树立"成本-收益"分析这一体现着马克思主义唯物辩证法的基本思想,对有关问题的评价不仅要考虑不合意之处、意愿改进之处,更要考虑这些改进所需付出的成本,即客观存在的物质制约,从而建立起对问题的全面认识。经济分析中最忌讳之处即在于很多人往往会犯一点论的错

---

① 毛程连:《财政学整合论》,复旦大学出版社,1999年。

误。比如,对于某项有可能提高国有资产管理效果的举措,人们可能更多地把注意力投注于效果改进的一面,而忽视了作出这种改进所需花费的成本。当然,在某些场合,人们也可能过多地重视了成本,而忽略了花费成本后会必然带来的收益。

[案例1.1] 某市为推广节能锅炉的使用,专门成立了市节能锅炉推广工作领导小组,并设专门人员5人组成市节能锅炉领导小组办公室作为常设机构活动,每年度列支人员及各项活动经费100万元,但因推广节能锅炉该市每年节约的经费为50万元。你认为此项工作是否应进行呢?

[案例分析] 节能无疑是件好事情,但是在某些具体的场合下,也可能会发生推动某项工作的成本大于收益的情况。这时,要么设法加强管理,压缩成本;要么暂停这项工作。无论如何,不考虑某一项工作的成本(或称为"代价"亦可)是不行的。

[案例1.2] 某高校为保护新建的游泳池不被损坏,特设专人看护维修,并且除校游泳队训练外,一般不让其他学生利用。你认为这种做法从经济分析的角度,或者说"成本-受益"分析的角度来说,是否恰当?

[案例分析] 这样的做法固然有维护资产,防止损害之功,但不让广大学生使用,却失去了很多使用中能够获得的效用。要深入一步,一物之所以被提供出来往往不仅是为了看的,而是为了用和最后通过用达到经济活动的最终目的——增加人们的效用的;当然,在使用过程中的成本(包括折旧、维护等)亦早应该被考虑在内——否则此物就不应该被提供出来。所以,就逻辑上而论,某高校的上述做法,从总体上来说显然是得不偿失的。

总之,国有资产管理学是现代经济学的一部分,现代经济学的分析体系和工具完全适于对具体的国有资产管理问题的分析。也唯有坚持将国有资产管理学建立在坚实的科学的经济分析体系上,国有资产管理学才有可能成为一门科学。

第二节　经济研究的基本要素、框架与国有资产管理学

在第一节中,本书已对经济学的发展以及"经济学究竟是什么?"的问题进行了总括的描述,在本节中将进一步向大家介绍经济学研究的大致构架。只要掌握了这一经济学(经济分析)[①]的基本构架,也就掌握了对所有经济实践问题进行分析的基本工具,对国有资产管理问题当然也不例外,在本书以后对我国国有资产管理实践问题的分析中,我们都将利用这一工具来展开探索。总体上看,我们把经济研究的要素表述为以下五方面的内容。

---

① "学"也即"分析"。

一、经济人

我们知道,经济活动是一种社会活动①,也就是说,是一种有人参与的活动,无论是经济活动的起因、目标还是结果都与社会中的人相连接。因此,研究经济活动首先要解决的问题就是要把握在经济活动中人的行为有无规律性可寻?那么,人的经济行为到底是有规律的还是随意的、把握不定的呢?根据马克思辩证唯物主义的基本原理,我们知道任何事物的发展、演变直至灭亡都是有规律可循的,世界上不存在超出必然性之外的偶然性,因此我们可以肯定,人的经济活动是有规律可循的,而这一规律具有普遍性。剩下的问题就是,这一规律性究竟是什么?

通过第一节的学习,我们已经知道,科学的经济学产生于距两百多年以前,之所以被称为"科学的经济学"是因为它揭示了经济活动中的一系列规律性,而在这些规律性中最重要的内容之一,就是发现了人从事经济活动时具有普遍的规律可循,这一规律被表述为"追求自身利益的最大化"②。

值得指出的是,追求自身利益的最大化,并非仅指对于自身物质利益的追求,而是包含着更为广泛的内容③。我国著名经济学家宋承先就指出:"个人利益这个概念在经济学上的运用就比通常的用法要广泛得多……当然,这里所谓'利益'、'好处'的内涵,就不仅仅限于金钱或物质利益。一个舍身报国的人的行为是理性的,因为他把国家的利益看作超过了牺牲了自己宝贵的生命这件事情。"④当然,在我们目前所处的社会主义初级阶段,必须实事求是地承认,大部分从事经济活动个人的经济动机内涵中的大部分内容还是极大化个人的物质利益,这应该成为我们分析一切经济问题的基本前提。

在经济研究中,我们把人的社会活动的经济方面特质提炼出来,表述为"经济人",也就是我们上面所述的人的经济行为的规律性。由此我们可以理解,"经济人"并非是一个实体的人,而是为了科学研究的需要将人的社会活动中的经济方面抽象出来,并揭示其规律性。同样,我们也可以把人的社会活动的其他方面抽象出来,以便把握其规律性,并因此形成"政治人""文化人""道德人"……的概念。

综上所述,"经济人"概念构成了我们研究一切经济问题的起点,或曰前提。对于国有资产管理问题的分析研究,我们同样必须严格地遵循这样一个前提。在实践中,把什么资产归属于国有资产,这些国有资产又如何运作,都是许许多多"经济人"合力作用的客观结果。由于资源的稀缺性,因此人们的利益诉求之间就难免矛盾。比如,在封建社会或资本主义社会中,国有资产的占有和使用所体现的只能是封建地主或资产阶级的意志,是他们对广大劳动人民进行"超经济"剥削的又一手段。在社会主义社会中,人民群众的根本利益是一致的,但

---

① 从严格的专业经济学意义上而言,现代经济学已经倾向于不再把经济活动,像在通俗的叙述中那样,看作一实体化的社会活动的全部,而是把经济活动看作全部社会活动的一个侧面。换而言之,对于一个具体的社会活动,我们可以根据视角的不同,分解出多重的意义,如道德的意义、文化的意义、政治的意义,当然也会包括经济的意义。不同的社会科学研究者从这些各自不同的角度,分工负责,来进行研究,最后将有助于我们从整体上把握事物的全貌。
② 亚当·斯密:《国民财富性质和原因的研究》,商务印书馆,1988年。
③ Gary S. Becker: *The Ecomomic Approach to Human Behavior*, The University of Chicago, 1976.
④ 宋承先:《西方经济学》,复旦大学出版社,1995年,第31—32页。

不可否认的是各种利益矛盾的分歧也依然存在,因而在有关国有资产管理的问题上,也有一个各种不同利益分歧的协调与统一问题。现实的国有资产管理政策往往就是这种协调与统一的客观结果。

[案例 1.3] 江南某镇由于财政收入有限,在众多想要建设的公共设施中只能选择一个方案,根据民意测验的结果,将近一半的居民希望修造一桥梁以利出行,而也有将近一半的另一批居民希望修造自来水工程以提高饮水质量。你认为,按照正常的民主决策程序,公共决策的结果将会是怎样的?

[案例分析] 现实的最好选择是,在不同的利益诉求中双方各让一步。比如,建造的桥梁的宽度减少一些,而自来水工程的规模也小一些,最后达成一个大家都赞成的方案,在平衡好利益矛盾的基础上,达到双赢的结果。当然,如果民主决策机制不够完善的话,也有可能不能达成一致的意见,甚至形成顶牛,于是什么方案也执行不了,形成一个不好的结果。

二、经济制度

人们的社会活动除了像鲁宾孙·克鲁索这样的极特殊的例子以外,一般来说都要涉及与其他人之间的交互往来而不会是单个人的完全孤立的活动。作为社会活动的一个侧面(或是视角)的经济活动同样也是如此。由于社会活动的这种特性,所以如何处理人与人之间的既有矛盾又有合作的关系就成为社会科学的一大课题。在人类社会中,通过长时期的人们的共同实践,逐渐形成了一些行之有效的为社会中绝大部分人所遵循的处理人与人之间相互关系的规则,我们就称之为制度(institution)[①]。通过适当的制度设置和确立就能够比较有效地处理好各种社会关系,减少社会交易成本[②],更好地推进社会的发展。

人类社会中的另一类制度则是用于处理人与物之间的关系的。通过长期的科学探索与生产实践,人们在掌握了关于某一类问题的运行规律后,就会以成文或不成文的方式将处理这一类事务所应遵循的规则固定下来,并成为绝大多数人在这方面行事时遵守的准则。通过这一类制度同样可以减少人们凡事都要从零做起、自己摸索所花费的巨大而不必要的代价,从而更好地节约社会资源,加快人类社会的发展步伐。

人类社会的各种制度,有的是以成文的形式表现出来的,如我们经常所见的各种法律、规章等,但也有一些制度则并不一定见诸文字,而是通过长期的约定俗成为人们所共同遵守

---

① 诺思:《制度.制度变迁与经济绩效》,上海三联书店,1991 年,以及 James M. Buchanan: *Exploration into Constitutional Economics*, Texas A & M University Press, 1989。

② 在市场经济中,"交易"是最普遍的经济行为,又由于人类的一般经济行为在绝大多数的情况下,都带有着利益交换的色彩,因此"交易行为"也可以用来表述绝大部分的人类经济活动的特征。在这些"交易行为"中,为了找到交易的对手,要花费人力、物力,也就是"搜寻成本";同样,为了达成交易,签订契约,要花费"谈判成本",为了保证契约的履行,要花费"监督成本",这些在交易过程中发生的成本就统称为"交易成本"。显然,当有规则可寻时,将较之无规则的状态下,更容易完成交易行为的全过程。

的。同样,人们对于制度的遵守既可能来自外部的强制力量,也可能来自自我的约束,正如我们前面所指出的那样,人类的社会活动具有多个侧面,因此社会制度同样也是有着多个侧面的内容,如道德制度、文化制度、法律制度等。我们对经济学所要研究的自然是经济制度。各种社会制度的不断变动和发展推进着人类社会的不断进步。

经济制度旨在处理经济活动中的人与人之间及人与物之间的关系,以便更好地组织和协调经济发展中人们的共同力量,改造自然,实现人们之间的经济公平。经济制度事实上就是人们在处理经济问题时所借助的工具,人们通过这样一件工具能够比赤手空拳更有效率地应付各种纷繁复杂的经济事务,因此我们也可以把经济制度就称之为"经济制度工具"。当然,正如人们在一般的生产活动中使用工具的道理那样,当某一种制度工具已经不合适当前所面对的经济问题时,改进这一制度工具或换一种制度工具尝试一下,是一个必然的逻辑。人类经济的发展过程也就是一部经济制度变迁的历史。根据要处理的经济问题的不同情况,实事求是地选择适宜的经济制度正是马列主义的基本原则。

人类社会的经济制度,从纵向的历史来看,可以分为原始经济制度、奴隶社会经济制度、封建社会经济制度、资本主义经济制度、社会主义经济制度,以及未来必定要实现的共产主义经济制度。从横向来看,又可分为市场制度、政府制度、企业制度、家庭制度等。下面,我们就横向划分的现代经济中的几种重要经济制度作一简略的表述。

(一) 市场制度

市场制度是当今世界中不论资本主义国家还是社会主义国家都最为广泛采用的一种经济制度,它的主要特征在于通过货币媒介来决定资源的配置和收入的分配。在我们国家,市场制度是基础性的资源配置制度,也就是有关资源配置的大部分任务是通过市场制度这一工具来完成的。

(二) 政府制度

政府制度也是人类社会中久已有之的一种经济制度,它的特征就是通过非货币的政治强制力的方式来决定资源的配置和收入的分配。在这里,我们从经济意义上所说的政府并不是单指实体意义上的政府,也并非政治学意义上的国家行政机关,而是指从理论上抽象出来的国家机器的经济方面的特质。随着近几十年来世界各国经济中政府干预的加深,政府制度的外延又有所延伸,因此现在的经济意义上的政府制度往往也被称为公共经济制度。国有资产正是伴随着政府制度而生成的,可以说,有什么样的政府制度就有什么样的国有资产及其管理制度,国有资产管理制度是从属于政府制度的,是政府制度的一个组成部分。

(三) 现代企业制度

现代企业制度是人类解决经济问题的又一重要制度工具。它的特点在于解决分权情况下企业的所有者、管理者,以及其他相关者之间的利益关系[①],一个好的现代企业制度同样有助于企业自身和社会整体更好地达到效率和公平的目标。由于我国现有国有资产存量中的

---

① 科斯:《企业、市场与法律》,上海三联书店,1990年。

相当一部分是以国有企业的方式存在的,因此对企业制度的深入研究是我国当前国有资产管理学的题中之意。

通过市场制度、政府制度、企业制度及其他经济制度的综合运用,在现代社会中人们就能比较有效地处理好目前的经济问题,也就是我们所谓的"**混合经济**"。这里非常重要的一个问题是,在处理具体的经济问题上我们究竟应该选用何种制度工具或制度工具的组合呢? 答案是非常明显的,哪种制度方案相对于其他的制度方案最具**比较优势**[①],就应选用哪种方案。这里容易产生的错误有以下情况。

在一种情况下,因为某种制度方案与绝对化的最优标准相比存在着差距有时甚至还是很大的差距,就轻易否定这一方案,**其实我们更应关注的不是与绝对化标准的差距**(现实中这一差距只可能缩小,而不可能完全消除),**而是到底有无其他的方案更好**——如果没有的话,那么无论这一方案用绝对的标准来衡量有多差,在现实中仍然是一个最好的方案。

在另一种情况下,则是因为某种制度方案能够取得一定的正的收益,就轻易断定这一方案是最优的选择,这显然忽视了可能隐含着的机会成本,也就是说,尽管这一方案可能不错,但其他的方案可能更好,这时轻率地选择将是不足取的。

我们在经济生活中经常碰到的一个重大问题,就是在一些具体工作中究竟是应该通过市场来解决问题,还是通过政府来解决问题。这时容易产生的错误是往往会过多地看到"市场失灵"并形而上学地断定市场是不行的,必须依靠政府的介入,其实如果充分地考虑了问题的另一方面——"政府失灵"[②],结论就有可能是完全截然相反的。与此相关联的一个错误是,对于那些已经由政府制度处理的经济事务,有可能孤立地认为这样的现状是合意的,但其实在未与市场制度作充分的比较之前就匆忙地作出结论是有可能犯错误的,道理很简单:市场可能做得更好。

以上所述之问题之所以非常重要,原因之一在于,现代公共财政学的最基本的命题就是从这样的一个视角提出的。所谓"公共财政学",如图 1.1 所示,无非是专门研究人们通过政府制度这一路径(图 1.1 中的路径 2)来解决经济问题、达到最优化社会经济目标的过程中所可能面临的一些特殊问题(正如前面所述,在"经济主体行为"这一经济活动的出发点和"经

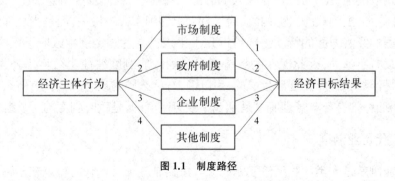

图 1.1 制度路径

---

① 即相对于其他现实的方案而言,是现实中最好的选择;但与理想化的最优方案相比,有差距,甚至有很大的差距。
② "市场失灵"指现实中的市场制度与理论上理想化的最优市场制度(即完全竞争市场)之间的差距;同样,"政府失灵"是指现实中的政府制度与理论上理想化的最优政府制度(即"维克塞尔-林达尔"模型)之间的差距。(具体内容可参见本书第 2 章。)

济目标与结果"这一经济活动的终结点上,财政学与基础经济学的认识应该是完全一致的)。这里最基本的也是首先必须解释的问题显然是:为什么我们在某些情况下要走制度路径2,即政府制度这条路,而不是依靠其他的制度工具来解决问题?当然,我们必须同时提及的另一个问题是:在什么样的情况下,我们不应经由政府制度来解决某些经济问题,而应通过其他的制度路径来解决?这些基本问题的回答,显然必须依靠我们上述"制度比较优势"的基本观念。这些看似简单的道理,正是20世纪80年代以来公共财政学发展的根本要点。它彻底纠正了"新古典综合学派"仅凭"市场失灵"就断定政府必须介入[1]的明显逻辑错误,从而使得政府与市场分工的理论更加完整,公共财政的框架更加清晰。

那么,经济制度的具体作用有哪些呢?抽象地看,一般认为有两个方面的作用,即**配置**与**分配**。**配置**指的是人们如何将稀缺的资源合理地分割运用在不同的产品和服务之上,以使人们取得最大的效用,它描述的是经济活动中**人与物**之间的关系。**分配**则是指如何对社会中被提供出来的产品和服务在不同的个人之间实行合理的分割,使尽可能多的人达到满意的程度,它描述的是经济活动中**人与人**之间的关系。或者通俗地说,"配置"要解决的是如何在资源既定的条件下将"馅饼"做大做好的问题,而"分配"则指向如何将"馅饼"分得公平合理。在现实中,"配置"和"分配"往往同时包含在某一具体的经济行动中。比如,用财政资金支持中西部的开发,就既在"配置"的层面上包含了优化地域配置态势,提高全国整体经济效率的意义;又在"分配"的层面上包含了促使东、中、西部居民的收入分配更为平均的意义。总之,配置和分配构成了经济制度的基本功能。国有资产运作的效应同样体现在这两个方面。

从经济制度运行的时间顺序上,我们又可以把经济制度的运行分为四个环节,即**生产、分配、交换和消费**。国有资产的运作也同样要涉及这四个方面。

三、经济决策和行动

正如我们前面所揭示的那样,人的经济活动是有着明确的目的的,但是这一由个人出发的经济行为动机在其实行的过程中,将要受到制度的制约,这也是不言而喻的。因此,在现实中,面对具体的经济问题,为最大化个人的经济利益,个人将根据各人利益诉求的具体内涵和所面对的不同制度规则作出自己的决策并采取相应的行动。当然,从更为广泛的意义上来讲,个人的经济决策和行动从根本上还要受到当时的经济技术条件的制约,在经济学的研究中,尽管不经常提及这一点,但是这一假定事实上却是经济研究中暗含的一个最基本的大前提。

在经济研究中,我们要避免的一个错误就在于离开了技术资源条件的物质基础和客观的经济环境来谈论经济决策和经济行动,结果往往会对经济中客观的情况发生种种误解。

众多个人的经济决策通过一定的集体决策机制的汇总又会形成某些公共的决策,当公共决策的范围大到整个国家的时候,这一经济决策就成为国家的经济政策。有关国有资产管理的各种决策和具体行动是国家经济政策及其实施中的一个方面,同样具有客观性,也就

---

[1] 萨缪尔森:《经济学》,中译本,第10版,商务印书馆,1979年。

是说尽管在一定的范围内人们凭借主观能动性能够对决策及行动作出一定的改进，但这种主观能动性是受到制约的，这就提醒我们，在实践中意图改善国有资产管理的各种方案想要得到一个较好的结果，就必须尊重客观现实，而不能随心所欲。比如，近些年来，我国国有股减持的有关政策就屡遭挫折，关键还是对既有的利益格局和制度环境考虑不够充分。

将"经济人"的假设贯穿于政府政策分析的始终，构成了公共财政理论在20世纪80年代以来飞速发展的又一个重要内容①，它纠正了以往"新古典综合学派"占统治地位的年代中，将规范的政策视作实际的政策的误解。

举例而言，当一个经济体处于通货膨胀环境之下时，规范分析显然会指出，其时的财政政策应该是收缩性的，这本身并无丝毫的错误。但是，如果将其延伸为其时的现实财政政策必为收缩性的，就难免会产生错误。因为，由于客观利益格局和利益刚性的制约，实际的财政政策在通胀期间亦完全可能是扩张性的——尽管大家都知道"应该"是紧缩的。

所以，规范分析必须与实证分析相区别，不应将二者混为一谈，而所有的经济实证分析要得出符合客观事实的结论，从根本上来说离不开"经济人"假设这一大前提。

与上述对经济制度的分析相类似，经济决策和经济行为同样可以被抽象为配置和分配两方面，前者指向效率目标，而后者指向公平目标（见表1.1）。

表1.1 配置与分配

经济制度、决策和行为的抽象	解决的关系	指向的经济目标
配 置	人与物关系	效 率
分 配	人与人关系	公 平

[案例1.4] 经济中的人与人关系（配置关系）

设想鲁滨孙·克鲁索在一孤岛上，他面临着一个典型的人与物关系的经济问题（一人在孤岛上排除了经济中的人与人关系问题）：首先，是稀缺的资源，即他自身的劳动力；其次，假设他面临着可能的三个任务：一是采果子维生；二是搭茅草屋遮风避雨；三是造独木舟尽快回到大陆。在这样的情况下，他必须很好地（准确地讲应是）"配置"他的有限资源在此三个方面。否则的话，要么性命不保，要么不能尽快回到大陆。在这里，我们也可以看到，经济学家所要研究的人与物的关系与工程师所要研究的人与物之间的关系的区别：工程师要关心的是造船、造房子、采果子等的具体技术，而经济学家关心的则是在既定技术和资源条件下的配置比例与配置时序等问题。

四、经济目标与经济结果

经济学研究所要达到的目标是基于全体人民的经济利益为着眼点的，这同样是经济学

---

① 布坎南：《自由、市场与国家——80年代的政治经济学》，上海三联书店，1989年。

研究的一大前提,它不同于工商管理学的研究目的是为了指导某些集体或个人达到该集体或个人的利益最大化。那么,通过经济学研究想要使得人类社会的经济活动达到怎样的一个好的目标呢?通常认为这包含了两个方面的内容,即效率与公平。

(一) 效率

效率就是指人们在生产中投入与产出或者成本与收益之间的比例关系。效率的高低取决于一定成本下的收益的多少或者一定收益下成本的大小。制造同样多的产品或者提供相同数量或质量的服务花费最少的人力和物力的方案是效率最高的方案;同样,花费了一定的人力和物力能够提供越多和越好的产品和服务是效率高的表现。

效率所要表明的是经济中如何达到人与自然之间的和谐美好,也就是说,人们如何能够更好、更节约地利用自然来更有效地满足自身的物质文化生活的需要。

(二) 公平

公平指的是如何对一个社会所能够提供的产品和服务进行更为合理的分割,以使得更多社会成员感觉到这种分割是合理的。

公平与平等的概念是有区别的。平等指的是对于所有的社会产品和服务采取每人相等的分割方式,不论其贡献大小都一视同仁,但是这样的一种分割方式,作为大部分人来讲,很难认为它是合理的,比如在我国全面实行计划经济的时代,曾实行过在经济分配中"干多干少一个样,干好干坏一个样"的分配方式,引发了大部分勤奋劳动者的不满,破坏了社会的公平。

(三) 公平与效率的关系

公平与效率是一对辩证统一的关系。首先,只有充分发展社会生产,提高经济效率,将社会经济建立在更为雄厚的物质基础上,社会公平才能够得到充分的保障,并逐步实现一个公平合理、各取所需的共产主义社会。从人类社会发展至今的历史来看,已清楚地证明了这一点,也就是生产效率越来越高,社会公平程度越来越大。其次,社会公平状况的改善,对社会经济的发展、社会效率的提高起着不可低估的反作用。在奴隶社会、封建社会和资本主义社会中,由于奴隶主阶级、地主阶级和资产阶级对奴隶、农民和工人进行残酷的剥削和压榨,从而使得社会的阶级矛盾激化,甚至爆发战争,并大大地破坏社会的生产力。然而,在社会主义社会中,由于分配机制日益公平合理,就能够更好地促进社会经济效率的提高,并最终在物质上战胜资本主义。当然,在某些社会特定的发展阶段和特定的社会经济问题上,公平和效率之间又往往可能产生这样或那样的矛盾。如何处理这些矛盾,更好地促进社会经济的发展呢?这就需要"坚持在经济增长的同时实现居民收入同步增长、在劳动生产率提高的同时实现劳动报酬同步提高"。

达到一个效率与公平相统一的最优结果是我们孜孜不倦追求的目标,但由于各种主客观条件(经济人动机、经济制度、技术资源条件)的限制,现实中所能够达到的经济结果往往与我们所设想的最优标准之间有一定的差距。

国有资产管理的目的同样不可能偏离上述的效率与公平的目标,值得注意的是在有关现有的有关国有资产管理的讨论中,经常会发生这样一个错误,就是把某些局部性的目标凌驾于全局性的全体国民的效率和公平目标之上。比如,过于片面地理解了国有资产的"保值增值",以至于为了这一目标而造成国有资产的使用严重不足,或使得国民经济中的其他部分受到严重的损害,最后发生从总效应上来看,成本远远大于收益的结果。其实,从根本上来讲,国有资产是不能孤立地、静态地、形而上学地来理解的,国有资产归根结底是要被用的,关键看用了以后到底能够产生多大的收益。只要在充分地估计了机会成本的前提下,收益大于国有资产被消耗的成本,那么国有资产就用得适得其所。这里的收益就是增进了人民的物质文化生活水平。

[案例1.5] 某市的过江大桥虽由财政资金建成,但为了更好地使国有资产"保值增值",对来往的车辆征收高额的通行费,使得过桥车辆的数量大大低于桥梁的设计流量,经测算从社会整体效率的角度来看,减少的消费者剩余以及使得载运生产资料的车辆绕远行驶的成本远远不能由多收的费用中得到补偿。而且,为了收费还设立了相应的机构和人员等,发生了不小的开支。你认为这样的做法符合提高社会整体效率的经济目标吗?符合你心目中的国有资产管理目标吗?

[案例1.6] 某市为了使得该市的国营啤酒厂取得高额的利润,以便更好地实现国有资产"保值增值"的目标,对外省市在当地销售的啤酒征收大量的行政性收费,并辅以其他各种政策遏制外省市啤酒的正常销售,结果使当地啤酒厂营利大增。你认为这样的做法是否适当?是否与国有资产管理所应达到的目标相符?

[案例1.5—1.6分析] 人为制造的地区垄断虽然增加了本地区企业的短期利润,但极大地减少了在充分竞争条件下消费者本应得到的消费者剩余,损害了非本地企业应得的利益,而最终,因为缺乏足够的竞争压力,本地企业的发展亦将受到影响,所以这种做法就整体经济利益而言是不适当的,当然也是不符合国有资产管理的规范目标的。

五、经济评价

从经济人出发,借助于经济制度工具,人们将作出各种经济决策,并在实践中实现这些决策,最后产生一个与原先的设想或多或少有些偏差的结果,这就完成了一个经济活动的过程。我们把这样的一个过程可以用图1.2来简明地予以表示。如何对于现实中已经发生的这样的过程的合意性(通俗地讲就是满意与否)进行判断是经济研究的一个重要方面。

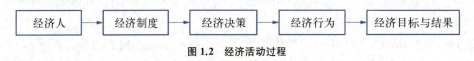

图1.2 经济活动过程

对以上所述的经济活动流程的评判,一般是从对经济结果的合意性判断开始的。面对着一个客观的经济结果,我们如何断定它的"好"与"不好"呢?从逻辑上讲,我们只有首先定出一个最好的目标来,并拿实践中的结果与之相对比,以确定它们之间的差距究竟有多大?

但是,对于这样的差距,不同的经济学家可能会有不同的理解,这也是我们常常看到的经济学中的争执所在。对于这样的争执,一个可行的解决办法是,如果有多个不同的经济结果的话,我们可以将它们每一个与最优目标的差距分别予以对比,以分清一个相对的"好"与"不好",但是这在经济结果只有一个,而又无法重复试验的情况下,仍然存在着问题。

假定我们对经济结果的合意性已经作出了准确的判断,那么剩下的任务就是,如果经济结果是合意的话,我们将归功于适当的经济决策和经济制度,并探讨这些经济决策与经济制度的合理性究竟何在,并将经验以资后用。同样,如果我们认为经济结果是不合意的,那么同样可以追根溯源去探问经济决策与经济制度的不合意处究竟何在,然后对之加以改进。

所有以上的工作又都构成了经济学研究的一个重要内容,即经济评价。

总结以上对经济学各要素及其相关关系的分析,我们可以用图1.3将它们之间的关系作一归纳。如图1.3所示就是我们用来分析一般经济问题的通用工具,同样这也是我们用以分析国有资产管理问题的基本工具。

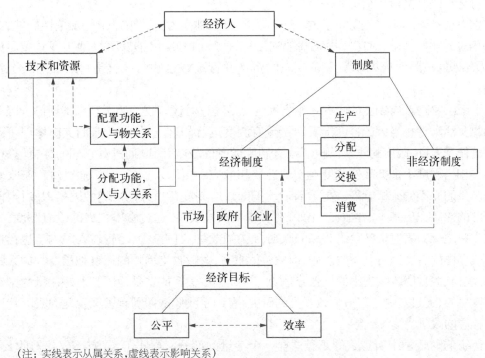

(注:实线表示从属关系,虚线表示影响关系)

图1.3 经济分析框架图

第三节 财政学与国有资产管理学

在本章第二节中,我们已经了解到,运用政府制度是处理经济问题的一个重要途径。那么,为什么在某些情况下需要运用政府而非其他经济制度来处理经济问题呢?一个合乎逻辑的答案是,政府制度在处理这些特定的经济问题上较之其他经济制度有着比较优势。接着我们又会问:到底是哪些情况下需要由政府制度而不是其他经济制度来处理经济问题,在处理这些问题时政府制度的运行情形究竟如何呢?是否有着不同的可备选方案呢?还有,当某些经济问题需要混合地运用政府制度和其他经济制度去共同处理的时候,它们之间究竟应该如何分工协作呢?这些就是现代财政学所要研究的问题。

通过图1.1,我们可以看到财政学所要研究的主要内容在于图中所示的路径2。但是,财政学的研究又不仅仅限于路径2,为了证明在特定的情况下走路径2是必要的,就有必要将在相同情况下走其他路径可能发生的情况与之相比较,以证明采用政府制度的必然性。

由此,我们可以看到财政学是经济学的一个分支,它在经济人行为假定、经济决策的产生、经济目标的确定、与经济结果的分析,以及对经济过程的评价上所遵循的完全是与经济学研究相一致的原则。财政学家通过对政府制度运行的具体研究,力图使政府制度的发展更能符合全民利益最大化的经济目标。

国有资产管理学又是财政学的一个分支。政府制度为实现被赋予的规范性职能,必须具备相应的物质基础,对这些物质基础利用得好,政府制度就能够更好地实现其应尽的职责,因此如何按照政府的职责配备相应的资产并管理好这些资产就是财政学的一个重要方面。

财政学家对政府制度的研究在相当程度上是通过对政府收支的考察来实现的。因为政府的收支活动在相当大的程度上反映了政府制度运行的客观过程,政府的支出体现了政府制度的作用方向,政府的收入反映了政府制度运行的成本,所以通过对它们的综合考察,就能够在相当程度上把握政府制度运作的性质和效应。更深入一步,我们通过对政府收支之所以产生的原因的分析就能够更为清晰地把握政府制度背后人的决定性因素,并对当前政府制度的性质作出基本的判断。比如,在资本主义社会中,通过资本主义的政府制度,其财政收支总是反映着对资产阶级有利的原则,而在社会主义国家中,尽管在人民内部也存在着这样或那样的有关经济利益的矛盾,但从总体来看,财政收支反映的无疑是最广大的人民群众的经济利益。财政收支中的一部分是为了形成国有资产或者是为了管理好存量的国有资产而发生的,通过对这一部分财政收支的研究,有助于我们把握国有资产管理的实际状况并进行相应的改进。

传统的财政学中所忽略的正是这样一个存量的部分。事实上,只有不仅仅对收支,而且对存量(即国有资产进行一体化的考虑和统筹把握,才有助于我们更全面地做好财政工作)。比如,当财政收入不足以应付当期支出时,我们所能考虑的并不仅仅是限于增加税收或增发国债,调整存量国有资产的总量或结构显然也应是解决问题可以考虑的途径之一。总之,也只有将收入、支出与存量国有资产做一通盘的考虑,财政学的视界才算比较完整。

这里要指出的是,政府的收支活动与政府中的财政部门的收支活动是有着一定区别和联系的。从原则上讲,财政部门的收支活动应构成政府收支活动的主体,但同时不排除政府中除财政部以外的其他政府部门也会有一些自收自的收支活动,所以政府收支活动的范围自然要大于政府中财政部的收支活动的范围。因此,研究财政问题并不能仅仅就以财政部门的收支活动作为唯一的研究对象,这也就是我们经常所讲的"大财政"与"小财政"之分。前者指的是,以整个政府的收支作为我们考察问题的基础,而后者仅仅以政府中财政部门的收支作为考察的基础。同样,国有资产形成和管理中所形成的费用收支也并非完全通过财政部门发生的,但这并不影响国有资产管理学是财政学的一个分支的实质。

第四节 资产、国有资产与国有资本

一、经济收益与工商会计收益

在国有资产管理工作中,弄清经济收益(economic income)与工商会计收益(business income)(以下简称为"会计收益")①这两个概念的差异和联系是非常重要的。

经济收益是指人们在经济活动中获得的所有得益,它既包括货币收入,也包括不以货币形式体现的收益。最终,无论是货币还是非货币收益都将体现为人们所得之效用。

工商会计收益则是指人们的货币化收益,它构成了全部经济收益的一部分。

[案例1.7] 山区中有一座矿山,但由于没有通向此矿山的道路,所以无法进行有效的生产和销售。后来,当地政府修筑了一条道路,并免费提供使用。这样一来,矿山产销两旺,一年产生了1亿元的收入。请问:这1亿元收入的产生是否应全部归因于矿山资产?道路这一资产在此过程中起到了什么作用?道路资产是否有会计收益呢?又是否产生了经济收益呢?

[案例分析] 首先,1亿元收入的产生显然不应仅仅归因于矿山资产,而应是矿山资源和道路资源共同产生的;其次,由于免费使用,道路资源没有能够直接形成会计收益,但是我们不能由此就否定它的经济价值和因这一资源所产生的经济收益。推而广之,我们容易发现,国家提供公共服务所依赖的许多资产,它们往往并不直接产生会计收益,但因此抹杀它们的经济价值显然是非常错误的认识——因为它们客观上为经济过程的顺利进行做出了不可或缺的贡献,在本案例中,我们不难看到,如果没有道路这一资产与矿山资产的匹配,那将什么都没有。

由于国有资产管理的对象有相当部分是那些供社会免费使用的提供公共服务的资产,因此这些资产所实现的往往是不能用会计收益来衡量的经济收益,对此问题我们必须有一个清醒的认识,相应地我们也就不能把国有资产管理中的"资产"概念完全等同于会计学中的资产概念。这些认识对于我们认清国有资产管理的目标,更为全面地搞好国有资产管理工作。

---

① 在以往很长时间中,会计主要就是工商会计(business accounting)。但是,在最近一些年中,又出现了"政府会计"。

还值得指出的是,我们在通俗的讲法中往往把工商会计收益称作"经济效益",而把那些不能以工商会计收益衡量的经济收益称作"社会效益",这样的一些提法如果仅仅作为通俗的提法固然不能算错,但在专业分析上却容易引起对一些问题的误解。比如,在上述案例中,道路资产到底是只产生了"社会效益"(既然是"社会效益",似可理解成是与经济过程的完成无关的),还是对经济收益的产生起了不可缺少的作用?又比如,按照公共财政的要求,政府提供的将是大量满足社会公共需要的公共服务,如果把这些公共服务都看作是"社会效益"(也即非经济的"效益"),那么财政学或公共经济学到底应算是经济学还是非经济学呢?这一问题当然也事关应该对国有资产管理的整体"成本-收益"作何考量这样一个国有资产管理学中的基本问题,所以本书将坚持采用"经济收益"和"工商会计收益"这样一个专业化的分类范式来探讨有关的问题,以期将对国有资产管理的分析建构在经济学的一体化分析平台上(见表1.2)。

表 1.2 经济效益与社会效益的区别

通俗的表述方法	经济学的专业表述法
经济效益	可以工商会计方法计量的经济收益
社会效益	无法以工商会计方法计量的经济收益

二、资产

一般来说,**资产**就是能够带来某种经济收益的经济资源,而这种资源又为特定的人或经济组织所控制。但是,有一些问题还需要澄清。

首先,能够带来经济收益的经济资源包括有自然的资源、经人们加工后的人造资源,以及人类自身所有的劳动力(包括脑力与体力),但在现代社会中,由于已不存在人身占有制度,因此劳动力是不能成为资产的。

其次,会计学意义上的资产概念与经济学意义上的资产概念是有所区别的。主要的问题在于,会计学强调的是收益的货币形态上的可计量性,而经济学则强调,只要能够增进人们的效用价值,就应被认定为有经济收益。比如,洁净的环境,在会计学上是无法或很难估计其带来的收益的,因此环境资源很难被会计学或工商管理学认同为一项可确证的资产,但在经济学分析中,我们毫无疑问地不仅应该而且必须把环境作为一项重要的资产来考察。另外,与此相联系的是,会计学意义上的资产概念的局限还在于,其研究领域缺乏对于共有资产主体的涵盖,因为资产的共同拥有问题往往是和资产收益的非货币计量属性相关联的。所以,研究公共经济领域中的资产管理问题,切不可以会计学的资产定义来以偏概全,否则的话,在研究工作中势必出现整体性的偏差。特别是研究国有资产管理问题的时候,我们经常要涉及的是那些不能带来会计收益,但确确实实又能够给我们带来看得见、摸得着的收益的资产,如我们上面所述的环境资源。如果对于这样的资产用一种纯粹会计学的概念来加以考察,那么势必要犯我们前述的在国有资产"保值增值"问题上所犯的认知错误,我们势必会认为让一个国有企业以污染环境为代价来取得较高的利润是完全值得的,因为企业的利润是可以确定会计收益的,而环境的被破坏则是难以计量并因此无足轻重的,因为它不能带来会计收益。再者,会计学中的资产概念往往将人们的注意力集中于整个经济中的一小部分,比如,某一个企业的盈利最大化上,而经济学中的资产概念引导人们要注意的则是全民经济利益的最大化。

最后,资产的存在形态是多种多样的,最需要注意的就是无形资产。对于无形资产这一概念,一般的经济工作者往往从企业的角度都会有一些或多或少的认识,但事实上,在国有资产的问题上,也存在着无形资产问题。比如,对国外遭遇困难地区的某种援助,对于某些国际组织所作出的承诺等往往会在今后的一段时间中得到相应的回报。又如,有关国际权威机构所作的主权债务评级等。

三、国有资产与国有资本

国有资产就是根据有关法律规定,由国家拥有的资产,与国有资产既密切相关又有区别的另一个概念是国有资本。国有资本是指国有资产减去与国有资产相关的负债后的净额。国有资产概念表明了国有经济在整个国民经济中的影响程度,而国有资本概念则更多地说明国有经济的真正实力。

对于国有资产,有三点需要引起注意。

一是国有资产,也即该国全体人民通过国家机构来拥有的资产,这些资产体现着全体人民的共同需要。或者,换句话来讲,之所以需要全民资产,是因为需要它为全体人民的利益来服务。国有资产与任何经济物质一样,归根结底,应该是为人的利益服务的,而不是超脱于利益关系之外的形而上学之物。那种把国有资产"保值增值"过程与人民群众利益的改善对立起来或割裂开来的观点,是不符合马克思主义的基本原理的。谈到企业中的资产,我们一般都会自觉地将其与利润问题联系起来,但在认识国有资产的时候,确有一些同志为资产而资产,把资产增值问题超脱于或凌驾于提高人民群众的物质文化生活水平这一社会主义生产的基本目标之上,这无疑是不恰当的。

二是国有资产是一个庞大的资产系统,考察它的变化必须全面地来看,而不能孤立地、零散地来看。比如,有的同志认为,只要搞好了国有企业,国有资产管理就搞好了,这显然就是一个十分片面的观点。问题是如果在搞好国有企业的过程中,损害了其他一些非企业性的国有资产,比如环境,比如土地资源,而这些损害的总效应超过了国有企业营利增加的好处,那么如何能够认为我们搞好了国有资产管理呢?更进一步来看,正如我们在前面所阐述的那样,考察国有资产管理是否搞好的问题还不能仅仅停留在国有资产这一块,而必须将这一问题放在整体经济运行的背景下来考察。比如,假设我们为了增加某些国有企业的营利而不恰当地鼓励它们采取垄断的手段,从而损害了消费者的利益,减少了他们本应得到的消费者剩余,并最终导致经济效率受到极大的损害(从根本上来讲,经济效率就表现为消费者效用水平的提高,经济发展的终极目的,无非是为了极大地改善人民群众的物质文化生活水平),或者是在不正当的竞争行为下,损害了其他企业的利益,且最终所失超过了所得,那么我们同样不能认为国有资产管理就搞好了。

三是国有资产是社会公共资产的一部分,而非全部。为了满足社会的公共需要,社会需要各种各样的社会公共资产,但由于社会公共需要是有层次性的,因此社会公共资产也是有层次性的。从地域范围上来讲,有些社会公共需要只是满足某一特定地区的居民的,如在一个村镇内修建的公共广场等,而有些社会公共需要是满足整个国家的国民之需的,如国防等。所以,只有那些为满足全民公共需要所需的公共资产才应纳入国有资产管理的范围中来,而只用于满足某一地区居民公共需要所需的公共资产则应纳入地方性公共资产的范畴来管理。

根据国有资产的类型,我们可以将其分为以下两大类,以便于考察。

(一) 企业国有资产

企业国有资产即存在于企业单位中的国有资产。对于这一类的国有资产又可分为两类:

(1) 营利性企业中的国有资产;
(2) 非营利性企业中的国有资产。

营利性企业指的是那些我们认为以企业营利最大化为目标来作为企业运作的方向是符合社会经济利益最大化要求的企业。

非营利性企业指的是那些我们认为追求企业营利最大化并不符合社会经济利益最大化方向的企业,要使这些企业的运作符合社会利益最大化的要求,必须对这些企业以其他的一些标准来衡量。比如,传统上,我们认为一些自然垄断行业的企业不应以营利最大化为企业运作的目标。

(二) 非企业国有资产

非企业、国有资产即存在于企业之外的国有资产。这一类国有资产可再细分成这样三类。

(1) 环境与资源性的国有资产。比如,按照法律规定,应属于国家所有的山川、河流、湖泊、滩涂、沼泽、海洋、矿藏、文物等。
(2) 事业单位中的国有资产。比如,义务制教育部门中的国有资产、公共卫生(如防疫)部门中的国有资产等。
(3) 履行国家基本职能的政府等部门中的国有资产。比如,人民代表大会、国务院各部委、法院、检察院、地方各级政府等部门中的办公设施、军队中的武器装备,等等。

由于国有资产类型的不同,对于它们的运作效能的考核,有必要采用不同的方法。

习　　题

【名词解释】

1. 经济学　　　　2. 经济人　　　　3. 经济制度
4. 公平　　　　　5. 效率　　　　　6. 国有资产
7. 国有资本　　　8. 经济收益　　　9. 工商会计收益
10. 经济效益　　 11. 社会效益　　 12. 财政学

【思考题】

1. 为什么说经济学在政府制度和企业制度上的深入研究为国有资产管理学走上科学化、规范化的轨道奠定了坚实的基础?
2. 怎样理解经济活动是社会活动的一个侧面或一个视角?
3. 经济学基础理论对国有资产管理学有何指导意义?
4. 试举例说明在国有资产管理研究中如何运用"成本-收益"分析这一经济学的基本思想。
5. 研究国有资产管理,需要运用哪些经济学的基本要素?
6. 经济制度有何作用?主要的种类有哪些?
7. 如何才能运用好各种制度工具,发挥各自的"比较优势"?
8. 经济目标与结果有哪些?它们之间的关系如何?为什么说经济行为和决策不能随心所欲?
9. 配置与分配的含义各自是什么?它们有什么联系和区别?
10. 怎样理解国有资产管理学是财政学的一个分支?
11. 经济收益与工商会计收益有何区别和联系?
12. 国有资产管理学中的"资产"概念与会计学中的"资产"概念有何异同?
13. 国有资产管理中的无形资产与企业管理中的无形资产相比,有哪些特殊性?
14. "国有资产"概念与"国有资本"概念有何异同?
15. 对于"国有资产"这一概念的理解需要注意哪些问题?
16. 经济学意义上的资产与会计学意义上的资产有何异同?
17. 如何对国有资产进行正确的分类?

第二章

规范的政府制度理论与国有资产管理

在第一章中我们指出,之所以需要政府作为一种经济制度的存在,是由于它相对于其他经济制度而言,在处理某些特定的经济问题的时候,具有相对的优势。那么,接着的问题就是,究竟在哪些经济领域中,政府制度相对于市场制度、企业制度等其他经济制度,具有相对的优势呢?对此问题的研究,将决定政府制度运作的规范性方向、政府收支的合理范围,以及财政学研究本身的合理框架。正如我们在第一章中所指出的那样,之所以需要社会中的一些资产以国家所有的形式存在,是与国家履行其职能的需要密切相关的,因此了解政府到底应该做些什么,并据此相应地确定国有资产管理的应有范围,无疑是十分重要的。在本章中,我们正是要对此重要问题做深入的探讨。

第一节 规范研究

经济学的分析方法从总体上来看可以分为两类,即规范研究与实证研究。

规范研究是关于经济目标、经济结果、经济决策、经济制度的合意性的研究,它解决经济过程中"应该是怎样"的问题,旨在对各种经济问题的"好""坏"提出判断。

规范分析的首要任务是针对经济运行的目标提出一个最优化解,也就是我们在第一章中提及的效率与公平两大经济目标。

最优的效率标准一般以**帕累托最优**来表达。帕累托最优指的是这样的一种状况,就是当经济处于要改善社会中任何一人的状况时,必然会损害其他人的状况,或者说不存在当一个人的状况得到改善时,其他人的状况不会受到损害的情况,这时我们就称之为帕累托最优状态,也就是达到了最优化的效率。在帕累托最优状态下,充分利用社会资源所能做出"馅饼"已经达到了最大,已没有办法通过做大"馅饼"的方式使得某些社会成员的状况得到改善,要改善这些社会成员的状况的唯一办法只能是通过重新切割"馅饼",从别的社会成员那里获取利益,当然,与此同时,别的社会成员的状况将变差。

最优化的公平标准则比较复杂。我们可以用三种不同的公平状况,从不同的侧面来描绘这一状态。

一、起点公平

起点公平指的是所有的社会成员在竞争的起始点上处于完全相同的资源占有状况,起点公平也被称为禀赋公平。**禀赋**就是指一个人与生俱来的原始的资源占有状况,它既包括一个人出生时拥有的财产,也包括他自身的体力和脑力,还包括社会关系等其他无形的但有利于他在竞争中比他人占优的资源。公有制经济思想从公平的角度来看,在相当程度上就体现为试图彻底解决起点公平的问题。具体来说,就是生产资料公有制,而国有企业正是生产资料公有制思想的现实载体。

二、规则公平

规则公平是指在竞争的过程中每个人所被要求的竞争规则是一致的,不允许对于某些人给予特别的照顾,而对另一些人设置特别的障碍的情况发生。在市场经济条件下,对公平的诉求主要地应表现为规则公平观。结合到当前的国有资产产权改革,从公平的角度而言,非常重要的就是如何切实地贯彻"规则公平"的原则。

三、结果公平

结果公平是指在竞争的终点上,每一个社会成员所获得的经济成果是一致的。

起点公平、规则公平与结果公平三者统一,即是我们所要探寻的最优化公平标准。在共产主义社会中,这一最优化的公平标准将得以实现。

在现实的经济社会中,我们所达到的经济结果与上述的最优化效率及公平目标之间总是存在着一定的差距,那么这种结果是令我们满意的还是不满意的呢?从绝对的角度来看,我们对于现存的经济状况总是应该保持一种不满足的态度,而这种态度也构成了人类社会经济发展的动力。从相对的角度来看,在既定的社会技术资源条件假定下,我们则需要比较不同的经济结果相对于最优化的经济目标而言所存在的差距究竟是大一些还是小一些?差距小的自然是相对满意的方案,而差距大的自然是相对不满的方案。

如果我们对现在的经济结果有不满意的地方,那么接下来我们就有必要去探寻在经济决策中究竟有一些什么缺陷。正如我们在第一章所阐述的那样,从经济学的角度来看,也就是从同一技术资源条件假定下来看,经济决策的缺陷一般归因于经济制度的缺陷,因此当我们对经济结果有理由表示不满的时候,我们通常需要去探寻经济制度中的问题。

对经济制度作规范研究的模式一般是这样的:

首先,设定一个能够达至最优化经济目标的规范性(应该是怎样)经济制度模型,比如在针对市场制度的研究中,我们首先要提出一个现实中并不存在的但是又具有极其重要的理论意义的完全竞争市场模型来。正如我们所知道的那样,通过完全竞争市场的运行,我们可以达至一个最优化的效率目标——帕累托最优。这样做的目的有两个。

一曰方向。方向的作用是指,这一最优化的制度模型,为现实中的距最优化方案总是有着差距的市场制度指明了可能的改进方向。就如我们确立了一个好学生的标准是考100分,那么尽管可能没有一个学生在现实中能考100分,但是却让我们明了向100分去是好的方向,而向0分去则是差的方向。完全竞争市场制度这一理论化最优制度模型的提出同样让我们明了了现实中的市场制度如果需要改进的话,它的改进方向所在。

二曰标尺。标尺的作用是指最优化制度模型的提出为现实中不同制度的对比确定了一个对比的标准。就像考试中考90分的学生之所以比考80分的学生好,是因为有一个100分的标准,90分与最优标准的距离为10分,80分与最优标准的距离为20分,那么自然是差距小者为胜。现实中的不同市场制度,我们将它们作一对比的话,何者为好一些呢?同样道理,就是看它们相对于完全竞争市场的标准而言,何者的距离大一些,何者的距离小一些。

然后,通过将现实中的经济制度与设定的理想化最优经济制度的对比,我们就能够对现实经济中的经济制度优劣与否的问题无论从绝对的角度还是相对的角度作出评判。对于经济目标、经济结果,以及经济决策的优劣判断同样也是遵照这样的原则来进行的。

总结一下,经济学规范研究所遵循的规则大致是:

(1) 设定最优化理论规范标准;

(2) 将现实中的经济结果、经济决策、经济制度与之相比较;

(3) 对现实中的经济过程各个方面的合意性从绝对和相对的两个方面作出判断,明确改进方向。

在国有资产管理的研究中,我们同样必须遵循以上的科学研究规范,否则的话,必然会导致我们在很多具体的场合连"什么是国有资产被管好了"的问题都搞不清楚,甚至把事实上的"不好"当成了"好",也就无以奢谈什么国有资产管理的具体问题了。

第二节 公共品、私人品、混合品

从配置的角度而言,经济学要解决的问题就是如何在资源稀缺的条件下,将有限的资源合理地配置到不同的产品和服务之上,以实现人们效用的最大化。

在人们享用的产品和服务中,如果某一类产品和服务同时具有这样的两个性质:一是非竞争性,二是非排斥性,这类产品和服务就被称为**公共品**。**非竞争性**是指当一个人消费某些产品和服务时,并不对其他人同时消费这种产品和服务构成任何影响,或者换个说法,当无限多的人消费某一特定的产品或服务时,他们其中的每一个人并不比当他们仅有一人消费该产品或服务时递减其效用。**非排斥性**指的是我们无法阻止人们对于某一项产品或服务的消费,或者说要阻止人们对于某一项产品或服务的消费所要耗费的成本是无限的大。

与公共品相对的产品和服务被称为**私人品**。私人品具有竞争性和排斥性,就是当某一个人消费某项产品或服务时,其他人就不可能再享受到该项产品或服务所提供的效用;同时,我们并不需要耗费任何成本就可以阻止我们不愿意允许消费该项产品或服务的人来进行消费。

在日常生活中,公共品的一个显著例子是空气。一般来说,增多一些人对于空气的消费不致影响其他人对于空气的同样的消费,同时我们也无法阻止人们对于空气的消费。关于公共品的另一个例子是海洋中的航标灯。从非竞争性的方面来看,增多一些船对于航标灯的利用并不会递减原有利用航标灯的船舶从航标灯中所得到的好处,当然我们想要让某些特定的、不愿意让他们看见航标灯的船舶看不见航标灯恐怕也是一件非常困难的事情。

政府提供的许多服务带有比较纯粹的公共品色彩,如国防、外交、治安等,它们往往有着很强的非竞争性和非排斥性。

关于私人品,我们可以举出更多的一些例子,比如食品,当某一个人吃下某些食品时,任何其他人就都不可能再享用到该食品提供的美味了。同时,当一个消费者买下某食品并享用以后,其他人也就无法得到该项食品,购买的消费者并不会为此付出什么成本。

在公共品与私人品的两极之间,还存在着许多不是那么具有纯粹的公共品与私人品性质,但在一定程度上又或多或少地具有这两种物品性质的产品和服务,我们就称之为**混合物品**。

混合物品大致可分为三类。一类混合物品具有非竞争性但是却不具有排斥性,比如公园,尽管在一定人数的条件下公园游客的增多并不会影响原有游客的效用,因而具有非竞争性;但是,我们可以通过设置围墙、栏杆等设施比较容易地阻止那些不购买门票者的进入。另一类混合物品不具有非竞争性但却具有非排斥性,如森林、河流这样一些环境保护的难点问题,就比较典型地具有这样的性质。还有一类物品和服务在一定程度上具有非竞争性或非排斥性,但超过了一定的限度,非竞争性或非排斥性就不再存在,比如电视机,在人数有限的情况下,增多一人对其的观看并不致影响其他人享受的效用,但当人数超过了一定限度后,互相之间肯定会形成干扰而递减彼此的效用,甚至有很多人不再能够看到电视节目。又如,在上面所述的公园例子中,以及在诸如公路、大桥的使用上,同样存在着类似的问题,也就是当消费者超过了一定的数量界限而形成"拥挤"时,原有的非竞争性就受到了破坏。

生产和提供公共品、私人品,以及处于这两极之间的混合物品是不同的经济问题,需要用不同的方案来处理。

第三节 市场失灵

我们知道,现实中的市场制度与完全竞争市场制度相比,有着这样或那样的差距,因此也就不可能像完全竞争市场制度一样,达至理想化的效率目标——帕累托最优,这种差距就被称为**市场失灵**,也就是说,现实中的市场不像我们理想中构想的市场模型那样有效。具体来说,失灵的现象表现在这样一些方面。

一、公共品

在本章第二节中,我们已经描述了公共品的概念,对于公共品,由于非竞争性和非排斥

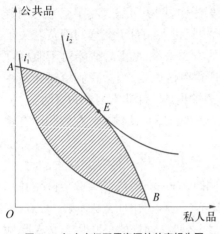

图 2.1 仅由市场配置资源的效率损失图

性的存在,显而易见,消费者将会意识到,即使不付出任何代价,他也可以从中得到好处,这种经济人动机导致的行为被称为**"搭便车"现象**。由于"搭便车"动机的广泛存在,如果采用市场制度提供公共品的话,那么我们可以预见到,几乎将不会有公共品被提供出来。但是,我们又知道,诸如公路、大桥、公园、国防、公安、外交等大量的公共品是一个社会所不可缺少的,通过图 2.1 我们可以更好地看到这一点。我们从图中可以看到,如果只有市场制度来配置社会资源配置的话,那么现实中的公共品与私人品的组合点 B 所处的无差异曲线将大大低于由代表着全民偏好的社会无差异曲线与生产可能性边界相切所决定的最优组合点(E)所处的无差异曲线,中间的阴影部分即为效率损失。

二、外部效应

外部效应是指经济行为主体在从事经济活动时,除了自己以外,还给别人带来收益或损害。正的外部效应是指经济主体从事经济活动时,不能够得到由此活动产生的一切收益,而是将总收益的一部分外溢给了其他人。这时,尽管该经济主体获得的收益仍然可能大于其成本,但这种成本和收益的比例关系显然已背离了完全竞争市场制度所要求的成本与收益对等原则,因而经济效率必然受到损害。同理,当产生负的外部效应,也就是经济活动主体不承担由于其经济活动所发生的全部成本,而将这些成本的一部分转嫁给其他人时,最优效率的配置也是不可能实现的。

市场制度本身在相当多的情况下难于通过自动的机制消除这些外部效应。比如,当某一家工厂在生产中产生空气污染却不承担因此而造成的因对被污染者损害而带来的社会成本时,现实中的市场制度往往难于纠正这种错误,因为尽管一般的国家都有着关于污染的法律规定,但受污染者往往由于对其个人而言,诉诸法律所要耗费的成本(时间、精力、金钱等)要大大高于其被损害的程度,而倾向于采取一种等待他人出面而自己坐享其成的"搭便车"态度,这就使得外部效应问题与公共品问题面临着同样的困境,即某些可能会给很多经济行为主体带来利益的事情,却由于大家都抱有不出力占便宜的思想,最终在现实中办不成。也有一些学者指出,受污染者有着很强的内部动因,促使他们联合起来与污染者进行谈判,以解决问题,但是被污染者要联合起来同样是需要花费大量的交易成本的,因为他们需要花大量的时间、精力乃至金钱来进行谈判以达至联合的契约,以及在随后监督契约的执行等。

三、规模收益递增

当生产需要大量固定的资金、技术或自然资源发展成本的情况下,所有的有需求的产出量的边际成本或许都会低于平均成本,这就是**规模收益递增**。这时,如果私人企业仍以边际成本定价就无法抵补其长期的平均成本,因而市场制度就难以达至按边际成本定价的帕累托最优。当不存在市场进入危险时，现存的企业将按长期边际收益等于边际成本的利润最大化水平定价，这样，价格将高于边际成本，产量则小于帕累托最优状态下的数量。当存在市场进入危险时，已有企业将被迫降低价格为按平均成本定价以阻止进入，此时垄断利润为零。然而，产量还是要小于按边际成本定价时的水平，这也不是帕累托最优的结果。

对于这一问题的最好解决办法是先在边际成本上定价，然后再通过向消费者征收总额非扭曲性费用，以补抵生产者因定价低于平均成本而造成的长期损失。但是，作为一个私人企业而言，除非它在进入前充分了解它的客户的偏好，否则就会发生围绕着偏好显示的生产者和消费者之间的博弈，而这会阻碍长期效率的达至。企业所需要收取的总额费用是每个消费者都想要避免的。消费者将在高于边际成本的一个小幅度加价上购买消费品，但当被收取全部总额费用时，就会威胁不再消费了。然而，企业收取不到这部分费用，就不可能长期地生存。这样，市场就失灵了。

四、信息不完全

信息完全是通过完全竞争市场达至帕累托最优的一个必要条件。在实际中，卖者往往比买者对物品了解得更多，市场交易呈现出不对称信息的特征。在这种情况下，就会产生两种情形，即道德风险和逆选择。前者是指买者不能分辨由卖主实施的可控制行为；后者是指买主不能分辨会对卖主产生影响的重要外部特征或偶发事件。当存在道德风险时，买主将按照较好的物品或服务的价格标准来支付实际上可能是较差的物品和服务；而当存在逆选择时，由于买者难以分辨好坏，会发生对好的物品和服务的驱逐，从而使产品质量下降。这两种情况都会引起**信息不完全**，都是不符合帕累托最优的。

五、开放经济下的失业和通货膨胀

按照完全竞争市场理论，通过市场机制自动调整劳动力与技术资本的结构比例就能够找到一个将全部劳动力与技术资本相结合的适切方式，简而言之，当一个社会缺乏劳动力时，应采取一种技术密集、资本密集的发展方式，而当一个社会劳动力众多时，则应采取一种劳动力密集的发展方式。在开放经济下，由于面临着国际竞争的压力，发展中国家为了赶超世界先进水平，不可能总是采用一种以大量劳动力与低级的技术相组合的发展方式，而同样需要采用大量的高新技术，这时就会产生技术资本无法完全吸纳劳动力的现象而出现过剩人口，又由于人口的增长虽然在一定程度上受到经济发展状况的自动制约，但在相当程度上人口增长的趋势受到文化、习俗、传统等因素的影响，具有相对的独立性，这样，在缺乏一个强制性机制干预的情况下，市场很难达到人口变化与技术资本变化之间的平衡。

在开放经济条件下，同样由于外部竞争压力的变化，对一国的通货膨胀情况会产生影响，由于涉及国与国之间的经济利益问题，因此仅仅依靠市场制度也难以消除这种由外部所致的通货膨胀影响。

除此以外，我们还在两个方面可能对市场制度存有不够满意的理由。

一是完全竞争市场模型是在假定个人的消费偏好是合理的前提下来探讨经济问题的，这是一种**消费者主权**的观念，不可否认的是，尽管我们相信在绝大多数的情况下，消费者主权理念是我们理应尊重的事实,但是某些消费者的行为不论从哪个角度来看,都很难认为其具有合理性、应该受到社会的尊重,如吸毒、不接受基本的教育等。要矫正这种偏好不合理的行为我们就有必要对此运用**家长主义**的观念,即对某些不良的消费偏好强制性地予以纠正,而这是市场制度办不到的。对于社会中那些被个人评价过高的物品,如毒品、香烟等,我们称之为**劣值品**,那些个人评价过低的物品,如基础教育等,被称为**优值品**。

二是如果我们对市场制度所形成的分配结果不能满意的话,那么市场制度本身是难以修正业已存在的分配状态的,因此在调整收入分配上市场是有缺陷的。

由于上述一些市场失灵的原因,自然地促使我们设想,是否能够寻找到其他的经济制度来进行弥补呢?显然,政府制度是一个值得被考虑的对象。

第四节 政府制度的作用

在本章第三节的讨论中,我们认识到现实中的市场制度总是与达到理想化的效率标准有一定的差距,并且市场制度难以解决偏好不合理与收入分配问题。因此,我们就设想是否能够用其他制度在一些领域中来替代市场制度执行资源配置职能并较好地解决偏好不合理和收入分配问题,而政府制度就是其中的一个备选方案。

自 20 世纪以来,无论在社会主义国家还是在资本主义国家中,政府制度已前所未有地得到了广泛的应用并在相当程度上发挥了良好的作用。比如,美国通过罗斯福新政使政府对经济干预的力度大大加强,从而帮助美国经济逐渐摆脱了 20 年代末经济大危机的阴影。在社会主义国家中,强大的政府制度更是体现出其强有力的经济效能,使落后的国民经济得以飞速的发展。但是,在比以前更广泛地运用政府制度处理经济问题的实践中,人们也逐渐发现了一系列的问题。

首先,人们在对政府制度的利用中,经常忽视了这样的一个逻辑:当市场做不好某件事情时,政府是否就一定能够做到完美的程度?或者相比较于市场制度做得更好一些呢?这显然是将市场制度替代为政府制度的行动付诸实践之前所必须先论证清楚的。然而,出于对政府制度某种过于美好的憧憬,以及由于缺乏足够的关于对政府制度本质及运行机制的研究,使得政府制度在一定程度上被滥用,而这又为经济实践所反映。70 年代末期,西方国家普遍困扰于滞胀困境之中,而社会主义国家也因为政府制度在经济问题上的过于集权,不得不进行深入的改革。这一些成功的经验与失败的教训都促使我们去更深刻地把握市场和政府的本质、特征和相对的优势。

目前财政理论的发展表明,在考虑以政府制度介入经济事务之前,必须首先考证:

(1) 该类经济事务,政府制度是否比市场制度处理得更好一些?

(2) 即使在经济中存在着一些市场制度处理不好的事,是否一旦发生这样的情况,都必须以政府的介入进行补救也是值得考虑的。因为就某件经济事务而言,如果市场处理的结果从整个社会来看成本大于收益因而是得不偿失的,那么同样由政府来处理的话,假设效果较市场为好——成本较小或收益较大,但如果在总的效应上仍然是成本大于收益的话,该类事务在客观上应采取任其自然的态度。我们必须承认,在技术资源的物质条件制约下,人的能力是有限的,不是现有的任何经济事务人们都有这样或那样的办法把它处理好的,存有一些暂时解决不了的问题等待以后社会经济发展、物质条件改善了再去处理,可能比较妥当一些,否则就会犯唯心主义的错误。那种认为"市场能够办好的事情由市场来办,市场办不好的事由政府来办"的观点,从现在来看,可能也过于大包大揽了,何以证明市场办不好的事情政府就一定能办好呢?

其次,我们还应该看到,当市场失灵时,替代市场以执行经济职能的制度并非就只有政府一种,还有现代企业等其他可能的制度替代形式,这就使我们在决定用政府制度来替代市场制度之前,还有必要将政府制度与其他可能的制度替代形式逐一比较,以验证相互的优劣,然后再审慎地作出结论。

那么,政府制度相对于其他制度形式(包括市场制度)而言,其优势究竟在一些什么地方呢?这就是我们所要探讨的政府制度的规范性作用,也就是政府制度"应该"从事的经济事务。我们试作讨论如下。

一、资源配置方面的作用

(1) 即使市场制度及除政府制度之外的其他经济制度能够有效地履行资源配置职能,政府对于维护这些制度的正常运行也有着必不可少的作用。如果没有政府制度这样一种外部强制力的保证,在资源的配置问题上,人们就有可能不是通过以货币为媒介的交易行为来解决,而可能倾向于以暴力抢劫、欺诈等手段来取得资源的支配权。因此,明确与保护**产权**[①]是政府在资源配置中首先必须履行的职能。只有将人们相互之间的经济利益边界划分清楚并给予保护,禁止他人非法地侵占,市场的交易行为才会具有可靠的基础。这种仅以保护产权的作用来履行资源配置职能的政府被称作为"**最小化国家**"。

(2) 当市场制度出现了如我们上述所说的失灵现象后,政府在下述一些方面有可能直接地参与到资源的配置中去。

① 由于市场制度几乎不能提供公共品,而公共品又是一个社会的发展所必需的,并且,政府易于通过公共决策机制将有关公共利益的信息予以汇总,并进行相应的决策,然后以税、费等形式来解决公共品提供的成本,使之"取之于民、用之于民"。在这一过程中,尽管要发生一些成本:比如,公共决策机制的运行、财政税收部门的运作,都需要耗费相当的人力、物力;又如,通过公共决策机制所确定的公共品提供的结构、数量、质量,由于信息不完全的原因,可能并不能够达到理论上最优化的效率标准。但是,即使凭借日常最一般的经验观察,我们也不得不承认,由于政府制度的存在,在人类社会中,公共品提供状况较之我们假设的那种完全不依靠政府的经济制度下公共品的提供状况要好得多。

② 在社会提供私人品的问题上,我们知道,市场制度会发生诸如信息不完全、规模收益递增、外部效应等一系列失灵现象,这时政府制度是否需要介入呢?这些问题往往是经济学与财政学中最复杂、又最富有争议的问题。比如,在信息不完全问题中,我们可以设想通过

---

① 产权是指法律所规定的人们获得某种经济利益的权力。

政府强制性的要求卖者公开信息,来改善效率不理想的状态。但是,在实际中,这样的做法,一来需要投入大量的人力和物力以设置相关的政府部门、制定相应的规章制度,以及配备和训练专业的人员,并进行经常性的监督检查和对违规的行为进行惩处,所有这些花费的成本是否一定能够抵补由此而带来的效率增进并有余呢? 二来信息不完全的改进也取决于买者在获取信息上所投入的相应成本,如花费精力和金钱以获得相关的知识,对相关的产品进行搜寻和比较,即"货比三家"等,而这些是政府难以施加影响予以改变的。又如,在收益规模递增的问题上,传统的经济学研究注意到该种现象的存在会导致垄断的发生并进而影响消费者的利益,因而有些学者建议采用公共生产的方法予以解决,如对于水、电、燃气、电信、公共交通等部门。但是,事实证明,政府垄断与私人垄断一样,易于产生收取垄断高价、降低服务质量等弊病,这些领域的大量实践表明,上述政府垄断的设想是有问题的。关键在于我们不能够把政府设想为一个能够自动地达至最优资源配置效率的机器,否则的话,政府全面介入私人品的生产领域也就是可行的了,而这是违背我们日常经验观察事实的,也是与改革开放的宗旨不相符合的。再如,在外部效应的问题上,我们在前面已经指出,市场内部也有着强大的动力来解决这一问题,关键在于成本-收益的对比,而运用政府制度来解决这些问题,同样面临着一个成本-收益比较的问题,大量的监管成本与监管收益之间的比例关系构成了我们判别政府制度是否应参与这一问题处理的标准。总的来看,在对待政府制度对市场制度的补救问题上,我们有必要从成本-收益分析的角度,就具体问题进行实事求是地具体分析,以确定其效应,并据此进行审慎的决策。当然,我们还必须看到的是,在补救这些市场失灵问题上,现代企业制度等其他经济制度形式也有着很大的可发挥空间,比如在信息失灵问题上,通过将市场的交易行为内化为企业内部的非货币化交易,就有可能在一定程度上减少信息成本。对政府制度的作用,有必要与企业制度等做一比较,以进一步确定其介入经济问题的合理性。

那么,为什么政府制度只应在市场制度配置私人品发生失灵的场合发挥补救的作用而不宜全面介入私人品的提供中呢? 这是因为在现实中,由于一方面在激励机制上政府制度不能够保证从政府决策的参与者、制定者到执行者,完全抱有同样的想法,彻底地杜绝"搭便车"行为的产生;另一方面,政府制度的结构普遍庞大,使得在现有的技术水平下,信息的上行下达往往需要较之企业、市场等花费更为高昂的代价,这就造成政府制度在从事资源配置工作时,与市场制度一样,同样存在着许多不尽如人意的地方,这种现实中的政府制度与我们理想中的能够自动达至资源最优配置的政府制度之间的差距与"市场失灵"一样,被称为**"政府失灵"**。因此,当我们把现实中的市场制度与政府制度及其他经济制度做比较时,我们所比较的都是与理想化模型相比有着缺陷的制度。与其说我们在寻求一个完善的制度,倒不如说我们是在寻求一个较好的制度,这个较好的制度取决于实事求是的比较。在私人品的配置问题上,比如当我们决定一种面包或糖果的生产时,由政府对消费者的需求进行调查研究、并层层反馈信息,以及组织生产和销售,这其中所花费的代价以及信息失真的程度,一般来说,要比由市场和企业来办同样的事情严重得多。私人品的竞争性和排斥性的特点,其实已经表明了在其配置上采取分散决策的体制,在绝大多数情况下,要比采取集中的决策体制为好,改革开放前后,我国经济实践的对比已能够充分地说明这一点。

③ 对于纯粹的私人品与纯粹的公共品之间的大量既具有一定私人品色彩,又具有一定

的公共品色彩的混合品,到底应该由政府制度还是市场和企业制度来提供呢?这取决于该种混合产品到底偏向于私人品的一极抑或是公共品的一极。社会产品的分布如图2.2所示。举例来说,对于电视机的消费,在极少几个人的范围内,确实具有一定的非竞争性,但是恐怕没有多少人会赞成因此而把电视机列为公共品的范畴并采用公共提供的方式,这是因为这种非竞争性的范围是很小的。对于另外一些物品,如公路、公园等,尽管在超过了一定的数量的消费者后会因为"拥挤"而发生消费的竞争性,但是绝大部分财政学者会赞同原则上将这些物品作为公共品来对待。由于没有严格的数量界限来确定混合品应该采用私人提供或者是公共提供,因此在财政政策上就某一些特定的问题发生争论也是正常的。对于混合品,还有一种提供方法可以采取,这就是混合提供的方式。比如,像公园一类的物品,我们可以一方面通过对可识别的消费者收取一部分费用来抵补提供该物品的成本,而另一方面则通过政府制度向纳税人收取税收的方式来作为提供的成本。这样的一种作法从道理上来讲也是很容易明白的,因为像公园一类的产品既在一定程度上具有非竞争性,而当超过了一定的限度后又具有竞争性,因此就这两个方面采取不同的提供方法应是一个合乎逻辑的主张。

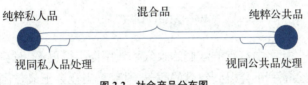

图 2.2 社会产品分布图

政府制度在资源配置方面的另一个作用是提供优值品和禁止劣值品,比如提供义务教育和禁止吸毒。

二、收入分配方面的作用

前面我们已经介绍了关于效率最优标准的帕累托原理,它表明,当不损害他人的利益,而没有一个人的处境会变得更好时,效率就达到了最优的状态,但是在实践中,我们有理由进一步设想,当我们牺牲某些社会成员的一些利益,是否就有可能更大地增进其他一些社会成员的境遇,从而在整体上使社会状况得到进一步的改善?比如,当社会从某些富人身上征收他们的一定收入并将之转移支付到一些比较贫困的社会成员身上后,社会的状况是否能够变得更好呢?或者用专门的术语来描述的话,社会福利是否能得到进一步的增进呢?对这一问题的讨论已超越了资源配置的界限而涉及收入分配的问题,从目前经济学和财政学研究的进展来看,这一领域也是一个最富有争议而又富有挑战的领域,对于这一问题的不同看法,也关系如何看待政府制度在处理这一问题上的地位和作用。我们来比较一下社会福利函数构成的不同价值观,如图2.3所示。

(一) 功利主义

功利主义认为,社会福利等于社会各成员的效用之和,如果一个社会由甲、乙两人构成,那么社会福利 $W=U_甲+U_乙$,这就意味着不论甲、乙两人的贫富程度如何,对他们而言,每一单位效用是同样的。按照功利主义的认识,并且如果假定收入或财富的边际效用相等,那么我们即便将富人的一部分收入转移支付给穷人,社会的状况也不会得到改善,因为在市场上,富人和穷人面对着相同的价格,也就是说,他们花费边际收入所得到的效用是等价的,因而不论穷人和富人,一定的收入即意味着一定的效用,因此减少富人的收入而增加穷人的收入也只是相应地等量增加穷人的效用和减少富人的效用,因而调整由市场形成的收入分配结果是没有什么必要的,因为这种调整不能够使得社会福利得到增加,相反,由于调整过程中所必然要发生的调整成本,结果将是得不偿失的。当然,如果我们能够认定边际效用是递减的,并且不考虑再分配过程的调整成本的话,那么功利主义可能会在一定程度上赞成收入再分配,因为富人减少一个单位边际收入的效用损失将会小于穷人增加一个单位边际收入所带来的效用增加。然而,如果进一步考虑调整成本不为零的更加现实的情况,即使效用是边际递减之状,但边际递减之幅度不大,那么是否做这样的一种调整就很难说了。

(二) 罗尔斯主义

罗尔斯主义认为,社会福利只取决于社会上境况最差的人的水平,即

$$W = \text{Min}(U_甲, U_乙)$$

根据罗尔斯主义,社会中富有的人们的收入和效用提高得再多,对社会境况的好转也不会有丝毫的意义,社会福利不会得到丝毫的改善。相反,当社会上最贫困的人的生活条件得以改善时,社会的境况就大为好转。根据罗尔斯主义的精神,显然在一个社会总收入一定的社会中,要使得社会福利水平得到进一步的提高,必然要采取收入再分配的政策,使得穷人状况改善的收入增量只能来自社会中的富人。

(三) 折中主义

折中主义是一种介于功利主义与罗尔斯主义之间的观点。折中主义既不像功利主义那样认为富人的一个效用和穷人的一个效用是完全相等的,两者之间具有完全的可替代性;又不像罗尔斯主义那样极端地认为只要穷人的效用没有增加,富人的效用增加得再多也是没有用的,两者之间完全没有替代性。折中主义的观点表明,一般来说,穷人增加一些效用与减少富人同样的一些效用对社会状况来讲,意味着一种好的改进。从另一角度来看,折中主义也赞同,当富人效用增加很多,而使得穷人的效用有所减少但数量有限的情况下,对于整个社会而言,可能也意味着一种改进。在功利主义和罗尔斯主义的两极之间,折中主义的观点会有许多具体的不同,可能极度倾向于功利主义的一极,也有可能极度倾向于罗尔斯主义的一极,或位于它们之间的某一个位置。对于调整收入分配的看法,也因此而有着相应的变化。

(四) 平均主义

平均主义的观点认为,不论社会成员的收入和效用水平是高还是低,只要大家是完全一致的,那么社会状况就达到了最好的状态,社会福利就达到了最大化。要达到这样的一种状态,有两条路径可循:一是提高社会中那些低收入成员的收入水平,使之追上社会中那些富

有的社会成员,这一途径事实上和罗尔斯主义所表明的有着许多一致之处;二是降低社会中富有成员的收入水平,使他们向社会中最低收入成员的水平看齐,而这是不同于罗尔斯主义的主张的。平均主义的社会福利观显然也要求政府对于收入分配进行强力的干预,而且我们可以想象,这种干预力度要大大超过上述其他的关于社会福利的主张(见图2.3)。

总的来看,由于市场制度以及企业制度等除政府之外的其他经济制度不能够对自然形成的收入分配状况进行再分配,因而既然除了像极端的功利主义主张无需对收入物分配状况进行再次改变的之外,其他的福利经济学流派都主张或多或少地有着改变社会收入分配状况的必要,所以,政府承担收入再分配的任务是不容置疑的。

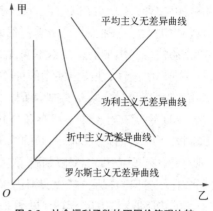

图 2.3　社会福利函数的不同价值观比较

第五节　政府的经济职能

通过上一节讨论,我们已经清楚了政府从规范的意义上应该从事的经济活动,这些规范性的政府作用就被称为**财政职能**。总结起来,政府的经济职能有以下两个方面。

一、配置职能

政府在资源配置方面主要应该从事公共品的提供,以及具有较强的公共品性质的混合品的提供以充分满足社会的公共需要,通过对公共品的提供,将有可能更好地促进整个社会资源配置效率的提高。这里有这样两个值得注意的问题。

(1) 单纯就某一种公共品本身而言,应该提供到怎样的一个限度为合适呢?这个问题的答案是,当享受某一种公共品的消费者的边际收益之和等于提供该公共品所花费的社会边际成本,即 $\sum MRS_i = MC, (i = 1, 2, 3 \cdots n)$ 时,就能够达到帕累托最优状态。如果 $\sum MRS_i > MC$,这表明公共品如果进一步提供的话,那么因此而取得的收益将会增加,也就是尚有帕累托改进的可能;而如果 $\sum MRS_i < MC$,这表明公共品的提供的规模过大,收益难于弥补成本,这显然也不是一种帕累托最优的状态。只有当 $MRS_i = MC$ 时,才是唯一的最好的选择。

(2) 由于政府需要提供不止一种的公共品,因此如何在稀缺的资源约束条件下,合理地确定这些公共品各自应被提供的比例,以及在提供这种公共品中应使用何种资源组合的方式,这也是政府在解决公共品配置问题上所必须考虑的。

只有当公共品1、公共品2、公共品3……公共品 n 所产生的私人边际收益之和相等时,即 $(\sum MRS_i)_1 = (\sum MRS_i)_2 = (\sum MRS_i)_3 \cdots\cdots = (\sum MRS_i)_n$,适当的公共品配置比例才能

够得以实现。因为如果任何一种公共品的私人边际收益之和大于另一种时,那么显而易见,只要将提供后一种公共品所需耗费的资源中的一部分转用于前一种公共品的提供上,社会总收益将得到增加而总成本不变,帕累托改进将会实现。

同样的道理,在决定使用何种的资源组合来提供公共品的问题上,最优化的答案也是使得每一种资源对公共品的提供所作的贡献达到一致的水平上。

(3) 由于在社会中不仅存在公共品的供给问题,更大量的是私人品的供给问题,而它们又同处于一个相同的稀缺资源的约束条件下,因此,如何确定一个私人品与公共品的供给比例就是必须要考虑的。如果我们简单假设社会上只存在两种物品即公共品和私人品的话,那么它们各自被提供的数量界限应该处于恰好使得公共品所带来的边际收益等于私人品所带来的边际收益的那个点上(见图 2.1),这就表明当我们确定了政府制度在配置资源的职能上应该主要从事公共品提供的性质界限后,还有必要确定一个政府制度提供公共品的数量界限,那种认为"政府只要是在为社会需要提供公共品,其作用就是恰当的"的观念,显然并不完全正确,因为如果过于强调公共品的提供,而使之超过了应有的数量限度,并挤占了私人品生产的应有空间时,总的社会经济效应将受到影响(图 2.1 中的 A 点),这时我们当然不能够认为这种为了社会公共需要而进行的经济活动就是正确的。

从人类社会发展的历史阶段来看,在经济相对不发达的时期,人们往往对公共品的效用评价相对较低,而对私人品的效用评价相对较高;而到了经济相对发达的时期,相对于私人品而言,对公共品的效用评价将会得到提高。这就使得在发展中国家,以规范的意义而论,政府在公共物品的提供上有必要保持一个较小的规模,奉行"小政府,大社会"的方针,并随着社会经济文化水平的提高,逐渐地扩大政府的收支规模,来满足社会日益增长的对于公共物品的需求。

政府在控制外部效应、完善信息交流、修正垄断格局等方面,也可以发挥重要的作用,但必须结合具体问题具体分析,审慎地考虑是否应该干预,以及如何干预的问题。

当出现重大宏观经济问题,如严重的通货膨胀或失业现象时,政府可以通过增加或减少政府投资,税收调节等方式来进行干预以恢复宏观的均衡,但是这种干预必然会改变社会产品供给中公共品与私人品之间业已形成的组合比例,而如果原有的比例关系是一个较优选择的话,那么就有可能会造成损害微观经济效率的副作用,所以有必要对此采取谨慎的态度。

二、收入分配的职能

对社会收入进行再分配,是政府应尽的职责。政府对社会收入进行再分配有以下的一些方式。

(一) 公共提供

公共提供就是政府通过税收的方式筹集资金,并向公众提供公共品,或者带有着强烈公共品色彩的混合产品。由于公共品是大家都能够享受到好处的物品,而提供公共品的税收来源则对每一个社会成员而言,负担不同,一般来说通过适当的税制的构造,人们总是使社会中比较富有的成员承担较高的税收,而收入较低的成员则承担较低的税收,因此,公共品的提供上就具有这样一种特征:社会各成员因享用公共品而获得的效用是一致的,但付出却是不同的,这就实际上形成了收入的再分配。

(二) 公共生产

公共生产就是指由政府来组织社会的生产活动,这样做的一个重要原因就在于改善因资本占有的不均等,以及资本参加收入分配而导致的收入水平畸高畸低的状态。显而易见,如果能够通过政府占有生产资本并代表全体人民行使对资本收入的占有权,社会的分配差别将主要来自各社会成员劳动力禀赋的差异,而仅仅因为劳动力禀赋差异所导致的收入分配差异将大大小于因资本参加分配而形成的社会贫富差距。

由政府来组织公共生产尽管无疑能改变收入分配的状况,但是广泛地采取这种方式来作为收入再分配的主要手段则易于引起社会生产效率的低下,其原因不外乎如我们前面所指出的那样,在于两个方面:一是如何保证在公共生产这样一个庞大的构架系统中,有效地进行激励和监督;二是在政府制度这一规模和复杂程度都远较企业为大的系统中,如何保证信息传递的效率。其实,为了达到收入再分配的目的,政府尚有许多更好的可备选方案,因此,通过公共生产来作为收入再分配的主要手段是需要保持谨慎的态度的。

(三) 转移支付

转移支付是一种最直观的收入分配制度,即通过将某一部分社会成员的收入转移到其他社会成员的手中来进行收入再分配,而无需由政府进行公共提供和公共生产。尽管设置有关负责转移支付的机构及进行转移支付的活动需耗费社会的成本,如同在公共提供与公共生产活动中同样需要耗费这方面的成本一样,但是我们可以直观地判断,此种方式由于其信息比较明确,所以较之其他两种方法耗费的代价较小一些,因此一般被作为收入再分配的主要方式。

转移支付的方式有许多种,社会救济就是其中的一种。这是从财政收入中向在贫困线以下的社会成员提供帮助,而这些资金无疑是来自社会的其他成员,地区间的转移支付也是一个方法,一般总是通过中央财政由收入较高的地区将一部分收入向收入较低的地区转移,实质上还是在社会中较富有的人群与较贫困的人群之间进行收入再分配。

政府在行使收入分配的职能时,有必要妥善地考虑公平与效率之间的关系问题,不能因为过于强调公平而过多地损害社会的经济效率,否则对于整个社会经济的发展将是不利的。

第六节 国有资产管理的规范范围

国有资产顾名思义是由国家代表全体人民拥有的共有资产,从理论上看,全体人民应在其中占有一均等的份额。问题随之而来:为什么这些资产需要有国家来占有而不是由社会中的其他利益主体来占有呢? 一个合乎逻辑的答案是:履行国家的职能需要这些资产。问题也可从另一方面来提出:当履行国家应有的职能不需要某些资产时,这些资产是否还需要国家来占有呢? 答案当然是否定的,因为既然国家履行其职能不需要这些国有资产,那么这些资产理所应当被其他的社会经济主体来利用,这样社会多少将产生一块增量的产出,社会将显然因此变得更好而不是更坏。所以,无论从哪个方面来看,"国有资产应是国家履行其职能所需要的资产"这个结论是确定无疑的。下一个问题是:国家究竟应履行哪些职能呢?这一问题的另一面是:哪些社会经济职能不应由国家来履行呢?这两方面的界限究竟何在?显然国有资产的规范(应该)范围也将由这一界限所决定。这一界限通过本章前几节的讨论我们现在无疑已是相当明了了。从这里,我们也可以再一次体会政府制度理论(财政理论)对于国有资产管理学的意义。按照我们在前几节中所述的规范的政府制度理论(财政理论),国有资产在规范的意义上应包括下述的内容。

一、效率角度

(1) 中央政府负有提供全国性纯公共品的职能,而纯公共品在实物形态上是无法像私人品一样分割到每一个人的手里的,这样,提供纯公共品所需之资产就应归属与国有资产,由国家代表全体人民来拥有它的公共产权,这些国有资产包括国防部门、司法机关及其他中央政府部门履行其职责所必须的装备、像灯塔等公共设施、像环境等自然资源。

(2) 许多公共性很强的准公共品近似地也可作为纯公共品来处理,根据与上述同样的理由,提供这些物品和服务的资产也应由国家作为国有资产来拥有。这些资产包括公共卫生设施、原始森林①、江河湖泊、属于领海的海洋等。

有些物品属于混合品,如国道性质的桥梁、高速公路等,可以根据实际情况,因地制宜,或采用政府提供并部分收费、或市场提供政府加以管制并给予适当补贴、或政府与社会资本共同经营再辅以政府对价格进行管制等方式来提供,并根据不同的提供方式来确定国有资产的范围。

(3) 在某些市场存在着严重缺陷的领域,如果仅仅依靠市场制度自身的完善和改进还是与最优效率目标存在较大的距离,相对来说,依靠政府制度来解决问题的结果又相对好一些的话,那么有必要考虑公共生产方式的介入,国有资产管理的范围也相应地应该扩展到这些领域,比如在自然垄断等特殊的情况下。另外,如果根据国家安全的需要,某些生产必须由国家来进行的话,国家自然也应该将这些方面的生产资料列入国有资产管理的范围。

(4) 政府还负有着提供优值品的任务,为此同样需要政府掌握相应的国有资产,如在基础教育中提供服务,并相应地将相关资产以国有资产的形式占据并进行管理。

二、公平角度

政府应拥有一部分社会资产,以便完成社会保障等维护社会公平之任务,所以政府还应将社会保障一类的为实现社会公平目的的资产纳入国有资产管理的范围之中,比如社会保障基金中的统筹部分。

---

① 单独的被砍伐了的树木在很大程度上具有私人品的性质,但成片的森林却具有很大的外部性,这一点随着环境科学的发展,已越来越成为人们的共识,也正是从这个角度来看,我们认为江河湖泊、属于领海的海洋等属于外部性很强的公共品理应由政府来提供和代表全体人民以国有资产的形式占有。

三、动态角度

一方面,随着一国社会经济的渐趋发达,公共产品在全部社会产品中的比重也会逐渐增加,这是由人们消费层次性变化的客观规律所决定的,只要观察人们在温饱阶段和小康阶段对于环境保护等公共产品的不同欲求程度,就能清楚地证明这一点。因此,越是发达的社会,对社会公共资产的要求就越高。另一方面,根据公共产品理论,大部分的营利性企业并不一定需要以国有企业的方式来经营。所以,在国有资产管理政策的制定上,也就应充分地反映这一点。相应地,如果把国有资产划分为营利性和社会公益性两部分的话,国有资产管理的战略性结构调整,在最高的层面上应是调整这两部分的比例关系,如转换部分经营性国有资产存量充实社会保障基金等;又如,在一些比较发达的城市,转换部分企业中的国有资产为绿地、道路等公共设施,同样也应是题中之义。

习　题

【名词解释】

1. 规范研究　　　　2. 帕累托最优　　　　3. 起点公平
4. 禀赋　　　　　　5. 规则公平　　　　　6. 结果公平
7. 公共品　　　　　8. 私人品　　　　　　9. 混合品
10. 市场失灵　　　　11. 外部效应　　　　　12. 规模收益递增
13. 信息不完全　　　14. 消费者主权　　　　15. 家长主义
16. 劣值品　　　　　17. 优值品　　　　　　18. 公共提供
19. 公共生产　　　　20. 转移支付

【思考题】

1. 试说明规范研究和实证研究的关系。
2. 设定一个能够达至最优化经济目标的规范性经济制度模型,对于研究复杂的现实经济意义何在?
3. 经济学规范研究所遵循的规则是什么?
4. 请列举市场失灵的情况。
5. 政府制度的作用有哪些?
6. 政府制度规范性作用在资源配置问题上主要体现在哪些方面?
7. 政府制度规范性作用在收入分配问题上主要体现在哪些方面?
8. 比较功利主义、罗尔斯主义、折中主义和平均主义对于公平的认识。
9. 政府的经济职能包括哪些方面?
10. 政府进行收入分配可以采取的主要方式有哪些?
11. 公共财政理论指导下的国有资产管理的规范范围是什么?

第二章

实证的政府制度理论与国有资产管理

第一节 实证研究

我们已经清楚,政府制度应该做些什么,同时我们也知道,现实中的政府制度一般来说,不可能把这些事情做得十全十美。那么,我们或许会问:现实中的政府制度究竟是怎样运作的?通过这样的运作,在实际中究竟能够导致怎样的一个经济结果?不同类型的政府制度,其运行的效能究竟有何差异?这就是我们在本节和以后几节中要讨论的问题。如果说,我们在本章前面的有关探讨中关注的是"政府制度**应该**做些什么"的话,那么在本节和以后几节中,我们所关心的是"在实际中政府制度究竟怎样做,以及做得怎样"。

在上一章的探讨中,我们已经研究了规范研究的方法,通过规范研究,我们旨在确定一个对经济运行各环节的合意性进行评价的标准。但是,仅仅知道在经济活动中我们"应该"怎样去做是不够的,我们往往更需要知道现实究竟在怎样做,**实证分析**就是关于确定经济的运行"是怎样"的研究,它探讨的是经济活动的客观性。没有规范研究,我们会失去努力的目标和方向;同样,没有实证研究,不把握经济运动的客观规律性,我们的主观努力也无法成功。规范研究和实证研究相辅相成,才能构成完整的经济学和财政学研究方法论体系[①]。

从实证研究的内容上来看,我们可以把实证研究分为两类。一类实证研究所要确定的客观事实基本上是通过我们的观察、感知所能够直接获得的关于事物的表面现象,比如一国GNP的大小和增长的快慢、工厂厂房的大小、工人的数量、拥有的机器设备情况等,更复杂一些,可能还包括一些经过技术处理的统计数据,如总资产、净资产、净资产收益率、负债率等,要获得这样的一些实证数据,可能需要比较高的专业技能,但这仍然只是停留在对事物表象的观察之上。在财政工作中,类似收入的规模、支出的规模、税收规模、国债规模等,以及对这一些数据的回归统计等数据处理工作,也都属于对事物的表面现象进行实证的范畴,

---

① 毛程连:《公共产品理论与公共选择理论关系之辨析》,《财政研究》2003年第5期。

我们把这一类研究统统称为**经验实证研究**。另一类实证研究则是通过对事物的表面现象的直接感知所不能直接完成的，也就是说，要从根本上来回答这些现象产生、发展和消亡的根本原因，需要经过科学的抽象和科学的思辨才能够得到。比如，亚当·斯密提出的关于经济人动机会自动导致全民利益最大化结果的规律；又如，马克思关于资本主义企业产生、发展和灭亡的规律等。这一类实证研究我们称之为**理论实证研究**。

在经济学中，进行理论实证研究的一般方法是首先通过某些合理的"假定"，将研究对象中所包含的一些次要矛盾过滤出去，从而产生一个类似于自然科学研究中的"实验室环境"，以便更加清晰地对主要矛盾进行深入、细致的分析。比如，在完全竞争市场模型中，我们作了"信息是完全的""要素的流动是可以瞬间完成的"等这样一些尽管在现实市场制度中基本不存在但对于我们搞清楚市场制度运行的主要规律又不可缺少假设，通过一系列的假设，我们就可以得到一个纯净化了的、能够集中反映事物的主要矛盾的经济模型，通过对经济模型的仔细分析和研究，我们就可以发现经济表象后所隐藏着的经济活动规律性。在学习经济学和财政学的过程中，注意各种理论实证分析结论所依存的前提假设条件，是学好经济学和财政学的重要途径，特别是当某些前提假定是隐含着的时候，就更需要我们注意这一点，切不可把理论实证分析的结果简单套用于对现实经济问题的分析之上。

从实证分析的时间顺序上来看，实证分析研究又可以分成事前的实证分析、事中的实证分析和事后的实证分析。事前的实证分析指的是当某些经济结果还没有现实出现时，我们可以凭借现有的客观事实基础去合理地预测将要发生的事实的客观内容，我们通常所说的经济预测就是这样的一项工作，这一工作通常有两条实证分析的途径可循：一条是进行比较简单的经验实证分析来进行预测，比如用回归的方法在一定程度上就可以把握经济现象发展的趋势；另一条更为复杂但可能更为准确的途径就是通过对经济活动内部各要素运行规律性的分析，来得出预测的结果。事中的实证分析是指对目前正在发生的经济事实进行客观的分析以确定其状况，这一研究往往看起来好像是比较简单直观的，但其实不然，甚至在某些时候由于研究者观察的角度和深度的不同，结论可能大相径庭，这就要求我们对于经济问题必须全面、深入地来观察。事后的实证分析有助于我们从过往的经济活动中吸取有益的经验和教训，经济史学家就专门从事这方面的研究。事后实证研究与事中的实证研究一样，要得出一个准确的结论，必须在研究中贯彻既全面又深入的精神。

第二节 公共选择理论和国有资产管理的实证范围

"**公共选择理论**"是财政学界最近发展的有关公共决策机制如何运作的理论，它的中心要点在于将经济人的行为引入到对政府制度活动的分析中来。公共选择理论认为，政府是物而不是人，是带有着不同的具体利益内容同时又抱有个人利益最大化追求的个人进行经济活动的一个舞台。在政府制度的框架下，与在市场制度的框架下、企业制度的框架下和其他制度的框架下一样，人们遵循着经济人动机规律，在彼此的交往中，既有矛盾，又有合作；

如果制度的框架是适宜的话,那么通过这一适宜的制度框架将有助于将分散的个人逐利行为导向全民利益的最大化。

事实上,从亚当·斯密开始,古典经济学就一直把"国家",即我们这里称为的"政府",看成是带有不同利益的个人,以及由这些个人组合成的利益集团追求自身利益的工具。马克思则更为一针见血地指出,资本主义的国家就是资产阶级对工人阶级进行"超经济剥削"的工具,也就是说,除了在资本主义企业中,资产阶级对工人阶级进行剥削以外,资产阶级还要利用国家机器,再一次对工人阶级进行剥夺。当然,在更早的人类社会历史时期,国家的本质从经济方面来看,就一直是统治阶级借以剥削被统治阶级的工具,我们经常所说的"财政本质"也就是"经济国家"的本质,也即统治阶级剥削被统治阶级的工具。

所以,实际上公共选择理论也并非一夜之间从天而降,不过是以利益分析为基本特征的古典经济学优良传统在现代的复归。此一复归的原因在于,以萨缪尔森为代表的所谓"新古典综合学派"学说,混淆了资本主义国家的实证意义,把资本主义国家(政府)视为一个能够自动达成全民利益最大化的工具,并以此作为宏观经济学分析的基本前提,而这样的研究所得出的结论必然不能很好地解释经济现实,从而导致西方世界陷于20世纪70年代"滞胀"的困境之中。因此,重新认识政府机制的运作机理就成为紧迫的课题,正是在这样的背景之下,西方财政理论界开始了一段"向新政治经济学回归"[①]的历程,旨在从利益分析也即经济人普遍行为的角度来理解政府的实质,所产生的有关成果即统称为公共选择理论。

那么,在我国的具体环境下,公共选择理论是否有借鉴意义?如果有的话,又应该如何借鉴呢?对于这个问题,只要了解了有关"公共选择学派"的来龙去脉,就不难有一个明确的判断。

首先,马克思主义政治经济学的精髓正是在于特定制度框架下的利益分析,无论是对于资本主义企业还是资本主义国家都是如此,而这又秉承并发扬了古典经济学的优良传统。在这一方面,从方法论的角度而言,"公共选择学派"恰恰有着相似的特质[②]。以此而论,"公共选择学派"在经过适当的处理之后,完全有可能被整合进社会主义市场经济条件下的财政理论体系中来[③]。

其次,虽然随着人类社会的发展,国家将逐渐消亡,人们的利益将归于一致,共产主义必将实现,但是在目前我国所面临的社会主义初级阶段中,根据实事求是的马克思主义基本原则,我们仍然必须正视人与人之间的利益矛盾依然存在,由个人组合而成的不同社会利益集团之间的矛盾也依然存在,我们在财政实践中经常遇到的如中央与地方之间的矛盾、地方与地方之间的矛盾,以及其他各种类型的矛盾都表明了这一点。因此,那种认为"财政政策在当前阶段就能够符合每一个社会成员的利益要求而不存在丝毫矛盾,因此财政政策不需要

---

① Robert P. Inman,"Markets, Governments, and the 'New' Political Economy," in *Handbook of Public Economics* (Vol.Ⅱ), Elsevier, 1987.
② 公共选择学派的基本分析方法其实就是利益分析法。参见《经济利益与经济制度——公共政策的理论基础》(布罗姆利著,上海三联书店,上海人民出版社,1996年)、《集体行动的逻辑》(奥尔森著,上海三联书店,上海人民出版社,1995年)、《公共财政》(布坎南著,中国财政经济出版社,1991年)、《集体选择经济学》(乔·B.史蒂文斯著,上海三联书店,上海人民出版社,1999年)等书。
③ 毛程连:《财政学整合论》,复旦大学出版社,1999年。

平衡和协调不同的个人,以及不同的利益群体之间的利益关系"的观点是不对的,从根本上来讲,社会主义国家的财政政策既体现着全民利益的最大一致性,又不可避免地会存在着对于各种利益矛盾的调和,因而财政政策的产生机制从根本上来讲仍然是一个公共选择的机制。如何适当地对公共选择的机制作出好的安排也同样是我们在财政实践中面临的重大课题。正因为这样,以利益分析为基本特征的公共选择理论在我国当前环境下当然是大有用武之地的。

与研究市场制度的问题相类似,在对政府制度的研究中,我们将提出一个最优化的政府机制模型来,然后通过一些既具有理论抽象,又具有实证内容的不同政府制度模型来与之进行比较,以充分说明政府制度运行的机理及其改进的方向,这就如同我们在市场制度经济学研究中所采用的将不完全竞争市场、寡头市场、垄断市场等诸模型与完全竞争市场逐一对比,从而更为深入地把握市场制度运行的实质一样。

一、维克塞尔-林达尔机制

什么样的政府制度能够达至最优的效率与公平目标呢?早在一百多年前,瑞典财政学家维克塞尔就提出了这样的一个最优化模型,该模型后来经过林达尔的发展和完善,被称为**"维克塞尔-林达尔机制"**。

在维克塞尔-林达尔机制中,有这样两点基本假定:

(1)每一个社会成员都参加到政治表决程序中来,并且每位社会成员的政治权力都是平等的,也就是一人一票制。

(2)投票人作出选择、获得投票人的表决信息并以此为基础形成决策,以及付诸实施的过程中,不需要为信息的传递耗费任何资源,并且在信息的传递过程中不存在任何失真,简而言之,就是信息成本为零。

首先,在这样的假定下,维克塞尔和林达尔指出,如果有某一个社会成员对其他社会成员就解决此项问题所提出的方案有不同的看法并投出反对票的话,那么自然表明,就经济利益的角度而言,该社会成员将因为这项方案的通过而遭受损失。当然,根据"一致同意"原则,该项方案将被否决,由此维克塞尔-林达尔机制保证在"一致同意"原则下所做出的选择都是符合帕累托改进的,也就是没有哪怕是一个人的利益会受损。同时,又由于我们前述的信息成本为零的假定,投票人总是能够确切地知道,对于他而言,最优的解决方案是什么,而不会停留在最优边界之内,这样,通过全体一致同意的表决后,帕累托最优将得到实现。

其次,从公平的方面来看,人们拥有平等的政治权力,这就保证了起点的公平;面对的是同一的投票规则,这就保证了规则的公平。在信息完全的假定下,显然结果就是公平的。这样,维克塞尔-林达尔机制就能够保证起点公平、规则公平和结果公平三者的统一,并达至最优的经济目标。

虽然在现实中,人们所拥有的实际政治权力并不完全一致,而信息成本为零的假定也无法实现,在有着一个相当数量人口的表决机制中,信息成本甚至是非常巨大的,但是这些都不妨碍维克塞尔-林达尔机制为现实中政府制度的改进提供方向和标尺。

首先,通过维克塞尔-林达尔机制,我们可以清楚地看到,保证公共决策既符合效率原则,又符合公平原则的一个前提是尽可能地使得政府制度中的每一个人所拥有的权力是平等的。

其次,如何通过适当的制度安排来尽可能多地减少政府制度运行中所要发生的巨大信息成本,是提高政府制度运行效率和保证社会公平的重大课题。

最后,尽管在现实中对于某一项公共决策达到每个人都同意的程度是不大可能的,但维克塞尔-林达尔机制仍然向我们传递了这样一个朴素而有价值的信息:尽可能地使政府机制的运行保证尽可能多的人的利益,是衡量政府制度有效性的重要依据。

二、直接民主决策机制

基于维克塞尔-林达尔的"一致同意"原则在现实中几乎不可能实施,因而我们通常所说的**直接民主决策机制**更多地是指多数票决策机制,只要社会成员中有多数人投票赞成某项经济问题的解决方案,那么该项方案就能获得通过。这里所说的多数,有可能指简单多数(即1/2以上),也可能指2/3多数,或者其他有关多数的规定,这要视方案的重要性而定。

多数票决策机制能否达至最优的经济问题解决方案,还必须视它否满足以下两个要件:其一是投票者应具有单峰形偏好;其二是付诸表决的方案是两两进行投票的,以获胜次数最多者为优。所谓单峰形偏好,是指人们对于表决方案的效用评价上只出现一个极值(或曰极峰)。以A、B、C三种经济方案为例,投票者对其的效用评价为以下几种的都属单峰形偏好:A>B>C,C>B>A,B>C>A,B>A>C。单峰形偏好的曲线可以用图3.1中的(a)(b)(c)(d)来表示。在单峰形偏好条件下,又是对方案采取两两表决,那就必定能产生一个最优的决策结果,并且这一结果是唯一的,这一稳定的均衡解也总是反映了中位选民(即偏好居中的选民)的偏好。

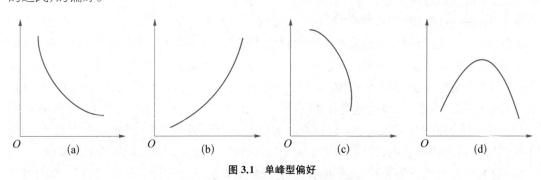

图3.1 单峰型偏好

但是,如果上述的单峰形偏好假设不成立,直接民主决策机制是否还能得出最优解呢?与单峰形偏好相对的是投票者的偏好是双峰形甚至是多峰形的,即人们对于经济问题的解决方案的效用评价上出现了两个甚至多个极值。还是以A、B、C三种经济方案为例,以下的效用评价就是属双峰形的:A>C>B,C>A>B。双峰形或多峰形偏好曲线可用图3.2中的(e)(f)来表示。在投票者偏好是双峰形甚至多峰形的情况下,仍然对经济方案进行两两投票表决,但是我们却发现,没有一个方案能获得稳定的票,社会公众的选择出现了一种奇怪的不合逻辑的现象,有可能是A>B,B>C,而C>A!这样就产生了令人头疼的**循环投票**,

虽然每个社会成员的偏好是有逻辑的、前后一致的，但整个社会的偏好却是不一贯的、前后不一致的。

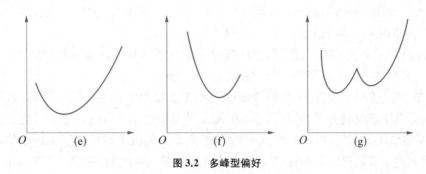

图 3.2　多峰型偏好

由于两两表决，以获胜次数多者为优的直接民主决策机制在多峰形（包含双峰形）偏好显示下无法得出最优解，我们尝试着改变两两循环的表决方式，而代之以淘汰制。举例说来，就是对 A、B、C 三种方案，先对 A、B 两种方案进行投票表决，获胜者再与 C 进行表决，而失败者已被淘汰，不再参加表决，这样，获胜者与 C 间就一定能够产生一个唯一的结果。但是，我们会发现，如果改变投票顺序，比如先对 B、C 两种方案进行表决，胜者再与 A 对决，或先对 A、B 两种方案进行表决，胜者再与 B 对决，尽管社会成员的偏好显示没有任何的改变，结果也是唯一的，但表决结果却发生了变化。由此可见，在淘汰制的直接民主决策机制下，民主决策的结果虽然是唯一的，但取决于投票顺序，投票顺序的改变直接影响到民主决策的结果。可是，谁又来保证投票顺序的确定是民主的、而不是主观的、为人所操纵的？这就是我们所面临的投票决策困境。它可以用**阿罗不可能定理**来表述，即在一个民主社会中，我们无法找到一种投票程序，它产生的结果既不受投票程序的影响，又能保证尊重每一个社会成员的偏好，并将所有个人偏好转换为一种社会偏好，作出前后一致的决策。

综上所述，我们可以看到，在直接民主决策机制下，我们并不总是能够达至前后一贯的、有逻辑的经济决策最优方案或均衡解，这与维克塞尔-林达尔的"一致同意"机制是有着明显的差距的。

此外，直接民主决策机制所耗费的成本是十分巨大的，原因有以下两方面：

(1) 直接民主决策机制要求每个社会成员都参加投票表决，因而人数众多，加之投票表决程序也是十分复杂的，可以想见，它比市场制度下交易双方两两之间达成契约的难度要大得多。

(2) 如果我们把提供公共品所需花费的成本和每个社会成员的受益状况相联系的话，即受益大者多付钱，受益小者少付钱，那么显然的结果是很多人将倾向于隐瞒自己的偏好，以尽可能地少付钱而多享受公共品提供的好处，这种状况就会使我们无法达至有效率的资源配置要求。然而，要每个人真实地显示偏好所需付出的代价是十分高昂的，甚至几乎是不可能的。

三、代议制民主决策机制

由于上节所述的直接民主决策机制运行程序十分复杂，且又需要耗费大量的成本，还会因各种原因无法产生唯一的最优决策,因此现实中往往以代议制民主决策机制来替代它。**代议制民主决策机制**是一种间接的民主决策机制。其方法是,由全体社会成员投票产生一定数量的代表,再由这些代表来表达选民的意见,作出公共决策。由此可见,这一决策机制是民主与集中辩证统一的机制。

在代议制民主决策机制下,选民、选民推举出的代表或称政治家,以及执行公共决策的管理者都会对决策过程造成影响,表现在以下三个方面。

(1) 选民的"搭便车"倾向往往会带来选民不参加投票的行为。我们知道,公共决策是一种公共品,无论选民是否参加投票,都不能阻止他享受公共决策的好处。考虑到参加投票要耗费时间等成本,而且在选民人数众多的情况下,个人的投票对最终结果的影响是微乎其微的,因此选民没有动机去参加投票。这样的选民一多,势必会影响到决策结果的可靠性。选民在代议制民主决策机制下表现出的另一个特点是自相矛盾。比如,在公共收入政策方面希望少纳税使更多的钱留给自己使用,而在公共支出政策方面又总是希望政府能提供更多的公共产品。又如,有时候选民会希望控制公共支出的规模,以便少纳税,却又希望扩大与自身利益紧密联系的那些公共项目的规模。与这些公共项目的既得利益相联系的是一些特殊利益集团,它们或许会因为其成员的特殊社会地位,对政治家进行游说或贿赂,降低本集团成员了解信息的成本,从而对公共决策过程产生重要影响。

(2) 公共政策的执行者即管理者,并不是单纯地接受指令,也会对公共决策产生重要的影响。因为政治家对公共项目需求方面的信息虽来自选民,但对公共项目供给方面的信息则主要来自管理者,管理者直接参与各项具体业务,因而他所提供的具体信息必将影响到政治家的决策。从经济人动机出发,管理者总是倾向于追求本部门规模的最大化,因为这会给他带来诸多的好处,如获得更多晋升的机会、彪炳自己的政绩,增加工资、资金、福利等各项收入,以及扩大自己的权力范围和社会影响力以获得精神上的满足等。虽然政治家会对管理者追求本部门规模最大化的动机加以约束,但由于两者之间信息的严重不对称性,约束往往是有限的,管理者总是能够对政治家的决策施加重要的影响。

(3) 政治家的行为对公共决策结果产生影响也是十分明显的。我们已从选民的行为中了解到,选民对公共项目的态度有时是自相矛盾的,政治家为迎合这种模棱两可的选民意愿以使自己连任,常采取一种圆滑的策略。比如,在公共收入政策方面,政治家更多地倾向于发行公债而不是靠税收来增加政府的财政收入。因为,税收的收取是即时的,而公债的偿还则有延期性,易为大多数选民所接受。在公共支出政策方面,政治家总是倾向于扩大公共支出的规模和范围,因为这有利于讨好既得利益集团,而且本着钱多好办事的规则,政府的政绩自然也更突出。政治家的这种经济人动机在现实的经济中将使公债规模和政府支出比例不断扩大,引发诸多经济问题。

当人们选择了政府-财政制度工具来解决所面对的经济问题以后,就要通过政府-财政制度将所有参与政治过程的人们的不同意见汇聚成为一个"契约",并进而在这样一个"契约"的指导之下,通过政府-财政制度去对付实际的经济现实。这里,这个"契约"就是我们经常要提到的财政政策。我们在第一章中曾经提到,经济决策既反映了经济人动机,又反映着经济制度的约束。针对不同的制度工具,"经济决策"这一环节的具体内容不同,比如在市场制度下,主要是个人决策,而在企业制度下,是企业决策等,但无论经由哪种经济制度达至经济结果与目标都会经过这样一个从意识到实践的环节,而经济决策的正确与否,也都一方面取决于现有制度框架给予经济决策的自由活动空间,另一方面取决于在制度给予的自由活动空间下意识是否能够比较好地反映客观实践。当然,经济决策在更高的一个层次上也包括:当现有的制度框架无论如何也不能为在此框架下合意的经济决策的生成提供足够的可回旋空间时,如何改变这一现有的制度框架。

正如我们前面所强调的那样,国有资产的形成与国家履行其职能是密切相关的。在实际中,国家履行着什么样的职能,就会有什么样的国有资产的现实架构。在资本主义国家中,由于国家机器在根本上是为资产阶级的利益服务的,因此其国有资产的现实占有从根本上来说,也就不可能符合"公共财政"的要求;相反,在我们社会主义国家中,国有资产的现实占有才有可能真正地反映最广大的人民群众的利益。当然,我们也应看到,在社会主义社会,尤其是社会主义初级阶段中,尽管全体人民的利益从根本上来讲是一致的,但仍然存在着不同利益主体间的矛盾,这也就决定了社会主义国家的国有资产的现实构成也必然是社会中各方利益协调的结果,是一个公共选择的结果,与理想化的、规范化的国有资产管理范围会存在一定的差距。细致地研究现实中国有资产管理范围和有关国有资产管理的现实政策的形成,从而恰当地将规范的国有资产管理标准作为参照系来确定对现实的国有资产管理状况改进的途径,正是我们所要做的工作。

第三节　财政政策和国有资产管理政策

财政政策是在经济人行为的规律和现有的制度框架制约下,现实产生的关于财政活动的主观决策,这一主观决策不是随机的、不可预测的,而是根据经济人的行为规律、政府机制运行的客观规律可以推断的。尽管可能产生的财政政策不是唯一的,而是可选择的,但这种选择也不是随意的,而是在客观制约条件的制约范围内的。

国有资产管理政策是财政政策的一个组成部分,说到底,国有资产无非是在财政收支流量中形成的一部分存量资产,不论是国有资产的增量的形成还是存量的管理都决定于财政的客观活动。比如,就以我国的企业性国有资产而论,之所以在中华人民共和国成立后形成了该方面庞大的资产,从财政政策的角度观之,就是财政活动全面介入国民经济领域的表现;而改革开放后,我国企业性国有资产的构成中出现了权益性资产比例减少,而债务性资产的比例急剧上升的情况,同样也是由于财政政策根据社会主义市场经济的要求,转变财政职能,从而改变了财政收支结构的缘故。所以,了解财政政策的规范研究方法,对于我们较好地分析和把握国有资产管理政策无疑是非常重要的。现把研究财政政策的有关要点大致叙述如下。

一、财政政策概述

(一) 广义财政政策与狭义财政政策

由于20世纪世界各国经济事务中的一个普遍特点是政府作为一种经济制度对于市场

制度的大范围替代,因而财政学也逐渐发展成为包含了更为丰富内容的公共经济学,而传统的财政政策概念的外延与内涵也得到了相应的扩张——今天当我们谈论财政政策的时候,我们所指的已不再是仅限于财政预算收支之内或财政部门(包括中央与地方各级财政部门)的其他相关收支活动所体现出来的财政政策,而是包含了政府经济活动的全部方面,或者更准确地讲,是政府活动的经济侧面。于是,前一种传统的对于财政政策的理解我们可称之为**狭义财政政策**,而后者我们可称之为**广义财政政策**。广义财政政策所涉之范围除财政当局权力所及之预算内外收支之外,还应包括货币政策、公共管制政策等。在这里值得强调的有两点:其一,在经济学的概念中,政府的概念是作为一种经济制度被理解的,而不能等同于政治学中的政府概念,比如,由于各国的不同情况,货币当局在具体的行政构架中可能被设置为向行政当局负责,也有可能被设置为向立法机构负责,但在经济学的意义上,此两种情况中货币当局同样都将被纳入政府制度中加以考察;其二,公共管制政策可能是由行政与立法、司法部门中的各具体事务部门分别实施的,如对证券市场的监管在各国不同的情况中可能采用财政部主管、货币当局主管以及独立证券管理机构主管等各种模式,但这些差别都并不影响我们对广义财政政策所作的前述界定。

(二) 宏观财政政策与微观财政政策

我们通常所说的"货币政策与财政政策""与货币政策配套的财政政策"等,所指的实则是狭义的**宏观财政政策**,即财政部门的经济活动据以依据的政策,其着眼点在于对宏观经济变量——总供给、总需求与经济增长速度等——造成某种预定的影响。另一类财政政策的着眼点则在于对经济中的微观因素——主要就是我们前面所介绍过的经济人动机、经济制度、经济决策和行动、经济结果和目标——给予影响,我们称之为**微观财政政策**。

这两类财政政策,总体上来看,应是统一的,但不可避免的,它们在某一些时候又可能是矛盾的。比如,我们当实行着眼于宏观的扩张性财政政策时,就有可能因为改变了现存的公私物品配置结构而引发微观的非效率。那么,我们应该如何处理这之间的矛盾呢?现代财政学不得不越来越关注宏观财政政策的微观基础。

宏观均衡模型——无论是简单模型还是 IS-LM 模型——都是静态的,并且实际上包含着一个隐含的假设,即微观是均衡的,或者说市场是出清的(在充分就业状况下)。在现实中,情况却并非如此。举一极端的例子,比如当增加的财政投资全部用于生产某一种毫无市场销路的私人品时,则不仅造成资源浪费,产生大量的机会成本,而且从动态看,尽管就一时而言,上述的投资与生产行为可以缓解失业等总需求问题(生产产品需要劳动力投入),但在一个长时期中并无助于问题的解决(产品卖不出去后,工人仍将失业)。因此,化繁为简,我们可以有这样的结论:针对宏观经济变量的财政政策,如果在微观配置的角度考虑不周,就有可能导致总政策效应从长期来看是得少于失(比如在上例中)。这样,对于狭义宏观财政政策的微观效应我们就必须予以现实的充分考虑。对宏观经济政策的局限性,事实上 20 世纪七八十年代以来的经济学与财政学发展已基本达成了共识,就是"从长期来看,着眼于宏观的经济政策是无效的",无论货币主义、理性预期学派、修正后的新古典综合学派在对此点的认识上几乎都是一致的。

那么,是否我们就不要宏观经济政策了呢?并非如此。

[案例 3.1] 医学中的治标-治本与经济学中的宏观与微观

当宏观经济中出现诸如失业率增加、通货膨胀等宏观不均衡症状时,就好比我们在医学上发现一个人出现了发热、脸色潮红等不健康的症候,这时治本的办法是通过仔细的诊断来找出引起上述症候的病灶,并对症下药消除病灶使病人得以最后的康复,也就是说,克服宏观不良征兆的根本在于改变引发宏观表象的微观原因;但与此同时,我们并不否认治标的方法在一定的情况下有其应用的合理性和必要性,比如,当一个病人高烧 40 度以上时,很可能采取紧急措施先予以退烧就是需要第一位加以考虑的事情,否则器官被烧坏,再慢慢来治本已无济于事了。在这个例子中,我们同样还能看到的很重要的一点是,并非任何条件下都需要采取紧急性的治标措施,否则一个方面可能会带来某种药物的不良反应(在区分情形对待的情况下,这种不良反应完全是不必要的);另一方面还可能掩盖根本性病灶的严重性,使人们误以为病情已经消除,从而影响治疗。据此,我们对于宏观经济政策的看法也就明朗了,即宏观经济的失衡是经济中深层次(中观的,特别是微观的)矛盾引发的一种表象,宏观经济政策的运用必须在适当的时机——宏观经济处于可判别性极为明显的严重失衡状态(如西方世界 20 世纪二三十年代的经济大危机)下——进行,才是有理由的。在一般的情况下,即便要对宏观总量加以干预的话,也应采取审慎的"微调"政策,而慎用"逆对经济风向"的政策。

其实,就宏观政策工具而言,狭义财政政策相对于货币政策,其特征在于不仅仅能对总量起调控作用,更能通过针对性的支出与收入政策对中观的结构问题与微观的制度、配置与分配问题起作用。以此视角而论,我们不妨把财政政策在此一侧面的作用定义为微观财政政策。我们在讨论财政政策时,必须把它们融合起来看,而不能失之片面。

(三)财政政策的规范性与实证性

财政政策的规范性体现在财政政策的目标指向无外乎是效率与公平。牢记这一点是财政政策制定并执行成功的关键之一,虽然对于此是老生常谈,但在实际的工作及理论探讨中还是会屡屡产生此类问题。比如,在许多情况下,我们对宏观财政政策合意性的判断中,往往就会忽略一个公平的问题,而这样的一个忽略则往往导致政策与实际的不相符合。当然,财政政策规范性目标在现实中的分解确实是一个十分困难的问题。比如,如何解决长期均衡与短期均衡的矛盾(也大致可表述为"治本"与"治标"的矛盾),如何解决宏观调控与微观配置间的矛盾,如何在公平与效率的困难选择中寻找一个适切的均衡点,等等。但是,所有这一些都不能够成为在行动中不自觉地失去目标的借口。

如果说财政政策的规范性表达了充分发挥人们的主观能动性、积极进取去实现最优目标的精神,那么财政政策的实证性则说明了在财政政策的实施过程中我们将面临客观的制约,我们的选择只能是有条件的选择。我国自改革开放以来的财政实践充分证明了这一点。比如,在中央财政的集中与分散度问题上就充分体现着某种不以人的意志为转移的客观规律。在制定新的财政政策及其实践的过程中,我们仍然不可能摆脱客观环境的制约,这种制约可能来自技术、资源等物质性的因素,也可能来自现存的经济制度,而在制度因素中我们尤为关注的就是公共决策机制。只有充分考虑了各种制约条件,我们才有可能比较切实地回答"政策从何而来"这样一个问题,并在相当程度上避免政策制定与实施中的主观随意性。一句话,政策的选择不是自由的,主观能动性只能在一定的范围内发生作用。当然,在一个更高级的层次上,财政政策还有能力对不合意的经济制度环境加以改善,并通过这样的一种改善,为短期的政策创造更好的政策运行环境。

从另一个角度来看,财政政策所要达到的目标与其在实际运行中产生的客观结果之间总是存在着一定的距离,这就说明主观认知与客观现实之间总会或多或少地存有某种程度的偏差。这样,对于政策制定者而言,就应力求充分认识客观规律,努力缩小主客观之间的差异,使政策的制定符合实际;对于政策研究者而言,同样有必要在一个实事求是的基础上,来力求正确地预测现有政策的客观效应。应该说,财政政策的运行结果是有其可判别性的,前提条件就是我们对政策的生成和运作环境有一个比较接近于实际的认识。如果我们能够准确地回答政策如何生成的问题,那么对现实中可能出现的财政政策的备选方案就明了了;如果我们又能较好地预计到各备选方案的可能效应,那么再结合规范分析,各方案的优劣也将得到判明。有关财政政策分析的逻辑,简单而言,也不过如此。

财政政策规范性与实证性的矛盾还表现在财政政策的规范配置对象——公共品上,在实证分析中我们经常发现,政府行为涉及的并不仅限于公共品,很多的私人品同样也在政府行为的涉及之列。比如,非中性的税收与转移支付就会对市场形成的价格产生扭曲作用。理解这一矛盾的关键是必须进一步将公共品概念的外延进行延伸,即将整个经济的稳定与发展,以及社会的公平(经济的宏观效应)看作公共品;然而,问题仍将接踵而至:政府是否有能力提供这种公共品,它到底能做得多好?或者换个问法,是否计划经济也能做得很好呢?关键在于我们不应陷于这样的误区,即认为凡是公共品就需政府提供。在这一问题上我们同样需要考虑成本与收益的对比,以及由此决定的政府制度的能力限度。这就需要我们能够更为客观地对市场制度与政府制度各自现实的优缺点进行全面的审视。

二、宏观财政政策

(一)经济学意义上的宏观、中观与微观

经济学意义上的**宏观分析**、**中观分析**与**微观分析**是有着比较严格的定义的。传统的宏观经济分析的范围只在于国民生产总值、总就业水平、总价格水平、总投资水平、总储蓄水平、总消费水平、国际收支状况等这样一些总量指标的分析之上,而不涉及制度与结构因素。微观经济分析的注意力则集中在经济学中四个最基本的问题之上:(1)经济主体行为的基本假设;(2)经济制度运行的基本机理,包括市场制度、财政-政府制度、企业制度等;(3)经济活动的目标与结果是什么?(4)对目标与结果的合意性的评价。在宏观分析与微观分析之间的有关经济结构——如地区经济结构、产业结构——的问题则归属于中观经济分析。

（二）传统宏观经济分析理论的重大逻辑缺陷

自凯恩斯发端的宏观经济分析理论被运用于经济实践的半个多世纪以来，关于该一方面的理论的经典解释已受到了来自理论界与经济实践的诸多质疑，特别是当 20 世纪 70 年代西方主要发达工业国家普遍陷于"滞胀"的境地以后，促使人们不得不去探究所谓的"宏观经济背后的微观基础"。经过进一步深入的探讨，传统的宏观经济理论被认为存在着这样一些分析逻辑上的重大缺陷：首先，把总需求的不足或过旺归之于投资和需求的不足或过旺，这样的一种解释并没有触及经济问题的实质，我们有理由进一步发问：投资和消费的失衡又是由什么引起的呢？其次，如果引入一个经由政府制度决定的"逆对经济风向"的宏观经济政策就总是能够解决问题，使经济趋于均衡的话，那么我们不禁要问，以政府-计划制度来全面地替代有缺陷的市场制度难道不是一种合乎逻辑的结论吗？然而，这样的一种推理结果显然与我们的经验判断是不相吻合的。所以，最后理论与实践都将我们引向了对于一个重要问题——"政府失灵"——的或许有些迟到的认识。我们恍然大悟，原来传统的宏观经济理论在论证"市场导致的宏观失衡—政府的宏观干预"这样的一个过程中漏掉了一个逻辑上十分重要的环节：政府是否能比市场干得更好呢？正如我们现在所知道的那样，现实中的政府制度在面对着同样困扰着现实中的市场制度达至最优效率的两个至关重要的问题（信息与激励）时，其表现也经常是很难令人满意的。就经验观察而言，当我们仅考虑效率问题时，在大部分情形之下，政府制度往往还不如市场制度相对地表现得那么好，这也就是我们为什么把市场制度称为"基础性资源配置制度"的理由。总而言之，现实中的市场制度不是十全十美的，现实中的政府制度同样不是十全十美的，因而在现实的经济运行中，与其说我们要寻求一个完美的答案，不如说我们必须在一系列不完美的方案中寻求一个较好的。我们在经济工作中必须承认这样的一个事实，很多我们主观上不满意的现状可能不是我们目前所掌握的技术、经济手段所能够加以改善的，主观必须服从客观。

（三）宏观财政政策的制度效应

在传统的宏观经济学研究框架中，经济制度总是被视作一种外生变量。但是，在实际的经济运行过程中，宏观经济政策与经济制度之间存在着交互的作用关系。要实行一种宏观财政政策，就必然要求一种与之相适应的财政经济制度来配套。20 世纪各国经济事务中的一个重要特征就是政府作为一种经济制度前所未有地广泛参与到资源配置、收入分配等一系列的经济活动中来，而这与各国普遍推行宏观财政政策是密切相关的。随着这样一个相互推进过程的发展，新的问题也就随之而来。20 世纪 80 年代以来，不论是资本主义国家还是社会主义国家又都普遍地进入到一个收缩经济制度中过分地扩张的计划-政府制度的改革过程中去，转而再一次强调市场制度的作用，就是一个明证。因此，如何保证不因临机的宏观财政政策而导致不良的制度效应（旧体制的复归），是我们在运行宏观财政政策时所必须仔细斟酌的又一个重要因素。

当然，与此同时，我们也就会发现狭义财政政策在帮助经济改善的过程中，相对于货币政策的又一优越性，这就是一个好的有针对性的财政政策可以通过对经济制度的改善施加影响，从而持久地对微观、宏观经济环境的改善起作用。

（四）宏观财政政策手段

由于近年来财政学(公共经济学)的飞速发展,以广义财政学的视角来看,实施财政政策的手段也已大大多样化了。在当今的财政政策制定与实施中,即使把注意力集中于对宏观变量的影响方面,也往往可以通过比较迂回的途径以达到目标,而不复简单地只有通过增加政府投资、减少平均税率等手段直接地影响宏观总需求一途。

比如,对于证券交易印花税进行减税这样一种行为,它在具有微观经济含义的另一面,同样具有宏观的含义。通过减少证券交易印花税,就有可能进一步活跃证券市场,从而使意愿投资转化为真实投资需求的渠道得以进一步顺畅,并进而增加宏观投资总量和宏观总需求。对于这样一个经济过程的全面的经济含义,以广义财政政策的观点来理解就比较容易把握。

总的看来,我们认为,在分析有关宏观财政政策的问题时,不探讨宏观财政政策的微观效应是不行的;同样,如果把宏观财政政策的研究范围仅限于对直接影响宏观变量的财政政策手段的探讨之上,而不考虑那些可能不是那么直接地而是迂回地对宏观经济形势产生影响的财政政策手段,我们的研究分析工作也难以被认为是完整的。更为重要的是,那些注重于通过改善微观和中观的经济环境从而最终水到渠成地产生良好、持久的宏观效应的财政政策手段很可能比那些直接针对性地改变宏观总量的财政政策手段对经济的良性发展有着更为长期和根本性的作用。

三、财政政策制定与实施的制约条件

由于政策的制定与实施不是自由的,我们必须考虑相关的制约条件。财政政策的成功与否首先就体现在对于客观的外部环境的把握之上。

（一）宏观经济

经济状况的正常与否,往往首先通过宏观经济指标得以反映。当经济统计指标显示某些宏观变量,如物价指数、就业率,发生了异常波动的时候,我们就有理由怀疑经济运行中存在着一些需要克服的问题。因此,如何根据有关的宏观经济数据认定当前经济的客观形势,是制定财政政策的首要一步。情况不清、病情不明,就没有可能来对症下药。以我国1997年以来的情况而论,要推出一个适切的财政政策,就必须先对总需求到底是过旺还是不足的问题作出一基本的判断,并在政策的建议者、指导者、贯彻者之间达成一个基本一致的共识。一般而言,对于总需求不足的判断已逐渐成为一种主流的思路,但值得指出的是,这样的一个结论与关于我国经济状况的另一个判断,就是我国经济中存在着中观结构问题和微观制度问题,并不相悖,这两个判断之间应是表与本的关系,即宏观失衡是中观与微观失衡的表象,微、中观失衡是宏观失衡的原因。认清这一问题,有助于我们确定财政政策的目标选择与手段选择。

（二）中观结构问题

同样以我国为例,对我国经济只要进行初步观察,就不难发现正是许多的经济结构性问题直接导致了宏观问题。比如,一方面是普遍的改善住房的愿望,而另一方面则是大量房屋的空置与价格居高不下;又如有的时候,一方面,国有企业普遍地缺乏投资意愿,银行惜贷,而另一方面,许多高技术项目的推进却仍难得到资金供给的支持。更深一步看,这些结构问题又大都可归为制度方面的问题。财政政策即使把目标仅定位于宏观变量的改善之上,也有必要考虑基于不同结构的经济过程中的投资与税收的乘数效应,更不用说要从根本上改变宏观变量所揭示的不合意的经济现实,追究消费不足与投资不足的结构性原因,肯定是一项必不可少的工作。

(三) 制度问题

制度变迁是当前我国转轨时期经济的显著特征。由于制度变迁的进程在时空上都必然存在着某些失衡,因而有关问题的存在事实上也是可理解的。比如,前述的对高技术创业的风险投资问题就是一个制度创新问题,它要求我们创造出一种适应这种投资运作的投资组织形式。又如,在整个投资结构中,随着国民收入分配格局的变化及对投资效率的要求,传统的财政渠道与国有银行渠道必然要将其绝对的主导地位部分地让位于资本市场与非国有金融组织,这样的一个变化既是必要的,又是可能的。但是,由于改革进程的渐进性,我们难于使这一过程一步到位,而这又必然引致诸如投资不足等矛盾。再如,计划经济时代遗留至21世纪初的住房制度,妨碍着该方面的消费要求,而银行与房地产开发企业本身在制度的方面的缺陷又是造成住房积压严重的重要原因。如何解决这些问题?只有继续改革是唯一的出路,而财政政策正应围绕着这一思路来做文章。也就是说,制度问题既是财政政策制定与实施过程中的一个制约性因素,同时又应该是财政政策的一个着眼点。值得注意的是,着眼于短期的狭义宏观财政政策不仅可能带来资源配置效率的低下,还可能会带来某种类似计划体制下旧制度形式的复归,这是不能不予以重视的。

(四) 技术、资源条件

物质文明的发达程度决定了经济运行的具体方式,要求经济运行方式与之相适应,财政政策的制定与推进也同样如此。以财政视角而论,这一点又集中体现在整个社会中如何保持公共品与私人品的适切配比上。瓦格纳法则等财政理论和各国的财政实践无不证明,公共品占社会总产品的比重大小,与经济发展的不同阶段存在着大致的正相关关系。不尊重这样的一个规律,就必然要受到惩罚。由于公共选择程序方面的问题,我国财政实践中是很容易出现这种失误的。广泛报道的诸如某些乡级政府、县级政府,以及某些更高级的地方政府通过大肆"摊派"进行市政、公共设施建设,而与此同时,该地区的不少企业却面临亏损乃至倒闭的困难,下岗职工嗷嗷待哺的现实正生动地说明了这一点。与此类似,我们同样可以考虑这样的问题:在一个电力、公路等供给方面已存在严重过剩的地区(当然只是相对于此时点的过剩),再继续加大这方面投资的"力度",其合理性是否值得探究。更深入一步,我们可以这样设想,如果把社会的财富和资源比作一张在短期内变动不大的馅饼的话,那么当公共品的提供增多时,必然带来私人品提供的减少;我们又假设原有的那种公共品和私人品之间的配比关系是反映了当时生产力发展水平的现实的,那么上述的那种重新划分馅饼的方式显然并非是一种我们所合意的选择。然而,经常性的、逆对经济风向的、非中性的宏观财政政策不正是会产生这样一种不合意的客观效应吗？因为我们很难想象经济的发展程度会像宏观财政政策所变化的那样易变，要么就是在这样的一个政策制定和实施的过程中，政府超越了它的规范性活动范围——公共品的提供与生产，而介入到了私人品的生产与消费活动中来——对于这样的一种情况我们也已反复地分析过了。

（五）地域差异性

根据"财政联邦制"理论，在中央财政与地方财政的职能分工上，中央政府负责收入再分配、宏观经济稳定和资源配置中的全国性受益公共品的配置；而地方政府则负责地区性受益公共品的配置工作。全国性公共品与地区性公共品的划分显然受到各国不同的地理状况的影响，比如对于欧洲许多国家来说，由于面积狭小，加之交通、通讯的发达、文化沟通的同一程度较高等原因，自然要提供的全国性公共品数量较多，而地方性公共品数量较少，在财政结构中要求中央财政收支占整个财政收支的比重较大一些。以我国为例，由于自然形成的地理条件、文化背景，以及人为的户籍制度等既成的制度环境，我国经济的地域差异性是较大的。这样，按规范的财政理论看，在公共品的配置中，与其他国家相比，宜多由地方来行使一些该职能。与此相关，中央财政与地方财政在财力上的划分也应有这样的现实考虑，所谓的"财权要与事权相对称"。当然，如何完善地方公共品提供的相应决策程序既是我们必须努力的方向，也是解决地方公共品及私人品合理配置的关键。

（六）国民收入分配格局

国民收入分配格局的现状与变化对任何一个国家而言，都是影响财政政策的一个重要因素。它一方面对投资和消费的状况起作用，从而影响财政政策对资源配置情况的判断；另一方面，正如本书所一再指出的那样，公平问题是财政政策所要面对的又一重大问题，而国民收入分配格局正是对社会公平状况的一个反映。我国自改革开放以来，国民收入分配格局经历了重大的变化，这就必然改变原有的投资、消费结构并引发一些新的问题；同时随着这样的一种变化，我们难以讳言，客观上存在着社会贫富两极分化的趋势，财政政策如何来应对这一情况，也就成为一个重大的课题。

（七）现有财政制度

财政制度也是经济制度的一个组成部分，我觉得，在财政政策问题的探讨上有必要把它单独地提出来予以强调。因为，财政政策的生成与执行是与财政制度有着最为直接与紧密联系的。现有的制度一旦形成，同样也就成为影响财政政策生成与执行的一个外部条件。如何较好地配置公共品与私人品取决于二者之间的机会成本比较，而公共决策程序的效率无疑将对此的取舍产生影响。怎样更好地形成政府经济行为的决策、执行与监督机制也是财政政策制定与贯彻的关键之一。

（八）小结

值得指出的是，财政政策的运行环境同时也构成了财政政策达成目标的路径，通过对这些中介的作用,财政政策将努力地去达到自己的规范性目标。近几十年来财政学作为经济学中发展最快的学科之一,其较凯恩斯时代的进步此即为其一。

四、我国财政政策的着眼点

为了更为形象地表明本书有关财政政策分析的观点,下面就根据前面所阐述过的有关财政理论与财政政策分析框架,试对我国的财政政策着眼点作一简明分析。

(一)制度变迁过程中的不均衡导致经济结构失衡与宏观失衡

我们的企业制度、市场制度都处于一个比较剧烈的变化之中,这就导致了许多以前被掩盖着的矛盾显性化,诸如大量冗员的存在、缺乏对市场变化灵敏反应的激励机制、金融压抑,等等。这些问题的暴露就必然导致失业率上升与消费不足,投资预期收益率下降与投资不足等。

(二)财政政策应着眼于对微观经济主体的完善给予压力与动力

如果说财政政策在当前是重要的,那么其重要性莫不过如此,这是一个根本性的问题,同时也是一个财政政策可能有所作为的问题。总的来看,无论是在税收、补贴政策上,还是在融资政策上,无论对何种所有制类型的企业都应一视同仁。对于我们寄予期望的、希冀能够带动经济增长的高技术产业,与其对某些企业重点扶持,不如为所有这种类型的企业创造适切的融资环境。

(三)财政政策应有利于完善市场制度的建设,减少市场的交易费用

市场制度的不完善与效率低下是我国经济中的深层次问题,也可以说是宏观病症的微观病灶所在。财政政策可以通过公共管制、统一税费征管制度与减税等措施对此施加影响。

(四)审慎推进公共投资

正如前面指出的那样,财政政策即使在增加总需求方面也并非只有靠扩大政府投资一途,而完全可以通过一些迂回的路径,比如为私人消费与投资创造良好的外部环境,如推行有利于消费信贷制度建设和资本市场建设的财政政策等来达到政策目标。另外,公共投资的具体对象值得认真考虑,到底是防洪工程还是公路或是邮电等应结合不同地区的不同情况因地制宜。作为一个发展中国家,一般来说,在公共品与私人品结构的合理配置上,总是私人品所占的比重较大一些,而公共品的比例较少一些,因为满足温饱生活的物品往往以私人品为主,而当生活水平逐渐提高时,则会对公共品的需求越来越大,这就要求我们审慎地推进公共投资,保持社会产品恰当的公私比例。特别是在经济紧缩的时期,暂时性的宏观调控需要和比较长期的高效率经济发展要求的保持适当公私比例之间可能会产生矛盾,这同样要求我们在财政收支上应长期以收支平衡原则为主,慎重对待扩张性财政政策。

(五)应大力完善转移支付与社会保障制度

在一个封闭经济中,通过市场竞争,我们可能达到一个与我们人口以及人口素质相适应

的适切生产方式。但是,在一个开放的经济中我们要做到这一点就要困难得多。比如,生产电视机、汽车等我们就无法找到一种容纳许多劳动力与较少的资本设备相配比而又富有效率的生产方法。这样,完善转移支付与社会保障制度就十分迫切与必要,保持一定的消费需求和社会对公平的需求同样要求我们这样做。

(六)鉴于我国地域差异性较大的特征,应给予各级地方政府以规范性的地方财政投融资权力

各地普遍存在的"摊派"现象尽管有各种不合理之处,但是从另一个侧面也提醒我们有必要考虑这样一种与提供地方性公共品的职能相适应的对于规范性财力的客观要求。当然,地方性公共开支的规模与效率最终要取决于地方财政决策与执行程序。加强民主化建设无疑将是一个正确的方向,各地村民委员会的建设就是一个很好的开端。

(七)不断推进政府制度的改革,逐步建立起一个高效、民主的财政决策体制

"政府失灵"现象是各个经济中普遍性的问题,正如完善市场制度是我们提高经济效率、促进社会公平的重要途径一样,不断完善作为当代一种重要经济制度的政府制度同样具有极其重大的意义,随着我国经济的不断发展,人民生活水平的不断提高,政府制度将在公共品配置领域、弥补市场失灵、收入公平分配方面发挥越来越大的作用。同时,由于我国面临着从全面的计划经济向市场经济转轨的特殊性,因而摆正政府、市场、企业各自的位置就有着特殊的重要性,使政府制度做得更好正是我们的目标。

五、财政政策与国有资产管理政策

显而易见,以上关于财政政策的分析与我国未来国有资产管理政策的制定和实施有着密切的关系。国有资产管理首要的问题就在于正确确定国有资产管理的战略布局,而这从根本上是取决于财政政策的。比如,遵循公共财政的有关理论,并且根据我们财政财力有限的现状,要大力加强社会保障基金的建设,就势必要考虑调整国有资产的战略布局,将一部分竞争性行业中的国有资产减持,而相应增加国有社会保障基金的数量,围绕着这样一个财政活动,就势必要求国有资产管理方面制定相应的政策,研究新的课题。比如,如何设计好国有企业股份的减持方案;又如,如何管理好日益庞大的社会保障基金等。

习 题

【名词解释】

1. 实证研究　　　　2. 公共选择理论　　　　3. 直接民主决策机制
4. 代议制民主决策机制　　5. 宏观财政政策　　　　6. 微观财政政策

【思考题】

1. 对比分析理论实证研究和经验实证研究的关系。

2. 公共选择理论是如何来解释国有资产管理的实证范围的？
3. 概括维克塞尔-林达尔机制的基本假定和该模型的现实意义。
4. 为什么直接民主机制成本巨大？
5. 请对广义财政政策和狭义财政政策的概念做对比区分。
6. 宏观财政政策的微观基础体现在哪里？
7. 我们应该如何处理财政政策的规范性和实证性之间的矛盾？
8. 为什么说了解财政政策的研究方法对分析和把握国有资产管理政策是非常重要的？
9. 传统宏观经济分析理论的最重大缺陷体现在什么地方？
10. 财政政策制定与实施的制约条件主要有哪些？
11. 我国财政政策的制定应该着眼于哪些方面？
12. 是否对所有国有资产的管理绩效都适宜采取"保值增值"的考核方法？

第四章

企业制度理论与国有资产管理

由于在世界各国的国有资产中,有相当部分存量资产是存在于国有独资企业或国有资本与其他资本混合组成的股份公司或有限责任公司中的,因此要管理好国有资产,了解现代企业制度理论无疑是非常必要的。特别是在我国,国有独资企业以及含有国有股权的混合所有制企业中存在的国有资产占到了整个国有资产中的相当比重。因此,深入地了解和把握企业制度理论,并将其运用于对实践问题的分析就成为我国国有资产管理中的一个重大课题。

第一节 企业制度

一、企业制度的两大类型:古典企业制度与现代企业制度

企业制度的发展经历了两个阶段,即古典企业制度阶段与现代企业制度阶段。

在古典企业制度阶段,由于社会经济还不发达、生产力水平较为低下,因此在古典企业中,企业的所有者、管理者和工人的数量都是非常有限的。如果进一步从理论上予以抽象化,那么一个"纯粹"的古典企业应是所有者、经营者、工人这三个角色合而为一的,差不多就是我们今天所说的"个体户"的概念。在这样一个"纯粹"的古典企业中,由于所有者、管理者和工人三者合而为一的特点,实际上就形成了一种企业即为个人或个人即为企业的局面,并由此导出了古典企业的一个非常重要的特征,就是古典企业作为一个企业的行为规律是有明确方向性的,即它会自动地追求企业利润的最大化,而这又是由那个身兼所有者、经营者、工人三职的人的经济人动机即追求个人自身利益最大化所决定的。西方经济学在很长的一段时间中,当涉及企业问题的时候,事实上都是把企业作为上述的古典企业模型来处理的,也因此才有了通常微观经济学教科书中厂商理论的种种推导及其结论。

当社会经济日益发达,生产力水平日益提高以后,传统的古典企业模型在许多方面已逐渐不能适应发展了的生产力的要求,现代企业制度则应运而生。所谓现代企业制度,即所有者与管理者以及工人不再合而为一,而是形成了所有权与管理权相分离的以广泛分权为特

征的企业治理结构。在当今的世界经济中,对一国乃至世界发生重大影响的大企业集团绝大多数都是符合上述分权特征的现代企业制度企业。典型的如被拆散之前的美国电话电报公司(AT&T),股东人数就多达 600 多万。

自从现代企业制度产生以来,经济学研究就面临着两大问题。

(1) 分权必然带来分权所固有的问题,即企业管理者利用"内部人"身份的优势,为自己获取不应有的利益;而典型的古典企业制度则因为管理者与所有者合而为一,因此不可能产生这样的问题——因此我们不得不问:既然如此,到底是什么原因促使了有上述缺陷的现代企业制度的产生与长足发展?

(2) 现代企业制度出现后,对于如何以正确的范式来研究企业问题提出了新的挑战。这主要是因为,传统经济学(比如传统微观经济学的厂商理论中)把企业看作一个主体来研究的范式已经不再合适。如图 4.1 所示,我们以小车的行进方向比拟企业行为规律,从中可以看到:

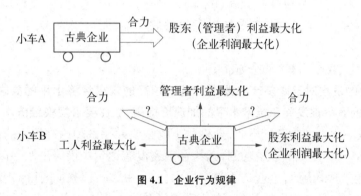

图 4.1 企业行为规律

以小车 A 比拟的古典企业制度由于所有者与管理者乃至工人合而为一的特征,因此追求厂商利润最大化,也即追求业主个人利益最大化就成为一种规律性的选择,这时小车 A 行进的方向是确定的(有规律的),并因此可以导出一系列我们在传统微观经济学中所作的后续分析。

但是,象征着现代企业制度的小车 B 的行进方向则是不确定的,它取决于企业中各方力量的对比。以美国的企业为例,大多数美国大公司的实况是倾向于管理者一方的①;但诸如巴菲特之伯克希尔·哈撒威公司或比尔·盖茨之微软公司则可能在相当程度上倾向于股东一方(当然,如果把我们的模型进一步延展,从而更贴近现实的话,我们也不难发现,股东利益也并非一致的、铁板一块的,有时他们之间的矛盾,如公司大股东和小股东之间的矛盾,可能会是非常尖锐的);还有些公司因为公司中工会力量的强大,因而利益倾向有可能是偏向工人(同样,工人之间也有着各种利益矛盾)的,如美国的一些码头和公路运输业的公司。这样一来,我们再像以前那样以主体的视角范式来研究现代企业就显然不合逻辑了,因为它失去了作为一个主体的前后一贯的行为规律性。没有了规律性,则研究就无法展开,因此我们不得不问,面对现代企业制度这一现实,我们究竟应该以何种研究范式来展开对其的研

---

① 可参见《强管理者·弱所有者——美国公司财务的政治根源》(马克·J.洛著,上海远东出版社,1999 年)等书。

究呢？

接下来，本书就将解答这两方面的问题。

二、优劣对比：古典企业制度 VS 现代企业制度

就像本书前面所指出的那样，在避免内部管理者过度控制企业，并因而损害股东利益的问题上，大家都不难发现，古典企业制度显然是更优的一种选择。当然，治理结构相当良好的现代企业制度形式的企业也能在相当程度上避免上述问题（但在现实世界中，要完全克服也是不可能的，因为分权毕竟存在），但与不分权相比，显然后者是一个更加直截了当的更优选择。所以，如果完全把考虑纠缠于分权问题的弊端之上（这些弊端，只要分权，总是要存在的，不过在不同企业中根据治理水平的不同，在程度上会有相当的差异），就必不能解释清楚为何在当今世界上分权制的现代企业制度大行其道的根本原因。事实上，正像经济学基本原理向我们揭示的那样，分权有其弊端（成本），但它肯定也会有好处（收益）。关键是，比较而言，优劣之比究竟如何？如果完全忽视了收益的一面，而只谈成本，那结论是不可能正确的。

分权的收益主要在于以下两个方面。

(1) **生产力的发展对于许多产业提出了越来越高的规模经济水平的要求，同时还值得注意的是，经济的竞争性发展和技术水平的加速度提高，往往要求规模经济水平的形成必须具有很高的速度。** 比方说在汽车行业，规模过小的企业如果试图通过传统的自我积累的方法来进行发展的话，往往是很难成功的，因为在它还没有达到规模经济水平以前，就几乎必然地会被那些具有规模优势，也就是更具有技术优势和成本优势的企业所击垮，这样，在竞争的开始阶段就必须具备相当的规模，这几乎成了竞争中获胜的必要条件。这就要求企业资金的筹集不能再采取传统的企业自我积累的模型，通过几十年乃至上百年的积累才从一个小型的企业成长为一个大型的企业。现代经济要求企业在一开始形成的时候，就必须以最快的速度筹集到足够庞大的资金，以利于在竞争中占得先机，而且这种资金的要求是十分庞大的，以当前世界领先的产业——软件产业为例来说，仅微软公司一家的市值就已经超过一万亿美元，而比尔·盖茨现在也仅占有其1%的股份，也就是说，随着生产水平的高度发达，即使单个企业中的资金往往也不可能由单个个人或家族来全部提供。总之，现代企业中所需资金筹集量大和筹集速度快的特点决定了资金的筹集必须采取股份化的方式，以资本市场为纽带将大量的社会资金从不同的所有者手中筹集到一个企业的实体中来，而这就不可避免地会产生所有者和经营者分离的结果。当然，满足上述资金投入水平和速度的方法还可有一备选方案，也就是以政府制度来替代企业制度，通过政府制度来完成上述投资的要求，也是许多弱小的发展中国家在社会资本薄弱、经济尚未起飞时所作过的现实选择。我国从1949年后，一直到70年代末期，所走的也是这样一条路。但是，正如我们在第二章中所分析的那样，以长期的绩效观之，政府制度在处理私人品的配置问题上效率将逊于市场制度与企业制度的组合。

(2) **随着现代经济和科学技术水平的飞速发展，现代一个企业中为完成企业的基本作业任务所需的技术知识成千成万倍于传统的手工作坊式的传统企业，这就预示着一个人，无

论他的智力和才能无论有多高,又或者无论他学习和工作的干劲有多足,即使穷其一生的精力,他所掌握的有关于该企业的知识也仅仅只能是该企业运作所需的知识的非常小的一部分,这也就意味着在现代企业中,一个所有者绝对无法全面地行使他意欲行使的全面的管理者的角色,企业管理的任务必须由一个有着不同专长的人才所组成的管理团队来完成。在这个管理团队中,个人根据自己的专长各司其职,充分发挥自己的技术才能或管理才能,共同管理好一个企业。这样,所有权与经营权的分离也就在客观上无法避免。在现代企业中,所有者不仅仅是借助于某个或某几个"职业经理人"的问题,而是如何借助于整个"管理团队"的问题。由于东亚传统文化的影响,即使在今天,我们在评论一个企业的盛衰成败的时候,往往过多地把注意力集中于某个个人的身上,但其实,当世界已进入二十一世纪的时候,我们更应强调的是公司管理层的集体能力,以及能够汇聚并实施集体智慧的一种有弹性的制度化的企业机制,我们不妨称之"公司民主决策机制"。换一个角度来看,在对于公司治理结构的评价上,我们所反对的是"买公司股票就是买总经理"的理念,这无疑是一种应被淘汰的小农经济社会的意识形态在现代社会的残余,我们所应赞成的是"我们要买的公司股票是这样的一种公司:当它的总经理是一个平庸的管理者的时候,这个公司仍然是一个好公司"。在这里,我们强调的是一种最大限度地发挥所有人智慧的民主决策机制,正如我们前面所表述的那样,我们想要再一次地重申,在现代企业中,一个人的智慧只是这个企业所需要的知识的极小一部分。从最近一些年的发展来看,不仅欧美的大型企业在纷纷强化职业管理团队与公司民主决策机制的作用,亚洲国家传统上的家族制企业纷纷在向这方面转化,对国内的一些民营企业、特别是含有较多的知识含量的高技术型民营企业来说,能否完成从传统的古典企业模式、与现代高科技发展不相适应的家族制企业向真正分权化的、充分发挥职业管理团队作用的现代企业制度转变,就成为这些企业能否跨越一个门槛、进一步走向成功的试金石。个人创业的民营企业家,当企业发展到一定程度后,如果不能够很好地建立健全一个完善的企业机制,引进管理团队,放权让利,而仍旧事事亲力亲为,那么尽管他有着使自己个人拥有的企业的利润最大化的愿望,但其有限的知识和经营好企业所必备的全部知识之间的鸿沟将使得他的愿望不可能成为现实。

  由上述两方面可知,在现代经济中,企业所有权和经营权的分离,是事物发展的必然规律,用成本-收益分析的经济学概念来说,就是在大部分的产业中,从古典企业制度向现代企业制度的转变必然是一个收益大于成本的过程,当然在这一过程中还是不可避免地会付出一些成本,这就是在两权分离后,由于在企业内部从事日常工作的管理人员和工人往往比之于不参加日常工作的出资者更多地掌握有关企业经营管理方面的信息,因此在一般的经济人行为动机下,企业的管理者和工人将会利用信息不对称的优势,在企业总收益的大馅饼中,尽量争取为自己分割到相比于自己的努力更大的一块。显然,这样一来股东的利益就会减少,经济效率将得不到保证。研究现代企业制度所要解决的关键问题就在于如何设计出一种恰当的机制尽可能地避免这种现象的发生。在现实中,而不是理想模型中,要完全消除则是不可能的。

  当然,在现代社会中,也并不是所有的企业都需要采取现代企业制度的组织形式,比如像一些小点心店、花店、咖啡馆等企业就没有必要采取现代企业制度的组织形式,这是由于其资金和技术规模要求很低所决定的。还有像会计师事务所一类的单位,往往也采取近似于古典企业制度的合伙人制,这同样可以从资金规模和技术规模两个方面来寻找原因。也就是说,古典企业制度在现代经济中仍有用武之地,只不过它所占的比重是较小的,社会化大生产决定了大部分企业应采用现代企业制度。

古典企业制度 VS 现代企业制度的总结如表 4.1 所示。

表 4.1 古典企业制度与现代企业制度的优劣对比

	优	劣
古典企业制度	没有内部人控制问题,不存在管理者占所有者便宜的问题	1. 不能适应社会化大生产对资金规模和形成速度的要求 2. 不能适应社会化大生产对知识规模的要求
现代企业制度	1. 能够适应社会化大生产对资金规模和形成速度的要求 2. 能够适应社会化大生产对知识规模的要求	分权后产生内部人控制问题,企业内部人员有机会获取本应属于股东的利益

在将前面所述的内容总结起来我们可以看到:企业制度模型可以分为古典企业制度和现代企业制度两种,前者的特点是企业中的所有者和经营者甚至是工人几乎合而为一,或基本合而为一,所有权和经营权不存在明显的分离,这种企业要求的资金规模较小,技术水平较低,其优点是由于很少存在委托-代理的关系,因此就避免了经营者利用信息优势占取所有者便宜的问题。另一种企业制度形态是现代企业制度,它是社会大生产发展到一定阶段,对资金和技术规模都提出了很高的要求的情况下应运而生的,是适应现代经济发展的一种主流的经济形态,但是正因为所有权与经营权的分离,使得经营者可能利用信息优势,获取不应有的收益,这也正是完善现代企业制度中的一个关键问题。

两种比较复杂的情况的研究

1. 东亚式家族制企业

曾经有一种观点认为,东亚式的家族制企业,其所有者往往身兼经营者的身份,因此,这些身兼所有者与经营者双重身份的人比之欧美分权式公司中的管理者能够更好地为公司所有者利益服务,因而这种企业是企业制度模型理想的发展方向。在这里,他们的误区是过多地夸大了所有者和经营者合二为一的"收益",而过于忽视了古典企业不适合需要庞大资金和海量知识的社会化大生产的根本矛盾,问题很简单:一个人主观意愿去做好的事情客观上就一定能够做好吗?如果答案是肯定的话,那么以两权分离为根本特征的现代企业也就不会出现了。一个知识有限的人远远地超越自身的客观能力界限妄图独断专行地去驾驭他所不能驾驭的事物,其结果往往比他什么都不做可能还要糟糕。韩国大宇等公司、日本八佰伴株式会社等企业的垮台,无不证明了这一点。更何况在家族制企业向有限责任公司、股份制公司、上市股份公司转化的过程中,那些占据着控股地位的原有家族制公司的经营者,还有可能利用各种法规上的漏洞,侵害公司中的另外一些中小股东的利益,从而在很大的程度上破坏经济的效率。因此,唯有公开化和民主监督的公司制度,才是现代企业制度理想化的发展目标。事实上,这些企业从纯家族制企业向上市公司的发展,也同样说明了企业制度模式演进的方向。

[案例 4.1] 1967 年,31 岁的金宇中以 500 万韩元(按当时汇率计算约合 1 万美元①)的资本成立了一个只有 5 名职员和 30 平方米办公室的小公司——"大宇实业"。公司于 1973 年上市。"1980 年 8 月 29 日,金宇中……正式宣布把自己多年积蓄的 160 亿元股份和 40 亿元不动产资金总计 200 亿元(约 3 000 万美元)的私有财产,全部无偿地交给大宇文化福利财团。……大宇从此由全体股东共同经营。"②

"从法律上讲,他已经不再是大宇集团的主人,……正像他自己所说:'我已不再是大宇的老板,而是一个专门经营者。'即使这样,一种最大基金出捐的'无形力量'使他仍然发挥着作为大宇集团主人和总裁的作用,自然有效地支配着企业,而并不亚于任何一个老板。"③

2000 年 9 月,韩国金融监督院初步查清,大宇 12 家子公司的净资产为负 28.6 兆韩元,与其 1999 年 8 月提交的财务报表中正 14.3 兆韩元的资产相去甚远。韩国大检察厅调查取证发现,从 1996 年起的 4 年里,大宇集团通过做假账虚增资本近 400 亿美元,以此骗取银行贷款近 100 亿美元。1997—1999 年的 3 年间,金宇中共向自己在英国的秘密金库转移资金 200 亿美元。④

1978 年金宇中强行接手了玉浦造船厂的后期建设,这是一项"无论从什么有利的立场看都摆脱不了亏损经营的局面"的生意。1979 年初,大宇又承建汉城(2005 年 1 月后中文名称改为首尔)地铁三、四期工程。这同样是一个"亏损工程",因而"遭到大宇会社绝大部分人的坚决反对"。然而,金宇中则反驳说:"即使别人不理解,但我问心无愧,理直气壮。赚了钱干什么用? 如果有我们来承建汉城市繁华区的地铁,这不是为汉城市民留下了一个历史遗产吗? 正因为工作艰巨,难度大,才是我们大宇人应该做的事情!"⑤

"1997 年金宇中准备在乌克兰建立汽车工厂时遭到公司经营班子的一致反对,但他一意孤行,投资了 2 亿美元,结果由于需求不足彻底失败,该厂迄今也没有启动。"⑥

分类号:BHE 经济日报/2001 年/2 月/27 日/第 006 版/企业报道大宇神话破产　留下思索多多大宇盲目兼并尝苦果政府主导作用需检讨企业发展求强非求大本报驻汉城记者顾金俊

[案例分析] 大宇从最初的合伙制小公司发展到后来的公开上市发行,再到后来巨无霸型的财团,从形式上完成了从古典企业制度到现代企业制度的转变。但是,我们看到实质上该财团的管理仍然充满着古典企业老板独断专行的色彩。也许准确地说,乌克兰的投资所反映应该是经理人对股东的侵害,但是在金宇中捐出自己的股份之前类似的决策就应该反映大股东侵害中小股东的利益了。像玉浦造船厂和汉城地铁三、四期工程这样明知要亏,还要力排众议坚决推行,原因只是在金宇中的效用函数中有时候民族自豪感和历史责任感

---

① 参见窦长五、沈海军:《大宇财团领袖金宇中》,吉林大学出版社,1990 年,第 43—44 页。
② 同上书,第 240 页。
③ 同上书,第 242 页。
④ 数据源于《大宇神话破产　留下思索多多》(顾金俊,《经济日报》2001 年 2 月 27 日第 6 版)。
⑤ 详细内容参见《大宇财团领袖金宇中》(窦长五、沈海军著,吉林大学出版社,1990 年),第 118—135 页。
⑥ 顾金俊:《大宇神话破产,留下思索多多》,《经济日报》2001 年 2 月 27 日第 6 版。

的权重要大于利润的权重。这充分显示了大股东侵害中小股东的利益。

大宇集团的假账\骗贷,以及金宇中本人非法向境外转移巨额资金的事实都证明了尽管大宇集团建立了形式上的现代企业制度,但是这种形式上先进的公司治理结构在实际中仍然没有形成有效的公开化和民主监督的机制。在韩国,现代企业制度仍然有很长的路要走。

[案例 4.2] 八佰伴全盛时在中国香港拥有 9 间分店,占中国香港日资百货 11 家公司 24 间分店的 1/3。八佰伴还插足中国香港的饮食业、地产业、娱乐业、食品业等,收购圣安娜饼屋、欢乐天地、妙丽等公司。20 世纪 90 年代初,和田一夫在一个公开场合表述了他的宏大计划:在 2000 年之前,在中国沿海城市建立 1 000 到 1 500 间超级市场;在全国范围内建立 3 000 间汉堡快餐店。

在 1996、1997 年度,八佰伴的市场占有率约为吉之岛①的 2 倍,但却有 1.08 亿港元的亏损,而吉之岛则有近 1 亿的利润。② 吉之岛的负责人说过:"如果我们有能力今年开 2 间分店,我们只开 1 间,把更多的精力财力放在巩固已开的这 1 间上。"③

1993 年期间,八佰伴集团的国内外资产约为 2 000 亿日元。"在日本,通常以资产 1 000 亿日元以下者,为小型公司。大型公司,有的机构以 4 000 亿日元左右为标准,有的以 3 000 亿日元以上为下限。"④

表 4.2 1993 年度日本最大的 100 家企业(按营业额计)中零售商的情况   单位:日元

	排名	职工总数	总资产	净资产	利润
大 荣	1	19 000	9 934 亿	2 107 亿	240 亿
伊藤洋华堂	2	14 600	6 893 亿	4 724 亿	975 亿
西 有	3	10 800	5 758 亿	1 037 亿	128 亿
佳思客	4	19 900	6 515 亿	2 280 亿	275 亿
三 越	5	12 340	5 072 亿	1 522	−22 亿
高岛屋	6	9 798	4 697 亿	1 033 亿	51 亿
日 井	7	8 072	7 187 亿	2 444 亿	241 亿

日本驻中国香港记者坂井臣之助在 1997 年 11 月刊文指出:"和田一夫本人很不喜欢和银行打交道,他相信凭八佰伴的实力发行债券,可直接从市场获得资本。……4 年前,由于八佰伴激进的投资策略,日本银行警告八佰伴,可是八佰伴指责银行干预内政,使八佰伴与银行之间本来不信任的关系更加深刻。在整个八佰伴集团的背后,竟然没有一间主体银行支撑! 这使八佰伴在现代商业经营中如履薄冰。"⑤

1992 年,八佰伴在国内的几家主要关联银行,注销八佰伴的银行账户。另一些关联银行本身也是债权银行,无法注销账户,但不再贷款。日本八佰伴早在 1992 年之前,转向了债

---

① 作为日本五大超级市场集团之一的佳思客(佳世古),在香港的上市公司名为"吉之岛"。
② 参见《从亿万到零——八佰伴兴衰揭秘》(祝春亭著,汕头大学出版社,1998 年),第 359 页。
③ 同上书,第 359 页。
④ 同上书,第 208 页。
⑤ 同上书,第 282—283 页。

券市场,发行无抵押可转换债券。

[案例分析] 八佰伴是典型的东亚式家族企业,和田一夫既是所有者又是经营者,所以决策时的初衷自然不会有意利用经营者身份侵占所有者权益。在这一点上的确优于欧美分权式公司。

但是,另一方面这种所有者和经营者合二为一的古典企业制度运行也会产生成本。当企业的规模扩大时,所有者经营者责任一肩挑的老板在管理上可能会应接不暇。一方面,可能是资金方面的,古典企业的融资渠道较为单一,不能够适应迅速扩张对于资金的庞大要求;另一方面,老板的知识水平和管理能力可能在迅速扩张的业务面前显得捉襟见肘。

根据上述案例中的标准,八佰伴显然不算是资金雄厚的大企业。充其量是一个中等的公司。但是,他的扩张野心太大了,事实上已经大大超过了和田一夫自身能力所能掌控的范围了。一个公司如果本身就没有雄厚的自有资本,同时又不能从银行获得资金支持①,那么它的扩张的基础就非常薄弱了。可转换债券这种单一的融资方式究竟能在多大的程度上支持"蛇吞象"的野心呢?

从与吉之岛的对比中我们看到,一个拥有强大银行背景的资本雄厚的排名日本前五的超市集团在发展业务时尚需如此谨慎稳健,一个没有银行背景的中型公司的扩张应该采取何种态势就应该一目了然了。

从八佰伴兴衰的全过程中,我们对和田一夫的发展战略决策能力和处理财政危机的能力会有自己的看法。一个知识有限的人远远地超越自身的客观能力界限妄图独断专行地去驾驭他所不能驾驭的事物,其结果往往比他什么都不做可能还要糟糕。

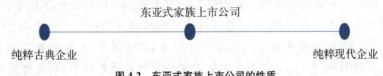

图 4.2　东亚式家族上市公司的性质

2. 投资型企业

作为例外,现实世界中有一种类型的企业,可以达到很大的规模,而无须采取现代企业制度,这就是投资型企业(相对的概念是实业型企业)。我们知道,像彼得·林奇这样的基金经理再辅以几个投资和研究方面的助手,就可以管理上千亿美元规模的基金(麦哲伦基金),但如果是一个上千亿美元规模的实业型企业呢?寥寥数人能够管理得了吗?这里的道理还在于我们上述的知识和技术规模。所以,如果要固守古典企业制度的模式,而又要"做大",唯一可能的途径即成为投资型企业。此方面的例子也不少,如美国的富达公司、KKR 公司,以及我国香港地区的一些公司。

[案例 4.3] 富达成立于 1930 年,在 1943 年被内德·约翰逊的父亲艾德·约翰逊收

---

① 从根本上来说,在正常的市场规则下,要获得银行的支持,还是要取决于企业自有的资本金规模。

购。当时,他的资金不足 400 万美元。经过父子两代人的努力,1995 年富达已经把 4 000 亿美元置于它的掌控制下。"1994 年,美国人手中用于股票投资的美元几乎有 1/5 投入富达;当年他们用于购买新股票基金股份的美元中有 1/4 流进了富达。"①

表 4.3　富达投资公司的资产扩张情况表

年　份	1943	1949	1958	1973	1977	1978	1981	1985	1986	1995
总资产(亿美元)	0.04	0.2	3.57	39	49	58	149	390	650	4 000

1952 年富达的"全部人马从上到下不过 20 来人"②。1978 年富达的全部雇员仅有 532 人。③ 1994 年富达投资公司旗下的富达投资基金管理着 500 亿美元的资金,而主要的管理者只有六七个人。④

"虽然富达投资公司的触角遍及全球,它却是这一个独裁者的个人王国……因为无论它控制多少世界上的资金,富达都是一个私人企业。"⑤

[案例分析]　设计和制造一台电脑得需要几十人,设计和制造一辆汽车需要几百人。然而,一个新的金融小发明只需要几个脑瓜子聪明的人围着桌子一坐就能搞出来。虽然投资型企业的规模可以大到富可敌国的地步,但是与实业型企业相比,其"生产技术"(金融财会知识)和"生产资料"(关于经济环境和企业的信息)较为单纯。所以,公司的人员规模远远小于实业型企业。单纯的"技术"和"原料",精干的员工队伍,使得古典企业制度仍然能够游刃有余。但是,在复杂的实业型企业中,古典企业制度就捉襟见肘了。

[案例 4.4]　1989 年,KKR(Kohlberg Kravis Roberts)完成的一笔收购的价值等于美国当年全部 371 起杠杆收购值的 2/5。在收购了 RJR Nabisco 公司之后,KKR 下辖的 35 家公司共有近 590 亿美元的公司资产,而监督这些资产的仅有 6 位一般合伙人和 11 位专业投资合伙人,加上一个 47 人的职员班子。然而,在《财富》500 强中,只有四家美国公司(通用汽车、福特、埃克森和 IBM 公司)比它大。上述四家公司的管理总部中,职员都是数以千计的。

[案例分析]　一面是 64 个人管理 590 亿美元的资产,一面是成千上万的人管理与前者大致相同规模的资产。差距之悬殊让人瞠目结舌。之所以会有如此大的不同,是因为二者管理的资产的性质差异巨大。前者是投资型企业,他们管理的资产是以货币形式进行的价值管理和运作;而后者是实业型企业,他们管理的资产是实物形态的,因此更为复杂一些,要想有效地管理与前者同等规模的资产,则必须耗费更多的人力。

三、现代企业制度的研究范式

在研究的范式上,对于古典企业制度,像我们前述的那样,由于我们可以近似地按照个

---

① 参见《基金帝国——富达敛财的神话》(戴安娜·贝·亨利克斯著,江苏人民出版社,2000 年),第 397 页。
② 同上书,第 144 页。
③ 同上书,第 251 页。
④ 同上书,第 423—424 页。
⑤ 同上书,第 425 页。

人的经济行为指向来理解该企业的行为规律,因此对于古典企业我们一般无须将企业这个"箱子"打开来进行考察,而将它作为一个一般的、追求利益最大化的个人来处理即可,这也是传统经济学研究企业问题所采取的一般态度。但是,在现代企业中,由于分权效应的存在,我们将企业再作为一个个人那样做简单化的处理就不妥了。因为,在企业的舞台上活动着许多追求自身利益最大化的不同的个体,正是由于对自身利益最大化的追求,这些个体各自寻求的目标是不相一致的。比如,在资本主义企业中,股东也即资产阶级,自然追求企业利润的最大化,因为企业的利润就代表了他们的根本利益所在。相反,工人阶级为了本阶级的利益,必然要反对资产阶级榨取剩余价值的行为,也就要使得资本家所想占取的企业利润最小化,不让资产阶级获取任何不劳而获的利益。企业中的管理者则既希望企业取得一定程度的利润以取悦于资产阶级,从而获得高额的报酬,同时在企业的收益这块馅饼一定的情况下,企业的股东得到更多的份额也就意味着管理层所获得的实际利益将相应地减少,这样,管理者所采取的往往是一种折中的态度——但有一点是肯定的,他们不会全心全意为了企业利润的最大化而努力。这样一来,在不同的利益群体的合力作用下,企业的方向显然不会像古典企业那样,明确地指向企业利润的最大化。所以,在这种情况下我们就不能像研究古典企业那样来研究现代企业,因为古典企业的活动轨迹是有规律可循的(企业利润最大化),而现代企业的活动指向则是不确定的。因此,对现代企业制度我们就有必要采取将企业这个"箱子"打开来进行研究的方法,像我们在研究市场制度和政府制度时所采用的那样,将现代企业作为一个制度的框架,我们通过研究在这个制度框架下活动的个人,或由这些个人组成的利益集团的行为,来探讨如何通过制度的改进尽可能地使得个人或由个人组成的集团行为符合全社会利益最大化的方向。现代企业制度的研究范式如图4.3所示。

图4.3　现代企业制度的研究范式

第二节　企业制度的目标

站在经济学家的立场上,我们希望企业制度的运作应该是符合全民利益最大化的,而这又包括两个方面,即公平与效率。那么,企业制度的运行状况究竟如何我们才能够认为它是符合我们的意愿的方向的呢?下面我们就从两个方面来分别地探讨一下。

一、效率

企业制度运行的状况怎样才是符合整体效益最优化这个大方向的呢?我们认为,当营利性的企业追求其自身利润最大化的时候就是符合社会利益最大化的方向的,至于非营利性的企业,以及特殊的需要国家进行管制的企业,我们有必要另行讨论。单就在一般的市场状态下的竞争性企业而言,我们确信这些企业只要能够很好地追求企业利润的最大化,就是在最好地帮助社会实现效率的目标。这是因为在完全竞争市场的条件下,只要每个经济主体都从自身利益最大化的动机出发去进行经济活动,那么通过"看不见的手"的机制,社会的整体经济效率将达到最优化。这里有两点需要加以说明的:第一个问题是某些同志可能会指出,企业过度追求自身利益的最大化可能会损害到整个社会利益的最大化,比如有的企业为了追求高额的利润可能不愿意花费成本来建设有关控制污染的设备,而将污染的成本转嫁于社会中的其他利益主体。但是,我们所说的企业追求自身利益的最大化是基于企业在竞争中遵守竞争的界限,不对其他利益主体的产权进行侵犯这一前提的,正如当我们在谈到"看不见手"的作用时,我们是基于参加市场交易的利益主体互不侵犯彼此的产权界限,本着完全自愿的原则来进行市场交易的。当然,在现实中,我们并不排除确有利用信息不对称等因素占取不当利益的行为的发生,但这已偏离了我们讨论问题的主旨,因为有关这样的问题应该在一个涉及政府与企业关系的更为广阔的背景下来谈论。在讨论企业问题时所采取的合理方法只能是假定现有的界定产权的法规,以及对企业遵守这些法规的保证是完全的和被给定的。第二个问题是也许有人会认为,如果企业多从社会的整体利益着眼的话,会比之于企业将目标定在自身利益最大化上对社会整体利益可能会产生更好的影响。但是,这种希望企业发扬无私的精神与更好地促进经济效率的想法在经济学的分析中是不能被证实的。首先,这一想法势必使得社会中不同利益主体之间所作的贡献和收益产生不均衡的状况,而这是不符合使社会经济利益主体的贡献和收益相对称的经济效率原则的;其次,企业是社会再生产的细胞,如果只有付出而没有所得,那么社会再生产就无法进行组织,社会生产力将势必受到极大地损害。归根结底,企业就是企业,它只能从它所擅长的方面对社会做出能够尽到的贡献,企业不是慈善机构,相应的职能应由社会中的其他组成部分来负责,唯有这样,社会才是一个有秩序的社会,社会经济效率才能得到很好的实现。

如果我们认定企业追求自身利润的最大化是使得企业制度的运作方向符合社会利益最大化的唯一正确的途径,那么剩下的问题是:当企业完全具备了这样的一种动机时,是否就适合以之处理一切的社会经济事务了呢?我们知道,显然不是这样的。首先,由于公共品和混合品的存在,政府制度在某些经济事务上比之企业制度更有其优势;其次,还有一个市场制度与企业制度的互相比较与替代问题。科斯曾经从这样的一个角度来分析问题,他指出,企业的实质无非是将原先经由市场制度连接的一些经济利益主体改由企业制度来进行连接[①]。举例来说,一个工厂可能由5个车间(部门)组成,问题是在社会的经济组织形态中,同样存在着这样的可能,就是由相当于1个车间(部门)的5个企业来完成同样的经济活动过程(见图4.4)。

由此,我们自然会提出这样的疑问:为什么有的经济过程需要不同的企业通过市场的连接来完成,而有的经济过程则需要非市场化的企业内部的连接过程来完成呢?一个最简单也是最根本的回答是采用何种组织形态能够更有效率地完成既定的经济任务,客观的经济过程就会选择哪一种经济组织形态。科斯运用交易费用的概念对于这一问题进行了更为

---

① 参见科斯:《企业、市场与法律》,上海三联书店,1990年。

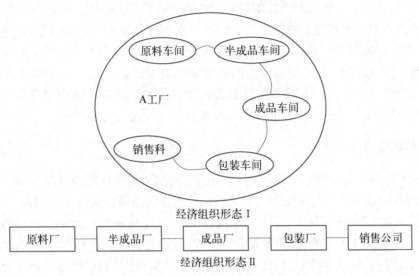

图 4.4　企业的不同组织形态

细致、深入的说明。在他看来,不同企业之间通过市场的买卖行为来进行连接发生的是一种交易行为,同样,在企业内部各个经济环节的连接上所发生的实质也是一种交易行为,虽然这两者之间从表现上来看有所不同,但在本质上而言,都存在着不同经济利益主体之间的实际利益交换,只不过前者是通过明显的市场化方式以直接的货币交换来进行的,而后者只是在企业内部以较隐蔽的方式来完成的,像我们在图 4.4 中所揭示的那样,不管是作为独立的企业形态存在,还是作为企业内部的车间或部门的形态存,在经过了这样的一个经济过程之后,终究会产生一个组成这些企业或车间的人员实际分配到了多少经济利益的结果。站在社会经济效率最优化的角度来看,我们关心的是在这两种不同的方式下(假定这两种方式所产生的收益是一致的),何种方式所花费的交易费用为小。所谓交易费用,指的是为了完成交易行为所需要发生的对于社会资源的损耗,由于这些损耗,将有相应的经济资源不能用于其他任何方面来增进社会效率。在市场交易的情况下,交易费用包括如下三种。

(一) 搜寻成本

比如,为了寻找合适的交易对手,可能需要派出有关交易人员四处寻找,这里就需要花费人员费用、差旅费,还包括为训练交易人员具备相应的业务能力所需的训练费用等。又如,我们还可以通过电话、电脑网络等渠道搜集有关的信息,而这些渠道的建立和被利用也需要花费大量的社会资源。

(二) 谈判成本

当发现了潜在的交易对手后,为了达成交易,交易的双方可能还需要花费大量的成本,在一些复杂的交易中,比如上市公司和主承销商作为出售的一方,潜在的投资者作为购买的一方所进行的股票发行交易中,就需要极为庞大的承销商、律师费、审计评估费用等。以我们国家为例,一般在一个筹资额达数亿元人民币的类似交易中所花费的相关交易费用往往高达数千万元人民币。所以,谈判成本在现代经济中是不可低估的。在另外一些情况下,社会为了减少谈判双方的直接交易费用而进行的一系列的制度创新,力图建立一些标准化的交易合约方式,比如建立证券所、商品期货交易所,又或者是建立金卡工程、金网工程、电子商务工程等,但与此同时,尽管交易双方的直接谈判成本或有所下降,社会的其他部分却会为这些制度创新付出代价。正所谓没有免费的午餐。对于这些不是由交易双方直接承担的、但却是为他们更好地达成交易而花费的成本同样应计入谈判成本中。

(三) 履约成本

当交易双方的交易合同达成后,由于交易的达成与交易的执行往往存在着时空上的分离,因此如何保证交易双方忠实地履行已达成的交易合同是保证交易达成的又一重要因素。为了做好这一点,同样又需要社会付出一定的资源。除了交易双方为了这一目的而花费的费用以外,从社会整体上来看,需要抽调大量的人力、物力服务于该方面。比如,需要建立经济仲裁部门、法院的经济审判部门、公安部门中的经济警察部门等,社会还要为此培养和维持大量的律师、会计师队伍。就以律师和会计师而言,如果不存在交易履约方面的问题,那么他们中的很多人本来可以去做工或种地等,从而使这些劳动要素发挥创造直接经济效益的作用,社会将可能会拥有更多的电视机、大米等。也就是说,不管直接的费用是否由交易当事双方来承担,但为了保证交易过程的完成,总而言之,社会的整体将付出巨大的代价。在现代社会中,由于经济结构和经济活动日趋复杂,社会用于解决交易问题所花费的代价也越来越大,不仅在绝对数量上如此,而且其占到整个社会总成本的比重也日趋增大。据估计,在现有社会资源的消耗中,70%左右被用于处理交易问题,而只有30%左右直接用于实物的生产上。因此,如何尽可能多地节约交易费用就成为现代社会经济生活中的一大课题。

另外,按照经济学的观点,成本和收益是一个问题的两个方面,因此因交易费用过大而没能达成的协议我们也可以将假设交易能达成所得到的收益计入交易成本中。

在企业内部,其交易费用表现为我们需要建立一整套的管理机制和管理人员来确定企业中的利益主体所应获得的份额。对于这些份额的分配如果是合理的,也就是个人的所得与其所作的贡献是相称的,那么我们就可以认为企业内部间的交易取得了比较圆满的效果;反之,就会产生因交易而能获得的全部利益部分甚至是大部分的流失。为了使上述的交易能够很好地得以完成,显而易见,从企业内部到企业外部都会花费相当大的代价。比如,在企业内部需要有很多的人员不去从事直接的创造实物经济成果的工作,而从事建立和完善企业管理制度(从交易的角度来看,企业管理制度实质是也就是一种交易制度)的工作,以及按照制度规则所进行的日常管理工作,如企业中的统计人员、会计人员,其相当重大的任务就在于确定企业内部各利益主体所完成的工作量,以及他们相应应该得到的报酬。企业的班组长直至总经理的各层次管理人员的一个重要任务也在于保证企业内的一系列未完成合约得到切实地履行,比如当员工的工资报酬已确定时,监督其完成按报酬应付出的劳动量得以完全付出。企业内部的合约的顺利履行还不仅需要在企业内部付出交易费用,事实上在企业外部,为保证企业内的合约的完成也会有大量的交易费用发生。比如,当企业的管理层与企业中的一般工人之间就劳动合同发生矛盾时,如果在企业内部双方不能达成谅解,那么此事将被诉诸企业外部的仲裁者,如劳动仲裁机构、法院等,与此相关,可能还需要众多的律师等法律人员；又如，当上市公司的股东与管理层产生歧见而同样在企业内部得不到解决的话，诉诸企业外部的执法机构以求解决就成为必然的选择，这同样需要法院甚至是公安机关等部门(如果涉及在履约中发生故意欺骗等触犯刑法的行为)的介入，以及律师、会计师等其他法律人员，社会为此将耗费大量的资源。像我国就发生过诸如红光股份公司股东状告该公司管理层出具虚假会计报表、欺骗股东的行为。越是经济发达的国家和地区，在该方面所发生的费用往往越大，其庞大的律师、会计师队伍耗费惊人的社会资源。

总之，不管是通过市场方式连接的交易行为还是通过企业方式连接的交易行为，在其发生以至完成的过程中，都会发生大量的交易费用。对这些交易行为到底是采取市场的方式还是企业的方式要取决于哪种方式下所发生的交易费用要相对的小一些，而且经济发展的客观进程会自动地完成这样的一种选择，这是不以人的意志为转移的。在竞争比较充分的市场经济制度下，通过竞争，那些采用了不恰当的连接方式的经济组织形态将自然在竞争中被淘汰出局。比如，当某一经济过程适合以企业的方式相连接的时候，那么采用了这种连接方式的企业，其净收益必然要大于那些采用分散的市场连接方式的企业的收益的总和，这样，对于那些分散的企业而言，结局只有两个，要么通过收购兼并的方式将市场连接改为企业内部的连接，要么就将在竞争中被击垮、消失；又如，如果以分散方式经营的企业优于一体化的大企业的话，那么那些与客观经济状况不相适应的大企业的利润就将在竞争中被彻底挤干直至发生亏损，这时除非其改变策略，从内部大力调整企业的产业结构，将必须分拆的业务分拆出去，否则被淘汰的命运是必然的。在政府过度干预经济的经济模式下，尽管在一段时间内可以利用政府的强制地位人工塑造出一些超大规模的企业集团，但如果这些集团内部的业务更适合的是一种通过市场相连接的方式，那么问题最终还是会通过对整体经济的强力负面冲击而暴露出来，因为这些大型企业集团过高的内部交易费用必将严重地降低整个国家的经济效率，像韩国大宇公司等通过人为干预形成的而非市场竞争造就的大型企业集团，陷于困境乃至倾覆的事例就清楚地说明了这一点。这也提示我们，企业的大也好，小也好，其规模应是由激烈的市场竞争来选择的，而且即使在某一时间阶段被市场竞争所选择的大型企业集团，也不排除当随着时间的推移使得当初使它变大的客观经济因素消失后，其仍有变小的客观必要性。例如，在美国企业发展史上，像ITT、西屋等大公司都经历了多次收购兼并又再度分拆业务、主营业务几度转型的转折过程[①]。问题的关键是，企业的规模不是由某一个个人所能决定得了的，而是由市场的客观规律来决定的，而市场的变化又是动态的而非静止不变的。

[案例4.5] 韩国大宇公司破产案[②]

受1997年金融危机影响，在韩国大企业集团中排名第二的大宇集团无力偿还800亿美元巨额债务，于1999年8月被迫解体，大宇汽车公司则被列入"整顿企业"名单。大宇集团倒闭后，大宇汽车靠紧急贷款存活下来，自1999年8月份以来债权银行总共注资2.5亿韩元

---

① 参见《大交易》(布鲁斯·瓦瑟斯坦著，海南出版社，2000年)。
② 本案例中未提及出处的数据均来自《大宇破产置疑"韩国模式"》(纪肖鹏，《财经时报》2000年11月22日第9版)。

帮助大宇汽车,但是该公司仅 2000 年上半年已就亏损 1 亿韩元。大宇汽车的债务总额目前达到 123 亿美元,而资产只有 112 亿美元。

在 20 世纪 60 年代,韩国政府就推出"治乱"和"扶植"两大措施,全力推进汽车工业的"大集团战略"。"治乱"以《汽车生产许可法》为准绳,坚持关、停、并、转了一批不具备条件的企业,优选了现代、起亚、大宇等几家企业为定点骨干企业。"扶植"则在国产化总目标下,把原有的一批中小型企业重新组合为骨干企业的配套辅助企业,从事汽车配件的开发和专业化生产。韩国政府从 1972 年起施行国产化政策。1980 年韩国政府又推出了"汽车工业大联合"的决议,引导汽车工业走专业化大生产的道路。在此推动下,现代、大宇等主要汽车公司生产规模迅速扩张,规模经济水平和技术水平均明显提高,国际竞争力也开始形成。国产化政策使韩国的汽车工业获得了飞速发展。韩国汽车业也形成了以现代、起亚、大宇、双龙四公司鼎足的市场格局。

表 4-4 韩国的汽车年产量①

年　份	1985	1986	1989	1990	1991—1994	1995	1996
产量(万辆)	37	60	113	132	年均增长约 15%	254	281.3

据麦肯锡公司的研究,韩国汽车制造商实际上走的是一条不断提高产量同时增加新车型的路子,而不是集中精力于质量和赢利能力。甚至汽车制造商中实力最强的几个——也就是很可能成为新巨头的两家公司——在这些方面做得也不是很好。1999 年,在韩国汽车业中拔头筹的现代汽车公司仅获利 3 290 万美元,而它的销售额为 80 亿美元。第二大汽车制造商大宇公司只是刚刚赢利。

"世界上一些成功的大企业,都会根据市场的变化,及时调整。通用汽车公司宣布 2001 年第一季度的产量再削减 6%,原因是经济前景不明朗和消费者信心不足。1999 年 10 月从雷诺到日产出任总裁的卡洛斯·戈恩,通过降低采购、营销、管理费用,同时剥离、减员 8 800 人,新增技术人员 1 000 人,加强研究开发和技术革新。仅用了一年半的时间,戈恩就使巨额亏损的日产汽车的业绩奇迹般回升。"②

[案例分析] 以公共财政视角下的国有资产理论来看,政府对企业的支持和干预都应该有一个度。支持过多往往形成政府对企业全面保护甚至是庇护。政府庇护下的企业过早地追求大规模、全系列,而不管投资回收期的长短,对一个企业来说是致命的。而且这种做法也会极大地影响经济整体的效率。本案例中政府对大宇汽车的注资最后被证明是一个填不满的无底洞。政府把有限的资源和资金投入这种无底洞,必然会造成其他需要资金和资源的有效率的部门无法得到足够的资源和资金。一方面能产生较高回报的部门因缺少资金而使生产的规模受限,社会损失了一大块潜在的收入;另一方面这些资金和资源因投入濒临破产的企业,因此在破产后将一分钱都收不回来。这可真是"赔了夫人又折兵"呀。

另外,本案例中的通用和日产的例子都说明,企业作为市场中逐利的经济实体,会自动选择自己的生产规模和人员规模,这一切是受市场竞争情况左右的,政府完全没有必要插

---

① 纪肖鹏:《大宇破产置疑"韩国模式"》,《财经时报》2000 年 11 月 22 日第 9 版。
② 汤亚美、高虹:《大宇破产给中国汽车上课》,《经济日报》2001 年 2 月 20 日第 14 版。

手。政府的帮忙往往是"好心办错事""越帮越忙"。韩国政府人为地限制只能由几家公司（例如三家）来发展全国汽车工业，鼓励甚至强迫企业搞并购和多元化经营，显然是有悖于市场经济的情理，是违反经济规律的。

案例中的数据表明，在规模扩张政策引导下，韩国汽车产量从1985年开始的短短12年内增长了近8倍。但是，生产规模长时间的快速增长，使企业内部结构和经营战略缺乏必要的调整时间和空间，生产和技术结构失调问题日益突出，资金结构恶化，抵抗外部风险的能力日渐脆弱。但有数据表明，其时韩国的汽车年生产能力已经扩大到每年430万辆，比其汽车年销售量大40%。因此，利润的大幅萎缩也就不足为奇了。这场悲剧的背后，一心希望韩国企业"男儿当自强"的韩国政府负有不可推卸的责任。

[案例4.6] ITT公司的合与分①

美国在20世纪60年代迎来了战后工业经济全面发展的时期，随之而来的是美国历史上的第三次兼并浪潮。此次兼并浪潮的目标在于分散化。

ITT（国际电报电话公司）成立于1920年，是由许多电话、电报及通信设备公司合并成的。从1959年起的九年时间里，哈罗德·杰尼恩通过上百次交易，控制了谢拉顿公司、艾维斯汽车租赁公司、鲍伯-梅里尔出版公司和莱维特父子公司等。在杰尼恩任职的前十年，ITT挤进了美国前二十家工业公司的行列，脱离了传统的电信业而转向分散化经营。

道琼斯指数从1968年的1 000点降到1971年的631点。ITT的股票从1971年的67美元下降到1974年的12美元。公司股价下跌的背后是利润的持续下降。

在杰尼恩时代，被ITT兼并的公司超过了250家，因此公司的总收入从7.65亿美元猛增到220亿美元，但与之相伴而生的是难以消化的高额负债。杰尼恩的继任者兰德·阿拉斯科格受任于危难之间。1979—1983年ITT平均每年卖出约2亿美元的资产；1984年末又一下子出售了总价值20亿美元的69家公司；1986年出售了95家公司，价值40亿美元；1992年ITT甚至放弃了其基本业务——国际电话公司，该业务以36亿美元的价格落入一个法国公司囊中。

但是，仅出售低效公司并不能完全拯救颓势中的ITT，充其量只能减缓其衰落。1995年，在持续不断的市场压力下，阿拉斯科格将ITT分割成三个独立的部分：ITT工业公司（经营工业制造和国防用品）、ITT哈特佛德集团（经营金融服务）、ITT公司（经营饭店、赌场和体育用品）。阿拉斯科格则成为ITT公司的CEO。1996年，一分为三的策略使得ITT公司的股价上涨。

[案例分析] ITT公司在1960年代大兼并的氛围中所扮演的弄潮儿的角色绝对不是非理性的行为。我们不能够以十年、二十年乃至更长时间之后的情况和结果指责当初的决策。1960年代美国经济的强劲增长催生了股市的繁荣，收购兼并的大行其是正符合当时的世道。ITT、利顿工业公司、电动公司和德克斯伦公司等大集团创造的一系列投资的神话就是最有力的证据。大规模的收购兼并的确在当时为这些公司带来了巨额的利润。

但是，外部的环境不会总是一成不变的，一种新的组织方式对于其发挥作用所依赖的环

---

① 本案例根据《大交易》（布鲁斯·瓦瑟斯坦著，海南出版社，1999年）中与ITT公司相关的内容写成。主要数据引自该书第47—49页、第197—201页、第653—660页。

境总是有特定的要求,当这种要求不再被满足时,该组织方式的弊端也就显露出来了。我们所应该做的是改变思维和组织方式,适应新的环境,而不是批评原来的选择。这个世界上没有任何的事物是永恒的,所以我们的企业组织方式随着环境的变化分分合合是一件在正常不过的事情。

在 ITT 的案例中,作为分散化经营的一部分的收购兼并对环境是有特定的要求的。

一开始,分散化经营之所以兴起,主要有以下原因:管制者提高反垄断的力度迫使追逐增长的经理们把兼并对象分散开来;1960 年代管理学的理论笃信管理艺术能够轻松地把非相关行业的公司结合在一起;该时期火爆的股票市场更是为分散化经营提供融资渠道,推波助澜;公司管理者在财务压力和个人欲望的作用下,也纷纷采取这一模式。

但是,没有值钱的股票作现金,兼并活动就会立即停止;而离开了兼并活动,高增长的企业集团会变得难以为继。所以,当企业大到超过管理者所能掌控的范围之后,一切都变了,企业出现问题,经济开始不景气,股市步入漫漫熊途,高增长企业问题激化……于是危机开始了恶性循环。

随着变卖自己不擅长经营的资产,拆分企业以集中精力管理自己的长项,也就成为当时摆脱困境的唯一方法。

[案例 4.7] 西屋电气公司的分拆①

西屋电气公司在 1886 年成立时是单一经营型的公司,主要生产交流输电系统。到 1981 年为止,该集团通过不断的收购合并,拥有一家七喜瓶装工厂、一家金融服务公司,以及许多广播电台和有线电视系统;它生产厨房用品、战斗机、办公家具和电灯泡,还拥有核电站。

集团从 20 世纪 80 年代开始大规模地出售资产。1985—1990 年总共出售了 70 多家子公司,价值总计 35 亿美元的资产,并开始将视野逐步集中在金融服务行业。但是,在大规模的出售资产之后仍保留了七大块 75 家公司。

1993 年以后,在米歇尔·H.乔丹治下,集团放弃了办公用品、国防电子、电力分配装置、电力存储和房产开发这五大项业务。之后,于 1995 年 8 月以 54 亿美元兼并了哥伦比亚广播公司;次年以 49 亿美元兼并了无线广播公司;接着,该集团一面出售现存的大工业公司,一面从美国广播公司购入了 98 家广播电台;到 1997 年 11 月以 15 亿美元将发电业务卖给西门子公司之后,又于 1998 年宣布即将出售它的核电站和一家与政府合作建立的小公司。

1997 年西屋公司正式更名为哥伦比亚广播公司。

[案例分析] 由于西屋公司的业务过于庞杂,所以不易管理。步入 1980 年代之后,该集团拥有太多的子公司和太多的债务。公司袭击者就像鲨鱼嗅到了猎物伤口的血腥一样,开始对西屋公司虎视眈眈。在公司内部,投资者也对其糟糕的业务逐渐不满。

为了应对危机,公司高层一方面出售不良的资产,一方面向高风险、高回报的金融业进军。但是,不幸的是美国 1991 年陷入经济衰退,给西屋公司本部擅长的金融业务雪上加霜。而且,经过 80 年代中后期的大规模出售之后,西屋公司并没有改变其分散经营的企业集团性质。

---

① 本案例根据《大交易》(布鲁斯·瓦瑟斯坦著,海南出版社,1999 年)中与西屋公司相关的内容写成。主要数据引自该书第 202—204 页。

在公司内外部的压力之下,原有的管理者黯然退出。随着"新掌门人"的到来,公司开始真正地领导公司走上单一经营传媒的道路,为公司创造了新生。

西屋公司多年来不断变换它的战略重点——从单一的工业公司到企业集团,再从企业集团返回到单一的传媒公司,这充分展现了公司存在形式的流动性。在这种流动性的背后是市场这只"看不见的手"在发挥着作用。经营能力强、信贷宽松的时候、市场需求旺盛的时候进行分散扩张;反之,进行毫不犹豫地集中收缩。这是在正常不过的事情了,市场和企业制度完全能够做好这件事,根本就不用政府插手。在这个自然而然的过程中,分散经营和集中经营的选择决策源于企业发展的客观要求,好的管理者只是审时度势地考虑分散与集中的成本与收益,和经营模式变迁过程中的成本,做出了从两个备选项中挑出一个而已。(当然,运作过程远非如此简单。)

总结起来看,要使企业的运作符合社会效率最优化的方向,不仅要从企业内部努力完善企业治理结构,尽量使得企业内部的相关利益主体向企业利润最大化的方向努力,尽可能减少企业内部的交易费用,而且有必要站在企业外部来考察对于已确定的经济事务究竟是应该采取市场制度来处理还是企业制度来处理,这种选择在完善的市场经济条件下,将通过完善的竞争机制自动地作出,因此建立一个完善的市场制度是使得企业制度充分发挥作用的前提。

二、公平

社会经济发展的另一目标是公平,那么如何使企业制度的运作有利于公平目标的实现呢?这里的问题比较复杂,从本书第一章中我们知道,公平可分为三种,即起点公平、规则公平与结果公平。

从起点公平来看,为保证每个经济利益主体参与竞争的禀赋资源是均一的,就有必要把企业中所拥有的资源予以均分,这也就是国有企业思想的渊源之一。

从规则公平的角度来看,可以有这样的三种规则,一是按劳分配,二是按资分配,三是均等分配。

按资分配的规则无疑是有着其不合理性的,比如一个富家子弟从前辈手中继承了大量的财产,按照按资分配的规则,那么即使他整天游手好闲,无所事事,饱食终日,却也可得到平常人难以企及的收入,以及与之相应的生活水平,这非但是不公平的,也是不符合社会效率提高的要求的。但是,一个客观的事实是,即使在社会主义社会中,我们也必须在相当大的程度上承认个人财富的私有属性,过于"一大二公"的做法会破坏社会经济进步所赖以依靠的激励机制,这样一来,当相当部分的社会财富汇聚于不同个人的手中,而社会经济的增长又有赖于掌握着这些财富的个人进行投资时,按资分配也就是不可避免的现实选择,或者用本书中惯常的术语来说,是一种尽管成本很大,但在现阶段仍然是收益大于成本的选择。显然,在通常的情况下,对于一个拥有一定财富的人来说,要他投资就必须给他以相应的收益,否则的话,他为什么要投资呢?对于这一问题,我们有两种可供选择的改进途径:一种途径是将社会中可用于投资的资财尽可能多地从私人手中收归国有,以一个代表全民利益的国家来进行投资并相应获得投入资产所应获得的收益,由于这些收益是归于全民的,从原则上来讲,对全体国民而言是均等享受的,因此企业中因禀赋不均而存在的分配不公问题将在最大程度上予以化解,但是这种全面国有制的办法在实践中仍然产生了不少问题,并不像原有的理论所设想的那样完美,这就迫使我们不得不进一步从更为接近客观现实的角度去进行更深入的理论探讨,以寻求一个更为全面、合理的答案;另一种途径就是通过超额累进的所得税制、遗产税制、转移支付制度等制度安排来进行调节,这后一种方法也是现代市场经济国家中最常见的一种做法。究竟哪一种做法更好呢? 我们将在本书以后的章节中进行进一步的探讨。

另外一个规则就是按劳分配。按劳分配的思想无疑是社会主义企业有关公平目标的一个基本原则,但是在现实中由于信息的不完全性,以及企业内部利益主体各自的利益要求,按劳分配的原则即使在国有企业中也不可能完全理想化地得以实现;另一方面,要注意的是,在有限责任公司、股份公司等现代企业中,股东的利益与企业经营者和其他员工的利益也并非完全对立的,原因在于股东一般都会自觉或不自觉地得出这样的结论,就是试图过度地压缩经营者和企业其他员工的利益空间来获得高额利润的做法实际上往往造成现实中相反的结果,因为这里面显然存在着一个适度激励的问题。正如图 4.5 所示,当员工的工资水平为 0 时,企业将不会有利润,因为面对这样的一工资水平,员工的工作是没有意义的,当然不会有劳动的投入,这时唯有适度地提高工资水平,才有可能使员工的工作积极性得以提高;只有当越过 A 点后,员工的工资水平的提高者是与企业的利润也即股东的利益相矛盾的,也就是说,在工资水平为 OB 的一段上,实行按劳分配的原则对企业业主而言是有益的,所以根据最基本的马克思唯物辩证法原理,我们不宜将企业内部股东和员工利益的矛盾绝对化。

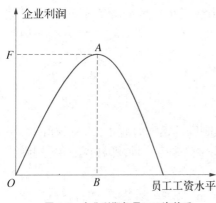

图 4.5　企业利润与员工工资关系

规则公平中的另一个原则就是均等分配,也就是不论人的能力大小,只要尽自己所能对社会做了贡献,那么不管这种贡献是大是小,每人都将得到均等的一份。该原则自然是人类的一个美好愿望,但是在目前的社会物质条件下,要实现这一点仍需时日。

最后一个关于公平的观念是结果公平的观念,或者说就是绝对的平均化。要做到这一点,关键在于禀赋的公平和规则的公平,如果初始的状况是一致的,而其所施行的规则又同样是一致的,那么社会成员就能达到一个一致的结果,关键的问题在于禀赋很难做到绝对的均等。问题之一是如前所述的通过国有化的途径均分资产等做法可能会产生一系列负面的影响,问题之二是人的劳动能力包括体力、脑力等无法做到完全均等。另外就企业而言,当按照某种规则所确定的分配结果产生后,只能够对其进行确认而无法加以改变,如果要改变这种结果,那么只有企业之外的政府制度才有能力做到这一点。

综上所述,就企业内部而言,要有利于社会公平的改进,其途径在于:

(1) 将企业内部的生产资料公有化,以改善社会的禀赋公平状况;

(2) 努力在企业内部贯彻按劳分配的分配规则,以提高社会的规则公平程度。

这样的两种改进如果过于极端化，那么都将对社会的生产效率产生负面影响，或者说，这样的两种改进在当前社会客观的物质经济基础条件下，以及社会成员客观的意识觉悟下，都是受到客观条件的制约的。

三、公平与效率

既然社会经济发展的目标是指向效率和公平两个方面的，那么对企业制度而言，我们也有必要对这两个方面都加以考虑，仅仅考虑其中的一个方面是不全面的，我们既要防止在较早的时候，在谈论企业问题时，过度地把注意力集中于企业中的公平问题的倾向，也要防止最近在研究企业问题时普遍存在的只注意谈论企业中的效率问题，而完全忽视了企业中还存在公平问题的另一种倾向。企业制度正是在效率与公平这一对矛盾的交织发展中向前演进的。

在建设中国特色社会主义的进程中，我们始终坚持效率与公平辩证统一。十八大报告提出"初次分配和再分配都要兼顾效率和公平，再分配更加注重公平"的改革思路，十九大报告再次明确"坚持在经济增长的同时实现居民收入同步增长、在劳动生产率提高的同时实现劳动报酬同步提高"，可见核心内涵就是将效率和公平原则贯穿于各环节，实现辩证统一。这也应成为我们处理企业问题的一个准则。

具体说来，当在企业制度的目标上发生矛盾时，我们首先应该考虑，如果以某种方式改进公平将会带来一定的效率损失的话，那么是否能够寻找到一个更好的方法同样能够改进公平的状况而不致造成效率的损失或较少地招致效率的损失？比如，改进社会禀赋公平的状况，既可以采取将企业内部的资源公有化的方法，也可采取在企业外部，通过政府制度征收个人所得税、财产税等方法来加以改进，那么我们就有必要考虑这两个方法中，哪一个将会较少地导致社会生产效率的损失，然后我们就采用哪一个。又如，在调整社会结果公平的状况的时候，我们同样有两种选择：一种是不仅将企业国有化，而且建立大一统的统收统支的财政体制，将企业的收支全盘纳入财政的统一控制中，从而实现企业员工收入的均等化；另一种方法是通过超额累进个人所得税制和社会保障制度来加以调节。究竟采取哪一种方法同样取决于公平与效率改进的相对比较。从这里我们能够得出这样的结论：对于企业的公平与效率的目标，不应仅仅限于企业内部来考察，而应将其放在整体经济发展的背景下，与其他经济制度做更大范围的综合比较和考察。当公平和效率不能两全时，我们应通盘考虑其得失的总效应，更多地关注竞争的机会公平与过程公平，并在强调公平分配原则的同时，更加注重政府调节的科学性和有效性。以民生、社会保障、基本公共服务为重点，优化政府支出结构和规模，才能真正提升国有资产管理水平。

第三节 产权与企业治理

在第二节中我们已经表明，要使得企业制度符合社会效率最大化的目标，就必须尽可能地使企业的运作趋向企业利润的最大化,而要做到这一点,又取决于能否通过构建一个合理的企业制度(也就是在企业中,处理不同利益主体之间经济关系的规则),使得活动在企业这个舞台上的所有利益主体都能够充分地发挥出其各自的潜能,显然这需要被设计出来的企业制度能够有效地保证各利益主体严格地按照各自在企业中所作的贡献获得相应的收入分配份额,既不过多也不过少。这里所说的企业制度,通常又可称为企业治理结构。那么,在企业内部,应如何完善企业治理结构,才能使之达到我们所希望它达到的目标呢?从最宽泛的意义上来讲,我们可以把完善企业治理结构的路径归结为"明晰并保证产权"。

一、产权

这里,我们就涉及了产权问题。"产权"这个概念在现代经济分析中被广泛地运用,不仅在对企业制度研究方面被大量地运用,而且在我们研究市场制度和政府制度时,也同样是被经常使用的。

所谓产权(property rights),指的是经济利益主体获得某种经济利益的权利。

产权这个概念与所有权是有区别的。所有权强调的是被法律规定的所属关系,而产权强调的则是实际的经济利益。产权这个概念之所以在当代经济分析中被广泛地述及,一个重要的原因就在于现代经济的发展使得政府制度的作用越来越广,以及现代企业制度的广泛发展,这两种制度变迁的状况都会涉及这样一个问题,就是法律上所规定的拥有某种经济资源的权利和通过对这种经济资源的利用而获得的实际利益产生了某种程度的脱节。

[案例4.8] 公有住房的产权与所有权

在一个由政府制度而非市场制度提供住房的机制下,经常可能发生的情况是按照名义上的法律形式来看,住房的所有权是属于国家的,也即是全民的,或者说国家中的每一个国民都对该房产拥有一个均等的份额,但在实际上,该住房所能够提供的实际经济收益则只能归属于该住房的现时居住人。从经济分析上而言,我们仅仅关心该房产在法律中归谁拥有是远远不够的,利益得失分析永远是经济分析的精髓,因此,我们也就不难理解我们在现代的经济分析中为什么会广泛地使用产权这一概念来论述各种问题,道理就在于"产权"概念直指的正是经济利益这一经济分析中的核心问题——谁受益,谁受损。

在企业制度的分析中,同样的,之所以广泛运用了"产权"这一概念,也正是因为现代企业制度广泛存在与发展的一个直接结果,就是使得企业的法律占有形式与实际利益获得产生了程度不等的分离。在古典企业中,由于所有者与经营者的合二为一,使得对企业中的资源的法律上拥有和运用这种资源获得的实际经济利益之间存在着完全的对应关系,但是在现代企业制度中就不同了。比如,我们可以假设,企业的经理借助信息优势,其所获得的实际收入完全有可能远远地超过按他的劳动投入所应获得的份额,这一超过其实际劳动投入的份额有可能就是利用其对于尽管在法律上不具有所有权但实际却拥有控制权的股东资产而取得的,这和前述的公有房产的实际居住者尽管在法律上不具有对于房产的所有权但却能够利用实际的控制权获得实际的经济利益的情况是一致的。总而言之,产权强调的是经济活动中的实际利益,因此它是我们用以进行利益分析的有力工具。通过对现实中的产权状况,以及与之相关的贡献状况的比较分析,将有助于我们判断一个经济实体的效率状况,根据经济学的基本原理,一个有效率的经济实体应使得其相关的各利益主体所作的贡献与所获得的收益相对称。

既然产权概念强调的是实际的经济利益,因此在认识"产权"这一概念的时候,我们不应把眼光局限于对某种实物资产的占有上。因为中文翻译的缘故,"产权"这个词从字面上来看,易于使我们产生对某种实物资产占有的联想,其实,"产权"更好的翻译方法可能应是"财富权利",它强调的是更为直接的经济效用。产权的形式是多种多样的。比如,当人们参保时,只有当某种特定的情形发生时,才可能获得某种相应的赔偿金额,在这其中,事实上就存在着一个"或有的产权";又如,在现代企业中,常见有对经理层进行激励的期权安排,这同样是一种"或有的产权",只有当经理层的经营业绩达到了一定的要求后,他才有可能得到相应的经济利益,也就是产权。在这两个事例中,都不涉及眼前的实物资产,所以把产权概念仅仅混同于对于某种资产的占有、处置,在理解上无疑是十分偏狭的。

在引入产权概念后,如何应用这一概念来分析实际问题呢?这一方面的研究首先是由科斯开创的,科斯在他 1960 年所发表的《社会成本问题》一文中,对此问题进行了精辟的论述①。我们可以用这样的一个模型来说明科斯的思想:假设一人拥有一块草地而另一人拥有一群羊,而此时发生了羊吃草的情况,那么我们应如何对这一事态作出经济学意义上的评价呢?(正如我们前面所强调的那样,经济学本质上是成本-收益分析。)

根据传统的看法,我们必须勒令养羊的人偿还养草的人因草被吃而遭受的损失,比如庇古就曾认为,对于污染环境的企业,应对其罚款或禁止其生产,以杜绝它的危害,这一环境污染的例子和我们这里所讲的"羊吃草"问题本质上是完全一致的,即发生了经济过程中一方侵害另一方利益的事态。

科斯针对传统的看法,提出了对上述损害问题的不同意见。以我们的模型而言,我们可以假设,我们作出了这样一种不合情理的制度安排,就是养羊的人有使其羊群吃草的权利,而养草的人只能听任其草被吃,没有索赔的权利。(在这个例子中,我们不妨再一次体会一下产权与所有权的不同。)那么,将会发生一些什么情况呢?事实上,根据最基本的经济学原理,我们完全可以作出合理的推断:养草的人将愿意通过向养羊的人支付一定数量的货币以换取养羊的人让羊少吃一些草,只要保留这些草所取得的边际效用对养草的人而言超过他应支付的货币价格,那么养草的人就愿意继续向养羊的人支付赎金;同时,养羊的人只要认为从养草人那里取得赎金的价格要大于因放弃让羊吃草而丧失的边际效用(或者说增加的边际成本)的话,那么养羊的人也会接受这一安排,一直到获得货币收入的价格等于因为放弃让羊吃草而丧失的边际效用(或承担的边际成本)的水平上。由于羊开始吃草时使其长肥的效果是较大的,当吃的数量递增时,对于长肥的贡献将越来越小,所以养羊人驱使羊吃草的边际收益是递减的,或者说放弃让羊吃草的边际成本是递增的。再或者说,放弃吃草的数量越多,失去的边际收益也将越多。对养草的人来说,赎买草的边际效用(收益)将越来

---

① 科斯:《社会成本问题》,载《财产权利与制度变迁》,上海三联书店,上海人民出版社,1994 年。

小,这样,养羊的人和养草的人就一定能够在某一点上达成一个一致的关于羊吃草的界限以及相应赎金的协议,这一点将是均衡的。设养羊者放弃吃草的边际成本为MC_1,养草者赎买草的边际收益为MR_2,则均衡点为A,赎金价格为P_1,羊吃草的数量界限为Q_1(见图4.6)。

现在,再回到比较符合通常情理的状况中来,我们假设,草的产权(也就是草资源带来的一切经济收益)归养草人,那么此时的情况又会怎样呢?同样,显而易见的是,根据"没有什么不可以交换,关键是价格"的市场经济的基本思想,养羊的人将向养草的人购买草以喂养羊。只要草喂羊的边际收益(或不购买草将造成的边际成本)超过需支付的货币价格,养羊的人将继续买草,直至得到的边际收益(或因不购买形成的边际成本)等于价格;而作为养草人而言,只要放弃草的边际成本(或他占有草的边际收益)低于价格,那么养草人将愿意继续出售草直到其边际收益或成本等于价格为止。这里,我们同样会得到一个均衡的出售价格和与之相关联的羊吃草的数量。根据简单的常识,我们完全能够推论,在这一假设中羊吃草的数量和支付的价格与上一例中将是完全相同的,所不同的只在于在本例中货币是由养羊者向养草者支付,而在上例中,则是由养草者向养羊者支付(见图4.7)。

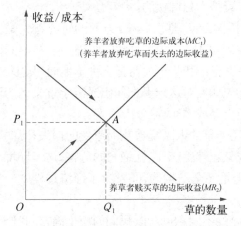
图4.6 养羊人拥有草的产权安排下资源均衡模型

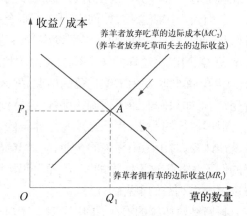
图4.7 草场拥有草的产权安排下资源均衡模型

这样,对比上述两种情况,我们可以发现无论产权如何安排,就整体社会而言,其效率并没有遭受损失,在两种情况下,都可以通过交易的方式使得资源的利用达到有效率的均衡点上,所不同的只是收入分配情况的差异,因此,我们就可以得出如下结论:当交易费用为零时,产权如何界定是不重要的。这样的一个结论,可能会使许多阅读者觉得困惑,因为在许多的场合,我们不是都强调产权是重要的吗?对此疑问,我们将在下面给予解答。

对于上述的结论,我们必须注意它的前提,就是我们假定交易费用是为零的,但是在现实中,我们清楚地知道交易费用实际上是不可能为零的,在这种情况下,产权如何界定就不再是不重要的。比如,在关于污染问题的例子中,一般地,我们会规定居民有不受工厂污染的权利,但如果将产权定义为工厂有污染居民的权利的话,就会发生这样的情况:尽管居民有着通过谈判与工厂达成某种交易(向工厂支付赎金)以控制污染规模的内在动因,但由于受污染的居民往往是相当的分散,因此在普遍的"搭便车"动机下,居民之间表达成一个联合体来行使与工厂谈判的权利将是非常困难的,因为互相之间的沟通并最终将某种共同的愿望表达出来是需要花费巨大的成本的,即交易费用是巨大的,甚至大到使谈判根本上成为不可能。在这种情况下,我们可以合理地推测将要发生的交易费用将大大高于按通常情况定义产权时所发生的交易费用,因为在通常情况下,通过将产权定义在居民一方,同时又有足够有效的法律机构对居民的权利加以保护的话,那么所发生的交易费用将要比产权定义在工厂那一方的情况下小得多。

那么,上述的有关"当交易费用不存在时,产权如何定义是不重要的"结论是否是与实际脱节因而是无用的呢?也并非如此。该结论至少表明了这样一点:即便初始的产权的界定有不合理之处,通过有效的、自愿的交易,将会有助于外部性①问题所带来的社会经济非效率状况消除,促进社会效率的实现。尽管现实经济中交易费用不可能完全为零,但当交易过程并不复杂、所需费用很小时,这一结论显然是有意义的。也就是说,在交易费用不大的情况下,一般来说无须外力的介入来改变现有的产权状况以提高效率,而应充分发挥自愿交换机制的作用,因为外力的干预显然也是需要成本的,有时往往还是很高的成本。由于自愿交换达至效率所需的交易费用很小,因此只有当外力介入的成本比之更小,那么采用外力介入的方式来解决问题才是值得考虑的,而当我们判断交易费用是很小的时候,自然外力介入的可能性就微乎其微了,只有当交易费用过于高昂,甚至使交易无法实现时,采用外力介入的方式——比如构建完善的政府立法和执法的机构,来保护或调整产权——才是值得考虑。

总结上述有关产权问题的讨论,我们大致可得出如下两个结论:

(1)当交易费用较小时,我们应尽量通过自愿的交易方式来改善因初始产权设置不合理而引起的诸如外部性等非效率问题;

(2)当交易费用巨大时,我们应通过建立和完善产权保护和调整机制,以促进经济效率的实现。

有关产权问题的上述两个结论,有助于我们解决经济分析中的两大类问题。

(一)关于政府制度和市场制度的相对地位的问题

有关产权问题的这两个结论,无疑清楚地表明了这样一个思想:当市场制度也即自愿交换制度能够较好地处理问题时,我们应通过充分发挥它的作用来解决问题;只有当交易费用过于高昂,市场交易受到严重阻碍甚至不可能实现时,政府制度的介入才是应被考虑的。

(二)对完善企业制度具有指导意义

(1)上述有关产权问题的理论表明,企业明晰产权所要达到的目标就是为了尽可能地减少企业内部的交易费用。我们在前面的讨论中已经指出,企业符合社会效率要求的标准是该企业尽可能地追求企业利润的最大化,在技术资源条件一定的情况下,这又取决于企业治理结构是否完善,而要完善企业治理结构,则必须明晰企业内部的产权,也就是说,必须明确企业内部各利益主体的利益边界究竟在哪里。通俗地说,就是使企业的股东、管理者和其他员工都能够根据各自在企业中的贡献各得其所,一点不多、一点不少,谁也不要占谁的便宜,即所谓的"激励相容"。

---

① 外部性指的是贡献与收益不相称的情况,比如养羊的人可以免费地使羊吃养草人的草,他没有付出只有所得,这就是负外部性状况。反过来讲,养草人为养草花费了成本但没有享受到因草带来的好处,这就形成了正外部效应。

值得再次强调的是,这是和所有权不同的问题,一个企业的所有权往往是很清楚的,它可以清楚地表示在企业的资产负债表上,但是产权则不然。比如,一个企业的高级管理人员,他的薪水根据有关的聘用合同可能是清楚的,有关的奖金收入根据所定契约的完备程度可能是相对清楚的也有可能是不清楚的,而其他的许多待遇可能就更为不清楚。举例来说,尽管我们可以规定一名总经理在公务活动中可以打高尔夫球、坐奔驰车、住五星级宾馆;而一名部门经理则可以打网球、坐大众车、住四星级宾馆等具体待遇的规格,但却很难确定他们实际需要享用的次数——他们完全可以要求享受比实际需要更多的次数,并将其归咎于业务上的需要。由于信息不对称的存在,以及股东们在沟通和合作上的巨大成本,股东们往往不能对这样的要求予以反驳并加以合理的限制——这样,在企业总体利益的这张大馅饼中,经理们将切得更大的一块,相应地,股东们的份额将更小一些。在这种情况下,股东和经理切割馅饼的界限就是不确定的(他们显然通常会对这样的不确定持欢迎的态度),用术语来表达,就是"产权边界不清"或"产权不明晰"等。

回到本书前面有关"羊吃草"的模型中,我们可以发现,不管我们采用两种产权界定方式中的哪一种,在初始的状态下,产权的边界都是确定的,而这就为双方通过交易来解决各自的问题并最终达至整体的最优效率奠定了基础,要通过交易来解决问题,隐含着的一个前提是被交换物的利益边界是确定的,否则就无法进行有效的交易。比如,如果养羊者和养草者双方对于草的产权的归属无法达成一致的认识时,他们双方显然将对解决问题的方案争论不休而又无法得出一个确定的结论,通过交易来增进社会效率的目标也就无从谈起,甚至陷入一个互相争斗的"霍布斯世界"①中,依靠强力而非自愿交易来解决问题,或者也可以说,交易费用是无穷大的。因此,在企业治理结构中,明晰产权就是首要的问题,而之所以要明晰产权,就在于为企业中的各利益主体奠定一个可交易的坚实基础,否则的话,因为产权不清而导致的巨大的交易费用将导致企业产生巨大的利益漏损。所以,企业明晰产权的目的也正在于最大限度地减少企业内部的交易费用。

(2)事实上,仅仅确定产权的边界还是不够的,因为我们面临的是一个交易费用现实存在的世界。因为交易费用的存在,所以我们所面临的就不仅仅是界定产权的问题,而且还面临着如何界定产权的问题,比如在我们前面举过的污染问题的例子中,我们就表明了将产权界定在两方中的某一方所得到的实际结果是不同的,在企业内部同样面临着这样的一个问题,比如,剩余索取权在多大的程度上应归于实物资本的所有者,在多大的程度上又应归于人力资本的所有者?对这一问题的探讨,在我们这个有着交易费用的世界中不是没有意义的,关键的问题还是要研究清楚究竟何种界定方式才能够最有效地节约企业内部的交易费用。

(3)明晰产权和在不同的明晰产权的方案中作出改进的选择也都是需要付出代价的。比如,像我们前面所论述过的那样,为确保市场中各交易主体的产权明晰,就需要设立各种政府机构来加以保证和进行调整,这样一来,就有可能发生两方面的费用:一是有关政府机构的设置和运转所需花费的成本;二是当这些政府机构的运转发生错误时所需发生的成本。在企业内部,同样如此,为确定企业中各利益主体的贡献及其相应获得的报酬,就必须在企

---

① "霍布斯世界",喻通过暴力来解决问题的世界,参见《利维坦》(霍布斯著,商务印书馆,1996年)。

业内部设置一系列的机构和人员来行使该方面的职能,这同样面临着两个方面的问题:一个是这些机构和人员的设置所付出的成本;二是这些机构在运作过程中可能出现的错误。正因为面临着这两方面的问题,所以在考虑交易费用现实存在的前提下,对企业产权明晰的程度也应有适度的把握,企业产权的明晰同样存在着一个边际成本递增的问题,当递增的成本超过了因产权明晰而带来的收益时,那么对产权明晰的努力客观上就应停止下来。在我国国有企业管理的实践中,该方面的问题是很多见的,许多企业为明晰产权而投入的人力、物力、财力远远超过了所能够得到的好处。

总之,一个好的企业治理结构,首先要尽可能地保证产权是明晰的,其次,如何具体地界定产权也是重要的,同时,在明晰和界定产权的过程中,有必要注意在这一过程中将会发生的成本与选择适当的改进途径。

二、企业治理

既然企业治理的目标即是通过明确产权,从而达到激励相容,并进而产生最优的经济结果,那么在实际操作过程中,我们又应通过何种具体的途径达至这一目标呢?

通常而言,有两条路可走。

(一) 企业内部治理

企业内部治理即通过加强制度化的建设,使得从"股东→管理者→工人"的管理链条清晰有效。通过企业内部治理机制来达到提高企业治理绩效的途径,通常又被称为"用手投票"机制。再具体而言,所考虑的具体举措可能包括如下五个方面。

(1) 完善股东大会制度,比如完善关于股东大会召开、议程、表决程序等方面的制度建设,进行网络投票以减少股东投票成本等技术创新等。

(2) 完善董事会,比如建立独立董事或进一步调整独立董事的比例。在董事会中根据不同董事的不同专长,设立不同的重大事项决策委员会,如管理委员会、投资委员会、薪酬委员会等。

(3) 完善高层管理团队的制度设置,比如设置CEO、President、COO、CTO、CFO等。

(4) 完善中层管理团队的制度设置,比如设立事业部,在事业部中设置总经理、业务董事等。

(5) 像德国的很多企业普遍设置董事监事会,或我国的企业设置监事会等理论上独立于董事会的再监督机制。

根据前述"明晰产权"的理论要求,在企业内部治理中,要解决的两个重要问题是:其一,不要因为信息不对称和股东之间沟通和联合(股东,特别是小股东有着普遍的"搭便车"倾向)上的困难坐视管理层侵占股东的利益;其二,也不要因为股东过度伸张自己的利益,而使得管理者吃亏,并进而损伤他们的积极性和创造性。这里要明确的是:在这一对矛盾中,到底何者是矛盾的主要方面?那是我们在企业内部治理结构完善中应首先要关注的吗?

答案显然是明确的。由于上述信息不对称和股东联合上的客观困难,因此股东过度伸张自己利益的可实现性显然是较低的(除非股东是控股之大股东);而问题的另一方面,同样显然的是，管理者因为占据着企业内部的天然位置优势，所以他们意欲想实现的，极有可能就能够实现。正是基于这样的一种分析，本书认为，对于一般意义上的现代企业而言，在企业内部治理结构上，更应该侧重于对"管理者占股东便宜"问题之解决，把它作为完善企业内部治理结构首先要解决的问题，置于矛盾的主要方面。

（二）企业外部治理

企业外部治理即通过企业外部的制度建设，来促成企业内部的激励相容。这主要又通过如下两个方面的制度建设来达到。

1. 政府制度和其他公共制度

由于现代企业的管理日益复杂，股东和管理层之间的许多矛盾冲突无法在企业内部化解，甚至会发生管理层欺骗股东，损害股东利益的程度达到触犯法律程度的情况，此时政府就必须介入其中，以维护当事人的合法产权不受侵害。

同样，由于现代企业管理的复杂性，因此有必要由政府或社会公认的准政府机构或中介机构来制定某种股东和管理者共同认可的标准，并强制统一推行，以衡量企业绩效和明晰产权，比如由财政部或注册会计师协会制定会计准则，并监督执行，在有争议时进行仲裁等。

2. 市场制度

通过将股东拥有的企业的产权进入市场自由交易（现代主要的方式是股票）的方式，也可以提供一条非常实用、有效的提高治理水平的路径。这一路径通常又被称为"用脚投票"机制，即股东在对管理层的有关行为及实绩不满，而"用手投票"机制又很难发挥作用的情况下，股东拥有"玩不起不跟你玩了"的权利，抛售股票，并转而将收回的资金投于拥有更好管理团队的企业之上。如果相当多的股东都对公司管理层不满并"用脚投票"的话，显然就会拉低该公司之股价，而这又会发生如下两个作用。

（1）吸引潜在的收购兼并者。过低的股价如果主要是由于管理团队表现不佳所造成，公司其他方面并无大问题的话，显然会吸引收购兼并者的进入，他们只要利用较低的股价购买到足以控股的股份，就可以让现有的管理团队走人①。"皮之不存，毛将焉附"，现有的管理团队显然也深知这样一种局面的结果，并因此会相应约束自己的行为。

（2）影响企业再融资。如果企业融资主要是通过直接融资的方式来解决，那么由于再融资的价格主要取决于股票的市价，因此上述"用脚投票"机制的有效发挥必将有效阻止资金继续流入那些由表现得差的管理团队所占据的企业，并进而使这些企业在激烈的市场竞争中处于不利的地位，最后有较高的概率被市场所淘汰，并从而在整体上提高整个社会的企业治理水平。

总之，除了以层层命令的方式提高每个企业的治理水平并实现整体企业治理水平提高这一条思路②之外，其实我们还另有可选择之路——市场竞争之路。

（三）总结

要治理好企业，必须既搞好企业的内部治理，又搞好企业的外部治理。那种仅仅把完善

---

① 当然在现代的收购兼并中会碰到诸如"金、银降落伞""毒丸"等一系列的麻烦，但基本结果仍不会受影响。
② 从逻辑上来说，如果仅靠层层命令的方式就能够收到适切的效果的话，那么计划经济模式就会是一种好的选择。

企业内部治理结构当作做好企业治理工作的全部的观点,显然是不全面的(见图4.8)。

在典型的现代企业中,一方面,现代企业的内部管理人员在信息等方面占据着天然的优势;另一方面,股东往往因为过于分散,难于达成一致的联合行动,再加之普遍的"搭便车"动机和专业知识的不足,高昂的交易费用使得他们很难与占据优势地位的企业管理层相抗衡;因此,几乎在所有国家的现代企业治理实践中,仅通过企业内部治理结构("用手投票"机制)的完善,来达成良好的企业治理目标,被证明在实际操作中是非常困难的①。

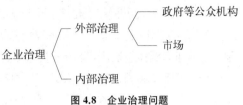

图 4.8 企业治理问题

在这样的情况下,事实上企业外部治理问题就被提到了一个相当的高度。这又包括了如下两个方面。

一方面,必须建立完善的有关产权保护的法律(比如公司法、合同法、对欺诈等经济犯罪行为进行严厉追究的刑法等)和其他规则体系(比如完善的会计准则),并严厉地处罚那些违法违规者。

另一方面,必须花大力气完善资本市场的建设,充分发挥"用脚投票"机制的威力②。这是搞好现代经济的非常重要的关键之所在。从经济原理上来解释,由于抛出股票行动之分散性,使得实现这些行动的交易费用极小,而通过市场的连接,在不经意间股东就会达成很好的一致行动,所以具有非常强的现实可操作性。

所以,总的来看,**在现代条件下,达到一个良好的社会平均企业治理水平,完善"用脚投票"机制可能比完善"用手投票"机制来得更为现实,自然也更为重要。甚至可以说,内部治理结构完善的动力在相当程度上也来自外部竞争的压力。**

在这方面,美国的经验值得我们吸取。美国经济的强盛从一个方面来看是拥有一批具有强大核心竞争力③的企业,比如微软公司、英特尔公司、可口可乐公司等,从而使得美国公司的平均治理水平与治理绩效都居于世界的前列。但是,美国并非没有企业内部治理方面的困难存在,比如安然公司、Worldcom(世通)等公司就是这些内部治理问题走向极端的一个表现。当然,作为大多数美国公司而言,内部治理水平是介于上述两类公司之间的——如果绝对地看,这些公司的内部治理可能是很成问题的,甚至问题很大,比如20世纪年代约翰逊当政时期的雷诺-纳贝斯克公司的管理层以挥霍无度著称,最近以来,又有纽约交易所CEO格拉索操纵董事会给自己发放高额红利、通用电气公司前CEO杰克·韦尔奇从公司获取不正当待遇等丑闻——所有这些从个案来看,或许都是令人震惊的;但冷静而言,其实也都是世界性的通病,只不过美国的企业也未能"免俗"而已。问题在于:为何在这样的情况下,美国企业的治理水平平均而言,仍然能够在世界范围内居于前列? 其秘诀恰恰不在于

---

① 可参见《强管理者·弱所有者——美国公司财务的政治根源》(马克·J.洛著,上海远东出版社,1999年)等书。
② 有关资本市场对完善企业治理的作用问题,本书第八章还将做更为详细的阐述。
③ 所谓"核心竞争力",作通俗的理解,即:企业有无"拳头产品"? 这一"拳头产品"在世界上的独一无二性究竟如何? 如果是人无我有,而市场又广阔,就达到了最高的"核心竞争力"层次;如果"人有我有",但我的性价比明显高出一筹,那么也具有一定的竞争力;如果人有我有,而我的性价比不占优势,那企业的实绩从长期(短期,如果适逢行业周期的高峰,也可能有不错的利润)来看,就自不待言了。

它的内部治理①,而在于它拥有一个比较完善的资本市场体系,"用脚投票"机制发挥了较好的作用,从而迅速淘汰了一大批有着严重内部治理结构问题的企业或企业管理者②,并最终提升了企业治理(包括内部治理)的整体水平。

与之相反,德国、日本这些国家,之所以在20世纪90年代以后在经济发展中遇到了很多麻烦,其中一个重要的方面即在于企业竞争力的下降。企业竞争力下降的一个重要原因即在于缺乏一个完善的竞争性资本市场,不能迅速地淘汰那些不愿完善企业内部治理结构的企业管理者和企业本身(缺乏了这样的一个机制,企业的管理者自然就有恃无恐,不会去很好地顾及股东之利益——我为什么要完善企业内部治理结构呢,不完善对我而言岂不更好?况且企业又不会倒闭——资金不够了,问银行借好了——关键是企业规模不能太小,否则银行可能不借我——所以关键是做大而不是完善企业内部治理结构),结果社会资源遭到了极大的浪费——表象之一即为大量的银行呆坏账。以企业自身发展而言,则有着独一无二重要产品的企业越来越少,几乎已经是凤毛麟角。

这一正一反两方面的对比是非常值得我们深思的。

[案例4.9] 安然公司案

安然公司倒闭是广为人知的美国大公司倒闭案例。到底是什么原因导致安然公司的倒闭呢?安然公司董事会特别委员会向联邦破产法院公布的报告称安然公司的倒闭源于管理层经营不善,以及部分员工利用职权之便为自己聚敛财富。

"安然公司内部的高层经理们成立了许多复杂的机构,并和公司外部人员勾结,操纵安然的财务报表,从中赚取了数千万美元的本不该属于他们的黑心钱。

"1999年,董事会不顾职业道德,听从当时的董事会主席肯尼思·莱和首席执行官杰弗里·斯科林的建议,允许当时的首席财务官安德鲁·法斯特暗地里建立私人合作机构,非法转移公司财产。

"安德鲁·法斯特2000年在一笔合作交易中投入2.5万美元,在短短两个月中就轻而易举地赚取450万美元的个人巨额利润。另外,他唆使安然公司的另两名员工参与交易,每人投资5 800美元,各赚取了100万美元。

"其他公司员工还透露,董事会主席和首席执行官都一直批准虚假报表的通过,并且对董事会隐瞒了有关财务报表的许多重要信息。"③

[案例4.10] 世通公司倒闭案

世通公司(Worldcom)前CEO"艾伯斯在当政期间不仅虚报约39亿美元的假账,他本人

---

① 当然,美国(也包括其他国家)一些完善企业内部治理结构的具体做法也是值得我们学习的,但这并不能使之成为根本性的问题,就像美国的会计准则和许多其他会计制度有很多值得我们学习之处,但它依然挡不住安然、Worldcom等公司和安达信会计师事务所的造假行为,其实这是两个问题。
② 从这个意义上而论,像安然、Worldcom这样的公司通过资本市场(当然也包括司法体制)迅速地被淘汰,正面意义应大于反面意义。
③ 《决策失误奸佞当道财产被转移 安然自揭破产内幕》,http://www.sina.com.cn,2002年2月4日。

还从公司挪用 4 亿美元购买股票,造成公司亏空。"①

"据道琼斯报道,世通公司先前被揭露在 2001 年全年及 2002 年上半年共虚报近 40 亿美元的账目。消息指出,审计师发现世界通信在 1999—2000 年的财报中将 20 亿美元的坏账储备纳入获利。"②

"7 月 12 日,《华尔街日报》报道,世界通信公司的前首席财务官斯科特·沙利文揭露说,前首席执行官伯尼·埃贝斯知道该公司利用财务欺诈虚报收入的情况。"③

"3 月 15 日,美国曼哈顿联邦区法院就世通公司总涉案值达 110 亿美元的诈骗案,对公司前首席执行官埃伯斯作出裁决。陪审团认为埃伯斯在股票诈骗、伪造账目以及总计七项向管理层上报虚假文件的控罪上有罪。促使陪审团作出埃伯斯有罪判决的关键在于,辩方律师无法提供埃伯斯不知晓公司前首席财务官沙利文通过做假账隐瞒公司销售下滑的诈骗行为的证据。此前沙利文对涉嫌诈骗指控认罪,但称是在埃伯斯授意下进行的。"④

[案例分析] 像安然公司和世通公司这样的财务假账丑闻之所以会发生,是因为内部治理并不能解决现代企业制度中全部的问题。董事会的确应该是代表股东大会监督经理层,维护股东的利益,但是安然的董事会不仅不履行自己这项职责,反而和经理层狼狈为奸,损公肥私,大肆侵害广大股东的利益。而在世通公司的案例中,虽然对董事会是否参与假账丑闻并没有明确说明,但是他们至少也是监督不力,难辞其咎。这两个案例在美国的公司中虽是一个极端,但也凸显了内部治理的困难。

[案例 4.11] 雷诺-纳贝斯克公司的内部治理状况

"罗斯·约翰逊以迅雷不及掩耳之势迅速登上了雷诺-纳贝斯克公司的权力巅峰。1984 年他是纳贝斯克公司的总经理,次年便合并了雷诺-纳贝斯克公司,1986 年,他成为雷诺-纳贝斯克公司的业务总管。"⑤

"约翰逊一旦稳住了大权,便……再也不显得那么谦虚朴实了。"⑥

在雷诺-纳贝斯克公司总部搬迁至亚特兰大的过程中,"尽管迁移总部花了五千万美元,但是花费数百万美元的各种装潢方案在以前的烟草总部和新的华盛顿办事处都同时付诸实施。'这是我所工作过的唯一没有预算的公司。'一个满怀感激的售货商喘着气说"。⑦

不仅如此,约翰逊还在亚特兰大机场附近建造新机库,购进飞机。"新购进两架墨西哥湾流号飞机后,约翰逊又订购了两架第一流的 G4S,每架整整花去了两千一百万美元。在修建机库的费用方面,约翰逊给飞行队长林达·加尔文任意编制预算权,并暗示尽量多用。"⑧

"约翰逊曾说过配备最新型计算机装置,而这却耗资一千二百万美元。"⑨

---

① 《世通公司破产的启示》,http://business.sohu.com/,2002 年 7 月 24 日。
② 《世通再爆 20 亿美元账目丑闻 假账总额达 60 亿》,http://business.sohu.com/,2002 年 8 月 9 日。
③ 《世通破产经过》,http://business.sohu.com/,2002 年 7 月 23 日。
④ 《世通公司前首席执行官获有罪裁决》,《财经》2005 年第 6 期(总 129 期)。
⑤ 布莱恩·伯勒、约翰·希利亚尔:《大收购——华尔街股市兼并风潮》,海南出版社,1997 年,第 90 页。
⑥ 同上书,第 92 页。
⑦ 同上书,第 108 页。
⑧ 同上书,第 109 页。
⑨ 同上书,第 110 页。

"这样做也是为了广施恩惠、方便自己的下属。弗兰克·吉福德赛完'星期一晚间足球赛'乘飞机回家,又带着新娘,访谈节目主持人凯瑟琳·李乘公司的飞机一阵风似的去度蜜月了。……这样使用飞机表明了集体财产的合理使用和滥用之间的界限越来越模糊。"①

[案例分析] 《大收购》一书中关于罗斯·约翰逊的所作所为的描写令人瞠目结舌。除了案例中提到的大肆装修办公司,扩建机队、机库以供管理层享用的事实之外,书中还有大量关于他运用公司的资源投其所好地拉拢股东和经理,为自己的旅游、舞会、出行等奢侈活动买单。其挥霍无度的程度令人震惊。尽管公司的股东和经理层如此夸张地侵占股东的利益,但是雷诺-纳比斯克公司在约翰逊主政期间经营还是差强人意的,至少不像安然和世通那样依靠做假账来掩盖经营不善的事实,即与后者相比雷诺-纳比斯克公司的内部治理还是在发挥一定的作用。

作为一个经营尚还不错,在美国公司中具有广泛代表性的公司(既没有像前述的安然、Worldcom公司那样差,也没有像微软、英特尔等公司那样好),通过对其内部治理中的种种细节问题的考察,我们不难得出这样的结论:分权所导致的内部管理者占取股东利益,是一种普遍的现象。但是,既然在现实中美国的大公司大多数都是像雷诺-纳贝斯克这一类公司,所以证明了它们相对于古典企业制度而言,仍然是市场竞争的胜者。内部治理中的种种问题,从细节来看,可能都很严重,但就总体效应而言,这些负面的东西仍不能抵消分权的正面效应。

[案例 4.12] 纽约证交所 CEO 格拉索获取巨额不正当报酬案

美国纽约证交所董事会曾通过了这样一项议案,将支付其董事长兼首席执行官理查德·格拉索一笔总额1.39亿美元的"递延薪酬",同时把他的合同期限延期至2007年。

"格拉索要获得的1.39亿美元相当于纽约证交所过去3年净利润的总和。这笔巨款包括4 000万美元的高级管理人员储蓄计划、5 160万美元累计福利退休金和4 790万美元支付给格拉索本人的激励性'奖金'。根据新签订的合同,格拉索的年度基本工资将维持在140万美元不变,同时还有不少于100万美元的'年度目标奖金'。

"除了格拉索以外,纽约证交所另外3名管理人员的年度奖金额均达到7位数。

"经济不景气,很多上市公司股价纷纷下跌,纽约证券交易所的净利润从2000年的7 290万美元降至2003年2 810万美元,降幅高达61%。

而面对指责,格拉索还称:'我可以非常自豪地说,我当之无愧地接受这份优厚的薪酬。但我要同样自豪地告诉大家,我从来没有就此事与(薪酬委员会)委员及其他董事磋商。'

"其实,董事会成员的选择在很大程度上受过格拉索的影响。"②

最后在社会舆论的强烈谴责下,并由美国有关的监管部门进行立案调查,格拉索才辞去了纽约证交所CEO的职务。

[案例 4.13] GE 前 CEO 杰克·韦尔奇的薪酬问题

2001年,GE(通用电气)前CEO杰克·韦尔奇的薪酬问题在业界闹得沸沸扬扬。"不久

---

① 布莱恩·伯勒、约翰·希利亚尔:《大收购——华尔街股市兼并风潮》,海南出版社,1997年,第110页。
② 刘颖:《高薪犯众怒 格拉索"落马"》,《金融时报》2003年9月19日,转引自 www.financialnews.com.cn。

前,《纽约时报》对这位偶像 CEO 的退休生活提出了质疑:对于一位已经退休的 CEO,GE 是否应当为他位于纽约曼哈顿每月房租高达 8 万美元的高级公寓'买单'?在获得每年超过 1 000 万美元的薪水和价值 8 亿美元的 GE 股票之后,这位 CEO 退休后从乘坐公务飞机到棒球门票一概由 GE'买单'的做派,是否已经在'严格执行区别对待'的轨道上走得太远?更重要的是,在过去的一年里,GE 股东是否一直在毫不知情的情况下为韦尔奇支付各种账单?

"美国公众看到了真正的杰克·韦尔奇:一个退休后仍然让 GE 每年支付 250 万美元各类账单的'贪婪经理人'。

"住在数栋高级公寓内,享受私人厨师和佣人的服务,品尝美酒佳肴,参加乡村俱乐部活动,观看温布尔登网球公开赛,不时还可以乘坐波音 737 周游世界。不用说,所有这些账单都是由 GE 支付的。除了上述的各种豪华设施外,小到报纸和日常用品,GE 都为韦尔奇'买单'。甚至连韦尔奇邮寄一封信,GE 也会为他付邮资。

"韦尔奇太太说,她对韦尔奇所享受的大多数退休福利和待遇都无法认定具体数额,但估计仅位于纽约曼哈顿的一所公寓每月的房租就达 8 万美元。据另一位专家估计,韦尔奇每月乘坐波音公务飞机的费用高达 29 万美元。

"通用电气公司说,韦尔奇的退休福利是 1996 年经董事会成员一致通过的,目的是吸引他留任至 65 岁,从而打消他提前退休的念头。

"据估计,韦尔奇 2001 年度拿到的全部薪资达 1 620 万美元,此外他还持有 2 200 万股通用电气普通股,价值约 8 亿美元。

"这次韦尔奇奢华退休待遇的曝光,同样激起了社会公众的愤怒。GE 公司的投资者们理所当然地认为,GE 公司对这位前 CEO 超乎寻常的厚待,已经不能为他们带来收益,相反是在浪费投资者们的金钱。"①

[**案例 4.12—4.13 分析**] 其实内部治理根本不可能完全地由董事会完全监控经理层,董事会的决策在很大程度上会受到来自经理层的影响(说到底,董事的当选与否本身就在相当程度上受到管理层的影响),尤其是在经理层比较强势的时候。我们无从得知格拉索和杰克·韦尔奇是使用何种方式使得董事会的薪酬委员会为他们开出如此优厚可以说是天价的薪水或退休酬劳的。有一点是肯定的,董事会的这些决定与股东的利益并不一致。

习 题

【名词解释】

1. 古典企业制度 2. 现代企业制度 3. 交易费用
4. 产权 5. 企业的内部治理 6. 企业的外部治理

---

① 植万禄、张艳丽:《杰克·韦尔奇引发 CEO 薪酬之争》,《北京青年报》2002 年 9 月 23 日,转引自 www.ccidnet.com/资讯中心/企业与人物。

【思考题】

1. 现代企业制度产生以来,带给经济学最主要的两大问题是什么?
2. 所有权与经营权分离的现代企业制度与古典企业制度相比,其优势体现在哪里?劣势在哪里?
3. 东亚式家族制企业能够代表企业制度的理想发展方向吗?为什么?
4. 什么样的企业模式可以既保持家族式的古典企业制度又可以管理数以百亿计的资产?
5. 如何理解企业制度的目标?为什么现代企业制度的企业目标指向不确定?
6. 企业制度运行的状况怎样才是符合整体效益最优化这个大方向的呢?为什么?
7. 为什么有的经济过程需要不同的企业通过市场的连接来完成,而有的经济过程则需要非市场化的企业内部的连接过程来完成?
8. 在市场交易的情况下,交易费用包括哪些内容?
9. 就企业内部而言,可以通过何种途径来改进社会公平?
10. 分析产权与所有权的差别。
11. 请比较企业的内部治理和外部治理的优劣。
12. 企业外部治理是如何发生作用的?
13. 为什么说完善企业治理结构的路径是"明晰并保证产权"?

第五章

我国国有资产管理的历史、现状与问题

由于众所周知的原因,我国的国有资产管理历史在中华人民共和国成立后走过了一条特殊的曲折的道路。我国国有资产管理的实践,有着与世界上其他许多国家不同的特点。历史上形成的这些不同的特点,又都可以用经济学的一般原理予以解释,同时对国有资产管理的历史,用普遍适用的经济学原理进行分析,对于我们把握现今状况的客观性并据以展望未来,无疑又是十分必要的。正是本着这一点出发,我们在本章中将深入探讨与此有关的问题。

第一节 我国国有资产管理的历史概述

一、中华人民共和国成立以前的国有资产管理

自从人类社会有了国家,也就产生了国有资产。正如我们在第二章中所指出的那样,从规范的角度看,国有资产应是国家履行其规范性的职能所需要的资产,但是从现实的角度看,国有资产是国家中占据统治地位的阶级为满足其需要占有和利用的资产,而且占有的方式往往又决定了利用的方式及其绩效。显而易见,如果资产是以国家的名义占有并且利用,但却是为社会中少数人的利益服务的话,那么就整个社会经济发展的意义而论,这种占有和利用的绩效究竟怎样就是可想而知的了。只有真正地实现了社会主义制度,国家真正代表社会中绝大多数人的利益,以国家方式占有的资产才有可能增进整体经济的效率和公平。所以,从这个角度来看,在中华人民共和国建立以前,在我国几千年的历史上,尽管有着悠久的国有资产管理历史,但其服务的最终目的只在于少数剥削阶级的身上,因而以往的国有资产管理既是不公平的,也是效率低下的。

二、中华人民共和国国有资产的形成

1949年10月1日以后,我国建立了社会主义制度,国有资产的管理真正服务于全体人

民的利益才开始有了可能。1949年以后国有资产形成的历史可以大致概述为以下三个方面。

(一) 1949年后我国形成了大量企业性国有资产,这又大致依靠这样五条途径

(1) 没收旧政权和官僚资本的企业形成的。比如,中华人民共和国成立前蒋宋孔陈四大家族积聚的财富约200亿美元,控制的银行为全国总数的67%,达448家,由他们控制的"四行二局"系统,即中央银行、中国银行、交通银行、农业银行,以及中央信托局、邮政储金汇业局,占全国金融机构资产总量的60%左右,根据毛泽东同志在1947年10月所作的《目前形势与我们的任务》报告中"没收蒋介石、宋子文、孔祥熙、陈立夫为首的垄断资本归新民主主义的国家所有"的有关指导意见[1],1949年后,人民政府将其全部收归国有。又如,旧政权原属的资源委员会的有关工厂、中国中央航空公司的部分飞机在起义后也都进入了人民的怀抱,通过在这方面的努力,合计共有工业企业2858个,包括发电厂138个、采煤采油厂128个、炼钢厂19个、金属加工厂505个、矿山98个、化工加工厂107个、造纸厂48个、纺织厂241个、食品加工企业844个,被收归国有,银行共有2400多家被收归国有;在交通方面,则有铁路20000多公里、机车4000多台、客车4000多辆、货车4.7万辆、铁路车辆和船舶修造厂30个、各种船舶20多万吨,也被收归国有;收归国有的还有商业方面的一些公司,如复兴公司、富华公司、中国茶叶公司、中国石油公司、中国盐业公司、中国蚕丝公司、中国植物油公司、孚中公司、中国进出口公司、金山贸易公司、利泰公司等十几家大贸易公司,以及设在各地的分支机构和经营网点。这些资产成为中华人民共和国成立初期我国企业性国有资产的最主要来源。

(2) 赎买民族资本,对其进行社会主义改造形成的。从1949年到1956年,国家对民族资本主义逐渐进行了公私合营的社会主义改造,至1956年年底,已实现公私合营的工业企业占原有工业企业的99%。关于这一时期公私合营工业发展的情况可见表5.1。

表5.1 中华人民共和国成立初期公私合营工业的状况[2]

	1949	1950	1951	1952	1953	1954	1955
公私合营工业户数	193	294	706	997	1 036	7 746	3 193
职工人数(万人)	10.54	13.09	16.63	24.78	27.01	53.33	78.5
总产值(亿元)	2.20	4.14	8.06	13.67	20.13	50.86	71.88
占全部工业总产值的比重(%)	2.0	2.9	4.0	5.0	5.7	12.3	16.10

(3) 中华人民共和国成立后由国家投资兴建国有企业形成的国有资产。比如,"一五"时期,国家对工业部门的投资总额为250亿元,其中重工业占87%、轻工业占13%,五年内建成并开工的工矿企业超过10 000个,其中黑色金属318个、电力599个、煤炭600个、石油22个、金属加工1 922个、化学637个、建材832个、造纸253个、纺织613个、食品及其他5 000个,著名的鞍山钢铁、第一汽车、玉门油田等均为这一时期所建。从"一五"期间至"七

---

[1] 《毛泽东选集》(第四卷),人民出版社,1991年,第1253页。
[2] 曾璧钧、林木西:《新中国经济史》,经济日报出版社,1990年,第70页。

五"期间,全国全民基本建设和更新改造投资共达 25 506.97 亿元,其中绝大部分都投入了国有企业。

(4) 原有解放区的公营企业转变而来。1949 年以前,在中国共产党的领导下,在解放区就已形成了一批公营企业,曾经有力地支持了前方的革命战争。1949 年以后,这些企业自然转变为国有企业。

(5) 我国在改革开放后逐步开始建立和完善资本市场,特别是在 90 年代以来,大量的国有企业改制上市,成为国有控股的公众公司,在这一过程中,由于各种原因新发行的股票严重供不应求,溢价发行的溢价幅度很大,这样,原有的企业中的国有资本由于资本公积的大幅增加而大幅增加,从而就把相当部分的私人资本转化为了国有资产。

(二) 履行国家基本职能所需的国有资产

据统计,截至 2002 年年底,我国非经营性国有资产为 41 361.4 亿元,这其中的大部分就归属于我们所说的这一类国有资产中。要说明的是,还有许多属于该方面的国有资产可能未被予以充分地统计,如国防军事部门中的武器、装备等,很难以货币值评估其存量规模。又如,某些该方面的资产可能还未能按照现行的市场价值予以充分地估计。该类国有资产的形成途径主要有以下两个:

(1) 从旧政权手中没收取得。比如,一些国民党政府时期的办公大楼等办公设施在 1949 年以后被人民政府利用来履行其职能。

(2) 由历年财政拨款投资兴建。与企业中的国有资产有所不同的是,改革开放以来,企业中的国家投资在很大程度上是依靠银行贷款来完成的,因而形成的往往不是充实的国有资本,而是负债的国有资产,而在行政等履行国家基本职能的部门中,这种现象就较少。

(三) 环境和资源性的国有资产

这一部分国有资产无论是其数量还是在国有资产管理中的重要意义都是在现有的理论研究和现实实践中被低估的。当然,被低估的另一方面的原因也在于从技术上来说该部分国有资产的计量是较为困难的。比如,良好的环境质量究竟价值几许,在地下储存的尚未被开发出来的石油又该如何估计,等等。这一部分国有资产的形成主要是依靠国家颁布有关的法律法规,并以国家强制力来保证其实现的方式取得的。

三、改革开放前的国有资产管理

(一) 营利性国有资产的管理

有了国有资产,自然就产生了国有资产管理问题。从前面描述国有资产形成的历史中我们可以感受到,1949 年后我们就把国有资产管理的重心放在了对国有企业中的国有资产的管理上。

按照当时实行计划经济的思想,将大量的经营性资产由国家掌握并由国家来组织这些企业的生产活动,其原因无非有三个。

（1）从公平的角度考虑，将生产资料最大限度地公有化可以最大限度地消除禀赋分配的不公而引起的社会不公平状态。由于当时社会大众对于社会结果公平的强烈渴望，因此客观上选择主要以国有企业的模式来推进经济的发展也就成了一种客观的现实；

（2）从社会效率的角度来看，我们认为市场失灵而招致的效率损失是不能容忍的（当时公众对投机、混乱的市场秩序等极其厌恶），因此迫切地希望以一种完美的制度形态来替代经常会发生错误的市场制度，这样，政府-计划机制就成了一种必然的选择。由于传统文化中沉积的求全心理，和对权威和权威机构的过度依赖（比如，今天我们还经常会听到这样一种普遍的声音：某某事情太不像话了，该让政府来管一管了），这种选择也就愈加成为一种不可避免的客观必然。

（3）发展中国家普遍采用的赶超战略，也被我国的经济决策层所采用。这种策略认为，经济落后的国家不能依靠落后的以劳动密集型为特征的传统农业或轻工业，而必须依靠发展现代化的重工业，才能够在短时间内追上并超过发达国家。但是，在发展中国家中赖以发展资本密集型的重工业的私人资本却又是极其不足的，在这样一种情况下，赶超战略的唯一途径是依靠国家的力量来积聚发展资本密集型的重工业所必需的资本。

以上三点，也可以说是概括了世界各国竞争性领域中国有企业形成的普遍思想，一个国家的国有企业的形成的理由至少包含了上述三方面中的一个方面，我国则是三者兼有。

按照这样一种思想，事实上整个国有经济成了一个大工厂，工厂的投资、财务、人事等决策权甚至某些具体执行权归于中央，各企业实际上成了大工厂中的一个车间或车间中的班组——我们不妨称这种国有企业模式为**国有企业模式Ⅰ**。

但是，在竞争性领域中，全面地依靠国有企业来进行生产的尝试在经过若干年后，已经被证实其绩效是不佳的——也正因为如此，后来的改革才有了必要。现在，从理论上我们已经能够清楚地表明，在私人品的供给上，全面采取公共生产的如下不当之处。

（1）从效率的角度来看。在1979年以前所采取的集中的公共生产模式下，由于存在着信息失灵和激励失灵两方面的严重问题，因而使得国有企业的整体绩效处于不佳的状态。

一是信息失灵问题。在集中的计划经济模式下，产品的提供是很难根据消费者的意愿来提供的，这是因为消费者的偏好是非常丰富多彩的，在一个两两交换的市场机制下，生产者能够通过价格信号比较容易地掌握市场需求的信息并作出反应，而在计划机制下，要同样地掌握消费者的需求信息就需要远比两两交换复杂得多的反应程序，像我们在一般计划工作中所做的那样，往往需要从企业到地方或部门再到中央，然后再从中央到地方或部门，再到企业，这样自下而上、自上而下、上上下下数次的繁复的信息反馈过程，从现今拥有的技术条件来看，由于经历了这样一个繁复而庞杂的信息传递，想要使得中央计划机制能够全面地掌握社会中不同经济主体的需求信息并相应地作出生产和供给的安排，是远远做不到的。我们不妨可以想象，如果能够有一台超强功能的计算机，每个社会成员又都通过各自的终端与之相连接，并且消费者每天都通过这些终端向这台大计算机发出各自的需求信息，而这个大计算机又能够根据这些需求信息合理地安排生产各种产品所需的原材料和劳动力，并且还要安排好运输和供应，那么全面的计划经济从技术上来讲就将是可被选择的。但是，我们只要再想象一下现实中需求的多样化程度。比如，仅一个人穿着的衣服可能就会包括众多不同的材质和式样，我们也就可以从感性上来理解为什么全面的计划机制在当今的现实中是不可行的。还值得强调的是,生产的效率从根本上要归结到消费者效用的多少,社会经济进步的根本目的也就在于使得社会消费水平越来越高,因此伴随着消费多样化程度的愈益提高,尽管有利于计划经济实施的信息技术也在飞速地发展,但是就技术上而论,要使一个社会全面地趋向计划经济,其难度和复杂性也越来越高。归根结底,计划经济把许多只需要通过两两交换(买者和卖者)方式来处理的信息改由远为复杂得多的程序来加以处理,这就人为地增加了许多不必要的信息费用——这些信息费用大到使许多在两两交换情况下有利可图的生产和交换成为不可能。

二是激励失灵问题。在一般的市场交易状况下,如果供给者是个人或古典企业,那么由于其自身的利益关系,他从主观上必然会去迎合市场上消费者的不同需求,从而增进社会经济效率;如果供给者是两权分离的现代企业,那么即使企业内部中的某些利益主体并不积极地为企业利润最大化的目标努力,但是由于面临着外部市场竞争的压力,那些内部激励机制不佳的企业势必将被竞争所淘汰,留在市场内部的终究是那些内部激励机制相对占优的企业。但是,在全面的计划机制下,这样一个以满足消费者需求为根本目的的激励机制是几乎不起作用的,因为在计划机制中,即便认识到了满足消费者需求的重要性,但是却很难确定出一个有关的比较有效的考核指标来,在市场中这种考核指标是很明确的,如果一个企业或个人做得好,能够更好地满足消费者的需求,那么市场将给予你奖励,否则市场将给予你无情的淘汰。在这其中,不需要带来任何主观色彩的考核指标的介入。说到底,现有的不论经过怎样的"科学"设计对个人或企业努力程度进行考核的指标或"指标体系",在市场价格这个指标面前都是非常苍白无力的。

由于以上两方面的原因,经过约二十年的实践,到70年代中后期,从整体上看,我国国有企业面临着普遍的困境,又由于国有企业在整个经济中占据着绝对主导的地位,因此整个国民经济几乎走到了崩溃的边缘,改革也就成为必然的选择。

(2) 从公平的角度来看。一方面,如果社会生产效率的提高受到阻碍,那么社会公平从根本上也无法得到保障。比如,社会保障基金的建立和完善是现代社会调整社会公平状态的几项主要手段之一,但要做好这一点,社会经济的高速发展是必然的先决条件,我国至今在筹集社会保障基金上面临着不少的困难,一个原因就可以追溯到我们改革开放以前在这方面的欠账。另一方面,调整禀赋公平的方法并不限于将社会生产资料国有化一途,在许多国家中常用的超额累进所得税制、高额遗产税制、社会救济等制度安排也都是解决禀赋分配不公的有力武器,到底采取哪一种,关键还是看综合的成本-收益对比。

(3) 从经济结构上来看。发展中国家要赶超发达国家,从一开始就把绝大部分的资源投资于重工业上,未必是一条好的道路,这不仅为许多其他国家的经济实践所证实,也为我国的经济实践所证实。通过发展农业、轻工业等劳动力密集型的产业并进而逐渐积累资本,再逐步实现产业的更新,被证明是一条切实可行的道路。与此相联系,绝大部分的企业都要通过国有和计划经济的方式来筹集资本的必要性也就不复存在了。

事实上,正如上述分析所揭示的那样,在改革开放以前,我国营利性企业中的国有资产的运作,尽管为我国的经济发展作出了巨大的贡献,但总体上的运行效率不够理想则是不容讳言的事实——否则我们就不用改革开放了。

同时,从国有资产管理的整体来看,由于在营利性国有企业中投入了过多的人力、物力、和精力,因此在资源有限的情况下,国有资产这个大盘子的另一边——非企业性国有资产的建设和管理上有了不少的欠账,许多问题甚至在今天还在发生影响,如社会保障所需的资金、城市公共设施的投入等。

四、改革开放后的国有资产管理(1979—1998)①

(一) 营利性国有资产管理

由于改革开放前过度实行计划经济模式所造成的一系列问题,国民经济走到了崩溃的边缘。这时,以邓小平为首的老一辈革命领袖以他们的大智大勇发起了改革开放。就财政和国有企业的层面而言,由于国民经济的整体效益不佳,财政收入紧张,因此财政一方面客观上已经无力再像以前那样提供国有企业发展所需的几乎全部资金,另一方面也寄希望于通过"放水养鱼"来搞活微观,从而增加"税基"②,以应燃眉之急。在这种情况下,以"放权让利"为主要理念的国有企业改革就此展开了。当然,由于情况的急迫性,无法经过精心的理论准备再有计划地展开改革步骤,只能是"摸着石头过河"。

1. 国有企业内部治理结构的演进

由于国有企业的改革与许多其他改革一样,都是在比较急切的环境中,在理论准备尚不充分的情况下展开的,因此国有企业治理结构的演进过程也不是一帆风顺的。

(1) **初期的放权让利改革(1979—1984)**。在前述的**国有企业模式Ⅰ**之下,企业几乎没有任何的自主权,相应地,企业中的工人和管理人员也就都"做好做坏一个样",微观经济主体的积极性受到严重的影响。在这种情况下,为了增加国有企业的活力,提高国有企业中各级人员的工作积极性,进行了放权让利的改革。这也就是让国有企业能够获得一部分的留利,其余部分利润改为税收形式上交国家财政,而不再像以前那样,将利润全部上交给财政。对于这部分留利,也逐渐允许企业在规定的范围内有一定的自主选择具体使用方向和方式的权利,如给予了企业一定程度上的薪酬发放自主权(主要是一定的奖金发放权等),将企业职工和管理人员的劳动积极性极大地释放了出来。随之,企业自主的融资权、投资权、用人权等也被讨论和逐渐地被实行,企业"自负盈亏",不吃"大锅饭"的理念开始被普遍地接受。

这一改革在今天看来,自然有很多的不成熟之处,但它开启了我国国有企业改革的开端,具有非常伟大的意义。即便从当时的现实来看,其成果可能也远远超过了改革伊始的最乐观的估计——事实上,20世纪80年代的前期是改革开放以后我国城镇居民收入和实际生活水平飞速提高的几个时期中的一个重要时期,而这主要得益于国有企业的上述改革。

但是,由于理论认识的提高必然需要一个过程,所以当时的改革从现在来看,主要存在着如下的一些问题。

① 放权让利,笼统而言,权是放给企业,利是让给企业;但精准而言,权究竟应放给企业里的谁(或组织、机构)?利究竟让给企业里的谁?

---

① 需要更深入地了解本部分内容的读者可进一步参阅本书的附录。
② 当时其实还是国有企业的利润上缴而不是税收构成了财政收入的主要来源,所以严格来说,这里"税基"是个借用的说法,可以理解为"财政收入的基础"。

这一问题其实也构成了理解当时企业内部治理结构变化的关键。既然企业作为法人拥有了一块在一定程度上可自主安排的利益，那么关键的问题是：这一块利益究竟分配到了谁的手中，这种分配又是按照何种规则来进行的，这种规则对于企业效率的提高又会产生何种的影响？所有这一切就构成了当时国有企业治理问题的核心。

按照当时一种流行的观点，就是"国家拿大头、企业拿中头、个人拿小头"，这似乎就构成了当时理论上有关国有企业内部的分配规则。

我们应该首先肯定的是，这样的一个规则，比之于计划经济下吃大锅饭的激励机制已有了很大的改进，因为它在一定程度上强调了根据不同企业的绩效给予这些不同的企业中的人员以不同的报酬的原则，也就是说，哪一个企业的利润多，哪一个企业中的人员从总体上来看，将能得到更多的留利，而由于这些留利在相当程度上能够由企业内部而不是财政来控制，因此大都能够最终转化为个人的实际利益。但是，"三头"原则也面临着三个方面问题。

首先，企业得中头到底意味着什么？从根本上来讲，企业内部的利益，最终要么归属于国家这个大股东，要么归属于企业内部的人员。作为企业这个"物"而言，它是不会有最终的利益的，因此讲到企业利益时，就难免使人产生疑惑：它到底意味着国家的利益，还是个人的利益？如果是个人的利益，又具体是哪些个人的利益？所以我们看到的是，在当时的企业治理结构下：一方面，企业内部的人员尽量把归属于企业的这部分留利以各种方式尽可能多地转化为直接的个人利益，如以各种名目发放奖金等；另一方面，国家这个大股东当然也希望能够从企业这块蛋糕中得到更大的一块，因此就频繁地使用各种行政命令或行政法规等手段，直接或间接地介入企业的经营中，以力图尽可能多地使企业留利转化为固定资产投资、技术改造等资金，而尽量减少企业中资金的发放等。这样，就像我们以前经常所看到的那样，财政和国有资产管理部门经常会抱怨国民收入过分向个人倾斜、灰色收入过多、国有资产流失等，而企业则又抱怨政企不分、政府干预过多等。其实，国家既然是国有企业唯一的大股东，在国有企业中存在着大量的利益，要它完全不管国有企业的有关经营活动又怎么可能呢？关键还是要有一个符合客观实际的规范的制度形式，来恰当地确定企业股东和企业内部人员之间的分配问题，以保证企业效益的最优化。

其次，个人所得的"小头"部分和企业所得的"中头"部分中，通过各种渠道最后归属于个人的部分究竟是如何在不同的人员之间具体地进行分配的？这又是考察企业治理结构的一个重要方面。由于当时企业的目标在相当程度上是二元的，也就是一方面企业负有像一般的市场经济中的企业那样，争取利润最大化的目标，但另一方面也承担着许多本不应该归属于企业的、在规范的市场经济中完全应由政府来承担的职责，这样，就使得在考核企业领导人员的绩效时，没有一个明确的指标。这时，对企业领导人员的要求还远远没有达到市场经济下对一般企业的职业经理人的要求，行政任免的方法仍是主流。在这样的一种情况下，当由企业领导人员来决定企业内部的分配时，合乎逻辑的做法仍然是采取一种比较平均化的分配方法，以尽量减少企业中职工因分配不公而产生的不满。另外，在其后当时一些地区的企业治理结构改革的试点中，职工代表大会占据了一个比较重要的地位，在模糊的企业利益下，职工代表大会对这一块利益就有着很大的决定权，极端的情况是，职工代表大会甚至能够决定企业领导人的任免，这就更进一步加剧了企业内部分配的平均化倾向。

最后,由于企业内部人员占据着信息的优势,因此"三头"原则中国家占"大头"的主观分配要求在客观上难以成为现实①。具体就体现在其后的第一步"利改税"改革中,税率为55%的国有企业所得税无法在现实中得到执行,财政收入占国民收入的比例继续下降,以至于不得不实行承包制。

② 与"放权让利"相关联的,提出了"政企分开",但问题是:"政企分开"究竟意味着什么?

我们现在知道,国有企业的唯一股东即是国家,如果"政企分开"被理解为国家不要或不被允许管企业,那就意味着唯一的股东不要或不被允许管企业,这显然是颇为滑稽的观点。但是,在当时很长的一段时间里,我们确实并没有正确地理解"国家是国有企业的股东,而且是唯一的股东"这样一个现今看来是颇为简单易懂的事实,并因此在一段不短的时期内造成了很多问题。就20世纪80年代前期而论,现实的问题是:一方面,基于经济学的基本假设,如果片面地强调国家、政府(股东)不能干预企业,那么股东的权益究竟在何种程度上受到保证就可想而知了,而问题的严重性还在于当时国家财政收入的相当部分正来自股东权益(利润上缴),而不是税收;也正因为这样,另一方面,国家其实也不可能真的完全不"管"企业,但这种"管"必定受到当时在上述舆论理解偏差下已经得到了既得利益的企业内部人员的抵制,而中央与地方政府在收入分配(比如地方政府在自认为分配体制与己不利的情况下采取的一些所谓"藏富于民"的做法)的一些矛盾也掺杂其中。所以,当时的这种局面至少在某些方面、在一定程度上偏离了改革开放的初衷,"国家拿大头,企业拿中头,个人拿小头"的预想分配格局并没有得到很好的实现。用现在的观念来看,如果在企业内部的几方利益关系中,股东的权益得不到较好的保障,显然不能算是一种理想的局面。

(2) 第一步利改税和工会治厂的尝试(1984—1986)。 由于财政的紧张局面,上述财政和国有企业之间的关系急需调整;而不让"政"管厂后也总要有其他的人或制度安排来代替"政"管厂。

从1984年开始,一方面进行了"利润上缴"改为税收的改革(即第一步"利改税"),以图规范财政和企业的关系,既保证"政"不干涉厂,又使得财政收入能够稳定增长。另一方面,治理结构问题也开始进入视野——我们已经开始意识到为了保护国有企业中的国家(当时还没有意识到国家的股东身份)利益,必须有一个新的治理制度,否则的话,从长远来看,所谓的"企业利益"只能完全成为个人利益,而国有资产将大量流失。但是,在实际已经分权治理的情况下,这样的一个治理制度究竟应该如何构建呢?我们当时并无现成的经验。于是,在对当时的东欧一些国家进行考察学习的基础上,在一定范围内进行了以"工会治厂"为主要内容的改革,具体来说,就是"工会→选举厂长→厂长领导企业"。

---

① 其实,国有企业中的分配问题并不是在利润数量已确定情况下讨论如何切割蛋糕的一个静态问题,当然,——为了抓住某些问题的主要矛盾,我们可以作这样的理论上的抽象假设。事实上,在企业任何的一个经营管理过程中都包含了分配的内容,比如,在固定资产投资中,企业领导可以强调为了使固定资产的投资得以更迅速地实现,取得更好的效益,需要用发放奖金等的方法来激励员工——企业外部人士很难判断这一激励到底需要与否?更难的是,这一激励的程度究竟应为何限度?即使通过各种国有资产管理和财政法规的设置,比如确定哪些项目可以列支哪些项目不可以列支等,在一定程度上阻止过多的收入份额落入个人手中,但由于企业内部人员和国家这个大股东之间的信息不对称,一般来说,企业内部人员总是能够寻找到一些变通的途径,来最终达到他们的目的。从这个例子中,我们也可以再一次地体会到国有资产管理是一个动态的过程,产权清晰与否为什么对完善国有企业的治理结构有着重要的意义,以及那种仅就静态的存量国有资产来探讨国有资产管理的观点是多少的狭隘!

从现在来看,当时这两项改革存在两个方面的问题。

一方面,"第一步利改税"并没有能够在基础理论层面分清国家作为社会公共管理者与国有企业股东这两个不同的角色,自然也就没有能够充分认识到税收是国家作为社会公共管理者向所有的企业(包括国有企业)提供公共服务所应该收取的费用,以及国家作为国有企业的股东理应要求企业上缴其一部分利润并保证留存在企业中的国家(股东)利润不致流失。在这样的认识下,"第一步利改税"将企业所得税税率根据"国家得大头,企业得中头,个人得小头"的原则,定为55%;并且根据企业的不同情况加征"企业所得调节税"①;同时,取消了企业利润上缴,意图只以企业所得税和企业所得调节税来"规范"②企业和财政之间的关系。这样的"规范"之举显然是很难达到预期成效的。

另一方面,由于当时关于治理结构的一系列想法在"国家是国有企业的股东"这一关键点上仍然没有搞清,因此企业中的国有资产无法有效地进行保值增值。比如,"工会治厂"的试点,出发点在于"工人阶级是国家和国有企业的主人翁",并据此推断在工会的领导下,能够有效地保证企业中国有资产的保值增值。然而,在实行的过程中发现,工人阶级在社会主义社会中的利益一致性固然不错,但忽视利益一致性前提下的利益差异性,就同样无法做出符合社会主义初级阶段实际的有效制度安排。再加之前述之企业税赋因为从理论上尚未认识清楚而过于沉重的原因,客观上就使得企业与财政的关系并未能够真正理顺,并因此比较严重地影响了财政收入的增长和国有资产的保值增值。

(3) **承包制(1986—1991)**。由于在理论上一时无法完全澄清国有企业应有之治理结构,而上述之现实情况又至为急迫,因此一方面出于提高财政收入的愿望,另一方面也出于提高企业绩效的愿望,从20世纪80年代中期开始,承包制就成为我国国有企业治理结构变化中的过渡性选择,全国国有企业都普遍展开了以承包制为主要内容的改革。就是通过国家有关部门和企业的主要领导者签订承包合同的方法,将国家所得的部分固定下来,企业则得到其余部分,也即"企业交足给国家的,剩余即为企业的"。当然这里,引申出来如下问题。

① 交给国家的究竟应为多少? 当时采取的实际是"谈判制",即财政部门和每家企业分别谈,这样,一方面造成了企业的苦乐不均(谈判能力强的企业少交,谈判能力差的企业多交),另一方面实际也违背了税法一视同仁的基本原则(为了在形式仍维持第一步"利改税",往往根据谈判所达成的实际交纳数,按照上述的企业所得税和企业所得调节税先征后返)。

② 企业留利究竟归谁? 是归股东即国家所有呢,还是归企业领导者和职工所有。实际情况是,尽管对"政企分开"当时的认识仍比较模糊,如上所述的那样,普遍存在认为"政企分开"就是不要如何"婆婆"管的片面思想;但在实际操作中毕竟感觉到除了交给财税部门以外的企业留利,如果全由企业内部人员说了算毕竟不妥,因此事实上仍采取了很多措施来限制企业内部人员获得这种对企业内部留利的无限支配权。比如,通过计划的方式对企业内部工资发放的标准、企业投资的权限等作严格的规定;通过"奖金税"等方式对企业利益的再分配进行"间接调控"等。这样一来,就又形成了各个行政部门以行政权力干涉企业内部决策

---

① 实际上是一个企业一个税率,违背了税收的基本属性,这从一个侧面也能够反映我们当时对税收的认识程度。
② 当时只把税收看作是一种规范企业与财政之间关系的制度安排,认为有了这样的"规范"安排,"政"就不能随便干涉"企"了,同时也保证了财政的收入。但并没有搞清楚国有企业与财政之间关系的性质究竟是什么。

的问题(所谓的很多"婆婆"问题)①。

③ 在承包者的自身利益仅与承包期收益挂钩的情况下,承包者往往会采取一些竭泽而渔、急功近利的做法,以求得企业短期利润的最大化,如过度使用企业设备、不为今后的进一步发展投入资金、资源类企业乱采乱挖等。

总的来看,承包制——这种将国家与企业的关系仅仅依靠一个短期的利润指标来维系的做法,相当程度上加剧了企业所有者与企业管理者之间的信息不对称问题。在一般的现代企业中,尽管也存在着股东与企业管理者之间的信息不对称问题,但是通过股东大会、董事会、监事会,再加上上市公司中存在的"用脚投票"机制,股东其实也在相当程度上直接或间接地介入到公司的治理中去,获取有关管理的大量信息,但在承包制下,由于缺乏这些使得国家这个大股东能够很好地弥补与管理层信息不对称的差距的制度,就使得问题变得严重起来。一方面,企业的管理者可以利用信息优势在与政府主管部门的谈判中将承包指标定得较低,或者是在实际的经营中,不以企业的长期利润最大化为目标,而仅仅着眼于承包当期的利润,进行竭泽而渔式的经营;另一方面,更为严重的是,获取短期的利润仅仅是企业经营活动的一个部分,企业经营活动还包含着很多的内容,如投资活动、合作经营活动、借贷活动、转让资产活动等,这样一些活动有的对当期的损益是不发生影响的,因此仅仅以短期营利一项指标来评价企业经营者的经营绩效是极其危险的,这里面蕴含着企业经营者进行寻租活动的巨大空间,比如,利用合资办厂转让资产的机会从中中饱私囊等,这就会使国有资产发生重大的损失。现代企业中的经营活动,比单个农民的生产活动要复杂得多,对委托给农民的资产——土地使用的监督远比对企业中的国有资产简单得多,信息和交易费用少得多,由此决定了企业管理中简单照抄农村承包制的经验是行不通的。国有企业中国家这个大股东虽然不必也不可能全面介入经营之中,但以一个比承包制为完善的监督机制来监督其中的国有资产运行,显然是有必要的。说到底,唯一的大股东不管企业,又有谁来管企业呢?因此,当时那种过于简单化、片面化、绝对化的政企分开观点是不对的。还值得再一次强调的是,我们所说的企业利润最大化目标始终指的是从企业存续期这个长时期来看的企业利润最大化,也就是国家这个国有企业唯一股东的利益最大化,而并非短期的会计账面利润最大化。

由于缺乏良好的股东对企业经营管理层的制约监督机制,因此就很难保证企业经营者抱有正确的企业经营目标,而如果是这样的话,那么以此为导向的企业内部人员的分配机制也不会是完善的,我们可以设想,如果股东对经理层的监督激励机制能够很好地保证企业管理层是为了股东利益的最大化服务的话,那么至少从主观上来讲,企业管理者会努力地去寻求一种适宜的分配机制,以解决企业内部员工的激励问题。但是,如果企业管理者本身的目标就存有问题的话,那么企业内部员工之间的分配也必然是存在问题的。比如,一个意图利用承包权中饱私囊的经理,他要重奖的肯定是那些能够帮助他徇私舞弊的企业内部人员,这

---

① 当然,对于来自政府部门的干涉,如本书前面一再所述及的那样,不宜于一概否定,当时的一个举措在今天看来,仍然是具有非常重要的积极意义的,那就是在1988年成立了国家国有资产管理局,其主要任务即在于防止国有资产之流失。国有资产管理局成立的意义就在于通过承包制的实践,使我们比较清楚地认识到,如果将企业的剩余索取权全部赋予企业内部人员,必将发生股东资产的流失,并进而认清了"政企分开"中国家作为股东的地位。

样,我们就不能确保承包制下的企业内部员工之间的分配机制是完善的。

尽管有着上述这些方面(我们今天看来的)问题,承包制在一个特殊的阶段,作为一种客观的历史选择,其功绩是不可抹杀的。它在我们的思想认识尚有局限、第一步"利改税"遇到困难的情况下,帮助财政度过了危机,保持了国民经济较快的增长,使得改革有了一个比较宽松的空间;同时,作为一种过渡形式使我们进一步认识了"放权让利"以后国有企业的基本属性,提高了我们对国有企业的认识水平,为其后将国有企业的改革进一步推向深入也做出了贡献。

(4) **公司制的国有企业(1991至今)**。经过不断的改革实践,到20世纪90年代初期,我们终于在一揽子问题上都取得了突破性的认识。

我们清醒地认识到,在国有企业中国家的身份是股东。既然是股东,股东就要管企业!如果企业的股东反而没有管企业的权力,那岂非咄咄怪事!只不过,国家是以股东的权力来管企业,而非以社会公共管理者的行政权力通过各个行政部门来对企业内部的经营决策横加干涉。

与此相关,我们也同时从理论上搞清楚了这样一个今天看来似乎简单问题的实质:国有企业中的"留利"归根结底不是企业内部人的利益,而是该企业的唯一股东——国家的利益,虽然利、税都是国家的,但它们的经济属性是不一样的,前者是为了让企业更好地履行一般企业职能之用,而后者则是用于履行国家应履行的基本职能的。

在这样的认识下,国有企业治理结构问题终于基本澄清了。1993年,这一认识更被全面地表述于《公司法》中,主要内容即我们今天依然在实行的、大家已经习以为常的国有独资企业董事会-监事会制度,以及国有股份制企业的一套治理结构(见图5.1)。

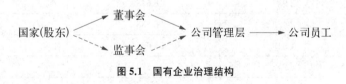

图 5.1　国有企业治理结构

相关联地,国家同时也进行了"利税分流"(或称第二步"利改税")的改革,即国家作为社会公共管理者向国有企业征收和其他所有制企业一样的税收;同时,作为国有企业的所有者,国家拥有企业的留存利润。

经过了比较完整意义的公司制改革的国有企业,我们将之称为**国有企业模式Ⅱ**。本书后续所述之国有企业,未经说明,即指此模式。这一模式下的国有企业虽与前述**国有企业模式Ⅰ**之国有企业同称为"国有企业",但实质意义差别巨大(回顾上述十多年改革过程之艰辛,读者应不难体会),各自的优点与弊端也大不相同。现有很多研究(包括国外的很多研究),不划分这两类几乎完全不同之国有企业,将对**国有企业模式Ⅰ**之批评当作否定**国有企业模式Ⅱ**之理由,显然是很难服人的。

2. 国有企业财务结构的变化

在改革开放以前,国有企业没有自主的财务决策权,不论是固定资产投资,还是流动资金、技术改造资金、大修理资金等,都是由政府计划决定并通过财政渠道投入的,因此企业也就不存在财务结构的问题,但是就整体国有企业运行的绩效而言,肯定是不够理想的,这在财政上也有较好的反映。20世纪70年代后期,我国财政面临着一次困难的处境,就是以国有企业利润上交为主构成的财政收入已不足以应付各项财政开支,这也是促成1979年前后改革开放的一个客观重要因素。要改善财政的收支状况,一方面依靠改变"既无内债、也无外债"的传统观念,发行国库券,而更为根本性的则是通过财政的放权让利,搞活经济,从而提高整体经济的效率,并最终解决财政收入不足的问题。

改革开放后,一方面因为以放权让利为主的改革使得企业与财政的关系不再像以前那样紧密,另一方面尽管通过以放权让利为主的改革,财政的收入绝对额有了很大的提高,但经常性收入不抵支出的情况仍继续存在,在这种局面下,财政已无力大规模地向国有企业注入资本金,这其实也反映了改革开放前国有企业运行效益不佳的实际情况。因为,如果运行状况好的话,那么通过每年国有企业上缴利润的增量形成的积累,应有能力支持财政对国有企业的再投资。

具体而言,一方面,由于经济体制的改革,使得财政收入在国民收入中所占的比重在1996年之前逐年有所下降,之后才有所回升(见表5.2和图5.2)[①]。

表 5.2 我国财政收入占 GDP 比重表

年 份	财政收入(亿元)	国内生产总值(亿元)	财政收入占 GDP 比重(%)
1978	1 132	3 645.2	31.1
1980	1 160	4 518	25.7
1984	1 643	7 174	22.9
1988	2 357	14 928	15.8
1990	2 937	18 548	15.8
1992	3 483	26 638	13.1
1993	4 349	34 634	12.6
1994	5 218	46 622	11.2
1995	6 242	58 261	10.7
1996	7 367	67 795	10.9
1997	8 651	74 463	11.6
1998	9 876	78 345	12.6
1999	11 444	82 068	13.9
2000	13 395	89 468	15.0
2001	16 386	97 315	16.8
2002	18 904	104 791	18.0
2003	21 715	137 422	15.8
2004	26 396	161 840	16.3
2005	31 649	187 319	16.9
2006	38 760	219 439	17.7

① 参见《中国统计年鉴(2019)》。

续表

年 份	财政收入(亿元)	国内生产总值(亿元)	财政收入占GDP比重(%)
2007	51 322	270 092	19.0
2008	61 330	319 245	19.2
2009	68 518	348 518	19.7
2010	83 102	412 119	20.2
2011	103 874	487 940	21.3
2012	117 254	538 580	21.8
2013	129 210	592 963	21.8
2014	140 370	643 563	21.8
2015	152 269	688 858	22.1
2016	159 605	746 395	21.4
2017	172 593	832 036	20.7
2018	183 360	919 281	19.9
2019	190 382	990 865	19.2

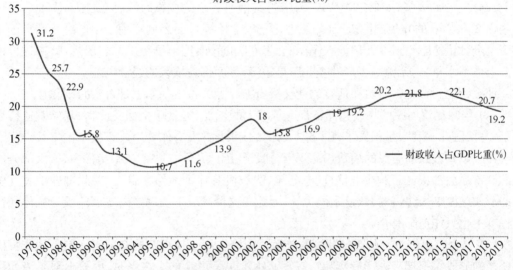

图5.2 我国财政收入占GDP比重图

另一方面,在财政支出上,由于经济体制的改革,政府职能转换等因素,增加了大量新的开支,比如为理顺价格体系所需的价格补贴,企业劳保转为社会保险后的社会保障支出等。这样一来,通过财政对营利性国有企业的投入比重就越来越少。

当财政已无法再继续成为国有营利性企业资金输入的主渠道时,我们显然就面临着这样的一个问题:社会扩大再生产所需的增量部分从何而来呢?恰好这时,因为放权让利的经济改革取得了巨大的成果,在短短的几年内,国民收入分配格局已发生了巨大的变化,居民与企业的储蓄急剧增加,其中尤以居民储蓄增加的速度为快,这就使得国有银行中的存款大量增加,从而决定了国有企业扩大再生产所需要的增量投入也只能来自由储蓄转化而来的银行贷款。伴随着中国人民银行从财政部分离出来自成体系的运作,以及工、农、建、中四大国有专业银行的成立和改革,银行对国有企业的贷款也非常积极,这就使得银行贷款成为国有企业输入增量资金的主渠道,银行资金成为国有企业投资活动的主要资金来源。

这样,一方面国家作为国有企业的唯一股东大幅度减少甚至停止了向企业注入资本金;另一方面,企业增量资金的输入在相当程度上依靠银行的贷款,这就使得企业整体的负债率水平急剧地上升,某些新建的企业甚至会出现几乎没有资本金而完全依靠银行贷款作为投入的情况——这在一般的市场经济状况下是不会发生的,因为很显然银行面对如此的资产负债率状况是不可能给予贷款的。而老的国有企业也面临着同样的问题:虽然缺少资本金的注入,但随着经济的发展又必须进行新的技术改造或是上新的项目,这些投入也都只能依靠银行贷款来解决。这样,国有企业的整体资产负债率急剧上升就不可避免。

银行资金与财政资金在性质上是不同的。财政在国有企业中的投资形成的是国家在企业中的资本金,而银行贷款则是企业对社会其他经济利益主体的欠债。这就使得营利性企业中的国有资产呈现这样的变化特点:从原来几乎百分之百的国有资本金构成的国有资产结构急速转向高负债率的国有资产结构,到1995年年底,我国29.1万户国有工商企业的资产总额为9.6万亿元人民币,其中近2/3主要是依靠银行贷款等负债形成的,属于所有者权益的部分只占1/3多,如果扣除个人、外资等其他所有者的少数股权,以及国有企业资产数量中占20%左右的非生产性资产(如住宅、医院、学校等),那么真正用于生产经营活动的国有资本金数量实际不足3万亿元人民币①。我们知道,根据市场经济的一般规律,在这样的资产负债率水平下,无论是生产性企业还是银行,都面临着很大的经营风险。

那么,在当时,是否有更加适宜的社会投资方式呢?答案基本上是否定的,理由如下。

(1) 当时尽管居民的收入和储蓄都有了很大的增加,但就单个居民而言,其储蓄往往还只是一种延迟的消费,是积累了为了买"大件"之用的,并没有作为资本来投资的打算。由于我国在改革开放以前居民的消费物品还十分匮乏,因此几乎在整个八十年代中,绝大部分居民的储蓄最后都用在了购买电视机、电冰箱、洗衣机等几个大件家电上,在此过程中民间资本的形成速度是很缓慢的,数量是很少的,因此在这种情况下推动经济发展的投资主体在很大程度上也只能是国有企业。

(2) 是否有可能将一些比较薄弱的分散民间资本用比较规范的有限责任制公司或股份制公司的形成组织起来进行投资呢?答案基本上也是否定的。在当时,尽管出现了诸如延中实业、飞乐音响、深宝安等一些早期的比较规范的股份制公司,但这些公司在当时的规模都还很小——归根结底,从整个社会来看,无论是理论还是实务界,直至普通百姓,由于长期的计划经济实践和思想上的禁锢,从客观来看,普遍十分缺乏对于这些现代企业制度的了解,关于如何利用这些新型的企业制度形式的知识几乎是不存在的。

在这样的一种情况下,我们无法将国有企业资产负债率的上升归咎于任何一个人,而完全是客观历史发展的进程所致,是一种"路径依赖"。退一万步讲,即使当时社会对于有限责

---

① 《证券时报》社主编《有限的国有资本难以支撑庞大的国有经济——"国有经济的战略性改组"课题阶段研究报告一》,载《证券经济论集》,中国经济出版社,1996年,第91页。

任制公司和股份公司等现代企业制度组织形式有着较深、较广的了解,也会由于个人的基本消费需求尚未得到满足,而无法形成构建这些现代企业制度所必需的资本。因为,一般来说,资本投资在支出的序列上总是靠后的。这样,也就无法利用现代企业制度进行大规模的投资,以在相当程度上替代原有的国有企业。所以,急待改革的、但却是"成熟"的传统国有企业制度形式与主要来自居民储蓄的银行存款相结合作为社会扩大再生产的主要方式就是一种不以人的意志为转移的客观必然,是符合历史的发展方向,和对社会经济有着积极意义的。政府在这样的一个过程中,发挥着很大的作用也同样是必然的。另外,在当时要大力发展私营经济也是没有可能的。因为,基于与上述同样的原因,私人的资本在当时是非常稀缺的,即使后来发展起来的一些私营企业,最初也主要都是依靠银行贷款的投入而发展起来的。

总结来看,国有企业在改革开放后资产负债率上升,原因在于国民收入分配格局的急剧变化和滞后于收入分配格局变化的企业组织制度变化与居民可支配收入构成变化。在这一财务结构变化的过程中,我们虽然付出了今天仍在一定程度上困扰我们的资产负债率上升的代价,但总的来看,这是一种经济历史演进的必然过程,对于国民经济在改革开放的过程中保持必要的发展速度、对于国有企业相对独立的财务自主权的实现,都发挥了相当积极的作用。

3. 营利性国有资产管理体制的改革

分权式的改革引出了另一个问题:由于国有企业在整个国民经济中已不再占有像以前计划经济下那样大的份额,因此传统的计划经济下的政府与企业关系模式势必要进行调整。比如,在原有的计划经济下,当一家下游企业需要原料时,可以由计划机制安排某一家上游企业予以供应(即使不是无偿划拨而存在货币为媒介的交换,其实质与通过行政命令的调拨仍然没有本质的区别),但在改革以后,不论该上游企业是否是国有企业,原有的方法都行不通了!这时如何保证这两家企业间的交换价格是合理的?有关人员在此过程中没有发生"寻租"行为?显然,这需要有一种与原先不同的考核机制。总之,原有国有资产管理中通过政府-计划机制来实施的资源配置行为被许多分散化的市场交易行为所替代,而这些交易的行为中又必然会存有或大或小的"寻租"空间,因此重新确定调节国家与企业间关系的制度形式,就是一个客观的要求。

从另一方面来看,在改革开放以前,由于国有经济在国民经济中占据着绝对优势的地位,因此国有资产管理问题几乎就等同于国民经济管理问题。但是,在市场经济条件下,一是由于国民经济中存在着大量的其他企业资产,二是由于前述履行一般企业职能的国有经济和履行国家公共职能的国有经济分权的客观事实,以及在这一分权事实下产生的国有资产流失现象,国有资产管理问题就被集中地提了出来。

(1) 国家国有资产管理局及地方国资管理部门的设立与撤销(1988—1998年)。正是在上述两方面的背景下,在1988年年底,国家设立了国有资产管理的专门部门——国家国有资产管理局,由财政部领导。实行"国家所有、分级管理"的国有资产管理政策。同时,在各个地方也都相继设立了国有资产的专门管理部门,如国资局、国资委和经营性的国有资产经营管理公司等。这个时候的国资局职能主要是产权界定与登记、资产评估认定、制定资产界定与评估和转让的政策等,还算不上是真正的所有权行使机构。

九十年代初期,中央和地方又普遍展开了以"授权经营"为主要内容的体制改革,以图在分层管理的体制中减少管理层次,更为集中地把握关键的信息信号,以便减少信息费用,强化激励机制,并最终提高国有企业的绩效。

1998年3月,在国务院机构改革中,该局被撤销,有关职能部门又并入了财政部。各地也纷纷撤销了国有资产管理局和国有资产经营管理公司。

(2) 国家国有资产管理局撤销后的国有资产管理模式的地方性改革探索(1998—2003年)。1998年国务院撤销了国家国有资产管理局以后,允许地方进行一些国资管理模式上的探索,上海和深圳就保留了国资委,进行国有资产的管理和运作。大型国有企业密集的老工业基地吉林省和辽宁省也各保留了一个综合性的国有资产管理机构来运营国有资产,尽管名称不叫国资委。

(3) 国有资产监督管理委员会(2003年至今)。根据党的十六大精神,2003年3月10日,十届全国人大一次会议第三次会议经表决,设立国务院国有资产监督管理委员会,主要负责经营性国有资产的监督和管理①。4月5日,国务院审议通过了国资委主要职责、内设机构和人员编制,任命原国家经贸委主任李荣融为国资委主任。4月6日,国务院国有资产监督管理委员会正式挂牌。新设立的国资委将由国务院直接领导。在新的国资委设立后,各个地方的国资专管机构也在紧锣密鼓的筹备和设立中。

(二)非营利性国有资产管理

尽管在改革开放后国家对营利性国有企业的支持较少地表现在向企业直接注入资本金上,但通过税收优惠、财政补贴以及银行贷款上的倾斜政策,给予了国有企业很大的支持,而这些都直接或间接地增加了国家财政的负担。就以银行贷款中的倾斜政策而言,国有企业占据了我国银行存款的90%以上,然而从总体上看,经营却依旧比较困难。这无疑就增加了国有银行巨大的负担——在不可能让大型国有银行破产的前提下,这些负担又迟早要转移到财政的身上。

部分缘于这一原因,以及前述之改革成本和社会发展的需要,改革开放后我国财政收支始终处于紧运行的状态中,财政赤字出现,国债规模不断上升,特别是1998年之前,宏观财政支出中的债务依存度越来越高(见表5.3)②。债务依存度在2007年全球金融危机期间创下了47.15%的新高,2010年以后有所下降,但几年经济下行压力加大,这一比率又逐渐上升,这就使得对于国有资产的另一方面,即非经营性国有资产管理,难以投入足够的财力支持。

这一特点与改革开放前仍是一脉相承的,即由于过多地把资源投注于经营性国有资产的管理方面而相对忽视了对非经营性国有资产的管理。在加之长期以来受"重生产、轻消费",不是辩证理解"生产"和"消费"的关系,而是把"生产"和"消费"绝对对立起来(要"生产"多,就要"消费"少)的思想的影响,这一问题就愈加严重。在我国当前的经济社会发展中,社会公共资产的严重缺乏,已经成为社会公认的状况——而且,这一状况正在不断地影响着我们经济与社会的协调发展。

---

① 行政事业单位的国有资产管理仍属财政部,其他国有资产的管理则各分属国务院各相关部委和各地方政府相关职能部门。

② 资料来源:根据研究中心国家发展研究中心信息网、国家统计局、《财政年鉴》《中国统计年鉴》有关数据计算。

表 5.3 我国国债规模和债务依存度

年 份	国债发行额(亿元)	国债发行额/财政支出(%)	年 份	国债发行额(亿元)	国债发行额/财政支出(%)
1981	48.66	4.27	2000	4 153.59	26.15
1982	46.83	3.56	2001	4 483.53	23.72
1983	41.58	2.95	2002	5 660.00	25.67
1984	42.53	2.50	2003	6 029.2	24.46
1985	60.61	3.02	2004	6 718.3	23.58
1986	62.51	2.84	2005	6 922.9	20.4
1987	117.07	5.18	2006	8 871.2	21.94
1988	132.17	5.31	2007	23 469.8	47.15
1989	263.91	9.35	2008	8 539.4	13.64
1990	197.24	6.40	2009	16 199.4	21.23
1991	281.27	8.31	2010	17 751.6	19.75
1992	460.77	12.31	2011	15 386.8	14.08
1993	381.32	8.21	2012	14 267.7	11.33
1994	1 028.57	17.76	2013	16 709.3	11.92
1995	1 510.86	22.14	2014	17 588.99	11.59
1996	1 847.77	23.28	2015	20 987.5	11.93
1997	2 412.03	26.21	2016	30 545.4	16.27
1998	3 228.77	29.90	2017	39 812.4	19.60
1999	3 702.13	28.21	2018	36 775.6	16.65

其实,正如我们在本书前述分析中所反复指出的那样,非经营性国有资产充足与否,其管理的绩效好坏,事实上无论是对于一个国家的人民还是对于一个国家政权的本身都有着生死攸关的意义。

1. 行政事业单位中的国有资产管理

比如,在国防、公安、海关、税务等部门中的存量国有资产的使用,能否很好地支持这些部门履行其应履行的职能,其意义之重大自不待言——它关系到一个国家基本职能的履行和国家政权的基础(绝不能因为它是"消费"属性,而进一步推导其不重要)。这仅仅是从静态的角度来看,如果以动态的角度视之,随着时代的发展,要使存量资产有效地发挥其效能,又有赖于增量资产的不断注入。比如,在国防部门中只有依靠新的武器装备,才有可能适应不断发展了的军事形势,同时也才能把原有武器装备的性能在新的形势下仍然充分地发挥出来,这实际上是一项系统工程。再如,不断提高相关计算机系统软硬件的水平,就能够比较好地提高税收部门的效率,减少人员经费,这些效能有的尽管可能直接以货币计量起来较为困难,但其经济意义却是不容置疑的。

又如,医疗卫生资产,事关人民群众的生死安危,在日常的生活中不会有人认为其为消费性,因而是不重要的。但是,同样不可否认的是,我们目前医疗卫生资产的投入和管理状况并不是充足的、非常令人满意的,与人民群众的要求之间还有着很大的差距。

再如,社会保障方面的资金缺口,同样不小。

2. 环境资源类国有资产管理

比如,加强对大熊猫、藏羚羊等濒危野生动物的保护,加强对原始森林、草原的保护,其意义之深远也是无人置疑的(毫无疑问,大熊猫等濒危野生动物、森林、草原自然是属于国有资产的)。但是,要很好地做好这方面的工作,就需要投入大量的资源。我们可以设想,如果对保护藏羚羊的部队能够配备高性能的直升机,其执行任务的效率将提高多少!

从这里,我们也可以再次看到,国有资产的管理绝不是一个静止的、孤立的问题,管理是为了产生更高的效率和实现更好的公平,但管理的本身是需要投入资源、付出代价的,没有资源的投入也就无法奢谈管理的效能。

总而言之,我们不得不承认,尽管多年来我们在非经营性国有资产的管理上也投入了很大的精力,作出了很大的努力,但无论是主观上的关注还是客观上的投入,又都还是远远不够的。面对近年来提高行政效率和事业单位服务质量、加强执政能力建设的要求,以及台海局势的不确定性、环境恶化的危险、资源破坏严重等复杂情况,显然在这方面我们必须作出更大的努力。这就要求我们在国有资产管理的问题上必须更加注重站在全局的高度,通盘考虑国有资产管理的有机战略构成,而不是过度偏向某一方面。也唯有此,才能够更好地在国有资产管理中体现科学发展观的精神,更好地建设一个和谐发展的社会。

第二节 国有企业的运行态势与发展水平

一、营利性国有企业的总体概况

1998年以来,通过对国有经济结构的进一步深入调整和加大国有企业的改革力度(主要是加速和深化国有企业的改制和重组,并通过主辅分离、减员增效强化国有企业的内部管理),国有企业效益回升的势头很好;再加之一些周期性行业逐渐步入行业周期的高峰期,如石化、钢铁、有色金属、煤炭、汽车等,而大型、特大型国企中有相当一部分又都处于这些行业中,因此特别是最近十年来,这些大型、特大型国有企业的效益有了非常大的提高。国有企业户数逐步减少,正逐步实现国有企业布局于关键性行业和领域的战略目标;与此同时,国有资产的规模持续扩大,国有资本的结构调整有了一定的成效,资产主要集中于基础行业和石化、电力等行业(见表5.4)。

表 5.4 1998—2017 年国有企业户数比较 单位:万户

年份	国有企业总户数	国有小型企业户数	国有亏损企业户数	一般竞争行业国有企业户数
1998	23.80	19.50	16.00	18.60
1999	20.70	15.54	11.18	17.02
2000	19.05	15.36		14.44

续表

年份	国有企业总户数	国有小型企业户数	国有亏损企业户数	一般竞争行业国有企业户数
2001	17.35	13.65		15.03
2002	15.87			13.53
2003	15.00	13.20	7.40	11.40
2004	13.78			11.66
2005	12.70	11.15	5.91	10.70
2006	11.93	10.40	5.02	9.98
2007	11.51	5.67	3.33	9.27
2008	11.37	4.90	3.23	9.06
2009	11.51			9.09
2010	12.45	10.64	4.35	10.40
2011	14.47	5.15	5.11	9.02
2012	15.18	5.60	5.43	12.70
2013	15.92	5.60	5.71	13.33
2014	11.38	4.01	4.05	9.53
2015	12.49	4.18	4.61	10.55
2016	13.24			
2017	13.32			

资料来源：根据国资委网站数据、国家统计局网站整理得到。由于《中国国有资产监督管理年鉴》更新较慢，2016、2017年总户数数据来源于国家统计局网站，无2018、2019相关数据，并缺失一部分数据。

自1998年以来，国有企业总户数整体上呈下降趋势，由23.8万户下降到13万户左右，并在一段时间内保持了稳定态势。这种变化体现了国有企业改革的不断深入，主要重点是收缩国有企业战线，让国有中小企业退出，让困难企业破产，把国有资产集中到关系国民经济命脉和国家安全的领域。但可以看到，2008—2013年，国有企业的数量有了一次小幅度升高。国有小型企业在数量上呈下降趋势，反映了我国在1995—1997年进行的"抓大放小"改革成效。1998年以来，国有亏损企业数量和占总户数的比例均呈下降趋势，国有企业一般生产加工产业2012—2015年的户数分别为2.91、2.98、2.14、2.23万户。这说明从1998年至今，国企改革有效地减少了国有亏损企业和处于一般竞争行业的国有企业。

表5.5　2017—2011年、2003年与1998年国有企业资产结构　　　单位：万亿

国有企业资产		2017年	2016年	2015年	2014年	2013年	2012年	2011年	2003年	1998年
全国国有企业资产总额	资产数额	183.5	154.9	140.7	118.5	104.1	89.5	75.9	21.3	6.6
国有企业分布在基础性行业、支柱产业中的资产	资产数额	126.3	112.0	101.6	94.8	29.1	75.5	64.3	11.4	2.22
	占总资产比例	68.8	72.3	72.2	80.0	28.0	84.3	84.8	53.5	33.6

续表

国有企业资产		2017年	2016年	2015年	2014年	2013年	2012年	2011年	2003年	1998年
国有企业分布在煤炭、石油化工、冶金、电力、邮电通信的资产	资产数额	51.6	47.8	46.1	47.0	43.3	40.3	35.3	7.1	1.8
	占总资产比例	28.1	30.9	32.8	39.7	41.6	45.1	46.4	33.3	27.3

数据来源：中国财政年鉴。

从表5.5可以看到，根据中国财政年鉴数据，1998—2003年全国国有企业资产总额从6.6万亿增长到21.3万亿；2011—2018年7年间全国国有企业资产总额从75.9万亿增长到210.4万亿，平均增速15.7%。其中，2016年增速最低，为10.1%，2015年和2017年增速最高，均超过18%，分别为18.7%、18.5%。

国有企业的经济效益自1999年止跌回升后，到2003年已连续4年创历史最好水平，1998—2003年，国有企业利润年均增长44.2%，从1998年的743亿元增长到2003年的4952亿元，增长了5.7倍。2003—2011年，全国国有及国有控股企业（不含金融类企业）营业收入从10.73万亿元增长到39.25万亿元，年均增长17.6%；净利润从3 202.3亿元增长到1.94万亿元，年均增长25.2%；上缴税金从8 361.6亿元增长到3.45万亿元，年均增长19.4%。2018年，国有企业营业总收入587 500.7亿元，同比增长10.0%。其中，中央企业338 781.8亿元，同比增长9.8%；地方国有企业248 718.9亿元，同比增长10.4%。国有企业利润总额33 877.7亿元，同比增长12.9%。其中，中央企业20 399.1亿元，同比增长12.7%；地方国有企业13 478.6亿元，同比增长13.2%。2019年，国有企业营业总收入625 520.5亿元，同比增长6.9%。其中，中央企业358 993.8亿元，同比增长6.0%；地方国有企业266 526.7亿元，同比增长8.2%。全国国有及国有控股企业主要经济指标保持增长态势，国有企业利润总额35 961亿元，同比增长4.7%。中央企业利润总额22 652.7亿元，同比增长8.7%；地方国有企业利润总额13 308.3亿元，同比下降1.5%。国有企业税后净利润26 318.4亿元，同比增长5.2%，归属于母公司所有者的净利润15 496亿元①。

国有资源的分布也发生了改变。2003年，国有企业分布在基础性行业中的资产占总资产比例的53.5%，比1998年上升了19.9个百分点；2011年，国有企业分布在基础性行业、支柱产业中的资产占总资产比例的50.6%，基本维持在50%以上的稳定水平。2011—2017年，我国国有企业在基础性行业和支柱产业中的资产呈上升趋势，2017年比2011年翻了近两倍，这些产业占总资产比例在70%左右。同时，分布在煤炭、石油化工、冶金、电力、邮电通信的资产占总资产比例2003年为33.3%，比1998年上升了6个百分点，2011年略微增长到35.3%的占比。国有企业在煤炭、石油化工、冶金、电力、邮电通信行业的资产数额除2015年之外都保持平稳增加，2011—2014年以平均10%的增速由35.3万亿增加到47万亿；在2015年间减少到46.1万亿；随后，在2016年、2017年分别增加7.3%和7.9%，到2017年，国有企业在煤炭、石油化工、冶金、电力、邮电通信的资产已经达到了51.6万亿。虽然绝对资

---

① 申铖：《2019年国有企业利润总额同比增长4.7%》，新华网，2020年1月21日。

产数额基本保持增加的趋势,而国有企业在这些行业的资产在总资产中的占比在2012—2017年以平均10%的速度减少,但与20世纪末相比,仍然维持在30%左右。这说明国民经济加强了对煤炭、石油化工、冶金、电力等的控制力度,国有资源继续向这些垄断领域集中。

1999—2018年工业领域国有及国有控股企业基本情况见如表5.6所示。

表5.6 1999—2018年工业领域国有及国有控股企业基本情况

年份	比重(%)				均值(亿元)		
	企业数量	总资产	主营业务收入	利润总额	总资产	主营业务收入	利润总额
1999	37.83	68.80	51.47	43.61	1.31	0.45	0.03
2000	32.84	66.57	50.15	54.82	1.57	0.50	0.06
2001	27.31	64.92	47.41	50.46	1.88	0.51	0.05
2002	22.65	60.93	43.70	45.52	2.17	0.54	0.06
2003	17.47	55.99	40.53	46.01	2.76	0.61	0.07
2004	12.88	50.94	35.91	45.71	3.08	0.65	0.08
2005	10.11	48.05	34.43	44.04	4.28	0.73	0.08
2006	8.27	46.41	32.34	43.51	5.41	0.75	0.08
2007	6.14	44.81	30.68	39.75	7.65	0.78	0.09
2008	5.00	43.78	29.50	29.66	8.86	0.78	0.06
2009	4.72	43.70	27.96	26.89	10.52	0.70	0.06
2010	4.47	41.79	27.85	27.78	12.23	0.78	0.08
2011	5.24	41.68	27.19	26.81	16.52	0.81	0.07
2012	5.19	40.62	26.37	24.51	17.48	0.79	0.06
2013	5.16	40.29	25.09	24.18	18.83	0.75	0.06
2014	4.98	38.81	23.73	21.29	19.74	0.71	0.06
2015	5.03	38.83	21.77	17.25	20.62	0.61	0.05
2016	5.02	38.47	20.62	17.14	21.96	0.57	0.05
2017	5.10	39.19	23.42	22.98	23.11	0.71	0.06
2018	4.93	38.78	27.13	28.01	23.56	0.65	0.08

数据来源:中国国家统计局数据库;刘戒骄、徐孝新:《改革开放40年国有企业制度创新与展望》,《财经问题研究》2018年第8期。

如表5.6所示:1999—2018年,工业领域国有及国有控股企业的数量占比从37.83%下降到4.93%,并且在2018前后几年基本维持这个水平没有发生太大变化;总资产、主营业务收入以及利润总额的比重也不断下降,但下降程度小于企业数量比重。国有及国有控股企业的平均总资产、平均主营业务收入以及平均利润总额都基本呈现上升趋势。

财政部企业司公布的全国国有企业财务决算,可以观察到全国独立核算的国有法人企业、地方国有企业、中央企业、国资委监管企业等的相关变化情况,如表5.7和表5.8所示。

表 5.7 2013—2017 年国有企业户数状况表

国有企业类别	全国国有法人企业	中央企业	中央部门管理企业	国资委监管企业	地方国有企业
2013 年户数(万户)	15.5	5.2	1.36	3.8	10.4
同比增长(%)	5.8	7.2	6.3	7.6	5.1
2014 年户数(万户)	16.1	5.4	1.39	4.03	10.6
同比增长(%)	3.9	3.8	2.2	6.1	1.9
2015 年户数(万户)	16.7	5.6	1.44	4.18	11.1
同比增长(%)	3.7	3.7	3.6	3.7	4.7
2016 年户数(万户)	17.4	5.7	1.47	4.28	11.6
同比增长(%)	4.2	1.8	2.1	2.4	4.5
2017 年户数(万户)	18.7	5.8	1.56	4.27	12.9
同比增长(%)	7.5	1.8	6.1	—0.2	11.2

资料来源:根据中国国家统计局数据库,《中国财政年鉴》和《中国国有资产监督管理年鉴》整理计算得到。

表 5.8 2018 年国有企业财务决算状况表

国有企业类别	全国国有法人企业	中央企业	地方国有企业
国企职工人数(万人)	—	—	—
同比增长(%)	—	—	—
资产总额(万亿元)	178.7	80.3	98.4
同比增长(%)	8.4	6.7	9.8
负债总额(万亿元)	115.6	54.4	61.3
同比增长(%)	8.1	6.3	9.6
营业总收入(万亿元)	58.8	33.9	24.9
同比增长(%)	10	9.8	10.4
利润总额(万亿元)	3.4	2.0	1.3
同比增长(%)	12.9	12.7	13.2
净利润(万亿元)	—	—	—
同比增长(%)	—	—	—
上交税费(万亿元)	4.6	3.2	1.4
同比增长(%)	3.3	3.5	2.8

资料来源:数据直接来自国务院国资委公布的《2018 年 1—12 月全国国有及国有控股企业经济运行情况》。

2015 年,全国国企营业总收入 45.5 万亿元,同比下降 5.4%。其中,中央企业 27.2 万亿元,同比下降 7.5%;地方国企 18.3 万亿元,同比下降 2.3%。利润方面,全国国企利润总额 2.3 万亿元,同比下降 6.7%。其中,中央企业 1.6 万亿元,同比下降 5.6%;地方国企 0.7 万亿元,同比下降 9.1%。全国国企净利润 1.9 万亿元,同比增长 4.4%。此外,2015 年,全国国企共上交税费 3.9 万亿元,同比增长 2.9%。其中,中央企业 3.0 万亿元,同比增长 3.1%;地方国企 0.9 万亿元,同比增长 2.1%。2018 年国有企业资产总额、营业总收入、利润总额等同比上年都有所增加,资产、营业总收入和利润总额等一直保持良好的增长态势。从中央和地方数据来看,中央企业总体盈利要大于地方国有企业,但单就资产总额来看,地方国有企业在2018年同比增长很快。

二、中央国有企业

(一) 总量变化

据初步测算,2004—2006年度中,中央企业主营业务收入增长78.8%,年均递增21.4%;实现利润总额增长140%,年均递增33.8%;上缴税金增长96.5%,年均递增25.2%;国有资产保值增值率达到144.4%,净资产收益率达到10%,提高5个百分点。三年来,中央企业资产总额和销售收入年均增加1.1万亿元,实现利润年均增加1 000多亿元,上缴税金年均增加1 000亿元。[①]

2007—2009年度中,中央企业主营业务收入分别为10 0281.5亿元、118 705.1亿元、126 271.6亿元,同比增长20.8%、18.4%、6.4%;实现利润总额10 055.7亿元、6 961.8亿元、8 151.2亿元,同比增长33.2%、-30.77%、17.1%;上缴税金分别为8 792.1亿元、10 426亿元、11 474.8亿元。2008年中央企业实际上缴税金总额10 426亿元(含石油特别收益金1 077.9亿元),比上年增长18.6%,比2003年增加6 862.9亿元,五年间年均增加1 372.6亿元,年均增幅为24%。在全部上缴税金中,增值税3 953.3亿元,占上缴税金总额的37.9%;企业所得税2 643.4亿元,占25.4%;营业税857.7亿元,占8.2%;消费税494.4亿元,占4.7%;石油特别收益金1 077.9亿元,占10.3%。2008年实际上交税金总额超过百亿元的中央企业有22家,比上年增加8家,比2003年增加14家。[②]

国资委在央企负责人的内部会议上总结其第三任期的考核时提到,2010—2012年,中央企业利润目标值从7 213亿元提高到1.05万亿元,提高了46%;经济增加值目标值从714亿元提高到2 323亿元,提高了3.3倍;第三任期国有资本保值增值率目标值达120.5%,主营业务收入平均增长率目标值达11.95%,分别比上一任期提高了1.16和1.95个百分点;绝大多数企业分类指标目标值都持续改进(见表5.9)。[③]

表5.9 中央企业利润和经济增加值等考核指标

	2012年	2010年
利润目标值	10 500亿元	7 213亿元
经济增加值目标值	2 323亿元	714亿元
国有资本保值增值率目标值	120.5%	—
主营业务收入增长率	11.95%	

[①] 《中央企业改革与发展和国有资产管理体制改革进展情况》,来自国资委网站,2006年12月19日。
[②] 《中央企业改革与发展和国有资产管理体制改革进展情况》,来自国资委网站,2006年12月19日。
[③] 黄淑和在中央企业负责人经营业绩考核工作会议上的讲话:《强化考核导向,促进转型升级,引导中央企业加快做强做优实现科学发展》,来自国资委网站,2012年12月28日。

按照国有资本占有量计算,电信、电力、石油石化、航运行业的主业集中度都超过了92%,航空、军工、煤炭行业的主业集中度都超过了78%。下面分别介绍处于石油、煤炭、电力、航运、军工五个基础性行业的中央企业的生产经营情况。从各年的数据中可知,中央企业在所属行业均占有相当大的市场份额,同时这些企业在前些年保持了良好的经营业绩,但近年来遇到了经营上的困难。

(二) 央企绩效评价

中央企业的规模不断扩大,其实力也不断增强。通过中央企业之间的整合,一些有实力的集团进行吸收合并,成为世界级的大型企业。美国《财富》杂志公布2005年度全球500强企业名单,国资委监管中央企业共有13家入选全球500强,较之上一年度新增三家,中国铁路工程总公司、中国铁道建筑总公司、中国建筑工程总公司首次上榜。中粮集团12年入选全球500强。2012年,国务院国资委监管的中央企业入围《财富》世界500强企业达到42家(此外,招商局集团为上榜的招商银行的第一大股东)。中国石化、中国石油和国家电网分别位列第5、第6和第7位,位次与2011年没有变化。2019年,国务院国资委监管的中央企业共有48家入围,中国石化、中国石油、国家电网跻身前十,分列第二、第四、第五。

2004年是国资委对中央企业实施经营业绩考核的第一年,考核结果如表5.10所示。2005年的考核结果如表5.11所示。比较表5.10和表5.11中所示的考核结果,可以发现,2005年考核结果明显优于2004年的考核结果。全面推行经营业绩考核制度对中央企业深化改革、加强管理起到了积极的导向作用和激励约束效果。

表5.10 2004年度中央企业业绩考核结果表

级 别	A级	B级+C级	D级	E级	总量
户 数	25	141	9	4	179
比 例	13.97%	78.77%	5.03%	2.23%	100%

注:2004年年底,中央企业总户数为179户。

表5.11 2005年度中央企业业绩考核结果表

级 别	A级	B级	C级	D级	总量
户 数	28	84	48	4	166
比 例	16.87%	50.60%	28.92%	2.41%	100%

注:2005年年底,中央企业总户数为166户。

国资委不断改进考核的办法。在《中央企业综合绩效评价管理暂行办法》(国资委令第14号)的基础上,国资委制定了《中央企业综合绩效评价实施细则》(国资发评价〔2006〕157号),并依照这个实施细则对中央企业进行综合评价。《实施细则》详细规定了评价指标和权重(其由28个财务绩效定量评价指标和8个管理绩效定性指标组成)、评价标准选择方法、评价计分,以及评价工作的组织,等等。以此来规范企业综合绩效评价工作,综合反映企业资产运营质量,并正确引导企业经营行为。2012年年底,国资委对《中央企业负责人经营业绩考核暂行办法》进行了第三次修订,从2013年开始,央企负责人任期考核取消主营业务收入增长率指标、增加总资产周转率指标,进一步增加了经济增加值权重、降低利润总额权重。

国资委公布的中央企业负责人任期和年度经营业绩考核结果如表 5.12、表 5.13 和表 5.14 所示。

表 5.12　中央企业 2012 年度经营业绩考核表

2010—2012 年任期业绩考核 A 级企业	45 家	科技创新企业奖	31 家
2012 年**业绩考核 A 级企业**	44 家	管理进步企业奖	11 家
业绩优秀企业奖	43 家	节能减排优秀企业奖	19 家

表 5.13　中央企业 2015 年度经营业绩考核表

2013—2015 年任期业绩考核 A 级企业	42 家	科技创新企业奖	23 家
2015 年**业绩考核 A 级企业**	46 家	**品牌建设优秀企业奖**	10 家
业绩优秀企业奖	42 家	节能减排优秀企业奖	20 家

表 5.14　中央企业 2018 年度经营业绩考核表

2016—2018 年任期业绩考核 A 级企业	46 家	科技创新突出贡献企业奖	28 家
2018 年**业绩考核 A 级企业**	48 家	节能减排突出贡献企业奖	20 家
业绩优秀企业奖	42 家		

(三) 行业结构调整

国务院国有资产监督管理委员会成立于 2003 年,起初国资委监管的央企数量是 196 家。在李荣融主政时,国资管理的主旋律是对央企户数做减法,即根据"抓大放小"战略,协调大型绩优央企重组相对弱小央企,使多家央企借助规模优势进入世界 500 强。比如,2004 年 12 月 1 日,国务院批准部分 17 家企业重组,国资委履行出资人职责的企业总数为 179 户;2004 年 12 月 28 日批准中国建筑材料集团等 5 户企业重组;2006 年 10 月 17 日批准中国海洋石油总公司等 8 户企业重组;至 2006 年 12 月 27 日由国资委履行出资人职责的中央企业有 150 户。[①] 经过几年的整合,到 2009 年年底,央企数量调整为 132 户;2010 年,又有 8 家央企被整合。2010 年年底,筹备了数年之久的中国国新控股有限责任公司(国新公司)正式成立,国新公司成立的目的,就是要加速央企重组整合。至 2010 年,国资委履行出资人职责的企业总数减少为 121 户,中央企业的户均国有资本额应为 163.69 亿元;这些央企中有 43 家央企实现了主营业务整体上市,央企控股境内外上市公司达 336 家之多。至 2014 年 1 月,国资委直接管理的央企数量 113 家。加上保监会、银监会、证监会直接管理的金融央企,一共为 125 家央企。2015 年 12 月底,伴随着兼并重组的风潮,国资委直接管理的央企数量减至 106 家。至 2018 年,央企名录中企业为 96 家,根据国资委 2019 年 11 月最新公布的名录,央企数量减至 95 家。

当然,对央企重组的做法并不局限于做减法,做加法的情形也不鲜见。为改变国企人浮于事和效率低下的困境,20 世纪末国务院强力把多家总公司拆分为两个或数个企业并将之

---

① 李荣融:《李荣融就国资监管工作和央企改革发展情况答记者问》,来自国资委网站,2006 年 12 月 19 日。

图 5.3 中央企业的整合

置于竞争的大潮之中,如兵器工业与兵器装备集团、中石油与中石化集团、华能等五大发电集团、南车与北车等企业均是脱胎于该时期。国家实施重大专项项目时也会建立新的央企,如作为国产大飞机项目总承包商的商飞公司。随着重组的推进,多家中央企业变更企业名称,去掉企业名称中的功能性词汇或地区名称,使企业朝着多元化、集团化方向发展。比如,中国化工进出口总公司更名为中国中化集团公司;中国粮油食品进出口(集团)有限公司更名为中国粮油食品(集团)有限公司;上海宝钢集团公司名称变更为宝钢集团有限公司;等等。实际上,中央企业不断地重组也表明中央企业做大、做强,朝着专业集团化方向发展的趋势。

第三节 我国国有资产管理的现状与问题分析

我国国有资产管理的成绩无疑是显著的,但问题也仍然不少,归纳起来,我国国有资产管理的主要问题在于以下六个方面。

一、改革开放以来,营利性国有资产的规模有了较快的增加,但总体来看效益仍有待进一步提高

从改革开放至 1997 年,由于本章第一节中所述的种种原因,国有企业的经营业绩很不理想。据原有国有资产管理局统计,1978—1995 年国有资产总额平均每年递增 75.5%,其中国有资本金 1980 年以来平均每年递增 14.5%,1985 年以来则平均每年递增 17.9%,1995年国有独立核算工业企业的工业增加值达到了 8 307 亿元,同时在这二十年中,国有企业还担负着许多在市场经济条件下不应由企业来负担的各种社会历史负担,为改革开放的顺利进行作出了重大的贡献。从总体上来看,国有企业效益不佳是不容讳言的事实。以工业企

业为例,1996年国有工业企业的资产总额为52 750亿元,占全部工业企业资产总额的59%,而国有银行的90%贷款也都用于支持国有企业;但是同期国有工业的总产值为27 289亿元,只占工业总产值的43%,国有企业的亏损也增加很快,净营利逐年减少,在以季度为单位的统计中,甚至多次出现整个国有工业净亏损的情况。

1998年以来,通过对国有经济结构的进一步深入调整和加大国有企业的改革力度(主要是加速和深化国有企业的改制和重组,并通过主辅分离、减员增效强化国有企业的内部管理),国有企业效益回升的势头很好;再加之近年来一些周期性行业逐渐步入行业周期的高峰期,如石化、钢铁、有色金属、煤炭、汽车等,而大型、特大型国企中有相当一部分又都处于这些行业中,因此,这些大型、特大型国有企业的效益有了非常大的提高。但我们从表5.15中仍然可以发现,与国有企业的资产规模相比,其产值、销售收入、利润的状况仍然不尽如人意。当然,这里的部分原因在于,其他企业的总体纳税情况要差于国有企业,仍据现国资委统计数据,2017年国有企业应交税金42 345.5亿元,同比增长9.5%,要占到同口径全部工业企业税金总额的50%以上。

表5.15 国有企业工业资产、负债、产值、销售收入和利润在全部工业企业中的占比情况[①]

年份	资产占比	负债占比	产值占比	产品销售收入占比	利润总额占比
2018	38.78%	40.27%	/	/	28.01%
2017	39.19%	42.37%	/	23.42%	22.98%
2016	38.47%	42.40%	19.75%	20.62%	17.14%
2015	38.83%	42.49%	20.68%	21.77%	17.25%
2014	38.81%	42.07%	22.38%	23.73%	21.29%
2013	39.50%	42.36%	23.57%	24.82%	23.28%
2012	40.62%	42.96%	25.14%	26.37%	24.51%
2011	41.68%	43.88%	26.32%	27.19%	26.81%
2010	41.79%	43.90%	26.81%	27.85%	27.78%
2009	43.70%	45.53%	26.96%	27.96%	26.89%
2008	43.78%	44.75%	28.49%	29.50%	29.66%
2007	44.81%	44.04%	29.80%	30.68%	39.75%
2006	46.41%	45.43%	31.51%	32.34%	43.51%
2005	48.05%	47.10%	33.66%	34.43%	44.04%
2004	50.94%	49.67%	35.10%	35.91%	45.71%
2003	55.99%	56.32%	37.54%	40.53%	46.01%
2002	60.93%	61.59%	40.78%	43.70%	45.52%
2001	64.92%	65.22%	44.43%	47.41%	50.46%
2000	66.57%	66.79%	47.34%	50.15%	54.82%
1999	68.80%	68.98%	48.92%	51.47%	43.61%

① 根据国务院国资委统计数据。

续表

年份	资产占比	负债占比	产值占比	产品销售收入占比	利润总额占比
1998	68.84%	69.41%	49.63%	52.33%	36.02%
1997	57.14%	57.83%	28.24%	44.11%	25.12%
1996	58.61%	58.89%	31.62%	46.86%	27.70%
1995	59.91%	60.37%	36.32%	49.31%	40.71%

同时，在全部国有企业中效益的提高也不均衡，一方面仍有大量企业处于长期亏损的状态；另一方面，竞争性行业中的中小国有企业效益也仍然普遍较差，利润的提高主要集中在一批据有相当行业垄断地位的特大型、大型国有企业中——这不能不引发我们对于垄断状况的担忧和质疑这些企业利润的提高对于经济发展的真实意义究竟应如何评价。

国有企业的绩效之所以存在上述尚不理想的状况，概括地讲主要是由以下这三类问题引致的。

(1) 国有企业治理的有关体制问题还有许多有待理顺的地方。这里又包含着两个层面的内容，一是国家这个营利性国有资产的股东与企业的关系问题，二是企业内部的治理结构问题。

(2) 国有企业的外部环境问题。这也包括两个方面的内容：一是在体制转换的过程中，企业担负着一些在正常市场经济条件下来应由市场和政府来承担的社会责任，这对企业的绩效构成负面影响，同时国有企业的纳税状况较为理想，也使得国有企业在和其他所有制企业的净利润比较上处于相对不利的地位；二是基于国有企业与政府的特殊关系而受到的优惠待遇，如补贴、税收、行业独占权和优惠的银行贷款等，还包括由于政府管制不力而形成的垄断利润，甚至是非法利润(如国有机构操纵证券市场而获得的利润)。这些因素对国有企业眼前的利益固然有所增进，但从长远来看，却从根本上对国有企业的绩效带来致命的危害：不经历充分竞争考验的企业，永远不会是一个好的企业。

(3) 如本章第一节所述的原因，我国国有企业的资产负债率水平偏高，据原国资局统计，1995年，我国国有企业的资产负债率高达71%；经过10年的改革，这一数据有了很大的改善，以2003年为例，非金融类国有企业的资产负债率水平约为57%[①]，但仍然偏高。2018年，国有企业资产总额为约164万亿元，同比增长9.6%；负债总额为1 065 725亿元，同比增长8.7%，按此计算，国有企业负债率约为65%。在这样的一个资产负债水平下，要长期大幅度地提高国有企业的绩效还是比较困难的。

二、在非企业性国有资产的管理上无论是存量管理还是增量投入，都存在着很大的问题，国有资产管理的战略性结构调整势在必行

这方面的问题通过我们在本章第一节中的概述可以知道，自新中国成立伊始就一直存在。由于受"只重生产、不重消费"，"只重视实物产出，而忽视社会经济整体协调发展"的产

---

① 根据上述国务院国资委统计数据计算。

品经济思想的影响,长期以来,我们对经济发展目标的定位产生了偏差,这就导致在国有资产的管理上只重视企业中生产性的国有资产的管理,而忽视了非企性的、非生产性的国有资产的管理。改革开放以来,尽管客观经济形势的发展,使得政府经济职能的定位实际上已经发生了很大的变化,但由于传统思想的影响,导致在国有资产管理的理论认识上仍然存在着很多误区,像我们在前面几章中曾经论及的片面的、狭隘的"保值、增值思想",就是这方面的代表思想之一①:再加之在经济发展过程中业已形成的利益格局的制约,使得至今为止,国有资产管理的战略布局上,这两大块资产的相对位置仍然未能摆正。随着改革开放二十多年来人民群众文化生活水平的迅速提高,在消费需求结构中,对公共品需求的比例也就越来越高;而另一方面由于长期忽视非企业性国有资产管理的结果,使得很多公共品不仅增量投入不足,而且存量损耗严重又没有得到及时补偿,这样就使得这方面的矛盾越来越突出。比如,有的城市公共设施建设严重滞后,以致影响到人民群众的日常生活,像内蒙古呼和浩特市,由于自来水管网设施大部分仍是几十年前所建,而城市的其他方面却已有了巨大的发展,因而使得这个城市居民的日常生活用水都发生了紧张;又如,近年来,洪水灾害、森林火灾,大规模偷猎珍稀野生动物、草原荒漠化等严重破坏国有资产的事件屡屡发生,有的甚至是触目惊心,也同样是这方面问题的集中反映;再如,在建立社会保障基金上,尽管我们已尽了极大的努力,但这块国有资产远远没有达到履行好它的职能所需的规模却也是不争的事实。凡此种种,都向我们喻示着一个明确的信号:国有资产管理进行战略性的调整迫在眉睫。

三、国有资产管理的实践缺乏系统的理论指导,存在着很大的盲目性

由于长期受计划经济理论的影响,特别是受到财政理论体系建设滞后的影响,有关国有资产的理论研究大都局限于对个别或局部问题的具体操作的设计和贯彻上,这种就事论事的研究态度往往使得研究人员的视野只及树木,不及森林,对于国有资产管理改革这个全局缺乏全面的方略。

由于不承认公共财政的思想,使得那种认为政府与市场不存在什么分工,政府无所不能,财政问题只是在确认政府全面干预经济前提下对个别或局部问题更好地执行的思想,长期以来一直根深蒂固地存在着,这就必然导致国有资产研究呈现这样的一种倾向:在研究国有资产管理问题时,从来不考虑本应首先考虑的问题,就是:现存的国有资产结构与总量是否合理?是否有必要进行调整?在不搞清楚这一前提的情况下,就不分青红皂白地谈论管理的问题,那永远是谈论不清楚的。因为国有资产管理的目标是服从于经济发展的全局的,是指向全民的而非局部的效率和公平的,那么就现有的国有资产来谈论国有资产这种"抓到篮子里就是菜"的态度,又能够使我们得到一些什么呢?又怎么能够使我们明了国有资产到底有没有管好这一最起码的问题呢?我们在前面已经反复批判过的狭隘的国有资产保值增值思想,正是原有国有资产理论研究苍白无力的最好说明。正是由于原有国有资产

---

① 国有资产的保值、增值只能从全局的高度上来理解、而不能偏执于全部。当经济的发展需要国有资产使用和损耗时,就应该为了大局作出使用和损耗——否则的话,国有资产又有何用?国有资产长期真正的"保值、增值"只能建立在"整体经济快速发展→国家税收增加→在国有资产上投入增加→国有资产存量增加"这一良性循环的基础上。

管理的理论研究不能适应社会主义市场经济的要求，不能正确地在政府和市场合理分工的基础上展开对国有资产管理的论述，所以导致了实践中的许多混乱：比如，有不少地方的行政部门也积极地进行创收，加入国有资产保值增值的行列中来；又如，原本从理论上很清楚是为了避免私人企业的高额垄断利润而采取国有化方式管理的垄断企业，不仅没有按照社会利益最大化的目标来运作，反而变本加厉地获利超额的垄断利润，企业解释自身行为合理性的一条重要理由也就是国有资产的保值增值；再如，很多本应由国家投入重大财力管好的公共项目，如环境保护等，却由于难以计算其保值增值的效果，而在客观上受到忽视。总之，原有的国有资产管理理论，大有将国有资产管理的实践引导到"该管的不管，不该管的瞎管"的道路上去之虞。管理的对象不清，管理的目的不明，奢谈管理的手段则无疑是缘木求鱼。

另外，由于原先的国有资产管理研究忽视了马克思主义对于国家本质的论述，忽视了社会主义初级阶段人民群众内部存在的利益矛盾，因而对于有关国有资产管理政策的研究也就只能限于对政策法规的解释，或局部的某些"点子"，而不能对于国有资产管理政策产生、发展的进程作出科学、合理的分析与预测，自然也就很难对国有资产管理的政策作出合理的建议。

总而言之，在重构我国财政学理论体系的基础上，建立一个完整的、科学的、能够反映客观实际的、实事求是的国有资产管理理论体系是我们搞好国有资产管理的工作所必须解决的一个重大课题。

四、国有资产管理绩效的考核机制和国有资产管理体制有待进一步理顺

按照公共财政理论的规范要求，国有资产应根据其类型的不同，以不同的指标来考核其管理的绩效。对于从事公共品提供的国有资产绩效的考核与对提供私人品的国有资产管理绩效的考核所遵循的标准是截然不同的。比如，对于灯塔、公路这样的公共设施，其增量部分只能通过税收收入等财政收入的投入来形成，在没有财政投入的情况下，如果这些公共设施的存量通过经营的手段取得了增值，那么毫无疑问，我们将认为这种增值不仅不能说明国有资产管理搞好了，相反，说明国有资产的管理肯定没有搞好，因为收费将使得这些外部性极大的公共品的消费严重不足，收费的所得将远远不能补偿因消费者消费不足带来的巨大效益损失。那么，如何评价这些国有资产的管理绩效呢？这正是国有资产管理中一个重要的问题，我们将在今后的章节中给予详细的讨论。又如，对于企业中的国有资产，也有必要区别地予以对待。对于一般竞争性行业中的国有资产，如果我们确定了它有存在的必要前提，那么评价的标准自然是可以会计计量的长期营利能力，但对于像电信、电力一类的自然垄断企业，之所以由国家来占有并运作的理由与前述的一般竞争性企业根本上是不同的，即主要是为了克服自然垄断形成的高额垄断利润对社会效率的损害，对于这类行业，只要稍微具有经济常识就都会知道，垄断企业的利润越高，也就意味着对社会效率的破坏越大，这是再清楚不过了的公认事实，因此对于这些企业中的国有资产管理的绩效，我们就千万不可以商业会计上的营利多少来作为评价资产管理好坏的标准，这同样也是再清楚不过了的。国有资产管理中除上述几方面的例子外，还有着类似在评价标准方面的复杂问题，如在混合产品的提供中，应如何评价国有资产管理的绩效等。

与绩效评价标准相关联的是国有资产的管理体制。如果有一个政府机构来负责全面的

国有资产管理问题,将有可能因为针对不同类型的国有资产所形成的绩效考核的多重化标准而影响管理的效率,因为针对不同的问题,所需的管理机构的组织、技术、人员等组成都会呈现着不同的特点,这样往往会增加管理的成本,降低管理反应的灵敏度,就如同在多元化的公司中管理上所面临的难题一样,因此针对不同类型国有资产的特点,在合理分工的基础上,设立不同类型的国有资产专门管理机构应该是值得考虑的。当然,在这些分工负责的机构之上,应设立一体化的国有资产管理机构以掌握国有资产管理的全局可能也是有必要的。总而言之,现有的过于偏重对资产的商业会计价值计量的国有资产管理评价体系和相应的国有资产管理体制应予以改革,转型后的国有资产管理体制应更注重于无法以会计价值计量但确实有着重大经济价值的集体经济利益的评价,并以此为基础来构建国有资产管理体制的具体架构。

五、国有资产管理人员的素质尚待提高

随着社会主义市场经济的不断发展和国有资产管理的战略调整,对国有资产管理人员的素质也在不断提出新的要求。比如,国有经济的战略重组也好,社会保障基金的管理也好,都需要大批熟悉资本市场运作的人员,而不能仅仅保留在原有的"清产、核资"的业务水平上。至今为止,我们对这样的专业人才仍然深感缺乏。又如,我们还需要大批精通公共管理而非一般工商管理的人员来管理国有资产中比例日益增大的非营利性国有资产,但事实上该方面的工作还刚刚开始着手,就以大学财经教育来说,MBA(工商管理硕士)学位课程已开设多年,但MPA(公共管理硕士)课程则是在最近一些年才开始的。所以,要真正培养一批适应社会主义市场经济要求的国有资产管理专业人员可说是任重而道远。

六、国有资产管理的有关法规有待进一步地规范和完善

与社会主义市场经济的要求相比,与建设公共财政的要求相比,我们有关的国有资产管理的法规有必要按照这样的一个要求进一步规范和完善。尤其是在许多满足社会公共需要的国有资产管理方面,有必要进一步加强立法和执法工作,以确保国民经济和社会发展的协调前进,确保经济发展的可持续性,确保社会秩序的稳定和国家的长治久安。

习 题

【名词解释】

1. 国有企业模式Ⅰ　　2. 国有企业模式Ⅱ　　3. 承包制

【思考题】

1. 在我国国有资产管理历史演进中,发生过哪些变化? 为什么会发生这些变化?
2. 我国营利性国有企业的治理结构都有过哪几个阶段的变化? 为什么会发生这些

变化?

3. 我国营利性国有企业的财务结构都有过哪几个阶段的变化?为什么会发生这些变化?

4. 我国营利性国有资产的管理体制都发生过哪些变化?

5. 如何看待我国非营利性国有资产的管理历史和现状?

6. 目前我国国有资产管理现存的问题有哪些?

第六章

公共财政框架下的国有资产管理理论

根据本书第五章中所分析的问题,国有资产管理管理进行战略性的结构调整是势在必行的。具体而言,这里其实又包含着两个方面的问题:

一个问题是,我们必须明确国有资产管理改革的长期目标所在,这样才能使我们的改革不致在不经意间失去方向。

另一个问题是,达至目标的路径往往不是直线的。受制于历史业已形成的客观"路径依赖",我们往往只有选择那些迂回之路,才有可能更快更好地达至目标——这里的基本规律主要在于改革成本与改革收益的比较衡量。相反,执意直线而行,从表象上来看是近了,但往往可能面临着极其高昂的改革成本。

第一节 公共财政框架下的国有资产管理

在国有资产管理改革中,首要的问题是明确改革的长远根本方向。为此,我们必须在国有资产管理理论体系上首先取得创新和突破,**以公共财政理论为基础,建立和完善适应社会主义市场经济要求的新国有资产管理理论体系,明确国有资产管理改革的方向。**

正如本书前面一再指出的那样,国有资产管理活动是从属于政府活动和财政活动的,国有资产管理理论则同样从属于公共经济理论和财政理论,这是因为国有资产的形成、发展,以及被管理的现状都是与政府和财政的活动范围、性质息息相关的。归根结底,国有资产管理的现状究竟如何取决于政府在经济中起何种作用,国有资产从本质上讲是政府活动为达到既定的目的所必须借助的物质工具。因此,随着政府活动的范围和性质的变化,随着解释和评价政府活动的有关规范的和实证的理论的变化,国有资产管理理论的改进也就会成为客观的必然。

改革开放以来,我国政府在经济活动中的职能就一直在现实地发生着变化,随着经济市场化改革的深入,一方面政府将其在改革开放之前几乎全面负责的竞争性领域中的商品生产和提供之职逐渐交由市场和竞争性的企业来完成；另一方面政府的注意力更多地专注于社会公共需要的领域——这一趋势在最近几年中表现得更加明显。与此相关联,公共财政理论也逐渐地被接纳和确立为有关我国政府和财政实践的指导性理论,在若干年的时间里,初步建立起公共财政的框架已成为共识。这些变化无疑都深深地触动了原有的国有资产管理理论,使之发生与市场经济改革相适应的变革。特别是党中央在十五届四中全会上明确提出了国有经济必须进行战略性结构调整,应有所为、有所不为①。这些崭新的提法无疑表明,原有的国有资产管理理论体系已经落后于改革的实践,不能适应变化了的形势和变化了的基础理论,日益失去对客观现实的解释力,无法对国有资产管理进一步的实践起到前瞻性的指导作用。所以,顺应公共财政改革的要求和公共财政理论的发展,原有的国有资产管理理论体系急待突破和改进。

一、原有国有资产管理理论体系的形成及其缺陷

我国原有的国有资产管理理论体系从一开始就是脱胎于全面计划经济的思想而来的。这种全面计划经济的思想不仅认为政府全面的干预经济是社会经济发展的最优选择,同时它还认为与国家对经济的全面控制相适应,尽可能地扩大国有化的范围是必然的选择。全面计划经济的思想还认为,生产与消费是相对立的,一国国民财富的增加和经济的快速发展取决于生产出来的实物产品数量的增长,消费则对于这种增长起到副作用,因此社会经济的管理目标就在于压制消费,增加生产。同时,全面计划经济政策的制定者和执行者往往过于强调主观的意志,而较少顾及客观的技术条件和利益矛盾的制约,并因此使得经济政策的制定和执行缺乏现实的可行性。在这种思想影响下形成的国有资产管理理论体系,就必然存在着这样的一些特点：

(1) 在国有资产管理的范围上,总是认为越大越好,甚至最好将所有社会资产的运行都纳入国有资产管理的范围中来,以便国家更有力、更全面地实施计划控制,并以此提高社会的效率和公平程度。

(2) 在国有资产的内部构成上,强调尽可能多地增加用于实物生产的资产数量,并为此尽可能多地减少用于消费的国有资产的数量。

(3) 对于国有资产管理的绩效评价上所采取的态度是,能够生产出越多的产品,绩效就越好。

(4) 在国有资产管理政策的制定上,总是强调尽可能多地增加国有资产的数量和尽可能多地利用国有资产生产出实物产品。

改革开放以后,随着客观经济环境的变化,我国的国有资产管理理论体系在不少方面有了明显的理论改进。比如,在国有资产管理的绩效考核上,突破了原有产品经济条件下只讲生产产品的数量而不讲生产效益的误区,以产值、利润等指标取代了原来单纯的产品数量指标,从这个角度来看,"保值增值"的提出不能不说是一个历史的进步。又如,对于**国有企业模式Ⅰ**我们已基本采取否定的态度,**国有企业模式Ⅱ**已成为当前国有资产管理理论体系中

---

① 参见中共中央十五届四中全会文件。

的主流模式。但是,总的看来,由于受到基础理论层面突破迟缓、特别是公共财政理论突破迟缓的影响,国有资产管理理论体系所具有的上述四方面的特征虽经二十多年的改革,至今仍未得到根本性的改观。另外,由于业已形成的错综复杂的利益格局的制约和影响,国有资产管理理论体系严重滞后于改革实践的发展,已成为不争的事实。

二、公共财政理论与国有资产管理理论体系

我国的社会主义公共财政理论是在坚持马克思主义基本理论的基础上,借鉴国外有关理论中的有用成分,适应我国市场经济发展的客观形势应运而生的。特别是近几年来,尽管这一理论体系仍处于发展与完善之中,但已逐渐被接纳为指导我国财政实践的主流理论体系。这一重大的进展势必对澄清我国原有国有资产管理理论体系中存在着的一系列缺陷起到极大的作用,事实上,本书前面所指的原来国有资产管理理论体系中所存在的问题都可以根据公共财政理论得到比较明确的解释。具体来看,有如下四个方面。

(1) 公共财政理论从规范的意义上,明确了社会主义市场经济条件下政府应尽的职责范围,也就是致力于满足社会的公共需要。从这个角度来看,传统理论中将消费与生产绝对对立起来的观点显然是不正确的,是不符合马克思主义唯物辩证法的。固然,在社会资源有限的前提下,从静态的角度来看,用于消费的资源多一些,那么用于生产的资源就会少一些;相反,则反之。但是,从辩证的观点来看如果社会缺乏应有的消费,那么生产本身也不可能搞好,特别是如果社会的公共需要得不到应有的满足,那么其后果将是严重的。我们只要设想一下,如果一个社会没有公共设施、没有公共安全、没有公共行政、没有公共教育、没有公共保障将会呈现怎样的局面,就不难理解这样的一点,尽管这些公共设施、公共安全、公共行政、公共教育、公共保障在传统理论中都被认为是"消费性"的,不产生任何产值或产品的。所以,根据公共财政理论,那种认为应将国有资产的存量重点置于"生产性领域"的观点显然是受到质疑的。

(2) 那么,政府的职责范围是否可以既置于竞争性的生产领域,又兼顾公共需要领域呢? 公共财政理论对此作出了明确的回答,就是政府不宜大规模地介入一般性竞争领域。其理由在于: 首先,**国有企业模式Ⅰ**效率低下;其次,**国有企业模式Ⅱ**与市场相结合的模式尽管能够在相当程度上提高效率。但是,却仍然面临着两个问题:一个问题是,分散的公共生产模式虽然存在着借鉴现代企业制度模型、进一步改善其内部治理结构的空间,但与一般的现代企业模式相比,仍然会由于委托-代理结构过于复杂和终极委托者难于退出等原因,治理的效率相对较差;[1]另一个问题是,在竞争性国有企业普遍存在的架构下,政府面临的裁判员和运动员双重角色冲突的矛盾从根本上无法彻底解决[2]。所以,结论是,即便是分散的公共生产模式,也不应大规模存在于竞争性领域之中。因此,与政府的职责范围相适应,国有资产管理除少量涉及国计民生和国家安全的特殊领域之外,从效率上考虑,不应涉入竞争性领域。同样,国有资产的存量也不应置于该等领域。那么,我们又是否应该从社会公平的

---

[1] 毛程连:《国有资产管理新论》,上海财经大学出版社,2001年。
[2] 同上。

角度出发,在竞争性领域中存有大量国有企业呢?公共财政理论给出的答案同样是否定的。原因在于尽管通过国有企业的方式可以将生产资料置于国家的掌握之中,从而在一定程度上实现禀赋公平,但从辩证的角度来看,如果这种公平的实现是以相当的效率损失为代价的话,那么我们就必须综合地考虑这种做法的总效应,特别是如果存在着其他可以同样达至结果公平而又较少效率损失的方案时,那么这种做法就是值得怀疑的。然而,我们现在已知的税收和社会保障等有效的社会公平手段正是这样一些既能在一定程度上达至社会结果公平又较少效率损失的手段。

(3) 既然国有资产管理的范围应主要置于社会公共需要的方面,国有资产应主要是那些满足社会公共需要所必需的资产,那么不仅原先计划经济下通过考察国有资产产出产品多少来衡量国有资产管理工作优劣的做法是不对的,以产值或会计利润大小来衡量国有资产管理工作优劣的做法同样是不可取的,尤其是在满足社会公共需要的领域,以利润和收费的多少来考核国有资产管理工作的绩效显然将使得公共产品的提供或消费严重不足,并极大地损害社会效率。即便在竞争性领域,如果发生了借助运动员和裁判员之间的特殊关系,采用垄断或其他不正当手段,从而使得国有资产的产值和利润大幅增加的情况,我们仍不能对此作出正面的评价。

(4) 公共财政理论不仅包括了规范性的理论内容,同样也包括了实证性的理论内容。以马克思主义政治经济学的精髓——利益分析学说为基础,借鉴西方公共选择理论中的合理因素,社会主义公共财政学认为,作为一个完整的理论体系,不仅要指出什么样的经济和财政状态是合意的、最优的,而且应该也必须指出现实的状态是怎样的、为何如此,以及如何立足于现实,找到一条适切的、可操作的、趋近于合意或最优状态的道路[①]。所以,根据公共财政理论的实证体系,在制定有关国有资产管理政策时,应该牢牢把握利益分析的方法,对国有资产管理的实况作出切合实际的分析,并在充分考虑客观制约的前提下,制订出可操作的改进方案,努力避免主观意愿凌驾于客观现实之上的现象的发生。当然,有关政策指向的大目标应是非常明确的,就是通过国有资产管理,最好地为全社会的效率和公平的提高服务。

三、公共财政框架下国有资产管理理论的改进

社会主义市场经济要求,基础性的资源配置任务主要由市场和竞争性企业来完成,而政府的作用则主要表现为如下四个方面。

(1) 通过立法,执法等手段,明确和保护产权,在市场交易各方之间充当"裁判员"的角色。

(2) 从事市场和营利性企业不能提供、或很少能提供的纯公共品和准公共品的配置任务。

---

① 马克思主义立足于利益分析的国家学说,与公共需要理论是不矛盾的,恰恰相反,只有将二者有机地整合在一起,才能够构成完整的社会主义公共财政论。前者说明了财政实况为什么是这样的,而后者说明了财政实践应努力的方向,只有将二者结合在一起,才能够既明确目标,又立足于现实,找到可行的方案。与此相类似,那种认为公共产品理论与公共选择理论相对立的认识同样是不对的。参见毛程连:《财政学整合论》,复旦大学出版社,1999年。

(3) 当出现严重的通货膨胀、失业等宏观经济不均衡状态时,运用财政政策和货币政策进行宏观调节。

(4) 保障社会公平。

这样,在政府机制和市场机制之间,就形成了一个较为明确的分工,如果要使社会经济运行的状况良好,那么这两种机制在各自擅长的范围内充分发挥各自的作用,又不逾越各自的界限是必要的条件。就政府制度这一块而言,根据我们目前现实的情况,正如本书前面所反复提及的那样,如何使之尽好、尽足该尽的职责,又不要逾越应有的界限,确实是一件充满挑战的事情。困难主要来自两个方面:一个方面是观念上的问题,也就是我们反复论及的是否承认公共财政理论的问题;另一方面,长期以来的客观经济运行状况所形成的利益格局,也制约着这一趋向规范方向的变革,因为在现实中,变革往往不可能是纯粹的帕累托改进,这就意味着可能会损害部分的社会成员或社会利益集团的利益,因此任何的变革都不可能是轻而易举的。所以,如何利用马克思主义经济学的精髓——利益分析的方法,以及现代的公共选择理论来客观地分析作为一种经济制度的政府制度变革的客观途径,并相应地确定改革的方略,是推进改革的必由之路。

国有资产管理的改革是从属于政府制度和财政改革的,正像我们前面也都反复论及过的那样:国有资产管理的具体范围、具体方式、对国有资产管理绩效的评价等,都是随着政府职能的转变而转变的,当政府制度的改革明确了其方向——以上述的四方面的公共需要为主要方向时,国有资产管理变革的方向其实也就明确了,这就决定了国有资产管理的理论与以往的那种以全面计划经济思想为基础的国有资产管理论有着很大的不同,具体表现为如下六个方面。

(一) 对国有资产管理范围的认识

原有的国有资产管理理论不讨论国有资产管理的应有范围,认为只要是现有的国有资产管理活动领域就应该不加考虑地将这种管理活动延续下去,而从不考虑国有资产涉入这些领域从整体经济效率和公平的角度来看是否对经济活动的全局有利,在这种观念下,由于将视角只集中于国有资产管理这一局部,因此势必会造成看似是局部得益,而其实是全局受损的结果出现。

事实上,根据那种狭隘的"保值增值"论推演下去,结论必然是国有资产管理的范围应在竞争性领域中无限地扩大,只要这种扩大利于从会计计量上实现国有资产的保值增值。显而易见,这种思想其实质是产品经济条件下政府活动范围无限扩大到生产领域,由政府全面主导资源配置思想的翻版。在这种思想的引导下,就必然使得国有资产管理的范围不仅不能按照规范的市场和政府分工界限来确定;相反,却产生了如下严重的扭曲:

一方面,国有资产管理的实际范围逾越规范的市场与政府的分界,越来越多地渗入竞争性领域;

另一方面,不能实现"保值增值"的公共需要领域则相对薄弱。

所以,在公共财政框架下,国有资产管理的规范范围应明确为主要是对那些提供社会公共需要所必需的资产,以国有的方式提供、占有和加以日常的管理,而在竞争性领域中,除了那些事关国计民生和国家安全的特殊行业,对于一般的经济性资产,不宜采用国有的方式,纳入国有资产管理序列中来。考虑到我国从计划经济向市场经济过渡和国有资产仍有大量的存量置于竞争性领域中的现实，为保证社会经济快速稳定的发展，国有资产管理工作在竞争性领域中仍有必要较长时间的存在、有进有退，但是这并不影响我们改革的大方向，就是通过深刻的结构调整，特别是通过将竞争性领域中国有资产逐步变现并充实至社会公共需要领域的动态调整，来逐渐使得国有资产管理工作符合应有的范围。

（二）对国有资产管理目标的认识

在传统的计划经济思想影响下，原有的国有资产管理理论体系把"保值增值"作为国有资产管理的唯一目标，其理论逻辑是这样的：经济绩效的好坏在于生产产品数量的多少或产值的高低，国有经济是实现这一目标的最好选择，因此在竞争性领域中应尽可能地实现国有化，而当在社会生活中除一小部分消费资料外，绝大多数社会资产都以国有的方式存在时，那么似乎"管好了国有资产，也就管好了国民经济"。

但是，当今的现实是，经过四十年的改革开放，经济运行的实际状况已经发生了翻天覆地的变化，市场经济的观念已深入人心。

一方面，在竞争性领域中，国有经济不再是唯一的力量，而只是不同所有制经济整体中的一部分；另一方面，在市场经济条件下，国家作为社会公共需要提供者和管理者的职能则日益凸显，这就使得把国有资产在会计计量上的"保值增值"这一局部的目标凌驾于整体经济的效率和公平之上非常的不恰当。

首先，在竞争性领域中，国有资产的"保值增值"并不必然地带来社会效率和公平的递增。比如，当国有企业利用既当裁判员又当运动员的特殊身份，通过垄断等手段获得高额利润时，就势必损害其他企业和消费者的正当权益，并最终导致经济效率的严重受损。又如，在股份制企业中，国有股东可以利用"一股独大"的优势占取其他社会公众股东的利益，从而达到国有资产"保值增值"的目的，但此种做法同样将损害社会经济活动中其他参与者的利益，并降低资源的配置效率。

其次，在社会公共需要领域中，我们尽管可以在提供公共服务中通过收费的方式，或者干脆少提供公共服务以减少国有资产的损耗，但是这样的做法势必将使得公共品的提供或消费严重不足，整体经济效率同样会因之而受损。

所以，以"保值增值"作为国有资产管理的目标其实质还是受到计划经济条件下政府活动范围无限扩大思想的影响。

在公共财政框架下，由于公共财政理论的要义就在于正确划分政府的职责范围，有所为有所不为，其实质是将政府活动放到经济全局的角度下来考察，而不是孤立地看待此问题，充分体现了马克思主义唯物辩证法的思想，因此根据这样的理论精神，国有资产管理的目标是也只能是整体经济的效率和公平。

只有国有资产管理工作最好地促进了社会经济效率和公平的提高，才能够得到积极的评价，反之，即便在局部实现了国有资产的"保值增值"，但如果不利于社会经济效率和公平的提高，那么评价应是负面的。还值得强调的是，我们所说的促进社会效率和公平的发展，是包含着机会成本的考虑的，也就是说，我们不能简单地根据一项国有资产管理工作收益大于会计成本，便得出该项国有资产管理工作是好的结论，还必须进一步探究是否会有其他的路径,在耗费同样数量资源的情况下,获得的收益更高。

(三) 对国有资产管理绩效考核指标体系的认识

在原有国有资产管理理论体系中,由于"保值增值"目标观的影响,国有资产管理的绩效指标考核体系也都是围绕着"保值增值"来设计的,概括地说,在这种绩效考核指标体系下,所有的指标都是基于商业利益的会计计量的。这种计量方法有悖于社会主义市场经济条件下政府为最广大人民群众利益服务的根本宗旨,因为按照规范的公共财政理论,政府之所以据有并管理国有资产的根本目的,在于向人民群众提供公共需要,而这些公共需要的经济价值是无法通过基于商业利益的会计计量得到的。所以,在公共财政框架下,规范的绩效考核指标体系应是基于公共经济学的成本-收益分析方法的指标体系。当然,在我国当前国有资产存量还大量置于竞争性领域中的情况下,充分考虑从计划经济向市场经济过渡的历史特殊性,以"保值增值"为基础的绩效考核指标体系仍有现实存在的价值,但是即使就当前而言,这一指标考核体系的应用也应严格限于对竞争性领域中国有资产的管理之上,而不能将其扩展到社会公共需要领域中来,否则将造成乱收费等一系列不良影响,甚至威胁到国家财政的统一和稳定,对社会经济效率的全面提升也将是极其不利的。

(四) 对国有资产管理方式的认识

在原有的国有资产管理理论体系中,国有资产管理的方式主要是对已有的国有资产进行清产核资、产权登记,并将考核期的国有资产存量与基期的国有资产存量进行对比,以确定国有资产的增加或减少值,以此来评定国有资产管理的成绩,涉及的相关知识主要包括商业会计、统计、资产评估等方面。在公共财政框架下,随着国有资产管理按照社会主义市场经济要求进行转型,在国有资产管理理论体系中,所包含的管理手段也将发生相应的变化。比如,随着社会保障基金日益成为国有资产中的重要内容,如何运作社会保障基金所需要的相关知识内容,如证券投资、期货投资、金融衍生品投资等管理手段也都将被纳入国有资产管理的理论体系中来。尤其值得指出的是,由于国有资产管理的目标不再限于国有资产管理的"保值增值",因此要求国有资产管理人员掌握全面的现代经济基础理论和宏观经济知识,不再对国有资产局部的得失斤斤计较,而是胸怀全局,从国民经济的整体着眼来处理有关国有资产管理的事务,所以国有资产管理学将更多地包含公共管理学的相关内容,而不仅仅是当前的工商管理学。

(五) 对国有资产管理体制的认识

原来的国有资产管理理论体系由于深受产品经济思想的影响,因此几乎把所有的注意力都集中于竞争性的国有资产之上,与此相关,在对国有资产管理体制的认识上,错误地把国有企业管理体制完全等同于国有资产管理体制,而极大地忽视了对社会公共需要领域中国有资产的统一管理,并使得这一领域中国有资产管理的现状仍不十分理想。比如,很多公共设施管理不善或使用不足,环境资源类国有资产流失严重等,这显然与我们没有将这一领域的资产纳入一个统一的国有资产管理体制中来有关。同时,缺乏一个将两部分国有资产统一管理、通盘考虑的国有资产管理体制也势必增加国有资产结构调整的难度。因此,在公共财政格局下,国有资产管理体制应主要转向对社会公共需要领域中国有资产的管理,并据此设计国有资产管理体制中相应的部门架构、运行机制、制约机制、考核机制等。即便考虑当前的现实情况,在国有资产管理体制中必须保留对竞争性领域中国有资产管理的内容,但不将公共需要领域中国有资产管理纳入统一体制中来无论如何是难以符合公共财政的基本思想的。

(六) 对国有资产管理政策设计的认识

在国有资产管理政策的设计上,公共财政框架下的国有资产管理理论体系将政策设计的重点置于公共需要领域中国有资产的管理之上。在当前的情况下,这将重点考虑国有资产内部结构的调整,对竞争性领域中和公共需要领域中的国有资产作通盘的考虑,而不再将它们割裂开来,政策的总目标是指向如何通过国有资产管理的实践活动达至全民利益的最大化。还值得指出的是,建立在公共财政框架上的国有资产管理学,将比原有的国有资产管理学更为注重对现实利益格局的分析,以及现有的技术资源条件的分析,并在充分考虑这些客观条件制约的基础上,提出具有很强的可操作性的政策,通过渐进的,有时甚至是迂回的步骤来最终达到规范的目标。

从以上六个方面认识的变化,就可以反映出**与社会主义市场经济要求相适应的国有资产管理学的根本特征**。只有建立和完善了这样的国有资产管理理论体系,才能够充分发挥理论的前瞻性和指导性,真正地使得国有资产管理为社会主义市场经济服务,为整体经济的利益服务。

第二节 国有资产管理的目标

公共财政理论对于国有资产的一个重要理论指导意义在于明确了**国有资产管理的总目标就是指向整个社会经济效率和经济公平的最优化**。

也就是说,衡量国有资产管理好坏的标准,是也只能是看它是否最好地促进了社会经济效率和公平程度的提高,只要紧紧地围绕这一点,我们就不难辨别有关国有资产管理中一些似是而非的讲法,真正地搞好国有资产管理工作,具体来讲有两个方面的问题需要加以澄清:

一、对于满足社会公共需要的国有资产管理中,是否能以该方面的管理部门尽可能多地取得服务收入作为国有资产管理的目标

根据公共财政理论,显然不是这样的。这个问题又可以分两种情况来讨论。

(1) 如果是纯公共品的提供,那么事实上针对特定受益者的收费是困难的,提供这种服务所需要的资产的资金来源最终只能是税收,这样,在国有资产被使用的过程中只会产生折旧等损耗,而不会带来现金的流入,但我们并不能就此就认为这些国有资产没有"保值增

值",从而认为这些国有资产管理的目标没有实现,国有资产没有管好。假如在这一问题上误用了企业管理的原理,片面强调所谓的"经济效益",那么公共品的提供就会严重不足。

这个道理是显而易见的。

(2) 如果是准公共品的提供,其原理其实与纯公共品也是一样的,过多过高的收费将会导致准公共品可消费数量的大幅度减少,从而导致社会效率的极大损失。在图 6.1 所示的情况下,假设一座大桥最大的设计车流量为 Q,这时如果免费使用,那么实际的车流量将达到 OB,社会总收益为三角形 AOB 的面积,大桥的提供显然只能通过税收来承担。设社会净收益为 SNR,社会总收益为 STR,建造成本为 C_C,考虑到税收过程中将会发生的税收成本和效率损失,又设税收成本为 C_T,税收的效率损失为 EL_T,则有公式:

$$SNR = STR - C_C - C_T - EL_T \tag{6.1}$$

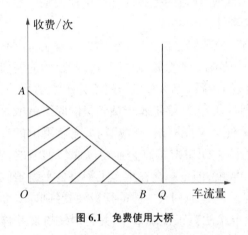

图 6.1 免费使用大桥

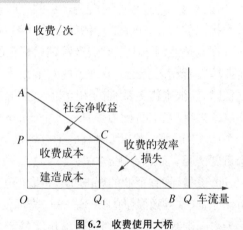

图 6.2 收费使用大桥

在图 6.2 所示的情况下,采取收费的方式对大桥进行管理,这时由于收费的存在而使得大桥的消费从 OB 减少到 OQ_1,并因此产生收费的效率损失等于三角形 CQ_1B 的面积。由于存在着收费成本和收费带来的效率损失,设收费成本为 C_E,收费的效率损失为 EL_E,则有公式:

$$SNR = STR - C_C - C_E - EL_E \tag{6.2}$$

比较式(6.1)和式(6.2),我们可以发现,这时如果收费价格(P)过高的话,那么将导致收费成本(C_E)和收费效率损失(EL_E)的大幅度增加,如果

$$C_E + EL_E > C_T + EL_T \tag{6.3}$$

那么,尽管该项目管理的收费收入有可能提高,但是社会净收益(SNR)将会下降,因此对于社会的整体效率而言,这时提高收费以实现"保值增值"显然是得不偿失的。因此,在提供准公共产品服务的国有资产的管理上,仍然不宜采用片面的"保值增值"观来确定国有资产的管理目标。到底是否应该收费、收多少费必须立足于社会经济效率这个大目标,以式(6.3)为基本判别界限,而不能多多益善。

总的来看,在有关提供社会公共需要的国有资产的管理目标上,必须破除狭隘的就具体项目的会计收益而论的"保值增值"观,转而把这些国有资产管理的目标更为牢固地建立在全民利益最大化的基础上。

还值得指出的是,片面的国有资产"保值增值"观其危害还不仅限于对于社会经济效率的影响,对社会的公平状况亦会产生不良的效应。因为在这样的一种观念作为掩护之下,一些权力部门可能会以此作为借口进行乱收费等活动,甚至导致某些腐败现象的滋生。

二、对于竞争性领域中国有资产的管理,目标应如何确定同样是一个十分值得探讨的问题

就单个国有企业而论,把国有资产的长期保值增值作为管理的目标是没有疑问的。至于企业在竞争的过程中可能会产生一些有利于本企业效益的提高而不利于社会整体经济效率提高的行为,应主要地依靠企业外部的政府管制来加以解决。

在竞争性领域中国有资产管理目标上的复杂性在于政府部门中从整体上来看兼有国有企业所有者和社会经济管理者的双重角色,这样,当强调竞争性领域中国有资产整体的保值增值时,就很难避免裁判员和运动员之间角色越位的矛盾。比如,当一些不公平竞争行为、违法违规行为、垄断行为等有利于企业的利润提高时,能否严格地履行裁判员的职责就成为一个严峻的考验。然而,过高的国有资产保值增值任务又无疑是导致裁判员角色篡位的一个重要诱因。如果在现实中发生了依靠裁判员的偏袒而使得国有企业得以保值增值的情况,那么虽就国有企业的局部而言是取得了暂时的成就,但是却会在根本上损害公平竞争的市场原则,并导致激励的失衡——一方面使得市场中的其他利益主体的积极性受到抑制,而另一方面国有企业本身因为缺乏足够的竞争考验也无法真正提高效率,并将最终拉低整体经济的效率,得不偿失。

所以,就竞争性领域国有资产管理的目标而言,"保值增值"固然不错,但这个"保值增值"应是有前提的,也就是说,"保值增值"不应以损害整体经济的效率和公平为代价来取得的。然而,这又取决于我们在实践中能否通过制度的设置来尽可能地分离裁判员与运动员的角色,唯有这样,竞争性领域中国有资产管理的"保值增值"目标才是可取的。

第三节 国有资产管理的大循环[①]

一、国有资产管理的大循环原理

从本书上述分析中我们可以知道,在未来,按照公共财政框架所设定的目标,国有资产

[①] 毛程连最早提出了这一观念,可参见《国有资产管理新论》(上海财经大学出版社,2001年4月)第107页、《公共财政理论与国有资产管理》(中国财政经济出版社,2003年2月)第90页、《论公共财政理论视角下的国有资产管理》(《上海财经大学学报》2003年第3期)、《关于国债理论问题的新探讨》(《财政研究》2004年第2期)。

管理的内容中,相当部分将是满足人民群众的社会公共需要之用的公共性国有资产。对于这些公共资产性质的国有资产,是不可能按照原先的狭义"保值增值"观来实现保值增值的,因为对实现社会公共需要的国有资产而言,由于其提供公共产品的性质,在对这部分资产的管理中,收费要么是困难的,要么是得不偿失的。比如,对于国防所需之武器装备的使用,必然使其产生折旧,但我们无法通过收费的方法来弥补;其他诸如行政资产、城市道路、绿地等也莫不如此。这是否与"保值增值"相违背呢?用以往狭义的"保值增值"论来解释,是无法自圆其说的。这里的关键是,以往"保值增值"论的计量标准是建立在会计价值的基础上的,属于工商管理的范畴;而公共资产管理属于公共管理的范畴,因此必须以经济价值作为考察的基础。

也就是说,上述公共资产尽管没有产生直接的会计收益、不直接导致这些存量国有资产的会计账面价值的提高或产生很多的现金流入;但是,在资产被提供和消耗的过程中,却有利于促进社会中公共品和私人品之间组合效率的提高,并进而促进整体经济的发展,产生了可观的经济收益(如第一章中我们所探讨的那样,这些经济效益以往可能被称为"社会效益"),从而使得国家的税基进一步坚实,税源更为丰富,能够更好、更多地提供新的满足社会公共需要的国有资产,并最终形成公共性国有资产发展的良性循环,为社会财富的增加发挥了应有的作用。我国近年来通过积极财政政策的实施,兴建大量基础设施并从而带动国民经济的快速发展,正是在实践中成功运用以上原理的典范例证。

所以,对于这部分国有资产而言,"保值增值"应是通过"税收→国有资产无偿(或部分有偿)使用→公共品与私人品配置关系的改善→国民经济的增长→更多的税收→更多的无偿使用的国有资产"这样一个**大循环**来实现的(见图6.3)。

图 6.3 国有资产管理的"大循环"

[案例 6.1]　案例 1.7 的再分析

[案例重放]　山区中有一座矿山,但由于没有通向此矿山的道路,所以无法进行有效的生产和销售。后来,当地政府修筑了一条道路,并免费地提供使用。这样一来,矿山产销两旺,一年产生了 1 亿元的收入。

[案例分析]　从此案例中我们可以看到,尽管像道路这样提供公共服务之用的资产,在一开始并不直接产生商业会计收益,但即便是商业会计收益的最终产生也不可能离开它们。又以传统的概念论之,如果认为,要多"生产",从而要多拥有"生产性"资产(如本案例中的矿山),并因为要多拥有"生产性"资产所以相应要少拥有"消费性"资产(如本案例中的道路),那么最终"生产"也会没有了。所以,辩证地看,无论是从社会经济发展的全局来看,还是即便退一步从生产的产值来看,要得到比较理想的结果,**都必须使社会中提供**

私人品的资产和提供公共品的资产达到一个适当的配置比例,偏废任何一方面都难以得到一个好的结果。

根据本书前面的理论分析,我们显然知道,提供公共品之用的社会资产,必须由政府来提供,接下来的问题是:政府如果免费提供的话,如何收回投资呢?维修、管理等费用又从何而来呢?其实道理很简单:在上述案例中,只要道路的提供程度与矿山的生产是相匹配的,那么自然就会产生不错的商业会计收益——虽然这一商业会计收益从表象上来看,首先是直接产生于生产企业之中,但分析整个过程,我们不难发现,这些商业会计收益的取得,并非完全是矿山之功,而是"矿山+道路"之功。既然这样,那么通过各种税收的方法,政府从这企业收入中取回相当于道路贡献的比例,就是再自然不过、顺理成章的事情了。而且,我们同样不难设想,只有配置比例得当,这一取回的部分最终要大于对道路的投入。这样,不就得到了一个完美的"大循环"过程了吗?

总之,有关国家财政事务的管理(当然也包括国有资产管理),要有不同于工商管理的大思路,有时不宜于太过纠缠一时一事的眼前得失。

[案例6.2] 防护林到底是营利性资产还是非营利性资产?

[案例] 某地有一片防护林,用财政资金建成。建成后对保护当地的农田、道路等不被沙漠化起到了很大的作用。但是,当地政府的有关职能部门总是为这一防护林不能"保值增值"而耿耿于怀,于是各种"保值增值"的方案频频出台。比如,利用树林开发旅游;又如,将某些原有树种砍伐后改种经济林木等。最后,造成了防护林的严重损毁。

[案例分析] 从上述案例我们可以看到,事实上**很多资产的营利与非营利并非其自身固有的属性,而是根据人们的主观判断形成的**。从这一看似简单的案例中我们也可以更深地理解何为"营利性"与"非营利性"?——在这一组概念中,"利"实则是指"商业会计收益"而论的,而从"经济收益"的概念论之,"非营利"其实也并非是没有实质利益的。但是,正因为概念本身容易引起的误导(自然也包含着利益关系的考虑),人们的经济行为往往会趋向"营利性",而排斥"非营利性"。这样,本应是"非营利性"的资产往往会在实际的经济活动中被不知不觉地转成"营利性"的;当然,最终,从整体而言,"营利性"也会受到影响。比如,在此例中,防护林被损毁的最终结果必然是农田、道路等被风沙严重侵蚀,产值下降。不过,这里显然有一个短期效应和长期效应的关系问题。

在此案例中,"大循环"未能顺利地进行。

[案例6.3] 七宝古镇取消门票收费

[案例] 上海七宝镇以各色物美价廉的小吃见长且交通便利,游客众多,为这座古镇带来了滚滚财源。为了增加收入管理方向每位游客收10元门票,"试收费半年"后因为游客人数锐减而作罢,放弃收费后七宝镇又恢复了收费前的熙熙攘攘。古镇的门票损失可以通过发展周边的商业配套设施取得的收益来补偿。

[案例分析] 从此案例中我们可以看到,局部收益增加并不意味着整体收益增加,充分挖掘资产的价值就是要追求资产整体收益最大化。实行门票收费增加了门票收入,却减少了带来财源的客流,从而降低了景点的价值。应当树立"大循环"的观念,在保证景点对游客的吸引力前提下,不断拓展旅游景点的营利空间和发展空间。

［案例 6.4］ 上海市取消桥梁、道路和某些公共场所停车场的收费

［案例］ 上海市过去和很多地方一样,对于很多桥梁、高速道路和火车站等公共场所的停车场要收取费用,但后来逐步地、并最终取消了几乎所有这类项目的收费。对于这类项目的费用最终主要由财政来负担。

［案例分析］ 请读者结合第二节和本节的内容自行分析之。

二、用于社会公共之需的国有资产的投融资问题

［案例 6.5］ 对案例 1.7 的继续深入之分析

［案例重放］ 山区中有一座矿山,但由于没有通向此矿山的道路,所以无法进行有效的生产和销售。后来,当地政府修筑了一条道路,并免费地提供使用。这样一来,矿山产销两旺,一年产生了 1 亿元的收入。

［案例分析］ 对于这一案例我们还可以进一步作这样的推想:如果在一个经济体中,生产性的资产只有这一座矿山,那么在一开始道路并不存在的情况下,由于无法展开任何生产,因此企业和社会的产值就均为零。同时,政府的税源和税基都是"皮之不存,毛将焉附",税收显然也为零。这样一来,政府靠什么来建设道路呢?

我们这时再设想,政府有可能通过举债的方式筹建到这笔建设道路的资金,并用这笔资金提供一条免费使用的道路(在我们的假定条件下,即使要想收费恐怕也收不到什么费;一定要收费的话,只能是把要使用道路的人通通吓跑,社会的产值仍然为零①),那么政府可不可以这样做呢?

传统理论认为,举债后不仅要还本还要付息,因此政府不可将债务收入用之于没有"经济效益"(商业会计收益)的项目,如本例中免费使用的道路,否则不收费又如何还本付息呢?

其实,用"大循环"的视角视之,这一做法完全是可以的。在本例中,我们不难看到,政府如果能够依靠举债的方式免费提供这一条道路的话,那么社会的生产就会因为提供私人品资产与提供公共品资产的良好匹配而走上正轨——如

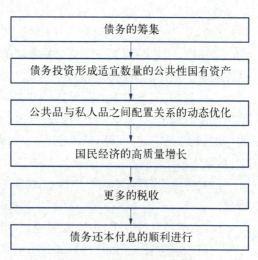

图 6.4 公共性国有资产形成中的债务资金筹集-偿还过程

---

① 在这里我们实际是通过一个假象的理论模型,把事实推到一个极端,以揭示事实的最本质方面。在现实中,收费可能不会吓跑所有的使用者,但必然会减少使用者(受制于使用者自身的经济承受能力),而这种使用的减少,给经济效率带来的损失,与我们在本案例中假想的情况下所导致的损失,从本质上而论,是完全一致的,即会减少社会产值的增量,并因此也减少政府的税收。本章第二节图 6.2 中的"收费效率损失"通俗来理解,正是指这样的一种损失。

我们前面所分析的那样,将来,政府最终从税收中得到的收入将必定会超过初始的投入(当然道路提供的数量要适宜,也不能过多)。这样一来,政府的还本付息又有什么问题呢?

作为结论,政府举债投资于提供社会公共之需的国有资产,在一开始似乎没有直接得到商业会计收益,但只要用途、数量得当,就会和社会的其他资产结合在一起,达成恰当的配置比例,从而发挥出良好的作用,产生巨大的经济收益;而这些对于政府而言一开始并没有马上货币化的经济收益不仅在最终可以通过税收如数收回,而且完全可以在更广的税基上实现会计收益上的增值,还本付息也就不会存在任何问题。当然,这里的关键是提供的公共性国有资产的数量要适度。

总之,公共性国有资产形成中的债务资金筹集-偿还过程,同样应是通过如图6.4所示的那样一个大循环过程来完成的,而不是一个简单的投资后产生项目自身的商业收益,然后还本付息的过程——如果是这样的一个过程的话,显然就无法说明这些债务投资必须由政府来进行的充分理由(如果投资的目的是为了赚取商业利润的话,为什么不由企业或个人来进行呢?)。也只有这样一个过程才能将本书前述的理论原则统一起来,既保证债务投资的方向遵循公共财政的基本原则,即债务投资主要用满足社会公共需要的方向,不过多地涉入竞争性领域,不过多地与民争利、与企业争利,同时又保证还本付息的顺利进行。

归结到这一点,未来大量公共性国有资产形成中的债务使用-偿还的基本原理可以表述为:投资主要应用于社会公共需要领域;并最终是依靠税收来偿还,而非依靠具体项目运作的商业利润来偿还。

作为具体的派生结论,有以下三点。

(1) 应可举债投资如环境保护设施、国防装备和设施、公共行政设施等提供纯公共服务的国有资产,当然必要的条件是这些领域的公共产品提供不足,而仅依靠税收收入又暂时无法完全承担所需的费用。纯公共产品提供的不足势必会在或短或长的时间内对经济的发展产生负面影响,因此根据上面所述的基本原理,如果政府的债务收入确能全部或部分地解决这方面的问题的话,就必然会对国民经济的进一步产生良性影响,并进而有利将来税收收入的增加,所以从上述"大循环"的道理来看,应是完全可以用国债收入投入此等方向的——当然,数量上要恰到好处。

(2) 同样的道理,应可举债投资如道路、桥梁等混合产品,关键仍然是数量、比例应控制得当。

比如,改革开放以来,中央政府通过国债的形式建设了大量的"基础产业"("基础产业"之概念就经济学意义上而言,其实并不精准,其到底是属于公共品提供之范畴还是私人品提供之范畴?但是,大致我们可以将其视作混合产品一类的范畴——如果做此解的话,那么这些产业以商业会计的标准出现一定程度的亏损,本是情理中事),如果按照现行的不做公共品与私人品分类、模糊了经济收益和商业会计收益的国有资产管理标准来看,这些产业未必很好地实现了会计收益上的"保值增值",但从整个社会生产和增加税收的角度来看,功莫大焉。也就是说,其经济收益(我们一般叫作"社会效益",其实不准确)很大。

又如,地方政府通过地方信托公司等途径变相负债,并先期提供公共设施,这种做法,如本书所论证的那样,其实也有着内在的合理性。只不过应该明确的是:一方面,既然负债是投入到公共设施之中,由于其公共产品提供或准公共提供之属性,因此寄希望于通过项目运作来还本付息是不现实的,必然需要财政在事后通过经济性的收入作一定的补偿;相关的另一方面是,地方政府不应通过将信托公司破产等方式将债务转嫁给中央,原则上应明确的是,既然负债是用在当地的建设上,促进了当地生产的发展,增加了当地的财政收入,当信托公司等机构资不抵债时,理应由当地的财政负担起来。当然,由于现在地方税制尚不完善,中央和地方财政关系还有待进一步理顺,所以一些相机处理的方法也是现实的,本书就不再赘述了。

(3)基于相似的考虑,债务收入应同样可用于充实社会保障方面的资产。根据上述原理,我们可以这样合理地假定,社会生产实现效率的一个前提条件是市场竞争的充分展开;而在起始点上由于社会的生产效率尚不高,因此税基就必然不足,也就不可能先期提供充足的社会保障资金准备。但是,市场竞争的展开又必然会产生摩擦失业,如果没有足够的社会保障资金的保证,大量的摩擦失业现象又可能在相当程度上阻碍充分竞争的展开。这样,我们就如同上述在起始点上缺乏公共设施的情况一样,处在了一个两难的困境之中。显然,根据前面的分析,如果政府能够通过负债的方式先期弥补社会保障资金的缺口的话,那么社会生产就有了顺利开展的必要条件。

第四节 国有资产管理的绩效评价

既然公共财政理论是指导当前世界各国财政实践的重要的基础理论,它的作用体现在财政活动的方方面面,作为财政活动的一个重要内容的国有资产管理活动的方方面面,也必然同样受到这一理论的影响,这当然也包括如何对国有资产管理的绩效进行评价。

一、公共品理论:国有资产管理绩效评价的基本衡量标准

众所周知,公共品理论表明,由于某些产品或服务存在着非竞争性与非排他性,并因此导致尽管社会极为需要这些产品和服务,但市场却几乎无法提供,所以对于这些产品和服务而言,政府的介入是唯一的选择。公共品理论还表明,在问题的另一方面,私人品的生产和提供尽管也可以由政府来进行,但直到目前为止,在已知的技术资源条件下,总体上来看,政府的效率仍不如市场。公共品理论的意义就在于,它实际上提供了市场和政府活动的原则界限。值得注意的是,公共品理论在提出它的价值判断标准(什么事由市场做较好,什么事由政府做较好)时,其立足点是站在基础经济学的基本价值判断标准之上的,也就是说,从社会经济整体的效率来判断某一经济事实的好坏,而非就社会经济的一部分甚至是单个企业或个人的角度来判断问题。之所以要着重指出这一点,是因为当前无论是国内还是国外的很多学者在探讨经济事务的优劣时,往往自觉或不自觉地偏离了这一基准,并因此导致理论论证的混乱和实践上的错误。就任一经济现象辩证地来看,它终归有有利的一面和有弊的

一面,从利益的角度来看,帕累托式的改进在现实中几乎也是不可能的,这也就必定会产生既有得益的群体,又有受损的群体同时存在的状况,如果理论的探讨不是立足于统一的整体标准之上,而是从各自不同的利益、立场出发,那么我们势必就无法作出正确的价值判断。

财政实践是经济实践的一个组成部分,而国有资产管理活动又是财政活动的一个重要部分,因此与其他任何经济活动、财政活动一样,在对国有资产管理活动的绩效作出价值判断时,必须同样牢牢地把这一价值判断的基点立足于社会整体的效率之上,而不能一叶障目,不见森林,仅就国有资产管理活动在局部产生的效应作出不全面的价值判断。比如,当一些纯公共品性质的公共设施在免费使用中不仅没有产生直接的现金流,还不断地发生折旧和修理、维护费用时,我们是否可以指责负责该类设施管理的国有资产管理部门非但没有能够使得国有资产"保值增值",反而还使国有资产大量"流失",因此管理的绩效极差呢?再如,如果某些国有企业是通过垄断等不正当竞争手段取得高额利润,并因此使得这些国有资产"保值增值"的话,我们又是否能够认为这些企业中的国有资产管理工作就做得很好了呢?类似这样一些问题,只有以整体的经济效率作为评价的基准,才有可能作出正确的评价。

如果承认对于国有资产管理绩效的评价应该是放在全局的而非局部的天平上来进行的话,那么根据公共品理论,我们将对国有资产管理绩效评价问题产生进一步重要的结论,那就是我们绝不能仅仅根据存量国有资产账面会计价值的增减程度作为评价国有资产管理工作优劣的基本标准。因为,当国有资产增值时,必然同时会产生相应的成本损耗(在这些成本损耗中一个重要的内容就是机会成本),只有当我们确信国有资产的保值增值是增进社会效率的最优方案时,这种保值增值才是应被肯定的。因此,那种不是在整体经济背景中来探讨国有资产管理的绩效,仅仅依据存量国有资产数量的增减来评判国有资产管理工作的好坏的认识和做法是不正确的。公共品理论在这里为我们提供了一个明确的价值判断依据。正如本书前面所指出的那样,对于许多私人品的产生和提供,采取国有企业的方式来进行尽管就直接的成本-效益而论,净收益有可能为正,但是问题在于当这些经济事务由市场来做时,总体上将会取得比政府更好的收益,也就是说,考虑机会成本因素,私人品的生产和提供从社会整体的效率角度视之,应以市场承担为好,而政府从事这样的一些经济活动,从整体上来说是得不偿失的,这已被我国和世界各国广泛的实践所证实。特别是在我国,提出了市场在资源配置中起基础性作用的原则思想,更是反映了这样的一种共识。从国有资产管理的角度来讲,由政府大量占有私人品配置领域中的资产并直接加以管理,显然是不可取的,绩效是不好的。

既然集中性的私人品的公共生产(**国有企业模式Ⅰ**)是不可取的,那么分散的公共生产(**国有企业模式Ⅱ**)又应如何看待呢?理论实证分析表明,**国有企业模式Ⅱ**至少存在着两方面难以克服的问题:一是其特殊的制度结构使得较之于一般的现代企业制度较为缺乏效率[1];二是政府作为资产管理者的角色和市场管理者的角色难以两全[2]。这样,从总体上来看,将大量国有资产滞留于私人产品生产领域中将不利于整体经济效率的提高。

所以,依据公共品理论,从静态的观点来看,有关国有资产管理绩效的基本结论是非常

---

[1] 详细论述请参见本书第九章。
[2] 毛程连:《国有资产管理新论》,上海财经大学出版社,2001年。

明确的,那就是只有当国有资产管理活动处于公共品或准公共品领域时,对其的评价才有可能是积极的;对于存在于私人品领域中的国有资产,总的方向只能是加快存量结构的调整,将其充实至公共品或准公共品领域中去。

以上阐述了公共品理论对于国有资产管理绩效的最基本和最原则的影响,在本节以下的论述中,我们将把国有资产分为公共领域中的国有资产和竞争领域中的国有资产两大部分来更进一步地探讨公共产品理论对于它们各自绩效评价的影响。

二、公共品理论与公共领域中国有资产管理的绩效评价

在现实的国有资产中,有相当一部分是为了满足社会的公共需要而存在的,这部分资产既包括诸如国家用于提供司法行政、国防、环境保护等纯公共品所必需的资产,也可能包括诸如公园、道路等准公共品所需的资产,毫无疑问,管理好这些国有资产使之发挥最大的效用,理应是国有资产管理的题中之义。那么,应该如何确立一个基本的体系,对这些资产管理的绩效进行有效的考核呢?公共品理论在此给出了基本的原则。

(一)纯公共品领域中的国有资产管理绩效评价

对于纯公共品领域提供中所必需的国有资产管理的绩效评价,公共品理论给出了一个原则性的判别标准。

就一种公共品而言,设消费者从此公共品中获取的边际收益为 MRS,提供此公共品的社会边际成本为 MC,i 为消费者的个数,则有:

$$\sum MRS_i = MC \quad (i=1, 2, 3 \cdots n) \tag{6.4}$$

在式(6.4)所示的状态下,单一公共品的提供达到了帕累托最优状态。这是因为,如果 $\sum MRS_i > MC$,这表明公共品如果进一步提供的话,那么因此而取得的收益将会增加,也就是尚有帕累托改进的可能;而如果 $\sum MRS_i < MC$,这表明公共品的提供的规模过大,收益难于弥补成本,这显然也不是一种帕累托最优的状态。只有当 $\sum MRS_i = MC$ 时,才是唯一的最好的选择。

当需要提供的公共产品不止一种时,设公共产品1、公共产品2、公共产品3……公共产品 n 的边际收益之和分别为:$(\sum MRS_i)_1$、$(\sum MRS_i)_2$、$(\sum MRS_i)_3 \cdots (\sum MRS_i)_n$,则有:

$$(\sum MRS_i)_1 = (\sum MRS_i)_2 = (\sum MRS_i)_3 \cdots = (\sum MRS_i)_n = MC \tag{6.5}$$

只有当符合式(6.5)时,公共品的提供才达到了帕累托最优状态。这是因为,因为如果任何一种公共品的私人边际收益之和大于另一种时,那么显而易见,只要将提供后一种公共品所需耗费的资源中的一部分转用于前一种公共品的提供上,社会总收益将得到增加而总成本不变,帕累托改进将会实现。

在现实中,对于该类国有资产管理的绩效评价应遵循这一原理是毫无疑问的,**关键在于在实际操作中如何对成本和收益进行确认**,并给出评价,这其实也是国有资产管理绩效评价的难点所在。

1. 从收益确定和评价的角度来看

公共项目资产管理收益的确定比之于一般企业资产管理收益的确定要困难得多,因为一般企业的收益都是可以货币计量的,而公共项目因为其固有的收费的困难性,尽管其社会经济效益可观[①],但却很难以货币价格进行量化。为了克服这一问题,目前主要有两种办法可以考虑。

(1) 在公共项目的建设、使用、维修等各个过程中都建立完善的民意表达和民众监督制度,使得整个资产管理的过程得到尽可能多的民意的支持。

在公共品提供的最优标准理论中,有一个著名的"维克塞尔-林达尔机制"[②],就表明从民意表达机制上也可定义公共品提供的最优标准,当选民达到"一致同意"的状态时,也就达到了帕累托效应,无法再进一步进行帕累托改进,所以该等状态就是最优的。虽然在现实中,民意表决机制不可能完全达到"一致同意",即帕累托最优的状态,但该结论对于我们现实中的操作仍是具有重要意义的,它提示我们,选民越是大多数对某一公共项目持赞成的态度,也就表明该项目实施与管理的收益更大。尽管阿罗定理指出,在民意表决的过程中,可能会存在逻辑悖论的现象,并影响表决结果的理性,但这些都不能否定一个良好的民意表达机制是检验纯公共品领域中国有资产管理效用大小的最好制度选择。因此,我们可以有这样的结论,只有那些经过了充分的民意表达机制讨论并获得高比例赞成的公共项目,其收益才是可以作正面评价的。另外,在类似的民意表达机制中,我们还可以采取进一步的量化方法,来使得对效益的评价更为精确,也就是我们可以对于该公共项目的潜在受益者进行全面或抽样的调查,征询他们为得到该公共项目的服务所愿意交付的税金,将这些金额加总得到的便是该公共项目的总收益。这一做法的思路起源于受益税[③]的思想。尽管当受益者交纳税金的大小与其受益相挂钩时,受益者会隐瞒其实际的消费偏好,但当把受益程度的表达与其交纳的税金相分离时,我们可以相信消费者的偏好表达应该仍具有相当的准确性。总之,对于纯公共品领域中国有资产管理绩效进行评价的一个标准,是对于在整个管理的过程中是否充分履行了上述必要的程序进行恰当的评估。

(2) 确定和评价纯公共品领域中国有资产管理体制收益的另一个方法是将公共项目的收益通过某种类比的方法转换成可以货币计量的收益(所谓的"影子价格"法)。

比如,对于绿化造林的收益,我们可以通过一定的统计处理,计算由于绿化造林引起的农业环境改善从而农作物增产的收益以及空气质量改善导致的呼吸疾病减少而节约的医疗费用等。这些计算尽管不可能是非常完整的,但无疑有助于我们更好地了解国有资产管理的真实收益。

2. 从成本确定和评价的角度看

公共领域中国有资产管理绩效评价的困难主要在于对事后成本大小的评价要远困难于

---

① 有人习惯上把公共项目所产生的效益称之为"社会效益",而把企业所产生的可以货币计量的效益称之为"经济效益",并把二者相对起来,严格来说,这种讲法是不精确的,经济理论认为经济效益不仅指那些货币计量的效益,同时也包括那些不能以货币计量的效益。判别是否有经济效益的标准就在于是否使消费者得到了效用,或者通俗地讲是否使消费者的满足程度有了增进。

② 参见毛程连:《财政学整合论》,复旦大学出版社,1999年。

③ 蒋洪:《财政学》,上海财经大学出版社,2000年。

企业成本的评价,因为企业处于一个与其他企业相竞争、相比较的环境中,而它的收益又是明确的,这样,当发生长期收益不抵成本的情况,或成本/收益大幅度高于同行业其他企业水平时,我们就可以比较明确地判定该企业的成本管理是不理想的,而从客观上来讲,即便不做主观的评判,在激烈的市场竞争环境中,那些成本管理不利的企业将会遭到市场的淘汰,也就是说,市场将会自动地对企业资产管理的绩效作出评价。公共项目资产管理中,成本评价的难点也恰在于此。因为,公共项目往往是单一的,缺乏相比较的参照系,而收益的不完全确定性则更加剧了解决这一问题的困难程度。

但是,我们仍然可以通过一些行之有效的方法来评估公共项目国有资产管理中所耗费的成本。

(1) 我们可以考察在这些项目的建设和使用过程中是否经过了充分的民意表决机制和市场竞争机制,只有在答案是肯定的情况下,我们对于其绩效的评价才有可能是正面的。需要充分的民意表达机制是因为在公共项目管理所发生的总成本中,不仅包括了该项目本身所耗费的投入,而且包括了可能是非常巨大的机会成本——这些机会成本可能来自不同公共项目之间的权衡取舍,也可能来自公共项目和竞争性项目的权衡与取舍,只有在充分的民意表达机制下,公共项目的成本投入才有可能是值得的。而之所以需要充分的市场竞争机制,是因为只有充分足够的竞争,才是有效降低公共品提供的投入成本同时又保证其充足效能的唯一途径,政府采购制度等制度设计正是这一思想的体现。

(2) 我们还可以就涉及公共品提供的国有资产管理活动中的成本因素作分解处理,并比照其他经济领域中的可比参照系用以鉴别这些发生的成本是否合理。比如,对于在管理中发生的人员费用就可比照竞争性领域中同类人员的平均费用予以鉴别,因为在这些项目中的许多管理人员所从事的专业工作其实基本上与其他行业中同样的专业人员从事的工作差异不大,如电脑工程师、会计师等。假如发生了在国有资产管理领域中这些管理人员的工资水平明显高于其他行业中同类专业人员的工资水平的话,那么我们就可简单判定该国有资产管理项目在成本控制方面是不利的。对于固定资产的投资,同样也可以运用上述的方法来判定成本控制的优劣,比如,在公共项目中所使用的建材价格就不应明显高于同类产品的市场价格。

(3) 如果某些公共项目所要达到的效能已经确定,而这些公共项目的成本结构有多个可备选方案时,就应仔细进行成本测算,只有成本最低的方案成为现实中已被选择的方案时,我们对现状才能作出满意的评估。比如,为了提高国防支出的效率,就有必要对每一项国防支出的项目进行成本-收益测算,获得科学的数据,以决定具体的决策。在许多方面,国防支出的效率是可以进行量化计算的。

[案例 6.6] 在一个关于空军作战效能的例子中,我们假定,可能的作战目标是炸毁敌方的某一座大桥,这时又有两种作战方案可供选择。一个作战方案为动用传统的强击机编队,用常规炸弹进行密集轰炸,假设根据以往战斗的经验统计数据表明,平均需出动 100 架次飞机,投掷 400 枚炸弹才能将其击毁,而飞机的损毁概率为 5%;又假定飞机的成本为 10 000 000 元/架,飞行员的训练费用为 1 000 000 元/人,每架强击机需飞行员 1 人,炸弹为

10 000 元/枚，则可简单计算出炸毁该大桥的成本为：

10 000 000×(100×5%)+1 000 000×(100×5%)+10 000×400=59 000 000(元)

另一外作战方案为使用高科技隐形击机并配备精确制导炸弹进行攻击。这一方案需使用隐形攻击机 2 架，并投掷精确制导炸弹 2 枚，在攻击中飞机损毁的概率为 0.01%，飞机成本为 200 000 000 元/架，精确制导炸弹成本为 100 000 元/枚，飞行员训练费用为 1 500 000 元/人，每架攻击机载飞行员 1 人，则同样可简单计算出炸毁该大桥的成本为：

200 000 000×(2×0.01%)+1 500 000×(2×0.01%)+100 000×2=240 300(元)

由此，我们可以发现使用高科技兵器将大大提高军事战斗力的效率，因为在达到同样战斗目标的同时，前一方案所花费的成本高达 5 900 万元，而后者只需 24 万余元，因此作战方案无疑应该采取第二方案。

通过以上一些对收益和成本的比较鉴定方法，就可以较好地对公共领域中的国有资产管理绩效作出评价。

(二) 准公共品领域中的国有资产管理绩效评价

准公共品是指那些具有不完全的非竞争性和非排斥性的物品和服务。正是因为不完全的非排斥性和非竞争性，所以准公共品的提供既可能采取政府的方式来进行，也可能采取市场的方式来进行，在考察准公共品领域中国有资产管理绩效时，首要的问题是将公共提供与市场提供做比较，只有当确信公共提供的效率较高时，国有资产管理活动才应介入这一领域，否则应尽可能地退出。根据公共产品理论，在具体的实践中，究竟是采取公共提供为好还是市场提供为好，取决于这两种方法各自产生的净收益的对比。具体的又可以如式(6.1)和式(6.2)所表示的那样将两种提供方法各自所包含的成本和收益因素表述如下：

$$SNR = STR - C_C - C_T - EL_T \tag{6.1}$$

$$SNR = STR - C_C - C_E - EL_E \tag{6.2}$$

通过以上一些因素的综合比较，我们就能够确定究竟是采取公共提供还是市场提供为好。如果采取公共提供而又可以有不同的备选方案时，何种公共提供方案为好。只有当确信公共提供是优于市场提供的选择，而现实的国有资产管理实践又选择了公共提供中成本-收益比较最优的方案对，我们才能够对该方面国有资产管理的绩效作出好的评价，在这里，有关消费者收益和有关成本费用的计算所面临的困难和备选的解决方案原则上应与我们在前面所阐述的纯公共产品领域中的收益和成本评估是基本一致的。

要强调的是，根据上述公共品理论在准公共品提供上的原则标准，显然不能把收费的多少作为评价国有资产管理好坏的标准，固然收费可以使消费者在消费准公共品时客观地衡量其自身的效益和成本，从而避免过度消费造成的浪费，而且还有助于减轻税收的负担和税收引起的效率损失，但是过高的收费标准同样将导致效率的极大损失，特别是在某些行政垄断的场合,不受控制地乱收费将会给经济带来极大的损害。因此,我们决不能认为收费越多,国有资产管理的绩效就越好。

三、竞争性领域中国有资产管理的绩效评价

正如本书前面所指出的那样,根据公共品理论,从规范的角度看,除去一些特殊的有关国计民生和国家安全的行业,国有资产管理活动是不应介入竞争性领域中的。或者可以这样讲,当我们可以自由地进行制度选择而不会受到任何客观制约时,理应选择的就应是这样的一种规范状态,但是在现实社会中,当竞争性领域已存在着大量的国有资产时,问题就会变得比较复杂一些。

一方面,规范的理论意义是不容否认的,也就是说,使国有资产逐渐地退出相当的竞争性领域并转而加强非竞争领域国有资产的数量和质量是一条提高整体经济效率的必由之路。

另一方面,我们从动态的角度出发,必须正视这一制度变迁过程中必然会发生的制度变迁成本,根据经济学的基本原理,只有当制度变迁的收益大于制度变迁的成本时,这种制度变迁才是有效率的和必然会发生的,因此当业已存在着众多的国有竞争性企业并且这些企业中的国有资产在退出竞争性领域时会产生较大的制度变迁成本时,继续维持、改进这些国有企业的效能可能仍然是现实中阶段性最好的选择。所以,可以预见的是,在较长的一段时间中,对国有企业的绩效继续给予客观的评价而不是一概否定仍是有必要的。

对于国有企业绩效的评价,首先应从机制上着手,也就是看政府是否过度地偏离了其裁判员的职责,过分地偏袒某些国有企业,如果存在着这样的情况,那么无论这些国有企业的业绩如何优良,都不能对其绩效作出正面的评价。其次,当我们确信并不存在严重的裁判员偏袒运动员的情况下,判定国有企业绩效优劣的基本原则应该是与其他类型企业绩效评价的基本原则一致的。

四、实现社会公平之需的国有资产管理的绩效评价

对于国家为实现社会公平之需而拥有的国有资产,应如何评估其运行的绩效,是国有资产管理绩效评估中最为困难的一个问题。之所以困难,深层次的原因在于,经济学至今为止并没有能够很好地解决对于公平和效率进行一体化的量化评估这一难题。我们知道,对于公平和效率如果能够用一个统一的数量单位来计量的话,那么在涉及公平与效率有矛盾的场合,就可以很容易地通过加总比较的方法,决定不同决策方案的取舍。遗憾的是,直到目前为止,尽管有一些学者就此进行了孜孜不倦的尝试[1],却仍然无法取得令人信服的成果[2]。

20世纪福利经济学的发展对此问题的解答,也提供了一些为人注意的结果[3]。福利经济学试图回答,当越过效率最优的帕累托标准时将会发生些什么? 这就是社会福利函数。

---

[1] 盛庆琜:《功利主义新论——统合效用主义理论及其在公平分配上的应用》,上海交通大学出版社,1996年。
[2] 毛程连:《财政学整合论》,复旦大学出版社,1999年。
[3] Alfred C. Pigou: *The Economics of Welfare*, London, Macmillian, 1957.

如本书第二章所述的那样,根据不同的观点,社会福利函数的具体构成可分为功利主义、罗尔斯主义、折中主义和平均主义等。

上述几种观点,除了平均主义的观点完全否定了效率的考虑之外,其他的三种观点都兼顾了对公平和效率两者的考虑,尽管在公平和效率的权重上有着相当的差异。

在国有资产管理工作中经常碰到的一个问题是,当某些社会公平之需的国有资产在运作过程中,与经济效率发生了一定的矛盾之时,我们究竟应如何评判,上述福利经济学的有关观点为我们提供了一定的借鉴思路,即我们可以利用上述的一些公式,在充分估计效率损失和公平增进程度的基础上,通过恰当地设置权重系数,来对社会公平和效率得失的整体情况做一数量化的估算,当然,这里的问题是,在这样的一个计算过程中还是避免不了一些主观的估计。

在实际工作中,对此类国有资产管理绩效进行评价的另一可行方法是,尽管我们很难估计公平带来的"收益"到底是多少,但是当公平的目标已经确定的情况下,我们还是可以通过对产生公平所需耗费的成本作一评估,从而在一个方面对绩效作出评价。具体的步骤与前述对纯公共产品提供中成本评估的方法基本相同,就是要考察为达到确定的公平目标,在实施的事前和事中是否经过了必要的民意表达程序,是否充分考虑了各种可能的备选方案,是否选择了成本最小化的方案,以及在实施中的成本控制上,与各种合理的参照系相比较,是否能够使人们确信成本控制达到了最合理的水平。

五、国有资产管理绩效的动态评价

如果国有资产管理已经基本置于社会公共需要领域之中,那么国有资产管理绩效的动态评价与静态评价的基本原则和方法应该都是基本一致的,当然在动态评价中更需要注意的是必须更多地注意国有资产管理的历史状况,不宜超越历史背景,作不切实际的绝对化评价。

在我国目前的状况下,动态评价中的一个特殊问题是如何看待企业性国有资产管理的绩效。如笔者前面所表述的那样,仅就静态的角度而言,当国有资产管理广泛地置于此领域中时,难以对国有资产管理的宏观绩效作出积极的评价。但是,从动态的角度来看,我们必须正视历史积淀下来的现实。因此结合起来看,笔者认为,就我国目前的状况而言,动态评价的基本标准应是:

(1)在较长的一段时期中,国有资产的总体比例在私人品提供领域中是否有了较为明显的下降,而在社会公共需要领域中的比例是否有了较明显的上升。

值得注意的是,作评价的时间段不宜过短,因为我国目前仍处在改革时期,一方面各种制度建设还未完全定型,另一方面国际竞争却也在日益加剧,导致产业结构调整和体制调整交织在一起,"国退民进"虽是一个大趋势,但在民间资本力量仍然有限的情况下,为了顺利实现产业结构的升级换代,迎头赶上世界先进水平,在不少领域中国有企业仍然现实地担当着主力军的作用,所以国有经济还是应该有退有进。在这样的情况下,如果作评估的时间段选取过短,便有可能发生某种程度的误判。

(2)既然从动态的角度看,我国国有企业在相当长的一段时间中仍然能够发挥积极的作用,那么对于其现实的绩效也就有必要作一准确的评价。

此类国有资产管理的绩效评价应主要着重评价国有资产的整体收益率,这一收益率同样应是以较长的时间段来计算的平均收益率,并通过与其他类型企业进行对比来确定其绩效的优劣。之所以强调资产收益率这一指标,而不是资本收益率者这一指标,原因在于目前国有企业在间接融资的供应上占据着明显的优势地位,因此国有企业所占用的资金就必然对其他企业产生相应的挤出效应,并进而对社会整体经济效率产生影响。所以,从全局的角度来看,企业性国有资产运营效率的考察,必须以其全部的资产为对象。当然,所有这一切考察的前提是,这些国有企业没有居于行政性垄断的地位或其他明显不公平竞争的地位,否则的话,对其绩效的评价将是极其困难的。

习 题

【思考题】

1. 公共财政理论对国有资产管理理论体系的构建有何影响?
2. 在公共财政框架下,国有资产管理理论将有哪些方面的改进?
3. 我们应如何认识国有资产管理的目标?
4. 国有资产管理的"大循环"是如何实现的?
5. 应如何全面理解用于社会公共之需的国有资产的投融资问题?
6. 国有资产管理绩效评价的基本衡量标准是什么?
7. 公共领域中的国有资产管理应如何进行绩效评价?
8. 准公共品领域中的国有资产管理应如何进行绩效评价?
9. 竞争性领域中国有资产管理应如何进行绩效评价?
10. 实现社会公平之需的国有资产管理应如何绩效评价?
11. 从动态的角度看,对我国目前国有资产管理工作的绩效评价应注意一些什么问题?

第七章

国有营利性企业的管理与改革

国有营利性企业无疑是我国当前国有资产管理中的重要内容,庞大的国有资产存量存在于营利性企业当中也是我国国有资产管理不同于世界其他各国国有资产管理的独特之处。之所以在1949年后产生和发展了大量的营利性国有企业,其思想根源我们已在本书第五章中进行了探讨——概而论之,无非是出于效率与公平两方面的考虑:从效率方面来讲,将企业国有化是为了将企业完全地纳入计划体制之下,以便用计划经济来纠正市场经济可能发生的混乱,从而实现国民经济有计划、按比例地发展;从公平方面来讲,则是为了将社会的生产资料归全民均等地所有,以最大限度地消除禀赋不公。我们在前面的讨论中同时也指出,尽管以上两方面的考虑都有理论上的合理之处,但在实践中也都面临着一系列的问题。

不可否认的是,无论如何,大量的国有企业毕竟构成了我国经济中占据优势地位的现实生产力。比如,2003年,国有工业企业的资产总额占全部工业企业资产总额的56%;国有工业总产值占全部工业总产值的比重为37%左右;国有工业企业的销售收入占全部工业企业销售收入的40%;在工业总产值的增加额中,国有企业的比重为18%;利润总额则占全部工业企业利润总额的46%[①];国有及国有控股企业上缴税金总额更要占到同口径全部工业企业税金总额的63%。又如,国资委发布的《2017年度国有资产管理情况的综合报告》显示,以不包含金融企业的企业国有资产口径看,2017年,中央国有企业资产总额76.2万亿元,负债总额51.9万亿元,国有资本及权益总额16.2万亿元,资产负债率68.1%。国有及国有控股企业资产占全部规模以上工业企业资产的比重由2012年的40.6%下降到37.9%,部分行业资产如农副食品加工、通用设备制造、纺织分别从15%、35.7%、12.8%下降到7.6%、20.2%、5.5%。2017年,地方国有企业资产总额107.3万亿元,负债总额66.6万亿元,国有资本及权益总额34.1万亿元,资产负债率62%。汇总中央和地方情况,2017年,全国国有企业资产总额183.5万亿元,负债总额118.5万亿元,国有资本及权益总额50.3万亿元。全国国有企业境外总资产16.7万亿元。在《2016中国企业500强》榜单中,国有企业仍占据数量优势,295家国有企业占500强企业的59%。其中,84家央企在营业收入、净利润、资产、所有者权益、纳税、员工人数等指标上占500强企业的半壁江山甚至七成[②]。

---

① 以上数据根据《中国统计年鉴》计算而得。
② 根据国务院国资委统计数据。

因此，在未来相当的一段时间内，虽然国有企业有着从一般竞争性领域中退出的客观趋势，但在这一过程中，提高国有企业的内部效益仍然有着现实的意义。当然，从根本上讲，我们更应着眼于彻底理清国有企业与社会整体经济效率之间的关系，并在此基础上，充分地理解国有企业改革的方向。在本章中，我们将涉及国有营利性企业的有关问题分为三类，即它们的财务结构问题、治理结构问题、外部环境问题。通过对这三类问题的探讨，以明确国有营利性企业的改革方向。

第一节　国有营利性企业的财务结构问题

我国国有营利性企业在经营中遇到的一个困难是，由于本书前述的历史原因，在财务结构上普遍面临企业负债率偏高的状况。在这样的一种负债率状况下，尽管就个别企业而言，由于某些特殊的机遇，比如一个好的企业领导者、一次好的行业机遇或政府的政策等，可能会有良好的表现，但从平均的概率而论，从整体上要提高国有企业的绩效，在此种财务结构下是非常困难的。道理很简单，当我们谈论的是所有的企业而非个别的企业时，那么我们可以相信，企业的平均增长速度是受制于社会平均资产利润率水平的，这样，企业的利润势必就会被高额的债务结构所带来的财务费用所侵蚀，而难以取得良好的净资产收益率。那么，立足于客观现实，我们可以通过怎样的一些途径改变这种状况呢？

一、加强企业内部管理，提升企业绩效，从而以企业的累计盈利逐渐消化过高的资产负债率水平

这是一个容易想到的办法。通过改善企业的管理，提高企业的盈利水平，就可以将更多的企业留利转为企业的资本，从而降低企业的资产负债率水平。但是，这样的一个途径，就全体企业而言是有困难的。因为如上所述，整体企业的盈利水平从较长的一段时间来看，肯定要受制于整个社会的经济发展速度和平均社会利润率水平。

在我们的工作中，常见的一个误区就是以个别的优秀企业为参照物，认为其他的企业按照优秀企业的榜样去学习，就都能够像优秀企业那样，达到理想的状态。这也实在是一种"合成谬误"[①]。一般的企业学习优秀企业固然有助于提高其内部的管理效率，但当大家的效率都提高后，仍然面对的是一个平均化的社会利润率，而根据一般的市场规律，从边际上来讲，平均利润率都将是趋于零的。这就好比在一个班级中，尽管成绩一般的同学通过向好的同学学习有助于提高自身的学习水平，但不管怎样，班级中终归还有名次之分，而不可能人人都是第一名。社会经济是一个互动的整体，其中任何一个部分的活动都受制于其他任何部分的相应运动，因此企业的平均利润率水平不可能是过高的，企业利润率水平过高，就意味着消费者的剩余水平很低，而这又必然导致消费者大量地减少消费，最后企业的高利润率

---

① 这是指经济活动中，将对单个主体而言是好的状态加总而得的整体结果，并不一定是好的。

也不可能维持。所以,仅靠搞好企业内部管理这一条途径来解决目前国有企业整体所面临的财务结构问题,是比较困难的。其实,国有企业现有的财务结构,也在一定程度上能够反映出企业管理上客观存在的问题,问题既然是客观的,那么也就并非主观上轻而易举就能改变的,也正因为这样,我们把财务结构问题作为改善国有营利性企业绩效的一个前提单独地提出来——无论是通过改进企业内部的管理来提升企业的效率,还是通过更好地构建政府与企业的关系来提高企业的效率,其前提都是使得国有营利性企业(包括金融企业)的整体负债率水平降至一个普遍能够接受的水平。

那么,除此之外降低国有营利性企业的负债率水平、改善其财务结构的路径还有哪些呢?

二、由财政提供资金,向企业注资或减免企业债务

另一个可以设想的途径是,由财政提供资金向国有营利性企业注入资本金或减免其银行债务。事实上,我国财政部门在财政运行状况仍然紧张的情况下,也确实利用财政资金,在这方面做了很多的工作。比如,几大金融资产管理公司在处理银行呆坏账后确定不能收回的部分[①],最终大多是由财政来"埋单"的,这其实就间接地负担了企业的不良债务。再如,人民银行多次利用再贷款等方式处理不良金融机构的善后问题,以及汇金公司向几大国有商业银行的注资等,都是利用国家资金解决国有企业资产负债率过高的实例。

但是,基于本书前面对我国财政形势的历史发展和当前情况的分析,我们不难判断,从总体上来看,要国家财政负担起这样的一个任务是不现实的。况且,从公平的角度而言,这样的做法也是有疑问的:站在纳税人的角度,显然要问,这里的原因和限度究竟为何?

三、债转股

"债转股"又是一个被设想解决此问题的途径。具体而言,就是通过金融资产管理公司将国有商业银行的呆坏账剥离接受后,将这一部分企业债务转成资产管理公司对企业拥有的股权,并希望以此降低企业负债率后,企业能够轻装上阵,提高管理绩效,从而化解问题。但是,从几年以来的实践来看,这一途径没有能够成为解决国有企业财务结构问题的普遍之路。这里的问题还是在于,从整体上来看,"债转股"并未能够解决国有企业(包括金融企业)的整体负债率水平,不过是将非金融企业的实际"窟窿"转到了金融资产管理公司身上,而"债转股"后这一"窟窿"并未消失,最终仍需有人来"埋单"。当然,某些企业通过"债转股"后,可能利于它们在财务要求上达到上市的标准,并通过上市的溢价发行,大幅提升每股公积金水平,从而最终达到真正改善负债率水平的目的,填补掉"窟窿"[②]。但是,由于资本市场的承受能力,以及其他的一些问题的制约,要广泛地依靠这一途径来改善企业的财务结构,同样是不现实的。

---

① 既然是呆坏账,自然除一小部分外,大部是最终收回不了的。
② 这其实已经超出了仅仅利用国家资金来改善企业财务结构的范畴,涉及民间资金了。

[案例 7.1]　中国船舶债转股的财务背景

中国船舶的资产负债率过高,财务结构并不合理。中国船舶 2017 年资产负债率为 71.3%,较高的资产负债率导致该公司每年财务费用支出也较高,其 2017 年财务费用高达 12 亿元,较 2016 年同比增长了 169.22%,其利润总额为 —24.84 亿元,归属于母公司的净利润 —23.00 亿元。2018 年中国船舶资产负债率高达 83.6%,主要是系该公司负债和资产均大幅减少,资产减少比例高于负债所致,其资产减少的主要原因是固定资产、无形资产减少,主要是处置长兴重工等股权,不再纳入合并范围,负债减少的主要原因是公司实施市场化债转股,以及偿还部分借款,因此虽然 2018 年中国船舶资产负债率较 2017 年更高,但是由于其负债大幅减少,因此其财务费用也大幅减少,2018 年中国船舶财务费用为 —7 237 万元,比上年度减少 129 971 万元,主要是公司实施市场化债转股,平均借款总量大幅降低,利息支出减少,以及美元汇率上升,汇兑收益增加。2018 年公司利润总额为 6.39 亿元,归属于母公司的净利润 4.89 亿元。

资产负债率较高,公司每年的财务费用也会较高,在此种财务结构下想要提高绩效取得较高的利润是较为困难的,而中国船舶正是意识到了这一点,所以才开展市场化债转股项目以获得市场投资者大额增资,借此有效降低公司资产负债率,增强资本实力,减轻财务压力,提升核心竞争力和可持续健康发展能力,改善公司经营业绩。

中国船舶的混改具体方案主要是推进市场化债转股项目,第一步是为标的资产引入市场投资者增资,第二步由上市公司发行股份购买标的资产,使得市场投资者成为上市公司的股东。中国船舶积极推进市场化债转股项目,经中国船舶 2018 年第一次临时股东大会通过相关议案,成功引入华融瑞通、新华保险等 8 名投资者对外高桥造船和中船澄西进行增资,合计增资金额 54 亿元,即 2018 年 2 月华融瑞通股权投资管理有限公司等 8 名投资者,以"债权直接转为股权"和"现金增资"两种方式对公司子公司外高桥造船和中船澄西分别增资人民币 477 500 万元和 62 500 万元实施市场化债转股。此次重大资产重组预案中增加江南造船引入特定投资者的计划,江南造船引入特定投资者中船投资、工银投资、交银投资、军民融合基金、国华基金、农银投资、国新建信基金、中银投资、东富国创、国发基金对江南造船现金增资,以降低资产负债率。上述投资者合计增资规模为 669 000.00 万元。

[案例分析]　中船集团的混改计划主要是借助旗下三个上市公司平台来进行,通过市场化债转股,引入市场投资者,借此募集资金用于拆换债务,降低资产负债率,提高绩效,同时借此完成集团下公司结构的调整和优化,巩固业务竞争优势。但是,债转股实质上并没有消除债务,而是将债务转移给了引入的市场投资者,而市场投资者的承受能力是有限的,想要完全依靠债转股来改善财务结构是不现实的,中国船舶此次的市场化债转股计划只能暂时降低资产负债率,其未来的发展方向还是希望通过直接融资引入民间资本来解决负债率较高的状况。

四、利用民间资金改善国有营利性企业的财务结构

从本书第五章的分析可以发现,总体上来看,现有高负债率的国有营利性企业财务结构

是由于制度的变化滞后于国民收入分配格局的变化而形成的。

在20世纪80年代,这一问题表现在两个方面:一是尽管国民收入分配格局已经发生了很大的变化,国民收入分配已向个人倾斜,但居民**个人手中的收入能用作资本的却还很少**;二是**缺乏关于现代企业制度的有关知识**,使得较传统的国有企业组织形式和银行贷款投资相组合的发展模式居于当时的主要地位——这是一个客观的必然的选择,但这样的选择必然会导致国有企业出现高负债的财务结构,并引发种种问题。

这些问题在最近几年来都被理论界广泛地讨论过,归纳起来有两个方面的问题。

问题之一是在这一发展模式中,这种国有企业和国有银行的相互构架必然使得政府居于其间,干涉企业投资决策的行为经常发生,造成政企不分,寻租行为滋生等种种弊端。

问题之二是在通过银行进行间接投资的模型构架中,真正的出资者因为不会担心国有银行的倒闭,所以几乎不会付出任何力量来监督他的这笔资金的使用效果;作为银行来讲,同样因为倒闭无忧,相反,很多的实际利益,如职工的奖金等,都有赖于存款规模的扩大,因此银行总是倾向于在没有硬约束的情况下低估贷款的风险;而作为国有营利性企业中的内部人员来讲,个人的利益总是与企业规模的扩张有关,而投资的失败,个人承担的责任却相应地要小得多,这就形成了所谓的"投资饥渴症"。在这样的一种情况下,资金的使用效率就可想而知了。正像我们前面所叙述过的那样,国有银行的贷款将近90%都给予了国有企业,但与此同时,国有企业产值占整个社会总产值的比重相对于其资产规模却要低得多,以增加值的比例而论,则更低。所以,这样的一种银企关系必然会引发一系列的经济矛盾,并对整体经济的发展带来很大的负面影响。唯有根据变化了的新情况,对此进行变革,才是唯一的出路。

事实上,随着我国改革开放的进一步深入和国民经济的进一步发展,国民收入分配格局继续发生着重大变化,改变投资结构的时机已经来临。我国可以用于投资的国民储蓄结构已由过去的政府和国有企业储蓄为主改变为居民的储蓄为主。据世界银行估计,1978年,我国国民总储蓄中,居民储蓄占3.4%,政府储蓄占43.4%,企业储蓄占53.2%;也就是说,社会总储蓄的96.6%来自国有部门。到了20世纪90年代中期,这一数据已经变为:居民储蓄83%,政府储蓄3%,企业储蓄14%,其中国有企业不到7%;也就是说,在社会总储蓄中,只有不到10%来自公共部门。2010年以前,居民储蓄占GDP的比重一直缓慢提高,随后逐步下滑。在国民储蓄率的持续下降期,居民储蓄率对国民储蓄率变动的贡献率高达69%,成为拉动国民储蓄率下滑的主要力量。在这样的情况下,毫无疑问,推动国民经济发展的投资源泉主要来自居民。同时,由于自80年代后期90年代初期以来,已有相当部分的居民完成了以购买大件为主的基本生活消费阶段,逐渐**开始产生了可用于投资的潜在资本**,这就使得我国的资本市场在最近十多年中得到了高速的发展,1990年和1991年我国政府顺应这种客观发展的要求,相继成立了上海证券交易所和深圳证券交易所,到2002年年底为止,沪深两地交易所上市股票已达到1 310家,居于世界第七位,仅沪市为例,上市公司达715家,市价总值25 364亿元,流通市值7 467亿元,沪深市场的市价总值已经相当于2002年全国GDP的37%,来自普通居民的投资已显示了巨大的力量。在这样一个长期的实践过程中,我们社会的另一个巨大收获是,**积累了有关股份制企业的丰富知识**。

在同一时期,银行的经营则出现了一系列可预见的问题,关键是国有企业效益的不够理想而引发大量的银行信贷不良资产,使得银行在进一步放贷的时候,不得不趋于小心谨慎。为了保证国有银行的资本金充足率,财政还动用了发行国债、向银行注入资本金、成立由财政出资的资产管理公司剥离银行不良债务进行处理等手段。这就客观上决定了银行将逐渐在国有企业的投资中降低其重要性,而将国有企业进一步扩大投资的重任交付给资本市场。由于通过资本市场直接融资的方式融入的资金构成企业的资本金,因而有利于国有企业改善现有的高负债比率的财务结构,同时,由于在直接融资的投资结构中,投资者需要直接为自己的投资成败负责,而企业也因此面对更为严厉的监督,所以有助于将各方面的积极性都充分地调起来,从而更好地提高企业的运作效率。

当然,这里有两个问题需要解决:一是资本市场必须要有一个良好的发展(一个不容低估的难题);二是要依靠资本市场的直接融资来改善企业的财务结构,就必须让渡一定比例的国有企业的股份予以其他社会投资者,这里是否会存在国有资产的流失或者动摇公有制的主体地位等问题? 其实,关于后一个问题是不用担心的:我们清楚地看到,自沪深交易所成立以来,没有一例股票的发行不是高额溢价的,溢价的水平不仅远远高于面值,一般来说,还远远高于发行前的每股净资产值,因此尽管从表面上来看,国有企业经股票发行上市变为股份公司后,虽然国家股不再是百分之百的比例,似乎国有股权被稀释了,但实际上通过溢价发行和溢价部分转增资本公积,原有的国有股本的股数没有减少,反而每股净资产都有大幅度的增加——这样,股票发行上市的过程非但不是国有资产流失的过程,而是国有资产通过资本运作大幅增值的过程①。如果国有股以后还能够进入流通的话,那么由于一直高企的我国股票二级市场的价格水平,国有资产的增值收益更为不菲。更何况,党的十五大早就提出,要积极探索公共制的多种实现形式,那么,我们何以认定由许多人民群众集资组成的有限责任公司和股份制公司就不是公有制的一种形式呢? 在当前社会主义初级阶段,公有制可以有国有的"大公",也应该可以有局部的"小公";可以有绝对平均的"公",也应该可以有相对平均的"公"。到底是采取"大公"的形式、还是"小公"的形式;绝对"公"的形式,还是相对"公"的形式;归根结底取决于哪一种组织形式能更好地适应生产力的发展②。

总而言之,既然国有企业现有的高资产负债率的财务结构是由于国民收入分配格局变化后企业的出资者与企业制度形式的不对称性所致,那么改变这种情况的唯一办法也就在于使企业的制度组织形式与企业的出资者相称起来,简而言之,就是谁有钱,谁出资,谁监督。如果反其道而行之,谁没有钱谁出资,那么企业资产负债率的高企,以及因之而产生的种种问题也就是可以预见的。

最后值得强调的是,本书所说的引入"民间资金"改善国有营利性企业财务结构,指的是将我国广大居民的资金,通过股份制的形式引入到国有企业的产权改革中来,而不是仅仅指少数几个"民营资本家"的资金。这里的原因如下:

一方面,仅仅靠少数一些"民营资本家"的资金要完成上述该改革是远远不够的,因为就

---

① 值得担心的倒是这一增值幅度可能太大了一些,这会导致许多不利的后果,本书第十一章将作较具体的分析。
② 本章下一节中将详细论述,国有大型和特大型企业的改革方向应是国有控股股份制公司或混合所有制股份公司。

整体而言,尽管有着"超常规"的发展,但由于我国私营资本成长的历史只不过短短的二十多年,所以私营资本(不是资产)的数量并不太大[1],难以承担重任,是容易推算的。

另一方面,根据现代企业理论,国有企业,特别是国有大型和特大型企业的改革方向显然不应是古典企业模型的私营、家族企业制的私营企业,而应是股份制的公众公司[2]。

五、引入外资改善国有营利性企业的财务结构

改革开放以来,我国引进外资发展经济,取得了很大的效果。20 世纪 80 年代,一些国有企业就和一些外国企业成立了合资公司。到 90 年代初期,随着青岛啤酒、上海石化等第一批国有企业走向海外市场融资上市,我们迈开了更为规范、更为大规模地引入外资改善国有企业财务结构和治理结构的步伐。随后,中国移动通信股份有限公司、中国石油股份有限公司、中国石油化工股份有限公司等一批特大型的国有企业也都纷纷在海外上市。在不远的将来,中国建设银行、中国银行等几大国有商业银行也都将国际资本市场上进行 IPO[3]。这显然成为国有营利性企业改善其财务结构的又一条现实途径。

当然,基于显而易见的原因,这一途径的重要性在客观上不会超过引入我国自己的民间资本这样一条路径。

[案例 7.2] 中国诚通集团下属上市公司中储股份混改

中国诚通集团作为国资委首批建设规范董事会试点企业和首家国有资产经营公司试点企业,在原有的物流主业基础上,对不同类型的所属公司采取 IPO、并购重组、引入非公资本和外资,以及设立国企调整基金等方式进行改革,取得了一系列的经济成效。2014 年,集团下属上市公司中储股份筹划非公开发行工作,获得国际物流地产巨头普洛斯关注。经过审慎研究,诚通本着开放的原则,重新调整了发行方案。成功发行后,诚通集团的持股比例由绝对控股降至 43.74%,普洛斯成为第二大股东,持股 15.45%。外资的引入,带来了先进的运营理念、高效的管理系统、丰富的海外经验,使中储股份在国内、国际两个市场加速拓展。

六、缩短国有营利性企业战线

解决国有营利性企业整体资产负债率偏高的最后一个途径是,缩短国有营利性企业的战线,通过对一批长期经营不善、扭亏无望的国有企业的关、停、并、转;以及对一批财务状况不佳,或不符合国有经济发展方向的国有企业通过拍卖、改制等方式进行处置,从整体上改善国有营利性企业的财务状况。

---

[1] 很多私营企业参与国有企业改制投入之资金,事实上大部分仍来自国有银行(有的可能是通过迂回曲折的路径,看上去不那么直接罢了)。
[2] 此方面的理论,本书第五章已经做了论述。就此方面的具体问题,本章第二节和本书第十七章还将做具体之分析。
[3] IPO:即首次公开发行股票。

第二节　国有营利性企业的治理结构问题

有关企业治理结构的理论本书第三章已做了介绍。在本节我们所要探讨的是：根据这些理论，应如何看待国有企业治理结构的一般特征？在我国的国有企业治理结构中又存在着哪些问题？以及，对于这些问题的可能改进途径。

在展开对现有的国有企业的治理结构问题讨论之前，我们有必要再重申一下区别两种不同的国有企业形态的必要性。在"国有企业"这一称法中，一种是指改革开放前计划经济环境下的国有企业(**国有企业模式Ⅰ**)，其实这种形态的国有企业并不具有一般企业的特征，因为这些企业根本没有自主的财务决策权、人事权、薪酬决定权等，几乎所有的一切都听命于计划，当然也就很难套用有关一般企业的治理结构理论来进行分析；另一种是市场经济环境下的竞争性国有企业，在这种形态的国有企业中，国有企业与其他市场经济中的企业一样来运行，特殊之处只表现在它的股东是以国家为代表的全体国民。在我国，竞争性国有企业的治理形态在改革开放的二十多年来，又经历了几个阶段，取得了巨大的进步[①]。我们在这节中所要讨论的对象正是这些演进阶段中的最后一个，即公司制的国有企业(**国有企业模式Ⅱ**)。如果在讨论国有企业问题时，不做上述的澄清，那么就容易把两类虽都称为"国有企业"，但实质内容上却有着很大程度不同的制度模型的优缺点混为一谈，从而妨碍我们抓住现实问题的实质。

一、一般意义上的现代企业制度模型 VS 公司制国有企业模型：公司制国有企业治理结构的性质

正如我们在本书第四章中表述过的理念所认为的那样，一种企业制度的优点和缺点都是建立在与其他企业制度比较的基础上的——事实上，这种比较也决定了该种企业制度的存在价值。对于公司制国有企业治理结构的性质究竟应作何认识，同样离不开这样的一种比较视野。本节对于国有企业治理结构性质的探讨，就将主要从公司制国有企业和一般意义上的现代企业制度的比较角度来展开。

尽管现代企业制度在现实中也不是十全十美的(从某些具体企业的具体治理细节来看，甚至很糟)，但通过本书第四章中的有关论述，我们可以知道，这样的一种制度形式是到目前为止我们在现实中可作的最好选择。当然，我们指的是在处理社会化大生产的问题上，而不是一些小商业、小手工业问题。

公司制国有企业从形式上看，与一般意义上的现代企业制度一样，都是一种分权架构的企业制度。从这个意义上而论，我们事实上可以把公司制的国有企业看作现代企业制度的一种特殊形式。这里的特殊性在于这个现代企业制度架构中的股东是代表着全民的国家。

---

① 见本书第五章第一节。

我们更为关心的实质问题是,由于国家这个大股东的特殊性,是否会使得同样采用了现代企业治理结构的国有企业与一般意义上的现代企业发生某些差异。

(一) 分权问题

首先,从理论上看,仅就企业内部,从最高管理层到企业内部各级人员的激励和监督问题而论,国有的现代企业制度与一般其他的现代企业制度相比,找不出什么差异之处①。正像我们在回顾承包制改革,以及更早的国有企业改革中所得出的结论那样,在股东到管理层,和管理层到员工这两个层面的激励和监督关系中,第一个层面的关系即股东和管理层之间的关系是主导性的,要保证从管理层到普通员工的激励和监督机制有效地运行,就必须首先保证从股东到管理层的激励监督机制是有效的,这是理解企业治理结构的关键要点之一。那么,问题就转到国有制的现代企业中,股东和管理层之间的激励和监督机制是否如同其他一般的现代企业制度那样有效呢?这里,我们为了从模型的层面上理清问题,从而正确把握公司制国有企业的一般特征和普遍规律,所以从一定的理论抽象出发,将问题局限于对国家百分之百持股的纯国有企业的讨论中,而将国有资本与其他社会资本共同组成的混合公司问题留到本章的第三节及本书以后的其他章节中再予以进一步的讨论。

采用了现代企业治理结构的国有企业与一般的采用现代企业治理结构的企业相似之处在于,它们同样都面对着由于所有权和经营权的相对分离而带来的一系列的委托-代理问题。这一问题的存在必然会在一定程度上消耗股东的利益(当然从另一角度而论,也有可能降低企业管理者的积极性),在现实中不可能百分之百地予以克服。

对于此问题,我们也必须本着经济学的收益-成本对比的客观冷静态度来分析并寻求改进的途径。在这里,我们必须反对这样一种直观的但却是未经深思熟虑的认识,即认为国有企业的根本问题在于管理层的不善经营甚至乘机寻租。并且,又随之得出两种结论:要么抨击国家没有管好,应采取全面计划经济的方式,全部管起来就好了(如果是这样的话,为什么还要改革开放呢?);要么认为搞私营企业就好了(我们在第四章中已经阐述了私营企业不是大型和特大型国有企业改革方向的理由:因为私营企业不能适应日益扩大的社会化大生产)。

这些求全责备的观点的问题在于,尽管发现了分权带来的问题(这是很容易发现的),但都没有能够用全面的、辩证的视角来看待这一问题,而是把对问题的认识推向了一种极端的角度。其实,我们只要把视野放宽一些,多了解一些周边的事实,从比较的视野和相对的角度来看待此问题,对事物的认识就会更接近于客观一些。事实上,**分权带来的种种问题,并不是公司制国有企业所独有的问题**。在现实的现代企业制度下,只要存在分权,那么就多少

---

① 有一种观点认为,在某些情况下,一个生产型的国有企业上面有集团公司、控股公司、国有资产经营管理公司等层级,因此是必须改革的"弊端",因为"婆婆""老板"太多了。其实,站在比较的视角,我们看一下世界上一些较大的跨国公司的状况,对此问题就不难有正确的认识。比如,某公司在中国某地的合资厂,就既受到亚洲总部、大中华地区总部、中国总部等层级的管辖,又受到相应的公司事业部层级的管辖,能够管它的"婆婆"和"老板"不知道比这些国有企业还要多多少。企业内部管理层级的增多,是经济全球化、社会化大生产空前发展的客观要求。按照我们在本书第一章和第四章所叙述的理念,在这个过程中,我们不能只是将注意力集中在管理层级增多而带来的管理成本增加(这是谁都看得见的,没有人会否认)上,而同样应留意这一变化的收益。

会有分权所带来的固有问题——这是一个共性问题。无论是中国还是外国,在现代公司中,因为两权分离而造成的问题都是很多的。

［案例7.3］ ［案例4.11］重放　雷诺-纳贝斯克公司的内部治理状况

作为世界500强的美国雷诺-纳比斯克公司前主席兼首席执行官约翰逊在任行职后,就大肆购买办公飞机,多的时候该公司的飞机多达十多架,可组成一个机队,名为公司公务之用,实际上绝大部分时间则都由约翰逊本人和公司其他高级管理人员私人享用①。

［案例7.4］ ［案例4.9］和［案例4.10］重放　安然和世通公司倒闭案

2001年后,美国相继出现了安然和世通(Worldcom)等大型上市公司管理层为了疯狂攫取个人利益(比如以更高的价格行使自己拥有的期权),制造虚假信息,欺骗股东并导致公司倒闭等案例,世界最大的会计师事务所之一——安达信也因之而破产。

［案例7.5］ ［案例4.12］和［案例4.13］重放　格拉索和韦尔奇获取不正当报酬

美国纽约证交所董事会曾通过了这样一项议案,将支付其董事长兼首席执行官理查德·格拉索一笔总额1.39亿美元的"递延薪酬",同时把他的合同期限延期至2007年。**格拉索要获得的1.39亿美元相当于纽约证交所过去3年净利润的总和。**GE(通用电气)公司前CEO杰克·韦尔奇在获得每年超过1000万美元的薪水和价值8亿美元的GE股票之后,仍然让GE公司每年为他支付250万美元各类账单。包括位于纽约曼哈顿每月房租高达8万美元的高级公寓,以及从乘坐公务飞机到棒球门票的几乎一切支出,一概由GE"买单"。

从以上这些案例中我们可以看到,无论是治理绩效尚还理想的CE公司、纽约交易所、雷诺-纳贝斯克公司,还是问题趋于极端的安然公司和世通(Worldcom)公司,因为分权之缘故,在治理上都存在着大大小小的问题——有不少问题不能说是不严重的。尽管如此,从总体上来看,如我们在本书第四章中所论述的那样,所有的其他公司有关事例仍不足以动摇我们这样的认识,现代企业制度仍然是到目前为止最好的一种选择。现代企业制度与市场制度一样在现实中都是有缺陷的(与100分的最理想目标相比),有时甚至是非常严重的缺陷;但如果仅仅因为其有缺陷,就予以全盘否定则是不辩证的,不合逻辑的。正像人无完人一样,如果我们按某项考试成绩选拔人才时,因为第一名才考了70分,就强调他的成绩很差,必须换人,那么结果自然是只能选择一个成绩更差的。所以,"攻其一点,不及其余"的态度在经济中分析是极其有害的,会混淆我们对许多问题的正确认识。

同理,**国有企业在分权之下所暴露出来的种种问题,就个别一个一个来看,可能有些也是非常严重的,但这并不足以构成我们从整体上否定公司制国有企业的充分理由。因为与一般的现代企业制度相类似,分权同样为公司制国有企业带来了适应社会化大生产的巨大优势。**当然,我们不是说对某些不称职的国有企业管理者是不能批评的,批评是完全应当和有必要的。但是,应该把属于个人素质的问题与制度优劣的问题区分开来,否则的话,就会

---

① 布莱恩·伯勒·约翰·希利亚尔:《大收购——华尔街股票兼并风潮》,海南出版社,1996年。

混淆对有关问题的判断。

另外一个问题是,我们必须区分理论上制度模型的能力限度和实际中现实制度的可现实改进限度。比如,从理论上而言,在企业所有者和管理层之间的契约达成和执行过程中都必然要发生交易费用,因此企业管理中不花费交易费用是不可能的,这就是理论提示的现代企业制度模型的局限之处;而在实际中,我们有的国有企业尽管有了董事会、监事会等形式,但高层管理人员仍旧由行政任命等事例,则是现实中与有缺陷的现实理论模型的差距;这是两类不同的问题。在比较不同的现实企业绩效时,我们必须区别这两类问题,才有可能下正确的结论,找出问题的症结来。

简而言之,在比较企业制度优劣问题时,经济学分析采取的态度是,假定其他一些因素都是一致的,比如人员的道德、知识素质、企业的外部环境(如税收等)等,或者说就是把这些因素都作为常量来处理,单单只考虑企业制度这一变量,看谁的绩效更好,然后得出客观的结论。否则的话,把多种因素混在一起,就什么问题也搞不清楚了。

概括以上所述,我们认为,**在实现了现代企业制度的国有企业中,与其他现代企业制度一样,都存在着两权分离问题,这是它们的相似之处。因此,分权问题并不是公司制国有企业的根本问题,国有企业的改革方向也不是彻底取消两权分离的状况。**

(二)委托-代理结构的链条长短问题

但是,国有企业在从股东到企业的管理层这样的一个委托-代理过程中,明显存在着一个多级代理的问题,也就是说,委托-代理的层次可能比一般的现代企业更为复杂,这就使得国有企业在治理结构上面临着更多的信息费用和交易费用。由全体人民开始,经由中央政府机构,以及下属的各级部门,再到企业的反应链条(见图7.1),其复杂程度毋庸多言,大家都是可以想象的。联系到我们前面曾多次讨论过的诸如一群居民要联合起来与排放污染的厂家进行谈判所面临着的巨大交易费用问题,我们也可以推想,经由一国国民出发,直至企业管理层的这样一条委托-代理链条,将要面临的交易费用又该是多大。

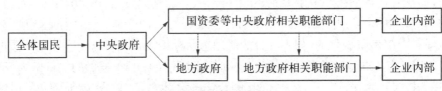

图 7.1　国有企业外部的委托-代理链条

当然,从另一个角度来看,现代发达国家一些大规模的跨国公司,在治理结构上所面临的委托-代理关系同样是非常复杂的,比如像美国电话电报公司(AT&T)等一些典型的美国大公司,股东人数达上百万,这些股东分散在世界各地,往往也很难说得上有绝对控股地位的股东存在。另一方面,公司的下属分支机构也几乎遍及世界各地,雇佣的员工总数达几十万,可想而知,这里面也存在着巨大的信息费用和交易费用问题。事实上,在大规模的现代企业制度时代,就一般意义上的现代企业制度企业而论,从股东的委托开始,到这一委托到达公司内部,也往往不是一个直接的过程,而需要借助于很多的社会中介机构或政府的司法、监管部门。比如,当股东认为公司管理层的作为损害了他的利益,而公司管理层又拒不听从他的意见时,股东可能会委托律师与之交涉,更进一步可能会将这种诉请交付法院判决,有时甚至可能是集体诉讼。当然,这种诉请也有可能通过证券监管机构等政府或半政府职能部门来传递;又如,当某些股东怀疑公司账目时,很有可能并不是自己直接就相关问题与公司的管理层打交道,而是需要委托会计师并借助他们的专业知识与之交涉;再如,公司的一些股东向公司提出或反对某一项议案时,往往可能也会通过一个中介机构①的"征集投票权机制"②,来共同表达意见,而不是一个一个单独地向公司管理层表达意见(见图7.2)。之所以会形成这样的一个客观状况,和本书前面所述的资本规模要求导致股东分散,以及现代公司的知识密集化所造成的股东因知识约束而管理公司力不从心有关。从这一视角来看,我们可能对于公司制国有企业和一般意义上的现代企业制度的外部委托-代理链条差异所造成的委托-代理成本差异又能够有更为切合实际的判断。

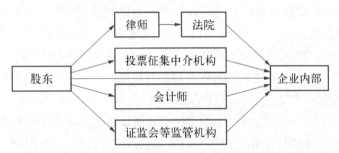

图7.2　一般现代企业制度外部的委托-代理链条

在这样的治理结构特点下,美国公司往往出现"强管理者和弱所有者"③的局面,这其实和我们可以预想的将国有企业按规范进行了现代企业制度改造后将会面临的问题又有一致性:国有企业在完成了现代企业制度改造后,从治理结构而言,所面临的主要问题将是企业的利益在更大的程度上体现为企业内部人员,以及从终极的委托者(全体人民)到企业的管理层这一连接过程中的有关人员的利益;但是,把这看作是由传统国有企业改制而来的现代企业制度的独特缺陷又是不妥的,因为在许多具有"强管理者""弱所有者"治理结构的企业中,也同样存着这方面的问题。同样,对于这两类企业即便出现了"强管理者""弱所有者"的治理格局,就断言它们从绝对的角度是缺乏效率的,可能也未必妥当,至少这两者都面临着一个市场竞争的压力和制约,如果管理者过度地侵占股东的利益,并且使企业陷于困境的话,那么对于他自己的利益而言也是不利的。

所以作为结论是,尽管国有企业在经过了现代企业制度改造后,其委托-代理的复杂程度虽超过一般意义上的现代企业制度形式,但由于我们无法确证国有企业委托-代理关系的规模超过一般现代企业的程度究竟应量化为何,以及所引起的边际费用损耗到底在总的损耗中占的比例有多大,因此我们就无法确证国有企业因为更复杂的委托-代理关系所引起的

---

① 在美国就有不少这种专事投票权征集工作的公司,特别是在大型的收购兼并活动中,它们往往很活跃。
② 即有某一个中介机构或中间人把很多股东相似的意见集合在一起,并经过加工后形成一个更统一、更符合法律规范的更为有力的一致意见,以对公司管理层施加真正有效的影响。
③ 马克·J. 洛:《强管理者·弱所有者——美国公司财务的政治根源》,上海远东出版社,1999年。

问题究竟是非常严重的抑或是无足轻重的①。问题的复杂性还在于：一方面，我国国有企业的现代企业制度改造正在进行中，还远远没有达到一个可以做理论上实证评判的规范程度，因此就眼前的绩效比较来说明问题往往是缺乏说服力的；另一方面，我们实际上在进行着一种简化委托-代理关系复杂性的分权式改革，即通过委托授权经营的方式，使得与国有企业相关的利益更直接地与管辖范围较小的地方或部门相挂钩。这样做的结果尽管客观上已一定程度地偏离了我们前面所论述过的有关建立国有营利性企业的基本思想，也就是说，这些企业的相关利益更多地可能被与这些企业直接相关的人员或利益群体分得，而并不能完全地体现为全民的利益，但我们并不能由此否定这种改革方向的可取性，因为正如我们前面所分析的那样：一方面企业的利益更大程度上反映了企业内部相关者的利益，这是现代企业制度所必须付出的代价（当然，这一代价通过一定方式的改进是可以缩小的，但却不可能完全被克服）；另一方面，尽管不能百分之百地反映股东的利益，但如果企业和市场的结构都是较好的话，那么股东的利益在一定或相当的程度上还是能够得到反映的，也就是说，分权化的国有企业尽管不像理想化的理论中那样，能够全面反映全民的利益，但改革如果是比较适宜而彻底的话，那么全民的利益还是能够得到相当程度的反映，而这在社会主义初级阶段也应是一个可以接受的现实，不能因为在现实中国有企业不能百分之百地反映全民利益就简单否定它存在的必要性。因此，就以上两个方面而论，再加以社会公平和改革成本的考虑，我们仍然无法得出即使国有企业进行了现代企业制度改造，其治理结构的效率就一定劣于其他所有制形式的现代企业制度的结论。

总之，无论是一般意义上的现代企业制度企业还是特殊的现代企业制度企业——公司制国有企业，由于现代规模经济所导致的股东分散、股东缺乏理解和辨别企业内部事务的足够知识和信息的原因，使得在企业外部的股东意见在传导到企业内部的过程中往往要经历一个繁复而困难的过程（所以有些股东，甚至是大部分股东干脆就弃权了，不传导了②，即所谓"所有者虚置"了），这就导致了高昂的委托-代理成本和所谓的"所有者虚置"。同样，这也并不是一个公司制国有企业所特有的问题（美国的公司大多也是"强管理者、弱所有者"，即"所有者虚置"嘛），而是一个共性问题③。这里所不同的，只在于委托-代理链条复杂程度上的差异——当然，正如本书以上所分析的那样，要量化这种复杂程度的差异并确定其导致传导成本耗费的大小，是很困难的。

（三）所有权的不可分割和不可退出问题

其实，公司制国有企业与一般意义上的现代企业制度企业在治理结构上的最大差别

---

① 全球经济学界对此问题的研究都甚少，或许是因为在许多国家中公司制国有企业并不像我国这样广泛存在吧。
② 在我国股市中经历时间稍长一点的投资者大概都会感受到这一点，从这个意义上来说，我国股市对于我们全体国民深化对现代经济知识（当然也包括现代企业知识）的理解，功莫大焉。
③ 我们还有一个说法，即所谓的"缺乏人格化所有者"，但借用这种说法到美国企业中去，大部分也都是这样。美国有一个说法，叫"投资商资本主义"（迈克尔·尤辛：《投资商资本主义》，海南出版社，1999年），就是说美国大多数大公司的股票都是由机构投资者（主要是投资基金）持有的，这不是也缺乏"人格化所有者"吗？所以，"缺乏人格化所有者"提法的真实意图就在于将国有企业的改革方向指向古典企业制度模型企业——根据本书的有关论述，对于大型和特大型的国有企业而言，这是缺乏理论根据的。

在于：由于国有产权的不可分割性，因此当最初始的委托者对于某个国有企业的管理者的经营状况不够满意而又难以通过"用手投票"的途径表达自己的意见时，无法通过出售他所拥有的那一部分产权，来实施"用脚投票"①，以退出该企业；而通常的现代企业制度企业显然都没有这一问题。这样一来，纯粹的公司制国有企业就面临着严重的外部治理机制缺失状况，甚至可以这样说，如果一般意义上的现代企业制度企业在公司治理上是"两条腿走路"(用手投票＋用脚投票)的话，那么纯粹的公司制国有企业在公司治理上将只有"一条腿走路"。根据本书第四章的论述，我们又可以知道，如果有一个强有力的资本市场的支持，"用脚投票"机制的作用甚至要超过"用手投票"机制，所以这一问题显然不容小视。

(四) 总结

总结来看，经过现代企业制度改制的纯粹国有企业与一般意义上的典型现代企业制度企业相比，相同点在于：

(1) 都具有分权治理的架构，因此也都有该架构所带来的种种问题和能够适应社会化大生产的优势；

(2) 由于各自的原因，在从公司的初始所有者开始，最后到达公司内部的委托-代理链上都存在着很复杂的多级代理问题，以及由此所带来的"所有者虚置""缺乏人格化委托主体"等问题。

不同点则在于：

(1) 公司制国有企业的委托-代理链条相对于一般意义上的典型现代企业制度企业而言，在程度上可能更为复杂，并因此带来更多的委托-代理成本；

(2) 根本性的不同在于，由于国有企业所有权的不可分割性和不可退出性，使得公司制的纯粹国有企业缺乏发展"用脚投票"机制的可能。

表 7.1 国有企业模式 Ⅱ 与一般意义上的现代企业制度企业在治理机构上的异同

相 同 点	不 同 点
1. 都具有分权治理的架构，因此也都有该架构所带来的种种问题和能够适应社会化大生产的优势 2. 从公司的初始所有者开始，最后到达公司内部的委托-代理链上都存在着很复杂的多级代理问题，以及由此所带来的"所有者虚置""缺乏人格化委托主体"等问题	1. 公司制国有企业的委托-代理链条在程度上可能更为复杂，并因此带来更多的委托-代理成本 2. 根本性的不同在于，由于国有企业所有权的不可分割性和不可退出性，使得纯粹的国有企业模式 Ⅱ 缺乏"用脚投票"机制

从上述的理论比较中对于我们现实的国有企业改革无疑是有着重要意义的，这就是，对于那些对国民经济的发展具有重大支柱性影响的大型、特大型国有企业，首先应加快推进现代企业制度的建设，完善"用手投票"机制；然后，再进一步地通过股份制改造、上市等步骤，改造成为国有控股的上市公司或国有股份和其他股份并存的混合上市公司，以充分发挥"用脚投票"机制的作用，双管齐下，切实提高国有经济的治理水平②。

---

① "用脚投票"机制及其重要性，本书已在第四章中做了详细的论述。
② 国有企业现代企业制度改造和上市运作等有关问题，本书将在第十章和第十一章中再做详细的阐述。

二、国有控股股份制公司和国有资本参股的混合股份制公司

国有控股股份制公司,无论是绝对控股(国家持股50%以上),还是相对控股(国家持股50%以下,但对公司的经营具有控制权),在治理结构的特征上,大致与上述100%的公司制国有企业相似。但是引进小股东后,虽然由于"一股独大",小股东的"用手投票"的实现受到很大的影响,"用脚投票"机制毕竟可以发挥一定的作用,特别是在一些严重依赖小股东资金的输入来解决企业投资和发展问题的公司中,这种作用就更为显著。最近几年以来,部分是由于不少上市公司的大股东(不容讳言,也包括很多国有上市公司)通过种种方法,如高溢价发行、通过关联交易向大股东输送利益、大股东占用上市公司资金或让上市公司为大股东向银行的贷款违规担保等,过度侵占中小股东的利益的原因,中小股东纷纷"用脚投票",从而使得股市的价格有所下降,而再融资的市盈率水平自然也随之走低,一些公司也逐渐被淘汰出局。这无疑说明"用脚投票"机制已经开始在我国公司治理中开始发挥积极的作用——尽管还是初步。

但是,在国有控股的股份制公司中,由于"一股独大",因此,一方面,中小股东的"用手投票"积极性较差。另一方面,"用脚投票"机制虽能够在一定程度上发挥本书第四章中所论述的,通过价格机制制约治理状况较差公司的在融资水平,从而加快这些公司被市场淘汰的速度,并最终提升社会整体公司治理水准之作用;但却无法对公司管理层构成足够的因公司市价走低进而发生潜在收购兼并的威胁,所以"用脚投票"机制的威力也就受到了影响。更何况我国上市公司总体来看,因为股权分置,2/3以上的股票(主要是国家股和国有法人股)无法流通,这就使得我国的股价水平长期虚高,这显然也会严重地影响"用脚投票"机制的效果。

所以,只有将国有控股股份制公司的改革继续引向深入,即进一步将其改造为国有股份比例较少的混合股份制公司,实现公司持股主体的多元化,才能够将"用手投票"机制和"用脚投票"机制的效能都更充分地发挥出来,进一步地提高国有经济的治理水准。

第三节 国有营利性企业的外部环境问题

一、企业办社会问题

我国国有营利性企业的企业办社会问题是一个历史遗留的老问题,2004年全国国有企业自办的中小学目前还有1.1万多所,自办的医院6100多所,每年用于办社会的支出达400多亿元,企业离退休职工达2 000万—3 000万人,每年企业要支付退休金1 200万元以上[①]。这些问题都是在过去老的社会保障体制的基础上形成的。党的十八届三中全会以及中共中央、国务院印发的《关于深化国有企业改革的指导意见》对加快剥离国有企业办社会职能和

---

① 陈元主编《国有资产管理体制改革研究》,中国财政经济出版社,2004年,第39页。

解决历史遗留问题做出了重要的改革部署,各地区、各部门也先后出台一系列政策措施,积极推进相关工作。经过不懈的努力,国有企业办学校、公检法机构向地方移交工作基本完成,部分国有企业所办医院已移交地方或进行了改制,这一问题取得了初步成效。但是至2016年,全国范围内仍然存在大量国有企业办社会机构,离退休人员社会化管理、厂办大集体改革等历史遗留问题较为突出,人员管理、运营费用负担沉重,已经严重制约了国有企业的改革发展。① 因此2016年成立了剥离国有企业办社会职能和解决历史遗留问题专项小组,开始全面推进国有企业"三供一业"分离移交工作,2018年剥离国有企业办社会职能工作取得积极进展和显著成效,全国国有企业"三供一业"和市政社区管理等职能分离移交、教育医疗机构深化改革总体进度达到90%左右,消防机构分类处理全面完成,退休人员社会化管理和厂办大集体改革有序推进。专项小组力争2020年前基本完成剥离国有企业办社会职能和解决历史遗留问题。总的来看,要解决此问题的关键,即在于完善新型的社会保障机制。

从国有营利性企业自身来看,随着社会保障机制的完善,则应采取切实的步骤将诸如企业医院、子弟学校等非营利部分分离出去,使之走向社会;同时,还应将当年为了解决职工子弟就业等原因兴办的,虽属营利性质但并非企业主业的"三产"等资产,实行主辅分离、减员增效,从而减轻这些老国企的负担,让它们轻装上阵,投入市场竞争。

二、裁判员和运动员错位问题

企业的外部环境包括了许多方面,但从根本上讲,是一个企业与政府的关系问题。良好的经济运作要求企业处于一个公平的市场竞争环境之中,市场的规则对于每一个企业都是一视同仁的,而政府正是市场规则的制定者和执行者,这就要求政府必须像一个裁判员一样,对于所有参与市场竞争的企业——运动员,采取不偏不倚的公正态度。这就要求裁判员首先不能再去充当运动员;其次,裁判员不能与运动员中的某些特殊运动员有着特定的利害关系。国有营利性企业在竞争性领域中的进一步发展是否能够有利于整体经济更有效率地运行,正是在这个问题上受到了比之内部治理结构问题更为有力的挑战。近年来的对于国有企业问题的研究都把焦点置于治理结构问题上,但我们认为,国有企业由于与政府之间有着天然的关系而导致的客观上裁判员偏袒这些特殊的运动员的问题,才是更加难以克服的本质性的问题。试想,当中央政府或地方政府的有关主管官员面临着双重的考核指标,即一方面要促使整体经济的发展,而另一方面要提高国有企业的绩效,他的合理做法是什么呢? 合乎逻辑的做法只能是通过努力地提高国有企业的绩效,从而推动经济的发展,这样才能够使两方面都到得较好的政绩。如果采取了另一种方式,即通过推动非国有制经济的发展来发展经济的话,那么则只是完成了两个指标中的一个指标,因此在现实中就不可能是真正被选中的方案,除非该地区国有经济的成分原本就较少。另外,当面临着无论是发展国有经济还是非国有经济,都能够推动经济发展但推动国有经济导致经济发展的绩效不如推动其他非国有经济来发展经济取得的绩效大时,虽然客观上就存在着发

---

① 《国务院关于印发加快剥离国有企业办社会职能和解决历史遗留问题工作方案的通知》,国发[2016]19号。

展国有经济的机会成本,但该机会成本往往是容易被公众忽视的,也是很难证实的,因为实践中只有一次。这样,在竞争性行业中,当国有经济和非国有经济并存时,政府通过优待国有企业这个特殊的运动员,以求得经济发展,就更会成为一个客观的选择。由于社会的资源是有限的,因此当有关的政策优惠使得比市场均衡价格决定的更多的资源流入国有企业时,其他企业就只能从蛋糕中分得比完全由市场决定的条件下更小的一块,资源的配置效率就将受到损失。总体来说,如果政府优待国有企业这个特殊运动员的倾向成为客观现实,那么就会产生如下弊端:

(一)将会使其他企业的竞争性受到影响

比如,在最近几十年的经济发展中,由于科学技术的高速发展,许多富有创新精神的小型科技企业的发展成为推动一国经济发展中最有活力的成分,尽管这些小企业的淘汰率很高,但能够从中脱颖而出者,则往往会以比以前快得多的速度成为新兴行业中的领先者,像美国的微软、英特尔等公司就是大家耳熟能详的例子。由于现代高科技企业的发展需要对市场的反应十分灵敏,因此由政府主导式的科研模式已很难适应当前的形势。

[案例7.6] 20世纪70年代至80年代前期,日本曾在政府的主导下投入上千亿美元的资金,力图发展新一代的高清晰度电视,但由于不符合市场的要求,因此该项计划最终以失败告终,所有投入的资金都几乎损失殆尽。

归根结底,随着经济的发展,人们的需求越来越趋于多样化,而且这种多样化的需求又是在随时发生变化的,这就要求现代针对消费需求的科研必须反应灵敏,这不同于已有既定目标的军事科研。因为军事科研的目标是确定的,而面对市场的科研目标在市场作出评介之前是谁也无法预知的。另外,市场的高淘汰性也决定了政府在此方面的投资是不合适的,市场中只要十家企业有一家抓住了市场的方向取得了成功,从社会整体来看,其所得抵补另外九家企业的失败还有余,但政府的投资就无法利用这种分散的模式来分散风险,因此一旦没有选正方向而失败,其代价就是沉重的,从概率上来讲,选正方向的可能性又确实是很小的,所以发展非国有的中小科技企业就是非常重要的。但是,目前由于大量的银行贷款,以及宝贵的上市额度绝大部分都被传统行业中的国有企业占据,因此这些企业的发展就缺乏足够的融资支持。又由于科技发展的高速度,像以前那样一家企业从小到大的成长过程中,如本书第四章所述的那样,主要依靠自身的积累是不行的,这就使得我国的中小企业在参与国际竞争中有力不从心之感。

(二)将会扭曲国有企业与其他市场参与者之间的正常交易关系,从而影响经济效率

比如,在前几年的需求不足问题中,无论是从投资需求不足还是消费需求不足两个方面看,都与目前营利性国有企业占相当比例的生产结构有关的。

从投资方面来看,正如我们上面所指出的那样,由于通过政府对金融管制的方法使得国

有企业占据了间接融资和直接融资的大部分,而如果按照公平竞争的规则,国有企业依靠自身的效率本来是远远不能够达到这样的一个份额的,这就必然使整个社会的资金使用效率发生扭曲:一方面低效率的国有企业得到了太多的资金从而必然引起银行不良资产的增加,以致削弱了银行进一步扩张信贷的能力;另一方面,有着积极的投资愿望又可能比国有企业取得更高效率的其他所有制企业则常常难以满足自身的投资需求,这就必然导致投资的效率较低。

从消费需求的方面来看,要使得经济作为一个整体能够顺畅地运行,一个基本的要求是生产者和消费者之间必须保持和谐的关系,而这就需要政府在其间保持不偏不倚的立场,但在我们周围的经济生活中,经常可以发现生产者往往占据着过于强势的地位,这与国有营利性企业的广泛存在又是不可分离的,这种强势的地位使得市场的价格不能按照价值规律自然地发生波动而呈现出相当的刚性。

比如,有些国有企业因生产不对路而手中积压了很多盲目生产的商品,在这种情况下,按照一般市场经济的规律,赔本出局乃至破产是合乎逻辑的结果,就像一般的个人投资者在投资股票发生错误时只得割肉是一样自然的道理,但在我们的经济结构中,这些企业却能够在相当长的时间里维持一个不合理的高销售价格——尽管在这种价格下可能根本实现不了多少销售,结果最终造成更大的损失。为什么这些国有企业能够这样做呢?答案是它们获得了超过市场力量之外的力量支持,也就是政府的支持。这里面的原因也简单而清楚:因为这些企业是国有企业,政府可以通过其对国有银行的全面控制,使得这些经营失败的国有企业不必按时偿付在正常的市场经济下必须到时偿付的贷款本息。政府也可以采取其他一些特殊的优惠政策,甚至还可以动用媒介的力量宣称该商品的价格已接近成本价,进一步的降价是不可能的,消费者应尽快购买等(如果厂商的决策是错误的,凭什么非要在成本价以上销售并赚钱?决策如果是失败的,自然应该承受应有的损失)。所有这一些都会使得现实中的商品价格难以像在一般的市场经济中那样,通过自动的调节达到一个均衡的位置,这样的话,一方面许多消费者因为价格过高而不能消费到意欲消费的数量水平,而另一方面许多商品又大量地积压着——仅以积压这些年中,如果能够被消费者消费所产生的效用来计算,效率损失之大也是不言而喻的。

从这里我们可以看到,尽管市场的盲目性确实产生生产相对过剩的问题,但如果市场的价格是能够正常波动的话,那么市场本身经过一定的时间是可以克服这种盲目性的,但如果因为某些市场的参与者受到了特别的照顾,从而使价格呈现刚性,那么市场效率的损失就将是更大的。在诸如汽车、电信等行业上,就面临着这样的问题。在一些本已充分展开了竞争、消费者已获得了较充分的消费者剩余的行业,如电视机、空调等行业中,即使企业自身有着强烈的价格竞争欲望,政府有关的主管部门却总是要站出来宣称销售价格已低于成本价,产生了恶性的竞争、不正当竞争等,因此必须实行行业自律价、最低价等。

这些现象的一再出现,又清楚地表明了这样一点:由于政府正是国有企业的大股东或唯一股东,那么它必然要关心国有企业的利益,只要营利性国有企业存在着,那么这种关心也是无可非议的。问题是,政府与此同时又充当着维护市场竞争秩序的裁判员的角色,当政府自觉或不自觉地利用这一优势地位来实现其上述的管好国有企业的目标时,公正的裁判员立场就会发生某种程度的偏倚。

在生产和消费的问题上，我们一直以来总是以各种方式，如搞好国有企业、维护民族工业等说法强调保护国有企业产品的价格，但与此同时却很少听到这样的一种声音，就是更低的价格有利于消费者得到更多数量的消费，从而获得更多的消费者剩余。根据经济学的基本原理，社会经济活动的目的，从根本上讲，是为了使消费者得到更多、更好的消费，从而获得更多的效用，也就是以人为本。效率从根本上来看也是以消费者剩余与社会成本之间的相对关系来衡量的。因此，片面地过分强调生产者的利益就有违市场公正的原则，最终必将损害整体经济的效率，这是毫无疑问的。要彻底改变我国经济外延发展的特征，就必须端正对生产和消费相对关系的认识，而这从根本上讲又取决于政府对市场的监管和国有营利性企业广泛在这两者之间矛盾的解决。

又如，在国有资本与其他社会资本共同组成的股份公司内，要使得企业的效率得以充分的发挥，就必须使得公司的所有股东都能够按照其投入的资本得到相应的报酬，否则的话，根据最基本的经济学常识我们就可以知道，效率必定会在一定的程度上受到扭曲。但是在现有的上市公司中，我们可以发现，国有大股东利用"一股独大"的优势地位，通过注入资产、配股、甚至虚假会计报表和资产评估等方法侵害中小股东利益的事件常有发生，这在一定程度上不能不说是与现有的营利性国有资产的构架有着密切的关系的。

在现有的政府和国有企业格局下，甚至还会出现政府违法使用权力以维护某些国有企业的恶劣行为。

［案例7.7］ 陕西汉中地区政府曾以行政命令的方式强令下属各区县政府购买汉中卷烟二厂的卷烟，因为汉中卷烟二厂是该地区的"创利大户"，它的业绩关系到汉中地区国有企业的整体业绩，而该地区国有企业的业绩显然又在很大程度上反映着地区官员的政绩。作为下属的各区县在接到任务后亦如法炮制，利用手中的权力向有关单位摊派这些卷烟的购买任务。

如果像以上的这种现象不能得以制止，而进一步蔓延的话，那么社会主义市场经济的建设步伐势必就会受到严重的影响。

（三）对国有企业的过度扶植和保护，从根本上也会损害国有企业自身

政府与企业间的关系可以用两种态度来表述。

第一种是鼓励企业充分竞争的态度，政府在企业之间，以及企业与其他市场主体（如消费者）之间担当公正的裁判员角色。

美国政府在这方面是做得比较好的，其经验值得我们借鉴。比如，美国政府对微软、美国电话电报公司等这些事实上能够集中地反映美国经济成就的大企业，当它们形成垄断局面时，毫不手软，严格按照反垄断法予以司法起诉。如果狭隘地理解民族工业对此或许是难以理解的，甚至会认为美国政府做出这种"亲者痛、仇者快"的事情来，是资本主义腐朽没落的表现。其实不然，按照马克思主义辩证唯物论的精神，我们是应该对这一事情有着全面正

确的认识的。发展民族经济无疑是必须坚持的,但民族经济的发展绝对是一个整体的概念,而不是单就某个厂家而论的。在这里,如果缺乏全局的视野,往往又容易犯下一个"合成谬误"的错误,即简单地认为只要扶植个别的几个厂家使之在国际上有一定的地位,那么整体的民族工业就算是振兴了,这其实是一个形而上学的错误。对于个别企业与整体经济的关系,我们切忌认为只要个别企业好了,那么对整体经济的利益就一定是增进的,这是完全不符合常识的。像微观经济学中对垄断的分析,就清楚地说明,当垄断形成后,尽管垄断厂家可以得到更为高额的利润,垄断企业因此"搞得更好"(利润更高、效益更好),但社会经济的整体效率却将因此而受到很大的损害。以此观之,美国政府对微软、美国电话电报公司等的做法也并没有什么特别之处,无非是履行了政府作为市场裁判员的正常职责。说到底,市场经济的精髓就在于竞争,只有通过充分的甚至是残酷的竞争冲杀出来的企业才有可能成为真正优秀的企业,有许多这样企业的经济才会是一个充满生机和活力的经济。政府的作用就是竭力维持最充分的竞争,而在某些运动员试图通过市场竞争之外的手段获取利益时予以严厉的制止,而不应顾忌参与竞争企业的生死存亡——这应是由市场来判断和决定的。在一个激烈的竞争过程中,必定会有相当一批的企业被市场淘汰,比如像美国硅谷的企业中就有9/10以上的企业在发展的过程中被淘汰,但是真正成长起来那1/10的企业却往往能够最终成为优秀的企业,那些被淘汰企业的资源和人员也将会在完善和充分的市场运行下被成功的企业所吸纳,因此也不存在我们经常所担心的企业倒闭引发的社会问题。再退一步讲,即使存在破产而引起的摩擦、失业等问题,政府解决问题的途径也主要应是社会保障制度,而不是通过在充当市场裁判员时对劣势企业法外开恩来解决。

第二种政府对企业的态度是扶持的态度。

由于受传统文化的影响,东亚国家的政府往往倾向于对某些由政府选中的企业进行专门扶持的做法。这种做法的弊端在1997年的东亚金融大危机中已有了相当程度的暴露。比如,韩国政府就曾重点扶持如现代、金星、大宇、三星、鲜京(SK)等大企业集团,通过给予大量优惠的银行贷款和阻止外国产品进入本国竞争的办法,把这些大企业集团塑造为巨无霸。但是,由于没有面临充分的产品竞争,韩国企业的核心竞争力仍然很差。另一方面,资金的宽松又使其大量盲目投资,公司内部的财务控制力越来越弱,尽管这些致使的问题在政府的保护下一时半时还看不出来,但危机总归是要爆发的。当危机爆发时,这些企业就像那些受到家长过度溺爱的肥胖儿童那样,毫无还手之力,大宇集团的破产就是最好的证明①。归根结底,那些不是在公平而严酷的市场环境下拼杀出来,而是靠着政府悉心呵护出来的企业又怎么可能会具有真正的竞争力呢?又更何谈国际竞争力?

值得再次重申的是,随着以科技高速发展为特征的新经济时代的到来,政府扶持的做法将越来越不适宜经济的发展,因为现代科技的发展和运用是与市场导向密切结合在一起的,基于我们对市场机制和计划机制的优缺点的认识,我们可以断言,市场在判断这类问题上将比政府更为有效。既然如此,我们怎么能够认为政府扶持的方向就能够符合市场需求的要求呢?前述关于日本开发高清晰度电视的政府计划就是一个例子。我们还可以想象,在20世纪80年代初期以王安电脑公司和微软公司而言,如果要选择一个扶持的对象的话,那么

---

① 参见本书[案例4.5]。

无论从哪个角度来看，当时王安公司可能都是中选的目标。在当时，包括比尔·盖茨在内，谁也无法预见电脑业发展的确切方向，微软公司的成功也是在市场中逐步拼杀出来的。因此，由政府而不是由市场来选择发展的方向，就在很大可能性上导致资源配置是不当的。究竟应该发展什么种类的高科技的问题，理应交由市场去回答。

总之，无论是通过容忍甚至是一定程度上支持垄断的做法，还是通过补贴或限价的价格支持的办法，以及资金、税收方面支持等的办法来扶持全部企业中的某一部分，从长远来看，都是不适宜的，而在一个营利性国有企业占据很大比重的企业结构中，国有企业又必然是受到扶持的重点选择对象，这种扶持从根本上来讲，正如我们上述所分析的那样，总体来看即使仅仅对国有企业自身的长期绩效而言，也是弊大于利的。当然，有些问题暴露出来要经过一个较长的时期。

有种观点经常将正常的市场竞争扣上恶性竞争的帽子，无非是想要说激烈的竞争会导致一些国有企业的经营出现失败，但这正如我们前面所指出的那样，这是完全正常的，是有利于经济的健康发展的，被淘汰厂家的资源完全可以被优势的企业更有效率地利用。如果有摩擦失业的问题，那么这同样不应归咎于竞争，而应归咎于社会保障制度的建设。有的观点又认为，激烈的竞争会减少企业的利润，从而使得企业没有足够的技术投入，不能通过技术进步来实现产业的升级换代，这又是用静止的眼光在看待问题，正确的逻辑应该是：如果经营老产品仍然能有利润，为什么需要去生产新的产品呢？因此，实际上只有通过激烈的竞争，使得固守在老产品生产上的企业不仅无利可图，相反还要产生亏损，这才能够激励有关的企业加大新产品开发的力度，最终带动整个产业的更新换代。与市场需求相脱节的产品，按照比成本更低的价格进行销售，也同样是完全正常的，否则又何来优胜劣汰？那种声称按比成本更低的价格进行销售的行为就是不正当竞争的说法是可笑的。当股票投资者投资决策失误而割肉时，是否也产生了不正当竞争行为呢？从这些观点，以及某些政府主管部门按照这种观点对市场进行的不恰当的干预中，事实上不仅发生了裁判员照顾某些特殊运动员的事实，甚至还有裁判员越俎代庖，充当运动员之嫌。这使得某些按照市场规律已不再存在利润空间的企业硬是产生了一定的利润空间，某些早就应该破产的企业迟迟不能破产。这样，这些企业就会有竞争力吗？整个的经济效率就会因此而提高吗？

总结以上三个方面，我们可以看到，如果由于国有企业的存在而使得政府在充当市场裁判员的角色时偏离了不偏不倚的立场，那么这将会对经济的效率带来影响，这时就产生如下的问题。

首先，是否能够找到适当的办法，使得在一个国有企业在竞争性行业中占有很大比例的情况下，避免发生裁判员照顾特殊运动员的问题。这方面的设想主要有两个：一是设法将政府对市场进行监管的职责和管理国有企业的职责区分开来，并相应设立职责分离的机构予以管理；二是将现有百分之百股份的国有企业都改造成为国家只持有一部分股份的混合所有制企业，这样，由于政府面对的都是既有一定国有股份，又有其他社会资本参与的企业，因此在挑选要特殊照顾的运动员时就会产生困难。但是，这两个方法都存在着很大的现实问题，有关这两方面的具体问题，我们还将在第十八章国有资产管理体制中予以详细地讨论。

其次，如果找不到一个恰当的方法改变在营利性国有企业广泛存在的情况下引起的裁判员越位问题的话,那么就效率方面来考虑,国有企业从一般竞争性领域中退出也就是一个必然的解决办法。但是,我们也应该考虑到这样逐渐的一种变化可能在公平上带来的效应——如我们前面所论述过的那样,如果国有企业能够按照理想的状况来运行,那么营利性国有企业的存在是有利于实现禀赋公平,并最终改善结果公平的;而在国有资产的退出过程中也同样存在着尖锐的社会公平问题,因此我们有必要把国有营利性企业对社会公平的现实作用,国有企业对社会效率的影响,以及改善公平状况的其他手段作一个通盘的全面的考虑。在综合考虑了这些因素后,大多数人会同意这样的一个观点:国有营利性企业在相当程度上退出一般竞争性领域是值得考虑的。

第四节 国有营利性企业的改革

总结本章以上之所述,对于那些具有社会化大生产特征的国有营利性企业的改革主要在于以下三个方面。

一、改善国有营利性企业的财务结构

除了依靠一部分国家资金注入资本金和进行债务重组的操作之外,主要应依靠将广大居民的富余资金逐渐地引导到直接投资的渠道中来,依靠比较充足的民间资金发展国有控股或国有资本参股的股份制公司。另外,引入外资参与国有企业的改造和缩短国有企业的战线也是重要的途径。

二、完善国有营利性企业的治理结构,提高治理水平

应通过现代企业制度改造、上市等手段,发展国有控股之股份制公司,并进一步发展多元持股主体的国有参股混合制股份公司,以充分发挥"用手投票"和"用脚投票"机制的作用,双管齐下,提升国有营利性企业的治理水平。

三、改善国有营利性企业的外部环境

应通过剥离企业非营利性资产和对营利性资产实现主辅分离、减员增效,逐渐克服国有企业"企业办社会"的历史遗留问题;并通过国有经济出让一定的份额予其他经济主体(在这个过程中,国有营利性资产的净资产数量往往可能是增加的)或退出一些一般性竞争领域,以及改革国有资产管理体制等方法,化解裁判员和运动员错位问题。

总结以上三点,我们不难发现其中有很多内容指向相同的方向,比如引入民间资金参与国有企业的改革,将国有企业改革为多元主体持股之股份制公司;国有经济从一些一般性竞争领域退出等。

习 题

【思考题】

1. 国有营利性企业的财务结构应符合怎样的标准?
2. 我国国有营利性企业财务结构中普遍存在着怎样的问题？有哪些途径可对此加以改进？
3. **国有企业模式 Ⅱ**（国家 100% 持股的公司制国有企业）与一般意义上的现代企业制度在治理结构上有何差异？如果有差异存在,对它们各自构成怎样的影响？
4. 如果在市场经济中产生了裁判员和运动员角色错位的问题,将会对整体经济的发展产生怎样的影响？
5. 国有营利性企业的广泛存在对裁判员和运动员角色错位问题带来怎样的影响？
6. 综合考虑国有营利性企业面临的几个具有规律性的问题,你认为应怎样重新认识国有营利性企业在国有资产管理中的地位？
7. 国有营利性企业的管理与改革问题可归纳为哪几方面？解决的途径分别是什么？
8. 如何解决国有企业的"企业办社会"问题？
9. 为什么说多元主体持股的国有股份参股公司是大多数大型和特大型国有企业的发展方向？
10. 古典企业制度是大型和特大型国有企业改革的方向吗？为什么？

第八章

国有营利性企业的现代企业制度改造和资产重组

从本书前面的有关探讨中我们可以看到,为了保证国民经济的持续、高速增长,国有营利性企业退出一般竞争性领域不可能是一蹴而就的,而是将经历一个较长的过程。因此,通过对现有国有企业的现代企业制度改造和资产重组来提高它们的运行效率,是有着现实的意义的。在本章中,我们将对国有营利性企业现代企业制度改造和资产重组的有关问题作较详细的探讨。

第一节 国有营利性企业的现代企业制度改造

一、一般现代企业制度建设推进的三个阶段

按照现代企业制度理论,当由于生产力的发展使得企业的分权经营不可避免时,完善企业治理结构的关键就在于控制企业内部人员利用相对于股东的信息和控制占取不应当获得的利益。在此基础上,如果能够进一步调动企业经营者的积极性和创造性则更佳。围绕着这样的思想,现代企业制度的设计和推进大致经历了三个阶段。

(一)未上市的有限责任公司和股份公司

这是现代企业制度最早的组织形式,在这种组织形式中,股东对管理层的制约机制主要表现在《公司法》、企业内部的有关规章制度,以及当问题发生时的外部裁决机构等。这种最古老的现代企业制度的缺陷在于:

(1)股东对管理者的监督虽然有一些最基本的制度形式——如我们上面提到的《公司法》、公司内部的规章制度的帮助,但还是非常不够。这就使得股东,特别是中小股东在分散而又缺乏专业知识的情况下,面临的监督成本是很大的。

(2)当股东无力改变管理现状时,想要退出也是比较困难的。而且,即使能够退出的话,对管理者也不致造成很大的威胁。这样,公司管理层借助相对于股东的信息优势,或

者大股东兼管理者借助对其他中小股东的信息优势,谋取自身的超额利益就有着相当的可乘之机。打个比方来说,我们也可以把管理者和股东想象为一般市场中交易的双方,在他们的买卖关系中,是由股东来购买管理者提供的管理服务。要保证管理服务的买卖双方之间能够有效率地履行合约,就要求:一方面,政府能够通过完善的制度(规则),当双方发生纠纷时,确认并保证双方的产权;另一方面,如果在现实中政府制度中不够完善的话,那么消费者还可以通过在受骗上当后拒绝再次购买的方式对销售者进行另一重的制约,这也是非常重要的。像我国在改革开放初期时,服装等商品中的假冒伪劣产品甚多,而至今已在相当程度上得到规范,这虽然与政府的管制有很大的关系,但消费者在上当受骗后可以不再购买而引发的竞争中厂商之间的优胜劣汰,也同样是一个重要的原因。如果消费者只能被迫消费假冒伪劣产品而没有再次选择的权利或再次选择的权利受到限制,那么问题就要难解决得多。企业管理问题也同样如此。股东即使不能直接推翻不满意的管理者,但如果有一个比较完善的退出机制的话,也能够在一定程度上对管理者的行为起到制约作用。但是,根据一般的公司制度,投资者即使不满意管理者的管理,也是不能够撤资的,最多只能将其持有的股份转让,而且原有的股东还有接受转让的优先权,这就使得通过退出来实现较好的监督效果的机制不能充分地发挥作用。

(二)上市的公众公司

为克服未上市公司治理结构上的问题,上市公司是人们设计出来对原始的现代企业制度加以改进的一种制度形式。上市公司一方面由于受到更为严格的诸如信息披露制度等法规的制约,从而使得股东对管理层的监督成本大大地节约了(尽管我们不能忽视就整体经济而言所增加的外部监管成本);另一方面,公司的上市也为股东创造了又一有利的监督机制,即"用脚投票"机制,也就是当股东对管理层不满,而又无法通过公司内部的表决程序或外部的仲裁程序推翻公司管理层时,可以通过在市场上抛出该公司的股票,转而投资于相对满意的其他公司。如本书前面所述的那样,如果某一上市的公司管理层令许多股东不满而纷纷抛出其所持股票的话,那么该公司的股价就会下跌;这时,潜在的大额集中购买者通过收购公司股权而控制公司管理的可能性也就大大增强;这样,现有的公司管理层的切身利益就将受到越来越大的潜在威胁;因此,他们可能将不得不采取一定的步骤,倾向于在一定程度上听取股东的意见而不致使股东过度抛售其所持有的股票。

这样的一个约束机制无疑比之于原始的现代企业制度形式有了很大的改进,因此当经过了现代企业制度改造后的企业意欲上市时,尽可能地满足其上市的欲望,就企业治理结构角度而言,无疑是深化现代企业制度改革的重要一步。

但是,上市公司在治理结构上仍然不可能完全克服现代企业制度中两权分离所带来的问题。比如,当公司管理层同时又具有公司50%以上股份的绝对控股股东地位时,"用脚投票"机制就不会发生作用;再如,当公司规模非常大而股东的数量也非常多且又分散的情况下,公司管理层受到"用脚投票"机制威胁的机会也比较少,在这种情况下公司管理层可能就不愿意多听取股东的意见。

[案例 8.1] 中建集团改制历程

1952 年,"中国建筑设计研究院"的前身中央直属设计公司成立,在之后的十余年之间响应国家号召,负责灾区重建、现代公共建筑设计等方面。1970 年其被撤销,数千名员工服从调配至其他单位和山西、湖南、河南等地。1971 年,由 11 家单位重组后的新机构正式成立,定名为国家建委建筑科学研究院。1973 年正式成立建筑设计研究院。

1978 年,紧随改革开放的浪潮,该院招收第一批建筑设计、结构设计专业硕士研究生。1980 年,中国建筑设计研究院在深圳创立了中国第一家中外合资设计公司——"华森建筑与工程设计顾问公司"。以香港为窗口、深圳为基地,吸取国际先进技术、开辟中国设计的新境界伟大征程。在 20 世纪末,作为建设行业的领军人物,中建集团在摸石过河的路程中,即使有"华森在改革开放前沿的精彩探索实践"这一抹亮色,仍几度更名、分分合合,甚至一度陷入借钱发展的窘境。

2000 年 3 月,建设部党组决定将建设部建筑设计院、中国建筑技术研究院、中国市政工程华北设计研究院、建设部城市建设研究院合并重组,成立中国建筑设计研究院,隶属于国务院国有资产监督管理委员会,完成了事业单位的转企改制。2012 年 4 月,经过 8 个月的紧锣密鼓的运作,中国建筑设计研究院以 1.47 亿澳元的价格全资收购了具有 180 年历史的新加坡 CPG 集团,成为中国勘察设计行业海外并购的第一案例,是中国高端服务业"走出去"的有益尝试和探索。

2014 年,经国务院批准,中国建设科技集团由中国建筑设计研究院作为主发起人,联合中国电力建设集团有限公司、中国能源建设集团有限公司、北京航天产业投资基金(有限合伙)共同发起设立,注册资本 27.08 亿元人民币。其中,中国建筑设计研究院以其全部骨干企业、资质和主营业务注入股份公司,持有股份公司 85% 股份,为股份公司控股股东;中国电建、中国能建、航天产业基金以现金方式出资,分别持有股份公司总股本的 5.44%、3.89% 和 5.67%。集团整体改制工作取得重大成果,成为集团发展史上具有划时代意义的又一重要里程碑。股份公司的设立,意味着企业真正实现了从"院所式"管理向现代企业治理的转变。使企业加速实现了从"建筑"到"建设",从"设计"到"科技"的质的飞跃,拓展了业务领域、延伸了产业链条,开创了中央科技型企业转型发展的新模式,为集团未来转型发展搭建了更为广阔、更具想象空间的开放性集成平台。

(三) 对管理层或职工进行股权或期权激励的上市公司

现代企业制度的问题归根结底就在于两权分离,以及由此带来的所有者很难判断管理者的贡献究竟为何的问题。因此,如何适当地确定管理者的贡献并给予适当的激励,无疑是有助于改善企业的治理结构的(当然,在现代的经济条件下,所有者和管理者,两者已不可能完全合二为一了),这也就是现代企业制度中对管理层和职工进行期权激励的根本目的。

[案例 8.2] 联通的核心员工股权激励计划

中国联通于 2017 年 8 月 18 日，公布了混改方案。中国联通是第一家混改的央企，肩负着为混合所有制改革探索道路、积累经验的使命。联通混改方案除了引入外部投资者，还涉及核心员工股权激励计划，以 3.79 元/股，向核心员工首期授予不超过约 8.48 亿股限制性股票，募集资金不超过 32.13 亿元。首次授予的激励对象不超过 7 550 人，人均授予约 10.1 万股，包括公司中层管理人员，以及对公司经营业绩和持续发展有直接影响的核心管理人才和专业人才，但不包括董事及高管。

近年来，在美国的一些公司特别是高科技公司中，广泛地运用了期权一种方式。它对完善企业的治理结构起到了较好的作用。

市场价格则是投资公众基于公司业绩(也包括管理层业绩)所作出的评判。它是由众多的市场参与者决定的——因此，带有相当的公正性和最好的准确性。如本书前面一再阐述过的那样，市场机制虽然在实际中也经常存在错误，有时甚至是很大的错误；但它仍然是现实世界中最好的定价机制：既包括对商品资源的定价，也包括对像管理者的劳动价值这样的特殊商品的定价。也就是说，公司管理层或员工通过期权计划可得到的实际好处决定于市场，而不决定于某个个人或某个机构，这就使得激励机制更为有效。

[案例 8.3] 20 世纪 90 年代中期，美国亚马逊图书公司在发现了利用互联网出售图书这样的一个崭新商业模式后，通过上市筹资、借贷等手段大肆扩张、投入，结果由于投入没有及时产生回报，使得公司连年亏损，而且亏损数目越来越大，越来越惊人。但与此同时，该公司股价却节节上升。这种现象的出现表明了公司股东对公司管理层的支持(通过市场来表达)，以贝佐斯为首的管理团队也因此通过期权，得到了高额的"奖励"(市场的奖励)。

1. 期权激励与股权激励的差别

从上述对期权激励的介绍中，我们可以看到，期权激励重在市场对人力资本定价的发现机制，这显然不同于对管理层进行直接股权奖励办法的思路。因为，后者的思路是想要使管理者也成为股东的一部分，并从而管好公司。

我们不妨拿这样两个方案进行比较如下。

一个方案是划拨或奖励给未上市公司管理层一部分的股权。这将会发生什么呢？首先，划拨或奖励的数量应该是多少呢？这首先是令人生疑的。即使是制定出某个标准来，那么由于对公司经营状况的好坏绝非是靠账面的几个指标就能解决的(否则的话，也就不再需要资本市场来给公司定价，只要设计个量化模型一算就可以据此配置资源了)，因此奖励的标准显然是有疑问的。其次，当公司管理层得到这部分股权后，又将做些什么呢？这可以分两种情况：一种情况是管理层占据了大股东的位置，那么当管理层的利益和其他股东利益发生矛盾时,就有可能产生利用控股地位侵占其他股东利益的行为;另一种情况是,如果股份的比例很小,不能使管理层占据控股的地位,那么管理者仍然将按照以前的一般规律来行动,因为现实的得之以股权的利益在此种情况下是不大的。按照基本的经济人假设,只要利用控制权侵占其他股东利益的所得,大于管理者在上市公司中持有的股权的利益所失,那么这样的行为就将是必然的。

另一个方案是在上市公司中实行期权激励,它比之于未上市公司中的单纯股权激励的优点在于:管理层或职工得益的多少首先取决于根据对他们自身努力作出评判的市场价格,因而是公正的,但当市场价格不认同他们的努力时,根据期权安排计划,他们完全可能分文不得。

2. 期权激励的可能缺点

但是,期权激励的方法也不是没有缺点的,这里存在两个主要的问题。

(1) 期权安排的期限如果过短,那么管理层有可能采取有利于股价在短期内攀升而不利于企业长期发展的经营行为,以使得自己来自期权安排的潜在利益在短期内得以兑现。比如,当市场热衷于炒作网络、基因技术等高科技股时,胡乱地将公司的资金也投向这些时髦的方向,以跟上市场的潮流,在短期内使公司的股价得以抬升,从而实现个人的利益。

(2) 即使在公司的资金净利率已达不到市场平均利润率水平的情况下,仍然不愿意将公司的利润所得向公司股东发放红利,而将其留在公司中继续运作,从而使公司的每股净资产值得以保持较高的水平,以利于自己期权得以较高价格的兑现[①],这其实是以公司股东的利益为自己谋私利。

对于这两点,在任何公司期权激励安排的设计中都必须作为原则性问题来予以详细的考虑,力求通过具体的条例规定,将这两方面可能发生的负面影响降至最低程度。

3. 期权激励的前提条件

期权激励的前提,很显然,是要有一个运作规范、定价机制完备的资本市场。如果一个市场因股权分置等原因,定价机制不完备,估值偏高,甚至存在比较普遍的做庄、炒作等市场操作行为的话,期权激励就很难进行。

二、国有营利性企业现代企业制度改造的三个阶段

我国国有营利性企业的现代企业制度改革也将大致地遵循三个阶段。

(一) 从形式上建立现代企业制度的基本构架,即设立股东大会、董事会、监事会等

这时候会有两种情况:一是在国有独资有限责任公司或某一国有股持股单位占据绝对控股地位的情况下,由于国有企业治理结构中与一般公司不同的从股东到管理层的多极委托-代理关系,如何对企业经营者的业绩作出评价还是会面临着许多困难;二是国有股的各持股单位谁都不占绝对控制地位,此时由于各自之间的利益客观上形成制衡的关系,因此相对于前一种情况而言,就较利于股东对管理者的监督。比如,嘉实基金管理有限公司由广发证券、北京证券、吉林证券、中煤信托等国有单位出资组建,在2000年,因其管理的泰和基金

[①] 巴菲特:《巴菲特致股东的信:股份公司教程》,机械工业出版社,2004年。

业绩不理想,因此由各方股东单位代表组成的董事会就一致决定将由北京证券派出的总经理予以免职。总的来看,在这两种制度形式下,对管理者人力资本的定价都不是由市场作出的,因此隐含着比市场定价更大的失误可能性,当然由国有企业改制而来的上市有限责任制公司和股份公司中也存在着与我们前述的一般未上市公司同样的缺点,这就使我们需要将国有企业的现代企业制度改造更深入一步,而上市正是一个非常好的选择。

截至2003年年底,全国4 223家国有大中型骨干企业中,有2 534家通过多种形式改制成为多元持股的公司制企业,改制面近60%,比2001年、2002年分别提高5.2和1.5个百分点。509家国家重点企业改制面则为79.4%①。总的来看,现代企业制度改造的第一步,就形式上而言,大部分已经完成。截至2008年4月,全国2 903家国有及国有控股大型骨干企业中,已有2 306家改制为多元股东持股的公司制企业,改制面在80%以上。国有控股的境内外上市公司1 000余家,其国有权益和实现利润分别约占全国国有及国有控股企业的17%和46%。2012年,全国90%以上的国有企业完成了公司制股份制改革。国务院国资委主任肖亚庆在2017年9月28日举行新闻发布会上介绍了十八大以来国有企业改革有关情况,认为过去五年国企改革顶层设计基本完成,改革系统性、整体性、协同性不断增强。中央企业和各地国有企业都坚持问题导向,结合各个地方、各个行业和各个企业的实际,制定了很多改革实施的方案和操作的细则,推动了国有企业改革向纵深推进,重点难点问题不断取得新突破。中央企业分类改革全面推开,功能定位更加明确。进行了十项改革试点,这些试点都取得了重大进展,形成了一批可复制的经验。全国国有企业公司制改制面在90%以上,中央企业各级子企业公司制改制面达92%。混合所有制改革稳步推进,超过三分之二的中央企业已经或者正在引入各类社会资本正在推进股权多元化。重组整合扎实推进,通过重组国有资本布局结构不断优化。

但是,在许多企业中,这些工作还不彻底。从实质内容看,还存在着不少问题。比如,按照正常的现代企业制度运作方式,在股东→董事会→公司管理层的关系中,股东应通过选举产生董事(并且,在非特殊的情况下,这种选举应保持一定的周期间隔,如一年一次;以保证董事和公司高管有足够的时间来展示自己的才能)的方法,间接地对企业产生影响,以保证分权制下企业管理层在企业具体事务决策上的相对独立性和管理稳定性。从这个角度来讲,作为出资人代表的国资管理机构的主要任务应是任命董事,然后再由董事会选举董事长、总经理等具体管理公司事务——这显然和我们目前主要以行政任命方式任命企业领导的做法是有差异的,今后应设法逐渐地加以改进。前述一般意义上的发达国家现代企业治理结构中的一些好的方面,我们也在逐步改进如下。

(1) 设立外部董事(非执行董事)和独立董事②,并强制规定一个这类董事在董事会成员

---

① 国务院国资委统计数据。
② 外部董事是指不担任公司行政职务的董事,但可以是公司的前管理层人员,也可以是与公司有关联业务关系的公司(比如为企业供货或是公司产品的购买者或为公司提供咨询、法律、会计等服务)的人员。而独立董事,根据一般看法,是要求更为严格的外部董事,他必须严格独立于公司管理层之外,比如不可以是公司前管理人员(如2005年深圳发展银行前任董事长蓝得彰拟改任独立董事时,即为深圳证券交易所异议),不可以是上述和公司有关联关系的其他公司的人员,也不可以是管理层或上述关联人员的亲属。其实,按照本书作者的看法,在存在大股东持股比例达至控股的情况下,为保障中小股东的权利,应更进一步将独立董事定义为与大股东也不存在关联关系。董事的分类还有一种方法是将董事划分为执行董事和非执行董事,前者是指同时兼任公司行政职务的董事,即内部董事,而后者是指不兼任公司行政职务的董事,即外部董事。

中的最小比例,以使得董事会能够更好地代表股东对公司管理层进行监管和制定控制公司重大决策的实施。显然,如果董事会成员又同时都是公司行政人员的话,董事会就几乎是形同虚设的,其机制必然是按照行政级别的等级,行政级别较低的董事服从级别较高的董事,最后就会是公司行政一把手说了算。有了真正意义上的外部董事和独立董事后,他们直接向相关的股东负责,又不会因担任行政职务的原因而受制于公司最高行政管理者,就能够较好地发挥董事会应起的作用。

(2) 在董事会中设立薪酬委员会、投资委员会、风险控制委员会等专业委员会,以具有各方面专业知识的董事分别担任各委员会的主任和委员。这样,一方面使得公司董事能够发挥各自的专业特长,比较好地解决我们前述的公司股东在现代化大生产条件下管理公司知识不足的问题,真正使得董事代表股东,为股东的利益服务;另一方面使得公司的重大战略性决策的制定和实施权在董事会和管理层之间做到合理分工,而不是完全掌控在公司管理层(甚至仅仅是公司最高行政管理者一人)手中,进而使得公司高管的薪酬水平不是自说自话,而是能够更向激励相容的目标靠近;重大的战略性经营决策不是靠某个管理者的一时冲动、拍脑袋,而是更具科学性、更少风险[①]。

(二) 积极推进国有股份制企业的上市进程,以竞争促进发展

上市公司较之于未上市公司在治理结构上的优势已在前面作了较充分的论述,在我国目前推进国有企业上市的进程中,就治理结构而言,亟须澄清的是这样一个问题:到底是改制好了再上市,还是上市后以竞争促改制?

从前面有关上市公司治理结构的论述中,我们不难发现,与未上市公司相比,推进上市公司深化现代企业制度改革的动力在相当程度上来自外部,也就是说,只要一天不上市,就一天感受不到上市的压力。那么,又如何能够设想原有的企业在没有这种压力的情况下,就能够自动变为一个规范的上市公司呢?当然,就我国目前的情况而论,如果放开大门,那么众多的上市公司质量不是很高那是可以预见的,但只要政府在证券市场中充当裁判员的立场是公正的,市场的价格是没有受到人为操纵的,那么市场的价格在反复波动后是会按照上市公司的质量给予比较适当的定价的,因此这里根本不会存在什么影响市场的信心等问题,主观根本上是要服从客观的,也只有当市场能够真正按质论价时,上市公司的融资环境才不会都那么宽裕,而是面临着激烈的竞争,这样也才能焕发出其改善自身治理结构的内在动因。有的企业改制不太成功也没关系,破产就是了,唯有此,在市场的大浪淘沙之下,才可能真正锻炼出一批好的企业来。打个比方,在陆地上学游泳的运动员永远是学不会的,只有把他们推入水中,才有希望造就出一批真正能够迎接风浪挑战的优秀的运动员来。上市根本上不应只为眼前的融资,更主要地是以上市促改制。所以,降低上市门槛,将能够由市场判断的问题交由市场的智慧去判断,而不仅仅依靠某些政府官员或专家学者来判断,这才是正确的方向。对此问题我们还将在第十一章中再予以进一步的讨论。

[①] 2004年中航油事件(案例请参见本书第十八章)之所以会造成如此重大损失的原因就在于公司治理结构的严重问题,根本没有如我们这里所述的制度安排;极其重大的、对公司而言生死攸关的投资决策完全只由少数的公司高管说了算。

在国内资本市场尚还年轻，不够完备，定价机制还不够灵敏、准确的情况下，将大型、特大型的骨干国有企业推向那些定价机制比较完备、监管比较严格的国际资本市场，也是一条快速提高我国国有企业整体治理水平的有效途径。乍看起来，到国际市场上市的 IPO 定价较低，融资量较少，但以上市的目的主要是为了改善企业治理水平，并从而提升企业长期绩效，而非一时融资之大小的视角来看，从长期而言，这无疑是一个好选择。同时，这样的做法也在一定程度上回避了国内市场股价虚高与扩容之间的矛盾。

1998—2003 年年底，国企境内外上市 490 家，累计筹资 7 850 亿元，其中境外筹资 363 亿美元①。上市的步伐比此前 5 年大大加快了。以国资委直属企业而言，大多数都拥有了自己的上市公司。

但是，在这里存在的一个问题是，大多数的母公司（集团公司）并没有进行整体的股份制改造和上市，而只是将下属的某一块资产分拆后上市，即普遍采用"集团公司→上市公司"的架构。按照本书前面阐述过的现代企业基本原理，这显然一方面不利于母公司层面企业治理结构的进一步优化，另一方面对下属的上市公司而言，也因为"一股独大"、与母公司的关联交易频繁（因为这一资产本身就是从母公司整体中切出来的，所以大量的关联交易往往很难避免）等问题，而使得公司治理水平提高很难。因此，在做好主辅分离、减员增效工作的前提下，逐渐地在集团公司的层面推进**整体上市**，即把集团公司的全部资产上市，成为 2012 年以后国企改革的一个发展方向。

（三）对上市的国有企业应逐渐引进期权激励办法

这里值得强调的是，不应对未上市的国有企业管理层给予任何形式的股权奖励，因为在多级代理关系下，这很容易引起暗箱操作，滋生庞大的寻租空间，导致国有资产的流失和社会分配的不公。对上市公司而言，也不宜使用简单的股权奖励办法，因为如我们前述分析中所指出的那样，单纯的股权奖励既缺乏公正的评价标准，又难以起到很好的激励效应。唯有设置在未来若干年中可选择行使的比现行市价要高的认股权价格，才有可能真正实现报酬与贡献密切挂钩的激励效应，由市场来对经营者的报酬发言。但是，这又必须依赖于一个良好的规范的资本市场。显然，为了实现这一期权激励办法得以良好施行的前提条件，我们还需要付出巨大的努力。

第二节　国有营利性企业资产重组的动因和效应

资产重组就是对企业的权益资产和债务资产的结构进行重新组织的经济活动。企业进行资产重组的目的是为了更加合理地配置企业的存量资产和增量资产，优化企业的资产结构，从而提高企业的经营效率。

---

① 国务院国资委统计数据。

一、资产重组的动因分析

我国的国有营利性企业在最近的一些年中,广泛地开展了各种形式的资产重组,其客观原因就在于我国的国有企业平均资产负债率达到70%以上,总体上面临着一个非常不合理的权益资产和负债资产的比例结构,而资产重组显然是在一定程度上化解这一问题的有效途径之一。此外,对国有企业的现代企业制度改造,和企业的技术进步的需要,在客观上也推动了企业资产重组的活动。

从主观上讲,我国国有企业资产重组活动的动因可以分为两个方面。

(一) 来自企业方面的动因

与一般的市场经济国家中的企业一样,企业为了自身发展的要求,在适宜的条件下就有着强烈的资产重组的动因,特别在现代经济条件下,正如我们前面所指出的那样,随着技术进步的速度越来越快,完全依靠企业自身的积累来推动企业发展的传统企业发展模式已在很多行业中不适应时代发展的要求,这就使得资产重组成为推动现代企业发展的一个重要手段。在分权的公共生产条件下,国有企业在市场中同样面临着竞争的考验,因此寻求通过重组的方式来发展企业也是理所当然的。

(二) 来自政府方面的动因

一般而言,政府在企业的重组活动中充当着裁判员的角色,因此重组活动和政府总是相关的,政府可以通过放松或加强对重组活动的管制(包括立法和执法),对一国的资产重组活动的活跃程度起到推动或限制的作用。一般来说,政府是不会直接参与到推动重组活动的某个个案的活动中去的。在我国,情况就有着特殊性。由于政府同时又充当着国有企业的唯一股东或大股东的角色,因此政府就往往涉入了企业重组的各个个案中,在这种情况下就会产生一些特殊的问题。比如,当政府以国有企业的大股东身份意欲推进的资产重组活动,与资产重组涉及的有关法规发生矛盾时,就产生了运动员裁判员之间的角色冲突。

[案例8.4] 中信集团整体上市动因

外在动因分析:2013年十八届三中全会提出要全面深化改革,积极发展混合所有制经济,着力推动国企改革,尤其加快混合所有制改革。这对中国经济平稳运行有着至关重要的作用。在此背景下,中信集团作为改革前沿的先行者和多个竞争领域的领头羊,选择整体上市,正是践行混合所有制改革的最佳对象。整体上市有利于企业发挥协同效应,降低成本,促进股权多元化,放大国有资本功能,增强企业的竞争力。2008年中信集团就已经有了上市的计划,但许多条件的限制未能实现,在国家以及政策的不断推动下,在积极倡导"走出去"战略的环境下,得以促成了中信集团在香港整体上市。

内在动因分析如下。

(1) 自身发展的迫切需要。中信泰富的2008年投资澳元累计期权合约巨额亏损事件使公司元气大伤,也暴露出公司在治理、高端人才储备等方面存在的问题。中信集团作为拥有十余家境内外上市公司、上百家子公司的巨型央企,其子公司之间的业务也存在一定程度的重叠,而有些重叠会造成资源浪费及业务低效。例如,资源能源板块包括石油、铁矿、煤炭、金属的开采加工及资源贸易业务。这些业务由多家大小不一的公司经营,有的已经上市,有的全资持有,有的是参股。因此,要对该板块中的公司进行梳理,发挥更大的协同效应。而之前中信集团的分拆上市使得其他未上市的业务没有获得更多的融资渠道,难以做大做强,这些问题需要进一步的有力措施加以解决,而通过整体上市,可以在拓宽融资渠道获得资本的同时更好地促进企业整体的健康发展。

(2) 改革创新的首要任务。为了提升企业的竞争力,扩大业务多元化及规模,增加资产及资本,发挥企业的综合优势与整体协同效应,上市融资成为中信发展战略的一部分。作为中信系发展的重要市场,此次中信集团在香港联交所上市,可以借香港的诸多优势来提升企业的经营水平,如在香港法律及市场监管之下、国际化的企业管理模式等。同时,可以逐渐改变企业的股权结构,完善公司的治理行为,逐步开展员工持股计划,让中信集团积极适应公平公正的环境来参与国际竞争,融入全球市场,获得更好更快的发展,也可以借此促进香港经济的繁荣,实现双赢的局面。

二、企业重组的效因分析

企业的资产重组无疑会对整个社会经济的发展有着积极的影响,但也不可否认存在着一些负面的作用,我们应该从社会整体经济利益的角度出发,趋利避害,使企业的资产重组能够真正发挥出应有的作用来。因此,我们有必要将资产重组有可能发生的正面效用和负面效应都充分地加以考虑。

(一) 企业重组的正面效用

(1) 有利于企业通过实物资产结构的改变,提高企业的经营效率。比如,通过收购兼并活动,可以使得某些经营不善,甚至倒闭破产的企业的机器设备为具有管理优势的企业所利用,从而更好地提高人力资本和实物资本的组合效率;又如,某些优势企业通过合并,也可以更好地优化人力资源、技术资源和实物资产的组合比例,从而更好地产生规模效应;再如,通过资产置换等手段,可以使得企业更好地整合业务结构,使之更为明晰,从而达到更好的经营效率。

(2) 有利于企业改变财务结构,提高企业的经营效率。比如,财务负担沉重的企业,或财务扩张过度的企业,可以利用债务重组,或首次公开募股(IPO)等方式,使得企业的财务结构回复到一个稳健的水平上来;又如,财务结构过于稳健的企业,也可以通过收购兼并等手段,比较充分地发挥财务杠杆的效应。

(3) 有利于企业完善自身的治理结构,获得更高的经济效率。通过特定的资产重组活动,如收购兼并、发行上市、增发新股、债转股等途径,都可能改变公司的股东结构,并进而导致公司治理结构的全面变化,深化企业的现代企业制度改革。

(4) 如果市场的竞争是完善的,那么通过资产重组提高的企业绩效将会对整体经济效率的提高做出贡献。

(二) 企业重组的负面效应

(1) 企业重组的客观结果有时非但不能改进原有的企业经营效率,相反还降低了重组后的企业经营效率。这方面的情况我们将在下一节中予以详细的讨论。

(2) 企业重组有可能使某些企业的规模膨胀到足以妨碍竞争的垄断地位,这虽然有助于企业自身的短期经济效益的提高,但对总体经济而言,也包括对企业的长远发展而言,都是不利的。这就需要政府在企业的重组活动中能够坚持反垄断的立场,阻止企业通过重组谋求垄断地位的企图。在重组活动中,还经常会产生某些重组方利用某些优势侵占其他重组方利益的可能,当这一问题发生时,也需要政府在其中充当公正的裁判员的角色。这一点对于我国的实践来说,尤其具有重要的意义。因为如我们上面所述的那样,在国有企业的重组中,政府既作为资产重组的直接推动者,扮演着运动员的角色,同时对整体的社会经济利益而言,要保证重组活动是有益的,又必须取决于政府是否能够坚持反垄断的立场,以及当重组各方的利益发生冲突时,保持不偏不倚的公正立场,严格立法和执法,这样的两个角色之间无疑是存在着矛盾的。从国有资产管理的角度来看,如果政府在充当裁判员的过程中采取了偏袒某些国有企业的立场,那么,尽管就短时期来讲,可能有利于国有资产会计价值的保值增值,但从根本上来讲,这将损害经济的效率,从而侵蚀税基,影响今后履行国家规范职能所必需的资产的动态投入,从而也无助于国有资产管理的长远大局。

三、国有企业重组与"抓大放小"问题

在当前的国有企业重组中,作为政府来讲,采取"抓大放小"的策略是有着客观依据的,由于国有营利性企业的战线过长,因此试图全面地依靠政府主导的方式来推进国有企业的重组进程不仅面临着财力捉襟见肘的困难,而且从信息费用的角度来考虑,这也意味着极其高昂的成本。但是,在"抓大放小"策略的实施过程中,仍需注意本书前面所反复提及的在运动员与裁判员角色不清状态下易诱发的国有企业垄断趋势。尤其在当前我国加入WTO、融入国际经济一体化进程中,有一种思路认为,应通过政府主导的方式,对大型国有企业进行以合并为主的重组,塑造"大型航空母舰",以抵御外国企业的竞争。问题是:一方面,如果通过合并重组后的企业依靠的是垄断的地位来在国内市场获胜的话,那么即使竞争对手不是本国企业而是外国企业,对于整体经济的影响也是不利的,这是最简单的经济学道理——之所以要加入WTO,要参加国际竞争,正说明了这一道理;另一方面,如果不依靠垄断地位,即使由政府主导形成了某些"航空母舰"式的大型企业集团,那么我们很难相信,这些没有经过市场拼搏考验的大型企业集团就能够在真正的国际竞争中获胜,大不等于强,强大的企业集团必须是在市场考验当中成长起来的,在市场的逼迫下,为了适应市场环境不断地进行收购兼并发展起来的,而不是靠"人造"形成的。总之,要使得我国的企业更能经受得住加入WTO后更为激烈竞争的挑战,并能战而胜之,唯有从现在起就充分完善市场,使国内企业的竞争更加充分,如彩电等行业所正在进行的那样,让这些企业经历更多的摔打,真正练就一

身竞争的真本领,而不是通过行政的手段将这些企业合并起来,使竞争的激烈程度下降,并降低这些企业适应竞争的能力。

第三节　国有营利性企业资产重组的方式

本节将对国有营利性企业资产重组各种具体方式的动因和效果作出进一步的讨论。

一、国有营利性企业的收购、兼并

(一) 国有营利性企业收购、兼并的动因

从国有营利性企业收购兼并的动因上来看,与其他的非国有企业一样,主要是试图通过收购、兼并,以充分发挥优势企业的技术优势、管理优势、人力资本优势等,以更好地提高收购兼并后企业资源配置的效率。近年来,国有企业通过收购、兼并等重组活动,尤其是具有战略意义的收购兼并活动,贯彻大公司、大集团战略,在事关国民经济命脉的关键行业先后组建了一批具有国际竞争力的大型企业集团。2000年,中国石油天然气集团公司、中国石油化工集团公司、中国海洋石油总公司、上海宝钢集团公司、中国移动通信集团公司、中国联合通信有限公司、中国电信集团公司等7家公司的国有权益和实现利润分别占中央企业的25%和78%以上,跻身世界500强的国有企业从1998年的5户上升至14户①。这充分说明了收购兼并的效力。

(二) 收购兼并操作中的思路要点

(1) 在收购兼并中,作为企业首先要考虑的是,由规模效应带来的收益是否能够抵消得了因企业内部整合而必须付出的代价。

[案例8.5]　牡丹江电视机厂和上海啤酒厂在激烈的市场竞争中,由于种种原因陷于困境,这时康佳公司和青岛啤酒公司分别收购了这两家企业,并依靠自己的管理优势、品牌优势、销售网络优势等,利用这两家企业的现有生产线生产康佳牌电视机和青岛啤酒。这样,一方面两家优势企业以低成本的方式迅速提高了产能,占领了市场;而两家被收购兼并企业的资产也并不因为原企业的经营不善就永久地闲置,职工的劳动能力也同样得到充分发挥。这显然于企业、于社会都是一种非常好的结果。当然,它们是否能够以尽可能小的代价整合好原有两个企业之间的各种差异,包括文化的、管理的等,还是有待时间来证明的——评价企业收购兼并的成功与否,往往是需要一个较长的时间才能够下结论的。

---

① 根据国务院国资委统计数据。

一般而言,相同行业的企业相互收购兼并成功的可能性要大些,而不同行业的企业相互收购兼并成功的可能性要小得多,因为不同行业的企业在整合原有企业的差异上所需付出的交易费用往往是极其高昂的。比如,当一家传统的化工企业收购一家网络公司后,就必然会面临着许多管理上通以沟通的问题,因为根据原先两家企业不同的行业特点所使用的管理模式、人员乃至企业文化都必然是不同的。

[案例8.6] 20世纪90年代中期,被最为广泛报道和研究过的、在当时被媒介和许多专家认为极其成功的四个收购兼并案例:光大公司收购玉林柴油机厂案、康恩贝公司收购浙江凤凰公司案、万通集团收购东北华联案,以及恒通收购棱光案。现在均已被证实是极其不成功的。可见,收购兼并是一项不容易的工作,并且其效果的显现往往需要较长的时间。

[案例8.7] 万科股权之争是中国A股市场历史上规模最大的一场公司并购与反并购攻防战。2015年12月17日,一份王石的内部讲话中公开,其中,王石表示不欢迎宝能系,万科股权之争正式进入正面肉搏阶段。按照万科公告披露,宝能系持股比例已经达到了25.04%,距离控股股东地位仅一步之遥。王石称,宝能系用短债长投方式强行进入万科,风险极大,就是一场赌博。当时,王石表明不欢迎宝能的四大理由是其信用不足、能力不够、短债长投,风险巨大,华润作为大股东角色重要。

2000年,王石主动引入了央企华润集团,希望在股权结构上进行调整,吸引有实力的财团进入,成为战略性大股东。在此后的10多年,王石和郁亮多次公开表示,华润是万科最好的大股东,前者给万科提供了律师、会计方面的专业人士,在万科的组织建设上,在万科的整个管理架构上,在监督机构上,起到至关重要的作用。万科在2015年遭遇宝能系持股的时候,也一度求助于大股东,但是华润并未介入。万科在长达六个月之久的停牌后公布了重组交易预案公告,拟以发行股份的方式购买深圳地铁持有的前海国际100%股权,初步交易价格为456.13亿元。万科将以发行股份的方式支付全部交易对价。万科的计划是通过发行股份,稀释宝能系的股份。令万科意外的是,这一招同时也稀释了华润的股份,直接导致华润的激烈反对。2017年6月9日晚,中国恒大转让14.07%万科股权予深圳地铁,终破"万宝之争"僵局。此次转让后,深圳地铁正式成为万科第一大股东,万科大股东再次易主。通过"万宝之争"的收购兼并事件,社会各方人士对收购兼并的复杂性、股东和管理层的沟通融合和公司治理结构等一系列问题有了更为深入的思考。

(2) 企业还必须考虑的是在企业的发展中,到底是采用收购、兼并扩张的途径为好还是通过自我投资扩张的途径较好一些?如果整合企业内部资源的代价大于规模化带来的收益,那么收购兼并的方式显然是不值得考虑的,即便规模化带来的收益要超过内部整合所带来的代价,但净收益如果不及由企业自我投资扩张所带来的净收益,那么收购兼并也是不能被考虑的。在整合企业内部资源方面,除了我们上面提到的技术和管理因素外,收购兼并企业的出价和被收购兼并企业的财务结构,也是需要着重考虑的一个因素。一般而言,被收购兼并的企业总是存在着技术、管理或财务上的某些问题,是一个相对弱势的企业,这样,收购兼并才会发生。正因为弱势企业的这些弱势因素,收购兼并活动就面临着许多不确定的风险因素。当然,在某些时候也有优势企业兼并的案例,即我们所说的强强联合,但在这样的收购兼并中,因为兼并的双方都无法取得主导性的地位,因此其内部整合的成本也就格外地高。

(三)值得注意的一些不良收购兼并活动

值得指出的是,在我国的许多收购兼并案例中,企业还有着某些不同于上述的一般性的收购兼并动因。

比如,由于我们在有关关联交易方面的法规设计很不完善,就使得一些企业试图通过收购兼并的方式,并借助于不正当的关联交易,获取某些不应该获得的利益。

[案例8.8]　恒通公司收购棱光公司案

恒通公司收购棱光公司案例中,恒通公司一方面通过收购棱光公司国有股权,并将其向银行质押的办法,几乎是"空手套白狼"取得了棱光公司的控股权。然后,又借助于这一没有受到有关关联交易法规制约的企业控制权。一方面,通过棱光这一平台大肆向银行融资(之所以选择棱光作为融资平台,是因为上市公司在当时有着较高的资信度),具体来说又有两条路:一是让棱光公司以自身资产为抵押向银行负债,然后再由大股东恒通公司占用;二是让棱光公司提供担保,由恒通公司直接向银行举债。另一方面,则在棱光公司和恒通公司之间进行了大量的关联交易,比如让棱光公司以16 000万元的价格购买恒通公司评估价值只有8 000万元的电表厂等,从而使恒通公司从棱光公司抽取了大量的资金,最后使棱光公司陷于困境。

[案例分析] 在这一案例中,一方面尽管原有的国有持股单位从出售棱光股份中获得了一定的收益,但从日后棱光公司被恒通公司利用的实际情况来看,当时国有股权出售的价格显然是被低估的,更重要的是,通过将棱光公司股权质押的办法,恒通公司最终又将购买股权的负担转移到了国有银行的身上,所以从总体上来看,在这一收购兼并案例中,最终的结果是造成了国有资产极其严重的流失;另一方面,由于恒通公司作为大股东在棱光公司中的拙劣表现,使得许多棱光公司的中小股东蒙受损失,并对证券市场的发展造成了不良的影响。所以,总的来看,从该收购兼并案例中,我们应该充分认识收购兼并活动的复杂性,而不是一味地对收购兼并唱赞歌,特别是在我们当前有关经济法制还很不完善的情况下,类似恒通收购棱光这样的案例绝不是个别的,像恒通公司这样通过将股权收购然后质押,先"空手套白狼"取得上市公司股权,然后利用取得的公司控制权通过关联交易的方式掏空被收购企业的现象几乎已经达到了数不胜数的地步。在恒通公司这些"始作俑者"之后,广东某公司曾不付分文就先取了成都工益的控制权,然后试图将某些劣质资产以极端高估的价格再卖给成都工益公司,幸被及时发现才未能得逞。

在证券市场中的许多收购兼并案例中,通过"假收购、真炒作"的操作,又是获得不法收益的一条常见途径。

[案例8.9] 早在1994年,辽宁国发集团公司及其关联企业就曾经举牌收购爱使股份,事后被证明完全是为了炒作股票而制造题材,并没有真正收购的意图。

如果以上这样的一些事例屡屡发生,那么收购兼并的效率自然是要受到质疑的。

(四) 收购兼并活动中政府的角色

从政府的角度来看,政府在收购兼并活动中一般充当着裁判员的角色,这一角色主要应履行两个任务:一是对收购兼并中的产权予以保护,当发现欺诈、胁迫、不当得利行为时予以制止;二是防止收购兼并中的垄断化倾向。由于国有企业的特殊性,就使得我国政府在一般的职责之外还实际担负着另一个角色,就是作为国有企业的唯一股东或大股东,推动国有企业以收购兼并的方式提高其整体的效率,这样,在两个角色之间就会产生一些不可避免的矛盾。

首先,当在收购兼并活动中出现了交易的一方利用某种优势侵占另一方的利益而这一方又是国有企业时,政府是否能够很好地充当裁判员的角色? 从现实的情况来看,正是由于广泛的国有企业的存在,政府在充当裁判员的角色时在某些方面是存在着问题的。就以有关关联交易来说,我们在此方面法规设计的不完善,在相当程度上正是缘于国有股东在大部分上市公司中占据着控制性的位置,在不严格限制关联交易的情况下,显然从理论上看,国有股东将会获得更大的好处;又如,在有关收购兼并活动中,对内幕交易、市场操纵查处不力,同样缘于许多积极的市场参与者正是国有企业或国有控股企业。如果不能够消除这样的一种现象,那么收购兼并活动的效率是可想而知的,而且尽管在一开始可能会由于裁判员某种程度的偏袒,使国有企业获得某种好处,但最终的结果像我们在恒通收购棱光案中所看到的那样,必然是极大地滋生了有关人员寻租的空间,最终导致国有资产本身的流失。

其次,当政府这个国有企业的大股东为了提高所属的企业的效益通过收购兼并而谋求市场垄断地位时,裁判员和运动员的位置应如何摆正? 这里的有关问题我们在前面的讨论中已基本上叙述过了,在我国,由于实际上存在的是一个分权的公共生产的格局,因此很多国有企业尽管从法律意义上是属于全民所有的,但在具体实践中更多是体现了某一部门或某一地方的利益,这样就给更高一级的政府机关执法提供了一个适宜的位置,使之能够较好地充当裁判员的角色。比如,2000年时一些彩电企业意欲结成价格联盟(卡特尔),遭到了国家主计委的制止。但是,问题仍然是存在的,比如,当一些中央直属企业进行收购兼并活动时,中央政府从裁判员的角度出发,应如何正确判断有关问题并作出结论呢? 又如,当涉及地方政府管辖的收购兼并案,而地方政府又是这些国有企业的直接领导者时? 总而言之,如何在我国的收购兼并活动中避免出现因裁判员和运动员的错位而形成的企业垄断局面,是我们面临的严峻挑战。

(五) 一些特殊的收购兼并

1. 破产兼并

企业收购兼并的一种特殊情况是收购兼并财务上已经处于破产状态的企业,按照一般的市场规律,这时被收购企业的潜在的不能以会计计量的价值要超过其净负债还有余,比如,荷兰的 ING 金融集团收购霸菱公司,以及法国某银行收购百富勤公司,都是看中了两公司人才和管理的优势,以及良好的证券销售网络等具有内在价值的因素。在我们国家,对此问题则有必要引起特别的注意。因为在社会保障等相关机制尚不完善的情况下,政府往往有动因使得某些已毫无价值的破产企业不进入破产程序,其中一个办法就是让某些优势企业去兼并收购这些没有价值的破产企业,这显然不利于社会效率的提高。但是,政府既然作为营利性国有企业的股东,同时又兼负社会管理者的职责,在这种情况下要避免上述问题的发生,也确实是困难的。

2. MBO

当前,国际上还流行一种管理层融资购并(MBO)的做法,就是公司管理层通过融资收购自己服务的公司的股权,从而从管理者变为股东。

MBO 的核心问题是收购定价问题。由于企业内部意欲进行收购的管理层天然地占据着有利的信息优势地位,因此试图仅仅依靠有关法规、中介机构的评估、舆论、政府管制等方法和途径来达到一个合理的 MBO 价格的努力,终归是很难取得好的效果的。从美国的情况来看,制约 MBO 的合理方法仍然要从充分利用市场机制上来找思路[①]。简单的一个做法是,政府规定,当管理层要进行 MBO 时,必须公告;并且自公告起的一段时间内,比如一个月,社会中的其他主体都可以就该可能被收购之公司进行报价,享有与管理层一样的收购竞价权。这样,就能够利用市场机制比较公正地确定收购之价格,如前所述,从比较的角度而言,我们相信,就长期平均状况而言,这一市场竞争所形成的价格也是最为接近效率均衡水平的。如果在这样的竞争报价机制之下,管理层最终胜出,则该 MBO 的公正性也就无可置疑。

同样,在这样的一种机制安排下,我们也可以看到,管理层意欲进行 MBO 的欲望在相当程度上会受到制约,这是因为:一旦管理层决定启动 MBO,则他们就会面临着如下两方面的风险。

(1) 竞价失败,公司被其他主体收购,原管理层丧失公司控制权。尽管美国大多数的公司对这些管理层离开公司会设置一些诸如"金降落伞""银降落伞"等的优惠措施,使得他们失去控制权时能够得到一定的补偿,但一般而言,这些补偿终归不抵继续掌握控制权所得的好处。

(2) 如果一意取胜,则可能报价过高,从而产生收购后的风险。尽管有着内部信息的优势,有利于现有管理层对公司估值作出比其他投标者更准确的估计,但如果其他竞价主体投

[①] 如同前述的期权激励问题一样,当碰到实践中的难题时,如果提到的关键词总是"指标、指标体系、政府管"等,其实表明我们在思维上还存在着很多计划经济思想的残余;所谓的"市场经济"或"市场经济思想"需要我们在碰到实践中的难题时,多想想"市场、竞争、价格"这些关键词。

标价较高的话,公司现有的管理层显然就面临着两难的处境,要么失去控制权,要么只有冒险取胜了。

显然,在此两种风险下,公司管理层过度的 MBO 欲望就会受到有效的抑制。

[案例 8.10] 前述雷诺-纳贝斯克公司 CEO 约翰逊在掌握公司控制权并大肆挥霍后,野心和贪欲继续膨胀,宣布启动 MBO。但是,在激烈的收购兼并竞价中,为 KKR 公司所击败。结果,以约翰逊为首的管理团队失去了公司控制权。市场机制最终发挥了它的作用①。

在我国当前的情况下,该方法一般不应鼓励使用。有如下三个原因。

(1) 由于大部分国有企业为非上市企业,因此当管理层进行融资并购时,缺乏透明的、有竞争性的报价机制,这样,在没有或缺乏其他主体竞争的情况下,并购的价格容易被低估。

(2) 由于现有的银行也都是国有银行,这就使得当银行对特定的企业管理层融资时,其他潜在的收购兼并竞争主体面临着不利的融资条件,从而更进一步缺乏竞争的能力,在这样的情况下,推行管理层融资并购极易滋生巨大的寻租空间,并导致国有资产的流失。

(3) 如前所述,国有大型企业的改革方向不应是私营企业、家族制企业,所以如果在这些企业中进行 MBO,显然将不利于现代企业制度改革的推进和社会化大生产的进一步发展,是一个不可取的取向。

总之,由于国有企业这一架构中政府作用的特殊性,因此我们对于国有营利性企业通过收购兼并方式进行的重组活动必须谨慎地对待。

二、国有营利性企业的分拆

企业重组的第二种方式是分拆,即将原有的企业分拆组成若干个具有独立法人资格的企业。

从企业的角度来看,企业的分拆主要是为了通过分拆提高企业的专业化程度,从而提高整体的效率。由于不同行业的企业往往需要采取不同的企业文化、管理方式、人员架构、技术架构和财务架构,因此一些将许多相关性很小的行业组合在一起的大企业集团往往就面临着过多的内部交易费用,在这种情况下,如果面对的是比较充分的市场竞争,那么这些企业就必然面临着强大的竞争压力,而不得不考虑将企业进行分拆的重组,这在国际上是很常见的。

[案例 8.11] 美国电报电话公司(AT&T)就将其属下的负责电信设备制造的部门分拆出去,以独立的公司形式来经营,这就是朗讯公司(Lucent)。从而,美国电话电报公司则将注意力集中于电信服务上,在分拆完成后两家公司的业绩都有所提高,股价也随之上升。

---

① 布莱恩·伯勒、约翰·希利亚尔:《大收购——华尔街股市兼并风潮》,海南出版社,1997 年。

在我国的国有营利性企业中,这种情况是比较少见的。

企业进行分拆的另一类动因是因为在企业治理结构上的某些特殊的需要。比如,在公司上市时,有些公司选择整体上市,但有些公司会选择分拆上市,以利于今后一系列资本运作活动的展开。

从政府的角度看,当某些公司违反了有关反垄断法规时,政府可选择的一个办法就是强制分拆这些公司。比如,20世纪80年代美国政府对美国电话电报公司的分拆和2000年6月美国政府意图对微软公司的分拆等就是典型的例子。

三、国有营利性企业的上市

关于这一问题,我们将在第十一章中进行详细的讨论。

四、国有营利性企业的债务重组

当企业的资产负债率过高,乃至面临资不抵债的严峻的财务状况时,如果认为维持企业的持续经营还是值得的话,那么债务重组是拯救企业的重要方法。我国的国有企业由于面临平均70%以上的资产负债率,因此通过债务重组就是维持国有企业现实生产力的一个重要方法。债务重组的具体方式可分为以下三种。

(一)改变债务的利率结构和期限结构等

比如,通过将短期借款转变为长期借款,或者将较高的贷款利率改为较低的贷款利率,从而减轻企业的财务负担,使得企业最终能够摆脱困难,也利于银行保全资产。

(二)减除部分债务乃至免去全部债务

当银行认为通过削除企业的债务,从而得到某种形式的补偿超过企业进入破产程序后而能分得的残值时,银行将会接受某种削债的方案。从贷款企业来看,如果能够通过某种现实的或在未来才能兑现的承诺换取银行减除部分或全部的债务,从而继续经营下去,那也是值得一试的。

[案例8.12] 深圳中华自行车公司在前些年就通过有关债权银行对其的削债处理,争得了喘息的机会;在香港上市的红筹股粤海企业的重组过程中,债权方和债务方讨论的核心问题也是有关削债的幅度及削债后对债权方的补偿问题。事实上,资产注入问题在相当程度上也可视作对债务方的间接补偿。

(三)债转股

债转股就是银行将原有的对企业的债权转为股权,这从单个企业来看,当然有助于改善企业的财务结构,从而提高企业的会计账面利润水平,但从整体经济利益的角度来看,债转股只是调整了企业会计报表中资产负债项目,而对企业的投入产出比并没有实质的影响,企业利润增多的部分只不过来源于原属银行的利息部分,也就是说,只改变了银行和企业对馅饼的分割,并没有改变馅饼的大小。关键的问题是:企业财务结构的转变而导致的企业利润的增加是否能够激励企业有关人员的工作绩效的提高呢?

从总体上来看,单纯从债务重组的角度来考虑,要改变国有企业的财务和经营状况是困难的,因为我国的绝大多数银行都是国有的银行,而债务重组只不过是把原属于企业的一些负担转嫁到了国有银行或四大国有资产管理公司身上,如果要使债务重组能够起到实质性的效果,那么必须借助于债务重组后的一系列后续手段。比如,在改善了企业财务结构并达到了上市标准后,将目标公司重组上市,从而有效地利用民间资本充实国有资本,或者,通过债务证券化并将其包装上市等金融创新方法,将原由国有银行或国有资产管理公司承担的债务转由社会负担,从而真正达到债务重整的目的。但是,我们有必要充分考虑这样的一种做法对整体经济发展而言的短期和长期的影响。

五、国有营利性企业的托管

托管就是将一个企业委托给其他的企业或个人来经营管理,并根据经营的绩效,由被托管企业的股东向受托管理的企业或个人支付相应的托管费用。托管的实质与我们曾经实践过的承包基本上是一致的,因此用托管的方式对企业进行资产重组可能产生的有关问题,也基本与承包制下的情况类似。也就是说,委托的一方是否能够拥有充分的信息来对受托方的经营绩效作出全面的考核并给出相应的报酬?有关这样的一个问题,我们已经在前面对承包制的讨论中予以了较为详细的阐述,因此与承包制一样,托管的方法不可能成为一种主流性的改进企业经营的方式。

托管的方式在我国至今为止的实践中很少有成功的案例。

[案例8.13] 鞍山第一工程机械公司(以下简称鞍山一工)曾受托管理辽工集团下属的与利勃海尔公司合资的两家企业,但事实上,鞍山一工自身的经营尚存在重大的问题,多年连续亏损,又如何有能力经营得好被委托管理的公司呢?结果,鞍山一工也被上交所摘牌。

另外,在实践中,还经常发生某些企业集团为了提升其控股的上市公司的报表利润水平,通过将其属下的其他公司委托给上市公司管理的方法,从而达到向上市公司支付高额管理费,使上市公司短期内利润大增的目的。在有的情况下,上市公司因托管某公司而取得的托管费用,竟会超过被托管公司的净资产额,这里面显然就存在着问题。按照我们一贯的观点,尽管通过托管的方式可以粉饰上市公司的利润,并进而达到高价配股的目的,从而以先予后取的方式扩充经营性国有资产的规模(通过配股扩充经营性国有资产的效应分析,可参见本书第九章中对国有企业上市的有关分析,配股融资和上市融资对经营性国有资产规模扩张的效应实质上是一致的)。但是,我们有必要进一步地考虑这种做法对整体经济效率的提高从长期看是否有利的。正如我们一再说明的那样,国有资产管理的目的并不在于国有资产规模的扩大,而在于是否能够通过良好的管理,对经济发展的整体目标作出应有的贡献。

所以,就我国目前的实践,以及从理论分析上来看,托管的方式在国有营利性企业的重组中都应被谨慎地对待。

六、国有营利性企业的其他重组方式

国有企业重组的方式还有很多,具体地运用应根据实际的情况进行选择甚至是创新。

比如,**资产置换**的方式,也就是两家企业可以根据各自不同的经营长处,通过将自己原有资产结构中不擅长经营的资产换给对方,来换入自己擅长经营的资产,从而优化企业的资产结构,提高企业的经营绩效。当然,这一做法的前提是两个公司相互都拥有对方擅长经营而自己不擅长经营的资产。

又如,**回购**的方式,也就是一家企业先将某些资产卖给另一家企业并约定在一定的时间后以一定的价格将该项资产买回,这样的一种做法有利于两家公司在特定的时间段内改善各自的财务结构,更好地发挥资产效力,从而提高各自的经营绩效。

再如,国有企业的**租赁经营**,就是在不改变国有企业所有权的情况下,将国有企业的经营权和收益权在收取了一定租金以后转让给其他经营者经营。

[案例8.14] 长城资产管理有限公司在2000年6月在大连签订了15份资产租赁合同,其中销售式租赁项目3个,一般式租赁项目12个;租赁资产收购价值(本金与表内息)7 643万元,签订协议租金1 640万元,年租金399万元。承租方中有12户为私人企业,协议租金共计1 600万元。

诸如此类的资产重组方式还有很多,对于它们所产生的经济效应,我们同样有必要不仅从企业的角度来考虑,更有必要从整体经济利益的角度来考察。

以上讨论了一些国有营利性企业重组的方式,从对这些方式的探讨中我们可以看到,在国有企业的重组中,同样面临着一个不可避免的矛盾,即短期内为了保持国民经济的增长水平而扩充国有经营性资产规模的努力和从长期看,国有资产集中在经营性领域中不利于经济持续发展的矛盾。如何在这样的一对矛盾中把握好适宜的方向,正是国有营利性企业资产重组的关键性问题。这主要取决于我们能否尽可能地通过制度的设置和具体政策的制定,尽最大可能地将政府作为裁判员和运动员的角色分离开来,从而使国有企业的重组尽可能地遵守市场的一般规则,各种重组的努力不以侵害其他经济主体为代价。唯有此,才能最大限度地避免资源配置效率的扭曲,并最终通过一个较长时间的努力,逐步达到国有资产在大多数一般经营性领域中的退出。

从客观上看,由于国民收入分配格局自改革开放以来的深刻变化,重组国有企业所必需的增量资金(从我们前面的讨论中可以发现这样一个简单而又客观的道理,在现有的资产负债结构下,国有企业的重组必须依靠增量资金的投入)大部分将来自非国有的社会资金。因此,只要我们充分给予民间投资以平等的市场参与权①,那么国有营利性企业的重组就能够实现短期目标与长期目标的辩证统一。

第四节　国有金融企业的重组

国有金融企业是我国国有营利性企业的一个重要组成部分。据国资报告透露,2017年,国有金融企业资产总额241.0万亿元,负债总额217.3万亿元,形成国有资产16.2万亿元。全国金融企业所投境外机构资产规模18.1万亿元②。金融企业国有资产集中在中央本级,资产分布以银行业为主体。

国有金融企业包括国有银行、国有证券公司、国有信托投资公司、国有保险公司,以及国有财务公司、国有金融租赁公司等。从21世纪初的情况来看,在国有金融企业中,国有银行无疑是规模最大的一块。由于改革开放后的客观经济发展经历,形成了当时特定的国有银行和国有企业之间的关系架构。在这样的银企关系架构下,国有银行的资产质量客观上是较差的。绝大部分人士认为,几乎所有国有银行的资本充足率水平达不到国际上一般的标准,即《巴塞尔协议》的要求。这就使得对国有银行进行资产重组提高银行资产安全性和增加银行的竞争力成为必要。从事直接融资服务的国有证券机构,以及一些信托投资机构在我国资本市场大力发展的形势下,也存在着许多亟待解决的问题,通过资产重组优化它们的财务结构和治理结构同样是迫切的任务。其他的各种金融机构也存在着类似的问题。如何管理好这一块国有资产,对国民经济的整体而言无疑有着战略性的意义。因此,按照国有资产管理的规范目标,通过重组的方式使得国有金融企业充分发挥促进经济发展的应有作用,是摆在我们面前的艰巨课题。

一、国有银行

首先,我们有必要澄清对银行经济性质的认识。在传统的市场经济模式下,由于银行业与其他行业相比,其财务结构和经营方式上的特殊性,使得银行确实存在着比一般企业要大的风险。在遭到挤兑的情况下,即使是财务稳健的银行,也难免有倒闭之虞,而银行业内某一家银行的倒闭事件又往往会引发连锁的反应,从而导致许多银行的相继倒闭,直到破坏整个社会的信用链,爆发全面的金融危机,因此银行业确实存在着比其他行业更大的外部性。也正是出于对这种外部性的考虑,使得世界上的一些国家对银行业采取了国有化的政策。但是,将银行国有化后,就必然会形成我们将在第九章的讨论中所阐述的与一般国有企业相同的问题,这就使我们考虑:针对银行业的外部性问题,政府干预的方法是否只有国有化一途?

事实上,成立专门的政府机构对银行储户的存款予以保证,可能是一种更好的选择,具

---

① 平等的市场参与权不仅仅指国有与民营企业(不仅是私营企业)的平等投资权,民营企业与民营企业之间、民营企业与普通居民之间的平等投资权同样重要。
② 参见2018年全国人大常委会第六次会议审议财政部部长刘昆报告《国务院关于2017年度金融企业国有资产的专项报告》。

体做法就是当银行无论是因为经营的原因还是其他特殊的原因造成支付困难时,由这一政府专门机构向储户支付银行不能支付的到期本息。该机构用于应付风险局面的资金则来源于各银行平时正常经营时所获得的利润中的一部分。通过成立这样的机构,就能够有效地切断金融风险的蔓延之路,也就在相当程度上消除了银行经营中的外部效应。同时,这样的做法又能够保证银行的独立竞争地位,从而保证金融服务的效率,并对整体经济的发展产生良好的影响。

其实,不只是银行的经营问题才会导致严重的社会信用危机,一些大企业或许多中小企业的经营问题也同样会导致社会的信用风险,我国的三角债问题就是一个证明。但是,如果仅仅以企业经营问题而导致的金融风险这一外部效应为依据,就主张企业必须由国家来经营,那就无疑夸大了外部效应的严重性,违背了资源配置主要由市场来完成的原则。因此,对银行业的国有资产管理改革中,我们首先应成立专门的对银行存款进行保险的国有机构,并通过制定有关法规,定期地从银行正常经营的利润中抽取一部分归该国有机构管理,以便应付可能发生的个别银行的支付危机。

在成立了专门的银行储蓄保险机构后,鉴于非国有资本全面介入银行的经营由于各种主客观因素的制约,不可能一蹴而就,因此提高现有国有银行的资本充足率水平并逐渐地转换其经营机制,应是一个比较现实的选择。当前,可以考虑的途径有以下三个。

(一) 财政资金的注入

无论是依靠经常性的财政收入,还是向民间发债,或以向银行发债的收入来充实国有银行的资本金,由于受制于整个财政的收支格局,因而总是有限的,因此该方法只可能部分地解决问题,而不可能全面地解决问题。再者,财政注资的方式对激励现有银行的机制真正地向现代企业制度靠拢,助益可能也是比较有限的。

(二) 设立专门的国有资产管理公司,以剥离银行的不良债务

自1999年11月1日后,我国专门相继成立了华融、长城、信达、东方四大国有资产管理公司,专事负责对银行不良资产的剥离处理工作,分别对口处理中国工商银行、中国建设银行、中国农业银行和中国银行的不良资产。至2000年6月,四大国有资产管理公司共计剥离银行不良资产1.4万亿元,其中,华融资产管理公司为4 077亿元,长城资产管理公司为2 674亿元,信达资产管理公司为3 500亿元(除建行的不良资产外,还包括国家开发银行的不良资产1 000亿元左右),东方资产管理公司为3 458亿元。以华融公司为例,这些不良资产涉及企业7万多户。具体的操作是由这些资产管理公司向国有银行购买不良资产,然后采取债转股、拍卖、租赁、回购、重组上市等方法进行消化处理,这样的做法实质是谋求首先将银行的债务负担在相当程度上转移到国有资产管理公司身上,然后再由国有资产管理公司设法利用社会资金对其加以消化。

• **债转股**。"债转股"就是处置不良资产中一种比较主要的操作方式。在这一债务重组的程序中,先由财政部出资成立华融等国有资产管理公司,然后由这些国有资产管理公司向国有银行购买有关不良债权,再将债权转为股权,即使得国有资产管理公司成为原负债企业的股东。至2000年6月底,华融资产管理公司涉及的"债转股"金额为1 000多亿元,企业

467户;长城资产管理公司涉及的金额为110多亿元,企业129户;东方资产管理公司涉及的金额为600多亿元,企业200多户;信达资产管理公司涉及的金额也在1 000亿元以上。这样一来就形成了三个方面的影响。

(1) 原国有银行的负担转为财政来负担,尽管这有利于国有银行财务结构的改善,但同时却增加了财政的负担,国有资产的整体负债结构并没有改善。作为财政而言,如果依靠债务收入维持对国有企业的"债转股"投入,那么不管这种债务收入的取得是依靠一般的国债发行方式,还是向有关银行发放专项国债的形式,或者在财政部担保下由资产管理公司向社会发行企业债券,那么势必将增加财政本已很沉重的负担。因为国债和企业债券的利率都是高于当前银行利率的,而之所以要"债转股"从根本上说是因为企业还本付息能力及不上银行的利率,所以要使"债转股"后股权收益率超过国债融资利率是不可能的,在这样的负担下,要使财政长期承担"债转股"的负担必然对整体经济带来不利的影响。

(2) 将企业的债权转为股权后,尽管改善了企业的资产负债结构,但却无助于企业核心竞争力的直接提高,其所增加的利润无非是来自减少的财务费用,即利润的取得主要不是依靠做大馅饼而是重新分割馅饼而来。

(3) 更为重要的是,将债权转成股权无疑增加了国有资本在竞争性领域中的涉入程度,与国有资产结构改革的战略性方向是背离的,因此"债转股"只能是短期中的过渡性作法。在通过"债转股"恢复了企业的竞争力后,国有资产管理公司最终将寻求退出的途径,目前签订的债转股协议就大都要求企业在完成债转股后的一个规定期限内将资产管理公司持有的债转股股份全部回购回去,否则资产管理公司将把这些股份出让或拍卖,从而使原有企业的控制权易手。

所以,归根结底的问题是:能否通过"债转股"真正激励企业改善其治理结构,提高管理效能? 唯有此,才能真正提升企业竞争力,对社会产生真实的增量贡献,而不仅仅停留在"做账游戏"上。也只有这样,财政对其的短期负担才是有意义的。否则,"债转股"也只能是利用其他社会资金重组国有企业的第一步。比如,将债转股的企业发行上市,从而依靠社会资金提高"债转股"得来的股权的含金量,从而获得股权转让并最后退出的机会;或者让企业利用上市后取得的募股资金向四大国有资产管理公司回购其所持的"债转股"股权等。因此,问题就转化为,重组国有银行仅仅依靠财政资金是不够的,必须依靠社会资金的参与(本书前面提及的长城资产管理公司在大连采取的租赁方案其实质也可总结为利用社会资金的参与来解决银行不良资产的处置问题)。可采取的途径无非是两条:要么是让社会资金承接银行的债务;要么是让社会资金直接注入银行取得一部分银行股权并改善银行的资产负债状况。我们要讨论的是:这两种具体途径中,究竟选择何者为好?

(三) 向社会和境外资本市场筹集股本金,以充实国有银行的资本金

21世纪初,依靠募集社会资金来充实国有银行的资本金在我国有了初步的实践,深圳发展银行、上海浦东发展银行、招商银行、华夏银行等经过整体的改制和发行新股,成为上市的公众公司。交通银行、上海银行等则引入了境外的战略投资者。在更大的规模上,中国建设银行、中国银行、中国工商银行,以及中国农业银行也通过引进境内外战略投资者充实资本金,并陆续于2005—2010年在上海证券交易所发行股票并上市,这使国有银行的发展跃

上了一个新的台阶,逐渐成为具有国际竞争力的银行。

从理论上讲,既然我们已经明确了国有银行的性质是竞争性的企业,对银行经营中可能发生风险的外部性效应可以采取国有储蓄保险机构的有关制度安排来解决,那么,与一般的国有营利性企业一样,实施股份制改造应是没有什么理论上的障碍的,更何况经过深圳发展、浦东发展银行等的先期试点,也更加证实了这一观点。与将财政资金注入银行或通过国有资产管理公司的方式剥离银行债务、以改善银行资产负债结构的做法相比,依靠社会资金并结合股份化改造改善银行资产负债结构的方法具有许多优点:首先,可以避免在财政比较吃紧的情况下,进一步加剧财政的负担;其次,通过引入社会资金和进行股份化改造并最终上市,有助于国有银行按照现代企业制度的规范要求更好地完善企业内部的治理结构,从而在根本上确保银行能够形成一个保证稳健财务结构的良好机制,提高银行的经营效率,防范并化解银行经营风险;最后,依靠社会资金注入银行,也有助于避免财政资金过多涉入竞争性领域,从而保证公共财政和国有资产管理改革的正确方向。因此,国有银行的重组主要在地应采用社会资金的注入并相应进行股份制改造的途径。

2004年来,中央利用我国外汇结余大幅度增加的有利形势,运用外汇资金,通过汇金公司向建设银行、中国银行、工商银行进行了注资、充实资本金,并大大加快了这些银行的改制上市步伐。几大国有银行在境内整体上市的顺利推行说明了这一途径是完全可行和必要的。国有银行股改上市在如何处理不良资产、弥补资本缺口、引进战略投资者、估值定价及治理和管理体系再造等方面都做出了宝贵的探索,被认为是史无前例的中国特色国有银行股改方案。工商银行前董事长姜建清在中国金融论坛上指出,对于国有银行股份制改革是否成功的判断,应该建立在历史比较、动态和全局化的分析基础上。简单估算,对比股改前的两次剥离和汇金注资等财务投入数据,以股改上市后到2017年末所创造的净利润、为国家上缴的所得税和营业税等利税总额作为财务贡献,尚未包括股改过渡期内通过利润消化的历史包袱,工、农、中、建四行的财务贡献是财务投入的2.66倍,已经远远超过当时的财政投入。除了商业银行直接创造的财务效益外,包括不良资产核销和处置在内的一系列措施,更是"一把钥匙开两把锁",大大推动了国有企业卸重负、去杠杆和处理大量"僵尸企业"。国有银行股改建立公司治理结构与机制,重塑了国家与国有银行的关系,巩固了大型商业银行在支持国家经济建设中的主力军地位,夯实了大型商业银行的经济造血功能和金融体系稳定器的职能,为中国之后几年成功抵御金融危机、实现经济持续发展提供了重要保障[①]。在经济压力下,国有银行持续完善公司治理和推动战略转型,坚定不移地在强化创新的同时做好风险管理,仍然任重道远。

二、国有证券机构

与服务于间接融资领域的银行相对的另一大类金融机构就是服务于直接融资领域的、以证券公司为主的证券机构。除证券公司外,这类机构还包括基金管理公司、投资咨询公司

---

① 参见陈元、黄益平主编《中国金融四十人看四十年》,姜建清发言《波澜壮阔的国有银行股份制改革》,中国金融四十人论坛,中信出版社,2018年。

等。与国有银行相比,虽然证券机构的历史较短,但同样也存在着许多的问题。特别是2000—2004年,由于股票市场价格连续下跌,交易量减少,一方面经纪业务收入锐减;另一方面在普遍缺乏良好内控机制的状况下,很多证券公司的自营业务和资产管理业务出现重大亏损,资产质量状况迅速下降,鞍山证券、大连证券、佳木斯证券、珠海证券、南方证券、云南证券等一批国有股份制或国有控股证券公司先后被行政接管或清盘;华夏证券等陷于财务困境;申银万国证券等则报出巨亏。因此,如何通过资产重组,使得我国证券业摆脱困难处境,是一个十分棘手的事情。当时,我国没有一部关于证券公司处置的专门法律、法规,涉及的条款也十分简单、粗略,缺乏操作性,相关法律对证券公司撤销、关闭的清算程序也没有做出明确规定,对于证券公司的破产更是缺乏切实可行的法律依据。在这样的情况下,相关部门对技术上已经破产的证券公司主要采取了托管、行政接管和公司重整等处置方法。证券公司的退出壁垒较高,退出成本巨大,仅仅鞍山证券这样一家地方性小券商,中央银行就需要提供15亿元的再贷款,对南方证券的央行再贷款则高达到78亿元,而且此类再贷款收回的可能性极小。事实证明,政府不能采取单一的指令性重组,也不能简单地将技术上已经破产的券商不加区别地一律关闭撤销,亏损由政府全部承担。在这一问题的处置上应借鉴国外经验,加快立法,形成一套相对完整的风险处置机制。

在过去的历史发展中,我国证券业已经积累了申银和万国合并案、国泰和君安合并案,以及几大信托投资公司的证券部门合并为中国银河证券公司等典型的证券业成功重组事例。现在看来只要坚持按照市场规律办事,通过一系列的注资、收购、兼并等操作,就完全可能将坏事变成好事,汰劣留良,全面地重新整合我国证券业的架构,逐渐地改变我国证券公司集中度过低、治理结构和财务结构较差,国际化程度不高等一系列问题,真正地将证券公司这一直接融资市场中的主力做大做强。2013年,中国证券监督管理委员会在《公司法》《证券法》《证券公司监督管理条例》及其他法律法规的基础上,为推动证券公司完善公司治理,出台了《证券公司治理准则》,这对促进证券公司规范运作,保护证券公司股东、客户及其他利益相关者的合法权益,进而壮大证券机构发挥了重要作用。

当然,在这一大浪淘沙的过程中,我们也要避免形成过度垄断的局面,从而影响国民经济的整体发展。所以,在证券机构的重组中,同样有必要将政府作为证券市场裁判员的角色与作为证券公司国有资产管理者的角色用制度设置的方式分离开来。比如,将有关国有证券机构重组工作的规则制定权和具体指导权归于国资或财政部门,而证监会则专司市场监管之职,这样才能在一定程度上保证其他社会资金在证券业发展中的平等参与权,从而避免国有证券机构的垄断化倾向及其从长期来看对经济发展的负面影响。举例来说,在基金管理公司的设立上,就理应允许一切社会资金参与到该行业中来,人为地限定某些特殊的国有资本才能参与的做法是毫无道理的。这样的做法尽管可以依靠对这些特权基金管理公司的特殊优惠政策,使得它们在短期内表现出较好的经营业绩;但是,从长期来看,即使不论对经济的整体影响,就以这些企业中的国有资产而论,也必然会面临着巨大的流失风险。因为垄断的局面必然使得这些企业的管理人员在没有充分激励的情况下不思进取,而特殊的优惠政策又使得有关经营能力的信息严重得失真,因此当真正的竞争局面来临时,就会面临经营的失败的困境。毕竟一支能征善战的部队从来不是靠扶持出来的,而是凭真本事拼杀出来的。所以,某些我们看起来似乎在短期内有利于国有资产保值增值的措施,从长远来看则会导致国有资产的流失。不通过严酷的竞争环境来锤炼一个企业的核心竞争力,这个企业就永远也无法获得真正的成功。这是一个不以人的意志为转移的规律,任何超越客观规律的主观行为都是不可能成功的。国有资产管理必须有战略性的眼光。

三、其他国有金融机构

由于经济的发展和加入WTO后所面临的机遇和挑战,其他的国有金融机构通过重组以提升企业的竞争力也是势所必然的选择。比如,保险公司中的中国人寿、中国财险、中国平安等公司都已完成了改制工作,并在境内外市场上市。在这些金融机构的重组中,我们同样必须强调应尽可能地在现有的制度构架下,通过适当的制度安排,尽可能地将政府作为裁判员和运动员的双重角色分离开来,在重组中确保其他社会资金对金融业的充分参与,避免形成国有金融企业一统天下的垄断局面,从而在竞争中真正锻炼出国有企业的核心竞争力,并为国有金融企业从长远来看逐渐退出竞争性领域创造有利的条件。

总之,在国有金融企业的重组中,我们不应只是盲目做大国有金融企业,而应该是将这些企业放到充分竞争的市场环境中去,锤炼它们,使它们真正地做强,只有这样,才能使我国的金融业真正面对WTO的挑战,对国民经济的发展产生有利的推动作用,并在一个较长的时期内,为国有资产管理改革的全局作出应有的贡献。

习　题

【名词解释】

1. 期权激励　　　2. 股权激励　　　3. 外部董事
4. 内部董事　　　5. 执行董事　　　6. 非执行董事
7. 独立董事　　　8. 董事会专业委员会　9. 整体上市
10. 分拆上市　　　11. IPO　　　　　12. 分拆
13. 债务重组　　　14. 债转股　　　15. 托管
16. 回购　　　　　17. 资产置换　　18. 租赁经营
19. 破产收购　　　20. MBO

【思考题】

1. 一般的现代企业制度改造应经过哪几个阶段?
2. 期权激励是怎样设计的? 其目的是什么?
3. 期权激励和股权激励有何差异? 它们各自的优劣如何?
4. 期权激励可能包含着哪些缺点?
5. 我国国有企业现代企业制度改造的态势如何?
6. 如何对国有营利性企业进行现代企业制度的改造?
7. 国有股东应如何监管国有企业? 为什么?

8. 完善董事会建设的重要举措有哪些？

9. 董事会中为什么要有一定比例的外部董事和独立董事？

10. 董事会中为什么要设立专业委员会？

11. 如何看待我国大型、特大型国有企业大量赴海外市场上市问题？

12. 我国国有营利性企业资产重组的动因有哪些？

13. 我国国有营利性企业资产重组的效应有哪些？

14. 我国国有营利性企业资产重组的方式有哪些？

15. 收购兼并的思路要点有哪些？

16. 请自行收集资料，对比研究光大收购玉柴案、康恩贝收购浙江凤凰案、万通收购东北华联案，以及恒通收购棱光案在20世纪90年代中后期的研究文献与现今所知道的实际结果，并从中体会收购兼并操作的艰巨性。

17. 在收购兼并活动中政府应扮演怎样的角色？

18. 应以何种机制有效规范和制约MBO行为？

19. 如何看待在我国的MBO行为？

20. 你认为应该如何对国有金融企业进行重组？

第九章

国有资产管理与资本市场

资本市场与国有资产管理有着密切的关系。从我国的情况来看:首先,由于存在着大量的营利性国有企业,因而资本市场就成为提高这些企业的经营效率可借助的一条途径;其次,从长远看要逐渐调整国有资产管理的战略布局,也有赖于对资本市场的充分利用,通过资本市场设法变现一部分竞争性领域中的国有资产,并将所得的资金用于社会公共需要;最后,对社会保障基金等新形成的、用于社会公共需要目的的、同时流动性又很强的国有资产,其管理也必须借助于资本市场。形成有关国有资产的来源如果需要依靠债务收入的话,那么发债也必须经过资本市场来实现。所以,在新的形势下,资本市场的发展和对资本市场的利用是与国有资产管理息息相关的。因此,深入了解有关资本市场的各种知识,并运用资本市场来为国有资产管理服务,就是十分必要的。

第一节 资本市场及其功能

一、资本市场

在社会储蓄转化为社会投资的过程中,有两条途径可取:一是间接融资;二是直接融资。前者的特点是出借者和借贷者双方并不直接见面协商有关借贷的契约,而是通过分别与银行这一中介谈判并签订合约的方式来实现,即由银行先向有关出资者借入资金,再由银行向资金的需要者借出资金。后者的特点是资金的需求者和资金的供给者直接面对并订立有关资金使用权的转让合约,在这一过程中,尽管可能有中介机构的参与,如证券交易所、证券承销机构等,但这些机构的作用与间接融资中的银行的作用是不同的,关键之处就在于在直接融资过程中,无论中介机构怎样参与,其作用总是辅助性的,达成契约的双方只能是该融资安排的直接参与者。比如,在股票承销活动中,有关发行的条件尽管在一定程度上是由承销商帮助制定的,但只有发行者自己才真正承担对此的完全法律责任,作为股票的购买者而言,也可能在一定程度上受到承销商推荐的影响,但作出购买决定并承担法律责任者也只能是购买者本人而不是承销商。但是,在间接融资的安排中,则与此不同。资金的出借者只是与银行发生接触,而丝毫不用关心银行借入资金后又将其贷向何方,同样,最终的借贷者也并不关心资金真正是从何而来。在这一过程中,银行是以直接的合约承担者的角色出现的,而不像直接融资安排中的中介机构那样,仅仅是一个辅助者的角色。

在直接融资安排中,又可以分为两大类型,即权益融资和债务融资,或者按照通俗的说法,就是股票融资和债券融资。尽管形式不同,但两者的核心问题都在于资金的价格,也就是利率如何确定。在权益性融资中,体现为股票发行的价格;而在债务性融资中,直接反映为债务的利率。由于随着生产力的发展,直接融资活动中买卖双方参与的面越来越广,因此就逐渐形成了现代的直接融资市场,在这个市场中还包括了许多诸如我们上述的证券承销商、交易所以及会计事务所、律师事务所等中介机构。由于资金的出让者也就是股权或债权的所有者,还有着进一步交易的需求——比如,他们发生了临时性的资金需求或者是股权或债权价格高到了他们认为足以获利了结的程度,他们就有着买卖这些股权和债权的内在要求,这样就从原先的资金供需双方直接见面的市场又衍生出了一个对产生出的股权和债权进行后续交易的市场,对于这样两个有关直接融资交易的市场,我们就把它们通称为资本市场。资金供需双方进行交易的市场称为一级市场,而衍生出来的实现进一步交易的市场则称为二级市场。按照有些观点,又倾向于按直接融资市场按照借贷资金时限的长短不一,将其划分为资金市场和资本市场,即时限在 1 年以上者为资本市场,而时限在 1 年以内者为资金市场。在现实中,这种划分并无多大的实际意义。比如,将 3 个月和 6 个月的国债交易划入资金市场,而将 1 年期的国债交易划入资本市场,那么它们之间就经济属性而言,究竟有什么本质上的差别呢?因此,从基本的经济属性着眼,我们倾向于认为资本市场的含义就是直接融资市场。

二、资本市场的功能

资本市场的最基本的功能就在于提高资本配置的效率,也就是使得原本属性均一的资金能够通过市场交易行为,适当地置于具有管理优势和技术优势的资金具体使用者手中,从而使有限的资金投入获得最大的产出。

在一级市场中,股票的投资者出于对某些具有管理优势和技术优势的企业的良好预期,而愿意付出较高的竞争性购买价格;对于管理劣势和技术劣势的公司则相反。同样,在债券的发行中,对于具有管理优势和技术优势的企业,市场会认为它包含着较小的风险因素,从而愿意将利率水平定得低一些;而对那些管理和技术劣势的企业,市场将会认为它包含着较高的风险因素,因而要求一个较高的利率水平。由于在市场上存在着众多的资金出让者和资金需求者,而他们之间存在着竞争性的关系;因此,如果市场是比较完全的话,那么就像一般的比较接近于完全市场的其他商品市场一样,资金的价格通过比较充分的市场竞争得以合理的定位——而通过这样的定价过程,资本的配置将达到较高的效率水准上。

与一般的商品市场类似,当某些商品完成初次交易后,随着时间的变化,定价水平也会发生相应的变化,以动态地保证资源配置效率始终处于较优的状态中,资本市场亦是如此。比如,当某种新型号的电视机出现时,由于它能够给消费者带来较高的消费者剩余水平,因此这时的定价往往是较高的,这个较高的定价也就吸引着有关的资源大量流向该电视机的生产中。随着时间的推移,技术发生了进步,该型号的电视机在技术上趋于落伍时,因为消费者剩余的大幅度减低,其价格也必然会大幅度下降。这样的一种价格变化就必然迫使资源不再流向这种电视机的生产上。即使某些管理和技术上落后的电视机的生产商主观上仍力图这样做,但无情的市场价格波动必然使之面临亏损出局的命运。唯那些管理和技术领先的企业,及早按照市场规律将资源从老产品上抽离而投入于新产品上,才能获得胜绩。市场就是这样通过价格杠杆来调整资源的配置,这应是不存在什么困难的理解之处的。资本市场中的二级市场最基本的道理仍然是如此,也就是如果随着时间的变化,当原来那些技术和管理领先的企业变得不再那么领先时,出于对其未来的不良预期,原来持有该股权的投资者就意欲抛出这部分原先估价过高的股权,而购买者的出价也同样会降低,这就会阻止有限的资源再进一步地流向这些变差的企业。在上述电视机的例子中,对于落伍的老产品,资源的被阻止流入是因为厂商在其市场价格下挫后基于成本和收益的考虑,在股票二级市场中之所以降低了的股票价格会阻止资源进一步流入该企业,是因为随着股票价格的下降,该公司的再融资能力将被削弱。举例来说,当某公司股价在30元时,那么从理论上讲,其增发新股或配股的价格可以达到30元以下的任何水平;但当该公司的股价因市场对其的预期变坏而下挫至只有5元水平时,显然它的最高增资配股价也只能达到5元。债券二级市场同样如此。比如,某公司由于经营状况恶化而使其发行的三年期限、年利率10%的债券在交易两年后仍处于面值以下时(尽管这时理论上计算的到期收益率很高,但在没有严重通货膨胀的情况下,这无疑反映了投资者对其能否在到期后按时还本付息的极大担心),那么再要发行后续的债券其承受的利率必定非常之高,这就限制了企业通过发债进一步融资的行为。

所以,资本市场的功能是非常易于理解的,与一般的商品市场并没有什么本质性的差别:也就是通过价格的充分波动,寻求一个市场的均衡价格,并在此均衡价格的自动作用下,达至资金的最优配置效率。要使得这一市场充分地发挥其基本功能,同样与所有的市场一样,关键在于不能人为地妨碍价格的自由波动。

我们在对市场的认识上,经常存在着这样的一个误区,就是认为政府应对"不恰当"的市场定价进行干预,并认为这是一种"市场化"的间接调控行为,但这其实往往比指令性计划的效果更差。从理论上可简单分析如下:如果政府知道市场合理的均衡价格是什么的话,那么也就意味着政府清楚地知道哪些产品或哪些企业应该获得多少资源,而消费者又应该获得多少的消费品;这样一来,只需用指令性的计划便可以直截了当地解决资源配置的问题,又何必设立一个市场,再去调控价格,从而在更为繁复的路径中比计划的方法付出更多的管理费用呢?之所以在我们社会中是由市场承担基础性的资源配置任务,也就意味着尽管现实中的市场在定价上也不见得那么准确,有时甚至还有着很大的错误,但就整体而言,通过许多市场参与者的智慧表达出来的市场定价比由政府计划机制所确定的定价水平要准确得多,否则的话,我们就应该搞计划经济而不是市场经济。总之,除了在极个别的市场状况,如垄断市场状况下,有必要考虑引入政府定价机制外,确定应由市场起基础性配置的领域一般不宜再由政府对价格的波动施加干预,这应是市场和政府职能划分的一个准则。

当前,在我国一般的商品市场领域中,尽管现实中也存在着这样或那样的政府对价格的干预行为,但总的来说,不干预市场价格的自由波动已渐成共识。在资本市场这样一个在自然状态下应接近于完全竞争市场的市场上,价格的自由波动却未能成为普遍的认识。又由于随着我国资本市场的飞速发展,参与者众多,大多数的参与主体希望维持一个较高的股价水平,并将其进一步抬升,再加之其他众多因素的作用,往往使得股市的整体定价水平演变为了一个公共选择的问题,这就使资本市场的基本功能受到了扭曲。其中,供给未能充分地放开是形成这一问题的主要原因。

在过高的价格水平下,跨入资本市场门槛的上市公司可以取得超额的募股资金,而其他未上市的公司因其直接融资权利的被剥夺不能与其平等地竞争,这就必然破坏市场的均衡价格,以及由其决定的最优配置状态;另一方面,过于宽松的融资环境也必然有害于已跨入上市门槛的企业进一步改善管理和提高技术进步的进取心,从整体上降低这些上市公司的运作效率,使得亏损企业越来越多,"一配就死""一增发就死"的现象时常发生。

[案例9.1] 2001年,某高科技国有企业上市前股本为7 000万股,每股净资产为2元,净资产总额为14 000万元,每股收益为0.30元。2001年,按市场化发行,由战略投资者认定的发行市盈率为60倍,则可知:

发行价格为　　　　　　　0.30元/股×60＝18元/股
假设发行数量为3 000万股,则
筹资总额为　　　　　　　18元/股×3 000万股＝54 000万元
发行后该公司股东权益为　54 000万元＋2元/股×7 000万股＝68 000万元
则每股净资产为　　　　　68 000万元÷(7 000万股＋3 000万股)＝6.8元/股
这样,国有股每股增值的净额为　6.8－2＝4.8元
增值的总额为　　　　　　4.8元/股×7 000万股＝33 600万元

[案例分析] 从这里可以充分地看到在我国资本市场中IPO的巨大威力。通过发行,原有企业的净资产规模增长了4倍还多;原始股东在一夜之间增值近3.5倍。

这种变化,从好的方面说,国有资本依靠原有较小的资本存量,通过四两拨千斤式的资本运作,不仅实现了国有资产的大幅增值,还控制了相当数量的社会资本,大大增强了国有经济的控制力。

但是,同样显而易见的是,作为一个公司的经营者在如此暴利的资本运作面前,他的经营行为势必受到极其强烈的冲击。试想,如果通过正常的、同时往往也是艰苦的经营(比如拓展销售网络、加强质量管理、策划投资融资、组织研发开拓新产品等繁复的工作),不知要付出怎样大的努力一年才能够得到10%的净资产收益率;但以10%的净资产收益率计算,要达到净资产3—4倍的增长,那又需要多少年呢?两相对比,正常的生产经营又算什么呢?在这样的激励下,企业管理者将会把关注的重点集中于资本运作之上还是生产经营之上,是不言自明的。

其实,在国外和境外的资本市场和上市公司中,也屡屡出现过上市后公司管理层在短期高额(甚至是暴利)收益的刺激下,只顾资本经营,而完全把生产经营放在脑后,结果公司最终一败涂地的案例。这就告诉我们,如果一个市场容忍长期和普遍的资本运作(包括IPO)所产生的非正常高额收益,就必然使得有关的公司对此过于热衷,并相应地冷落了其实本应作为根本的实业经营。所以,这种情况的存在,即使对于公司本身而言,也不是一种长久之福。

[**案例 9.2**] 在跨入上市公司门槛后,原有股东所能获得的利益其实还远远不止[案例9.1]中的所述。因为按照有关的规定,在 IPO 期满 1 年后,经审批即可展开新一轮的再融资;而且,以后只要都符合基本的一些标准,则距上一轮再融资期满 1 年又可申请进行新的再融资。再融资主要分为配股(即向特定对象配售新股,在我国一般是老流通股股东)、增发(即面向社会所有意愿购买新股的对象发售新股)和可转换债券(即发售的债券符合一定条件的情况下可转为公司的新股)等。其中,配股是最温和的一种再融资方法,因为一般配股都会受到 10∶3 的配售数额(即以原有老股为基数,新发股票的数额不得超过 30%)上限规定的限制(特殊的经有关部门审批也可突破);而增发等则不受此限。

我们以[案例9.1]继续来模拟一下在最温和的 10∶3 配股模式下再融资的情况。

与 IPO 定价主要以市盈率为根据不同,根据我们前面所述,再融资的定价主要取决于市价(即发行当时公司的市场价格)。在 2001 年上半年,按照上述股票的盘子、概念、业绩等,该股的定位保守估计在 40 元左右。假使承销商以极其谨慎的态度将发行价定在 35 元(一定能发得掉的,因为流通股投资者如果放弃配股,则意味着在除权次日,就将遭受因除权而引起的眼前损失),那么:

配售的融资数量为:35 元/股×3 000 万股×0.3=31 500 万元[①]

分摊到每股股票上的新增资本公积金为:31 500 万元÷(10 000 万股+900 万股)=2.89 元/股

也就是说,一年间,通过一次配股,老的非流通股股东的增值比例为:

2.89 元/股÷6.8 元/股=42.5%

[**案例分析**] 与我们前面的分析一样,我们不能不担心,在一年增值 42.5% 的诱惑面前,企业的管理者是否还能够有足够的恒心搞好企业的本业经营呢?又进一步,当企业的管理者意识到,依靠再融资的资本运作的关键在于本公司的市价水平时(在本案例中,如果市价为 60 元,相应的配股定价为 55 元的话,老股东的资本增值率将又会再提高多少?这些提高靠纯粹的实业经营又需多少年的辛苦来实现?各位读者自己不难演算),会不会采取一些诸如"讲故事、编概念"、谎报业绩、与关联单位联手做市,甚至自己炒自己股票的手法[②],以求抬升股价,从而获得更大的利益?从其居于公司内部信息优势地位的角度来看,如上做法是确有实现之可能的。如果企业管理者的心思都放在了这样的方面,那么上市的本意——改善治理结构,提高治理水平,从而为社会提供更好更多的产品和服务,企业也获得更多的利润,其实就已经失去了。

从长远来看,股票的价格归根结底是由公司的价值所决定的,因此在这种情况下,投资者的利益也会受到极大的损害。这就好比如果我们人为地限制只允许某些特定的厂家才能生产和销售电视机,那么消费者必然要为有限的电视机产量而支付一个很高的价格;这样一

---

① 一般而言,老的非流通股股东是不会参加配售的,因为一个方面老的流通股大股东往往财务状况较紧,拿不出配股款来;另一方面,也只有不参加配股,才能够通过参加配售股东的高溢价认购所形成的高额公积金的分摊,来获得迅速的资本增值——这其实也是资本运作的秘诀之一。

② 这也是某些不良"资本运作"的又一秘诀。

来,一方面电视机厂商将因丰厚的利润而丝毫不再有改进管理和技术创新的动力,而只顾在垄断了的价格上做文章,通过将价格的一高再高来提升自己的收益,并以此作为自身超额完成资产保值增值任务的依据。若此时,政府又再进行一项对电视机价格上不封顶的市场改革措施,那么在这种已扭曲了的市场格局下,将会发生一些什么是不难想象的。固然,消费者可以用少购买或不购买的行为对价格的上升予以对抗,但在存在着许多远远没有完成现代企业制度改造的、具有特权的国有企业的格局下,由于负盈不负亏的机制仍在发生作用,以及在这其中可以想见的许多寻租空间,出于对电视机商品人为稀缺状况可资利用的考虑,许多国有企业疯狂炒作电视机的可能性是很大的。在我国的房地产业、期货业中,这种完全脱离商品的价值的赌博式投机行为曾经是司空见惯的。再加之充当裁判员的政府由于惧怕国有资产流失的考虑,有时对这种行为制止不力时,投机的疯狂程度就会越发高涨。最终,这样做的结果必然是生产的厂商、消费者,以及电视机流通领域中的参与者的利益都受到损害,国有资产大量流失。因此,我们所有的做法都必须符合客观的经济规律,而不能只从主观愿望出发。让市场的供求力量都能够自由、充分地参与,市场的价格实现自由的波动,是完善资本市场功能的根本。只有充分尊重价值规律,才能够使资本市场真正地为我们服务。

当然,从资本市场的基本功能出发,我们也可以衍生出一些资本市场的具体功能,如价值发现功能、筹资功能、规范现代企业判度功能、资本资产定价功能等。但是,万变不离其宗,归根结底,还是一个资本资源的配置功能[①]。被分解出来的那些具体功能也并不是资本市场所特有的。比如,价值发现功能,电视机的市场同样要发现电视机的价值;又如,资本资产的定价功能,在电视机的交易中,核心的问题同样是一个怎样对电视机定价的问题;再如,规范现代企业制度的功能,其实说的也就是"用脚投票"机制,即对上市公司的经营状况不满时,抛掉它的股票从而拉低股票的定价,使得企业再筹资的能力受到影响、公司管理层的控制受到潜在的威胁,从而激励公司管理层通过完善企业治理结构取得较好的经营绩效。在一般商品市场中,也同样如此。比如,电视机因型号陈旧、性能低劣而遭到消费者的唾弃,价格很低,甚至不能收回成本时,企业的现金流量同样会发生不利的现象,并使得管理层受到股东的质疑,从而对公司管理层改善公司治理结构提高绩效起到激励的作用。总而言之,就是通过市场从外部的压力,来刺激企业完善其内部治理结构。所以,在理解资本市场的功能上,我们还是要牢牢抓住最基本的市场规律,也就是价格反映价值,价格必须自由地波动,而不宜就资本市场的某一具体功能作片面的强调。

第二节 我国资本市场的发展及问题

一、我国资本市场的发展

自改革开放以来,我国的国民收入分配格局发生了重大的变化,也就是在普通居民的手

[①] 可参见《中国证券市场监管理论与实践》(庄序莹著,中国财政经济出版社,2001年)、《国有资产管理新论》(毛程连著,上海财经大学出版社,2001年)等书。

中有了越来越多的现金,从比例上也超过了国家占有的部分,这就使得资本市场的产生和发展成为必然。

在20世纪80年代中期,尽管居民收入占国民收入分配的比重已经大大地增加,但由于绝大部分也是为购买"大件"的消费行为所准备,在基本的生活水平还有得到充分满足之前客观上还很少为投资目的而准备余钱,因此尽管在这一时期已经开始发行国库券,而最初的一些股份制公司如延中实业、飞乐音响、深宝安等相继成立,有些地方还开设了比较规范的证券柜台交易,如工行上海信托投资公司就开设了柜台交易并编制了中华人民共和国历史上第一个股票指数——静安指数,但总的来看,市场的交易还不活跃,有效的资本市场还没有能够建立起来。

到了20世纪80年代中后期,随着国民收入分配格局的继续变化和经济的继续强劲增长,有少部分居民逐渐完成了最基本的消费项目,开始产生了可用于资本投资的余额,又由于当时比较高的通胀水平下的经济环境,使得这些有了余钱的居民中的一部分已不满足将钱存入银行以稳定地取得银行的利息,而产生了自主投资的愿望。特别是在沿海经济发达地区,诸如上海、深圳等城市中的一些居民,对此的欲望更为强烈。另一方面,由于当时的国库券的流动因为认识上的原因受到禁止,或者是被施加了诸多限制,再加之客观经济条件所决定的当时的人们投资意识普遍较低,使得国库券的私人收购价格大大低于其实际的价值,这就使以国库券交易为中心的证券黑市空前地繁荣起来。政府在此时也因势利导,逐步地放松了对国库券流动的管制,在各地相继批准成立了一些国债服务部,我国最早的一批证券公司也在此时开始陆续地出现了。比如,1987年成立的深圳特区证券公司,1988年成立的万国证券公司、申银证券公司、海通证券公司等。这样,我国证券市场的雏形就开始逐渐地形成起来,有关证券的交易也渐趋活跃。

随着国债的价格通过市场交易被发掘出来,以及先期投资者发财致富的示范效应,证券市场投资者的队伍开始渐趋扩大,这样,证券市场投资的又一重大目标——股票投资也逐渐被发掘出来。同样,由于前期金融识的缺乏,这时股票的交易价格往往是被严重地低估的,这就使得先期介入者往往都获得比较丰厚的盈利,由此形成的财富效应使得其他手中也握有余钱的投资者像滚雪球一样呈几何倍数地参与进来,这样,我国证券市场的第一次投资高潮就形成了。在这种形势下,政府有关部门适应形势的发展,相继于1990年和1991年在上海和深圳两地分别成立了上海证券交易所和深圳证券交易所,并且经过一段时间的努力,最终在1992年5月将原本受到严格限制的证券价格波动全面放开,这样,规范意义上中国资本市场就形成了。

从上海证券交易所和深圳交易所正式建立开始算起,我国资本市场已经经历十多年的风雨历程,为国民经济的发展作出了重要的贡献。它的积极作用表现在如下四个方面。

(1) 它使得社会资金能够通过高效率、低成本的方式及时转化为社会投资,从而为国民经济的发展提供资金的保证。仅以2000年上半年上海证券交易所为例,通过新发行股票和增发新股或配股,就为53家公司筹集了资金220.05亿元[①]。2009年,上海证券交易所成交金额达45 947.4亿美元,一举超越东京交易所和伦敦交易所,仅次于纳斯达克市场和纽约证

---

① 参见《稳步实现历史跨越——2000年上半年上海证券市场综述》,《上海证券报》2000年7月8日。

券交易所,排名全球第三。2019年6月科创板正式开板,年底有70家公司成功上市,已上市公司累计募集金额已达824.2亿元。在科创板与注册制的助推下,2019年IPO市场也迎来快速壮大的一年,2019年首发企业203家,是2018年的近2倍;募集资金达2,532.48亿元,较2018年增长83.74%。另外,自1994年以来,通过国债发行的市场化改革,两地交易所为国债的发行和交易也作出了不小的贡献,无纸化发行国债的发行效率比之传统的方式大大提高。例如,2009年我国发行国债1.64万亿元,扣除到期量,国债融资额净增6346亿元,为2008年净增量的5.12倍。2010年国债发行量接近2万亿元。央行发布的最新数据显示,2019年,国债发行4.0万亿元,地方政府债券发行4.4万亿元,金融债券发行6.9万亿元,政府支持机构债券发行3720亿元,资产支持证券发行2.0万亿元,同业存单发行18.0万亿元,公司信用类债券发行9.7万亿元。

(2) 通过市场的运作,对促进上市公司进一步深化现代企业制度改造发挥了重大作用。经过多年努力,在各个时期产生了一批就国内来讲非常优秀的企业,如中国海洋石油、中国石化、中国石油、中国铝业、华能电力、中兴通讯等上市公司。它们不愧为优秀民族企业的代表。另外,尽管在多年的实践中,许多国有控股上市公司暴露出了各种各样的问题,极端的如红光事件①这样的案例,但总的来说,我们必须承认,如果没有资本市场的长足进步,那么许多上市公司达到今天这样的治理水平也是不可想象的。尽管这样的治理水平较之国际上较高的标准可能还有着相当的差距,但我们不能跨越我国现实的阶段来考察问题。退一步来讲,许多企业治理结构上的问题通过资本市场的运作得以暴露,这本身就是对整个社会经济效率提高的一种推动,像红光、东方锅炉、大庆联谊、郑州百文、农垦商社、粤海发等一系列存在着严重经营问题的公司②,如果还是采用国有独资企业的形式来经营的话,那么由于暗箱操作的缘故,很可能其中隐藏着的巨大经营黑洞至今仍无法暴露。

(3) 资本市场对我国国有资产结构的调整发挥了巨大的作用。1999年先后进行了出售股权和回购国有股权的试点,中国嘉陵和黔轮胎已实施了有关国有股出售的方案。另外,申能公司也实施了国有股回购的方案,这些做法都收到了良好的效果。2005年5月,股权分置改革也拉开了序幕,国有控股的金牛能源和清华同方被列入了第一批试点方案。2007年12月31日,已完成或进入股权分置改革程序的上市公司市值占上市公司总市值的比重达到98%,未完成的企业只有33家,至此,股权分置改革基本完成。通过资本市场坚定不移地完成国有资产结构的战略调整,无疑是我们在今后一个长时期中必须坚持的。

(4) 经过多年的发展,资本市场的各种法规建设也日趋完善,投资者的积极性空前高涨,20世纪90年代资本市场先后经历了三次大扩容的高潮,分别是1992—1993年、1996—1997年和1999年至今。经过这三个高潮,市场的容量得到了极大的扩展,以沪市为例,到2002年年底,沪市上市公司达到了715家,市价总值25 364亿元,流通市值7 467亿元。沪深两地市场的市价总值合计已经相当于2002年全国GDP的37%(其中上海市场占24.5%),接近大多数发展国家的证券化率水平;投资者开户总数累计超过3 555.65万户。

---

① 国有企业红光在上市的过程中大肆造假,行为极其恶劣,后来终被发现,其业绩一落千丈,公司的不少高管也因此被刑事处理。具体情况可参见《中国证券市场监管理论与实践》(庄序莹著,中国财政经济出版社,2001年)。
② 具体情况同样可参见《中国证券市场监管理论与实践》(庄序莹著,中国财政经济出版社,2001年)。

仅 2000 年上半年沪市投资者新开户 325.7 万户，较 1999 年末增长 14.3％，其中机构开户增长 31.5％[①]。2000 年之后，A 股市场也曾经历过一轮"超级大盘股"的扩容，但在 2001 年 7 月中石化上市后，紧随而至长达四年的"熊市"让股民患上"扩容恐惧症"。这一局面直至 2006 年、2007 年 A 股吹响大牛市的号角才有所改变。2007 年，A 股 IPO 规模超过 10 亿股的公司达到 13 家，而沪深两市 IPO 的融资额也在当年不断创新高，A 股市场从名不见经传的"池塘"，快速升级为可以容纳航空母舰的"深水港"，中国股市的市值超越日本，规模上升至亚洲第一位，成为全球第三大资本市场。沪深两市市值也高歌猛进，实现了历史性的跨越。

二、我国资本市场的问题

由于在一定程度上受制于国有营利性企业广泛存在的经济格局，我国的资本市场也存在着一系列有待克服的问题。

（一）多元持股的局面还没有完全形成

我国资本市场发展初期，股票的数量很少，又因为认识上的原因和制度安排上的问题，扩容的速度相对较慢，过分强调股价对社会稳定的作用，维持股价就成为一种必然的选择。在这样的一种思想下，就产生了我国资本市场一个重大的问题，即国家股和法人股不能流通的问题。尽管国有股和法人股暂不流通的做法在当时也有着担心国有资产低价流失的考虑，但归根结底，还是出于顺应市场惧怕扩容从而导致股价下跌的担忧。这一现实中存在的制度安排在日后的发展中又因为特定的利益关系而受到强化：因为那些国有企业发现，维持二级市场高股价的水平有利于它们以较高的价格进行后继的融资，由此取得的收益是十分巨大的。然而，维持高股价的必要条件之一就是不要使国有股得以流通，且因为不流通企业股权在很大程度上阻止了"用脚投票"机制发挥作用，所以反而进一步巩固了这些上市国有企业的领导对公司的控制权。因此，市场的参与者无论是管理层还是上市企业的领导者，或者是投资大众，都不希望看到股价的下跌，并因此形成了反对国有股流通的强大利益力量。由于我国资本市场中国有股权及国有法人股权占到整个市场市价总值的 70％以上，因此该部分股权的不能流通必然在相当的程度上影响到市场定价机制的准确性。这一难题于 2005—2008 年的股权分置改革中才得以基本解决。

从规范现代企业制度的角度来考察的话，解决国有股的流通是至关重要的。首先，我们已确立了国有营利性企业退出竞争性领域的战略思想，加之民营企业、加入 WTO 后外资企业竞争的加剧，国有企业大规模产权重组的展开借助于沪深证券交易所这一集中的交易场所进行国有股流通正当其时，它有助于增加交易的透明度和公平性，减少交易成本。其次，如前所述，我国国有企业内部治理结构不健全的一个重要原因是所有者缺位，而国有股流通后，国家可以通过减持股份的办法来引入机构或个人投资者，改变国有股一股独大的控股地位，增强企业中的所有者身份，这样企业的所有者就会自然到位。最后，国家通过减持国有

[①] 参见《稳步实现历史跨越——2000 年上半年上海证券市场综述》，《上海证券报》2000 年 7 月 8 日。

股所获得的资金可以充实至社会保障基金,尽快弥补社会保障基金缺口,国有企业进行人员调整、改善自身治理结构就具备了进一步的可能性。

但是,国有股和国有法人股流通问题的解决并不意味着多元持股的局面已经自动形成。一般而言,企业国有股东放弃绝对控股地位,分别引进多家投资者,同时实现核心管理层持股等,还需要进行一系列艰巨复杂的混合所有制改革。

[案例9.3] 东航物流混改的引资

在综合考虑企业规模、所处行业充分竞争程度与市场化程度后,东航集团选择了东航股份下属的东航物流作为混合所有制改革试点。2016年11月东航物流启动混改,并与2017年6月混改完成。东航物流的混改方案可以大致概括为"三步走"方针——剥离、引资、上市。剥离:股权转让,将东航物流从东航股份的体系内剥离出来,专注于经营航空物流产业。引资:增资扩股,引进战略投资者和开展核心员工持股计划。上市:积极创造条件,实现企业改制上市。其中,前两步已成功完成。

在此次混改中,东航集团让出绝对控股权,仅持有45%的股份。东航物流先后考虑了100多家投资者,最终引入的外部投资者仅有四家,分别为联想控股、普洛斯、德邦和绿地。每个投资者都能对东航物流的发展起到极大的促进作用。一是联想控股。联想控股不仅是制造和销售电脑的制造型企业,而且是一家投资全球优势产业和培育世界一流公司的资本投资集团。联想控股已经在全球物流领域有了非常成功的投资项目,如跨境电商、海关监管运输、大数据分析和物流监管体系等,这与东航物流现有的航空物流有着非常好的匹配契合度。二是普洛斯。普洛斯是全球一流的物流地产和物流金融集成服务商。其"仓储、金融、数据和投资"的商业模式是现代物流产业发展的标准和基石。东航物流引入普洛斯,以普洛斯先进管理经验帮助东航物流建立全新的可复制的货站管理和仓储运营模式,并逐步在东航物流在全球的货站逐步推广,降低运营成本,提高运营效率。三是德邦物流。德邦物流强大的地面运输,正好补齐东航物流在"最后一公里"短板。双方可以通过融合空中和地面运输力量,共同组建一张布局全球、引领中国的空地联运网络。四是绿地集团。绿地集团是我国地方国有企业混合所有制改革的先行先试者,同时又是东航集团长期战略合作伙伴。上述四家非国有资本企业都坚持东航物流独立自主发展,同意将自己的优势业务与东航物流开展深度合作,共同为组建中国物流国家队做出积极贡献。联想控股、普洛斯、德邦、绿地及东航物流核心员工分别持有25%、10%、5%、5%、10%。几家股东在公司章程的制定中也非常注意制约平衡,如在投资决策、预算制定方面,至少需要获得三分之二的董事会成员的认可。东航物流此次混改还有一大亮点就是实现央企首次核心员工持股,持股比例也突破了以往国企制定的5%、6%的激励机制,达到了10%。

虽然中国东方航空股份有限公司持有东航物流离51%的绝对控股权仅有6个百分点的差距,但其实质意义却非常深远。这种股权结构或能避免国资一股独大,民资进入没有座位、"陪太子读书"的走形式股改现象。

（二）市场监管中的裁判员和运动员角色的矛盾

由于一方面我国的上市公司绝大多数是从国有企业改制而来，另一方面市场中的证券从业机构也都是国有的性质，而自从1993年放开机构投资者入市、特别是最近允许国有企业等三类企业进入股市以来，资本市场中的很多投资机构也都属于国有的性质，这就使得政府的有关监管部门在证券市场监管上面临着裁判员和运动员角色矛盾的严峻挑战。

从一级市场来看，发行额度审批制固然是出于调节市场价格水平的需要（一个完善的市场中，这种调节是不必要的也是不应该的），但实质上对政府在市场准入问题上面对着国有企业和非国有企业的竞争时，是否能够采取不偏不倚的态度提出了考验。同时，当有关的国有企业试图以虚假的信息蒙混过关时，同样也对政府的执法能力提出了重大的挑战，因为将这些国有企业上市，从而能够给国有资产带来保值增值的效果是显而易见的。但是，将那些不合格的国有企业包装上市，又违反了国有资产管理的根本目的，即通过国有资产管理来推动整体经济利益最大化的实现。

在一级市场中，能否让买卖行为中的另一方，即不同的买者享有平等的权利也是一个非常重要的问题。现实表明，在当前我们这样一个股价普遍高估而又易受到操纵的二级市场中，取得新股发行和上市间的差额利润几乎是毫无风险的。那么，当买者同时包含国有企业和其他投资者时，能否对他们一视同仁同样是市场监管者所必须回答的问题。

另外，在一级市场的承销活动中，由于上述的原因，承销商风险很小。我国2014年民营控股的券商大概有11家，且多为中小券商，其证券承销净收入还是空白。是否应允许非国有的企业平等地参与进来值得探讨。

从二级市场来看，也面临着同样的问题。一方面，当国有性质的企业违反了市场的规则，比如发生了操纵市场、内幕信息交易等行为时能否坚持公正处理的态度。就这一问题而论，我们已经有过许多的教训。比如，像在著名的"3·27"事件中[①]，万国证券公司之所以敢铤而走险，搞到不可收拾的地步，在很大程度上是有关管理层出于惧怕国有资产流失的原因而未对其在早些时候的违规行为予以严厉地制止和处罚，或者最起码的是按照市场的规则来确定交易的结果，尽管市场交易的结果可能是造成了国有资产的重大流失。如果认为交易失败导致国有资产流失的结果是不能接受的，那么就应制止国有企业参与有关的交易，要参加交易就要服从市场规则。否则的话，最终就会像万国证券公司那样，导致国有资产的更大流失，而市场的原则也被践踏。类似的事例在我国的期货市场中也不在少数，教训都是极其深刻的。在当前我国国有投资机构还未进行很好的现代企业制度改造、负盈不负亏现象仍严重存在、这其间又包含着很大寻租空间的情况下，这些机构无疑面临着巨大的市场风险。因此，当市场风险现实出现时，有关的监管部门能否坚持市场规则，对各种市场操纵行为和内幕信息交易行为进行严厉的打击，就成为一个重大的挑战。另一方面，在二级市场的准入和发展问题上，能否对国有企业和非国有企业采取同等的态度，也是必须面对的一个问题。以基金管理公司而言，在当前的制度安排下，由于给予了公募基金管理公司种种在一般

---

① 万国证券在国债期货交易中严重违规操作，扰乱了金融秩序，形成严重后果。具体情况可参见《中国证券市场监管论与实践》（庄序莹著，中国财政经济出版社，2001年）。

市场经济国家中难以想象的优惠条件,经营基金管理公司的收益远远高于风险。反观私募基金,直至2014年才正式被纳入证监会监管,标志着投资二级市场的私募基金阳光化且在法律上正式获得政府部门的承认。但是,要给予其公募基金的相同地位,仍需各方面的持续努力。

(三) 中小股东产权的保护仍然不尽如人意

由于我国上市公司中的相当部分是从国有企业改制而来,因此普遍存在着国有股或国有法人股"一股独大"的局面。在这样的一种股权架构下,在加之前面反复述及之裁判员与运动员矛盾问题的客观存在,使得控股大股东利用公司控制权,并通过占用上市公司资金、让上市公司为控股公司违规超限担保、对大股东有利之关联交易等手法,侵占中小股东利益的情况屡有发生,严重影响了上市公司治理水平的提高。当然,在某些情况下,并不持有(或持有很少)股权的管理层,利用其控制权不但危害中小股东,甚至也危害大股东的情况也时有发生,如开开公司案等。在产权保护不力的情况下,投资者就很难有信心将其意欲投资的资金,通过股份制公司的制度方式,投入到社会的生产建设中——如前所述,这将严重地影响到我们企业治理水平的提高和整个社会经济效率的改进。

综上所述,我国资本市场中的问题集中体现为由于国有股和法人股的不能流通而造成的市场定价机制的扭曲、现有的利益格局对这种定价机制的维护以及股东产权保护的状况的不理想等。政府在执行市场监管职能中所面临的运动员和裁判员角色矛盾也是一大问题。然而,这些又都是和国有营利性企业在市场中广泛存在相联系的。因此,要利用好资本市场为国有资产管理的改革服务,就有必要端正思想,并充分考虑现有的利益格局,寻找适宜的渐进性的改进途径。

第三节 国有资产管理与资本市场

当前,遵循着公共财政思路的国有资产管理改革在很大程度上要依托资本市场来进行,我们试就以下三个方面来作一些具体的分析。

一、国有营利性企业(包括国有银行)提高经营效率的努力必须依靠资本市场来进行

(一) 国有企业直接融资模式水到渠成

由于国有营利性企业和国有银行普遍面临着资产负债率过高、财务结构不理想的问题,而国民收入分配格局的变化,又使得可供社会投资的资金来源越来越多地积聚于广大居民个人的手中,这就使得在国有企业的改革中,引入社会资本的参与成为一种必然的客观选择。如果说在经济相对不发达的时期,由于在一般个人手中缺乏足够的用于投资的资金,而资本市场和现代企业制度的建设也缺乏足够的知识和经验,因此通过财政投资的办法,或者

是通过国有银行将居民手中暂时闲置着的,等待消费的资金积聚起来,以此作为社会投资的主渠道,并推动经济的发展是一种客观的选择的话,那么,在经济已逐步发达,居民手中已经有了很多可用于投资的资金,并且关于资本市场和现代企业制度的知识和实践也已逐步丰富的时候,原有的通过财政和银行间接投资为主的投融资模式就有必要转换为主要依托资本市场来进行的直接融资的投融资模式。

(二) 直接融资模式的优势

之所以要在将来逐渐转向以直接融资为主的投融资模式,这是因为,尽管原有的模式在当时的条件下是我们最好的一种客观选择,但是这种模式的缺陷也是显而易见的。由于采取了银行居于其间而不是让资金的需求者和资金的供给者直接见面的方式,因此就必然会发生比直接融资情况下更多的交易费用。这些交易费用包括:在直接融资模式下只需一次谈判达成的契约,在间接融资模式下,要以两次谈判来达成;同样,在直接融资模式下,一次的监督过程在间接融资下变成了两次监督过程;又由于一般银行的规模都较大,特别是国有银行,往往具有很大的规模,这就必然使得从投资者到用资者之间的一系列监督激励环节上产生严重的低效率现象,从而使得银行的效率和被贷款企业的效率都难以得到很好保证。具体来说,在直接融资模式下,一个投资者对某一特定的企业无论是进行股权还是债权的投资,当企业的经营发生问题甚至破产时,损失都将由投资者个人来承担,由于一般的企业资产规模都较银行为小,而且在社会信用的链条上,也不居于像银行那样重要的地位,这些个别的风险是比较容易为整个社会消化的,因此对经济整体的影响是较小的,况且当企业的经营可能产生问题时,由于这和股东或者是债主的切身利益密切相关,因而股东或债主往往会积极地行使有关的监督管理权,或者是"用手投票",或者是"用脚投票"。

但是,在间接融资的架构中,情况就大不一样了。一方面一个银行往往面临着众多的企业贷款客户,有关的负责具体信贷业务的人员对贷款安全性的担心又必然不及直接投资者,因此,与直接投资者对企业的监督相比,银行对其贷款客户的监督效能就要差得多;另一方面,由于银行往往是庞然大物,因而当有关企业经营低效率的问题累积转化为银行资产质量低下、面临经营危机时,对整体经济产生的负面效应将比分散的投资者随时随地承接的企业经营风险要大得多。这从一般国家对一般企业的兴衰成败不会进行任何的干预而当银行面临经营风险时常常施以援手就可见一斑。况且银行也缺乏像直接融资市场中的投资者那样的能力,当发现企业产生经营问题而又无扭转能力时采用"以脚投票"的方式将股票或债券一抛了之,从而规避风险和将风险分散化。尽管在最近的金融创新的发展中,也出现了诸如债权证券化等方式使得银行的债权也能够具有一定的流动性,但在现实中,由于受制于各种因素,其广泛地推行仍是有很大的难度的。其实,与其采用间接融资的结构安排,再以债权证券化等手段来增加债权的流动性,那还不如直截了当地采取直接融资架构下的债权融资安排为好。

所以,总的来看,今后银行业的业务将主要转向针对消费者的零售服务领域,如住房按揭、汽车消费贷款等,而生产企业的融资则主要将通过直接融资的方式,经由资本市场来完成。

在这方面,是有着很多的经验和教训的。比如,1997年爆发的东亚和东南亚金融危机,很重大的一个原因就在于这些国家普遍采用的是以间接融资为主的金融体系,并因此使得银行和其他企业的经营效率发生问题,最终导致危机的产生。又如,我国之所以能够在亚洲金融风暴中独善其身,一个重要的原因就是我们在引进外资上大部分采取的是直接融资的安排,而不是像韩国等国家那样,采用企业向外国银行贷款或通过本国银行向外国银行贷款的做法,这样就在很大程度上分散和化解了风险。再以美国的情况来看,美国近几年经济之所以得到高速的发展,在很大程度上是因为受到像苹果、微软、亚马逊、脸谱网(Facebook)等一大批高技术企业的强劲增长的带动,而这些高科技企业的产生和发展,与美国以直接融资为主的融资模式是密不可分的。众所周知,高技术企业在开创初期,平均的失败率是非常之高的,以美国硅谷地区的企业而论,平均90%的企业在创业的初期就会归于失败,只有10%的企业能够脱颖而出。试想,如果以银行贷款的方式来支持这些高技术企业的融资需求,那么银行将会承担多么巨大的风险。但是在直接融资的模式下,创业投资的高风险性就会被分散化,从而得以有效的化解;这样,既不会增加社会信用的风险程度,又不致因为融资的缺乏而扼杀那些百里挑一的优秀企业的崛起。在当今"新经济"高速发展而且能否实现这种高速发展已越来越对一国整体经济的发展产生决定性影响的情况下,主要采用直接融资的模式满足企业的融资需求,并在这种模式下培育完善的风险投资体系,显然是具有战略性意义的。

所以,我国国有营利性企业在今后的经营中,资金来源将更多地依托资本市场来解决,这是一个必然的趋势。

通过营利性国有企业对资本市场的更为充分的利用,以及我国资本市场自身建设的进一步完善,无疑有利于国有营利性企业在引入社会资本的同时加快现代企业制度建设的步伐,这在本书中已作了多处的论述,在我国将近三十年的资本市场历史发展中,实践也已给予了很好的证明。

[案例9.4] 宝武子公司欧冶云商为精挑细选做混改

在混合所有制改革的过程中,如何挑选战略投资者是重要的一环,引进资本的同时,也要为企业下一步的发展"铺桥搭路"。欧冶云商秉持着以上原则,在混合所有制改革中有如下成效。

第一,通过混改实现股权结构分散化,实现体制机制的突破。欧冶云商原股权结构为宝钢股份与宝钢国际持股51%,宝钢集团持股49%,股权结构十分集中。混改之后,"一步到位"开放了28%股权,外部战略投资者持股23%,核心骨干员工持股5%。基本实现了国企混改的"三方混合持股"架构,且外部方既引入国资,又引入了民营与外资,资本融合较为充分,这对于推动欧冶云商公司治理体系和管理体制的转变突破,进而引领整个宝武集团体制机制的创新,将有较大的推动作用。

第二,引进6家重大战略投资者,实现股东结构多元化,有利于公司产业链协同和战略转型。这是此次欧冶云商混改最大的亮点,引进本钢集团、首钢基金、普洛斯各占股5%,建信信托、沙钢集团、日本三井物产分别占股3.5%、2.5%、2%。其中,本钢、首钢、沙钢为同行业但不同区域,在战略布局上与宝物钢铁集团形成了协同,有利于建立覆盖全国的服务网络,同时对于公司向开放型的第三方电商平台转型意义重大;引入普洛斯,则对欧冶云商的物流体系建设有巨大的帮助；引入建信信托，意在下一步在大宗商品供应链金融领域发力；引入三井物产，则对于弥补欧冶云商的全球网络短板和提升国际化业务能力大有裨益。

（三）降低资本市场的准入门槛

这里需要再次强调这样的一个观点：降低资本市场的进入门槛是加快这一进程的必由之路。毫无疑问，与国际上优秀的大企业相比，我国国有营利性企业的治理水平从平均程度上来看，差距是明显的。但是，我们不应等它们都达到了非常优秀的标准才批准它们上市，这就好比一个刚下水学游泳的人，你不能要求他必须是会游泳的才能下水——这从逻辑上是讲不通的。唯有将企业推入资本市场，它们才会产生进一步完善现代企业制度的压力和动力，才能逐步学会资本市场的有关规范——前提是只要它们诚实地披露有关的信息，不论这些企业亏损与否，资产质量好坏与否，而对其整体经营状况进行评判的权利都应在于市场，而不应由政府的某些主管部门来掌握，这样，既能使政府处于一个超脱的地位上，又有助于资源配置效率的提高。从根本上来说，一个企业的好坏是很难用某些指标或者是指标体系来作数量上的计量的，否则也就不用有什么资本市场了。

比如，一个企业可能在财务状况上显示为亏损累累和资产负债率极高，但这只是问题的一个方面；从别的角度来观察，它同时可能又有着非常优秀的经营者，或者是通过长期的只投入而不产出，开发出了某项在未来具有极大经济效益的领先技术，能弥补近些年的亏损还绰绰有余；某些慧眼识珠的投资者就有可能认识了这一点而愿意不顾其暂时恶劣的财务状况，高价购买其股票。

所以，股票价格的决定权归根结底还是要由市场来掌握的。在信息透明的情况下，只要充分放开市场供给，并允许所有市场投资者的平等进入，那么对那些确实很差的企业，市场将以极低的出价甚至是不出价的方式来拒绝它进入——在规范的资本市场中，因发行认购远远不足而被迫调低发行价格甚至是取消发行计划的例子都是非常常见的。因此，对降低市场门槛本身是不应有任何的怀疑的，我们应相信市场会作出正确的抉择，政府在这方面的职责不应是对有关公司能否进入资本市场作出评价，而应该把注意力集中于保证信息披露的透明度之上，并且对编造虚假信息的企业，无论它们是国有的还是其他所有制形式的，都给予最严厉的惩罚。当前，某些舆论反对降低企业上市的门槛，无非是反映了在二级市场中持有高价筹码的投资者和已跨入上市门槛、希望维护二级市场高股价以便高额再融资的上市公司等既得利益集团的呼声，这些主观意愿无疑是不利于提高资源配置效率这个客观大局的。当然，在具体的工作中，由于存在着利益格局的制约，我们在推进有关工作的进程中必须考虑这些因素，制定适宜的政策，以渐进性的步骤来达到最终的目标。但是，方向应是坚定不移的。在当前资本市场积聚的资金空前地增加的情况下，抓住有利契机，在保证透明信息的前提下，放手让国有企业上市，对于促进我国经济的整体改革和发展，应是非常有利的。

（四）利用资本市场解决银行问题

资本市场的发展对于解决我国银行资产质量较差、经营效率较低的问题也有着极其重要的意义。对此问题,在前面本书也已作了相当的论述,总的来看,意义在于两个方面:一方面是通过让国有银行像其他国有企业一样,到资本市场中去融资,注入非国有资本,以改善银行的财务结构和治理结构,从而提高经营效率;另一方面将银行的不良债务通过资产管理公司予以剥离后,这些不良债务的最终处理在很大程度上也要依靠资本市场来完成,比如实施债转股后,仍然必须要辅之以重组上市、债务证券化等一系列后续手段,充分发挥社会资本的力量来最终达到这些债务的顺利处置。

二、国有资产管理的结构性调整,也必须依托资本市场来进行

首先,最近几年,国有经济的战略结构调整取得了很大的进展,但是从整体上来看,国有营利性企业的战线仍然过长,因此通过战略性的重组,采取有进有退的战略,将国有资本集中于某些特定的领域是必然的选择。这样的一种存量调整,依托资本市场来进行,有助于增加各种重组中交易的透明度,从而提高效率,并避免寻租行为的产生。

资本市场是民营企业参与混改的重要支撑平台。央企和省管企业的规模很大,民营企业参与国企混改需要有足够的资金、实力和资本运营能力。这不仅需要资本市场提供融资平台支持,而且民营企业要具备通过资本市场融资和资本运营的能力。首先,政府要激活资本市场资金融通功能,为民营企业发行证券筹集资金和资本运营创造条件。国有企业可以向民营企业定向增发股票,吸收民营企业入股。混改的国有企业要对战略定位、组织结构、业务单元、规章制度等进行重新梳理、修正,对两种资源进行重新整合,发挥协同效应。混合所有制改革后,再通过资本市场发行证券,优化公司治理结构,规范企业行为,最终成为信息透明的公众公司,实现混合所有制的再优化。

[案例 9.5] 上港集团改制历程

上海国际港务(集团)股份有限公司(简称"上港集团",英语简称"SIPG",股票代码 600018)是上海港公共码头运营商,2006 年 10 月 26 日在上交所上市,成为全国首家整体上市的港口股份制企业。上港集团主营业务分四大板块,即集装箱码头业务、散杂货码头业务、港口物流业务和港口服务业务,目前已形成了包括码头装卸、仓储堆存、航运、陆运、代理等服务在内的港口物流产业链。公司上海地区下辖分公司 12 家及内设机构 3 家,二级(全资及控股)子公司 29 家、参股企业 14 家。2016 年上海港(公司母港)集装箱吞吐量 3 713.3 万 TEU,位居全球首位。截至 2016 年 12 月 31 日,公司总资产 1 167.85 亿元人民币,实现归母净利润 69.39 亿元,A 股总市值 1 186.49 亿元人民币。在本报告期内,公司的每股社会贡献值为 0.725 5 元。

改制历程:2003 年,上港集团开始政企分开,港口管理局作为政府管理机构单独设立,作为码头运营商的企业则更名上海国际港务(集团)有限公司。2004 年,集团就着手股份制改造并进行了剥离包括上海港公安局资产、上海港医院资产、上海港引航管理站等非经营性资产的重组,年底成功引入了招商局国际作为战略投资者,诞生了上海国际港务集团股份有限公司(以下简称上海港务),该公司的股东分别为上海国资委(实际是上港集团 50%)、招商局国际港口(上海)有限公司(30%,若上海港务独立上市,该公司的持股量将不低于 20%)、

同盛(19%)、大盛(0.50%)、国资管理公司(0.50%),截至2004年7月31日,未经审核综合资产净值约为人民币147亿元,截至2005年年底,总股本约185亿股、净资产240亿—249亿元。2005年6月又从单一的国有控股公司改制为合资股份有限公司,实现向混合所有制的转变。上港集团改制成为由上海国资委直接注资控股的中外合资股份制企业,招商局国际也如愿成为第二大股东。2006年,公司就提出了整体上市方案,而且是将母公司资产全部实现证券化这种彻底的整体上市改革并相继关闭了上百家与主业无关的单位,全力以赴向全球卓越码头运营商和港口物流服务商的愿景目标进发。

截至2016年8月,上海国际港务(集团)股份有限公司在"2016中国企业500强"中排名第432位。2018年5月9日,"2018中国品牌价值百强榜"发布,上港集团排名第62位。2018年10月11日,福布斯发布"2018年全球最佳雇主榜单",上港集团位列第210位。

其次,我们还面临着调整营利性国有资产和非营利性国有资产比例的艰巨任务。在现有财政收支格局的制约下,通过变现一部分国有股权,并以此所得来弥补社会保障基金这一非营利性国有资产在当前所面临的缺口是既定的方针①。比如,在股权分置改革之前的实践中,国有股减持的试点工作屡遭挫折,问题就在于如何看待国有股大规模变现对市场价格的影响上。这里面的道理其实是很清楚的:如果投资者着眼的是公司股票所内含的公司价值,那么国有股的变现对股价的冲击充其量只是短期的,也就是说,如果一位投资者相信目前某公司的股票值10元钱,而其确实也值10元钱的话,那么无论国有股流通与否,都不应改变他对于该股票价格定位的看法。相反,如果投资者买卖股票是出于投机的目的,把对股票价格升高的预期建立在占总股本70%的股票不能流通的基础上,那么自然就会惧怕扩容的影响。归根结底,股票的价格迟早是要向其价值回归的,因此最终利益受损的还将是投资者个人。唯有把投资的理念建立在股票内在价值的基础上,才真正可能取得投资的收益。这样来看的话,如果认定现有的股价水平按股票价值来看不是高估的话,那么我们相信国有股的大规模变现对市场的冲击充其量是暂时的,况且国有股变现也不会在一日之内完成,而是有一个循序渐进的过程,即逐步分批地解决,这样,就整体市场来看,是不会对市场的价格水平产生影响的;相反,如果认为现有市场的价格水平是基于70%的股票不能流通,而比股票的内在价值高估了的话,那么国有股的变现无疑有利于价格向价值的回归,从而恢复资本市场最基本的资源配置功能,而真正的价值投资者也能够得到更多、更便宜的股票,并因而,从长远来看,这从根本上保护了投资者的利益。当然,在这样的一个过程中,要充分地保护好投资者的利益。所以,抓住当前资本市场资金空前增多的有利契机,大刀阔斧地进行国有股权的变现,从方向上来看应是不容置疑的。

当然,在具体的操作上,我们有必要根据现实的市场状况作客观的斟酌。比如,通过设立开放式基金、引入中外合作基金、QFII、加大保险企业等金融机构的入市力度等扩资计划,以及降低交易印花税、取消红利税等措施与之对冲。

在扩资和扩容计划相互对冲实施的过程中,关键是要把握好两方面政策的及时配合,比

---

① 参见中国共产党十五届四中全会有关文件、十六大至十九大报告。

如,扩资计划过度先行而扩容计划过度落后就必然使得股价水平预先达到一个较高的位置上。这样,又会形成新的利益格局,妨碍扩容计划的完成。如此往复,股市的历史遗留问题就总也得不到解决,而国有股的权益也就总不能完全地得以实现,国有资产管理结构的变化也会放慢步伐,这些对于整体经济的发展都是不利的。为了使扩容扩资计划得以良好的配套实现,协调好证券监督部门和国有资产管理部门的步调是非常必要的。

作为有关主管部门还有必要分清市场的短期和长期的影响,不为市场一时的波动所动,按照全民利益最大化的要求,从长远着眼,坚持正确的方向。同时我们也应该向投资者做充分的说明,使投资者全面地理解问题,比如许多转化为社会保障基金等非营利性的国有资产,在认为市场价值被低估时,也是要投资到资本市场上来,以使国有资产保值增值的,因此对市场而言,不应把国有股的变现看成单纯的市场资金流出。

综上所述,利用资本市场迅猛发展的大好时机,依托资本市场、积极完成国有资产管理结构的战略性调整,应是当前搞好国有资产管理改革的重要课题。

三、许多国有资产的管理在今后要借助资本市场来进行

比如,我们曾经提及过的社会保障基金的管理,就有必要通过资本市场来运行,以更好地实现保值增值的目的,特别在通货膨胀时期,这种运作显得更为必要。今后随着国有资产管理的转型,类似社会保障基金的其他许多的政府性基金还将会有一个较快增长的过程,而以固定实物形态存在的经营性资产的比重将有所减少,这样,整个国有资产结构中虚拟资本的比例就会有所上升,这就使得在国有资产管理工作中充分地利用资本市场成为一个必然的选择。

习　题

【思考题】

1. 如何认识资本市场的功能?
2. 为什么说,过高的资本市场价格水平及其所造成的过于优厚的上市公司融资环境,从长远来看并不见得是一件好事?
3. 你如何理解"资本运作"这个概念?
4. 我国资本市场存在哪些问题?
5. 为什么说国有企业直接融资模式已经水到渠成?
6. 直接融资模式相对于间接融资模式的优势有哪些?
7. 为什么要降低资本市场的准入门槛?
8. 如何利用资本市场做好混合所有制的改革工作?

第十章

国有企业改革举措及成效

国有营利性企业资产经历了1993年和十六大后的前后两轮改革,前一次主要是将行业主管局翻牌后成立的行政性公司,后一次采用了横向联合重组、混合多元、过桥引领、集约融资等多种改革方向。通过转换资源、资产、资本的存在形态,盘活存量国有资产,引导社会资本流向,加快了国资布局和结构调整,推动国资向现代服务业、先进制造业集中,政府部门在完善企业法人治理结构、企业选人用人机制改革、国资监管等作出了重要的部署,国有企业改革在各方面取得了一定的成效,也为新一轮混合所有制改革奠定了基础。

第一节 国有企业建立董事会的意义和现状

富有效率的国企公司法人治理结构的核心是董事会制度。实证研究表明,无论国企还是其他股份制公司,只有建立了完善而富有效率的董事会制度等现代公司治理结构,企业才能有效地配置资源,保证企业的持续健康发展。一方面,董事会承载着股东意志,是保护股东合法权益、体现股东意志的制度依托,是实现出资人职责到位的最终体现。另一方面,董事会负责企业的重大决策,监督经理层贯彻执行股东会、董事会的决策;对企业进行战略性监控,并负责选聘、评价、考核、激励经理人员,是企业内部深化改革、加强管理、防范经营风险、提高效率的重要保证,是企业市场竞争力的制度基础。董事会能否充分发挥作用,在很大程度上决定着公司治理的有效性,决定着现代企业制度建设的成败。

长期以来,相当一批国有大型独资企业按照1988年的《企业法》设立,没有董事会。即使国有独资公司按照《公司法》设立董事会,其董事会成员与经理人员也高度重合,企业的决策权与执行权没有分开,董事会没能很好地发挥作用,董事会建设相对滞后。2004年2月,国资委开始推行中央企业国有独资公司董事会建设试点工作。2005年4月,国务院明确要求要"以建立健全国有大型公司董事会为重点,抓紧健全法人治理结构、独立董事和派出监事会制度"。此后,国有企业董事会建设取得了初步成效,试点企业开始由过去的"一把手负责制"转变为董事会决策、经理层执行、监事会监督的公司法人治理模式。公司的股东会、董事会、监事会和经营管理者各司其职,形成权力机构、决策机构、监督机构和经营管理者之间的制衡机制,至少在形式上具备了现代企业制度的治理结构。不少试点企业董事会更是设立了专门委员会,如有的大型国有独资公司董事会设立战略、提名、薪酬与考核等专门委员会,朝着董事会制度健全、运作规范、决策科学的方向努力,国有企业的法人治理水平不断提高。

但是,董事会的建设一直存在着不尽人意之处。首先,是董事结构不尽合理,董事会成员与经理人员重叠度较高,不利于企业决策权与执行权分开。在省(区、市)属的国有独资公司中,由于股权完全集中于政府,股东大会形同虚设,有的董事会成员都是来自管理层的内部董事,有的公司外部董事所占比例过低,这就导致各利益相关主体之间缺乏相互制衡的机制,董事会决策的客观性、独立性和全面性难以保证。其次,是有的董事缺乏"出资人"意识,且董事会成员的数量和素质都不尽人意,不能充分满足董事会高效运行。第三,是董事会的作用被弱化,表现为一些核心功能,如选人、用人权等落实不力,这就使原本制度设计时所赋予董事会的重要功能难以充分发挥。

鉴于以上一些因素,国企董事会的建设仍然任重而道远。

[案例10.1] 面对中国国内钢铁行业"小而散"、国有钢铁企业"大而不强",与国际钢铁企业相比竞争优势不明显的现状,加之宝钢和武钢作为两个实力雄厚的国企业务重合度高、同质化竞争严重。为了提高钢铁产业的规模经济提高产业集中度,2016年12月1日,经国资委批准,宝钢武钢联合重组,中国宝武钢铁集团揭牌成立。中国宝武作为中国钢铁行业的航母级企业,为在集团层面完善现代企业制度,进一步健全公司法人治理结构,中国宝武出台了《完善子公司法人治理结构指导意见(试行)》,深入推进子公司的公司制改革。具体做法有:明确子公司董监事会的设置原则包括人员配置要求及党委班子与董监事会、经理层的交叉任职;优化派出董事授权包括优化投资、股权转让、资金投资等事项的授权,以及加强总部职能部门对派出董事、监事的工作支撑机制;建立派出董监事机构体系。

第二节 外部董事和独立董事制度建立及其进展情况

外部董事是指不担任公司行政职务的董事,但可以是公司的前管理层人员,也可以是与公司有关联业务的公司(比如为企业供货或是公司产品购买者或为公司提供咨询、法律、会计等服务)的人员。独立董事是要求更为严格的外部董事,他必须严格独立于公司管理层之上,比如不可以是公司前管理人员,不可以是上述和公司有关联系的其他公司的人员,也不可以是管理层或上述管理人员的亲属①。如果简单地将董事会成员分成两部分的话,就有内部董事和外部董事,此时外部董事就是独立董事;如果董事成员分为三类的话,则分为内部董事、有关联关系的外部董事与无关联关系的外部董事。其中,无关联关系的外部董事才可被称为独立董事。

值得注意的是,央企上市公司的独立董事与央企的专职外部董事实际上有区别的。央企独立董事是广义的央企外部董事,狭义的外部董事,则专指建立了董事会制度的央企集团层面的非内部董事。央企上市公司的独立董事与央企的外部董事在来源、利益关系和数量上是有区别的。首先,独立董事由股东大会投票产生并决定,外部董事则由国资委直接任命;独立董事一般代表中小股东的利益,而外部董事则代表了出资人的利益;对央企上市公司独立董事的人数要求不低于董事会总人数的三分之一,央企董事会则要求外部董事数目过半。国务院国资委对央企外部董事与独立董事的差别进行了解释。如国资委副主任邵宁撰文指出,央企上市公司的独立董事往往聘请没有实际工作经验的专家学者、中介机构人士,他们缺乏商业直觉,缺乏企业工作经验;而外部董事是聘请有实际工作经验的人,他们有商业感觉,有决策能力。其次,央企上市公司的独立董事往往是兼职的,如大学教授,没有时间没有精力对上市公司做研究;而外部董事主体是专职的。再次,央企上市公司的独立董事是内部人选定的,实际是董事长的朋友,其独立性难以保证;而外部董事与企业班子没有任何的关系,是国资委选的,独立性就好得多。最后,上市公司的独立董事人数偏少,不足以把董事会议案推翻掉,董事会是一人一票;而国资委外部董事制度是一步到位的,外部董事占董事会成员半数以上,是占大多数的,外部董事觉得风险不能做的项目,联手就可推翻。

[案例10.2] 国药集团的混改后的公司治理及董事会建设

2003年,国药集团和复星集团分别按51%和49%持股比例出资成立了国药控股,构建了国有资本与民营资本融合及医药产业整合平台。2008年国药控股实施股份公司改造,国药集团与复星医药子公司齐绅公司分别出资51%和49%成立"国药产投",国药产投和国药集团持有国药控股股份比例分别为96%和4%。2009年国药控股在香港上市,股权结构进一步得到优化,持股结构趋于多元化,截至2013年12月31日,国药集团、国药产投、全国社会保障基金理事会与公众股东持有国药控股的股份比例分别为0.11%、61.19%和38.7%,优化了股权结构。

在完善董事会建设方面,2003年混改当年国药控股董事会5名执行董事中,国药集团占3名席位,而复星医药占2名,仅比国药集团少1名。2013年年底,国药控股董事会成员有15名,其中,国药集团占6名、复星医药占4名、其余5名为独立董事。董事会成员结构的安排体现了国药控股、复星医药和社会公众股东的出资要求和利益诉求,为董事会科学决策,保护股东利益提供了保障。

---

① 毛程连:《国有资产管理学》,第1版,复旦大学出版社,2005年,第247页。

外部董事和独立董事的作用在于：实现企业的决策权与执行权分开；实现董事会集体决策；实现董事会管理经理层；更好地代表出资人利益，正确处理各方面关系。对于国有独资和国有控股的非上市公司而言，应该减少董事会成员在经理层的兼职，逐步建立有效的外部董事制度。由于独立董事制度是上市公司治理中的重要组成部分，国有控股的上市公司也应该按照有关规定建立健全独立董事制度。独立董事制度的建立能够使董事会对重大决策能够做出独立的、客观的判断，并有效管理经理层。

一部分中央国有企业已经建立外部董事制度。2005年10月17日，宝钢集团依照《公司法》改建为规范的国有独资公司，外部董事5名，超过董事会人数（共9名）的半数，成为第一家外部董事全部到位且超过董事会成员半数的中央企业。国资委在2005年10月到2006年12月之间陆续对19户其他中央企业推行外部董事制度试点。神华集团、中国高新投资集团公司、中国诚通控股公司、中国医药集团总公司、中国国旅集团公司、中国铁通集团有限公司7户企业被列为央企董事会第一批试点企业。这些企业大都在2005年开展了董事会试点工作。国资委也将其范围将不断扩大。2006年年底，共有19户中央企业成为董事会试点企业。外部董事共65名。19户试点企业中，有14户企业的外部董事超过半数。各地国企建设规范董事会工作基本都在推行相关制度。到2016年8月，建设规范董事会中央企业数量达87家。其中，中外运集团还进行了外部董事担任董事长的探索。央企引入外部董事人数通常都超过全体董事会人数一半，有的甚至占到三分之二还多；引入外部董事的央企董事会人数大多为9人或者7人，其中，在9人的董事队伍中，通常外部董事要占到5名，而7人董事队伍中，外部董事一般占到4人。宝钢、中国节能、中国建材、国药集团、新兴际华集团5家企业开展了董事会选聘高级管理人员试点，采取市场化方式选聘了1名总经理和13名副总经理。

国企实行外部董事制度试点工作以来，优化了董事会的治理结构，有效提升了董事会的综合决策能力。但是在实践中，由于外部董事来源渠道较窄、外部董事的日常管理、培训和考核都较为薄弱，外部董事的履职评价及激励机制等方面也不健全，制约了外部董事的职能发挥，亟须制度的改进和优化。

第三节　股权激励机制建设

一、股权和期权激励的发展历程

股权激励是目前国际通行的一种长期激励方式，主要是通过授予公司高管人员股票，将高管人员薪酬的一部分以股权收益的形式体现。也就是说，股权激励将高管人员收入的实现与公司经营业绩和市场价值挂钩，激发高管人员通过提升企业长期价值来增加自己的财富，促使高管人员将个人利益与公司的利益联系在一起。它本质上是要促进上市公司长期持续稳定的发展。我国上市公司实施股权激励的模式主要包括限制性股票、股票期权和股票增值权。限制性股票是指公司为了实现一定的业绩目标，将一定数量的股票按照协议价格出售给激励对象。限制性股票实质上是一种类似于远期合约的激励模式,激励对象需要支付现金来购买限制性股票。股票期权,是指上市公司授予激励对象在未来一定期限内预先以确定的价格(行权价)和业绩条件购买本公司一定数量股票的权利(这一过程称为行权)。股票增值权是指公司授予经营者的一种权利,如果激励对象努力经营企业,在规定的期限内(往往会超过经营者的任期),公司股票价格上升或公司业绩得到提升,激励对象就可以按照协议比例获得这种股价上扬或业绩提升所带来的收益,收益来源于行权价和行权日股票市场价格之间的差价或者是净资产的增值。股票增值权实质上相当于一种虚拟的股票期权。

1999年9月党中央十五届四中全会报告提出对企业经营者和技术骨干实行包括期权在内的股权激励。1999年9月22日,党中央通过《关于国有企业改革和发展若干重大问题的决定》,提出"建立和健全国有企业经营管理者的激励和约束机制,少数企业试行经理(厂长)年薪制、持有股权等分配方式,可以继续探索,及时总结经验"。这是首次明确肯定我国可以实施股权激励。在实践层面,四通、联想等几家特殊的高科技企业率先实施了管理层持股。在上海、江苏和广东等地方,国有企业也开始实施股权或期权激励。比如,1999年1月上海市对国有企业经营者实施期股奖励制度,上海仪电控股推出了首个期股奖励计划;出现了仪电模式、武汉模式、贝岭模式等典型的股权激励模式。深圳国有企业也引入了期权激励,推行经营者持股,在股权激励实践方面做了有益的探索。至于大型国企,虽然2000年中石化、中石油、中国联通为代表的中国大型国有企业均在海外上市时提出了管理层股权激励的构想,但并没有明确的条例允许,这些激励方式不可能兑现。这一阶段为股权激励的探索阶段。在这个阶段中,我国资本市场发展还不成熟,缺乏实施股权激励的具体规章制度,以及相应的配套法律法规。

2005年12月,为了配合股权分置改革,我国政府出台了一系列关于股权激励方面的管理办法。我国证监会颁布了《上市公司股权激励管理办法(试行)》,此后国务院国资委和财政部分别于2006年1月和2006年9月颁布了《国有控股上市公司(境外)实施股权激励试行办法》《国有控股上市公司(境内)实施股权激励试行办法》。这三个办法为我国上市公司股权激励机制的建设提供了明确的政策指引和操作规范。这一时期是股权激励不断完善的阶段。随着股权分置改革工作的顺利展开和资本市场环境的不断改善,资本市场的有效性得到提升。2005年,新修正的《公司法》允许以股权激励为目的的股票回购,对高级管理层任期内股票转让等方面也做出了明确规定,进一步扫除了股权激励制度实施的法律障碍。我国股权激励由此进入实际可操作阶段,掀起了国内实施股权激励的热潮。

2019年11月11日,国务院国资委印发了《关于进一步做好中央企业控股上市公司股权激励工作有关事项的通知》,明确股权激励对象应当聚焦核心骨干人才队伍,应当结合企业高质量发展需要、行业竞争特点、关键岗位职责、绩效考核评价等因素综合确定。截至2019年年底,国有控股上市公司已公告了250个股权激励计划。各年度公告数量如图10.1所示。

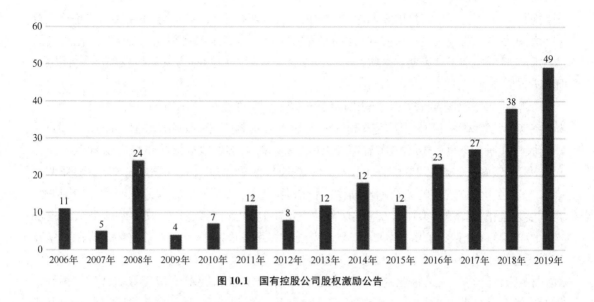

图 10.1　国有控股公司股权激励公告

二、股权激励在我国国有控股上市公司的实施情况

自 2005 年我国证券监管部门推动上市公司股权分置改革以来,约有 150 家上市公司(占总基数的 10%—15%)在股改承诺中提到股改后要积极推进股权激励探索工作(其中民营控股上市公司有此承诺的不到 10%,90% 为国有控股上市公司)[①]。70% 的被调研企业表示,将在 2007 年内开始实施股权激励计划或引入股权激励计划。调查结果显示,50% 的被调研企业引入股权激励的主要目标是希望薪酬与企业长期发展联系起来,而税后净利润和净资产收益率始终是企业的首推衡量指标[②]。不少上市公司推出了管理层股权激励方案。截至 2007 年第二季度已有 52 家上市公司推出了管理层股权激励的方案,其中有 14 家上市公司采用了限制性股票奖励的激励模式,35 家上市公司采用了股票期权的激励模式,2 家上市公司——永新股份和金发科技同时采用了以上两种模式,还有 1 家上市公司——广州国光采用了股票期权与股票增值权相结合的激励模式。2015 年,先后有 230 家上市公司已经实施了管理层股权激励计划,其中采用限制性股票激励模式 181 次,采用股票期权激励模式 82 次,采用股票增值权模式 3 次[③]。

2016 年 8 月,开始施行证监会通过的《上市公司股权激励管理办法》(以下简称《管理办法》),并在 2018 年 8 月进行了修改。解读这一办法,有几项规定值得注意。一是上市公司用于股权激励的股票额度,"上市公司全部有效的股权激励计划所涉及的标的股票总数累计不得超过公司同类股票总额的 10%","非经股东大会特别决议批准,任何一名激励对象通过全部有效的股权激励计划获授的本公司股票累计不得超过公司股本总额的 1%"。这表明政府监管部门对公司管理层持股规模给予了较大的支持。与原有的管理层持股水平相比,规范意

---

① 段晓燕:《国企收到圣诞礼物　股权激励政策博弈中谨慎出台》,《21 世纪经济报道》2006 年 12 月 21 日。
② 袁克成:《美世咨询调查发现 7 成上市公司有意实施股权激励》,《上海证券报》2006 年 12 月 30 日。
③ 有些上市公司同时采用了两种甚至两种以上的激励模式。

见鼓励上市公司管理层持股幅度增加。本文预期管理层持股水平与激励正相关。二是规范意见对公司董事和管理人员的获授或行权的条件、绩效考核等作了强制性的规定。三是对高管人员所获股票规定了禁售期。这些约束条件是为了加强股权激励方案的行权条件,并使之克服任期内的短期行为。

实施股权激励需要比较完善的市场经济体制,包括健全的资本市场、规范的公司治理结构、完善的监管体系,以及透明度较高的公司信息披露制度等。因此,对国有控股上市公司试行股权激励的条件,国资委《国有控股上市公司(境内)实施股权激励试行办法》(以下简称试行办法)及《关于规范国有控股上市公司实施股权激励制度有关问题的通知》主要强调三点。一是必须建立规范的公司治理结构。股东会、董事会、经理层必须分工明确,有效制衡,特别要求上市公司董事会中外部董事(含独立董事)应达到半数以上,其中薪酬委员会应全部由外部董事(含独立董事)构成。二是企业要有持续发展的能力。为了避免企业在实施股权激励过程中出现财务利润作假或人为操纵股价,国资委特别提出企业的经营业绩必须稳健,财务审计合格。三是企业内部应建立适应市场的新机制,要求公司在劳动、用工、薪酬分配制度等方面的改革取得实质性进展,基本做到人员能进能出、收入能高能低、职位能上能下,有健全的业绩考核体系和规范的基础管理制度。与证监会《上市公司股权激励管理办法》等相关办法保持一致外,国资委《试行办法》针对国有上市公司,也有一些特殊做法(二者的比较见表10.1)。

表10.1 证监会《管理办法》和国资委《试行办法》比较

	《管理办法》	《试行办法》
实施条件	未被中国证监会行政处罚等三条	增加四条,包括外部董事应占董事会成员半数以上,同时公司薪酬委员会应全部由外部董事构成
激励范围	不包括独立董事	不包括独立董事、监事及由上市公司控股公司以外的人员担任的外部董事
激励股票来源	定向发行、回购、其他方式	定向发行、回购、其他方式,特别说明不得由单一国有股东支付或无偿量化国有股权
激励幅度	单个激励对象获授股权不超过总股本的1%,除非股东大会特别决议	增加高级管理人员个人股权激励预期收益水平,应控制在其薪酬总水平(含预期的期权或股权收益)的30%以内
限制性股票授予价格	未明确规定	股权授予价格不低于股权激励计划草案摘要公布前一个交易日公司的股票收盘价或前30个交易日内标的股票的评价收盘价
期后条款	无	授予的股票期权,应有不低于授予总量的20%留至任职(或任期)考核合格后行权;授予的限制性股票应将不低于20%的部分锁定(或任期)期满后兑现

资料来源:根据证监会和国资委网站收集整理。

2020年5月30日,国资委印发《中央企业控股上市公司实施股权激励工作指引》,梳理股权激励政策要点,阐明股权激励的业绩考核导向和管理规范及实施程序,为央企控股上市公司股权激励提供全面和详细的实践指引。

但是,2016年大多数中央企业不具备股权激励的前提条件。只有宝钢等十几户企业的外部董事占董事会成员半数以上。其他中央企业集团母公司的公司治理结构仍在规范中，所以股权激励计划尚处在酝酿阶段。

限制性股票、股票期权和股票增值权三种股权激励模式各有优缺点，具体如表10.2所示。从股票来源来看，限制性股票和股票期权都需要采取增发、库存或回购等方法，而股票增值权不实际掌握股票；从激励对象的资金来源来看，限制性股票面临较大的资金压力且有亏损的风险，股票期权资金压力较小且没有亏损的风险，股票增值权没有资金压力且不存在亏损的风险；从激励的效果来看，限制性股票激励对象现实持有股票，对公司归属感强烈，股票期权可以更好地发挥杠杆激励作用，对公司归属感相对较强，股票增值权则因激励对象不实际掌握股票，对公司归属感不强，激励效果相对较差。

表10.2 三种股权激励模式优缺点比较

股权激励模式	优　　点	缺　　点
限制性股票	激励对象现实持有股票,对公司归属感强烈	需要解决股票来源问题,激励对象面临亏损风险且资金压力较大
股票期权	激励对象不存在亏损风险,对公司归属感相对较强	需要解决股票来源的问题
股票增值权	激励对象不存在亏损风险,不需要解决股票来源问题	激励对象不实际掌握股票,对公司归属感不强

从我国上市公司已实施管理层股权激励的激励模式来看，股权分置改革以来上市公司实施股权激励的激励模式以限制性股票和股票期权为主，至2015年年底所占比重分别为67.82%和26.08%。2015年时具体情况如表10.3所示：有156家上市公司单独采用了限制性股票的激励模式，60家上市公司单独采用了股票期权的激励模式，1家上市公司——运达科技单独采用了股票增值权的激励模式，11家上市公司——深圳惠程、东华测试、宏图高科、软控股份、雷柏科技、海大集团、多氟多、新源泵业、康耐特、力源信息、创业软件采用了限制性股票和股票期权相结合的激励模式，1家上市公司——舒泰神采用了限制性股票和股票增值权相结合的激励模式，还有1家上市公司——上海家化采用了股票期权、限制性股票和股票增值权相结合的激励模式。

表10.3 我国上市公司股权激励模式分布表

实施股权激励模式	限制性股票	股票期权	股票增值权	限制性股票+股票期权	限制性股票+股票增值权	股票期权+股票增值权+限制性股票
上市公司名称	略	略	运达科技	深圳惠程等	舒泰神	上海家化
上市公司数目	156	60	1	11	1	1
所占比重	67.82%	26.08%	0.43%	4.78%	0.43%	0.43%

值得指出的是，从我国已实施管理层股权激励的上市公司的企业性质来看，民营企业所占比重显著高于国企。2015年全部230家已实施股权激励上市公司中，民企上市公司共计有212家，所占比重为92.17%；国企上市公司共计有18家，所占比重只为7.82%。

从整体层面来看，国有控股上市公司股权激励的推进速度自2009年以来逐步加快，特别是混合所有制改革加速了国有控股上市公司公告股权激励计划,其年均增长率达到了29.94%,但落后于民营企业年均35.28%的增长率。

三、股权激励的不足和实施期权激励的构想

管理层持股本来为了使管理层和股东的风险和利益保持一致,或者说是用持股"套"住管理层。实施股权激励后,公司管理层的业绩和主要收入取决于公司股价的高低,股价牵涉到管理层的切身利益。国外的主流观点认为经营者持股会使高级管理人员和股东的利益趋于一致,有效地提升公司经营业绩,并增加公司价值(Jensen and Meckling,1976)。如早期学者(Morck,Shleifer and Vishny,1988)通过对 1980 年《财富》500 强中的 371 家公司横截面样本研究,指出:当高级管理人员持股量在 0%—5%时,管理者持股的增加促进了公司价值的提升;当管理层持股量在 5%—25%时,股权与公司价值出现了负相关关系;而当管理层持股比例超过 25%时,公司价值又有所提升。国内的相关研究大多集中在高级管理层持股水平与公司经营业绩的关系上。有实证研究认为,我国上市公司中高级管理人员持股水平偏低,没有达到预期的激励效果而仅仅是一种福利安排,高级管理人员的持股数量与公司经营业绩并不存在"区间效用"(魏刚,2000)。有研究发现,经营者股权激励和独立董事比例间呈现负向关系等(王华、黄之骏,2006)。但是,也有研究支持高管人员持股与企业绩效的正相关关系。研究结论虽然不尽相同,但它们拓展了管理层持股与公司绩效及其他影响公司绩效因素关系的研究,使我们对中国上市公司股权激励效应的认识有一个更为全面的框架。

在股权分置的情况下,上市公司治理结构存在严重缺陷,"一股独大"或"一股独霸"上市公司大股东的收益主要不是取决于公司股票的市场价格,而是通过对股东大会、董事会、监事会甚至管理层的全面操控来实现自身利益的最大化,实施管理层股权激励是不可能起到应有的激励作用的。即使部分上市公司对管理层实施了股权激励,管理层在追求利益最大化的时候,其利益目标函数会自动排除小股东,有可能做出对个人利益有利但对公司利益有害的经营管理决策,这时实施管理层股权激励无法实现预期的作用。股权分置改革的基本完成极大地改善了上市公司实施股权激励的制度环境。但是,我国实施股权激励的资本市场环境尚未完全成熟。股权激励机制能够对管理层实施有效激励的重要前提是上市公司的股价可以在相当程度上反映公司的基本面,即股票市场至少应当是弱有效的。但是,不少研究认为我国的资本市场还达不到弱有效市场。

除管理层本身存在的道德风险外,还应该注意到我国国有企业的特殊之处,即大型国企上交红利很少,利润与垄断国内市场密切相关。在这种情况下,管理层持股很容易成为少数人谋利的工具,甚至导致国有资产流失;同时,只强调少数人的所谓"贡献",忽视广大职工的贡献,其结果将进一步引起社会成员共同利益的失衡。

虽然《上市公司股权激励管理办法(试行)》《国有控股上市公司(境外)实施股权激励试行办法》《国有控股上市公司(境内)实施股权激励试行办法》已经成为我国实施股权激励的主体规章,但对三个办法对有关概念是有不同界定的,如何统一和协同作业?证监会、交易所和证券登记公司等部门之间如何协调;还有一些涉及股权激励的政策法规,如《中华人民共和国个人所得税法》《财政部、国家税务总局关于个人股票期权所得征收个人所得税问题

的通知》《国家税务总局关于个人股票期权所得缴纳个人所得税有关问题的补充通知》《上市公司章程指引》等规定或者补充规定。这些规则对于采用限制性股票等其他激励模式的税收处理、会计处理问题还比较模糊;股权激励实施细则、报批流程、激励计划的审批标准和尺度也都没有明确的规定,给实际操作带来诸多不便。

因此,提高资本市场监管水平成为股权激励能否有效实施的关键。国内资本市场监管部门应注重从两个方面加强监管。一方面,国有资产出资人严格履行试行股权激励的职责和义务。监管部门对国有资产管理人提出的股权激励方案,其所涉及的具体对象、实施的范围、股权激励的数量、行权的方式和业绩考核等重要内容,必须遵从国家的有关法律法规和政策意见,不得侵犯公司股东尤其是中小股东的合法权益。另一方面,以防范"操纵业绩,操纵股价"为重点,依法实施有效监管①。严密审核和稽查上市公司信息披露情况,增强管理层的职业道德水准、行业自律意识和法治观念。

股权激励的方式是让管理者成为股东的一部分,从而激励管理者治理好公司。公司高级管理人员的股权激励效应,在控制了其他与公司业绩有关的影响因素——如第一大股东持股比例、企业规模、资产负债率、行业等因素后,与其约束条件有关。因此,公司在推出激励方案时设立较为严格的业绩考核标准、禁售期和筹资方案等,让公司管理人员必须付出一定的努力,才能够获得股权激励,使股权激励名副其实。从理论上来说,无论哪一种激励模式都存在着各自的优缺点,如果激励方案设计得当——业绩考核指标或禁售期等给予适当约束,不同的激励模式激励效应并不存在太大的差别。但是,限制性股票激励模式方案的设计往往存在某些缺陷,期权激励侧重于市场对人力资本定价的发现机制,其与对管理层进行直接股权奖励办法的思路不同②。从理论上来说,在对上市公司的管理层或职工进行激励方面,期权激励使管理者获益程度较大,是优于股权激励的一种激励方式。当然,约束条件并非越严越好——过于严格约束的股权激励方案,由于其方案设计过于复杂,获授股权难度过高,可能适得其反。

第四节 股权分置改革及对国有企业改革的意义

一、股权分置改革的原因及背景

股权分置改革是解决我国证券市场长期以来国有股及法人股不能流通导致一系列市场弊端的一项重大改革。我国A股市场的上市公司股份按照能否在证券交易所上市交易被区分为非流通股和流通股,此现象被称为股权割裂,后又被称为股权分置。这是我国经济体制转轨过程中形成的特殊问题。在股权割裂的情况下,资本市场定价机制发生扭曲,公司股价难以对大股东、管理层形成市场化的激励和约束,资源配置功能无法有效发挥;国有股等不

---

① 江磊:《国有控股公司试行股权激励方兴未艾挑战市场监管》,《21世纪经济报道》2007年1月2日。
② 二者的比较及具体原因分析见毛程连:《国有资产管理学》,第1版,复旦大学出版社,2005年,第43—246页。

能在集中交易市场流通违背了证券的属性,对股票市场产生消极的影响;由于存在非流通股协议转让和流通股竞价交易两种价格,资本运营缺乏市场化操作基础,对资本流动和企业并购造成了极大的阻碍;非流通股不能在证券市场上正常交易使得国有资产的合理配置无法顺畅进行,社保资金筹集困难重重,社保基金的运行风险也大为增加。

有关部门从1999年就尝试解决,当年10月管理层实施"国有股配售"政策,采用"净资产之上、十倍市盈率之下"的方案。中国嘉陵和黔轮胎首尝国有股向二级市场投资者配售方案,但股市暴跌使这一方案流产。当年11月,申能股份和云天化分别回并购注销公司国有法人股,但没能广泛推广。2000年4月,国有股法人股的转配股获准上市,解决了一小部分股份的流通。2001年政府监管部门开始着手解决股权割裂问题。6月国务院发布了《减持国有股筹集社会保障资金管理暂行办法》,实施"国有股减持"。此次尝试由于具有极强的为政府短期目标服务的色彩——利用过热的资本市场抛售国有股充实社保资金,牺牲流通股股东利益而遭到了市场的否决,股市开始暴跌。10月20日,国务院发文停止国有股减持。直至2004年2月国务院颁布《关于推进资本市场改革开放和稳定发展的若干意见》("国九条"),明确提出要"积极稳妥解决股权分置问题",保护中小股东利益。2005年4月29日,证监会发出通知《关于上市公司股权分置改革试点有关问题的通知》,标志着股权分置改革试点正式启动。到2007年1月为止,我国1 300多家A股上市公司中,超过95%的公司完成或进入股改程序[①]。

二、股权分置改革的措施

中国证监会在《关于上市公司股权分置改革试点有关问题的通知》中指出,股权分置改革试点须遵循"国九条"的总体要求,按照"市场稳定发展、规则公平统一、方案协商选择、流通股东表决、实施分步有序"的操作原则进行,并提出中国证监会根据上市公司股东的改革意向和保荐机构的推荐,协商确定试点公司。试点上市公司股东自主决定股权分置问题解决方案。2005年5月9日,清华同方、三一重工、紫江企业、金牛能源成为首批股权分置改革的试点公司如表10.4所示。

表10.4 清华同方、三一重工、紫江企业、金牛能源股权分置改革方案

方 案	清华同方	三一重工	金牛能源	紫江企业
送转股	10送/转增10	10送3股	10送2.5股	10送3股
派现(由非流通股股东支付)	无	10送8元	无	无
实施前非流通股占比	52.5%	75%	76.47%	58.47%
实施后原非流通股占比	35.58%	67.5%	68.14%	46.01%

上市公司进入股改程序,核心政策是非流通股股东向流通股支付对价(补偿),即流通股股东获得一定补偿,而非流通股股东则获得非流通股上市流通权。所谓对价,系英美合同法中的重要概念,其内涵是一方为换取另一方做某事的承诺而向另一方支付的金钱代价或得

---

① 江国成:《股权分置改革推动中国股市走上健康发展之路》,新华网,2007年1月18日。

到该种承诺的承诺。上市公司股东自主决定股权分置问题解决方案,并组织多种形式的非流通股股东与流通股股东的沟通和协商,广泛征集流通股股东的意见,在持股百分之五以上的非流通股股东承诺三年内减持不超过百分之十的基础上,由参加表决的流通股股东的三分之二表决通过。

对价方案主要涉及以下六种:

第一,送股。其具体方法如下:一是非流通股股东直接以自身拥有的股票向流通股股东送股,同时还附送一定比例的现金,股改实施之后,上市公司非流通股便具有可流通性质;二是采用上市公司向全体股东转增股本,但是非流通股股东放弃转增,将其无偿赠予流通股股东。送股方案的特点是简便易行,中小股东易于理解,大多数公司将采取这一方法。该方案的股票来源主要有:(1)非流通股股东现有存量股份,如第一批试点单位的三一重工、紫江企业和金牛能源;(2)上市公司公积金转增股份,如清华同方。

第二,缩股。缩股方案的基本思路是按照一定比例减少非流通股股东的持股数量,以此作为对价实现非流通股的流通,如吉林敖东。该方案有利于提高公司股票的含金量,但是由于涉及公司股份的注销(减资行为),历时较长。

第三,认股权证。该方案的主要思路是上市公司或非流通股股东向流通股股东发行一定数额的权证。权证持有者在有效期内可以转让权证,也可以在有效期内任一时间通过行权获取股票(美式权证)或约定在权证到期时行权获取股票(欧式权证)。在股权分置改革的特定时期,认股权证方案一般可作为现金或股票对价方案的辅助方案。方案的核心是行权价格的制定。该方案适用于质地优良、有较好发展前景且补偿率较低的公司及拟进行股权激励的公司。

第四,认沽权证。该方案的主要思路是上市公司或非流通股股东向流通股股东发行一定数量的认沽权证,约定由于股权分置改革导致流通股股东股票市值缩水而由发行人进行的现金或股票补偿。权证持有者可在有效期内随时行权或到期行权。

第五,资产重组。该方案主要是针对以前经营管理不善、资产质量不良、盈利能力不强的绩差上市公司,由公司大股东或实际控制人等,向该公司注入优质高效资产以盘活绩差上市公司,并以此作为对价。

第六,债务重组。该方案也是针对以前经营管理不善、资产质量不良、盈利能力不强的绩差上市公司,由公司非流通股股东或实际控制人等,用代为承担上市公司债务、减轻上市公司债务负担的方式,作为支付流通股股东对价。

针对国有控股上市公司股权分置改革,尤其是较为敏感的国有比例问题,国资委颁发了《国务院国资委关于国有控股上市公司股权分置改革的指导意见》(国发〔2004〕3号),其主导思想是非流通股可上市交易后,国有控股上市公司控股股东应根据国有经济布局和结构性调整的战略性要求,合理确定在所控股上市公司的最低持股比例。为使国有企业改革有法可依,该意见根据行业对国民经济的重要性划分了如下三个类型,同时规定了国有经济所占比例:

(1) 在关系国家安全、国民经济命脉的重要行业和关键领域,以及国民经济基础性和支柱性行业中,要保证国有资本的控制力,确保国有经济在国民经济中的主导地位;

(2) 对属于控股股东主业范围,或对控股股东发展具有重要影响的国有控股上市公司,

控股股东应根据自身经营发展实际和上市公司发展需要,研究确定在上市公司中的最低持股比例;

(3) 对其他行业和领域的国有控股上市公司,控股股东应根据"有进有退、有所为有所不为"的方针,合理确定在上市公司中的最低持股比例,做到进而有为,退而有序[①]。

当然,国资委等部门还出台了《关于上市公司股权分置改革中国有股股权管理问题的通知》(国资发产权〔2005〕246号)等规章,涉及国有股股权管理的细节及政府审批流程等。

三、股权分置改革的意义及影响

股权分置改革解决了制约中国资本市场发展的重大制度性缺陷,结束了"同股不同价不同权"的市场制度与结构,为市场定价机制的完善创造了基础条件;通过改革,公司治理缺乏共同利益基础的局面得以改善,公司治理结构得到优化,为中国股市稳定健康发展奠定了良好的基础;同时,资本市场有效性增强,国有资产的顺畅流转大幅提高,估值水平趋于合理化,为国有资本的市场化收购兼并和资产重组提供了动力和操作的便利性;资本市场与实体经济的关联度得以提升,经济晴雨表功能显现。但是,股权分置改革虽然取得了很大成效,但由于制度设计上的一些缺陷,如股改规划不足,大小非减持比较无序;草率进行新老划断,形成大量解禁股并对股市下跌推波助澜等,股权分置改革在后期也遭到了较大的非议。有观点认为:股权分置改革对流通股补偿过低,十送三的结果截留了大量非流通股;在大多数股改公司中,虽然对价方案都获得三分之二的流通股股东的同意,但流通股股东在决定股改对价的话语权上,无疑是最为弱势的,并没有争取到自身利益的最大化;"锁一爬二"[②]的流通方案使得股价经历了暴涨暴跌的轮回,大部分中小股民不仅没有获益,反而因为在高位追涨而有所损失,而大小非(非流通股股东)因其极低的原始入股价在解禁后而获取暴利。总之,股权分置改革并没有能够使公司治理结构等自动趋于优化,要使国有企业改革深化还需一系列的配套改革举措。

第五节 经营责任考核机制

提高国有资产的经营效率,除了需要给予经营者必要的激励外,严格的约束机制也是非常重要和必要的。为切实履行企业国有资产出资人职责,维护所有者权益,落实国有资产保值增值责任,国资委建立了企业负责人经营业绩考核制度,将国有资产经营的责任落实到企业负责人。这被誉为国有资产监督管理体制上的重大突破和体制创新。

[①] 《国务院国资委关于国有控股上市公司股权分置改革的指导意见》,2005年6月17日。
[②] 自改革方案实施之日起,在12个月内不得上市交易或转让,持有上市公司股份总数的5%以上的原非流通股股东在上述规定期满了之后,通过证券交易所挂牌交易出售原非流通股股份,出售数量占该公司股份总数的比例在12个月内不得超过5%,在24个月内不得超过10%。

一、国有企业负责人经营业绩考核制度的建立背景及内容

2004年1月1日,国资委颁布实施了《中央企业负责人经营业绩考核暂行办法》(国资委令第2号)。国资委按照此《暂行办法》以出资人的身份对中央企业负责人进行业绩考核。2004年10月底,国资委与187家中央企业的负责人签订了经营业绩责任书。考核暂行办法后经过了2009年、2012年国务院国有资产监督管理委员会办公会议多次修订,2016年12月8日,国务院国有资产监督管理委员会令第33号发布正式的《中央企业负责人经营业绩考核办法》。

这一办法考核的对象包括:国有独资企业的总经理(总裁)、副总经理(副总裁)、总会计师;国有独资公司的董事长、副董事长、董事,列入国资委党委管理的总经理(总裁)、副总经理(副总裁)、总会计师;国有资本控股公司国有股权代表出任的董事长、副董事长、董事,列入国资委党委管理的总经理(总裁)、副总经理(副总裁)、总会计师。

国资委依照年度基本指标和分类指标两项指标考核企业负责人的年度经营业绩。基本指标包括利润总额和经济增加值指标。利润总额是指经核定的企业合并报表利润总额。利润总额计算可以加上经核准的当期企业消化以前年度潜亏,并扣除通过变卖企业主业优质资产等取得的非经常性收益。经济增加值是指经核定的企业税后净营业利润减去资本成本后的余额[①]。分类指标则由国资委根据企业所处行业特点,针对企业管理"短板",综合考虑企业经营管理水平、技术创新投入及风险控制能力等因素确定,在责任书中明确。分类指标较好地处理了不同行业和企业的特点,较好衔接了企业短期发展和中长期发展目标,实现了考核和薪酬的挂钩。此外,国资委还可以根据需要,在年度基本指标和分类指标之外增设约束性指标。

为增加考核的有效性,国资委在对央企负责人进行年度经营业绩考核外,还增设了任期经营业绩考核,以三年为一个任期。任期经营业绩考核指标同样包括基本指标和分类指标。基本指标包括国有资本保值增值率和总资产周转率。国有资本保值增值率是指企业考核期末扣除客观因素(由国资委核定)后的国有资本及权益同考核期初国有资本及权益的比率。计算方法为:任期内各年度国有资本保值增值率的乘积。企业年度国有资本保值增值率以国资委确认的结果为准。总资产周转率是指企业任期内平均主营业务收入同平均资产总额的比值。其计算公式为

$$\boxed{总资产周转率=三年主营业务收入之和/三年平均资产总额之和} \quad (10.1)$$

企业符合主业发展要求的重大投资,如果对当期经营业绩产生重大影响,经核准可在计算总资产周转率时酌情予以调整。分类指标也是由国资委综合考虑企业所处行业特点和功能定位,选择符合企业中长期发展战略、反映可持续发展能力的指标予以确定[②]。

[①] 经济增加值=税后净营业利润-资本成本=税后净营业利润-调整后资本×平均资本成本率。税后净营业利润=净利润+(利息支出+研究开发费用调整项-非经常性收益调整项×50%)×(1-25%)。调整后资本=平均所有者权益+平均负债合计-平均无息流动负债-平均在建工程。

[②] 参见国务院国有资产监督管理委员会令第30号《中央企业负责人经营业绩考核暂行办法》,国资委网站。

为了使考核机制充分发挥效用,国资委将给央企负责人的年度经营业绩考核和任期经营业绩考核根据财务指标等打分,并将结果分为 A、B、C、D 四个级别。基本指标考核得分低于基本分或考核最终得分低于 100 分的,考核结果不得进入 C 级。利润总额为负或经济增加值为负且没有改善的企业,考核结果原则上不得进入 A 级(处于行业周期性下降阶段但仍处于国际同行业领先水平的企业除外)。年度经营业绩考核结果和任期经营业绩考核结果不仅是国资委对企业负责人实施奖惩的依据,同时也是企业负责人任免的重要依据①。对企业负责人的奖励由年度绩效薪金奖励和任期激励或者中长期激励构成。年度薪酬分为基薪和绩效薪金两个部分,而绩效薪金与是与年度考核结果挂钩的。

通过中央企业经营业绩考核制度的全面推行,结束了中央企业负责人"没有明确任期,没有严格考核,薪酬同业绩无关"的历史,使业绩考核有法可依、有章可循,规范并健全了国有资产管理制度。同时,这一制度推动了企业提高战略管理、价值创造和自主创新水平,增强了企业核心竞争能力和可持续发展能力。

[案例 10.3]　混改后国药集团经营业绩

国药控股 2003 年引入优秀战略投资者,2009 年改制上市,从 2003 年销售收入 108 亿元,净利润 6 700 万元,到 2014 年销售收入 2 001.31 亿元,净利润 45.43 亿元。2012—2016 年,中国中药资产总额年复合增长率达 82.01%,营业收入年复合增长率达 58.63%,成为我国中药行业的领头羊。中国中药旗下的天江药业原研的中药新制剂——中药配方颗粒,使得煎药难这一难题迎刃而解,打开了中药产业发展的"新世界"。目前,中药配方颗粒不仅覆盖全国,还走出国门,远销美国、加拿大、澳大利亚等 30 多个国家和地区。国药集团所属国药器材公司整体改制后,国药器材加快了全国范围内医疗器械商业企业的投资并购步伐,积极建设覆盖全国的医疗器械与耗材物流分销网络,成为国内最大的医疗器械商业企业。

2003—2014 年,整个集团营业收入年平均增幅 33%,利润总额年平均增幅 45%,总资产年平均增幅 34%。混合所有制企业的营业收入、利润、资产总额对集团的贡献率均达到 85% 以上。2015 年《财富》世界 500 强榜单中,国药集团作为唯一一家入围的中国医药企业,以 2 400 多亿元的销售额位居排行榜第 276 位。目前,国药集团在产权层面已基本完成了主要业务板块的混合所有制改革。截至 2017 年年末,集团混合所有制企业数达 660 余家,占集团企业 90% 以上,混合所有制企业的营业收入、利润、资产总额对集团的贡献率均达到 85% 以上。2018 年,集团营业收入近 4 000 亿元,集团影响力不断提升,位列世界 500 强企业榜单第 194 位。集团规模、效益和综合实力持续保持国内医药行业领先地位,连续第五年度被国务院国资委评为"中央企业负责人经营业绩考核 A 级企业"。

部分地方国资委也建立了相似的国有资产经营责任制度,从而扩大了国有资产经营责任制的范围,促进了地方国有企业的发展。比如,广州市在 2005 年、2012 年分别制定了《广

---

① 如未完成任期经营业绩考核目标或者连续两年未完成年度经营业绩考核目标进入 D 级和 E 级的企业,国资委对相关负责人提出调整建议或予以调整。

州市国有大中型企业经营者薪酬管理暂行办法》《市国资委监管企业负责人经营业绩考核与薪酬管理暂行办法》等一系列办法,建立起较为科学的经营考核与薪酬管理相挂钩的制度体系。2013年9月市国资委研究制定了新的《市属国有企业负责人经营业绩考核与薪酬管理办法》,总的指导思想是"强化经营业绩考核与薪酬管理相挂钩、年度考核评价与任期考核评价相衔接、任期经营业绩考核评价与综合考核评价相配套"①。河北省国资委出台了《企业负责人经营业绩考核暂行办法》,2005年3月河北省国资委与22户所出资企业负责人签订了2005年经营业绩责任书;2005年下半年,对国有企业负责人任期经营业绩进行考核。新疆国资委也在2005年4月,与26家直接监管企业全部签订了《2005年度经营业绩考核责任书》。济南市国资委2018年11月出台《济南市市属国有企业负责人经营业绩考核与薪酬管理暂行办法》,遵循分类考核原则、对标考核原则、可持续原则,根据企业在济南市经济发展中的功能作用及业务特点,分为竞争类、功能类和公益类三类实施考核。该办法明确了两大考核重点以及薪酬管理发放规定,从而建立和完善了市属国有企业有效的激励和约束机制。

二、中央企业负责人经营业绩考核的成效与改进

考核实践证明,国资委与国有企业负责人签订经营责任书,以量化的财务指标等对国有企业负责人进行考核,对提高国有资产经营绩效、维护所有者权益、提升国有资产增值率有着较为显著的积极作用。

从2003—2006年的第一任期,中央企业主营业务收入从4.47万亿元增加到8.14万亿元,利润由3 006亿元增加到7 547亿元;资产总额和销售收入年均增加11 000多亿元,实现利润年均增加1 000多亿元,上缴税金年均增加1 000亿元。中央企业进入世界500强的户数逐年增加,2004年为8户,2005年为10户,2006年达到了13户。2006年中央企业销售收入预计突破80 000亿元,增长18%左右;实现利润突破7 200亿元,增长15%左右。到2012年,中央企业主营业务收入达到22.5万亿元,利润达到1.3万亿元。2015年在错综复杂的经济环境下,央企的业绩考核导向作用发挥了很大功效,各企业大力挖掘增长潜力,中央企业基本完成了保增长任务。这可以从央企的财务数据中得到验证。2015年1—11月,在106家中央企业中,99家企业盈利,37家企业盈利过百亿元人民币,28家企业效益增幅超过30%,亏损企业实现了大幅减亏。中央企业全年毛利率同比提高1个百分点,成本费用利润率同比提高0.1个百分点,资产负债率同比下降0.5个百分点。绝大多数企业完成或超额完成考核目标。这一良好的经营业绩与坚持经营责任考核、实现责任层层传递、激励层层连接的国有资产保值增值责任体系密不可分。

如何通过考核加强对央企负责人的激励及约束?央企在薪酬的确定和兑付上就必须以考核为结果为依据。在开展考核的第一年2004年,国资委给央企负责人确定的平均年薪约为税前35万元,其中约15万元是基本薪酬,约20万元是与企业经营挂钩的绩效薪金。根据规定,绩效薪金中有60%为当年兑付,剩余40%要等到任期结束并经过审计后才兑

---

① 黄丽娜:《国企老总薪酬制度下月出台》,《羊城晚报》2014年8月27日。

付[①];对于利润总额低于上一年的企业,无论其考核结果处于哪个级别,其绩效薪金倍数会低于上一年。

中央企业负责人经营业绩考核机制无疑对中央企业的经营管理、生产效率、竞争能力、自主创新等方面发挥了正面的导向和激励作用。但是,经营业绩的考核指标是否科学合理存在着争议。2004年实施的《中央企业负责人经营业绩考核暂行办法》,年度考核指标结构包括利润总额、净资产收益率、流动资产周转率、销售成本/销售收入4个指标,这些财务指标大都偏重于盈利能力,而盈利能力在短期较易为管理者操纵。例如,企业可以利用政策规定的模糊性,改变折旧政策,延长固定资产折旧年限,使本期折旧费用减少,相应增加了本期账面利润;或是提升当期业绩的潜亏挂账,对三年以上的应收账款、待摊费用、递延资产及待处理财产损失不做处理,使得上市公司资产出现严重"虚胖",利润水分极大;国有上市公司也可将不良资产和等额的债务剥离给母公司或母公司控制的子公司,金蝉脱壳,以降低财务费用、减少亏损或损失。再如,净资产收益率指标,在利润总额不变的情况下,管理者有动机操纵分母,通过发行更多的债券和回购股票等方式,大幅提高净资产收益率。

[案例10.4] 中国联通的绩效

混改之后,中国联通2017年年底的股东权益由2016年年底的2 305亿元增加到3 070亿元,总负债由2016年年底的3 854亿元,减少到2 666亿元,从而使资产负债率由63%下降到46%。而且,从最新公布的2018年半年报来看,资产负债率仍然在下降。这是由于联通通过融入了很多权益资本,2017年年报中显示联通通过混改获得资金注入约人民币750亿元,同时又用混改获得的资金去偿还了许多贷款,从而降低了负债。从净资产收益率来看,2015—2016年整个电信行业的ROE(return on equity,净资产收益率)都有下滑的趋势。2016—2018年,整个电信行业的ROE都有所回升。将2017年年中和2018年年中的ROE进行了对比,发现尽管联通的ROE最低,但同比增长了89%,中国移动和中国电信两家仅同比增长3%。明显可以看出,联通虽然体量最小,但回升幅度最大。2017年混改之前,联通的营业总收入一直呈现下滑的趋势,混改之后,2018年上半年,联通营业总收入达到1 491亿元,同比增长7.92%。从成本端来看,公司大幅采取降费举措,根据2018年三季度季报显示,财务费用下降约5亿元。主要是由于混改后联通偿还了大量的带息债务,利息支出大幅下降。联通积极推进5G提前布局,旨在进一步提高云计算、大数据、物联网等创新平台能力和产品能力,构筑"云网一体化"。相较混改前,联通资源整合能力大幅提升,盈利能力大幅增强。混改的短期效应可观,当然混改的长期效应仍需要时间来验证。

为了更好地引导央企从注重利润向注重为股东创造价值的转变,国资委不断对一些考核指标进行相应调整。如2007年1月1日实施《中央企业负责人经营业绩考核暂行办法》经过了修订,业绩导向的重点是提高目标管理水平、推动战略管理、引入价值创造理念、提升

---

① 何宗渝:《央企负责人经营业绩考核的变迁》,新华网,2013年8月3日。

可持续发展能力等方面，在部分央企实行经济增加值考核试点。经济增加值(economic value added,EVA)是税后净利润扣除全部资本成本后的所得。经济增加值的核心思想是，企业的资本投入是有成本的，只有盈利高于资本成本时才会为股东创造价值。这扭转了企业经营者将股东的资本投入视作不需偿还的零成本资金的错误思想，有助于改善中央企业"贱用"资本、无效扩张等发展弊病。由于EVA比之于传统的会计利润更能准确地反映企业价值创造水平，推动央企经营从重表面到重内在、从重短期效益到重长期效益的转变。EVA在一定程度上实现了对企业资产负债表和利润表的综合考核。2010—2012年任期国资委对央企全面实行经济增加值考核，强化科技创新、节能减排、管理创新等，以促进企业转变方式、调整产业结构。

2012年国资委修订的考核办法，维持年度基本指标"利润总额和经济增加值"不变，但深化了经济增加值(EVA)考核。例如，设置基准值并提高了EVA目标报送要求；将EVA条件作为A级企业入级门槛，规定"利润总额为负或经济增加值为负且没有改善的企业，考核结果原则上不得进入A级"。其目的是引导企业强化价值评估和价值管理，使资本增长与价值提升协同推进。2003年全部央企的经济增加值只有21亿元，2012年达到3 748亿元。同时，国资委对任期基本指标做了修改，保留国有资本保值增值率指标，取消主营业务收入增长率，更换为总资产周转率，以弱化企业对规模的追求、更强调企业增长的质量和做强做优的高层次目标。

主营业务收入增长率、国有资本保值增值率指标固然对近些年国有企业的做大做强起到了正向的激励作用，但不可否认，其负面的效应也逐渐显现。就单个国有企业而论，把国有资产的长期保值增值作为管理的目标是没有疑问的，但国有企业在竞争的过程中可能会产生一些有利于本企业效益的提高而不利于社会整体经济效率提高的行为，如不公平竞争行为、违法违规行为、垄断行为等，必然会损坏其他市场主体的利益。政府部门从整体上来看兼有国有企业所有者和社会经济管理者的双重角色，如果不能避免裁判员和运动员之间角色越位的矛盾，就会在现实中发生偏袒运动员而使得国有企业得以保值增值的情况。那么，虽就国有企业的局部而言是取得了暂时的成就，但是却会在根本上损害公平竞争的市场原则，并导致激励的失衡。就竞争性领域国有资产管理的目标而言，"保值增值"固然不错，但这个"保值增值"应是有前提的，也就是说，"保值增值"不应以损害整体经济的效率和公平为代价来取得的，而这又取决于我们在实践中能否通过制度的设置来尽可能地分离裁判员与运动员的角色，也唯有这样，竞争性领域中国有资产管理的"保值增值"目标才是可取的[①]。

2018年12月，国务院国资委修订印发并在2019年施行《中央企业负责人经营业绩考核办法》(国资委令第40号)，主要呈现以下四个特点：一是突出高质量发展考核。即构建年度与任期相结合的高质量发展考核指标体系，突出科技创新考核引导，鼓励企业加大研发投入。二是突出分类考核和差异化考核。即对不同功能和类别的企业实施分类考核，突出不同考核重点，合理设置经营业绩考核权重，确定差异化考核标准。三是突出世界一流对标考核，即对具备条件的企业，运用国际对标行业对标，强化国际对标行业对标在指标设置、目标

---

① 毛程连：《国有企业的性质与国有企业改革的分析》，中国财政经济出版社，2008年10月。

设定、考核计分和结果评级的应用。四是突出正向激励考核,强化"业绩升、薪酬升,业绩降、薪酬降",提高 A 级企业负责人的绩效年薪挂钩系数。对实施重大科技创新、发展前瞻性战略性产业的企业,鼓励探索,在考核上不做负向评价。

所以,在现有的指标考核体系基础上,将利润指标、偿债能力指标、成长能力指标、社会责任指标都纳入进来,完善考核体系,既使央企的考核工作具有可操作性,同时又兼顾企业发展战略和规划、企业技术创新工作等内容是一项艰巨的任务,还需要任期激励实施方案等各种配套政策的制定和落实。

第六节 混合所有制的改革方案

一、中央企业及其子企业层面

中央企业及其子企业引入非公资本形成混合所有制企业的多元化发展其实一直在相关部门的推动下前行。至 2012 年年底,混合所有制企业已经占到国有企业总户数的 52%。央企及其子企业控股的上市公司中,非国有股权的比例已超过 53%。2005—2012 年,国有控股上市公司通过股票市场发行的可转债,引入民间投资累计达 638 项,数额累计 15 146 亿元。截至 2012 年年底,中央企业及其子企业控股的上市公司总共是 378 家,上市公司中非国有股权的比例已经超过 53%。地方国有企业控股的上市公司 681 户,上市公司非国有股权的比例已经超过 60%。2010 年,新 36 条颁布以来,到 2012 年年底,民间投资参与各类企业国有资产产权的交易数量的总数是 4 473 宗,占到交易总宗数的 81%,数量金额总共是 1 749 亿元,占到交易总额的 66%。这是 2013 年之前国有企业改制中引入民间投资的基本情况①。

党中央在十八大上明确了国有企业混合所有制的改革方向,近年来停滞不前的国有企业改革骤然提速。从中央到地方,政府相关部门纷纷出台各项混合所有制的改革举措。

2014 年 5 月,央企以中石油、中石化为代表,相继发布了混合所有制的改革方案。中国石化将向社会让渡 30%油品销售业务股权,中国石油以西气东输一线和二线相关资产和负债出资设立东部管道公司,并公开转让该公司 100%股权。之后,中国电力投资集团也表示将拿出旗下三分之一子公司和建设项目供民营企业参股,国家电网公司则敲定了在直流特高压、电动车充换电设施和抽水蓄能电站三个领域引进社会资本的最新方案②。6 月份中石油等在北京举办石油天然气混合所有制论坛,透露出油气行业将集中在上游勘探开发领域的增量资源和石油流通体制方面改革的信息,这意味着油气领域的混合所有制改革将从此前的下游向产业链的更多环节延伸,油气行业改革进入了一个新的阶段。

2014 年 7 月 15 日,国务院国资委发布了央企"四项改革"试点名单,选择了 6 家中央企

---

① 国资委副主任黄淑和在中央企业负责人经营业绩考核工作会议上的最新报告,参见国资委网站。
② 张锐:《混合所有制正经别念歪》,《上海证券报》2014 年 5 月 23 日。

业作为试点企业,他们是国家开发投资集团有限公司(国投集团)、中粮集团(中粮)、中国医药集团总公司、中国建筑材料集团有限公司(中国建材)、中国节能环保集团公司、新兴际华集团有限公司。国资委的改革试点将围绕着4个方面展开:(1)中央企业"改组国有资本投资公司"试点,中粮、国投集团入围;(2)中央企业"发展混合所有制经济"试点,中国医药集团、中国建材入围;(3)中央企业"董事会行使高级管理人员选聘、业绩考核和薪酬管理职权"试点,中国节能环保集团、中国建材、新兴际华集团和中国医药集团4家入围;(4)"向中央企业派驻纪检组"试点,将选2—3家列入试点。

[案例 10.5] 新一轮"混改"政策时间表

2015年国家提出要继续深化国企改革,实现投资主体多元化,激发经济活力,许多省市自治区也陆续制定并颁布了国企改革的相关政策,新一轮国企改革的浪潮汹涌奔来。在2016年密集出台政策的护航下,2017年国家开展了对东航集团、中国联通等国有企业混合所有制改革的试点工作,目前在前两批共21家试点企业的基础之上,第三批共31家试点企业也要陆续推进,其中包括央企子企业10家以及地方国企21家,新一轮"混改"政策时间表如表10.5所示。

表 10.5 我国新一轮"混改"政策时间表

会议或文件	政 策 或 方 案
2013年11月十八届三中全会《关于全面深化改革若干重大问题的决定》	"国有资本、集体资本、非公有资本等交叉持股、相互融合的混合所有制经济,是基本经济制度的重要实现形式",要积极发展
2015年9月中共中央、国务院发布《关于深化国有企业改革的指导意见》	要稳妥推动国有企业发展混合所有制经济;并对国有企业混合所有制改革进行了全面部署和安排
2016年9月 国家发改委召开专题会	研究部署国企混合所有制改革试点工作,将东航集团、中国联通、南方电网、哈电集团、中国核建、中国船舶等央企纳入试点企业
2016年12月 中央经济工作会议	要求在电力、石油、天然气、铁路、民航、军工、电信等领域实现国企混合所有制改革的重要突破

二、地方国有企业层面

总体来看,2015年我国地方国企资产达54.96万亿元,但目前我国多数省区市国企证券化率偏低,国有资产的证券化率不到30%。各个地方政府也陆续出台了国有企业改革的思路和方案,其中提升资产证券化率幅度成为各省(区、市)追求的一个重要目标(见图10.2)。

(一)上海市

上海市在2013年12月就公布了新一轮国资改革方案,涉及国企分类监管、国资流动平台搭建、股权激励扩容等20条细则。这份被称为上海国资改革"20条"意见(《关于进一步深化上海国资改革促进企业发展的意见》),将国有企业分成突出市场导向和产业发展的竞争

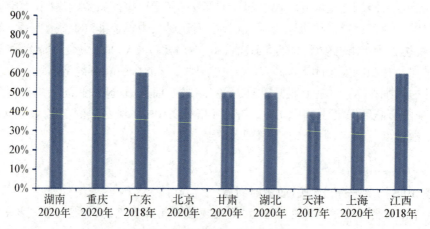

图 10.2 部分省市资产证券化率目标

类企业、承担政府特定功能和任务的功能类企业和主要提供公共服务或产品、保公益惠民生的保障类企业三大类。竞争类企业以市场为导向,以企业经济效益最大化为主要目标,兼顾社会效益,努力打造国际国内同行业中最具活力和影响力的企业;功能类企业以完成战略任务和重大专项任务额为主要目标,兼顾经济效益;保障类以确保城市正常运行和稳定、实现社会效益为主要目标,引入社会评价。目前,上海市国资委监管的市属国有企业有 50 余家:竞争类国资企业占比 67%,包括光明集团、锦江集团、百联集团、上汽集团、上港集团等;申能、申通、久事及城投四集团被定位为保障类企业;另有十余家企业则为功能类企业。

2014 年 6 月,上海市政府在《关于推进本市国有企业积极发展混合所有制经济的若干意见(试行)》中提出了混合所有制的改革目标:"三到五年的持续推进,基本完成国有企业公司制改革,除国家政策明确必须保持国有独资外,其余企业实现股权多元化,发展混合所有制经济……"对于各类企业的混合程度,政府明确"功能类"和"公共服务类"企业保持国资全资或国资控股。负责国资运营的国有资本管理公司,必须保持国有独资[1]。战略性新兴产业、先进制造和现代服务业中的重点国有骨干企业,可保持国有控股或相对控股。一般竞争性国企,则推向市场。

毫无疑问,证券、产权市场将成为上海市国有控股公司混合所有制改革的重要战场。至 2012 年年底,上海市地方国有控股 A 股上市公司已达 71 家,公司资产合计约 5 万亿元,其中国有股权益 3 000 亿元,国资证券化率达到 35.24%。截至 2015 年年底,上海国资委系统混合所有制企业已占系统企业总户数的 65%、资产总额的 58%、主营业务收入的 84.5%、净利润的 93.4%,混合所有制企业已成为上海国企规模、效益、竞争力的主要贡献者[2]。2015 年上海国有经济取得的另一项重要成就是在竞争类企业领域实现了绿地集团、上海城建、现代设计集团的整体上市,以及华谊集团、临港集团等竞争类核心业务资产上市,金融国有企业由 4 家增至 6 家,金融资产证券化率为 71%。这都提升了上海上市相关国有资产的证券

---

[1] 尽管上海引入社会资本力度不小,但大都为集团下属的公司,国资委对大型集团还是倾向于独资或控股。如弘毅投资以近 18 亿入股的是城投控股,不是上海城市建设投资开发总公司,后者是上海的国资集团。

[2] 转引自《混合所有制企业占上海国资委系统总户数的 65%》,《解放日报》2016 年 1 月 19 日。

化率水平。

为了加快改革的步伐,国资委在企业改制重组时将赋予企业更多自主权,简化决策程序。上海市管企业改制重组和国有控股上市公司仍然需要报市政府同意后实施,但集团公司下属企业改制重组则由集团公司决定备案即可,这将有利于提高对上市公司的整合效率。通过资本市场实现股权多元化,提高资产的证券化率,将是上海国资混合制改造的关键路径。

(二) 湖北省

湖北省委、省政府于 2014 年 6 月正式发布《关于深化国有企业改革的意见》,围绕着改革目标、改革路径和分类监管等提出了战略构想。意见明确提出,到 2020 年,湖北全省力争将国有资本证券化率提高到 50%,形成更符合社会主义市场经济要求的国有经济实现形式、国有企业运行机制和国有资本运营方式。目前湖北国有资本证券化率仅为 13%,可见增长空间巨大。在推进国有企业产权多元化方面的路径是引进战略投资者、股权置换、项目合作、改制上市等,鼓励地方国有企业与中央企业合资合作,国有股权可以依法向境内外投资者转让,也可以在省域内外开展国有企业的兼并联合。在国有企业的分类监管上,政府提出公共服务类企业要保持国有资本控股地位,而其他企业可灵活掌握国有股比例,根据需要适时进退。

(三) 广东省

作为国有企业大省,广东国资改革在地方国资改革中被寄予厚望。据广东省国资委官方数据显示,截至 2015 年 12 月底,广东省国资监管企业资产总额达 59 178.81 亿元,居全国第二。全年实现营业收入 13 477.84 亿元;实现利润总额 1 470.31 亿元,同比增长 17.5%。而在 2010 年末,广东省国资监管企业资产总额为 21 105 亿元;2010 年实现营业收入 8 552 亿元、利润总额 612 亿元。五年间,广东省国资监管的资产规模已经翻番[①]。

广东省早在 2012 年年底政府就已试水分类监管国企,将国有企业分成"竞争性"和"准公共性"两大类。2014 年 2 月,广东省《关于进一步深化国有企业改革的意见》及《深化省属企业改革实施方案》公开征求各方意见。广东省国资委提出的改革思路是大力推动混合所有制改革、引入互联网思维,整合扶持资源,培育发展一批后备上市资源,形成成熟一批、储备一批、挖掘一批的后备上市资产集群。同时,充分利用多层次资本市场平台,推动一批具备条件的企业在新三板上市,加快提高国资证券化率[②]。广东省国资委提出的改革框架、时间表,以及负面清单等先进观点,让人对其改革的力度充满期待。同时,2014 年 2 月广东推出首批 54 个项目,拟将省属企业与民营企业对接,引入超 1 000 亿元的民间资本,这意味着广东的国资混合所有制改革打响了第一枪。这些项目比较多的涉及交通领域,还有商贸流通、纺织、物流、冶金、林业等,以及市政公用、环保等部分公共服务领域,利润率较低。截至 2014 年 5 月底,混合所有制项目金额为 1 256.75 亿元,成交金额 4.32 亿元。

---

① 网易财经新闻,2016 年 1 月 25 日。
② 高山:《广东国资改革 激情与徘徊》,《上海证券报》2014 年 7 月 4 日。

广东省国资联合专业证券公司,对广东国资上市公司的现状分析和数据诊断。为了推动省属企业重组整合使国有经济向优势行业集结,提升省属企业特别是竞争领域企业的整体实力和核心竞争力,在2013年年底,广东国资委以广弘公司和商业集团为基础成立了商贸控股集团,后续将以此为平台,整合省属企业内部的食品、贸易、医药等相关资产;重组成立了旅游控股集团,陆续将中旅集团、粤旅集团、白天鹅集团、广晟酒店集团等旅游酒店资产置入,以合并同业、突出主业。广东目前有两大国有投资平台公司:其一为省产权交易集团;其二为恒健公司。政府提出做实、做强、做大现有两个平台,将省产权交易集团作为金融、产权交易、药品交易等要素整合平台;强化恒健公司的融资功能,并让其承担优化省属企业布局和调整结构职能,服务实体经济。

广东省国资委曾在"十二五"规划中将资产证券化目标定为:在2015年将20%的资产证券化率提升至60%,这一目标若实现,涉及广东省属经营性国有资产将达数千亿元。广东计划在2015年末,80%以上国资委下属集团至少控股1家上市公司;新增20户国有控股上市公司。到2020年,90%以上的省属国有资本集中到基础性、公共性、平台性、资源性、引领性关键行业和优势产业,布局结构明显优化;形成15家左右营业收入或资产超千亿元的大型骨干企业集团;混合所有制企业户数比重超过80%,二级及以下企业基本成为混合所有制企业。未来五年广东省希望将省属企业资产证券化率由现在的20%提高到60%,主营业务实现整体上市。这一资产证券化率目标尚有难度,需要突破难局,加大改革力度。

(四) 深圳市

在混合所有制经济改革方面,深圳走在全国的前列且取得了瞩目的成绩。早在2006年深圳制定国企改革与发展的"十一五"战略规划时,就明确提出了国有企业改革的目标:实现经营机制的根本转变。除少数承担特殊职能的以外,全面实现高度产权主体多元化,引入外资、民营、其他国有等多种经济成分的改革。深圳率先通过国际招标招募、债转股、引入民营背景战略股东的方式对11家直管企业进行了产权主体的多元化改革。改革经年,深圳已有多家企业集团实现了股权的混合经营,如深圳能源集团股份有限公司、深圳巴士集团股份有限公司等。国资逐步退出竞争性行业在某些行业已有很好的体现,如以房地产开发经营为主营业务的深圳市振业(集团)股份有限公司,截至2012年12月底深圳国资委持股比例已经降到19.9%。深圳国资委直属企业集团共计20家,市属国企总资产达到了5 827亿元。至2013年年底,深圳国资委目前直接和间接持有100%股权的已只剩9家企业集团,分别是深圳市投资控股有限公司、深业集团有限公司、深圳市地铁集团有限公司、深圳市机场(集团)股份有限公司、深圳市盐田港集团有限公司、深圳市粮食集团有限公司、深圳市国有免税商品(集团)有限公司、深圳市远致投资公司、深圳市特区建设发展集团有限公司①。深圳的资产证券化率为43%,高居全国榜首。深圳市国资委对未来的国资改革有着明确的思路和设想。

首先,国资改革的政策方向就是要将资源倾向于公用类国企,或是具有竞争优势的国企;而对于类型重复、没有竞争力的国企尽早退出。2014年国资委启动系统内产业整合,无

---

① 深圳市国资委网站。

效低效资产将被清退,推进资产集中于产业链、价值链的高端环节。需要深入调查和研讨的具体问题有:哪些行业需要进一步降低持股比例以使股权更加多元化?有些平台公司下属很多子公司,怎么划分类别进行改革?哪些行业要退出?哪些行业需要兼并重组形成优势集团?

其次,以资本市场为依托,整合上市公司资源,通过购买、注入、置换等方式实现资源整合优化,加大同质资源整合力度;并推动优势国企通过市场化并购重组实现跨越式发展。在国资委直管的 20 家企业集团中,有上市公司平台的有 12 家,控股了 18 家 A 股上市公司和 2 家 H 股上市公司,这些企业多分布在功能性行业。深圳燃气、深圳能源、深高速、盐田港等上市公司或其所属集团公司都已经完成整合工作,实现了整体上市。深圳市国资委希望利用上市公司资源来提高资本证券化率,做大做强优势产业。除了 A 股上市平台外,在香港或其他境外资本市场整体上市对规范企业运作、提高管理透明度及产权多元化改革是极有助益的。

最后,深圳市国资委为实现从管资产向管资本的转变,不再直接干预企业法人的经营自主权,研究组建作为资本运作平台的新国有资本投资、运营公司。如何建立健全透明而规范的国资流动平台是关系到国资改革能否持续深入推进的关键所在,说明深圳国资改革正步入深水区。在国有资本管理方面,深圳市较早地意识到这一问题并着手研究。深圳国资委作为出资人控制旗下一级公司,一级公司又作为母公司控股多家孙公司,国资委间接持有大量国有企业资产。这样的持股模式使委托-管理链条过长,效率低下,如何减少其到企业之间的层级架构?深圳国资委的设想是新成立一个全资公司作为资本运作平台,由其直接控制其他国有企业,即最终形成国资委、某资本运作平台和企业的三层架构。深圳市国资委曾先后两次组团赴新加坡学习考察,学习借鉴淡马锡模式,如以资本管理代替资产管理、分类持股贯彻战略规划、新型董事会建设等方面。

(五)北京市

目前北京市政府直接出资的一级企业有 43 家,市属国有企业有 46 家上市,总市值超过 5 500 亿元。在推进混合所有制方面,北京市属金融类企业应该说在发展混合所有制经济方面已先行一步,因为大部分金融企业是北京市国资委直接监管企业控股的混合所有制企业,如华夏银行、北京银行等。金隅集团很早就完成了股份制改造,混合所有制有所发展,进一步试点的可能性很大。北京市属一级企业首旅集团正在深化组织结构的调整,为此公司已经完成了资本运营上移、实体经营下移的转变,集团总部定位为以投资旅游服务业及相关产业为核心的战略性产业投资公司。北京市国资的混合所有制改革徐徐拉开大幕。

北京市于 2014 年 8 月印发了《关于全面深化市属国资国企改革的意见》,并召开北京市深化国资改革推进会,对"国资改革混合所有制该如何混合?竞争类、功能类、公共服务类三类企业如何区别?国资占比又将如何界定?"等问题予以了解答。

改革意见将市属国有企业分为三类,即城市公共服务类、特殊功能类和竞争类。城市公共服务类主要包括公交、地铁、自来水、排水等,承担提供公共产品或服务,保障城市运行安全。特殊功能类主要承担市政府赋予的专项任务和重大项目,比如地方融资平台。竞争类企业是以资本效益最大化为主要目标,分为战略支撑类企业和一般竞争类企业。在此基础上,国资部门对不同企业进行功能定位,逐步调整国有企业股权比例。据北京市国资委的已有数据显示,城市公共服务类资本分布占总资产比例19%;特殊功能类资本占22.6%;竞争类共占58.4%,其中一般竞争类是30.1%,战略支撑类是28.3%。

北京市国资委提出要建立更加市场化的国有资产监管机制,实行"分类监管、分类考核"。为提升国有资本的集中度和国有企业的竞争力,北京市提出要紧紧围绕首都战略定位和阶段性特征,把国企由竞争性主体向服务性主体进行转变,发挥市场的决定性作用。公共服务类的国有资本集中度提高到80%以上,特殊功能类的国有资本集中度提高到60%以上,竞争类企业以战略支撑企业为主,更多地坚持市场化方向。城市公共服务类仍将以国资控股为主;竞争类将是国资部分或全部退出的重点,将在遵循市场规律的前提下,全方位地参与到市场竞争的大潮中。

北京市国资改革具有两大特点。其一,是在一级企业进行混合所有制改革,加大一级企业的改制力度。其方式是更多地引入非公资本参与国有企业改制重组和重大项目建设,推进国有资本和非公资本相互融合、共同发展。如何利用首都的优势,和央企、中关村企业、区县企业互相参股,协调京津冀一体化是政府考虑的一大要点。其二,是加快竞争类企业的上市步伐,推动具备条件的一级企业实现整体上市,使上市公司成为国有企业发展混合所有制的主要形式。一级企业中大部分资产已经进入上市公司的企业,像郊区的旅游等企业,下一步整体上市的可能性较大。为了提高国有控股上市公司整合力度,北京将统筹运用上市公司平台,推动同行业和产业链上下游优质资产注入上市公司。

到2020年,北京市国有资本证券化率力争达到50%以上。

其他各个省区市也纷纷提出了国有企业的改革计划和方案。据统计,截至目前,已有上海、甘肃、山东、江苏、云南、湖南、贵州、重庆、天津、四川、湖北、江西、山西、北京、青海等超过20个省区市已发布国资改革路线图。重庆的目标是在三至五年内,推进20家国有企业整体上市,2/3左右的国有企业发展成为混合所有制企业;适宜上市的企业和资产力争全部上市,80%以上的竞争类国有企业国有资本实现证券化。天津提出,到2017年年底90%的国有资本聚集到重要行业和关键领域,国有资本布局聚集在40个行业左右。甘肃提出到2020年国有经济中混合所有制比重达到60%左右,江西则提出5年内混合所有制经济要占国资的70%。湖南的目标是到2020年竞争类省属国有企业资产证券化率达到80%左右。

习　题

【名词解释】

1. 股权激励　　　2. 经营业绩考核　　　3. 管理层激励
4. 期权激励　　　5. 经济增加值考核

【思考题】

1. 为什么说公司法人治理结构的核心是董事会制度?
2. 外部董事和独立董事的作用体现在哪些方面?

3. 股权激励有哪几种具体模式？请进行优缺点比较。

4. 为什么说提高资本市场监管水平成为股权激励能否有效实施的关键？

5. 股权分置改革及对国有企业改革的意义何在？

6. 为什么经营责任考核机制被誉为国有资产监督管理体制上的重大突破和体制创新？

7. 国资委如何引导央企从注重利润向注重为股东创造价值的转变？

8. 如何通过考核加强对央企负责人的激励及约束？

9. 为什么说通过资本市场实现股权多元化，提高资产的证券化率，是上海国资混合制改造的关键路径？

第十一章

国有资本优化：混合所有制

　　国有资本是国有经济在经营领域拥有的重要资产，也可以理解为国家在企业中拥有的权益。国有资本应在企业的经营活动中保值增值、发展壮大，当然国有资本在恰当的时机和领域也可以选择战略性地撤退以寻找更好的发展空间。在十八届三中全会的《决定》首次明确肯定"国有资本、集体资本、非公有资本等交叉持股、相互融合的混合所有制经济，是基本经济制度的重要实现形式"之后，国有资本和社会资本掀起了混合所有制的热潮。国有经济战略性调整的路径也呼之欲出。2014年年初的政府工作报告圈定了向非国有资本开放的七大领域，特别指出在金融、石油、电力、铁路、电信、资源开发、公用事业等领域制定，非国有资本参与中央企业投资项目的办法。以中石油，中石化这样的大型央企为混合所有制改革的排头兵，很快推出了向社会资本让渡30%油品销售业务股权、设立东部管道公司并出让10%股权等改革措施。这无疑表明政府推进国有经济调整的意志和决心，并使改革迈出了坚实的一步。如何促使混合所有制改革获得成功，引领我国经济结构优化和可持续增长？在理论和实践两个层面，仍有许多问题，亟待厘清和研究。

第一节　混合所有制改革的原因

　　早在1993年，中央政府就提出要建立"产权清晰、责权明确、政企分开、管理科学"的现代企业制度，而2003年时也已提出"大力发展混合所有制企业"。不可否认，在近20年的持续改革中，国有企业在治理结构的改进和效率的提升方面都取得了不俗的成绩；通过发展直接融资市场，特别是经过2005—2008年的资本市场股权分置改革，混合所有制已经在相当多的领域里广泛存在。完全国有独资的企业很少，相当多的企业已经成为国有资本和社会资本的混合体，既然这样，为何还要进行混合所有制的改革呢？原因可以从以下三个方面加以解释。

一、国有资本在整个经济领域的比重仍然很大，且经营效率不容乐观

　　在A股市场中，国有控股公司市值约13.53万亿元，占A股整体市值的64.25%。2013

年中国企业 500 强中,国有企业及国有控股企业入围达 310 家,占比 62%;其营业收入占 500 强公司的 81.94%,净利润占比 85.91%,资产总额比为 91.26%[①]。2013 年中国国有企业进入《财富》世界 500 强的家数创下 95 家的新高,总收入比 2012 年有所增加,但这些企业的平均利润率却由 2012 年的 5.4% 下滑到 3.9%,仅有 12 家企业利润率达到 10% 以上,更有 11 家 500 强企业出现了亏损。可见,国有资本虽然比重高,但效率近些年没有明显改善甚至恶化。如果不想方设法提高这部分国有资本的经营效率,我国经济结构的顺利转型和可持续的经济增长将面临严峻考验。

二、竞争不充分使得垄断领域的负效应越来越大

长期以来认为国有资本必须占据绝对控股的关键领域如石油化工、电信、铁路、金融、军工等行业,往往具有垄断或半垄断性质,竞争不充分导致其对国民经济运转和国民福利的副作用越来越大。作为控制着国民经济命脉的关键部门的大型央企,其享受的政策资源十分优厚,如廉价土地、优惠的金融支持、免费的牌照、排他性的特许经营权等,但其经营业绩不如人意。以中石油为例,2010—2013 年,中石油经营活动产生的现金流量净额从 3 187.96 亿元人民币降至 2 885.29 亿元,年均降幅 13%,折射出其财务状况恶化,后续投资能力薄弱。更有研究认为扣除一些隐性资源,国有企业实际处于亏损状态。目前中央国有企业整体 ROE 约 10%,2008—2013 年其上缴的红利占利润总额的比例分别为 6.34%、10.24%、6.7%、8.7%、7.7% 和 8.7%,由此测算可得,国有资本化分红率仅为 1%。这与公众对央企承担社会责任回馈社会大众的期望值相去甚远。近几年国民收入差距扩大,国有垄断企业员工的高收入和高福利常被认为是重要的影响因素。

三、国有资本和民营资本结构性失衡,国有资本混合的比例还有待提高

从世界 500 强入围企业看,2013 年民营企业入围不到 8%,仅有 7 家。2017 年中国民营企业 500 强报告显示,我国超大型民营企业快速增长,质量效益稳步提高,有 16 家入围世界 500 强。2019 年,共有 20 家民营企业入围世界 500 强,比 2018 年增加 3 家,这说明民营企业质量稳步提高。但是,与市场经济健全完善的国家相比,仍有鲜明的差距。从中央企业及其子企业的混合所有制情况来看已实行混合所有制企业的户数占到总企业户数的 57%;中央企业资产总额的 56%、净资产的 70%、主营业务收入的 62% 都已进入上市公众公司。截至 2017 年年底,国务院国资委监管的中央企业及各级子企业中,混合所有制户数占比达到 69%,省级国有企业混合所有制户数占比达到 56%。从所有者权益的层面看,2017 年年底,中央企业所有者权益总额 17.62 万亿。其中,引入社会资本形成的少数股东权益为 5.87 万亿,占比 33%;省级国有企业所有者权益为 17.7 万亿,其中少数股东权益超过 4.7 万亿,占比 26.6%。从这个角度看,混合所有制似乎已取得了不小的进展。但也有研究指出,2014 年,130 多家央企总资产 30 万亿,真正通过混合所有制改革而实现市场竞争的企业资产仅有 5 万亿元。例如中石油东部管道公司资产估值 916 亿,绝对数额不小,但仅占中石油全部资产

---

① 中信建投:《四大维度把握国企改革投资机会》,《上海证券报》2014 年 4 月 2 日。

的 3.2%,因此这一比例的混合所有制难以撼动国有资本一股独大的地位。截至 2018 年,中央企业所属企业中,超过 2/3 的企业实现了国有资本和社会资本在产权层面的混合。中央企业新增混合所有制企业户数超过 700 户,其中通过资本市场引入社会资本超过 3386 亿元。中央企业在产权层面已与社会资本实现了较大范围的混合。但是,从企业层级看,层级越高混合程度越低,层级越低混合程度越高。中央企业集团公司仅有中国联通、上海贝尔和华录集团三家为混合所有制企业,一级子企业混合所有制企业户数占比为 22.5%,从二级子企业往下,混合所有制企业户数占比超过 50%并逐级提高,四级以下子企业中超过 90%的企业实现混合。

总之,深入推进国有经济战略性调整是经济增长的要求。由于历史原因,我国国有经济的比重高,而民营经济等相对弱小;政府部门相对重视投资而忽略消费。经济增长理论中有关生产与消费、投资与消费等方面的研究都已经表明经济增长需要兼顾投资与消费,政府主导资源配置及通过国有企业的财政支出政策有可能对私有经济具有"挤进"效应,当然也可能是"挤出效应"。国有经济比重过高,私营经济不活跃会使挤出效应占据主导,从而影响经济增长。总之,现在国有经济比重仍高、结构不合理的状况不利于经济持续稳定地增长,使得收入分配的公平目标实现难度增大,而且有可能使经济波动加大,增加刺激消费的难度。因此,需要对非均衡性的经济格局加以改造。

[案例 11.1]　中国联通混改:"解开镣铐跳舞"

历时近一年,4 次澄清公告,9 次停牌公告,中国联通于 2017 年 8 月 18 日公布了混改方案。中国联通是第一家混改的央企,肩负着为混合所有制改革探索道路、积累经验的使命。对于具有自然垄断性质的通信行业,政府建立新企业,间断地对通信公司进行重组,引入竞争,最终形成当前"三国鼎立"的局势。

在 1994 年 7 月 19 日,原联通公司正式成立。现在的中国联通即是在 2009 年 1 月 6 日,由原中国网通和原中国联通的基础上合并组建而成。

尽管在表面上中国联通、中国移动、中国电信三大国企在电信行业进行寡头垄断,但是从用户数据、业务规模与营收数据来看,却呈现出的是中国移动在电信行业里一家独大。从利润规模的角度看,联通不到中国移动的 4%,不到中国电信的 20%。联通的用户与净利润较低的主要原因是其错失 4G 时代。在市场经济的大环境下,现在政府不能直接往联通里注入资金,帮助其进行 5G 的布局,亦不能再毫无理由地将中国移动的一部分业务划给联通,借此来帮助联通东山再起。因此,中国联通进行混改是宏观环境与内部经营的共同需要。引入外部资金,调整企业所有权结构,增加企业竞争力,夺取尽可能多的市场份额。

那么,混合所有制改革的预期目标是什么?如何推进国有企业的混合所有制改革?如何处理混合所有制改革中可能出现的各种障碍?回答这些问题并不容易,需要我们加强理论研究,寻求理论突破,从而为改革实践扫清障碍。

第二节 混合所有制改革的目标

对混合所有制改革目标,理论界和实务界存在着不同的理解。有人认为混合所有制依靠民营资本的鲶鱼效应能激发国有企业的活力,优化产业结构,并打开了民营企业的发展空间。但也有人持悲观的态度,认为混合所有制改革是目前国有经济缺乏活力和效率状态下的权宜之计,国有经济改革目标并不清晰。科学地理解和把握混合所有制改革的目标无疑是十分重要的。从长远来看,混合所有制改革应服从国有资本优化配置的国有经济战略目标。

国有资本优化配置的具体目标可以从以下三个方面来理解。

1. 国有经济规模适度

国有经济规模适度主要是指应构建经营性国有经济与非经营性国有经济协同发展、国有经济与民营经济比重适宜的经济框架。纵观世界各国的国有经济发展历程不难发现,国有经济的适宜比重是个动态调整的过程,不同的国家政体差异、政府职能的定位不同、经济发展阶段不一致,以及人文差异等的变迁都会影响到一国国有经济的规模与效率,因此需要寻找我国未来十年的国有经济发展的临界点,通过经济效益、社会效益等指标对国有经济比重作规范研究。

2. 国有企业竞争力增强,改革深化

国有营利性企业正向现代企业制度靠拢,对于该类企业的改革深化应注重对民营经济的拉动作用,为国民经济的高速发展提供正向指引。对于非营利性国有企业的改革需要依据不同行业的垄断程度,以及外部性的差异进行分行业设计,目标是坚持公共利益的最大化。

3. 增强国有资本在社会保障、医疗等准公益性行业的配置能力

推动国有营利性企业资产的资本化,将资本充实于社会保障基金、医疗和教育等领域,实现公共事业服务提供的均等化。

正确理解国有经济的适度规模必须打破一些思维定式,澄清理论误区。

首先,何谓国有资产的保值增值? 在近十年的国有企业改革中,政府采取了一系列措施建立国有企业的现代企业制度,提高国有企业的竞争力,使国有企业的经营面貌有了长足的改进,经营效率较之前有很大的提高,这是不争的事实。但是,公众舆论却对国企改革效应表现出疑虑:有人对国有企业依靠垄断地位获利从而挤压民营企业生存空间提出了质疑,也有舆论对国有企业改革方向模糊和利益固化表示忧虑,还有人提出做大国有资本强化了政府对资源配置的主导地位从而不利于从投资主导走向消费主导的战略转型。产生这些疑问的根源在于有人片面地、狭隘地理解了国有资产的保值增值,将关注点过多地集中于现有的国有企业如何实现会计利润的增长,而忽视了对其他市场参与主体的公平地位考量,忽略了国有企业改革是为了促进国民经济均衡增长的长远目标。如果国有企业利润的增长被认为是依靠垄断地位获得的,并没有带来整体经济效益的提升并有效地激发国民经济的活

力,那么这种国有资产的保值增值自然会受到公众和各界的质疑。这确实也揭示了一个朴素的理论,即国有资产的保值增值不应凌驾于国民经济整体效率的提升上。

其次,如何理解"发挥国有经济的主导作用,不断增强国有经济的控制力和影响力"?在固有的思维范式中,我们习惯于将增强国有经济的控制力视作是在某些行业由国有企业保持绝对控股的地位,如2006年国资委曾把军工、电网电力、石油石化、电信、煤炭、民航、航运等七大行业列为必须由国有经济保持独资、绝对控股或相对控股。对于钢铁、建筑、汽车、机械装备、电子信息等行业的央企,国有资本也要保持绝对控股或相对有条件的控股。由此,长期以来国有企业不断强化在国民经济关键领域的经营范围和经营实力,其所展现的控制力和影响力构成了我国经济运行的独特路径。但是,不断增强国有经济的控制力和影响力的目的是什么?保持控制力的途径是否只有国有企业绝对(相对)控股这个唯一的途径?

无疑,增强国有经济的主导作用是为了引领国民经济的均衡、可持续增长,追求国民财富的长期效应而非短期利益。当保持国有资本的控制力、影响力与之相适应时,其他市场参与主体对国有企业的控股地位持欢迎和尊重的态度,经济发展协调性较高。但是,当保持国有资本的控制力、影响力在具体行业中表现出国有企业比其他市场参与主体更多的经营特权、更优惠的政策资源和排斥其他竞争者的垄断倾向时,整个社会对国有资本控制力的容忍度大为降低,对垄断带来的收入差距扩大时有喷言。可见,在强调保持国有资本的控制力、影响力时,不能无视这一论断的根本目的。为了追求控制力、影响力而盯住国有企业的控股指标,罔顾国有资本是否能引领科技创新而对民营资本带来的"挤入"效应,也不论其是否促进了整体的企业竞争力和国民福利的提升,是一种舍本逐末的做法。况且,从实践操作层面来看,如果国有企业长期"一股独大",在某些关键性领域鲜有竞争者的优越地位会使他们在经营中丧失活力,经营能力和投资能力日渐式微,甚至发生亏损。此时,在微观领域要想让这样的国有企业和资本发挥主导力和影响力几乎是不可能的。

那么,发挥国有资本对经济的影响和控制力是否就意味着在某些关键领域一定要采取国有独资、绝对控股或相对控股的方式呢?从其他国家的实践经验来看,还有相关途径可供参考。法国最大的石油公司道达尔公司,其股权改革就为我们提供了一个不错的范例。道达尔公司成立之初法国政府持股35%,其后随着公司在资本市场公开上市,法国政府持股比例逐年下降,直到1996年的0.97%。尽管持股稀少,但道达尔公司董事会全部成员均是法国籍,法国政府在石油领域的影响力和控制力不容置疑。挪威政府通过建立挪威石油基金体现了国家所有者权益,挪威石油公司的绝大部分收入上缴国库后由政府进行投资,并将投资收益用于全民福利,从而实现了政府的主导作用和控制力。这种所谓的"政府金股"或国家主权财富基金,既不会在微观层面上对企业的经营带来负面的影响,却又能在宏观上实现了国有资本的控制力和影响力,确实是一种更合理恰当的资本配置方式。

我国目前分布在一些重要行业的中央型国有企业经营效率不尽人意,特别是和国际同类企业相比,综合竞争力堪忧。比如,有的央企靠垄断维持经营,有的面临国外同行和国内民营企业的双重竞争,还有的甚至已陷入严重经营困境、急需外部资本的输血。他们控制的国有资本有缩水的嫌疑,更别提发挥主导作用和影响力。造成这一现状的原因是多方面的,但保持国有资本对企业的绝对控股、相对控股是一重要因素。"一股独大"的地位和优势抑制了国有企业的创新性和竞争力,使其满足于短期的经营业绩而忽视长期竞争力培养,造成国有企业持股比例越高,经营惰性越强,对国民经济负面效应越大的循环。因此,学习其他国家诸如"国家金股"的持股模式,用较少的国有资本去撬动社会资本的运营,从而放大国有资本功能,使国有资本起到四两拨千斤的功能才是一种更好地运用国有资本的境界。

[案例11.2] 东方航空物流混改。航空货运近年来可谓"十年九亏",国航、东航、南航三大航货运业务曾连年亏损。三大航在国内航空货运市场的占有率在七成左右,但高占有率并没有带来盈利能力。2010—2015年中国民航货运量增长了12%,运价却下降了27%。2015年,三大航的货运平均价格仅为1.27元/吨公里,几乎没有利润空间可言。包括国家发改委、国务院国资委、中国民航局等在内的政府部门曾多次讨论,希望三大航整合货运业务,以求形成规模竞争优势。市场的外部竞争日趋激烈,民营快递公司综合物流的商业模式运输效率高、营业能力强,给货机物流市场带来了不小的压力,如圆通、顺丰、申通等熟知的快递公司已开始建立自己的航空物流,这更是加剧了货机物流的市场竞争。2016年9月,国家发改委明确首批混合所有制改革试点名单,其中东航物流成为民航领域首家试点企业。随后,原属于上市公司东方航空(600115.SH)的东航物流100%股权被转到东航集团旗下,正式拉开混改序幕。

东航物流的混改方案可以大致概括为"三步走"方针——剥离、引资、上市。

1. 剥离(股权转让)

混改前,中国东方航空股份有限公司持有东航物流100%的股权。2016年11月29日,东航以24.3亿元价格将其所有股权转让给东航集团下属公司东方航空产业投资有限公司,将东航物流从东方航空的体系中剥离出来。从上市公司主体剥离物流公司,使得东航物流不再是一个上市公司的资产,而是一个可以混改的并且在未来可以上市的独立主体,为东航物流下一步混改试点破除了体制障碍。

2. 引资(增资扩股)

在混改的第二阶段,东航设计了一个国有股东放弃绝对控股地位,同时分别引进多家投资者,并且同时实现核心管理层持股的增资扩股方案。放弃绝对控股,实现多元"制衡"。在此次混改中,东航集团让出绝对控股权,仅持有45%的股份。其余股份由联想控股、普洛斯、德邦、绿地和东航物流核心员工分别持有25%、10%、5%、5%和10%。

3. 上市(改制上市)

2017年3月,东航集团总经理马须伦表示,东航物流将IPO,实现单独上市。

第三阶段上市完成后,东航集团持所代表的国有资本持有东航物流的股权比例不低于34%;其余非国有投资者和员工持有东航物流的股权比例不高于66%。

[案例11.3] 中国联通混改中国联通混改方案

1. 定向增发新股+转让老股,引入14家战略投资者

中国联通A股(600050.SH)以每股6.83元价格非公开发行90.37亿股A股新股,募集资金不超过617.25亿元。其中,中国人寿以217亿元认购10.22%股权;腾讯出资110亿元,占股5.18%;百度出资70亿元,占股3.3%;京东出资50亿元,占股2.36%;阿里出资43.25

亿元,占股2.04％;苏宁、光启互联、淮海方舟分别出资40亿元,各占股1.88％;兴全基金出资7亿元,占股0.33％。并且,中国联通集团向国企结构调整基金转让老股19亿股,转让价款约129.75亿元,占增发后6.11％股权(见图11.1)。

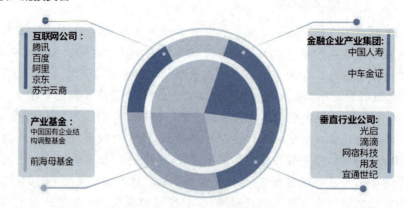

图11.1　联通引入的战略投资者

资料来源:中国联通官网。

2. 核心员工股权激励计划

除了引入外部投资者,联通混改方案还涉及核心员工股权激励计划,拟以3.79元/股,向核心员工首期授予不超过约8.48亿股限制性股票,募集资金不超过32.13亿元。首次授予的激励对象不超过7 550人,人均授予约10.1万股,包括公司中层管理人员,以及对公司经营业绩和持续发展有直接影响的核心管理人才和专业人才,但不包括董事及高管。

3. 公司治理机制变革

中国联通称,拟通过此次混改形成多元化董事会和经理层,以及责权对等、协调运转、有效制衡的混合所有制公司治理机制。混改后,联通A股董事会名额将按照4:4:5的比例分配,即4席为各领域的国有企业代表,4席为民营企业代表,5席为独立董事。

上述董事会的人员构成与股权结构是相匹配的,如果成为一致行动人,就有能力否决董事会和股东会的重大决策。这为实现利益、权利、监督制衡的公司治理结构提供了基础。在保障经理层经营自主权、施行职业经理人制度基础上,联通还打算拿出一两个高级副总裁职位,给予互联网公司股东。

4. 精简组织架构

中国联通的组织架构包括集团、省分公司、地市分公司、县分公司等,是典型的多层级体系。这使得联通就像诸侯分封,每一层都是管理,真正干活的是分局,有些分局甚至也不干活,干活的都是外包单位的人。

混改前,中国联通北方省级公司平均有25个管理部门,南方省级公司平均有22个管理部门,混改后将分别优化至18个、16个左右。部门内设机构按照"能不设就不设"原则,尽量精简整合。裁撤部门,就意味着裁减人员,中国联通各省分公司要求定岗定编定员定薪定退。2017年上半年,联通内部已经开始讨论员工退出机制,对考核不合格的员工予以调岗、降薪,仍不达标者则解除劳动合同。联通透露,混改两年之内,退出岗位的员工将控制在3%,退出企业的员工控制在1%。

最后,在混合所有制改革中,国有资本如何才能发挥"资本放大的功能"?有观点认为国有企业效率低下,应采取果断措施将国有企业完全私有化,以提升经济效率。这一政策建议带有激进的休克疗法之意味,从目前我国民间资本的发展现状及社会环境来看,实施这一政策的可能空间较为有限。分步骤、有秩序地逐步通过混合所有制改革减少国有资本的绝对比例,达到国有资本和民营资本的均衡发展是更为现实的选择。

由此我们可以发现,保持和增强国有资本在国民经济中的控制力和影响力是宏观经济维度下的要求,但是在实践中不能简单地以此去衡量某一具体行业或某类企业的股权结构。国有资本在某些行业的控股比例是微观经济维度的考量,必须根据国民经济发展状况和产业结构发展要求不断地加以动态调整,而不应机械地划定一个控股比例。或者说,国有资本在竞争性领域和民营资本具有相同的属性,应该考虑资本的回报及退出机制。

第三节 影响混合所有制改革目标的因素

三十多年以来的国企改革使国有企业数量减少,经济效益显著提升,总体上是富有成效的。然而,改革到了今天,在复杂的国内外经济形势和新的社会背景下,国有经济战略性调整的方向再一次引起了决策层与学者的关注。

混合所有制改革的目标服从于国有资本优化配置的如下战略方向:国有经济占整体经济的比重和规模要适度;保留在竞争性领域中的国有企业加强竞争力并带动民营企业等其他经济的增长;优化配置社会保障、医疗、教育等行业的国有非经营性资产。但是,经济社会中还有众多因素影响或制约着混合所有制改革的进程,必须作深入分析。它们主要体现在如下七个方面。

一、财政收支水平

在经济高速增长、财政收入充裕的情况下,国有企业退出竞争性领域的动力就会减弱。相反,如果财政缺口较大,公共支出急剧增长,则会促进经营性国有企业尽快退出。然而财政收支水平将表现出以下三个方面的差异。

(一) 不同地区的影响

我国各省区市之间发展不平衡,地方政府的财政收入差异较大。对于经济发达地区,政府的财政收入高,且这些地区的基本建设支出少。然而,在经济欠发达地区,财政收入低,同时用于基本建设的支出较大,财政缺口较大,更容易加快国有企业的退出节奏,使之用于公共建设中来。

(二) 税制改革和税源变化的影响

分税制以后,按税种划分了中央和地方收入来源,共享了增值税、个人所得税、印花税等。税种的结构性变化,将直接影响中央政府和地方政府的税收收入。例如,实行增值税扩围,增值税的税收收入将增加,未来由于中央政府分享了较大比例的增值税收入,中央政府的税收收入就会增长;地方政府分管的营业税收入减少,地方政府收入趋紧,地方政府就会加快地方国有企业的退出,弥补财政缺口。

(三) 财政支出的缺口

中国正值转型关键时期,"未富先老"导致未来社保基金缺口庞大,据有关研究表明,目前中国全国养老金缺口大约1.3万亿元,缺口将在2035年前后达到高峰,每年会产生1 000亿元的"窟窿"。1991年世界发展中国家的教育支出占GDP的平均水平是4.1%,直到2012年我国的教育支出才有望达到GDP的4%。用于人力资源发展、科学技术的公共支出将来会有增长的趋势。同时,政府负担的公共医疗卫生支出比例远远低于个人支出比例,看病难、看病贵,医患矛盾尖锐,需要大幅度增加政府在整个医疗卫生支出中所负担的比重。这些财政支出增长得越快,需要变现的国有资产规模也会越大。

二、国有企业的效率

国有企业的效率可从营利性国有企业效率和非经营性国有企业效率两方面来考察。

(一) 营利性国有企业效率

国企改革三十多年就是为了摆脱经营困境和提高效益,营利性国有企业的目标就是追求利润最大化。在开放经济条件下,国有企业不仅面对本土民营企业的竞争,也要与世界500强企业竞争,并且要做大做强。如果营利性国有企业获得利润高,缴纳的税收收入和上缴利润多,对政府的财政收入贡献就大,政府对于国有企业退出某一行业的动力就明显不足。

(二) 非营利性国有企业效率

对非营利性国有企业的效率评价,并非是追求利润最大化而是科学的"保值增值"观,提供充足的公共品或公共服务,从而促进经济增长和提高社会福利。非营利性国有企业效率越高,越有利于国有资本的战略调整,使得国有资本增值保值,提升社会福利。对于垄断行业内国有企业的效率,可以使用数据包络分析法(data envelopment analysis,DEA),来研究这些行业中的国企投入产出的效率及对国有经济调整的影响。

三、收入差距

长期的实证研究表示,收入不平等在经济发展前期使得资本得到积累,能够促进经济增长,但是到了后期当人力资本报酬超过有形资本报酬,收入不平等就会成为阻碍经济发展的因素。

（一）行业间的收入差距

我国国有企业由于垄断地位,以及与政府的天然联系使得其在市场竞争中占有有利地位,在国有企业垄断的电力、石油、金融、通信等行业工资远远高于其他行业工资,构成了居民收入差距的重要原因之一。

（二）行业内的收入差距

行业内部的国有企业和事业单位职工享受较高的社会医疗保险和其他隐性福利,从而造成了更大的不平等。在这两种收入差距越来越大的情况下,国有企业内部利益固化,民营资本进入的难度增大,国有企业退出这些领域的阻力很大;而国有企事业外部要求改善这种不平等现状的愿望更加迫切。这两种力量的交织博弈将对混合所有制改革带来深远的经济影响。

四、资本市场的有效性

资本市场的有效性是指股票价格能够反映出它的真实价值,并且这种真实价值能够迅速、完整、准确地被投资者获知。资本市场有效性也意味着投资者能够根据对公司绩效的判断,自由地买卖股票,行使自己作为股东"用脚投票"的权利。

（一）股东"用脚投票"的权利

资本市场有效性的提高,"用脚投票"将切实地发挥作用,有利于建立规范的现代企业制度。资本市场的开放度高、公众的参与度提高、企业间的收购兼并活跃,有利于优胜劣汰和产业结构调整,从而促使营利性国有企业效率的提高。

（二）资本市场的价格水平

价值规律表明,资本市场上的股票的价格水平总会在其价值的基础上上下波动,如果价格水平属于高位,国有企业的资产价值就高,地方政府减持国有企业的热情就高,从而减轻了退出阻力,使得战略调整可以顺利进行。

五、社会保障制度的完善和适度水平

国有企业的退出要求社会保障制度与之配套,而目前社会保障中个人账户制度是影响国有企业从部分行业中退出的一项重要因素。

（一）社会保障制度的完善与否

社会保障制度建立得越完善,社会保障覆盖人群越多,涵盖的范围越广,越能够消除国有企业职工的后顾之忧,就能使国有企业退出加快,国有事业单位改制得以顺利进行,加快国有企业的改革步伐。

（二）社会保障水平适度与否

社会保障的福利水平应该与经济发展水平相适应。在社会保障制度的设计中，替代率较高的话，保障水平较高，社保支出的财政压力就越大。政府在急需补充的财政收支缺口压力下就会加快国有企业退出竞争性领域，变现一部分国有资产充实至个人账户。

六、政府间转移支付制度

转移支付主要是为了弥补财政实力薄弱地区的财力缺口，均衡地区间财力差距，实现地区间基本公共服务的均等化。政府间转移支付关系会影响地方政府对当地国有企业的调整战略。我国财政体制不均等的分权度和地区间人均税基的差异，意味着地方政府普遍缺乏足够的税收收入来承担其支出责任，目前的转移支付能够弥补这些收入差异中的一部分，财政支出责任与收入来源之间仍存在着显著差异。如果中央政府与地方政府、地方政府间的转移支付机制难以满足实际需要，就会增大地方政府的财政支出压力，促使地方政府调整国有企业布局，加快其退出的速度，加大混合所有制改革。

七、民营企业的发展

民营企业作为非公有制经济的重要组成部分，对于国有企业的战略调整有着重要影响。民营企业发展的规模越大，内部治理结构越先进，经济效率越高，越有利于与国有企业的收购兼并，提高国有资产的运营效率，加快国有企业的退出规模和步伐。

以上是我们对影响混合所有制改革目标和调整广度的可能性假设，在现实中这些因素到底是否发生作用需要构建宏观经济模型和微观经济模型来加以验证。

第四节 混合所有制改革的挑战与机遇

国有企业的混合所有制改革在现实中获得成功，还须克服如下五个方面的挑战。

一、混合所有制度改革需要前瞻性的顶层设计

从当前我国国有资产管理体制的架构来看，国有企业主动推进混合所有制改革的可能性较小。原因不言自明。作为垄断或半垄断行业的直接受益者，放开进入壁垒让民营资本分享既得利益几乎是不可能的。目前由中央政府明确非公资本参与央企投资项目的七大领域是一个很好的开端。在实践中，中石油、中石化都推出了引入社会资本的方案。但是，社会各界的反响却并不一致。有人认为，央企引资动作的背景是国家能源局制定并推出的《油气管网设施公平开放监管办法》(2019年，与此同时2014年的《油气管网设施公平开放监管办法(试行)》废止)，此举既能规避管道分享的风险，又剥离了低效资产，获得了切实的经济

收益。这种由国有企业自身主导的混合行为很难吸引民间资本的参与热情。如何破除国有资本的"私心",防止其拿出一些低效的资产或项目与非公资本合资是目前混合所有制改革面临的核心难题。如同政府管理部门在监管国有企业时面临的困难一样,"强管理者,弱所有者"的局面导致政府部门在判断具体项目或资产的前景时存在着巨大的"信息不对称",对国有企业管理层出具的合资方案无法作出完全有效的判断。而民营资本处于相对弱势,从规模、软实力等各方面来讲不具备与大型国有企业谈判的资格,由它们来推进混合所有制改革的现实可能性较小。破除此种混合所有制改革的梗阻有待决策层的顶层设计。

二、优化国有资本布局结构

如何通过混合所有制改革优化国有资本布局结构?在我国国有企业比重较高的省市,如上海、安徽、广东等地,地方政府在新一轮的国有企业改革热潮中都提出了清晰的战略目标。上海要在3—5年后,"形成适应现代城市发展要求的国资布局,国资委系统80%以上的国资集中在战略性新兴产业、先进制造业与现代服务业、基础设施与社会保障等关键领域和优势产业"[①]。但是,上海的国有资本目前布局在新兴战略性行业和先进制造业的并不多,主要还是集中在商业、一般制造业等传统领域,完成这一转换有相当的难度。一般的制造业在混合所有制改制中不具备吸引非公资本的优势,而先进的制造业和战略性新兴产业在国有资本中的占比较低并处于培育阶段,并有着较高的风险,如何公平地评估其资产价值并使之具备对非公资本的吸引力是值得研究的。现代服务业的行业特性决定了它是一个充分竞争的行业,市场对服务业的需求变化是最为敏感的,政府介入现代服务业(尤其是这一行业已由民营资本做强做大)是否恰当是值得研究的。在以往的国有上市企业改革中,地方政府往往倾向于变卖或置换出运营效率不佳的资产,然后在国资系统内购买优质资产并置入上市公司,以此来改善经营绩效并实现国有资产的保值增值。但是,此种改革方式的负面效应就是进一步加大了国有资本在竞争性领域中的权重,对民营资本产生了可能的挤出效应,从而不利于产业结构的优化和升级。在新一轮的混合所有制改革中,国有企业需要摒弃控股比例的约束,同时在民营资本薄弱的技术领先行业率先布局并引领投资方向,这对国有资本管理者的投资眼光和能力提出了很高的要求。

三、从"管资产"向"管资本"转变

现有的国有资产监管体制不利于国有资本混合所有制改革的展开,如何从"管资产"向"管资本"转变?

目前,国务院国有资产监督管理委员会作为政府股东出资人,直接持有大型央企母公司的股份,并间接持有上市公司的股份。这一授权经营模式在改革初期取得了一定的成效,但随着改革深化,其不适应混合所有制改革的弊端日益显现。且不论这一监管模式下存在的委托-代理人问题,国有企业的重大资产重组、产权转让、资金运用等日常经营事务都需要经过董事会和国有资产监管部门的双重审批,甚至国资部门的审批效力高于董事会决议,这就

---

① 上海市国资委:《关于进一步深化上海国资改革促进企业发展的意见》。

有违现代企业制度的治理结构,降低了决策的有效性。增加审批环节带来的决策时滞会造成企业投资机会的错失,而国资部门审批旨在降低企业投资风险的效果却不彰显。

混合所有制改革要求国有资本能在不同行业之间有效流动,国有资产监督管理部门的职责不再是单纯的"管资产",静态追求国有资产的保值增值,而是更高层次上对国有资本的布局,即抽离国有资本出哪些行业,或配置到新的行业中去,在动态调整中实现国有资本的强大,发挥其对民营资本的引领功能。在现有的监管体制下,国资管理部门对国有上市公司参股企业股权监管十分严格,哪怕是1%的小比例股权转让也要履行相关的资产评估和批复等手续,导致国有资本股权退出难,而这完全是制度设计不合理造成的。这就要求国资管理部门摆脱原有的行政监管模式,转向尊重市场规则的经济监管模式,从"管资产"向"管资本"转变。

[案例11.4] 中国诚通开启国有资本运营新征程

中国诚通成立于1992年,由原国家物资部直属物资流通企业合并组建而成。在计划经济时期,公司担负着国家重要生产资料指令性计划的收购、调拨、仓储、配送任务,在国民经济中发挥了流通主渠道和"蓄水池"作用。

2005年国资委确定中国诚通作为国有资产经营公司试点企业,按照市场原则,搭建国有资产重组和资本运作的平台,探索中央企业非主业及不良资产市场化、专业化运作和处置的路径。中国诚通以托管和国有产权划转等方式,重组整合了中国寰岛集团、中国唱片总公司、中国国际企业合作公司、华诚投资管理公司、中国包装总公司、中商企业集团公司等中央企业和普天集团8家企业、中冶纸业公司、中钢炉料资产包等多家中央企业子企业。

公司主营业务为股权运作、金融服务、资产管理,以及综合物流服务、生产资料贸易、林浆纸生产开发及利用等。公司控股中储发展股份有限公司(SH,600787)、佛山华新包装股份有限公司(SZ,200986)、中国诚通发展有限公司(HK,00217)、广东冠豪高新技术股份有限公司(SH,600433)、岳阳林纸股份有限公司(SH,600963)、中冶美利云产业投资股份有限公司(SZ,000815)等上市公司。参股中国远洋、中海科技、中国通号、中国国际金融、东兴证券、神州租车等多家境内外上市公司。

中国诚通控股集团有限公司由国务院国资委代表国务院履行出资人职责,是国资委首批建设规范董事会试点企业和首家国有资产经营公司试点企业。2016年2月,受国务院国资委委托,中国诚通被确定为中央企业国有资本运营公司试点。公司参与了中石化国勘公司多元化改造,托管了中国铁路物资总公司,参股了国源煤炭资产管理有限公司。并且,经国务院批准,受国务院国资委委托,中国诚通作为主发起人,携手9家央企、地方国企和金融机构,共同发起设立了总规模人民币3500亿元的国内最大私募股权投资基金——中国国有企业结构调整基金股份有限公司。成立了诚通基金管理有限公司,受托执行基金管理事务。

中国诚通已经开启国有资本运营新征程。"十三五"时期,中国诚通的发展目标:以提高国有资本运营效率为导向,服务国家战略,遵循市场规律,打造市场化运营、专业化管理的国有资本运营平台,通过股权运作、价值管理、进退流转等方式,促进国有资本合理流动和优化配置,形成适应国有资本运营功能要求的体制机制和运营模式。

"诚通集团的主业基本处于充分竞争的行业和领域。因此,我们必须要围绕'管资本'的要求,通过发展混合所有制等多种方式,促进自身资本配置的可流动、可交易和持续优化,进而实现增强国有资本活力、放大国有资本功能、促进国有资本保值增值的目标。"——诚通集团副总裁表示。

四、现代企业制度的公司治理结构带来的风险

现代企业制度的公司治理结构不完善将导致混合所有制改革面临风险。无论是上市的国有企业还是民营企业,虽然在近些年致力于建立现代公司治理结构,但形似而神不似的现象仍然广泛存在,在独立董事制度、完备的信息披露制度和规范的大股东行为等方面仍与优秀的公司存在着不小的差距。混合所有制改革后的企业如何处理国有资本与民营资本的关系?据德勤中国的统计,对于国有资本领域引入非公资本的混合所有制改革,相对于政府的坚决和热情,民营企业家显得谨慎和犹豫:有60%以上的民营企业家选择"暂不进入,等待制度明朗化或先完善自身条件";有66.7%的企业家担心"开放股权比例过低,民营企业难有话语权"。由此可见,民营资本担心参股比例过小导致在国有资本框架下不能有效行使小股东的权利而被边缘化。还有一层风险就是在国有资产监管体制下民营资本被严格监管而难以发挥自身的优势。

然而,如果大比例地引入民营资本,在公司治理机构不健全的情形下,民营资本控股后的控股股东和实际控制人行为不规范带来的危害同样不容忽视。有人担心民营资本的"野蛮"生长会使混合所有制改革变成各方资本分食国有资产的盛宴,造成国有资产的流失,加剧社会不公。

[案例11.5] 云南白药集团——白药控股混改

云南白药集团股份有限公司(简称"云南白药")前身为云南白药厂,成立于1971年6月。经中国证券监督管理委员会批准,1993年12月15日公司社会公众股(A股)在深圳证券交易所上市交易,是云南省第一家A股上市公司。云南白药控股有限公司为其股股东,控股41.52%,实际控制人是云南省国有资产管理委员会,持有云南白药控股有限公司比例100%。内部职工股于1994年7月11日上市交易,1996年10月公司更名为云南白药集团股份有限公司。云南白药总资产达76.3亿元多,总销售收入逾100亿元,经营涉及化学原料药、化学药制剂、中成药、中药材,等等。"云南白药"商标于2002年2月被国家工商行政管理总局商标局评为中国驰名商标。经过多年发展和增长以后,公司认为其产品结构的单一、形态的老化,且竞争对手强大,而员工缺乏士气。如果在体制机制层面上再不进一步突破,也是非常危险的,所以混改对云南白药来说迫在眉睫。

2016年7月,云南白药发布重大事项停牌公告,公司实际控制人云南国资委正与白药控股筹划推进混合所有制改革。2016年年底,云南白药发布了交易公告。交易完成后,云南省国资委和新华都各持有白药控股50%股份,新华都成为上市公司云南白药控股股东。尽

管 2017 年 6 月，江苏鱼跃以 56.38 亿元取得公司 10% 股份，但并没有改变实际控制人角色。

对于这次混改，既有赞成，也有质疑之声。赞成者认为，本次国企混改后有望突破发展瓶颈。本次增资的 254 亿元资金未来将用于并购、发展和增加渠道销售资源、药品品种资源、日化健康品牌、精准医疗和生物技术。预计在混改完成后，公司新业务布局有望加速推进，特别是增量业务的拓展方面，公司将逐步由产业向服务转型。同时，市场化治理体系将为公司添入新活力，或引领公司将市值突破千亿。云南白药发布 2018 年年报称，2018 年公司实现营业收入 267.08 亿元，同比增长 9.84%，实现归属于上市公司股东的净利润 33.07 亿元，同比增长 5.14%，经营活动产生的现金流量净额为 26.30 亿元，同比增加 127.55%。

但也有人指出，云南白药混改的结果是不是私有化？国企混改的目的是对一些基础条件较好、产品有一定市场，但因资金短缺而没有足够能力进行生产设备、产品技术的更新，影响了市场的竞争力，此时吸收部分民资，以增企业活力，并在保证国家拿大头的基础上，实现"国、民"双赢。混改可能有两种结果：一种是通过吸引非公资本来扩大国有资本的支配范围、增强公有制的主体地位，加强国有经济的主导作用，引导非公有制经济发展；另一种是引入非公资本，控制国有资本，把国有资本当作私营经济、外资经济发财致富的手段。从以往的国企混改案例来看，各界对改革后能否实现市场化决策的期望较低，致使民营资本参与改革的热情往往不高。然而，白药控股混改则与此相反。混改是不是等于私有化？会不会导致国有资产是否会流失？新华都从未涉足药业，能否为云南白药建立现代先进的管理体制？医药行业达到千亿级别的工业企业（如恒瑞），研发是重点，但云南白药的研发水平在同行业中属于中等水平。中等水平的研发投入恐怕难以支撑起千亿级的目标。云南省国资委和新华都集团各持 50% 股权，在公司决策方面如果出现分歧，难以调和，反而降低决策效率。更重要的是，新华都并非医药行业从业者，除了资本层面，云南白药旗下主营产品如何从中借力并实现千亿市场目标？

这一切还有待市场检验。

混合所有制改革后如何防止企业经营管理层失控同样是健全公司的治理结构不可回避的一个难题。股权多元化后股东力量趋于均衡应该是混合所有制的一大好处。但是，这种局面也可能带来"强管理者，弱所有者"的不利后果。股东力量分散导致公司管理层掌握更多的信息和决策权，他们追求的是自身利益最大化而非股东利益最大化。长期来看此种目标的偏离会带来严重的委托代理问题，从而加大混合所有制改革的风险。在现实中，也可能发生上海家化的一幕，即大股东与管理层因企业发展方向等问题产生分歧，并演变成激烈的对抗，打破原股东与管理层之间长期形成的管理文化，给企业发展带来不确定性的风险。

五、科学合理的薪酬机制

混合所有的公司制改革后如何设计科学合理的薪酬机制是制度转换面临的一大难题。如果国有企业混合所有制改革后仍沿袭原有的管人机制和薪酬制度，由于市场化的激励机制不足，公司高管仍然将行政级别、政治待遇等视作其激励来源，这就有可能使企业管理者以牺牲企业的利益来换取其谋求的政治资源,导致企业经营行为异化。国有企业收入分配模式一度呈现出"职级越高、收入越低"的中国特色就是激励机制不合理的一个注脚。这种薪酬与职级倒挂造成的另一负面效果就是大量优秀人才的流失。中国证券监督管理委员会早在 2005 年就颁布了《上市公司股权激励办法》,国资委《国有控股上市公司(境内)实施股权激励办法》也已经颁布实施,国有控股上市公司跃跃欲试,积极性很高,但现实中囿于各种制约,真正实施的还不多,步伐落后于民营企业。在引入民营资本后,两种薪酬文化的碰撞在所难免,如何设计合理的激励机制来吸引海内外优秀职业经理人的加盟,改变国有企业的官僚作风,重塑企业竞争文化需要高度的智慧和技巧。

以上的分析表明,国有企业在产业结构、监管体制、治理和薪酬激励机制等方面存在着不足,影响到企业经营绩效的提升和对民营资本的挤入效应。从规范的理论上说,混合所有制改革能促进上述制度的改革和完善,发挥国有资本的引领作用和放大资本功能。但实践中,混合所有制改革本身并不必然地带来上述制度变革的自动现实,它需要政府前瞻性的顶层设计,并制订清晰的改革实施方案和路径,不断地调整和优化改革路线图。

习　题

【思考题】

1. 2014 年年初的政府工作报告圈定了向非国有资本开放的七大领域是哪些?
2. 新一轮混合所有制改革的原因是什么?
3. 为什么深入推进国有经济战略性调整是经济增长的要求?
4. 混合所有制改革的预期目标是什么?
5. 如何推进国有企业的混合所有制改革?
6. 如何处理混合所有制改革中可能出现的各种障碍?
7. 如何理解"发挥国有经济的主导作用,不断增强国有经济的控制力和影响力"?
8. 在混合所有制改革中,国有资本如何才能发挥"资本放大的功能"?
9. 试述资本市场的开放度与营利性国有企业效率之间的关系。
10. 如何通过混合所有制改革优化国有资本布局结构?
11. 现有的国有资产监管体制如何从"管资产"向"管资本"转变?
12. 现代企业制度的公司治理结构不完善将导致混合所有制改革面临哪些风险?
13. 为什么民营企业作为非公有制经济的重要组成部分,对于国有企业的战略调整有着重要影响?
14. 混合所有制的会不会带来"强管理者,弱所有者"的不利后果?
15. 混合所有的公司制改革后如何设计科学合理的薪酬机制?

第十二章

混合所有制改革与经济增长

2013年11月,党的十八届三中全会勾勒了新一轮国企改革的路线图,提出要从"管资产"转变为"管资本",真正实现政企分开、政资分开;2015年9月出台的《中共中央、国务院关于深化国有企业改革的指导意见》提出要稳妥推进国有企业发展混合所有制经济的进程,实现各种所有制资本取长补短、共同发展;2016年3月的政府工作报告将国企改革提升到"攻防战"的高度,并在改革用人制度、调整央企结构等八大方面提出改革措施。国企混合所有制改革作为十三五规划的重要组成部分,其顶层设计与配套措施均为改革的顺利实施打下了坚实的基础。

作为国企改革的重要举措,深入推进混合所有制改革在经济增长、财政收入以及收入分配等都体现出一定的效应。本章在此做一简要分析。

第一节 促进经济增长的作用机制

经过多年的国企改革,国企的数量大幅下降,以总资产和主营业务收入、利润总额为主要指标的经营绩效大大提高;中国企业在权威杂志《财富》公布的2015年世界500强当中占据106个席位,其中央企业占比接近一半[①]。2019年世界500强企业中,中国企业占据129个席位,上榜企业数量首次超过美国,48家央企上榜。从不同时期不同地区的国企改革对宏观经济的效应来看,大多数的实证研究结果表明:非公有制经济占比适度提高有利于促进经济增长[②]。

将国企混合所有制改革作为全面深化改革的重中之重,有着深刻的考量。国有企业信贷资金充足、项目资源雄厚等优势,民营企业等非公企业则具有以盈利为目的、运转灵活、效率高等特征。积极发展混合所有制经济,有助于二者在交融中取长补短、共同发展,提高企

---

① 何宗渝、赵晓辉:《106家中国企业上榜2015〈财富〉世界500强》,新华网,2015年7月22日。
② 吴振宇、张文魁:《国有经济比重对宏观经济运行的影响——2000~2012年的经验研究》,管理世界,2015年2月。

业的国际竞争力①。

国有企业混合所有制改革对经济增长的主要作用机制如下。

一、推进产业结构优化升级,国企混改助推供给侧改革

在钢铁、电力等行业,国有企业凭借着获取稀缺资源和特许经营权的优势,占据着远高于产出比例的银行贷款,从而以强势地位排斥民营资本的进入。竞争不充分和不公平的市场严重影响了国民经济的正常运转。一方面,国企产能过剩严重,供求失衡严重,钢铁和有色行业多年连续亏损,而新兴产业和重要科研专项等方面却因为缺乏国有资本的支持,一直发展缓慢;另一方面,民营经济发展受阻,不利于拉动消费的增长。

面对经济下行压力,国家提出了供给侧改革的战略,产业结构的调整和优化是其能否顺利实施的关键。我国长时间以来遵循的凯恩斯主义模式过于强调短期需求调控,而忽略了供给端质量的优化。在供需错配的今天,中长期有效供给不足极大地制约了国内总需求的增长。因此,以化解过剩产能、降低企业成本、提高企业核心竞争力为主线的供给侧改革在当前中国意义重大。它强调激发微观主体创新能力,提高全要素生产率,为提高我国经济潜在增长能力提供长久动力。供给侧改革的路径之一就是借助民间资本的力量深入推进国企改革,释放国企的活力和创造力。目前,在国企中还存在很多依靠政府补贴、银行贷款度日的"僵尸企业",这不但浪费了社会资源,而且不利于改善供给的质量,致使产能过剩问题更加严重,供给侧的质量与效率不高②。对亏损的国企进行清退和重组,剥离不符合产业结构调整方向的业务,是下一步国企改革的重点,对我国产业结构的顺利转换具有重要意义。

[案例 12.1] 中国船舶的混改:进一步实现的资源优化和产业结构调整,推动中国船舶高质量发展。十九大报告提出,我国经济已由高速增长阶段转向高质量发展阶段,中央经济工作会议进一步做出了推动高质量发展的重大部署,要求坚持适应、把握引领经济发展新常态,培育具有全球竞争力的世界一流企业。作为国资直属的大型央企,上市公司根据"中船集团旗下船舶海工业务平台"的战略定位,中国船舶秉承中船集团"服务国家战略,支撑国防建设,引领行业发展"的发展使命,高度重视市场和政策的变化,持续深化国有制改革。通过本次重组,进一步实现中国船舶的资源优化和产业结构调整,推动中国船舶高质量发展。

目前我国国企仍集中在传统的制造业领域,发展这些行业在中华人民共和国成立初期是奠定国家工业化基础、提高国家国际影响力和竞争力的关键,但当今社会科技创新能力不强、社会保障制度不完善已经成为制约经济发展的瓶颈,因此国企从钢铁、煤炭等一般制造业领域退出,转向真正关系国民经济的关键领域是当务之急。

---

① 陈永华:《对深化混合所有制改革的思考》,中央党校网,2015 年 1 月 29 日。
② 陈兰君:《国企将奏响体制改革与产业结构改革"二重奏"》,中国金融新闻网,2016 年 1 月 25 日。

二、强化企业的利润激励机制,促使企业以利润最大化为经营目标

发展混合所有制经济,以员工持股、引进战略投资者等方式优化股权结构,能够形成一种有效的激励机制,促使国企经理人在经济活动中尽可能地降低资源使用的成本,提高资源使用效率,改善内部管理机制。政府进一步简政放权,从管企业到管资本,借助资本股权化的方式更灵活地控制国有资本,尽可能地给商业类国企自主创造,自负盈亏的空间。

有观点认为,只要企业承担着政策性负担,预算软约束就不可避免。即使通过混合所有制进行产权制度改革,国企仍会过度依赖政府提供的优惠条件和银行的优先贷款成为转结构、促发展的障碍。但是,混合所有制改革虽然不能完全解决激励机制的有效性,但是它对建立充分竞争、公开透明的市场机制是有很重要的助推作用的。通过使所有企业在同等条件下竞争,能真正激发国有经济的创造力,提高其经营绩效。

三、促进民间资本和国有资本的有效融合,提高企业的国际竞争力

在某些领域,国有企业资本产能过剩,对民营资本有较为显著的挤出效应,进行混改能打破国企的垄断地位,提高整个经济的效率。国有经济对民营经济的挤入挤出问题有一个著名的"门槛效应",该效应表明当国有资本高于一定门槛时才会对民营资本产生挤入效应,越过一定的门槛值,国有经济凭借其优势将挤占民营经济的市场份额。在不同的经济发展阶段和不同的行业,门槛值是不一样的。

随着我国经济增长和企业资本实力的增强,我国实施了企业走出去的战略,越来越多的国有企业和民营企业跨出国门进行跨境的并购,参与到国际竞争的行列,这就需要政府为此提供一个公平竞争的市场环境。

无论是民营企业通过出资参股和控股的方式参与国企改制重组,还是国有资本以多种方式入股非国有企业,通过混合所有制下的交叉持股,可以增强国有企业与非国有企业的经济联系,充分发挥国企和民企的优势,提高双方竞争力。在国有资本垄断较强的领域引进民间资本,能够稀释垄断效应,增加消费者剩余,促进公有制经济和非公有制经济协同发展,增加整个社会的福祉。

[案例12.2] 2003年1月,国药集团以其医药分销与零售业务作为混合所有制改革试点,与复星集团子公司上海复星产业投资有限公司(简称复星投资)合资成立国药控股,公司注册资本10.3亿元。其中,国药集团以其所属部分医药商业类企业作为出资,占注册资本的51%,复星投资以5.04亿元现金出资,占注册资本的49%。国药集团作为大型央企,在品牌、特殊经营权、土地使用权、销售网络、人力资源、政府资源等方面具有明显优势,但在公司治理、管理体制机制方面存在不足。复星集团作为民营企业,在公司治理、管理体制机制、医药制造、资本运作等方面具有明显优势,但在医药研发与销售、药品经营权、土地资源、人力资源、政府资源等方面存在不足。2004年3月,经复星医药股东大会批准,复星医药及其子公司复星药房以5.04亿元受让复星投资持有的国药控股49%的股权。2006年6月,国药控

股以增资扩股的方式控股收购国药股份。二者联合具有资源优势互补性,有助于共同打造各自在医药产业的竞争优势,提高投资回报率。2009年9月国药控股在香港联交所上市发行股票。国药集团和复星医药按照股权比例向国药控股委派董事,与独立董事共同组成董事会,形成国有资本、民营资本和公众资本有效制衡的治理结构。至此,复星集团参与完成了国药集团旗下国药控股和国药股份的混合所有制改革。

通过混合所有制,国药集团与民企合作开发了国药集团中药发展平台,并相继并购了两家国内老牌中药民营企业。收购完成后,国药集团保留原公司控股股东的部分股权,并且继续聘用这些具有丰富行业管理经验的优秀民营企业家,将国药集团中药业务利益与民营企业家利益相融合。国药集团中药板块也由此实现跨越式发展,拥有了同济堂等中华老字号。此后,国药集团通过多种方式投资入股发展潜力大、成长性强的民营企业,实现了国有资本对民营企业的"主动混合"。

当然,在引进民间资本的过程中,既要加强监管,有效防止国有资产流失,又要防止非公有资本权益受损。因此,必须对股权融合前国有资产进行科学公允的估值,并清晰界定股权融合后企业经营的性质和有关政策安排。在国有资本投资非公有制经济时,也应按照同样的程序作出制度安排,使各个环节都有法可依,有章可循,杜绝人为干预[①]。

第二节 国有企业混合所有制改革的方式及其短期绩效

从已经公布的各省市国有资产和国有企业改革方案可以看到,混合所有制大致有四种实现方式:开放式改制重组、整体上市或核心资产上市、员工持股和引入战略投资者。下面,将分别对这四种方式及其绩效进行分析。

一、开放式改制重组——中国南车与中国北车的合并

中国南车与中国北车的业务范围基本一致,且在国内外市场上存在恶性竞争,资源浪费严重。因此,早在2010年国资委和铁道部就开始着手南北车的合并。在证监会核准后,中国南车与中国北车于2015年5月28日完成A股换股,更名后的中国中车于6月8日复牌。8月5日,南北车集团签署了《合并协议》。据此,北车吸收合并南车成立"中国中车集团公司",原中国南车注销工商登记,中国北车承接南车集团的全部权利与义务,包括资产、负债、员工等。合并后的新公司中国中车总股本达272.88亿股,以停牌前最新股价计算,中国中车市值达8 036亿元,不仅位列世界主流轨道交通设备制造商的市值龙头,也超过美国波音公司和通用汽车公司的市值之和。

---

① 李玉菊:《发展混合所有制须规范资产估值》,《人民日报》2016年2月1日。

南北车合并不完全基于提高效益的考虑,它是政府从顶层设计着力,体现了国家意志,有重要的战略意义:一方面,避免了两者在海外的恶性竞争,实现强强联合,集中双方的研发能力,制造出体现我国自主创造能力的高铁产品,更好地实现中国企业"走出去"的战略,提高中国国企的国际竞争力和形象;另一方面,南北车的合并是经济下行环境下供给侧改革的要求,对制造业具有标杆效应,体现了国家加快推进经济结构调整,促进装备制造业转型升级的雄心。

由2015年的财务数据可以看出,与之前相比,完成合并重组后的中国中车经营绩效大大提高,营业收入、营业利润、利润总额、净利润逐步提升,重组效果显著。

二、整体上市或核心资产上市——中国船舶

2000年以来,世界造船产业向亚洲倾斜,我国船舶业迎来了发展的重要机遇期。为完善产业链、实现业绩增长,2007年1月9日,沪东重机公告称将以30元/股的价格向控股股东等特定对象定向增发4亿A股,其中3亿由中船集团以持有外高桥造船66.66%的股权、中船澄西100%的股权和远航文冲54%的股权认购,剩余的1亿股由中船集团公司等8家国有大型企业或机构投资者现金认购,实现中船集团核心民品业务的整体上市。如图12.1和图12.2所示是公司重组前后的股本结构对比图。

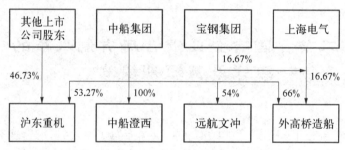

图12.1 非公开发行前股本结构

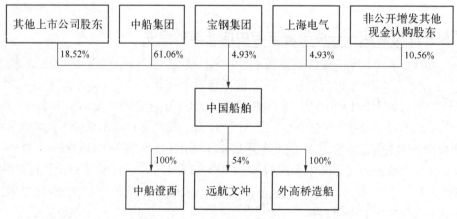

注:图片数据来源于公司公告。

图12.2 非公开发行后股本结构

中国船舶整体上市一方面提高了集团的经营绩效,大大提高了股价;另一方面实现了国有资产的保值增值。具体来说:根据2007年中国船舶年度合并财务报表,与2006年末相比,该公司总资产从203.8亿元增加到304.77亿元,净资产从43.96亿元增加到94.63亿元,净利润从15.53亿元增加到35.32亿元,每股收益由2.63元增加到5.53元。本次资本运营完成后,中船集团上市主体从单纯从事大型船舶用大功率低速柴油机生产企业转变为核心配套设备、修船、造船三大业务齐备、拥有完整船舶行业产业链的上市公司,减少了关联交易。非公开发行方案确定后及时停牌,控股股东以合理价格锁定发行价格,也保护了中小股东利益。大股东让利降低了投资者对注入资产风险的关注度。拟注入造修船资产的盈利受材料价格、同业竞争、下游需求变化等因素的影响要大于已上市的船用发动机资产,导致公司的经营风险加大,这理应反映在估值中,但正是由于大股东的让利,使低质量资产获得了等同高资产质量的估值。股票在十个交易日内上涨106%。整体上市前,国有资产金额为175.37亿元,整体上市后,国有资产金额为407.4亿元,增值232.03亿元,增值率132.31%,中小股东所持市值增值约47亿元[①]。

[案例12.3] 上汽集团整体上市的背景及步骤

早期,我国资本市场还不够成熟,依靠政府来主导扶持,企业主要采取分拆上市的模式。经过十几年的探索与发展,国家通过改革资本市场、颁布并完善相关法律法规,我国资本市场渐渐从政府导向型演变为市场导向型,在一定程度上刺激了企业集团上市模式的转变。我国汽车行业从采取中外合资的发展模式,逐步走向国际化。在国际汽车产业链中整车业务与零部件业务的关系越来越紧密的形势下,对汽车制造产业的结构产生了更高的要求。因此,上汽集团为了追上国际汽车产业的脚步,需发挥整车与零部件的协同发展,提高自身的技术水平,建立自主品牌,推动新能源汽车的发展,从而增强企业的国际竞争力。自2004年以来,国务院、国资委、证监会等机构多次发文催促国有企业进行股份制改革,鼓励符合条件的企业实现整体上市,不符合条件的则应把质量较好的资产注入上市公司,改善上市公司绩效。其中,汽车行业被列为兼并重组的重点鼓励行业,这些政策为我国汽车企业集团的整体上市营造了良好的环境。

1997年,总公司独家发起设立上海汽车股份有限公司。2004年,总公司改革重组,以与汽车主业有关的资产作为出资,设立上汽集团。2006年,经过国资委的审核批准,通过了上海汽车向上汽集团发行股份购其资产的决议,即上海汽车向上汽集团发行普通股,并以公司部分非关键汽车零部件业务的企业股权,和相关资产共同作为对价,购买上汽集团拥有的整车业务股权、关键汽车零部件业务股权、与汽车产业密切相关的金融业务股权、本部的部分资产,完成了整车业务与独立零部件业务相分离。2011年,总公司通过重组方案,批准了上汽集团向总公司、上海汽车工业有限公司(简称"工业有限")发行股份购买资产的交易。上汽集团于2011年年底通过了定向增发购买资产的方式完成了全产业链的资源整合。2012年年初,"上海汽车"正式更名为"上汽集团",这意味着上汽集团的资产重组方案获得了成

---

① 倪鹏翔:《最佳整体上市项目:中国船舶注资舍小利逐大利》,《新财富》2008年3月。

功,实现了其整体上市的目标。

[案例分析] 整体上市成果分析

(1) 销量:企业自整体上市后年销量占行业总销量比重呈总体上升趋势,市场占有率逐年提高。2011年和2012年的市场份额增势明显,说明企业实现整体上市当年市场产生了积极效应,吸引了消费者的注意。

(2) 研发投入:企业自整体上市后加大研发投入,总体呈上升趋势。整体上市后上汽集团加强了各板块之间的协同效应,减少了相关流转费用从而可以把更多的资金投入到产品研发中。

(3) 分红状况:上汽集团优先采取中期现金分红的方式。自企业整体上市以来,现金分红逐年递增,这不仅有利于增加投资者的信心,使投资者对企业进行长期投资,更加反映了企业的绩效水平。绩效水平和成长性发展较稳定,如表12.1所示。

表12.1 上汽集团分红状况

	2008年	2009年	2010年	2011年	2012年	2013年	2014年	2015年
分红方案	0.26元/10股	0.5元/10股	2元/10股	3元/10股	6元/10股	12元/10股	13元/10股	13.6元/10股

(4) 盈利能力:随着上汽集团的整体上市,上海汽车的每股收益都在上涨,但是由于企业重组后,企业内部的资源整合力度不够良好,使得企业的净资产收益率有下降,但从整体来看,上汽的盈利能力还是呈上升趋势的。

(5) 市场份额:整体上市后上汽集团的市场份额逐年递增,保持着龙头老大的地位。

三、员工持股——上港集团

为响应十八届三中全会提出的以实行企业员工持股方式使劳动者充分享有企业发展的成果,上港集团作为重要的国资控股上市公司,从2014年上半年起就开始探索员工持股混合所有制。2014年11月19日,上港集团发布《2014年度员工持股计划(草案)》,宣布员工持股计划,作为新一轮国企改革中首个探索员工持股的企业,该计划引发了市场强烈反响。

上港集团以4.33元/股的价格向公司员工非公开发行不超过4.2亿股的股票,总募集资金总额不超过18.19亿元。上港董事长等集团领导班子成员累计持股占1%,其余99%的股份由1.6万多名员工认购,占员工总人数的72%,员工持股参与人数和持股金额也创下了国企国资改革之最,避免了管理层一股独大的问题。

此计划公布后,上港集团股票连续两天涨停。根据集团公布的2015年第三季度季报,营业收入为2 231 768万元,环比增长4.23%;净利润为553 670,环比增长0.55%。本次的员工持股计划,极大地优化了股权结构,充分地调动了员工的积极性,使员工与企业共同承担企业经营风险,成为同呼吸、共命运的利益共同体。同时,国有资本以更小的比例控制了更多的资产,提高了国有资本的战略控制力和影响力[①]。

---

① 冯鹏程:《"国"之重器——国企改革与员工持股》,《证券市场周刊》2015年第16期。

四、引入战略投资者——中国石化

2014年9月15日,中国石化发布了《关于子公司销售有限公司引进投资者的公告》。在本轮增资扩股中,诸多境内外机构看好此次投资机会,最终有25家认购了中石化销售公司1 070.94亿元资金的股票。交易完成后销售公司的新股东在285.67亿元的注册资本中合计占股29.99%。中石化根据其发展战略,引入了加拿大零售商Alimentation Couche-Tard、新奥燃气、新希望、工商银行、中国人寿、嘉实基金、腾讯等25家多家国内国际投资者[①]。

中石化引进战略投资者是双方共同的利益需求。中石化销售公司准备在三年内赴港上市,引入资本增资扩股一方面能够充实资本,为上市做准备,另一方面借机实现成品油零售业务与快餐、零售等非油销售业务的迅速融合,利用现有的渠道优势拓展市场,嫁接各种实体产业资源,有利于其实现多元化经营的战略目标。对战略投资者而言,不仅能够分享中石化的巨额利润,更能够借助其遍布全国的销售网络实现全方位的物流配送。

第三节 国有企业混合所有制改革的财政效应

国有企业混合所有制改革的财政效应可以从收入效应和分配效应两方面来分析。

一、财政收入效应

(一)国企混改与提高上缴红利比例双管齐下,国家财政收入显著提高

2013年11月15日,十八届三中全会《中共中央关于全面深化改革若干重大问题的决定》(以下简称《决定》)正式发布。《决定》指出,为使全民共享国企发展成果,发挥国有资本保障和改善民生的作用,到2020年将把国有资本收益上缴公共财政的比例提高到30%。2014年财政部发布《关于进一步提高中央企业国有资本收益收取比例的通知》(以下简称《通知》),重新规定了央企红利上缴比例,将国有独资企业应交利润收取比例在现有基础上提高5个百分点。《通知》依据国企类别规定了不同的上缴比例:第一类企业(仅中国烟草总公司)为25%;第二类企业(中石油、中石化、中海油等14家央企)为20%;第三类企业(中国铝业公司、中国电子信息产业集团有限公司等70家央企)为15%;第四类企业(中国核工业集团、中国船舶工业集团等34家央企)为10%;第五类企业(中国储备粮管理总公司和中国储备棉管理总公司两家)免交当年应交利润。

提高国企上缴红利比例是一项利国利民的举措。政府作为国有及国有控股企业的大股东,之前享受的股利回报微乎其微,国民享受不到作为国有资产保值增值带来的收益。同时,大量利润在国企内部运转,国资流失和利益输送现象时有发生。近年来经济下行和通货

---

① 劳佳迪、王山山:《中石化跑完混改第一程》,《中国经济周刊》2014年第37期。

紧缩压力较大,为稳定经济政府继续实行积极的财政政策,但财政收入增幅严重下滑使该政策的实行缺少资金保障。在经济运行的下行阶段实施的此项提高国企上缴红利比例的改革,有利于使国企收益惠及全体国民。通过混合所有制改革及改善公司治理结构等其他举措,国企2015年实现了稳中向好的运行态势,大幅提高了国家财政收入。2015年1—12月累计全国国有资本经营预算收入2 560亿元,比上年增长27.5%。由于部分企业上缴的利润收入增加,中央国有资本经营预算收入1 613亿元,增长14.3%;同时,由于部分地区扩大了国有资本经营预算的实施范围,地方国有资本经营预算收入947亿元,增长58.8%①。如表12.2所示。

表12.2　2015年财政收支情况

国有资本经营预算收入(亿元)	2015年	2014年	同比增减
全国	2 560	2 008	增长27.5%
中央	1 613	1 411	增长14.3%
地方	947	596	增长58.8%

(二) 养老金参与混合所有制改革,分享国企改革红利

养老金问题由于关系到百姓切身利益一直备受关注,人们对"中国的养老金缺口到底有多大"众说纷纭,民间对老无所养、老无所依的担忧越来越强。据全国老龄办原常务副主任预测,2020年后中国将迎来老龄化高峰。因此,无论养老金缺口是否存在或到底有多大,我们都应该积极寻求各种途径保障居民养老问题。

国有企业混合所有制改革为解决该问题提供了多个路径。

其一是通过国有股配售、股票回购、缩股流通、股转债等国有股减持方式,引入养老基金作为重要的财务投资者入股国企,参与国企混改。我国早在1994年就开始试点经营性国有资产转投向社会公益部门或准公益部门;1999年正式提出减持所得资金中一定部分转划为社会保障资金;2009年国务院决定,在境内证券市场实施国有股转持。除非国务院另有规定的,凡在境内证券市场首次公开发行股票并上市的含国有股的股份公司,均须按首次公开发行时股份数量的10%,将股份公司部分国有股转由全国社保基金理事会持有。2015年3月12日,山东省将省属471户国有企业中30%的国有资本划转至省社保基金,这一举动开启了省属企业将国有资本划转至社会保障基金的先河,对于解决养老金缺口问题提供了示范效应。养老基金入股国企对于国企和养老基金都是有利的。一方面,养老基金不同于其他财务投资者,更加追求投资的长期性和稳健性,能够优化国企的股权结构,培育多元化投资主体,充实企业资本金;另一方面能够使养老基金享受企业分红,享受国企发展的经营成果。2017年7月28日,人社部召开的2017年第二季度新闻发布会上发言人表示,截至2017年的6月底,北京、上海、河南、湖北、广西、云南、陕西和安徽等8个省区和广东一样,和全国社保基金理事会签署了委托投资合同,总金额达到了4 100亿元,这对于稳定动荡不安的证券市场有重要的积极影响。养老基金有可能从股价波动中赚取资本收益,实现养老金

---

① 2015年财政收支情况,财政部网站,2016年1月29日。

的保值增值。当然,股市波动股价下跌的风险也要充分考虑。广东部分基本养老保险资金交由社保投资运营,两年内损失超亿。因此,养老金入市后的风险防控问题急需解决。

其二是用国有企业上缴红利弥补养老金缺口。国有企业资金取之于民,更应用之于民,国企红利用于保障人民基本生活符合国有企业承担的社会责任。当然,依据现有的国企红利上缴数量,对于弥补养老金缺口来说还是微不足道的,要真正解决人们的后顾之忧,不能仅依靠国企红利,更应该从增加其他财政支出,以及延缓退休年龄等方面着手。

其三是通过其他创新渠道引导养老金参与混改。如推动养老金参与设立国有企业改革基金,分享国企混改收益。2014年上半年以来,云南、广东、北京、安徽等地陆续成立了国资改革基金,为国企改革提供强大的资金支持,同时享受高额收益。国企改革资金受政府支持,资金力量雄厚,项目资源优越,投资风险较低,很有可能成为国企混改的新路径①。

二、收入分配效应

近年来许多国有企业采取剥离经营效率差的资产、购买优质资产进行重组的方式进行改革,有些地方甚至由政府出面帮助亏损国企并购效益良好的民企,这进一步加大了国有经济在竞争性领域中的权重。这不仅没有促进民营经济的发展,反而使"僵尸企业"在政府部门的保护下继续苟延残喘,不利于提高国有经济的活力,也不利于改进整个社会的收入分配状况。

国有企业一直是老百姓眼中收入稳定、待遇优厚的"金饭碗","旱涝保收"是国企职工收入的典型特征。国企在管理费用尤其是职工工资方面的支出与日俱增,许多国企人浮于事,极大地制约了经营业绩的增长。改革开放四十多年来,我国贫富分化日益严重,国企垄断的石油、电力、通信、金融等行业有着远高于其他行业的收入水平,这种垄断行业与非垄断行业间的收入差距构成了我国居民收入差距的重要原因之一。即使在同一行业,"体制内"的职工也比"体制外"的职工享受更高的工资和更好的医疗保险。国有企业和民营企业收入分配的不公平不利于新兴行业的发展,收入差距的日益增大更是不利于和谐社会的建设。

缩小各行业的收入差距在于国有经济的改革应该以提高整个经济的效率即公共利益最大化为根本目的。在新一轮的国企混改中,国有资产管理部门更加注重国有资本的控制力而不是控制的数量,以更少的资本控制更多的资产;循序渐进地退出电信、能源、采矿等垄断行业,在新兴产业领域引导民资投资方向。2012年5月以来,包括铁道部、卫生部(2013年改组为卫计委)、交通部、银监会、证监会及国资委在内的六部委密集出台鼓励和引导"民资进入"的相关文件,交通运输领域、非营利性医疗机构、证券公司、银行业纷纷向民资敞开大门。当然,由于铁路和非营利性医疗行业在一定程度上的公益性,使得民营资本对这些领域的回报率并不乐观。这就需要政府相关部门在信贷和投资机会上给予民营资本更多便利,创造适合其投资的环境,营造国企民企共同发展的局面。

在目前鼓励和引导民间资本参与国企混改的大背景下,国有资本逐步退出竞争性领域,国有企业的资金优势与民营企业的体制机制优势有机地结合,提高了国有资产的配置效率,使民营资本与国有资本齐头并进,共同分享改革红利。稀释国企的垄断地位,引导民营资本

---

① 潘妙丽、邓舒文:《混改潮起:养老金入市正当时》,《上海证券报》2015年4月。

选择性地进入相关行业是提高民营企业职工收入的必然选择。

第四节　PPP模式的运行优势及挑战

引入民间资本进行基础设施等政府准经营项目的投资,是我国目前拉动经济增长、改善投资效率的、推进混合所有制改革的重要举措。PPP模式融资具有其独有的优势,是目前我们在准公共品领域引入民间资本的主要模式。PPP(public-private partnership)模式,即政府和社会资本合作,是指政府为了更好、更多地提供某种公共物品和服务,引入私人部门的资金和管理方式等,双方以特许权协议为基础,以一种伙伴式的合作关系,并通过签署合同来明确双方的权利和义务,以确保准公共品的顺利提供。

PPP模式有其优势但在运行中也面临着具体挑战,如制度缺位、主体缺位、信用风险、经济下行风险等。在借鉴国外先进经验的基础上,我们应加强PPP项目的激励和监管,克服制度缺位障碍等,完善我国PPP模式。

一、我国准公共品引入PPP模式的必要性分析

当前我国基础设施建设项目多为准经营性项目,具有公益性、社会性,又具有一定的非排他性或非竞争性,同时又具有一定的经济效益。因为准经营性项目既有私人品的属性又有公共品的属性,首先必然要引入政府的投资,但受财政资金短缺等因素的影响,政府投资具有很大的局限性和缺陷,因此引入民间资本共同投资就势在必行,PPP模式应运而生。

(一) 政府承担全部准经营性项目投资的缺陷

虽然市场可以自发调节经济活动,但有时仍然存在着一定程度的"市场失灵",难以达到帕累托有效配置。尤其是在准经营性项目的投资建设领域,市场机制无法自发地发挥其配置资源的作用,效率低下,项目的效果也难以发挥。因此,在这种情况下引入政府投资非常必要,但同时政府投资也具有以下三个问题。

(1) "政府失灵"现象。政府失灵是指政府的活动或干预措施缺乏效率,做出了降低经济效率的决策或不能实施改善经济效率的决策。掌握各种信息才能更好地制定计划,由于信息不对称等因素,政府政策的制定也会出现效率低下的现象。在现实生活中,政府获取相关项目的信息渠道有限,不能准确地掌握各种项目的全部供求信息,更难以预测可能出现的一系列连带效应,因此若项目全部由政府进行直接投资,有可能出现决策的失误及效率低下等现象,不仅不能弥补市场失灵的不足,还有可能带来更多的问题,造成更大的浪费。

(2) 财政资金限制政府投资项目。我国的一些准经营性项目涉及面很广,多为公益性项目,涵盖科教文卫、交通运输、水利建设、道路桥梁和垃圾处理等各个方面。同时,项目的周期长,所需投资大,对财政资金的需求大。目前随着我国经济的飞速发展,对各种准经营性项目投资的需求也越来越大,我国的财政资金难以满足日益增加的投资需求,因此找到其

他的融资渠道,引入私人资本投资也就势在必行。

(3) 政府对项目的管理效率不高。政府对准经营性项目进行直接投资,就必然要负责项目的管理,参与到项目的建设中去,负责项目日常管理和运营及维护等一系列具体的事务,同时更要发挥监管的职能,以防止国有资产的流失。这些都要耗费政府部门大量的人力,物力财力,这无形增加了政府的成本,这些成本会冲减政府的总资源,降低效率,影响对其他项目的投资,从而也影响了经济的发展。同时,政府管理经验的缺失,管理效率的低下都会影响整个项目的运营效率,从而降低了投资的总体效果。

由于政府直接投资存在上述众多缺陷,引入私人资本投资就势在必行,但由于准经营性项目具有较强的社会性和公益性,完全由私人资本投资,可能会造成恶性竞争和垄断,带来更严重的社会问题。因此,可以在政府投资的基础上,吸收私人资本进行投资,参与准经营性项目的建设运营,同时政府发挥其监管的职能。

(二) 准经营性项目引入私人投资的必要性

在准经营项目中引入私人投资可以减轻财政负担,更好发挥政府职能。准经营性项目一般管理比较复杂,所需投资金额巨大,若只由政府进行投资,国家财政负担压力巨大,因此引入私人部门的投资,将减轻财政的负担,有利于政府将资金投入到其他急需发展的领域,能提高财政资金的使用效率同时降低政府的负债。同时,私人部门在提供资金外,还要参与到项目的建设、管理、运营等环节,并提供相应的技术支持。政府则可由原来的项目管理者变成监管或合作者的角色,不再参与项目日常的管理,而是从事一些更擅长的工作,如规划和协调等,这样更有利于发挥政府的职能。

(1) 私人投资可以带来先进的管理理念。相比于政府,这些私人部门大多更具有项目建设经营的经验,有先进的管理理念和众多专业化人才。私人部门参与准经营性项目的设计、运营和管理等,能更好地发挥其自身的优势,并把先进的管理理念和手段引进项目的运营中,能够有效提高项目的效率,同时也提高了资源的利用率。

(2) 引入竞争机制,降低了工程的费用。政府选择的参与到准经营性项目建设中的私人部门,多是具有丰富的管理经验和专业化水平较高的,他们在各行业中本身具有竞争优势。在参与到项目的管理运营时,他们仍以追求利润最大化为目标,与其他主体进行竞争,这种竞争更能促使私人部门控制成本,规避风险,采用先进的管理理念和模式,提高施工质量,提高工作效率,从而有效地降低工程的费用,也提高项目提供服务的水平。

(3) 公私部门共同分担风险,各自发挥优势。在市场上,政府和私人部门有着不同的角色,同时具有各自不同的优势,二者的合作可以充分发挥各自的优势,并弥补不足,公私部门在项目运营中各自承担着不同风险,政府承担政策风险,私人部门承担市场风险,二者风险共担,从而降低各自的损失。政府在制定政策,办理各种手续方面具有优势,而私人部门在项目管理运营,专业技术等方面更具有优势。

[案例 12.4] 国有上市公司参与的 PPP 项目

2014 年 6 月—2016 年 9 月,A 股市场有 74 家公司参与 PPP 项目。从所属行业看,涵盖

20个行业,其中建筑、电力及公用事业占比最大,合计为38家;从公司性质看,民营企业和国有企业数量最多,其中国有企业16家,民营企业51家。多半PPP项目总投资在10亿元以内,合作期在0—30年间均匀分布。政府与社会资本合作途径主要是通过政府和社会资本共同设立SPV进行项目融资与运营。目前上市公司参与PPP项目建设,需设立SPV(特殊目的公司),政府与一家或多家社会资本作为项目公司股东投入资本金。一般社会资本出资占注册资本的大多数,资本金占总投资的20%—30%,注册资本外的资金由项目公司融资。上市公司参与的PPP项目多为市政工程、生态建设及环保、交通运输和片区开发类。市政工程项目占比40.88%,包括污水处理、海绵城市、地下管廊、垃圾处理、城轨建设等;生态及环保建设占比13.87%,主要为生态保护、修复及环保工程;交通运输占比12.41%,包括高速公路、铁路、公路等;片区开发占比12.41%,包括园区开发、城镇化建设等。以上几个领域项目占比最大有两方面原因:一是我国在交通运输、片区开发等领域确实存在一些待补的短板;二是因为生态建设、环保、市政工程等领域景气度较高,上市公司愿意积极参与。

二、PPP融资模式的优势分析

引入民间资本进行基础设施等政府准经营项目的投资,是我国目前拉动经济增长、改善投资效率的、推进混合所有制改革的重要举措。我国传统的项目融资模式主要有BOT(build-operate-transfer,建设-经营-转让)、ABS(asset-backed securitization,资产支持证券化)等,而PPP融资模式近年来越来越被各界所认可,发展迅速。

(一) PPP融资模式与BOT融资模式的不同

与BOT融资模式相比较,PPP融资模式具有如下独特的优势。

(1) 组织机构的设置不同。在BOT模式中,政府和民间资本间存在不平等关系较为严重,其组织机构的各方存在信息不对称的现象,缺乏相互协调的机制,因此各方都只顾追求自身利益的最大化,并没有考虑到其他方的利益,一方在追求自身利益最大化的同时可能损害了其他方的利益,因此其社会总收益没有达到最优。PPP模式的各参与方则是以多赢为目的,彼此共同合作,相互配合,虽然各参与方没有达到自身利益的最大化,但达到了总体利益的最大化,社会总收益达到最优。

(2) 运行程序不同。这两种模式运行程序的不同主要体现在项目前期。BOT模式中民间资本参与项目是在项目招标阶段才开始的,而PPP模式中民间资本参与项目是从项目论证阶段就开始了。

(3) 融资成本及操作的复杂程度不同。BOT模式融资成本较高,操作复杂,中间环节众多,而PPP模式的融资成本相比之下要少很多同时操作简单,中间环节较少,更易于操作。

(4) 风险分配不同。BOT模式中民间资本承担的风险相对较大,若对项目前景的预测出现偏差,很可能导致项目的失败,民间资本无法承担其巨大的损失。PPP模式则在项目初期就实施了风险分配机制,政府也承担了一部分风险,减少了民间资本投资的风险,增强了项目抗风险的能力,有利于项目的实施。

(二) PPP 融资模式的优势

通过上述 PPP 模式与 BOT 模式的比较分析,可以得出 PPP 模式具备如下优势。

(1) 合作优势。PPP 模式可以使民间资本在项目初期就参与到项目中来,可以与政府部门一起商讨与项目相关的政策的制定规划等,民间资本的优势可以得到更好的发挥,同时也可增强项目抗风险的能力。同时,民间资本可以尽早地接触政府部门,从而节省了投标的准备时间和费用,最终也减少了投标的价格。在 PPP 模式下,各参与方达成了多赢的模式,相互协调配合,不会为了谋求自身利益的最大化而损害其他方的利益,使社会总效益达到最大。

(2) 结构优势。PPP 模式的结构设计更合理,可以尽早地进行项目选择。同时,其组织机构消除了传统融资模式等级机构的弊端,更有利于各参与方的沟通和配合。

(3) 运营优势。PPP 模式的运作方式更具优势,其克服了传统融资模式的诸多缺点,如民间资本承担风险过大,项目前期工作周期长,等等。采用 PPP 模式可以合理分配风险,政府与民间资本风险共担,提高了效率,同时提高了项目融资成功的可能性。

三、PPP 融资模式运行面临的挑战分析

近年来,PPP 融资模式越来越受到各级政府的青睐,各级政府大力推广 PPP 融资模式,其发展速度也越来越快,但较之同水平国家,我国 PPP 融资模式的发展仍处于起步阶段,其运行和发展仍受到许多因素的制约,本节将对我国 PPP 融资模式发展过程中遇到的挑战进行详细阐述和分析。

表 12.3 揭示了 2013 年前后我国 PPP 模式的规模及与其他各国的比较。

表 12.3 我国 PPP 模式与其他各国的规模比较

	中 国	巴 西	印 度
2013 年以前 PPP 累计规模	1 278 亿美元	2 707 亿美元	3 274 亿美元
2013 年新增 PPP 项目规模	76.8 亿美元	344.5 亿美元	151.4 亿美元
新增 PPP 规模/GDP(%)	0.081	1.441	0.814

资料来源:世界银行数据。

由表 12.3 可以看出,我国无论是 2013 年以前还是 2013 年新增 PPP 项目规模都远低于巴西和印度,而 2013 年我国新增 PPP 规模/GDP 的比值更是只有巴西的 5.6%,印度的 9.9%。由此可以看出,我国 PPP 项目规模不管是在绝对值还是相对值上都与其他国家有很大的差距,由此也从侧面反映出我国 PPP 融资模式在实际运行中受到诸多阻碍。我国 PPP 融资模式运行中的各种障碍具体表现在如下四个方面。

(一) 制度缺位,相关法律政策不完善

在采用 PPP 融资模式后,政府由经营者的角色转换成了监督者,但可能由于政府相关部门的不适应性,政府仍存在过度干预 PPP 项目的现象,而制度的缺位、相关法律政策的不

完善给政府的过度干预提供了空间。民间资本本应承担项目运行管理等大部分工作,政府只需对项目进行监督,发挥其监管作用。相比于政府直接投资,PPP 融资模式更具市场化。通过市场中优胜劣汰的竞争机制,激发民间资本的创造力,使项目的运行更具效率,然而政府的过度干预会减弱市场的作用,从而降低资源配置的效率,影响民间资本优势的发挥。目前,与发达国家相比,我国 PPP 制度环境还相差甚远,因政府的过度干预而导致失败的项目也有许多。表 12.4 所示为 2011 年亚洲开发银行发布的关于 PPP 制度环境成熟度的报告①,以得分形式来表示。

表 12.4　中英澳 PPP 制度环境成熟度得分

	澳大利亚	英　国	中　国
分　数	92.3	89.7	49.8

从上述的评估报告中也可以看出,像澳大利亚这种 PPP 应用成熟的国家得分已超过 90 分,而我国仅为其 54%。由此,可以看出我国 PPP 制度环境的不成熟。

(1) 政策法律保障不力。民间资本参与 PPP 项目承担着相应的风险,因此政府应对民间资本给予更多的优惠政策,更好的扶持民间资本。在我国的相关政策法律中,民间资本享受的优惠政策远不如外资投资者,且对民间资本的扶持政策不配套,不完善,难以落实,增加了民间资本投资 PPP 项目的后顾之忧,也是民间资本参与 PPP 项目的一个阻碍。

(2) 监管体制障碍。目前,我国政府对于 PPP 项目的监管体制尚不完善,当项目运作出现问题时,因为受各级政府的"多头管理",沟通和决策的难度会加大,合作更难以展开。此外,由于缺少科学严格的监管体制,个别政府部门也可能出现谋求自身利益而过度干预项目运行的现象,影响 PPP 项目的实施效率。

(3) 现行的法律政策可能导致产权纠纷。PPP 项目可能会涉及国有资产的转让和评估,但我国国有资产的评估方法与国际上通用的方法有一定的差异,同时我国的评估程序更复杂,限制更多。我国的法律政策对于产权的界定不明确,甚至有不一致的现象,更容易导致产权纠纷。

(二) 政府信用风险

有调查显示,前期 PPP 项目失败的最大风险因素就是政府的信用风险。在名义上政府与民间资本属于合作关系,二者本应处于同等的地位,然而在现实的博弈和项目议价过程中,民间资本往往处于弱势地位。在项目初期,因存在信息不对称现象,政府往往更具优势,为了吸引民间资本,政府可能会给出一个较高的回报率,而最终又不能达到。然而,处于弱势地位的民间资本因被政府的高回报率所吸引,参与到 PPP 项目的运营中,而在项目建成后,之前承诺的高回报率难以兑现,双方会进行重新议价,而因为已经参与到项目的运营中,民间资本更处于弱势地位,最终将承担因政府信用不佳所造成的损失。因此,政府的信用风险是吸引民间资本参与 PPP 项目的一个主要障碍。广东廉江中法水厂项目就是一个典型的例子。

---

① 管清友,刘洁:《PPP 发展中的障碍》,《中国金融》2015 年 8 月 1 日。

广东廉江中法水厂项目中,廉江市政府承诺在水厂建设完成后每日自来水购买量不低于一定立方数,而且约定水价可以根据汇率、物价等因素做调整。但是,当水厂建设完成后,此前廉江市政府指定的政府合作方以合同有失公允为由拒绝购买塘山水厂生产的自来水,廉江市政府组织的调查机构也将违约责任推卸至中法水务。水厂建设完成后未向市民供应一滴自来水,闲置10年最终被初始的政府合作方回购,该项目至少给中法水务造成3 500万元的损失[①]。

(三)主体缺位风险

PPP项目的优势除了缓解财政资金的不足,最重要的是通过民间资本的介入,充分发挥民间资本在技术和管理等方面的优势,提高项目运营的效率。然而,PPP项目主体缺位导致不同项目的遭遇差异巨大,许多项目无人问津。

从目前的情况看,参与PPP项目的民间资本多为各行业的领头羊,本身在财力、技术及与政府的关系上就具有优势,因此他们往往能凭借自己的优势,参与到更有前景更易盈利的项目中去。对于相对较差、项目回报率低、风险大、周期又长的项目,许多具备优势的企业不愿意参与,而一些相对实力较弱的企业虽有意愿参与,但却受技术或资金水平的限制,无法参与项目的建设。这就导致了不同项目的民间资本参与意愿迥异,优质项目可以吸引到众多优质的民间资本加入,而其他项目却没有民间资本参与。

(四)经济下行风险

经济下行会降低民间资本参与PPP项目的积极性。民间资本与政府合作完成PPP项目,共担风险,共享利益。但是,民间资本往往承担项目主要的投资。因此,民间资本在参与项目前,首先会考虑融资的成本和项目的回报率,而当前我国经济处于新常态下,经济有下行的趋势,民间资本更愿意持有安全性高的资产。

融资成本高,回报率低是民间资本参与PPP项目的一大障碍。政府部门为了社会总利益,对项目的回报率会施加一定的限制,因此民间资本参与PPP项目的预期回报率并不高,这也大大降低了民间资本参与PPP项目的积极性。2015年6月我国发放贷款的加权平均利率为5.97%,仍然较高。然而,PPP项目因周期长,其贷款的中长期利率会更高。一般我国PPP项目民间资本的回报率通常在8%—10%,相对于较高的贷款利率,这样的回报率对民间资本的吸引力较弱。

以北京轨道交通新机场线项目为例,其投资总额约为410亿元,准备全部引进民间资本,而北京市政府给予社会投资人的投资回报率原则上不高于8%,该回报率并不高,比银行1年期的贷款利率高不了多少。正是这种较低的回报率限制了民间资本的投资。

[案例12.5] 国有上市公司参与PPP项目回报

PPP项目回报来自使用者和政府付费。134个PPP项目中,46个确定了项目公司或社

---

① 管清友、刘洁:《PPP发展中的障碍》,《中国金融》2015年8月1日。

会资本取得回报的方式,一般社会资本投资回报率为7%—10%。回报取得方式主要有三类:一是公路、机场、供水、供气等经营性项目,回报来自特许经营收费权,由实际使用者付费;二是市政道路、土地一级开发、社会保障安居工程等非经营性项目,由政府根据产品可用性、产品及服务质量支付服务费;三是医院、学习等部分经营性项目,若使用者付费不能满足合理回报,由政府进行补助。其中,政府购买服务的资金列入财政预算,以财政预算做托底。

与低回报对应的高风险也是引进民间资本的一大障碍。

除了上述的法律风险和政府信用风险外,目前民间资本参与PPP项目还面临着经济下行的风险,在我国经济的新常态下,PPP项目最终的收益得不到保证,而同时我国的财政收入增速放缓,民间资本的回报率难以得到保障。正因为如此,民间资本往往更愿意去寻求一种回报稳定的投资方式,而不愿参与到PPP项目中来。这就需要政府加强引导和PPP的制度建设。

习 题

【思考题】

1. 为什么国有企业混合所有制改革能助推供给侧改革并推进产业结构优化升级?
2. 新一轮混合所有制改革的财政收入效应是什么?
3. 如何理解国有企业混合所有制改革的财政分配效应?
4. 养老金如何参与混合所有制改革,分享国企改革红利?
5. 如何促进民间资本和国有资本的有效融合?
6. 请阐述国有企业混合所有制改革对经济增长的主要作用机制。
7. 如何理解混合所有制的四种实现方式? 请举例说明。
8. 为什么引入民间资本进行基础设施等政府准经营项目的投资,是我国目前拉动经济增长、推进混合所有制改革的重要举措?
9. 试述与BOT融资模式相比较,PPP融资模式具有的独特优势。
10. PPP项目如何充分发挥民间资本在技术和管理等方面的优势,提高项目运营的效率?
11. PPP融资模式运行面临哪些方面的挑战?

第十三章

国有混合公司：国际经验与借鉴

发达国家的国有资产管理,在很大程度上受到当时的财政思想和政府行政的影响,其国有经济发展历程与其当时占主流的财政思想和政府行政状况情况息息相关。其国有经济都是在二者的共同影响下得到进一步的发展和扩大。一般分三个发展阶段。

(1) 第一次世界大战前后,主流的财政经济思想传承亚当·斯密的经济观点,古典学派的财政观点认为,市场制度是最优的,那么政府制度就只能是市场制度的必要补充,对政府制度的范围需要严加限制,国家基本上不介入生产经营性活动。

(2) 大萧条和第二次世界大战前后,凯恩斯主义极大地推动了现代财政学。由于论证了宏观经济不能完全地经由现实的市场制度自动导致均衡状态,并因此引进了作为一种经济制度的政府机制予以替代。这必然使财政在经济事物中的角色极大地变化。1929—1933年的经济大危机使政府对经济的干预走向全面和经常化,第二次世界大战使国有经济再次兴盛起来。战后,政府必须用国家的力量直接投资来推动整个国民经济。

(3) 20世纪70年代以后,人们对以往经济理论的有效性产生怀疑。流行的看法又认为：政府是有限的,政府内在是无效的。在较少政府干预的情况下,竞争性市场体系能够产生最大的经济自由,这反过来又会产生最大的个人和集体经济福利。这些国家对国有资产整合、调整。具体的方式有：出售、出租大批国有企业;调整一部分国有企业的方向;重组一部分企业。由于主流财政思想的变迁和政府行为的约束,政府在退出大多数经营性国有资产的同时,调整其余的国有资产经营目标,使它们发挥了更大的作用。

第一节 法国的国有混合公司

一、法国国有企业的分类

法国国有企业按法律组织形式可分为三种：一是从事工商业经济活动的行政性公共事业机构,如邮电运输;二是具有工商业性质的公共事业机构和国有化企业,如森林管理处、法兰西电力公司、国有化银行和保险公司;三是国家拥有部分股票的混合公司,如法国石油公司、雷诺公司。

按企业所处行业的性质和特点来看,法国国有企业可以分为垄断性和竞争性两类:前者主要集中在能源和交通领域,企业产品没有近似的替代品,基本上没有市场竞争,国家是企业的唯一股东或处于控股地位;后者一般都要参与市场竞争,国家只是部分参股,主要集中在一些战略性行业、军工企业、需要国家补贴的行业,以及出于历史原因国家一直支持的企业等。

二、法国国有企业的内部组织形式

法国国有企业最基本的资产组织形式是股份制,大多数国有企业都是国有资本和私人资本相互融合的混合公司。国家控股有两种基本形式:第一是直接控股,由财政经济和预算部门以直接控股的方式代表国家控股;第二是间接控股,由国家银行和金融机构购买企业股份实现控股。国家一般只控制母公司,母公司再对下属公司控股、参股。

根据法国公司法规定,董事会是企业的最高决策机构,国有企业也不例外。法国的国有企业的董事会实行"三方代表制",即国家代表、经营界代表和职工代表各占1/3。国家代表一般是财政部2名,其他主管部2名。

法国国有企业的治理结构相对来说是比较清晰的。例如,雷诺公司董事会中有7位是真正的独立董事。其董事会构成如表13.1所示。1999年,雷诺公司对日本的日产汽车公司进行收购性投资,这项高达数十亿美元的计划经董事会同意后,只向财政经济与预算部作了礼节性的报告,即决定投资。

表 13.1　法国雷诺公司董事会组成[①]

公司	国别	国有股比例	行业	外部董事			内部董事	共计
				公务员	工会推荐	其他		
雷诺	法国	相对控股	汽车	3人	3人	10人	1人	17人

三、法国国有企业的外部监管

法国对国有企业实行"三重监督",即由政府各部门、议会和审计院三方面分别实行管理和监督。

(1) 政府负责国有资产管理,引导国有企业的发展方向。法国政府分别对两类国有企业实行不同的管理。对于垄断性国有企业,政府控制着企业的投资规模、借款数量、产品和劳务的定价、工资的增长幅度和分配等方面;对于竞争性国有企业,政府一般不干涉企业的生产经营活动,企业拥有较大的经营自主权,基本上与私人企业处于同等竞争地位,但企业必须接受国家监督。

法国的国有企业管理机构主要由财政经济与预算部、计划总署、工业贸易部、运输部、邮电部、能源部等部门组成。其中,财政经济与预算部是核心部门,拥有较大的权力。该部门

---

① 赴欧洲"国有资产管理体制"考察团:《瑞典、奥地利、法国国有资产管理体制的情况和启示》,国研报告。

在每个国有企业的董事会中都派有代表。其他的部门通常主管该部门所有的国有企业。这些部门对国有企业的管理主要是通过任命国有企业领导机构的成员来实现的。政府一般会选择那些熟悉公司情况并在政治上倾向政府的人士担当领导职务。企业领导机构成员的产生方式根据国有持股份额的不同而有所不同,如表 13.2 所示。

表 13.2 领导机构成员的产生方式

国有股份额	领导机构成员的产生方式
90%以上	董事长和总经理一般由政府总理、主管部长任免
50%以上	董事长一般由政府提名
50%以下	董事长由股东大会选举产生

管理部门还通过以下手段对所属的国有企业进行监管:与企业签订计划合同;派代表参加董事会,向企业派出常驻稽查员及代表等。

计划合同式管理方法是指政府与企业签订计划合同书,明确双方的权利和义务,以缓和国家和国有企业间的矛盾,这是法国国有资产管理的一个鲜明特色。政府选择计划合同管理对象的原则如下:企业有新的发展目标,企业处于重要的经济地位并有重要的经营战略。这种方法是 20 世纪 60 年代法国财政总监诺哈提出的。他建议国家和企业签订项目合同,以法律的形式规定政府和企业的权责利关系,并提出具体原则:保证企业财政收支平衡;国企在生产经营活动中恢复企业的身份;企业执行国家政策、承担社会义务,由此产生的损失由国家赔偿。

政府与国有企业签订计划合同的过程一般是先由企业提出发展计划,包括战略、投资、财务、承担义务及对政府的要求等。这些计划是由企业和主管部门共同制定的。接着,政府与企业进行签订计划合同的谈判,讨论双方的关系及义务。最后,双方代表签订合同。合同的期限一般为 3—5 年。法国计划总署对合同的执行情况每年都要作出总结报告。

20 世纪 60 年代末期法国国营铁路公司和法国电力公司试行计划合同管理,此后有越来越多的国有企业纳入了计划合同管理,到了 90 年代,法国政府已与一半以上的大型国有企业签订了计划合同。计划合同的内容也在不断地调整和完善,最初的合同只是规定了国家应支付给国有企业的补贴额,发展到后来就包括了经营管理指标的拟定和运用等内容。

向企业派驻稽查员和代表是法国国有资产管理中除了计划合同管理外的又一大特点。一般是由财政经济和预算部和各主管部门派遣代表,对国有资产经营进行监督管理。前者派遣的代表称为稽查员,负责监督企业的财务情况,向政府反映企业信息,对企业经营提出建议等。稽查员有权调查、参加管理会议,发表意见和调阅企业文件,对于企业的原材料采购、工资和价格管理等方面也有发言权。后者派出的代表负责向上级汇报了解到的企业情况。这些代表们有权列席董事会,具有发言权,但没有表决权,也无权直接干预企业的日常决策和经营活动。

(2)议会有权直接调查或组织调查国有资产运营情况。议会在讨论有关国有企业的法律草案和审议有关财政法律草案时,国民议会和参议院的财政委员会和生产委员会都可以对各部部长提出质疑,提出否决、赞同或进行修正的建议。议员们拥有对涉及国有资产各个方面的直接或间接调查权:有权召集会议直接调查或组织调查,或要求审计院调查,并有权在特定期限内设立调查委员会和监督委员会,对政府部门提出质询。

此外,国有企业及主管部门必须向议会提交能使议会了解国有资产经营的具体情况的资料,包括企业和分、子公司的组织结构表,会计账目和年终决算,等等。议会还设立了公共部门观察所,建立公众参与清点的制度,增强国有资产运营的透明度。

1982年,议会设立了公共部门最高委员会,它是议会最主要的国有资产管理机构,主要任务是审查国有资产运营的报告,对国有经济各部门提出建议,使国家领导人掌握国有资产经营情况。

(3)审计法院负责每年对国有企业的账目进行事后稽核,检查企业财务收支是否合乎规定,评估企业的经营绩效。根据法律规定,审计院承担了对国有企业监督的任务,对所有直接从属于国家的国有企业进行审计检查。审计院有权查阅档案和情报资料,并可随时召见企业领导人,可以向违反规定的公务员和企业职工做出罚款的决定或向法院提起诉讼,可以向公众公开重大问题。审计院每年都要对国有企业账目进行稽核、分析和评估,审计报告送交财政经济和预算部,以及议会。

第二节 美国的混合所有制公司

美国的国有资产按照组织形式划分,可以分为纯国有企业和国有混合企业。纯国有企业是指企业的资本所有权完全由联邦政府或是州、地方政府拥有的企业。这种类型的企业占美国国有企业数量的85%,在国有企业中占主导地位。它是通过政府直接投资兴建和收购私有企业形成的。国有混合企业是由政府和私人资本家共同拥有企业资本所有权的企业,其主要是由美国政府对一些有关国民经济运行的行业,以及战略性经济行业中的企业进行参股而形成的。在整个国有企业中,这类企业是占15%,比重不大。

一、纯国有企业的管理方式

美国联邦政府并不是直接管理大多数的国有企业。对于纯国有企业,除田纳西河流域管理局(TVA)、进出口银行、联邦存款保险公司和宾夕法尼亚道路发展公司4个企业是直接对总统负责之外,其他国有企业是由有关部、处,以及国会各种决议设置的专门常设委员会管理。

国家通过行政、经济手段管理国有企业。比如说,同企业签订生产合同,利用价格、补贴、税收、工资等经济杠杆,对企业经营活动进行调节;由国家派遣监督团,对企业实行财务保护,以确保国家在企业利润分配和亏损方面的决定权。同时,国家在保证有效控制前提下,也给企业程度不等的经营自主权。

美国政府还通过"租赁"方式,把大批国有企业出租给私人垄断组织管理。通常租赁期限是 4 年,承租方要向政府定期交纳租费。其中,租费由折旧费和一部分利润组成。在规定期限内,承租人可以一直使用国有生产资料为自己生产,政府不予干预。根据有关规定,被出租企业的产品要交给国家,由国家把一切生产费用和经营管理企业的"报酬"支付给承租人。

二、国有混合企业

1. 国有混合企业的概况

虽然政府与私人资本家或集团共同拥有一个企业的股份,但经营权主要是掌握在拥有股份的私人资本家或集团手中,因为这样的方式能被美国垄断阶级所接受。所以,国有混合企业作为国有资产的一种稳定形式存在,并可能在将来有更大的发展空间。

2. 国有混合企业的管理方式

政府除委派代表参加企业董事会以外,同时还采取了如下的三种管理方式。

第一,系统工程承包合同的经营管理。由政府作为产品计划的招标人,按照择优原则,选择一家或数家投标公司作为主承包商。这个承包商一方面承担部分订货任务;另一方面,把大部分订货任务转包给其他转包商,其他转包商又可以把任务再转包,如此层层转包,形成了以主承包商为首的系统工程承包合同制。

第二,对军用品和民用品实行分开管理的办法。在美国,多数国有混合公司同时生产军用品和民用品。由于生产军用品周期长、技术风险大;不像生产民用品,其周期短、见效快,风险较小。因此,政府要求这些按照产品种类和用途,成立"军用生产部"和"民用生产部"。这二者自成体系,均为独立的经济实体,拥有法人资格。

第三,推行"官私并举"的联合开放新技术体制。在开发新技术过程中,政府不仅向国有混合公司提供固定资本和流动资本,还为企业垫付研究和发展费用;但在运用该技术于商品生产和销售阶段,政府则让企业自由竞争,一般不干预企业的生产经营活动。

三、国会对两种企业的监督

国会主要是通过如下方式对国有企业进行监管。

第一,国会可随时审查国有企业的运营情况。同时,它又是立法机构,必要时可以通过立法形式来决定国有企业的建立、撤销、兼并或内部管理体制的改革。

第二,国会掌握财权。虽然由总统提出联邦预算,但需要由国会批准;如果国会不拨款,总统及其下属各行政机构不能开支。因此,国会也间接制约着政府的国有资产管理活动。

第三,国会可以根据实际需要设立常设委员会或临时特别委员会,对有关国有资产问题进行调查,审议关于国有资产管理的议案。

第四,国会任命美国审计署的署长,任期 15 年,审计署对国有企业进行监控,其工作向国会负责,预算由国会批准。通过企业内部的审核机制,审计署对国有企业按规定提供的报表进行审计。任何公民如果认为国有企业存在舞弊现象,都可以书面形式报知议员,再由议员转给审计署进行调查。

第三节 瑞典的国有企业管理

瑞典是第二次世界大战以后崛起的一个北欧经济强国。其国有资产是在第二次世界大战时期形成的。20 世纪 50 年代以后,瑞典国有企业有了较大的发展,瑞典目前有 55 家国有企业,其中 41 家由国家独资拥有,14 家国有持股。据估计,国有企业总价值约 6 750 亿克朗。2005 年,瑞典国有企业总产值为 3 113 亿克朗,同比增长 8%,占当年全国 GDP(26 730 亿克朗)的 11.6%。瑞典电力公司则是其中的主力,占国有企业税前总产值的 44%。2005 年,瑞典国有企业利润总额为 633 亿克朗,作为国家代表的瑞典财政部获约 270 亿瑞典克朗的分红,占政府行政总支出约 3.1%(2005 年财政总支出 8 643 亿克朗)。这些公司的职员总数 24 万多,占瑞典劳动力总数的 5%。具体涉及电讯、采矿、森林及能源等多个领域。2018 年,瑞典有 555 家国有企业,其中 41 家由国家独资拥有,14 家政府持股,国有企业总价值 6 750 亿克朗,行业分布多样化,如电力、采矿业、房地产和博彩等。职员总数 19 万多,63% 是瑞典人。

一、国有企业类型和经营模式

瑞典采取所有权和经营权分离的管理体制。国有企业的类型有三种。一是独立型企业。这类企业是政府管理的一个部门,没有独立的经济地位和资金运动,目前已不多见。二是虽在经济组织形式上是独立的,但是它们不自负盈亏而由政府统收统支。这类企业主要是一些以社会服务为基本目标的公用事业,如煤气、自来水、邮政等。三是以盈利为目标,具有独立法人地位的国有企业。除股东是国家外,其他和私人企业一样。这类企业是瑞典国有企业的主体,占名义资本额的 40% 以上。

瑞典国有资产经营管理模式有两种。一类企业的很大特点是进行市场化的管理,赋予国有企业极大的自主权。这类企业共有 31 家,总雇员 14.6 万人,其中 6.8 万人为境外雇员,营业额超过 5 000 万克朗的企业共有 18 家。政府部门对企业的管理基本上限于几项重要事项,不干预企业的生产经营活动,使国有企业拥有较大的独立性。国有企业和私人企业一样以利润最大化为追求目标,基本理念是在不改变国有制的前提下引入私营企业的约束机制。所有的企业和各类公司都执行相同的法律和制度,完全是国民待遇,无论是国有还是其他的所有制成分都一视同仁,国有企业没有任何的特权和优惠政策,完全进入市场竞争。除股东是国家这一出资人不同外,企业的用人、用工和分配制度,与非国有企业没有任何区别。另一类是实现公共利益的公司,如歌剧院、1997 年成立的 IRECO 公司①。这类企业共有 24 家,共有雇员 4.1 万人,其中境外雇员 119 人,营业额超过 5 000 万克朗的企业有 10 家。

瑞典的国有资产管理有着明确的出资人制度。国会是瑞典的国有资产的出资人,行使

---

① 成立的 IRECO 公司目的是提升瑞典在工业研发方面的水平,因此对其没有盈利目标规定。

出资人的职能,涉及投资权、收购股权、收益权、出让权等国有资产的重大决策时,先由管理部门建议,逐级上报经首相同意后,提交国会进行投票决定。根据国会的授权,瑞典的国有企业都明确了对应的管理部门,进行正常的经营管理工作。其中,工商部负责管理处于竞争性行业的42家企业。1998年瑞典政府决定在工商部内设立国有企业局,专门行使所有者职能,负责所有权和制定监督性政策。设立该局一个动因是将政府的公共管理与国有资本管理分开,另一个动因是解决公司治理中的所有权缺位、内部人控制问题。国有企业局只有八个业务人员组成,主要职责是制定企业章程、决定企业的变更和宏观战略目标及利润分配、任免监事会成员、审批企业财务报表等。另有涉及政府资金及其他资产的金融、房地产、博彩类等14家国有企业由财政部、农业部、教育部、可持续发展部①、外交部负责。国有企业及国有股权的代表,都有行使管理职能的各部门进行任命和管理。

二、内部治理机制

瑞典是发达的资本主义国家,其长期发展、十分完备的法律体系和规范的管理制度是包括国有公司在内的所有公司都必须遵守的基本游戏规则。国有企业基本具有较完善的法人治理结构,建立了较为完善的现代企业制度。在企业内部,有一套按"股东大会-监事会-董事会"对企业进行管理与控制的体系。股东大会、监事会、董事会分别是企业的最高权力机关、监督机关和执行机关。瑞典公司法规定公司设立董事会和管理委员会,类似于德国的双层委员会。董事会是唯一对公司发展负责的机构——无论是私有还是国有。国有企业的董事一般由国有企业局提名,股东大会任命。董事长和董事都是兼职,由公司支付数额不高的报酬。为了提高效率,瑞典限制国有企业董事会规模。到2000年,拥有国家股份的各公司董事会成员人数为3—4人不等。就上市公司来说,国有企业局同其他主要股东一起通过推荐委员会商讨董事会任命。在国有股股权较大的上市公司中,推荐委员会中至少有一名成员代表政府。董事长在公司董事会上具有特殊的地位。其职责是确保政府持股公司的董事会工作达到高质量,在涉及所有权结构的问题上代表公司。国有企业的总经理(CEO)由董事会聘任,总经理一般是董事会成员。董事会可以将经营不力的总经理(CEO)予以免职,对经营业绩好的企业,董事会对总经理(CEO)一般很少或者不给予奖励。

三、运营特征

除此之外,瑞典的国有资产运营还表现出许多别具风格之处,值得借鉴。

1. 国有企业运营的透明度高

国有企业局要求国有企业按照上市公司的财务会计标准编制年度报告,国有企业管理部门自己也像一个投资公司一样编制合并财务报表,并向社会公布。鼓励国有企业对政治家、媒体和公众开放年度股东大会,并请专业人士对国有企业的业绩进行分析评价。国有资产的所有权政策统一于瑞典议会。根据宪法,议会决定管理和处置国有资产的基本原则,瑞典政府据此处置国家资产。但是,政府在实质性变更公司的经营方向、稀释所有权、增资以

---

① 该部门目前隶属于环保局。

及购买和出售股份都需获得议会批准。

2. 完善的人事机制和监督管理

国有企业除高层董事之外,其他人员的聘用都是按照市场机制从社会公开招聘,基本做法如下:明确用人条件、职位,发布招聘广告,符合条件的即可参加竞争,择优聘用。总经理一般也是由猎头公司来物色。政府尽管很少插手国有企业日常事务,但是要求其必须完全按照上市公司运作规范公布财务报告,定期向董事会及政府管理部门汇报经营状况及发展计划,并请会计师事务所、审计事务所等专业评估机构对其经营情况进行检查和评价。根据《政府预算案》,如无特别规定,国家持股少于一半或投票权少于半数,政府可自行决定是否出售国有股份。但是,对国有持股超过一半或投票权超过半数的企业,如果没有议会批准,政府不能出售国有股份[①]。审计署可以按照规定对国有企业经营活动进行审计。

3. 提高资本报酬率,建立资本成本概念

2003年的瑞典议会春季财政提案指出应采取措施重构国有企业资本,由议会确定企业利润用途,国家可以像母公司一样确定是否从一个下属企业抽调资金对另一个下属企业增资。为使国有企业专注于资本效率,瑞典政府要求其突出主业,剥离由于过度扩张而建立的非相关业务;同时实行"债务私有化",即在私人资本市场上借贷,以支持政府借款。这将会增加企业为获得资金支付的成本以极力提高经营的效率。

4. 鼓励技术创新、重视人才培养

为了提高国际竞争力,政府还积极鼓励国有企业进行技术创新和人才培养,注重信息化的运用,建立以市场为导向的战略管理体系。

可以看到,瑞典的国有企业管理是比较成功的,在不改变企业所有权的基础上,使其具备了同私营企业一样的生机和活力,适应了市场化的需要,从而涌现出一批如爱立信、沃尔沃之类的优秀跨国公司。瑞典国有企业对促进国内经济的发展起到了很大的支柱作用。

第四节 新加坡的国有企业管理

当今的世界各国,无论经济发达与否,也无论采用何种经济体制,国有经济总是必不可少的一块重要内容。然而,一般国家的国有资产都存在经营效率低下,获利水平不高等问题,唯独新加坡是个例外。新加坡最早的国有企业源自殖民国家的遗留,自从其独立以来,经济取得了快速的增长,国有企业也越来越占据重要的地位。新加坡的国有企业垄断着全国的基础设施行业和社会服务事业,提供电信邮政、港口机场、工业用地、广播电视等各种公共设施,以及部分医疗卫生和保健服务。国有企业在各行各业中均有不同程度的参与,与私人资本进行合作和竞争,并且引导私人投资的投向。国有企业是新加坡重要的雇主之一,拥有大量的优秀专业人才。现今的国有企业和政府其他活动构成的经济成分占GDP的70%以上,其平均利润率也远高于当地私人企业。新加坡国有企业大多经营业绩优良,具有很强

---

① 夏炳军:《瑞典国有企业调研报告》,商务部网站,2007年3月19日。

的竞争优势。其港口、航运、航空、金融、通信等国家垄断性行业在全球都享有很高的声誉。

一、国有企业分类

新加坡的国有企业可分为两类,即政府控股投资的独资或非独资国有公司下属的企业和法定机构及投资的企业。属于政府控股公司的主要有淡马锡控股公司、胜利公司和国家发展部控股公司三大公司,以及它们下属的大批国有企业,这些国有企业分布于金融、工商、港口、航运等各个领域。淡马锡控股公司是政府最大的投资控股公司,于1974年成立。这三大公司下属又有附属公司(或子公司),共6层,公司总数达450家。主要企业有新加坡航空公司、发展银行、三巴望船厂、莱佛士镇公司、吉宝企业、石油化工公司、海皇轮船公司等。国家发展部控股公司拥有10多家企业,其中有5家独资企业。胜利控股公司所属企业则多数涉及国防和军工生产。

二、新加坡国有资产管理体制

新加坡国有资产管理实行分类管理与分层管理相结合的管理方式,具体体制可以用三个层次和两个分离来加以概括。

所谓三个层次是指政府部门、法定机构和政府控股公司、国公司(政府控股公司控股、参股的企业)。

政府作为国有资产管理的第一层次,主要起主导作用,制定正确的经济发展战略,并贯彻其资产所有者的权利和意愿,控制公司的发挥方向,使公司的活动与国家目标及长远规划相一致,保证国家利益的实现。

第二个层次是法定机构和政府控股公司,它们按照经济战略制定各自的计划,实施经营活动。法定机构按照议会立法而建立和运作,是独立的法人。它隶属于政府某部,该部拨付其创立资金和必要的流动资金。法定机构拓展业务所需资金,不是靠发行股票债券,而是通过由财政部担保的贷款方式筹集。一些法定机构实施企业化经营,但具有部分管理职能,承担一定的社会目标。政府控股公司依据公司法成立并运作,完全由政府投资并拥有,并在众多的国连公司中拥有股份或处于控股地位。它们并不从事具体的经营业务,而是通过广泛的投资形成自己的企业网络掌握着上千家竞争型企业,几乎涉及新加坡的各行各业。新加坡全国有著名的四大控股公司,即淡马锡公司、国家发展控股公司、新加坡保健有限公司和国家科技有限公司。

第三层次是各个国连公司,依据公司法成立及运作,完全围绕经济目标经营与发展,参与市场竞争,包括国有独资企业、国有控股公司和国有参股企业,绝大部分是处于竞争性行业的企业,受控于四大政府控股公司,也有部分涉及社会基础建设、公共设施等方面的企业,由法定机构管理。

所谓两个分离:一是指政府部门与法定机构和政府控股公司的分离。新加坡政府部门对国有企业实行间接管理:一方面,通过货币供应量、利率等宏观经济变量为杠杆对国有企业的经营施加影响,使企业在商品价格的制定、员工的雇佣和使用、资产的处置及融资等各方面有很大的自主权;另一方面,新加坡财政部门设有董事咨询与委任会议,由其任命控股公司的董事会成员并根据需要随时罢免其中不称职者,董事会成员不直接参与国有企业的日常经营活动,而是从经理市场或从国外聘请经理人员经营企业。

二是指法定机构和政府控股公司的分立,这是第二层次之内的分离。法定机构的创立资本和必要的流动资金由政府拨付,不以盈利为经营目标,具有一定的管理职能,主要任务是通过其在基础设施及公共服务领域的经营活动营造良好的市场环境,以促进市场的公平竞争和保障经济活动的正常运行。政府控股公司则通过对国连公司的参股获得必要的资金来参与市场竞争,围绕政府经济策略,遵循市场效益原则,以利润最大化为目标,采用专业化的管理方式进行经营,不受政府特殊照顾,完全不具有行政色彩。

这种三层管理体制,利用国有控股公司对国有资产进行管理的主要好处如下:可以缓冲政府干预;有效决策、提供战略指导和完善财务纪律;集中稀缺管理人才,提高企业管理水平;可以得到合作的规模效益;实现真正的政企分开。

三、国有企业运营及监督

新加坡对经营性国有资产主要实行股权经营,股份制是最普遍的一种形式。国家以政府控股公司股东的身份行使国有资产所有权,并通过任免董事、董事长,以及同企业签订计划合同等方式来掌握企业的发展方向和经营方针。由政府控股公司投资的国有企业,不论独自或合资,均不挂国有招牌,而是以私人企业名义,按照公司法规定向政府有关部门登记注册,取得企业法人地位。国有企业在经营活动中,不享有特权,和私人企业一样致力于市场竞争。

政府控股公司运用多种形式和手段,保持在国连公司,尤其是重要产业部门的国连公司中的控股地位。新加坡虽然较早将国有企业推向私有化浪潮,但是对宣布民营化的国连企业中至少要有30%的股本是由政府控制的,任何个人不得拥有超过5%的公司股权,外国投资者入股则不允许超过公司资产总值的15%,以保证国有资产掌控在国家手中。企业则拥有一个结构比较合理的有活力的董事会。政府设有一个董事委员会,专门负责任命国有公司的董事长,并聘任政府有关官员和社会名流专家组成公司董事会。具体而言,新加坡国有企业的董事会由独立董事和非独立董事组成,独立董事在整个董事会成员中的比例达到或超过50%,其中有从企业外部聘请的社会知名人士和业内专家担任。董事会下面一般设有执行、审计、薪酬等职责较为明确又具有一定制衡作用的专门委员会,而且审计委员会、薪酬委员会的主席通常要求由独立董事来担任。企业董事会的基本职责是提升企业的核心竞争力和促进企业的长期稳健发展。

新加坡对国有资产管理以及运营情况进行严格的监督,以维持其的发展方向和收益。首先,是政府对控股公司的外部监管,一般由财政部等部门派出官员直接参加公司董事会,影响和监督公司的重大决策;同时实行财务报告和项目审批制度,并且不定期派人到公司或其子公司调查了解情况。其次,是政府控股公司对国连公司的监督。国连公司重要领导者的任免均有控股公司审批;对国连公司的业务范畴进行严格的控制;根据不同行业建立业绩考核和分析制度。最后,是企业内部制衡监督机制,这反映在权力、投资和财务制衡机制三个方面。企业的董事长和总经理不能由一人兼任,设立执行委员会履行经营管理的职能;对于投资计划的推荐者,一般不同时作为批准者,如果计划超出管理层的权限,须交由执行委员会或董事会批准;企业建立以经济附加值为核心的业绩考核制度,有着严格的审计制度。

为保持国有公司的正常运营,避免政府对国有企业过多的政治干预,新加坡确立了缓冲机制,使政企之间通过控股公司和法定的媒介,形成"控制而不敢奢"的联系体制。

四、国有公司的私有化

20世纪80年代,为了缩小国有企业的规模,提高国家资本的投资效率,政府对部分国有企业实行了私有化。通过私营化更多的引入市场竞争机制,进一步提高国有企业的经营效率。由于国有企业具有垄断性,或非营利的社会经济目标,有的还掌握立法权,政府专门成立了转让委员会。转让委员会将政府参股的国有企业分为3类。

第一类包括部分一、二级参股企业,其中的一级企业中政府股权可能低于50%,甚至少到30%,但实际上足以起到控制作用;二级企业仍需由一级企业保持51%的股权。第二类主要包括一些二级企业,这些大多是大公司,如新加坡航空公司等,政府只是出售很小的一部分股份,但其绝对数额很大。第三类是其他各级参股企业,决定全部私营化。整个计划设计在10年内完成。据统计,从至1986年,政府对24家国有企业进行了股权转让,其中政府股权全部出售的企业有17家,出售部分股权的企业是7家,政府在这些国有企业股权转让中获得12.8亿新元的收入。1989年4月,淡马锡控股公司将新加坡石油化公司的50%政府股权中的30%出售给英荷壳牌石油公司,同时出售4家私有公司的股权。1992年,该公司又制定出新的转让计划,将下属大公司的股份保留30%,小公司的股份则全部出售。这也是新加坡推行国营私有化计划以来最大宗的政府股权转让。1993年初,新加坡政府又决定将新加坡科技工业集团等8家国有企业挂牌出售[①]。

五、淡马锡公司

说起新加坡的国有资产管理,不能不提到著名的淡马锡公司。新加坡淡马锡控股(私人)有限公司,以国有控股公司对国有资产的经营成效居于全球首位:1974年淡马锡控股公司成立,1975年该公司所拥有股份总值为31.8亿新元,如今已上升到750亿新元;主要企业的资本占国家资本总额的19.4%,重点上市公司共计占新加坡交易所总市值的21%,经营范围主要是基本户建设、交通、金融和传媒业。整个公司实行一个宝塔型的产权结构体系,形成从政府到母公司、子公司、分公司等多达7个组织层次产权体系的公司治理。其遵循政府的经济政策,又对麾下的国连公司进行股权、人事权和分配权的控制。淡马锡公司中的董事会治理严明,在确保有政府董事代表国家行使资产管理职能的同时,积极网罗各类优秀人才加入。目前,董事会中除一名为政府公务员外,另9名均为外聘的著名企业界人士。根据公司章程,公司董事及总经理要经总统任命,而董事会中的公务员薪水仍由政府支付,政府可以根据公司的经营状况,对委派的董事实行奖惩。其组织结构如图15.1所示。通过这种方法,国家一方面可以牢牢掌控董事机构的人事权,以及对重大项目的决策权,另一方面通过

---

① 马志刚:《论新加坡的国营企业》,《世界经济与政治》1993年第5期。

授权专业人士的经营管理,实现国有资产的保值增值。经过 40 多年的经营实践,淡马锡公司培育了一大批国际水平的大型企业,领导技术进步的新潮流,切实做到了政企分开、产权明晰,使国有企业迸发出勃勃生机。

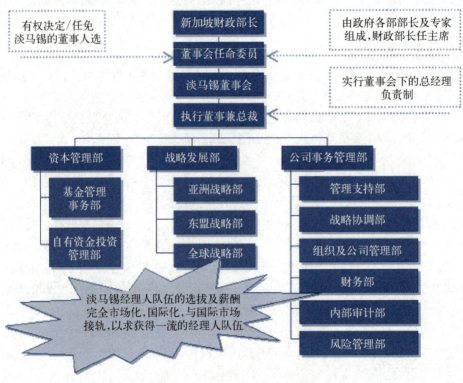

图 13.1 淡马锡公司的组织结构图

第五节 加拿大的国有企业管理

加拿大是多元文化构成的移民国家,人口素质较高,平等意识较强,没有什么历史包袱,良好的地理、资源、社会环境为经济发展提供了非常有利的条件。加拿大市场经济和现代企业制度起步较早,经过长期的稳定发展,形成了较为完善的运作体系。在促进社会发展的过程中,对于涉及国计民生的大型企业和基础设施等,政府采用了国有资产的形式加以控制。

加拿大是由 10 个省和 3 个地区组成的联邦制国家,政府分联邦、省(地区)、市三级,三级政府之间没有上下级隶属关系。加拿大三级政府都有自己管辖的国有企业,但与私营企业相比,国有企业量少面窄。尤其是 20 世纪 80 年代以来,加拿大国有企业的支出所占财政预算支出的比例逐渐扩大,为了保证政府的有限财力,刺激经济增长,加拿大政府开始着手进行国有企业的改革。其官方认为,国有资产的基本定位,应是属于一些具有特殊性质、政府确有必要特别对待的行业,凡是可以脱离特定的公共政策目标的企业,都没有必要保持其国有的地位,而应实行私有化。改革的着眼点不是在产权制度的变更,而是侧重在保护消费者利益不受损失的条件下,重组竞争市场。以这个观点出发,加拿大政府采取将国有企业转给个人经营、公私合营、长期租赁等方式,使得国有企业数量进一步减少。目前,联邦政府所属国有独资母公司从1984年的54家减少到2002年的45家(其中2家是经授权形式母公司负责的全资子公司)。这45家公司中雇员约有7.1万名,总资产680亿加元,年度预算支出42亿加元,占联邦政府预算总额1 660亿加元的2.5%;省级政府拥有的国有企业绝大部分已经私有化;市级仅有少量集中在一些基础设施的国有企业。

一、联邦国有企业分类

加拿大联邦国有企业又称皇冠公司,是依照《加拿大商业公司法》和议会特别法案成立的、完全由政府拥有的独特法人实体。从与政府财政的关系看,联邦国有企业主要有三类:第一类是全部靠政府财政支持的咨询研究类企业,如国家研究委员会;第二类是部分依靠财政拨款支持,不完全以盈利为目标的企业,如加拿大住房与抵押贷款公司;第三类是完全以盈利为目标,不需要政府财政补助的企业,如加拿大邮政公司。财政的预算拨款可以作为投资注入企业,增大公司对公众服务的能力,同时也作为补贴资金注入企业。就其分布情况来看,加拿大的国有资产主要分布在金融、文化、运输,以及土地、邮政等其他有关国民经济命脉的重要领域。

二、国有资产管理模式

加拿大的国有资产管理采用"两层次模式",即指国有资产行政管理机构按一定的方式管理国有企业,国有资产行政管理机构与经营国有资产的企业之间不设中间层次。鉴于国有企业的基本定位是属于一些具有特殊性质、政府确有必要特别对待的企业,而这种特殊性质的确立,要通过立法程序,一般每一个皇冠公司(即国有企业),都对应有一个国会的特别法案,都要承担追求特定公共政策目标的责任。在运作中,国有企业要运用私人部门企业管理的工具和方式,对于政府的行政机关则都应保持一定的(依具体情况或多或少)自主权,大体上要与私人部门面对同样的市场规则和调控环境。所以,加拿大联邦政府主要采取法律法规、财政税收和金融等间接调控手段和影响经济发展;通过发挥中介组织作用、引导企业参与市场竞争等方式为企业提供规范、科学、高效的服务。国有企业是政府利用私营机构的形式实现公共政策目标的工具。它可以自由利用私营机构的管理手段和经营方式,其目的在于最大限度地使全体人民受益,但同时也和私营机构一样受到国家有关管理规定的约束。加拿大国有资产管理一个很大的特点是设立不同级别的管理部门,每个部门都有应负的职责。

三、内部治理和外部监管

就国有企业内部管理来看,企业一般设有董事会,但董事会成员和总裁或首席执行官均由各级政府委任,而且往往随着政府更迭而更换人选。在董事会中,成员一般都是兼职,由有关政府部门官员、私营公司高级职员,以及专家和律师等人组成。董事会下设若干委员会,如人力资源委员会、薪酬委员会、环境保护委员会等,研究决定有关问题。总裁或首席执行官在公司中占据主要地位,经营管理权责重大。加拿大各类公司中一般不设监事会。因此在国有企业中,监督职能在很大程度上由董事会相应承担。

根据加拿大《财政管理法案》,国有资产管理部门主要由议会、内阁委员会、主管部长、财政部长等组成。

联邦议会:批准建立、解散或私有化国有企业;确定国有企业的经营目标;每年接受和审查公司的有关信息,包括已获批准的公司计划和预算概要;公司的年度报告等;议会常务委员会并可邀请主管部长及公司人员进行咨询。

内阁委员会:批准公司董事会成员、主席和首席执行官的为人和薪酬;根据主管部长和财政委员会的建议批准公司计划;批准国有公司子公司的建立和解散;每年任命公司审计师。

主管部长:向议会和内阁负责其管辖的各个企业,向议会提交公司的年度报告,以及获批准的公司计划和预算概要;就国有企业公司的董事会成员任命提出建议;就公司计划和预算的批准提出建议,包括批准的前提条件。

财政部长:批准国有企业的借款计划、外国银行账户和特殊用途账户;对有意借款的国有企业可能需要财政部长就其公司计划和资金预算提出建议;可协同主管部长,要求企业将盈余钱款支付于政府。

众议院财政委员会主席:负责与国有资产有关的政策制定;负责向议会提交关于所有母公司的商业及活动的总和年度报告。

审计员:内部审计员、年度审计员(需经主管部长同董事会商议后由内阁委员会任命)、特别检察员和加拿大审计长(代表议会监督设计国有企业的责任及控制各方的职责)。

习 题

【思考题】

1. 请解释法国国有企业的外部监管实行的"三重监督"模式。
2. 请说明美国国有混合企业的管理方式。
3. 你了解瑞典的国有资产管理的出资人制度吗?
4. 请简述新加坡国有资产管理体制的特征。
5. 请说明加拿大的国有资产管理采用的"两层次模式"。

第十四章

混合所有制改革的实施策略

在目前政府已经明确进行混合所有制改革的七大领域,需要按照国有企业分布的行业来划分,即自然垄断型国有企业、竞争型国有企业和社会公益型国有企业。我们应对照国有企业的行业特征将其归入到以上三种类型中去。建立国有资本配置和运营平台,真正从资产管理者转变为"资本所有者"。今后,国有资产监管部门的工作重心应转向国有资本的监管,这就要求它一方面仍然负责经营性国有资产的监管,但另一方面应监管经营性资产投向非经营领域的力度和节奏,从而使经营性资产的收益能够切实地用于公众福利,达到国有资本的优化配置。

第一节 加快各项体制建设

一、完善反垄断立法

在垄断领域完善反垄断立法并丰富细化其法律条规,进而推进混合所有制改革十分重要。

目前由央企中石油、中石化等公司主导推出的混合所有制项目并没有引起民营资本太大的投资热情,其重要因素是这一混合项目改革的层级较低,央企并没有全面开放诸如石油业务的勘探开发、炼油、运输及下游销售业务等,在相关业务领域国有企业仍牢牢把持着垄断的特许经营权。由国有企业自身来打破这种垄断几乎是不可能的,这就需要政府制定高层级的立法并成立相应的立法机构,剥离大型垄断央企的政府职能,并允许其他社会资本平等地参与到市场竞争中来。只要符合相关的准入标准,立法机构就应鼓励各类社会资本参与各项业务的竞标,而原来的国有企业也不再享受任何经营特权,如优惠的土地资源、便利的融资条件等。只有全面开放垄断经营领域,相关国有企业才会感受到巨大的竞争压力。在油气资源和储量控制上,应改变以往完全由国家掌握和控制的局面,而应适当引入市场化交易机制,允许其在各市场主体之间流动和交易,从而将资源真正配置到效率最高的经济主体中。这方面可以借鉴美国、巴西和墨西哥等国的经验,政府作为立法者先建立反垄断的公平竞争法,并充分开放市场,将原先国有控股的公司改制成股权均衡的混合所有制企业。在维护国家能源安全问题上,可以在立法、建立石油基金和其他行政手段等方面来采取相应的解决措施。

从理论上看,政府当然没有必要介入到竞争性行业的生产中去。我国国有企业资产相对民营企业资产占绝对优势的交通运输、非银金融、钢铁、建筑、有色金属等都属于此类行业。对于这类行业,政府进行混合所有制改革的指导思想是明确的,即加大列入非公资本的股权比例和力度,允许民营资本以出资入股、收购股权,认购优先股和可转债,甚至融资租赁等多种方式参与国有企业的改制重组。

在自然垄断领域,从传统经济学的角度来看,解决这一问题可采取两种方案:一是价格管制;二是政府部门对垄断行业进行公共生产。价格管制存在的主要困难是,一方面,政府部门掌握的信息不如被管制的自然垄断企业,因此在价格制定的博弈中总是处于劣势;另一方面,自然垄断行业提供的产品,如水、电、燃气等往往被认为具有政治敏感性,即它们跟居民的日常生活息息相关,一旦出现短暂地停止供应,会使居民遭受损害,甚至引起骚乱。因此,政府部门还会考虑到这样的一个因素,如果由私人企业来垄断提供公用事业的话,私人企业会否人为限制产量、以供不应求甚至是停产的举动胁迫政府部门在价格的制定上作出让步,这无论对社会经济还是政府部门威信的损害都将是非常严重的。鉴于此,政府部门倾向于建立自然垄断行业的公共企业,以避免产生上述的政治问题,而且往往还对弱势群体或整个社会居民实施价格的优惠补助。

那么,自然垄断行业必须要由政府部门公共生产吗?

对于这一问题的回答,似乎上面已作出,但其实不尽然。当我们进一步考察自然垄断的经济特性,发现了另一个问题,即如果自然垄断不复存在了的话,不仅公共生产是不需要的,就连政府部门的管制也是多余的了。而对自然垄断行业的深入研究可以发现,要把握自然垄断的经济特性,必须对自然垄断的可维持性和自然垄断的边界有准确地理解。鉴于此,国有资产管理部门应深入研究这类行业的自然垄断环节和特性,石油、电力、电信等行业制定破除垄断的时间表,因为事实证明随着技术的发展,这些行业的自然垄断特性已逐渐淡化,需要在企业的生产方式上作出大胆变革。加大市场开放的步伐和力度,通过充分竞争焕发国有垄断企业的活力。

公益性企业,不是指电力、自然水、煤气等公用事业类产业,这类公用事业由于自然垄断性较强而被归类为自然垄断性企业;一些自然垄断特征并不明显,竞争性也不是很强,但为公众迫切需要的产业,我们称之为社会公益性企业,如航空运输、铁路运输、水路运输、城市公交、邮政、环境保持企业等。它们通常为公众提供交通、邮政、环保等方面的保护。那么,这样的企业为何要采取公共生产的方式呢?

考察这类企业的早期发展史,不难看到,这类服务虽为公众所需要,但在各国经济发展早期,私人资本的力量比较有限,除少数发达国家的私人部门有能力投资于铁路运输和航空运输等行业之外,大部分国家需要依靠政府部门直接投资来兴办运输业,这样自然而然就形成了公共企业的局面。而且,从这类公益性企业的特征看,它们在前期需要巨额的资金投入,但是投资回报期却很长,初期经营很难有稳定的投资回报甚至还可能发生亏损,所以即使经济发展也很难吸引私人资本的兴趣。这就使政府长期地介入到交通运输行业并采取公共企业的生产方式。国防军工、环境保护、新能源开发、社会保障等领域就具备这类公益性特点。但是,随着人们收入水平的提高,对某些公益性需求会急剧增加,从而使原本亏损不盈利或盈利很小的行业变得有利可图,甚至是有可观的盈利率,这就会极大地改变私人部门的原有看法——资本的逐利性会促使私人资本加入运输行业的投资中来。所以,政府部门应在早期投入一定的资本培育新技术和市场,在市场竞争的各项条件成熟之后引进民营资本壮大和发展这一市场,国有资本不再扮演服务提供者的主要角色,可以只是作为一个财务投资者来分享行业增长带来的资本增值。

二、建立国有资本配置和运营平台

国有经济深入调整的路径是国有资本退出竞争性行业并投入到养老保险、战略性新兴行业与先进制造业等行业,这就需要一个国有资本的流动平台和运营机制,在动态调整中充分发挥国有资本对资源的配置功能。缺少这一资本运作平台,混合所有制改革期望达到的优化产业结构和国有资本布局就无法顺畅地进行。

以新加坡"淡马锡公司"为例。作为政府全资控股的巨型投资公司,淡马锡在资本运营和投资方面的成功为我们提供了可资借鉴的经验。淡马锡模式的特点即是在政府、国有企业还有淡马锡公司这一资本运作平台,通过这个平台政府选择合适的项目进行中长期投资,在获得理想的资本回报后即可以选择退出该投资项目。这种灵活的投资方式为其股东获取了年均20%的高额投资回报率。一般来讲,政府不会具体干预企业的日常经营,政企分离,特别是不会以政府拥有的政治权利和资源去扶持某些特定行业的企业发展,体现了现代企业制度中股东和管理者之间互相信任、利益一致的委托代理关系。作为财务投资者,淡马锡模式中政府能较为超脱地决定资本退出和进入的行业,不受资本控股比例等的限制。《淡马锡年度报告2019》显示,截至2019年3月31日的财年投资额为240亿新元,投资组合净值为3 130亿新元。在过去10年内增长了1 830亿新元;淡马锡的1年期股东总回报率为1.49%。自1974年成立至今的45年以来,复合年化股东总回报率为15%。

如表14.1所示是淡马锡公司的投资项目列表,从中可以观察期投资的方向和特点。

表14.1 淡马锡公司的投资项目列表

投资领域	投资项目	所属国家	持股比例	货币	市值	备 注
金融服务	友邦保险	美国(主要服务于亚太)	2%	百万港元	409 493	友邦保险(AIA)为美国国际集团全资子公司,是泛亚地区最大的独立上市人寿保险公司,在亚太区16个市场拥有全资营运附属公司或分支机构,包括中国香港、泰国、新加坡、马来西亚、中国大陆、韩国、菲律宾、澳大利亚、印尼、中国台湾、越南、新西兰、澳门和文莱,及印度合资公司的26%权益
	中国平安保险集团	中国	1%	百万港元	438 420	
	中国工商银行股份有限公司	中国	1%	百万新元	1 803 363	
	中国银行股份有限公司	中国	<1%	百万港元	1 014 992	

续表

投资领域	投资项目	所属国家	持股比例	货币	市值	备注
金融服务	中国建设银行股份有限公司	中国	7%	百万港元	1 579 191	
	DBS 星展集团控股有限公司	新加坡	29%	百万新元	39 047	
	印尼金融银行	印度尼西亚	67%	亿印尼盾	10	
电信、媒体与科技	臣那越集团	泰国	42%	百万泰铢	259 720	
	新科电信媒体私人有限公司	新加坡	100%	百万新元	3 364	
	新科金朋公司	新加坡	84%	百万新元	991	
	巴蒂电信公司	俄罗斯	5%	百万卢比	1 107 950	
	新传媒私人有限公司	新加坡	100%	百万新元	57 238	
	新加坡电信有限公司	新加坡	52%	百万新元	57 238	
交通与工业	Evonik Industries(赢创工业集团)	德国	5%	百万欧元	6 718	特别化学品公司
	吉宝企业有限公司	新加坡	21%	百万新元	20 214	
	海皇轮船有限公司	新加坡	66%	百万新元	3 066	
	新加坡国际港务集团	新加坡	100%	百万新元	9 265	
	胜利工业有限公司	新加坡	49%	百万新元	9 277	
	新加坡科技工程有限公司	新加坡	50%	百万新元	13 359	
	新加坡航空公司	新加坡	56%	百万新元	12 778	
	新加坡能源公司	新加坡	100%	百万新元	8 464	
	SMRT 企业有限公司	新加坡	54%	百万新元	2 403	
生命科学、消费与房地产	奥兰国际（Olam International)	新加坡	23%	百万新元	4 111	全球供应链管理及农产品和食品原料加工企业
	凯德集团	新加坡	39%	百万新元	15 027	
	Celltrion 公司	韩国	11%	10亿韩元	5 359	
	利丰有限公司	中国	3%	百万港元	89 413	
	M+S 私人有限公司	新加坡	40%	百万新元	NM	
	Pulau Indah Ventures 私人有限公司	马来西亚	50%	百万令吉	NM	
	丰树投资私人有限公司	新加坡	100%	百万新元	7 509	
	新翔集团	新加坡	43%	百万新元	3 385	
	盛邦集团私人有限公司	新加坡	60%	百万新元	487	
	新加坡野生动物保育私人有限公司	新加坡	88%	百万新元	176	

续表

投资领域	投资项目	所属国家	持股比例	货币	市值	备注
能源与资源	The Mosaic Company	美国	5%	百万美元	25 379	
	Cheniere Energy, Inc.	美国	4%	百万美元	6 757	
	崔石比克能源公司	美国	—	百万美元	13 614	
	洁净能源燃料公司	美国	<1%	百万美元	1 151	
	FTS国际公司	美国	41%	百万美元	2 628	
	昆仑能源有限公司	中国	<1%	百万港元	132 842	天然气输送与开发利用公司
	MEG能源公司	加拿大	5%	百万加元	7 215	
	Respol	西班牙	6%	百万欧元	20 327	西班牙综合性石油公司
	Turquoise Hill Resources(绿松石山能源)	加拿大	9%	百万加元	6 506	THR为加拿大上市的国际矿业公司,该公司拥有蒙古铜金开采项目Oyu Tolgoil 66%的股权
其他	Standard Charted(渣打银行)	英国	18%	百万英镑	41 106	
	Jasper	北美	13%	百万美元	50	全球云端技术平台公司,让手机服务营运商能够提供互联网服务
	Venari Resources	墨西哥		百万美元	1 125	主要在墨西哥湾进行深海勘测的石油公司
	Godrej Agrovet	印度		百万新元	128	印度农业公司
	PT Matahari Putra Prima Tbk	印度尼西亚		百万新元	374(可兑换附加股)	超市营运商
	Halkbank	土耳其		百万美元	225	土耳其领先的中小企业银行
	Netshoes	巴西		百万新元	86	拉美领先的在线体育用品和服装销售公司,业务遍及巴西、墨西哥和阿根廷
	兰亭能源(Pavilion Energy)	新加坡	—	—	—	液态天然气供应链领域
	海丽凯资本管理公司(Heliconia Capital)	新加坡	—	—	—	淡马锡设立,为中小型企业融资
	祥峰投资(Vertex)	新加坡	—	—	—	该公司为起步公司提供创业资金
	Clifford Capital	新加坡	—	—	—	淡马锡在2012年年底与三家银行和两家保险公司合作成立了Clifford Capital。这家公司为有意进军海外的新加坡企业提供项目融资贷款,满足他们在资本架构中其他方面的融资需求
	Markit	新加坡	—	—	—	为金融服务业(特别是衍生产品市场)提供信息服务和方案的供应商
	阿里巴巴	中国	—	—	—	中国最大的电子商务公司

数据来源:根据国外新闻"Temasek Buys Small Stake in Turkish Bank"计算得到。

目前，我国已经在社会保障领域和国有金融领域组建了全国社会保障基金管理委员会和汇金公司等，它们从性质上说也属于政府在专门领域的投资管理公司。有的地方政府如上海市也建立起国盛集团等资产公司。全国社会保障基金管理委员会管理的国有资本规模十分庞大。2012年8月，审计署发布了全国社会保障资金审计结果。数据显示，2011年18项社会保障资金共计收入28 402.05亿元，支出21 100.17亿元，年末累计结余31 118.59亿元。审计报告披露，从社会保险基金结余形态分布看，活期存款、定期存款和其他形式分别占38.44%、58.01%和3.55%。也就是说，3万亿元的社保基金结余中，有高达96.45%是以银行存款的形式存在的。还有数据显示，截至2013年年底，全国社保基金资产总额11 943亿元，由基金管理公司管理的全国社保基金资产规模达4 519亿元，占社保基金委托投资规模的比例超过80%。企业年金方面，由外部管理人管理的企业年金资产规模共计5 783.6亿元，基金公司管理占比达42%①。截至2019年年底，社保基金资产总额2.6万亿元，同比增加16.1%，较10年前的资产总额增加了两倍多，持股市值2 190.19亿元。2019年年末，企业年金基金规模1.8万亿，同比增长22%，规模和增速都创新高。企业年金的受托管理机构目前共有13家，2019年年末合计受托管理资产1.25万亿。

但是目前这些公司在国有资本的配置上发挥的作用和影响力还不显著。对于我国庞大的国有资本来说，在中央政府这一层级只建立一个政府投资平台是不够的，应该考虑在国有资产监督管理委员会下设多个资本运作平台，探索资本配置的方式并展开良性竞争。

在目前技术和服务创新在企业发展中愈益重要的时代，国有资本运营公司，一方面，要大胆地融入全球化的先进生产力中去，通过投资获取先进的科学技术、管理模式，提升我国在全球产业链上的位置，为我国发展战略性新兴产业、先进制造业与现代化服务业等奠定坚实的基础；另一方面，国有资本在航天航空、卫星通信等基础科学和应用科学领域的优势仍需要牢牢地把握，加大在这些领域的科研投入并将其转化为生产力，以军工科研领域的领先科技引领非公资本的加盟，使我国在航空发动机设计和控制、运载火箭、应用卫星、舰载武器、保密通信、信息安全、雷达综合电子信息系统等方面涌现出具有先进生产力和国际竞争力的企业，真正使国有资本引领民营资本，发挥国有资本在关键性领域的影响力和控制力。目前我们可以依托资本市场来完善国有资本的平台运营机制，通过推动国有控股公司上市、科研院所企业化改制、开放性的混合所有制改革等来达到资本的优化配置。近年来我国多层次资本市场的建立和发展，私募股权投资基金和政府产业投资基金的设立和运作都为国有资本的优化提供了良性互动的基础。

[案例14.1]　国企改革从管资产到管资本——以中粮集团为例

中粮集团作为首批国有资本投资公司试点改革企业，其改革历程具有一定代表性。中粮集团作为国有资本投资公司受国资委100%控股，它的资本运作和投资行为受国资委的监管。中粮集团资本为纽带，通过重组、并购、合作等方式投资属于不同产业板块的实业公司，比如中粮地产、中粮屯河公司、现代牧业、中粮生化等（见图14.2）。

---

① 《资管十年规划将"催化"40万亿市场推养老金入市》，《经济参考报》2014年6月17日。

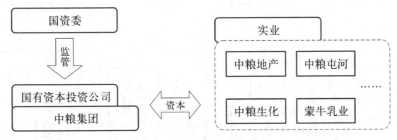

图 14.2　中粮集团运作方式

一方面完善产业链，获得从上游原料到下游销售的一系列组成模块，另一方面投资战略性产业或新兴产业，通过多种方式进行投资管理，达成资本保值增值的目标。在这个过程中，实业公司是资本配置投资的对象，资本是中粮集团与被投资公司的纽带，最终期望达成的目标是投资效益最大化。

中粮集团多年来一直致力于资本配置建设，作为一家投资控股公司，旗下拥有十二家上市子公司，其生产业务不断多元化，致力于打造全产业链的商业模式，其中包括在内地上市的中粮地产、中粮糖业、中粮生化和酒鬼酒，还有在香港上市的中粮包装中国食品、蒙牛乳业、现代牧业、中粮控股、大悦城地产、雅士利以及中粮肉食。2005—2013 年，中粮集团共完成近 50 起并购项目，投资额达到 146 亿元，先后涉足中土畜、深宝恒、新疆屯河、华润酒精、中谷、丰原生化、五谷道场、蒙牛、华粮、尼德拉、来宝农业、华孚、中纺集团。中粮集团总资产从 2004 年的 600 亿元达到了 2015 年的 4 590 亿元人民币，翻了 7 倍多。中粮集团逐渐形成了以种植养殖为产业链起点，中游拓展至加工、物流、包装类业务，进一步延展至下游的贸易、食品、地产和金融等行业的全产业链模式。随着十年来的外延式发展，中粮集团的体量增加迅速，但盈利能力却下降了。根据中粮集团 2016 年融资融券募集说明书，2015 年受益于中粮来宝农业和尼德拉的并入，公司营收达到 4 006.6 亿元，同比增长 58.4%，但净利润仅 13.2 亿元，净利润率仅 0.3% 左右，且过去五年净利润呈下滑趋势。近年来，在经济新常态和行业周期性低谷的背景下，中粮集团面临着高速扩张带来的"主业不稳、专业不精"的问题。

2014 年 7 月，国资委启动了"四项试点"改革。国资委宣布，国投公司、中粮集团、中国医药集团、中国建筑材料集团、新兴际华集团、中国节能等企业分别进行改组国有资本投资公司试点、发展混合所有制经济试点、董事会职权改革试点和派驻纪检组试点。中粮集团成为首批国有资本投资公司试点企业。

中粮集团组建国有资本投资公司体系可分为四个层次：第一个层次是国资委；第二个层次是作为国有资本投资公司平台的国有企业集团战略控股公司，也就是中粮集团有限公司；第三个层次是产业板块上市公司，也就是实业公司；第四个层次是业务模块下属子公司。第一个层次，国资委 100% 控股中粮集团，作为国有资本的出资人，同时也是国有资本优化战略的监管人，它对中粮集团的集团层面的战略配置提出指导意见。国资委对中粮集团建设现代企业制度、完善法人治理结构进行监督和管理，退出对公司实际运营的干预。第二个层次，中粮集团在国有资本优化配置战略中承担的战略角色为决策层。成为国有资本投资公司改革试点企业后，中粮已经基本形成以粮油食品为主业的投资公司型组织架构。按照市

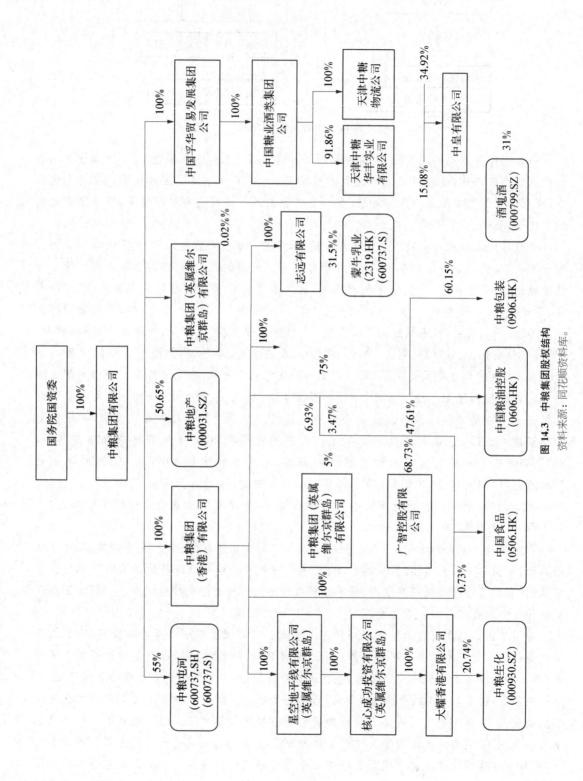

图 14.3 中粮集团股权结构

资料来源：同花顺资料库。

场化要求,以控股公司架构对下属业务板块进行管理,充分发挥董事会的作用,将用人权、资产配置权、生产和研发创新权、考核评价权及薪酬分配权等五大类关键权力下放给专业化公司,主要通过派驻专职董事、监事行使股东权利等方式干预企业经营决策和业务运营。中粮集团瘦身健体,压缩管理层级,构建"小总部、大产业"体系。依据精简高效原则,中粮集团将职能部门从13个压缩到7个,人员从610人调整至240人之内。此外,中粮集团进一步聚焦主业,打造专业化公司推动产业化发展。为加强各业务的专业化管理和专业化生产经营,中粮集团根据业务聚焦原则,纵向推进产业链上下游优化配置,横向整合同类业务资产,减少同质化经营、重复建设、无序竞争。结合资产布局需要和业务经营现状,在集团设立18个专业化公司,作为二级单位负责资产运营,由集团直管。第三、第四层次,上市公司及其子公司则负责具体的日常运营活动。这些专业化公司以核心产品为主线进行纵向整合,全面建立现代企业制度,努力实现股权多元化,真正成为依法自主经营、自担风险、具有核心竞争力的市场主体。

[**案例分析**] 在加入国有资本投资公司以后,中粮集团设立了18家专业化平台公司。这18家平台公司逐渐成为财物、产购销独立成本核算的主体,经营团队有了全面成本管理、全面市场经营的责任,既承担了生产,又承担了经营,成为完整的市场经营主体,资本资产结构明显优化,资源配置效率明显优化,主要经济指标明显优化,企业成本和效益得到了明显改善,很多长期亏损的企业扭亏为盈,专业化体制设计在实践中初见成效。从结果来看,2016年,在全球大宗农产品价格低迷的背景下,中粮集团主业利润同比逆势增长80%。2017年,中粮集团实现利润总额118亿元,同比增长80%,取得历史性突破,收入效益实现超同期、超历史最高值、超预算,也远超社会预期。这些数据都印证了中粮集团改革后的成效。

通过中粮集团建立国有资本投资公司的案例分析,可以总结出几点国有资本投资公司的管理要点。首先,完善法人治理结构,完善公司董事结构,建立合理的考核奖惩机制。其次,明确权责边界,制定管资本的权力清单、责任清单,使政府、国资监管机构和国有资本投资公司权责利边界清晰,责任明确,追责有据。

三、建立和完善与混合所有制相适应的国有资本监督管理体制

目前国资委监管内容是"管人、管事、管资产",目标是国有资产的保值增值,重点仍在营利性国有资产的监管上。从国资委成立至今,央企从2003年的196家减少到目前的95家,减少数量达52%。2013年中国企业500强中入围的国有及国有控股企业达到310家,占比62%。其中前10位均是国有企业,分布在能源、银行、通讯、建筑等领域。2013年中国企业500强实现营业收入50.02万亿元,其中310家国有及其控股企业营业收入占500强公司的比重为81.94%,净利润占比为85.91%,资产总额占比91.26%[①]。2019年中国企业500强榜单发布,500强入围门槛已经提升至323.25亿元,265家国有企业、235家民营企业上榜,

---

① 中信建投:《四大维度把握国企改革投资机会》,《上海证券报》2014年4月2日。

涉及76个行业,194家企业营业收入超过1 000亿元。其中6家企业营业收入超过了万亿元,分别是中国石化、中国石油、国家电网、中国建筑、中国工商银行、中国平安。从这些数据来看,国资委取得了很大的监管成效。但是,从深化国有经济战略调整的角度看,国资委的出资人角色和行政监督职责边界模糊,"管资产"的任务使其将监管重心放在了国有企业资金运用、资产重组和产权转让,甚至日常经营事务的审批上,如此微观化、精细化的管理导致国资部门没有时间和精力作宏观上的战略思考,并过多地涉入企业的经营决策,制约了国有企业的经营活力。

今后,国有资产监管部门的工作重心应转向国有资本的监管,这就要求它一方面仍然负责经营性国有资产的监管,但另一方面应监管经营性资产投向非经营领域的力度和节奏,从而使经营性资产的收益能够切实地用于公众福利,达到国有资本的优化配置。

对存在于经营性企业中的国有资本,监管部门应减少行政性监管,发挥市场化监管的作用。特别是经过了混合所有制改造的上市公司,各方资本都是追求资本回报率的,在竞争的市场环境中,国资监管部门过度关照国有资本的管理模式会抑制资本的活力,对企业竞争带来不利的影响。比如,国资管理部门要求国有控股公司每个月都向控股股东、国资管理部门报送企业财务报表,而按照证券市场信息公开披露的要求,这种涉及公司重要经营和财务数据的信息,应该是对所有股东同时披露的。从现代市场经济运行的原则出发,国有资产管理部门确实没有超越其他投资者的特权。又如,在企业重大资产重组中,能否获得国有资产管理部门的批准是影响并购成功的一大因素。其实,对于国有资本占比较小的混合所有制,是否要有国资部门的审批和股东大会的通过双重规定是值得研究的。因为,由国有资产管理部门审批企业重组的做法会造成企业决策的时滞成本,降低企业决策效率。因此,统筹协调国资监管体制和证券监管体制,使之适应混合所有制的现代公司制度是十分重要和迫切的。

对于转投非所有制经营性领域的国有资本监管将是今后国资管理部门监管的一大重要内容。归根结底,国有资本的发展要让公众切实地享受到福利,而且从理论上来说,国民作为国有资产的股东,有权要求企业分红来分享国有企业发展壮大的经营果实。由于人口老龄化的原因,我国的养老金未来一些年将面临较大的支出缺口,将国有资本收益充实到养老金是各界多年的呼吁。目前我国政府已经要求国有企业公开发行股票时将10%—25%的股份划拨给全国社保基金,这是恰当的做法,但这一比例还有待改善。作为国资管理部门,需要测算可划拨给社保基金的国有资本数量。在此基础上,统筹安排国有资本退出经营性领域的规模和节奏,既要较好地满足养老金缺口对资金支付的要求,又要兼顾企业的经营状况和资本回报率,不致对国有资本造成较大的冲击。

总之,今后政府国有资产管理部门管理重心将转向:(1)动态调整经营性领域和非经营性领域国有资本的规模和比例,即承担国有资本在经营性领域和非经营性领域的均衡配置;(2)建立国有资本运作平台,经营性国有资本的增值工作将主要由投资公司的专业化人才承担;(3)国有资本在非经营性领域的优化配置。

这就要求政府国有资产管理部门建立和健全与此相适应的部门架构和人员。为此,必须重塑国有资本的监督管理体制。

第二节 持续改善公司治理结构

利用资本市场整体上市、引入战略投资者等推动公司治理结构的改进是发展混合所有制的必要条件。

一、利用资本市场整体上市、引入战略投资者等推动公司治理结构的改进

国有控股公司的特殊性导致国有企业的治理结构仍存在较大的缺陷,而缺少股东之间的权力制衡无疑会影响到民营资本参与国企改制的热情和进程。混合所有制公司应摆脱以往在企业高管委派上行政化的色彩,通过董事会在市场上遴选胜任的职业经理人。按照正常的现代企业制度运作方式,在股东-董事会-公司管理层的关系中,股东应通过选举产生董事的方法,间接地对企业产生影响,以保证分权制下企业管理层在企业具体事务决策上的相对独立性和管理稳定性。从这个角度来讲,作为出资人代表的国资管理机构的主要任务应是任命董事,然后再由董事会选举董事长、总经理等管理公司事务——这显然和我们目前主要以行政任命方式任命企业领导的做法是有差异的,今后应设法逐渐地加以改进。我们还借鉴了一般意义上的发达国家现代企业治理结构中的一些好的方面,如设立独立董事(不担任公司行政职务),在董事会中设立薪酬委员会、投资委员会、风险控制委员会等专门委员会,从而把公司内部治理的架构搞得更好。

但是,在之前相当长时间内存在的一个问题是,大多数的央企母公司(集团公司)并没有进行整体的股份制改造和上市,而只是将下属的某一块资产分拆后上市。按照现代企业基本原理,这显然不利于母公司层面企业治理结构的进一步优化。同时,对下属的上市公司而言,也因为"一股独大"、与母公司的关联交易频繁(因为这一资产本身就是从母公司整体中切出来的,所以大量的关联交易往往很难避免)等问题,而使得公司治理水平提高很难。比如,中信集团之前对中信银行、中信证券等分拆上市,监管机构对上市公司的独立性、关联交易、小股东利益保护等方面的严格规定使母公司难以发挥业务协同,当综合性集团的协同作用难以发挥,综合优势就很难体现。因此,在做好主辅分离、减员增效工作的前提下,逐渐地在集团公司的层面推进整体上市,即把集团公司的全部资产上市,是将来的一个发展方向。

按照现代企业制度理论,当由于生产力的发展使得企业的分权经营不可避免时,完善企业治理结构的关键就在于控制企业内部人员利用相对于股东的信息和控制占取不应当获得的利益。在此基础上,如果能够进一步调动企业经营者的积极性和创造性则更佳。非公有制经济具有经营灵活、市场适应度高、竞争力强等优势。混合所有制经济的发展可以实现优势互补,特别是在一些竞争性领域;可以拓宽融资渠道,为非公有制经济的发展提供空间,为其进入垄断、特许行业提供条件,增强公有与非公有的公平竞争,促进共同发展,提高资源配置的效率和企业的竞争力。国有企业特别是央企的集团整体上市还可以通过降低非流通股的比例增强股权结构的流动性,有助于企业内部监控和治理提升。股权结构多元化在降低

国有股权比例的同时,实现了社会资本与国有资本的融合,可以进一步完善公司治理结构和内部运行机制。多元产权主体的构成可以促使对企业董事会结构和决策流程的改进,完善信息披露制度,有利于改善公司治理。比如,2014年中信集团在中国香港整体上市,进一步"走出去"既可以尽快熟悉、学习国际先进经验,也可以借此机会在更加成熟、更加规范的市场机制中,提升自己的治理水平,更好地在国际化的舞台打下坚实的基础,其好的管理经验又可为其他央企、国企所借鉴。整体上市之后,央企以集团控股的方式来运作,子公司整合之后,减少了关联交易,提高了业务效率和资产配置能力,实现了分业经营,便于集团监管,提升了整体竞争力。同时,集团公司可以对各个子公司的业务开展良好的综合管理,将有特色、看上去关联度不高的业务形成协同效益,发挥综合优势。像中信集团这样的大型综合性集团,各个产业受行业经济周期波动的影响不同,相互之间可以形成互补,能够在一定程度上减少市场风险带来的影响,从而变大变强。

在国内资本市场尚还年轻,不够完备,定价机制还不够灵敏、准确的情况下,将大型、特大型的骨干国有企业推向那些定价机制比较完备、监管比较严格的国际资本市场,也是一条快速提高我国国有企业整体治理水平的有效途径。乍看起来,到国际市场上市的IPO定价较低,融资量较少,但以上市的目的主要是为了改善企业治理水平,并从而提升企业长期绩效,而非一时融资之大小的视角来看,从长期而言,这无疑是一个好选择。同时,这样的做法也在一定程度上回避了国内市场股价虚高与扩容之间的矛盾。

[案例14.2] 中信集团整体上市

中信集团整体上市采用了借壳的模式,壳公司即中信泰富,一共向借壳方中信集团支付了对价约合人民币2 269亿元购买中信股份100%的股权。根据最后的公告显示,其中支付现金为533.58亿元港币,按照中国人民银行2014年3月24日公布的人民币兑港币中间价,折合人民币约422.63亿元,由中信泰富向27名机构投资者配售股份募集取得;其他对价以定向发行股份的方式支付,由中信泰富向中信盛荣有限公司和中信盛星有限公司(中信集团全资子公司)发行约173亿股,每股为港币13.48元,比当天收盘价12.66元溢价6.48%,总共折合人民币约1 847.33亿元,作为支付收购的另一部分转让对价,而中国中信股份有限公司向中信泰富置出原有业务及资产。由于定向增发会稀释原股东的每股收益,市盈率不变的情况下每股市价也会降低,因此溢价发行更易于被原股东和中小股东所接受。中信泰富反向收购中信集团,使中信泰富股本规模扩大了数倍,其经营业务也从原来的以特钢、钢铁和房地产为主变为了涵盖金融、资源能源、制造、工程承包、房地产以及其他领域等多种业务的大型综合性企业集团。这样的业务结构被认为"如镜像般与中国经济行业结构高度契合"。

此次整体上市,共有27位机构投资人参与认购配售股份;之后在上市5个月后,又引入泰国正大与日本伊藤忠两家战略投资者,形成全球合作的势头,而作为两家战略投资者各持股50%成立的合营企业正大光明,将持有中信股份20%的股份,使得中信股份股权更加多样化和国际化。正大为卜蜂集团的全资子公司,业务非常广泛,伊藤忠则是世界著名的综合贸易公司之一,中信股份未来将与其在多领域合作,增强公司资本基础,进一步获取亚太地区及全球的业务机会。

通过资本市场这种外部机制的作用,有力地推动国有控股公司层面的整体上市,并且积极引入战略投资者,能促进公司治理结构的演进,较好地解决民营资本普遍存在的"被控制"和"没有话语权"的担忧。相比于传统的财务投资者,战略投资者具有资金、技术、管理、市场、研发、人才等优势,能够帮助企业更快地升级产业结构,增强企业的核心竞争力和创新能力。战略投资者多着眼未来,致力于长期投资合作,希望获得长期回报。国企引入战略投资者除了能够获得资金支持,更重要的是从正面积极促进企业业务能力和创新能力的提高,使国有企业的发展更加长期可持续。

[案例 14.3] 四维图新引进战略投资者

2014 年 3 月 21 日四维图新发布了《关于国有控股股东拟协议转让公司部分股份引进战略投资者的提示性公告》。一个多月后的 2014 年 5 月 6 日,四维图新发布公告称中国四维已于 2014 年 4 月 29 日与深圳市腾讯产业投资基金有限公司签署了《股份转让协议》,协议转让中国四维持有的公司 7 800 万股无限售条件流通股股份。单价为 15.04 元/股,股份转让总价为人民币 1 173 120 000 元。协议双方还作出了以下承诺:腾讯公司承诺自本次股份转让交割完成之日起 18 个月内不转让其在本次股份转让中取得的四维图新股份;同时中国四维承诺自本次股份转让交割完成之日起 18 个月内不转让现持有四维图新的股份。2014 年 5 月 21 日四维图新接到了中国四维的通知,国务院国有资产监督管理委员会批准同意了本次的股权转让协议,这标志着中国四维通过协议转让股份为其所属的工作基本完成。四维图新管理层认为引入战略投资者腾讯有以下三点好处。

一是符合四维图新发展战略的要求,有助于四维图新实现战略转型和战略升级,腾讯作为互联网服务商的领导者能够帮助四维图新开拓互联网市场。特别是在车联网业务上,四维图新与腾讯形成很强的互补关系,四维图新希望能够融合腾讯的互联网资源优势,继续提高车联网业务收入在总收入中的比例,优化产品经营结构,实现产品转型升级,提升市场竞争力,同时腾讯的大数据挖掘业务能够提炼出高质量的路况信息,帮助四维图新减少数据采集成本。

二是有利于优化公司治理状况。这一轮的国企混改不单纯是将股权私有化,更重要的是改革国企内部的治理结构,将战略投资者引入到治理层当中来,组成四维图新完全市场化的董事会,形成市场化的公司章程和治理制度,转变传统国企的管理模式,用先进的管理理念和机制来支撑四维图新面对激烈的市场竞争。

三是有助于四维图新向腾讯汲取先进的创新理念。腾讯是中国市场上最优秀的互联网服务商,能够给四维图新带来观念上的变化,引导四维图新从客户体验出发进行产品的创新设计,通过两个公司的结合产生创新的符合客户需求的产品来获得市场的欢迎。增强四维图新团队不断改革、自我创新的意识,增强产品设计的制造的能力和水平。

中国航天科技集团下属企业四维图新向腾讯正式转让部分股权,不仅标志着新一轮央企混改正式启动,而且其所转让的股权数量之多,也为下一步央企建立混合所有制提供了良好的示范导向。四维图新引入腾讯作为战略投资者,没有按照传统的必须国有绝对控股的思路操作,而是放弃实际控制人地位,与腾讯建立基本一致的股权结构比例。

二、在混合所有企业实施中股权或期权的激励有助于股权治理的均衡化

现代企业制度的问题归根结底就在于两权分离,以及由此带来的所有者很难判断管理者的贡献究竟为何的问题。因此,如何适当地确定管理者的贡献并给予适当的激励,无疑是有助于改善企业的治理结构的(当然,在现代这个经济条件下,所有者和管理者,两者已不可能完全合二为一了),这也就是现代企业制度中对管理层和职工进行期权激励的根本目的。近年来,在美国的一些公司特别是高科技公司中,广泛地运用了这样一种方式。它对完善企业的治理结构起到了较好的作用。

为什么要用期权激励方法?

(1) 通过期权激励而获得的股权,不可能像家族企业中的家族股东那样占到那么大的比例,而这些管理人员或职工本身也不可能在服务的企业之外还拥有大量的资产,这就在相当程度上可以避免家族制公司改制而来的现代企业制度中通常会发生的大股东借机侵占小股东利益的问题。

(2) 更重要的是,期权激励的着眼点在于股份公司的市场价值。也就是说,在期权制度激励下,管理层和职工通过拥有股权而获得财富价值的多少是由市场价格确定的,这就找到了一个迄今为止对公司管理层进行激励的最好办法,即运用市场机制(而非指标或指标体系)来判断公司管理层的贡献并给予相应的激励。

我们知道,如何按照"产权明晰"的原则使得公司的管理层获得应得的报酬,是公司治理中的一个关键,也是一个难点。难就难在如何评估公司管理层的绩效,并随后给予相应的奖励。事实上,以任何指标或指标体系的设计试图评估管理层的做法,都是难以成功的。举例来说,当一个公司发现重大的战略性商机后,如果融资又便利的话,那么恰当的方式应该是通过融资作大举投入。但这样一来,由于一般而言从投资到产出效益往往会有一个时滞(有时甚至是很长的时滞),因此企业很可能会在一段时间内只有投入而无产出,并发生亏损(甚至是重大亏损)。显然,只要企业不断亏损,其他财务指标也都不可能理想,比如资产负债率会上升,在财务杠杆比大的情况下,资产负债率迅速上升到100%以上都是完全可能的。在这种情况下,我们很难想象用什么财务指标或指标体系来考核企业管理者才不会得出负面的结论。所以,总的来看,用指标和指标体系的方法来评估企业管理者的绩效并不是一个好办法。那么,还有什么方法呢?这个方法就是利用市场来考量的方法——期权激励法。

举例来说,假设某公司股票现行的市场价格为3元/股,而公司管理层在三年内行使期权的价格为5元/股。那么,只有当三年内公司的股份超过5元时,公司管理层才能够真正地得到好处——超过越多,好处越多。通过这种反映市场要求的期权安排,就能够更全面地衡量管理者的业绩,尽管市场的定价也不一定就是完全正确的,有时可能还有很大的谬误,但归结到一点上来,正如我们经常所讲的那样,在一般的资源配置问题上,当然也包括在人力资源配置的问题上,集众多智慧的市场一般来说比某个个人或某个机构的判断失误的可

能性要小得多。

在上市公司中实行期权激励,它比之于未上市公司中的单纯股权激励的优点在于:首先,管理层或职工得益的多少取决于根据对他们自身努力作出评判的市场价格,因而是公正的,当市场价格不认同他们的努力时,根据期权安排计划,他们完全可能分文不得。

与未上市公司的股权激励相比,期权激励制度由于是着眼于市场价值,因此即使管理层或职工持有公司的股权的比例不高,但在大型的现代企业中,按市场价值计算却可能是非常可观的,比如,当公司的每股利润提高1元时,如果市场的平均市盈率水平是15倍,那么也就意味着每股股票的市场价格会提高15元,这样一来,通过良好的经营管理,使得公司市场价值提高,从而给自身带来利益的好处就可能远远超过通过在经营中采取各种方法挤占股东利益所获得的好处。比如,在公司增加的1元利润中,即使想尽方法通过管理费用等形式,挤占20%,也就是0.2元的利润,但与每股增加15元的股票价格相比,那又能多得到多少好处呢?更何况这种挤占的本身或多或少会使管理者面临着被股东"下课"的风险。因此,如果把风险因素考虑进去,答案更是不言自明。

所以,如果期权制度能够设计良好的话,也就是能够使得企业管理者通过期权计划和自身的努力所能实现的市场价值超过因挤占股东利益而获得的便宜时,管理层将更好地为公司市场价值的提高而努力,在这一过程中,管理者的利益就与其他股东的利益相一致了,因为股权是无法区别对待的。

目前进行混合所有制改革的国有企业很多都是大型国有控股的母公司,体量大,层级高,仅仅引入民营资本的力量很难撼动国有资本一股独大的地位。因此,引入管理层和职工持股既能一定程度上缓解委托-代理的难题,也能平衡大股东和其他各方股东的利益。仅仅只有国有股东和民营资本出资方的股权结构是有缺陷的,而引入其他小股东后,如管理层和员工信托持股、PE、VC等机构投资者,以及类似养老金等长期战略投资者后,会形成治理结构中的稳定三角,对规范大股东行为提供了良好的治理框架。

[案例14.4] 以投资基金方式实现与社会资本的融合发展

2016年,诚通发起设立我国首个国企结构调整基金——中国国有企业结构调整基金(国调基金),致力于服务中央企业、地方重点国有企业的结构调整、转型升级、创新发展和国际化经营。这是目前国内规模最大的私募股权投资基金之一,组建总规模达3 500亿元,首期募集资金1 310亿元。

借助国调基金的引导、带动作用,诚通集团投资了一批标志性的混改项目:投资129.75亿元参与中国联通混改项目;投资6.73亿元参与京东金融投资项目;投资28.26亿元参与洛阳钼业非公开发行项目,支持该公司在海外并购并一跃成为全球第二大金属钴生产商;参与中粮资本混改,与温氏投资、弘毅弘量等民营农业集团和知名金融机构共同助力中粮集团全球化、全产业链布局。此外,国调基金还与金融机构、北京地方民营资本共同搭建了北京国调混改投资基金,作为市场化专向国企混改子基金,首期规模50亿元,重点围绕央企及北京地方国企的混改、并购重组等进行投资。

第三节　PPP模式的借鉴与改进

一、国外PPP模式的经验借鉴

英国是PPP(public-private partnership)模式的发源地,也是PPP模式发展最好最前端的国家,因此我国最应借鉴英国PPP模式的发展经验,来逐步完善我国的PPP模式。

英国PPP模式发展大致分为两个阶段:PFI(private finance initiative)阶段和PF2(private finance 2)阶段。英国最早的PPP模式运用于保障性住房领域。1992年,英国首创PPP的典型模式私人部门融资计划,即PFI模式,具体运作全部由私人部门完成。2013年3月末至2014年3月末,累计完成PFI项目728个,671个处于运行阶段,项目资本支出合计566亿英镑。项目主要涉及学校、医院、公路、监狱、住房、废物废水处理设施等领域。项目运营期限整体较长,截至2014年3月末,英国运营期限在20—30年的项目合计占比为74.45%[1]。英国政府还采用了PF2新模式,即政府参股投入资本金,该模式的优势主要有以下三点。

1. 改进融资方式

英国政府在PF2模式中,要求提高资本金比例,政府资金在股本金中以小股东的方式进入,缓解私人投资者的融资压力,发挥私人资本的专业能动性,并使政府的风险降到最低。

2. 改进招标流程

英国PF2模式中对项目采购流程进行改良,主要通过三方面措施提高项目招标效率:一是推行集中招标,即主要依托中央部门的专业力量进行采购;二是推行采购流程化、简单化和标准化,推广使用PF2标准合同和规范文本;三是启动政府能力建设培训计划,在未来只有通过该学院的强化培训计划的人士,才有资格领导大型政府项目。

3. 提高信息透明度

政府要求私营部门提供实际的和预测的净资产收益率,用于信息发布;及时披露未来PF2项目产生的负债情况,为项目发包方提供必要信息,使纳税人相信项目的VFM(物有所值)能达成。对项目资金的使用情况适当公开、在项目公司董事会中引入政府和相关代表的观察员制度,满足公众对私人承包商信息需求[2]。

除了英国PPP项目经验值得借鉴外,美国政府将PPP项目通过合同承包给民间资本进行运营管理,合同贯穿于项目运行的整个过程中,通过合同来确定政府和民间资本的权责划分及利润分配情况,以清晰的合同条款来明确这些具体事宜,减少双方的纷争,同时又具有法律效力,这对于我国PPP项目合同的完善有很大的借鉴意义。日本在实施PPP项目时,着力引入第三方部门,即中介组织介入PPP项目的运营中,引入了市场竞争机制,对提高项目实施的效率,及发展中介组织都有很好的借鉴意义。

---

[1] 孙欣华:《英国PPP模式发展特点、主要监管措施及对我国的启示》,《经济研究导刊》2015年第20期第244—245页。
[2] 孙欣华:《英国PPP模式发展特点、主要监管措施及对我国的启示》,《经济研究导刊》2015年第20期244—245页。

二、完善我国 PPP 融资模式的政策建议

1. 完善法律法规的制定

PPP 模式是一种新的模式,应单独成法,之前的法律即使再做修改也无法很好地适应这个模式。目前诸多 PPP 项目发展较好的国家都对 PPP 项目进行了单独的立法。2015 年初,我国修订了《中华人民共和国立法法》,明确了立法的规范。PPP 模式的立法要在此规范的法律条文下才能较好的运行。正是在这种完善的法律之下,PPP 项目的各参与方才能明确各自的权责分配及利益分配,可以有效避免纠纷的发生。

在具体操作上,应该在法律层面上对政府部门和企业和其他参与方的法人进行规范。对私人部门在项目中所承担的责任和风险进行明确的界定,以保护所有参与方的自身利益不受损失。并且在发生风险的时候更好地明确责任,为善后处理事宜提供依据。基于 PPP 模式下,项目的建立、融资渠道、经营方式、管理方式和后期的维护模式等各个阶段都应该根据规定的流程进行政府招标、民间参与的方式进行。并且通过法律法规对所有的参与方进行约束,保护各个参与方的利益。

2. 加强项目的激励和监管,克服制度缺位障碍

政府在 PPP 项目中扮演着监督者的角色,因此政府部门应履行好自己的职责,加强对项目的监管。民间部门在追求自身利益的驱使下,可能会导致项目运营的偏差,政府更应发挥好其监管的职责,保证项目顺利的实施。

同时,政府还应采取一些激励措施调动民间资本参与 PPP 项目的积极性。首先,政府可以采取阶段性补贴的方式。在项目初期,应设定若未来出现风险,政府可提供补偿,同时明确政府补偿的条件。其次,要确立合理的定价机制。目前许多 PPP 项目运营中都存在定价和收益如何分配问题,政府出于吸引投资的目的承诺的定价和回报率最终可能无法达到,从而损害了民间投资者的利益。因此,科学的定价机制也是保证 PPP 项目顺利实施的一个关键因素。

3. 建立风险和问责机制,降低政府信用风险

PPP 项目的风险管理主要有三个方面:首先,在项目开始前要进行风险防范预案,即在项目开始前,根据以往的经验,对可能出现的风险设计防范预案,这样一旦风险发生,政府和私人部门能有效应对;其次,在项目进行中要对项目进行监督,争取在风险刚出现还没有产生恶劣后果时,就能及时解决风险;最后,在风险发生后要妥善处理,采取正确、快速的处理方法,以减少风险带来的损失。当风险已经发生时,要严格执行问责制度,找出风险出现的原因,是流程出现问题,还是权利义务的不明确,或是偶然突发情况,要逐步建立起风险和问责机制,这样能有效地规避风险,保证 PPP 项目平稳顺利地运行。

政府处于信息优势地位,但更应遵守承诺,规范其自身的行为,严格执行合同规定,给予私人投资者约定的回报率,从而降低政府的信用风险。

4. 拓宽融资渠道,减轻主体缺位障碍

我国政府应建立 PPP 产业基金,同时由财政部设立 PPP 融资支持基金,对所有的民间资本开放。设立 PPP 项目担保基金,当地方政府发生失信行为,给保险公司造成了损失或是给银行造成了不良贷款,都可由项目基金进行相应的赔偿,从而很好地调动了银行发放贷

款的积极性,更有利于民间资本加入 PPP 项目的建设中来,逐步克服主体缺位的障碍。开拓多元化的融资渠道也是一大考量。为此,需要引入信托资金,产业投资基金等民间资本参与到 PPP 项目中,也可采用资产证券化等方式盘活存量,减轻政府的债务负担。同时,对于社会效益大却存在短期资金缺口的 PPP 融资项目,可尝试采用适应性缺口补偿基金。

5. 完善项目回报机制,适当提高项目回报率

目前由于存在环境缺位障碍,民间资本参与 PPP 项目的风险大,回报率低,因此其参与 PPP 项目的积极性较差。要充分调动民间资本的积极性,首先要完善项目回报机制,将其与政府预算衔接,在预算中明确列出有关 PPP 项目的回报金额,使投资者合理合法的回报在机制上得到保障。

同时,对于一些周期长,风险大,建设运营复杂的 PPP 项目,在引入民间资本参与到项目建设中时,可以在合理范围内适当提高项目的回报率,从而更好地调动民间资本的积极性,鼓励更多的民间资本参与到 PPP 项目的建设中来。

习　题

【名词解释】

1. 国有资本配置和运营平台
2. 国有企业结构调整基金
3. PPP 项目问责机制
4. 战略投资者
5. PFI(private finance initiative)模式
6. PF2(private finance 2)模式

【思考题】

1. 为什么说在垄断领域制定反垄断立法,对推进混合所有制改革十分重要?
2. 为什么国有经济深入调整需要一个国有资本的流动平台和运营机制?
3. 淡马锡在资本运营和投资方面的成功为我们提供了哪些可资借鉴的经验?
4. 国有资本运营公司如何融入全球化的先进生产力中去?
5. 今后政府国有资产管理部门管理重心将转向哪些方面?
6. 多元产权主体的构成为什么可以促使企业董事会结构和决策流程的改进和公司治理完善?
7. 为什么在集团公司的层面推进整体上市,是国有企业混合所有制改革的一个发展方向?请举例说明。
8. 在持续改善治理结构方面,国有企业改革需要做哪些方面的努力?
9. 试述完善我国 PPP 融资模式的政策建议。
10. 为什么对于转投非所有制经营性领域的国有资本监管将是今后国资管理部门监管的一大重要内容?

第十五章

国有非营利性企业的管理与改革

　　国有非营利性企业是指那些不以盈利最大化为目标的国有企业,它们是国民经济的一个重要组成部分。国有非营利企业的存在范围在理论上是有规律性可循的,因此只有首先使现存的国有非营利性企业的现实存在调整至符合规范标准的范围上,才有可能对国有非营利性企业的绩效作出进一步的评价。如果已经明确了哪些企业应该是属于国有非营利性企业,那么在其管理上就面临着与一般营利性企业管理上的重大差异:那就是如果不能以长远的市场竞争所得的利润来考核企业的绩效的话,那么,又应该采取怎样的方法对这些企业进行考核呢?最后,根据有关国有非营利性企业的理论规范,针对我国现状,我们又应该怎样来改进我们的有关工作呢?所有这些,正是本章中所要讨论的内容。

第一节　国有非营利性企业存在的必要性

　　从本书前面的有关论述中可以得知,从理论上看,市场生产的盲目性和信息不对称等因素尽管会使得市场的效率偏离最优效率的标准,但并不足以使政府直接介入到社会生产中来成为必要;因为由于政府失灵的存在,从长期来看,政府介入一般生产领域中所引起的效率损失往往比市场来得更大。对于一般的垄断和外部效应等问题,尽管需要政府以政府管制的方式加以一定程度的干预,但政府以直接生产者的角色介入其中,同样是不必要的;因为这样做的效率低于由市场生产加政府管制的方式来解决问题的效率。这样,传统上认为只有自然垄断行业,才成为政府最有理由直接介入到直接生产中来的领域(但即使在这一领域,最近的经济理论和实践的发展,也对这一看法提出了挑战)。另外,某些特殊的行业基于国家安全的需要也要由国家来组织生产。以上两个方面,即自然垄断领域和基于国家安全考虑的某些特殊领域就成为国有非营利性企业所涉入的范围。以下我们将对这两方面的一些具体问题作一详细的探讨。

一、自然垄断行业

(一) 自然垄断问题

在一般的行业中,生产企业往往面临着成本递增的问题,如图15.1(a)所示,但是在某些特殊的行业中,由于产品的边际成本很小,因此,在现有的需求水平上,就会出现边际成本仍未上升的情形,这样,平均成本就会随着产出量的增加而不断下降,这就出现了成本递减状况,如图15.1(b)所示。

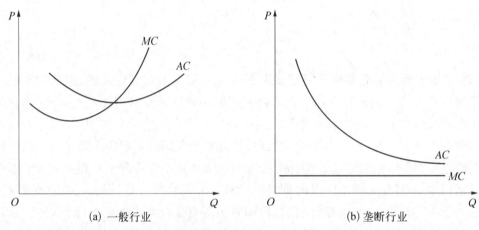

图15.1 一般行业与垄断行业的平均成本与边际成本曲线

之所以会产生成本递减的情形,是因为这样的行业一般具有在生产成本的构成中固定成本所占的比重很大,而变动成本所占的比重很小的特点。由于具有这种特点,因此即使在一开始的时候在这样的行业中存在着一定的竞争,那么在经过一段时期以后,最终将会形成垄断的局面。因为持续下降的平均成本曲线和始终不变的边际成本曲线表明,某一优势的企业可以通过产销规模的不断扩大最终占领整个市场,当然,与此同时,其他的企业将被完全逐出这个市场,这就形成了一家垄断的局面。

在图15.1(b)所示的成本曲线情形下,最终形成一家垄断的局面在技术上是有其合理性的。从图15.2中我们可以看到,如果市场对于产品的全部需求为 Q,那么,如果产品由一家企业来生产的话,全部的成本为 $C_1 \times Q$;如果由两家企业平均来生产,那么全部的社会成本为 $Q/2 \times C_2 \times 2 = C_2 Q$;如果由四家企业平均来生产,那么全部社会成本为 $Q/4 \times C_3 \times 4 = C_3 Q$。也就是说,从整个社会资源配置的状况来看,采用一家企业生产的方式是最理想的,因此这种垄断的状况就被称为自然垄断。

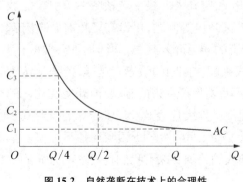

图15.2 自然垄断在技术上的合理性

由于自然垄断的特殊性,因此传统经济学一般认为,采用反垄断①的方法对付自然垄断行业不是一种很好的选择;因为,在反垄断的方式之下,就会使得原本只需由一个企业来完成的生产现在需要由拆散后的相同规模的多个企业来完成,这显然会造成重复的建设和资源的浪费(见图 15.2)。

(二)自然垄断造成效率损失

但是,问题在于,如果由一家私人企业来组织生产的话,那么根据微观经济学的一般理论,垄断企业将按照其自身边际收益等于边际成本的均衡条件来决定生产的数量和生产的价格,这样,如图 15.3 所示,这将大大低于根据社会效率最优化所要求的生产数量 Q_2,这就会造成消费者剩余的大幅度减少,从而对社会效率造成极大损害,图中阴影部分为垄断造成的效率损失。那么,对于自然垄断行业,应采取何种方法来改进其所存在的缺陷呢?

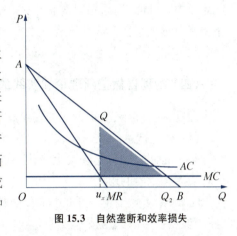

图 15.3　自然垄断和效率损失

(三)传统的治理自然垄断方案

传统经济学认为,对自然垄断行业,有两种方案可供选择。

1. 采用价格管制的方法

这种方法的好处是政府无须介入具体的经营管理中,因此政府干预所花费的成本较小。缺点是由于政府和企业之间对价格的信息是不对称的,因此政府要确定一个合理的价格水平面临着很大的困难——而合理的价格水平又正是政府管制的关键所在。另外,单一的垄断企业在与政府就定价进行的博弈中,也占据着优势。企业可以人为地限制产量,造成供不应求甚至以停止生产来胁迫政府,而如我们所知道的那样,自然垄断行业所提供的产品如水、电、燃气等,往往是关系到人民的基本生活水平的,即便是短暂地停止供应,对社会经济造成的损害也将是极大的。因此,自然垄断行业中的垄断企业,往往能够利用这样的特点,迫使政府作出有利于自己的让步。所以,对付自然垄断另一个值得被考虑的办法就是由国家代表全民的利益来掌管自然垄断企业,以便确保这些企业的运行不是指向企业内部人员利益的最大化,而是为全民利益最大化服务的。

2. 国有企业

但是,这种方法的缺陷同样也是显而易见的。在实践中我们不难观察到,实际运行中的国有自然垄断企业由于存在着从全体人民出发到企业内部各级人员的委托——代理环节上信息失灵和激励失灵的问题,使得这些企业的运作方向在一定程度上反映的实质是企业内部人员的利益,而这种利益又是与全民利益最大化相违背的。比如,电信行业在当代经济中往往是在一国经济发展中起到枢纽作用的部门,但很多国家在将电信部门国有化后,国有电信企业往往借口弥补成本的需要而向其他利用电信服务的个人或部门收取各种高昂的费

---

① 反垄断:通过反垄断立法,并由政府按照这些法律,对垄断企业进行强制拆散,使之恢复到相对竞争的状态。

用;又由于有关政府主管部门与电信企业内部在有关电信成本的计量上存在着严重的信息不对称问题,这就使得电信企业可以通过大幅度地增加管理费用等方式,将大量实际收益转入内部人员的囊中。与此同时,社会却由于高昂的电信费用,使得对电信资源的利用严重不足,并因此而严重滞后了其他部门应有的发展,以及居民个人生活水平的提高。在现今的信息社会中,这样的后果足以对整个经济的增长起到生死攸关的影响作用。为此,一般来说,即便将自然垄断行业收归国有,政府仍需对这些国有的自然垄断企业实施价格管制,但这又会产生与非国有企业垄断下同样的问题。

(四)治理自然垄断理论和实践的新发展

最近,关于自然垄断行业的理论和实践的发展又对上述的传统看法提出了挑战。

(1)通过技术的改进和制度的重新安排,可以使得原来认为是属于自然垄断行业的某些行业所面临的成本曲线发生变化,从而改变这些行业的自然垄断属性,成为一般性的竞争市场或寡头竞争的市场。

比如,由于输变电技术的提高,原来因为输送成本很高而不能与本地电厂相竞争的异地电厂,现在就可以因为技术改进而导致的成本降低加入竞争,这就改变了原来自然垄断的局面。又如,通过将电信服务划分为基础网络服务和电信内容服务,就可以使得不同电信运营商因为在内容提供上的差异而产生竞争。

其实,借助技术的进步,通过对市场的细分,在很多场合都对自然垄断的传统概念提出了挑战。比如,在一条传统的铁路线附近,再修筑一条与其平行的高速铁路,就很难被认为是重复建设的行为,因为高速铁路所提供的服务与传统铁路所提供的服务有着不同的特点,能够满足不同的消费者偏好;但是,它们之间同时又存在着较强的替代性,即某些顾客的选择未必完全是非此即彼的,而是可以根据两者之间相对的服务质量和服务价格予以取舍的。所以,传统理论所认定的作为最终结果,竞争企业将因为成本曲线的特点而被某个企业一统天下的结论就未必恰当。类似的情况在许许多多的场合也同样都在发生着。比如,固定电话通信和移动通信之间就同样存在着这种既具有自身的特质又因为具有一定的相互替代性而存在着竞争的局面。再如,有线电视、无线电视和卫星电视之间也存在着同样的关系。广受关注的"三网合一"问题同样是如此,原来的电信网通过技术改进可以提供一部分原来有线电视网才能提供的服务,同样有线电视网经过技术改造也可以承担原有一部分由电信承担的工作,但由于各自历史和现实的特点,使得这两个网在提供服务上存在着异己性,所以仅从它们具有很强的替代性出发,就指责这是重复建设,理由是不充分的。

所有以上的例子都表明,只要被提供的商品或服务不完全是相同的,那么传统的自然垄断理论就多少会受到挑战。在某些领域中,原先被认为是同质的服务,如果现在从消费者的效用出发,被认为已经可以分为许多具有不同特色的竞争性的服务的话,那么对于这一领域的自然垄断性质的判断就会受到改变。

(2)随着经济发展,消费者需求函数的改变同样会导致市场细分,从而是改变传统自然垄断格局的一个重大因素。

比如,在经济不发达时期,人们对衣服的要求是把绝大部分的注意力放在遮风蔽寒的最基本属性上;但随着经济的发展,人们生活水平的提高,对衣服个性化的要求就越来越强,也就是说,在对衣服的消费中,绝大部分的效用实现来自衣服的个性化设计,而衣服的最基本属性只占到消费效用实现的极小部分。这样的变化在一般竞争性市场中是这样,在许多传统上认为属于自然垄断的市场中也同样如此。比如,在经济不发达时期,人们在乘坐飞机时候,往往只关心最基本的输送效能本身;因此,在这种情况下,民航业就有着很强的自然垄断行业的色彩。但当人们更多地关注有关航空公司的服务特色时,这个市场就被细分了。某些顾客可能更愿意选择价格低廉而服务一般的航空公司,而有的顾客则愿意选择价格高昂而服务优良的公司,这样,不同的航空公司就都有了一定的生存空间,而不致最后形成大一统的局面。甚至我们可以设想,如果在将来,水的输送技术能有一个飞跃性的发展的话,那么在一户家庭中出现来自不同自来水厂的几根水管的情形是完全可能的。比如,从水质优良地区的自来水厂引入的水用于饮用目的——当然可能需要付出较高的价格;从水质较差地区的自来水厂引入的水可能只需付出较低的价格,因而用于洗涤等用途;另外可能还有从供热厂引入的热水等。这样的市场细分也是建立在消费者需求多样化的基础上的。

总而言之,随着消费的变化,市场被细分,也会导致许多传统的自然垄断行业不再自然垄断。

(3) 从动态来看,对某些自然垄断企业运用反垄断法进行拆散后,并不会像图 15.2 所描绘的那样,消费数量是一个定量,是一成不变的。比如以移动通信行业为例,当对移动通信行业中原有的自然垄断企业进行拆散后,往往会引起价格的竞争并引发降价;在降价的作用下,消费数量就会增加——在移动通信这个行业中,实际上是几百倍、几千倍的增加,这就使得平均成本曲线(见图 15.1(b)或图 15.3 中的 AC 线)得以向极右方移动,并最终会形成边际成本线(MC 线)上穿平均成本线(AC 线),这样一来,自然垄断也就不复存在了。在这里我们可以清楚地看到,如果不是由于反垄断所引发的竞争和降价,原有的消费量就不可能增加,因此自然垄断的局面就会得以维持;也正是引入竞争,使得消费量迅速向右方扩展,从而最终改变了自然垄断的性状。传统观念(见图 15.2)的缺陷在于,没有充分估计拆散原有自然垄断企业会引起竞争和降价,并导致消费量大幅增长的动态效应。当然,对于自来水供应一类行业,很可能因为受地域限制,即使引入竞争机制,消费量和供应量也难以有大幅的增长;那就不能一概运用反垄断方法引入竞争机制——对于这些行业而言,传统的结论,即反垄断不是治理自然垄断的最好方法,可能仍然是适用的。

总之,随着技术的改进、制度安排的改变、消费者需求的多样化以及采用反垄断治理手段后,由于消费数量大量增加所引致的自然垄断性质的自然消失,绝对自然垄断的企业将仅在很少的领域中存在。大部分的情况将改变为既因为各自的特色而据有一定的垄断局面,又因为一定的相互替代性而存在着竞争格局。因此,通过市场细分并引入竞争,越来越成为世界各国解决自然垄断问题的主流性方法。美国在 20 世纪 80 年代中,将美国电话电报公司(AT&T)拆分,和英国等国家将国有电信、铁路等企业重新进行私有化改造,都深刻地反映了这样的一种认识。最近,我国在有关的实践中也采取了类似的做法,比如,将中国电信分解为中国移动通信等几家公司,同时,又引入联通、吉通、网通、中国卫星通信等公司与之竞争,这一不同于传统处理自然垄断行业问题的思路同样反映了理论上的最新进步。又比如,在民航业、电力行业,也在发生着相似的一些变化,同样都反映了这一客观的趋势。

所以,从今后的发展看,尽管仍需要国家直接经营一些具有自然垄断性质的企业,但这样的范围将有逐步缩减的趋势。

二、关系到国家安全的一些特殊行业

比如，像核材料的开采和提炼、核武器的制造等行业，事关国家的生死存亡，因此是不能采用市场生产的方法来解决的，而必须由国家直接来生产。类似的行业还有很多。当然，有的国防行业可能也未必需要全部采用国有制的形式，如在军用飞机的制造上，也可采用非国有企业来生产，而政府对有关的技术信息和销售进行管制的办法。总之，在关系到一些国家安全的行业中，我们相信是有必要采用国有制的方法来组织企业生产的。

第二节 国有非营利性企业的绩效考核

在第一节中，我们已经明确了国有非营利性企业存在的两个规范性方向。那么，如何对这两类非营利性国有企业的绩效作出评价呢？这就是在本节中所要讨论的问题。以下就分两个方面进行分析。

一、国有自然垄断企业

如何评价一个国有自然垄断企业经营的好坏呢？首先，我们必须明确对于这一类企业的评价，不能像对一般的营利性企业那样，以其利润的高低来作为评价企业经营好坏的依据。从图15.4中我们可以看到，要使得企业的生产符合社会利益最大化的标准，那么，自然垄断企业的生产必须达到由 $MC=MU$ 所决定的 Q_2 点上。在这一点上，由于 MC 曲线（边际成本曲线）低于 AC 曲线（平均成本曲线），而市场价格就等于 MC，因此企业将发生亏损。也就是说，要使企业的经营符合社会利益最大化的标准，那么企业将是亏损的。

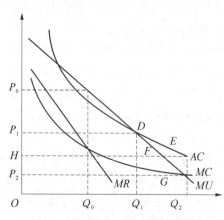

图15.4 边际成本定价和平均成本定价

因此，事实上如果像自来水、供电、燃气等这样的自然垄断企业如果拥有巨大的会计账面利润的话，毫无疑问这些企业的经营肯定是远远地偏离了社会利益最大化的要求，其巨大利润是建立在资源未被充分利用、消费者应得的消费者剩余远远没有得到的基础上的。对整个社会而言，总的效应必然是企业多得了一小块，而社会损失了一大块。如果这些自然垄断企业是国有的话，那么乍看起来似乎通过这些自然垄断企业营利的增加而使得国有资产保值增值，但从社会整体来看，则肯定是得不偿失的。即便就国有资产的整体而言，这样的情形也是不利于国有资产整体的保值增值的。因为一个社会中如果广泛存在着自然垄断企业依靠其垄断地位而获得超额利润的现象的话，那么整个社会的经济效率必将因此而严重受损,从而导致侵蚀税基的严重后果。这样,就势必使得许多执行国家职能极为需要的国有资产因财政收入的不足而不能形成,或者已经形成的国有资产因为缺乏后续财政资金继续投入的支持,使得其所能发挥的效能大打折扣。更何况自然垄断企业中同样存在着因信息失灵和激励失灵问题而导致的内部人控制现象,又因为市场的价格不是竞争的而是垄断的,这就使得国家股东更难判断国有自然垄断企业的成本结构和利润结构,从而进一步强化内部人的控制,并导致因垄断而形成的利益在相当程度上最终落入内部人的手中而不是国家的手中。因此,实际的情况往往会演变为垄断的利益在相当程度上为垄断企业内部人所得,并因此对社会的公平和效率产生极大的负面影响。在此过程中,由于缺乏竞争的压力,对国有自然垄断企业中的国有资产的利用和维护也必定是低效率的,并造成国有资产流失的结果。所以,结论是国有自然垄断企业是不应该有超额利润的。如果简单地以一般竞争性企业的标准来评价自然垄断的国有企业,那么就必然要犯错误。也可以说,要使我们能够对国有自然垄断性质的企业作出正面的评价,首先一条就是它不能有超额的利润。

在企业不追求盈利最大化的情况下,又应该如何来考察企业内部人员工作的效率呢?从大的方面来看,就是要把握收益和成本两大要素。

首先,如果政府能够确切地掌握自然垄断企业的平均成本和边际成本的变化状况的话,那么按照一般的理论,以边际成本来定价就是满足社会整体效率的最优选择。但是,如前面所述,在自然垄断状况下,按照边际成本来定价,就必然使企业面临亏损的境地,如果企业长期亏损而得不到补偿的话,那么显而易见生产将无法再继续进行下去,社会利益将受到更大的损失。因此,当采用边际成本定价时,政府按照其所掌握的平均成本和边际成本的差价,来给予企业相应的补贴,就是一种必然的安排。但是,由于需要政府的补贴,又引申出了两个问题。一是政府的补贴归根结底来源于税收,如果税收不是采用总额税的方式的话,那么在征税中就会导致效率的损失;另外,在现实中,还会发生征收成本、缴纳成本等税收过程中的成本和费用。二是税收是向社会中所有的公众征纳的,而自然垄断企业却往往只服务于特定的人群,这就使得出钱者和实际消费者之间存在着不对称的关系,并因此而导致社会效率的损失和收入分配的不公。

正是由于这两个问题的存在,使得另外一种针对自然垄断企业的定价方法被提了出来,这就是平均成本定价法,也就是根据 $MU=AC$ 来确定自然垄断企业提供商品或服务的数量或价格。如图15.4所示,按平均成本来定价的话,那么自然垄断企业的产量将为 Q_1,价格为 P_1,在这样的一个产量和价格水平上,自然垄断企业将可以维持保本的水平,这就使得不用再通过政府征税的办法来弥补企业的亏损,因而也就避免了税收对社会效率和公平带来的一系列负面影响。平均成本定价法的缺陷也是显而易见的,如图15.4所示,与边际成本定价法相比,平均成本定价法使得消费者的效用需求不能得以充分地实现,并因而导致效率的损失,图中由 D、F、G 三点所围成的多边形面积就表示了这部分的损失。因此,由于边际成本定价法和平均成本定价法各有利弊,在讨论到底应该采取哪一种方法时,就必须很好地估计到底是税收带来的效率损失为大,还是在平均成本定价法下消费者的效率损失为大,并以此来决定两者的取舍。

由于边际成本定价法和平均成本定价法都存在着一定的缺陷,因此人们又设想了另一

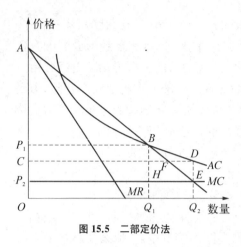

图 15.5 二部定价法

种定价的方法,即二部定价法。二部定价法就是将价格分为两个部分。第一个部分是与使用量无关的,按月或按年一次支付的"基本费",不论消费者实际消费多少数量,都必须先缴纳这样一个固定费用。第二个部分是按实际使用量的多少支付的"从量费"。比如,在日常生活中,电话收费就往往采取这样的办法。从图 15.5 中我们可以看到,四边形 P_1BHP_2 的面积就表示征收的固定费用,它是用于补偿自然垄断企业所发生的固定费用的,四边形 P_2EQ_2O 的面积则表示所收取的从量费用。通过这样的安排,我们可以看到,将能够既使得消费者的消费达到 $MC=MU$ 的水平上,又能够保证自然垄断企业能够用收取的费用抵补全部成本而不致引起亏损,这样就既避免了单纯边际成本定价法可能导致的税收对效率的扭曲性影响,又能够避免平均成本法下企业生产不足消费者效用不能得以充分实现的缺陷。因此,在现代自然垄断企业的管理中,公共定价体系往往更多地倾向于采用二部定价的方法。但是,二部定价法也不是没有缺陷的。当某些消费者实际使用服务的数量很少时,就会因为收取的固定费用超出了按实际数量所应支付的费用而放弃消费,这样,同样会导致某些消费者本应实现的消费愿望不能实现,从而使效率受到损失。

综上所述,无论是采取边际成本定价法、平均成本定价法还是二部定价法,其要点都在于通过价格的控制,将企业的经营控制在保本的水平上,不使其获得超额的垄断利润,从而危害社会的整体效益。

当然,在这里,我们假设政府是能够很好地掌握有关自然垄断企业的成本的信息的,但在实际中,由于存在着信息不对称问题,政府却往往缺乏对企业成本的充分信息。非国有的自然垄断企业出于其自身利益的目的,而不愿意全面披露有关的信息是必然的,即便在国有企业中,同样由于内部人控制问题的存在,政府所得到的信息也仍然不是完全的,因此在解决了如何按照成本来给垄断企业定价的问题以后,关键的问题就成为如何确定企业的真实成本。

企业真实成本的确定之所以困难,从静态来看,是因为企业可以利用信息的优势,将过多的费用支出列入成本中,并强调这些费用和支出都是达成生产任务所必不可少的。比如,通过将有关的薪资水平远远提高至为完成既定的任务所需的激励水平之上,并向政府强调这样的薪资水平就是该行业保证完成正常工作所需要的最低水平;由于在垄断的局面下,往往缺乏足够的横向比较,因此处于信息劣势的有关政府管制部门也往往难以有说服力地推翻企业的有关论据。从动态来看,人的劳动积极性是可以变化的,因此当政府对有关的成本列支项目特别是涉及人员薪资费用的有关项目严加控制时,企业内部的人员可能转而以另外的一种方法来与之相抗衡,即减少实际劳动的提供数量或降低服务的质量,同时仍然拿着与以前一样水平的工资;这样的一种做法在没有竞争压力的情况下,存在着现实的可能性。准确测知企业成本的困难性还在于,从政府的方面来看,要获得准确的有关企业的成本信息,也往往是需要付出很大的代价的,如建立机构、配置人员,防止从事该项工作的人员与企业徇私舞弊、捞取个人的好处等,这都需要花费大量的费用。另外,当垄断企业是属于国有时,还面临着一个我们在本书中多次提及的裁判员和运动员角色的错位问题。所有这些问题使得准确地掌握企业的成本信息面临着不少的困难,同时也就明确了我们在解决自然垄断企业管理上所应努力的方向。

对自然垄断企业管理的另一个问题是如何了解消费者的偏好,即把握好消费者的需求曲线。由于普遍存在的搭便车倾向,这同样是一个难题。通过价格听证会等制度安排,将有助于我们对此问题的解决。

二、有关国家安全的国有生产企业

对于武器装备等涉及国家安全的生产项目,首先要明确的是在资源有限的条件下,生产什么的问题。这其实在相当程度上是在企业外部决定的。当政府的采购方案已定时,企业所需要做的主要是成本控制方面的事情。在不存在竞争的情况下,由于在成本费用问题上政府主管部门和企业内部之间同样存在着信息不对称问题,这就使得如何让这些国有企业发挥最大的效能,以尽可能少的成本制造出高质量的产品面临一定的困难。因此,适当地引入竞争机制,是可以考虑的一个改进措施。比如,在军用飞机的生产上,采取让不同厂家参与投标,并择优选择其中一家或多家为承包商的做法,就有利于在一定程度上解决生产中的成本控制问题。另外,再辅之以政府有关部门对产品质量的检验制度,就又能比较好地控制产品的质量问题,从而使得这一类型的国有企业达到较高的生产效率。

第三节 我国国有非营利性企业的问题和改革

一、我国国有非营利性企业管理中的问题

由于历史的原因和认识的原因,我国的国有非营利性企业的管理中仍然存在着很多的问题,总体来看,主要有这样两个方面。

(一) 国有非营利性企业的划分还缺乏确定的标准

由于在改革开放中,各级政府的财政都面临着相对紧张的客观局面,以及从认识上我们一直没有能够对营利性企业和非营利性企业作出明确的区分,因此使得在实践中许多应该按照非营利性企业来管理的国有企业却采取了与营利性企业相同的管理方法。这样做的结果必然是使得那些已经占有垄断地位的国有自然垄断企业得到了一个获取超额利润的机会。这种情形发展下去的结果,如我们前面所述的那样,将是既不利于经济效率,也不利于经济公平的。像电信行业、各地的燃气、供水等企业,在服务的质量上往往满意度较差,而其员工却又能够得到远远高于社会平均水平的工资收入,就是一个证明。

(二) 对非营利性国有企业绩效考核的标准不清

由于没有能够营利性企业和非营利性企业作出明确的划分,所以在考核非营利性企业

的绩效上,往往在大的方向上就发生了错误,即用利润的多少来考核这些企业的经营状况。所以,对于在非营利的条件下,如何设计好非营利性国有企业绩效考核的指标体系,就缺乏足够的研究,这必然会大大降低国有非营利性企业管理的效率。

二、我国国有非营利性企业管理的改革

针对以上的问题,我们对非营利性国有企业的管理应从以下四个方面进行改革。

(一) 分清国有营利性企业和国有非营利性企业的界限

对于自然垄断行业中的国有企业和因为国家安全等特殊的原因,直接由国家管理的生产企业,应划入国有非营利性企业的范围中来,并对它们采取与国有营利性企业相区别的管理办法。值得指出的是,由于理论的深化和实践的进步,原来被普遍视为是自然垄断的一些企业,已经变得不再那么自然垄断了,因此可以采取引进竞争并辅以公共管制的办法来解决问题。这样的话,对于这一部分企业,就不应再以它们原来被认为的自然垄断属性而纳入国有非营利性企业的管理范围中来,而应该与其他一般性的营利性企业一样进行管理。比如,将中国电信分拆以后,对于有关的电信企业,我们就将以它们的利润多少来对它们进行考核,采取的是与一般的竞争性企业一样的办法。但是,对于那些在现今的技术和制度条件下,还很难依靠引入竞争来解决问题的自然垄断企业,如城市中的燃气公司、自来水公司等,我们应该研究到底是采用纯粹国家拥有并辅之以价格管制的方法好,还是以其他社会资本来经营这些企业并同样辅之以价格管制的方法为好。如果确定应以国有自然垄断企业的方法来解决问题的话,那么我们就必须对这些企业采取与一般营利性企业不同的管理方法。还要指出的是,国有自然垄断企业与从事公共品供给或混合品供给的政府部门或政府事业部门是有区别的。前者提供的产品和服务是私人品,或基本上是属于私人品,而后者提供的是公共品,或具有较强公共品色彩的混合品。

(二) 设计好国有非营利性企业的考核标准

由于对非营利性国有企业不能以营利指标的高低来考核它们的绩效,因此如何围绕着消费者的效用标准和企业的成本收益结构,来确定对这些企业考核的绩效标准就是非常重要的。尽管所有有关的数据不像在竞争市场环境中的企业那样清晰,但通过一些相关的方法,我们还是可以得到一些近似的答案。比如,通过价格听证会、市场问卷调查等方式,就有助于我们了解消费者的偏好,以及由此决定的边际效用曲线(也即需求曲线)的性状。又如,通过对自然垄断企业所需人力资源状况的调查,又能够帮助我们掌握这些自然垄断企业所必需的劳动力数量和质量;再通过与同一地区同等劳动力平均工资水平的比较,就能够使我们获得自然垄断企业中内部人员应得工资水平的大致标准。再如,通过用户对服务质量的信息反馈,并相应打分的方法,又能够对企业提供的服务质量加以一定程度的监督和控制。由于自然垄断企业在整个社会经济中所占的比重毕竟是较小的,因此当政府逐渐地从一般竞争性国有企业管理的烦琐事务中脱身出来以后,采用一系列科学的管理方法,较好地提高国有自然垄断企业的效率,就是有可能的。当然,在非市场条件下考核企业,要得到一个十

全十美的结果是不可能的,但仅凭这一点就认为我们应该对国有自然垄断企业也采取与一般营利性企业一样的考核办法是不正确的;因为对自然垄断的国有企业采取一般性营利要求的管理办法给社会经济效率和公平所造成的损害将远远超过因非市场化指标体系不够精确所带来的损害。

对因国家安全等特殊情况而需要国家直接管理的企业,自然也不能按照营利标准来考核其绩效。因为其利润越高,就意味着国家财政付出越多。因此,对这样的企业采取全面的计划指标管理体系是必要的。

总之,对于非营利性国有企业的考核是建立在全民利益最大化而非企业利益最大化的基础上的,这是我们在改革非营利性国有企业管理上的一个大方向。

(三) 调整好国有非营利性企业的管理体制

由于国有营利性企业和国有非营利性企业在管理的方法和考核的标准上都存在着很大的差异,因此对它们有必要设置不同的主管部门来管理。因为,在同一主管部门主管下,往往容易发生考核指标混用或误用的错误。当前,我国采取的是单一的国有资产主管部门的管理模式,考核的标准也一般停留在商业会计价值的保值增值上,这种情况无疑是亟待改变的。

另外,通过更多地发挥各级人民代表大会对国有非营利性企业的监督作用,使我们前面所述及的价格听证会,政府采购制度等制度安排能够切实地发挥作用,并将这些做法以法律的形式固定下来,都将有利于我们进一步提高国有非营利性企业的运行效率。

(四) 寻找适宜的改革途径,在阻力最小的情况下循序渐进地完成对国有非营利性企业的改革

毋庸讳言,在当前国有非营利性企业的架构中,存在着强大的既得利益集团,特别是那些具有强大垄断地位的国有自然垄断企业,往往因其垄断的地位而存在着较大的现实利益,要使它们按照自然垄断企业的规范标准来运作,显然就会使它们的这一部分现实利益受到损失。因此,如何在保证生产和社会发展继续高速、平稳地增长的前提下,改革这样一种现存的制度安排,就是必须考虑的。循序渐进而非一蹴而就的渐进式改革模式往往有助于我们以最低的成本来达到改革的最终目的。

习　题

【名词解释】

1. 非营利企业
2. 自然垄断
3. 边际成本定价法
4. 平均成本定价法
5. 二部定价法

【思考题】

1. 什么是自然垄断企业？为什么自然垄断企业需要政府干预？
2. 自然垄断企业是否都必须采取国有企业的组织形式？为什么？
3. 如果对自然垄断企业采取国有企业的形式来组织生产,对这样的国有企业其管理目标与一般营利性企业是否相同？
4. 国有非营利性企业应如何进行绩效考核？
5. 我国当前的国有非营利性企业管理在哪些方面还不符合公共财政的要求？应如何改进？
6. 为什么对电信行业等在传统上被认为是属于自然垄断的行业,最近二十多年来,各国政府普遍采用反垄断的方式进行治理？

第十六章

国有资产管理的战略性结构调整与防治国有资产流失

社会主义市场经济条件下,政府职能的转变和建立公共财政框架是一个客观的要求。与此相联系的是,国有资产管理必须适应这样的一个要求。这就要求国有资产管理必须进行战略性的结构调整。在战略性结构的调整过程中,必然会存在着一些利用调整的机会试图瓜分国有资产的行为,这就要求我们在此过程中必须做好防治国有资产流失工作,以保证社会的公平与效率。

第一节 国有资产战略性结构调整的基本问题

一、国有资产战略性结构调整的两个层次

国有资产战略性结构调整是指这样两个层次的调整:

(1) 在国有营利性资产的内部进行缩短战线、优化结构、提升效益和竞争力的调整。

(2) 将一部分国有营利性资产退出竞争性领域,并相应充实至国有非营利性资产领域。

二、国有资产战略性结构调整是进一步深化社会主义市场经济建设、转变政府职能和建立社会主义公共财政框架的理论要求

(一) 国有企业退出一般竞争性领域符合社会主义市场经济建设、转变政府职能的规范理论要求

(1) 根据公共财政理论,政府的职能应主要集中于社会公共产品与服务的提供方面,而不应置于从事私人产品和服务的生产和提供领域。既然如此,那么国有企业在一般竞争性领域的广泛存在显然就不符合这样的一个规范要求[①]。

---

① 有关此方面的详细理论论证可复习本书第二章、第六章等有关章节的内容。

(2) 由于国有企业广泛在一般竞争性领域存在所引发的运动员和裁判员矛盾，尽管在现实的过程中可以也应该通过渐进的体制改革，对政府的运动员和裁判员职能作一分离，但从最终的结果而言，要一劳永逸地解决此方面的问题，还是需要国有企业退出一般竞争性领域①。

(3) 从国有企业产生的效率理由来看：一方面，以**国有企业模式Ⅰ**为代表的国有企业发展历史已经证明，利用集中的公共生产机制替代市场机制，以克服市场机制在现实中的种种弊端的想法，在社会主义初级阶段是过于理想化的；因为在现实中的**国有企业模式Ⅰ**并非理论上理想化的**国有企业模式Ⅰ**。另一方面，以**国有企业模式Ⅱ**为代表的国有企业模式又在以下一些方面存在着问题：首先，这一模式的外部委托-代理链过长；其次，公共产权的不可分割性导致这类企业缺乏"用脚投票"机制；最后，经过进一步改造的国有控股公司，因为客观上的"一股独大"，往往存在着和上述标准的**国有企业模式Ⅱ**一样的问题，且还会派生出大小股东之间的矛盾等新问题。因此，多元主体的混合股份制公司就成为我国骨干企业今后的发展方向②。早在党的十六大报告中就明确指出，要建立健全现代产权制度，使股份制成为公有制的主要实现形式，实现投资主体的多元化③。这显然也意味着国有企业从一般性竞争领域中的退出。十七大报告指出，坚持和完善公有制为主体、多种所有制经济共同发展的基本经济制度，毫不动摇地巩固和发展公有制经济，毫不动摇地鼓励、支持、引导非公有制经济发展，坚持平等保护物权，形成各种所有制经济平等竞争、相互促进的新格局。十八大报告明确，要毫不动摇巩固和发展公有制经济，推行公有制多种实现形式，深化国有企业改革，完善各类国有资产管理体制，推动国有资本更多投向关系国家安全和国民经济命脉的重要行业和关键领域，不断增强国有经济活力、控制力、影响力。毫不动摇鼓励、支持、引导非公有制经济发展，保证各种所有制经济依法平等使用生产要素、公平参与市场竞争、同等受到法律保护。党的十八届五中全会通过的《中共中央关于制定国民经济和社会发展第十三个五年规划的建议》，再次重申"坚持公有制为主体、多种所有制经济共同发展。毫不动摇巩固和发展公有制经济，毫不动摇鼓励、支持、引导非公有制经济发展"。多种所有制共同发展的路径就是积极稳妥发展混合所有制经济，促进国有企业转换经营机制，放大国有资本功能，提高国有资本配置和运行效率，促进各种所有制经济互利共赢、共同发展。国有企业改革要分类推进，加大公司制股份制改革力度，积极引入各类投资者实现股权多元化，大力推动改制上市。十九大报告强调，要完善各类国有资产管理体制，改革国有资本授权经营体制，加快国有经济布局优化、结构调整、战略性重组，促进国有资产保值增值，推动国有资本做强做优做大，有效防止国有资产流失。深化国有企业改革，发展混合所有制经济，培育具有全球竞争力的世界一流企业。可见在国有企业的深化改革和战略性调整方面，党和政府都强调要坚持和完善基本经济制度，营造公平竞争、促进企业健康发展的市场环境和制度环境，实现多种所有制经济共同发展。

(4) 从国有企业产生的公平理由来看：国有营利性企业之所以存在的另一个理由，无疑

---

① 有关此方面的详细理论论证可复习本书第九章第三节等有关章节的内容，并参阅第十八章有关内容。
② 有关此方面的详细理论论证可复习本书第四章、第五章、第九章、第十章、第十一章等有关章节。
③ 党的十六大报告。

就是公平的要求,但这也如本书已反复分析过的那样,实现公平的手段绝不止将营利性行业中的资产集中于国家手中这一条途径。从根本意义上来讲,公平的程度要取决于社会效率的提高。在这里,事实上长期存在着一个片面理解公有制的问题,即把注意力完全集中在营利性行业中的资产的国有化上;而其实,随着生产力的发展,人民群众生活水平的日益提高,对提供社会公共需要的资产有着越来越大比例的需求——国家拥有大量的这方面的资产、管理好这方面的资产是不是公有制,是不是在很好地发挥公有制作用的?所以,我们不能忘记了这一点,以为国有经济在一定程度上退出竞争性领域就放弃了公有制——这种认识无疑是过于狭窄了。在社会主义初级阶段,由于生产力发展的客观要求决定了无论从效率方面来考虑,还是从公平方面来考虑,都不可能全面地实行公有制;因此,到底在经济中的哪个部分、多大程度搞公有制,这是需要本着客观的经济规律去科学选择的。在实践中,如果选择发生了错误或随着时代的发展客观形势发生了变化,就需要与时俱进地加以改正和革新。因此,国有经济有进有退的战略调整也就是必然的,绝不应对此扣上一个"背离了公有制"的大帽子。

这里还有一个国家控制力的问题,对此容易产生歧见。因为有的观点认为,似乎只有把国家中所有的生产性资产都掌握在国家的手中才算国家有控制力。我国改革开放以前全面计划经济的实践早已证明,这样的看法是错误的和有害的。国家控制力绝不是指国家掌握的社会生产性资产越多,控制力就越大,而在于国家掌握的资产是否能够最好地促进社会生产效率的提高,只有与社会生产力发展的要求相适应,动态地调整国家持有资产的结构才能够真正地提升国家的控制能力,使得国家长治久安。这在我们前面有关国有资产两大块相互关系的讨论中也已充分地说明了。其实,国家即使很少拥有营利性的国有企业,只要国家基本的行政职能是完善的,保证国家行使基本行政职能的国有资产的管理是完善的,那么,通过税收等处理政府与企业收入分配关系的正常渠道,政府如果愿意的话,完全可以在国民收入中控制相当大的份额——比如,像瑞典、挪威等一些北欧国家,政府收入占 GDP 的比重就达到 60%—70%甚至以上。

所以,从理论上来看,无论就效率的角度,还是就公平的角度,国有营利性企业在相当程度上退出一般竞争性领域,都应是符合社会主义初级阶段发展的客观要求的。

(二)加强非营利性国有资产的管理是建设公共财政框架、建设社会主义小康社会和进一步提高生产力水平的规范要求

如本书前面所反复论述过的那样,充分满足社会公共之需的国有资产,一方面是政府转变职能、提供充分的公共服务所必要的物质基础,因为随着社会的进步,人民群众物质文化要求水平的提高,对公共品的要求不仅在绝对数量上增加,在相对比例上也会不断增加,这是一个客观的规律;另一方面,社会生产力水平的进一步提高,经济发展逐渐走向内涵发展的道路,同样必须有大量的公共配套设施作为保证。

三、国有资产战略性结构调整是我国当前社会经济发展的现实要求

(1) 只有积极进行国有资产战略性结构调整,才能充分满足现阶段我国人民群众物质

生活水平提高的要求和促进社会经济的协调发展①。如本书前面所论述过的那样,在经过经济多年高速增长后,人民群众的物资生活水平已经有了相当的提高,这就引起了两个方面的新问题。一方面,在这样的一个发展阶段,从消费的角度而言,社会对于公共品的需求急剧增加;与此相矛盾的是,由于在收入水平比较低的阶段,人们却往往对私人品的需求较多,而相对忽视公共品的提供,结果导致公共品供给的匮乏或质量不高,如环境保护、食品安全、公共安全、公共交通、公共卫生等;从国有资产管理的方面来看,就是此方面的国有资产与人民群众进一步提高生活质量的要求相比严重不足。另一方面,高速的增长也带来了一些隐忧,如社会公平问题、自然环境破坏问题等,不仅影响到人们的生活治理和水平,也越来越对经济发展的本身形成牵制。从国有资产管理的角度而言,唯有加大对这些方面国有资产投入和管理的力度,才能够使国有资产管理工作符合新的形势。

(2) 制约着我国国有资产管理改革的是我国一直较为紧张的财政局面。这一局面本身从国有资产管理的角度来看,又是与国有资产这个大盘子中两大块存量资产即国有营利性资产与国有非营利性资产的不均衡状况有着密切关系的。

财政的紧张局面,从支出方面来看,尽管近 20 多年来经常性收入一直超速增长,但应支未支之项目仍不少,比如隐性负债方面的缺口,如国有银行呆坏账的冲销、社会保障个人账户空账的做实等,尽管也做了很大的努力②,但无法全数弥补;又比如,很多地方财政,特别是县乡财政仍很困难,而中央财政的转移支付能力仍然不足。从收入方面看,表现为本书前面已叙述过的国债规模连年增长且债务依存度一直较高等方面。要长期维持一个高债务依存度的国债结构是难以想象的,因此,经常性财政收入的迅速增长就是必不可少的;也正因为这样,尽管有的经济学家对我国有的年度在内需不足的情况下大力增加税收收入的做法(这有紧缩宏观需求的效应)表示异议,但这却是客观上所必需的③。从长远来看,税收收入的提高,依然受制于客观的利益格局与经济发展水平④。

事实上,国有资产盘子中的两大块都与财政收支密切相关:近年来财政支出的迅猛增长,主要原因在于社会经济发展后社会对公共品需求的相对比例增加,和政府职能的转变。有些财政支出,甚至可以说还是在还计划经济时期所欠下的账,这从许多城市中的公共设施改革前二十年和改革后二十年增长速度的直观对比中就可见一斑,还有诸如社会保障基金等问题⑤,也都是这样。从财政收入的角度来看,财政收入的增加,根本上取决于经济效率的提高,而长期以来,国有企业尽管为社会经济的发展作出了不小的贡献,应予肯定;但国有企

---

① 需要更深入地了解本部分内容的读者可进一步参阅本书之附录。
② 比如,中国建设银行和中国银行的上市前资产重组中,首先将财政部原有的出资"归零",即用财政部的全部出资冲销相应数额的呆坏账,然后再由汇金公司注资;又如,在辽宁省做实社保个人账户的改革试点中,财政部也提供了资金。
③ 有些对财政政策评价的意见,仅仅考虑了财政政策的宏观意义,但在事实上,正如本书前面"财政政策"一节中所指出的那种,现实中无论哪一项财政政策的客观政策效应都会包含宏观和微观两方面,所以财政政策制定的初始着眼点无论是宏观的,微观的,或两者兼而有之的,都必须充分考虑政策实施后的统合效应,而不仅仅是效应的某一方面。
④ 《福布斯》将中国列为世界税赋负担排名第二。尽管这样的一种计算不尽全面,有着很多的争议,但如果考虑"乱收费"等隐性负担,中国的税费负担较重大概也是一个能够有共识的事实。当然,这一事实有着很强的客观性,主要原因在于本书反复论述过的社会对公共品欲求随生活水平提高的变化规律。但是,这同样不能改变另一个规律,即在现有的税赋水平下,进一步提高宏观边际税率的代价是很大的。
⑤ 社会保障基金较少的一个原因在于:在改革开放前,本应从职工当期工资中扣除的社保收入没有扣除而增加了国有企业的资本金。

业占据着大量的社会资源,运行效率又较低的状况在一定程度上拖了国民经济发展的后腿却也是不争的事实。如前面所述,整个国家的银行贷款中近90%是贷给了国有企业的,这样,国有企业的困难处境就构成了税收收入提高的一个关键制约因素。除此之外,国有企业对国家财政造成的负担还表现为需要国家给予大量的企业亏损补贴,各种名目繁多的税收优惠,以及由于企业效益不佳导致职工下岗转移到国家财政上的负担等。因此,尽管在改革开放后,国家已较少通过财政直接为国有企业注入资本金,但是,在实际上,国家财政仍然肩负着国有企业的重负,不夸张地讲,既然国家是国有企业的老板,那么国有企业运行不良的一切负担最终都将要由财政来负担。比如,由于国有企业低效率所造成的国有银行的不良资产,需要以财政向银行注入(或变相注入)资金,冲销呆坏账;或以财政注资成立国有资产管理公司,实行债转股等方式来解决。国有企业脱困的目标艰巨,债务问题是其主要梗阻之一,为此我国启动了两轮债转股。第一轮为1999年到2016年9月,侧重点在化解国有大行不良资产风险;第二轮为2016年10月至今,侧重点是直接降低企业负债率上。第一轮债转股后,企业不用还本付息,负担随之减轻;同时,资产负债表也趋于健康,便于企业获得新的融资。但是,企业的负担通过银行,最终还是转到了财政上来。同时,正由于这样庞大的一块国家财力被由国有企业引发的种种直接或间接的问题所牵制,使得在非营利性的国有资产管理上投入仍然不足,很多事情尚未办好,而从整体经济的角度来看,这又必然会影响到经济发展的全局。

因此,在财政资源有限的情况下,国有资产管理存在着一个跷跷板**效应**,即在国有资产管理结构的两个部分上,某一部分占据财政资源过多,则另一部分就会减少,而且投入较少的那部分运转不良,又反过来会影响到投入较多的那部分。比如,国有营利性企业的重组,一定会引发一定程度的摩擦性失业,但要提高国有企业的整体效益,重组又是必不可少的途径,那么就存在一个问题:如何适当地化解部分职工在这期间所面临的失业问题呢?社会保障基金是一个通行的解决方案,但在我国,正由于历史上没有让国有企业按期缴纳这一基金(这减轻了国有企业当期的负担),就造成了财政目前在该项支出上的困难,进而也增加了企业重组的难度。

要使国有资产管理结构中的两大块的运作走上一个良性循环的轨道,有两种可设想的途径。

(1) 不改变现有国有资产管理这两大块的相对比例,而是通过各种手段提高营利性国有资产的效率,从而既减轻财政的负担,又在根本上为财政收入的长期增加奠定坚实的基础,并在改善财政收支情况的基础上,更好地增加对非营利性国有资产管理的投入,从而使整个的国有资产管理呈现良性循环局面。但是,这样一种设想的前提的关键之处,就在于国有企业的绩效是否能够现实地提高;更关键的是,国有企业绩效的提高,是否就必然意味着国民经济整体绩效的提高。这里,显然存在着疑问。

因为,首先,这不符合公共财政理论中有关政府和企业界限的分界的有关论述。

其次,1949年以后全面计划经济的实践显然不能使我们对此问题作出肯定的回答,我们在这里不妨思考一下这样的问题:到底是改革以前的国有企业经营得好还是改革开放以后国有企业经营得好?从表面来看,似乎还是前者经营得更好,因为那时企业不会发不出工资,报销不了劳保费用,更没有下岗,但就单独地来看,国有企业经营似乎不坏的背后却是大家都不会否认的整个经济效率的奇差的事实，否则我们也就不用改革开放了。这段历史无疑表明了这样一点，认为从整体上搞好国有企业也就搞好了整体经济的推想在逻辑上是存有疑问的，是一种经济分析中所应极力避免的"合成谬误"，即过于机械、简单地将局部事物的有关结论推至全体。显然，国有企业只是国民经济中的一个组成部分，如果使之绩效提高的代价（比如，对其他经济组成部分的抑制，像国有非营利性经济、非国有营利经济等；又如，因垄断高价对消费者和其他社会生产者的负面影响等），超过了使之绩效提高的收益，那么就会得不偿失，并因此侵蚀税基，影响国家的财政能力，影响国家的控制力，甚至破坏国家的长治久安。

最后，客观上国家的财力也早造不支持继续维持现有的营利性国有企业这一庞大的摊子，这一问题的端倪早在改革开放初期已经出现，即国有企业的投入主要以通过银行贷款这个渠道来达成，而财政已不再大量注入资本金，至今为止，作为我国经济发展中的主力军，无论是央企还是国企，负债率始终居高不下，一旦控制不好就会引发系统性金融风险。2003—2010年，国有央企的平均资产负债率从57%升至65%左右，远远超出国际平均水平。截至2014年11月末，中央企业资产负债率为63.3%，同比下降0.2个百分点，平均资产负债率自2008年以来首次下降。2016年末，中央企业实体产业平均资产负债率60.4%，同比下降0.3个百分点，已连续三年下降。但是，2017年和2018年央企平均资产负债率有比较快速的上升，分别是68.1%和67.7%，2019年年末为65.1%，都维持在高位。许多企业的经营效益仍然不佳，因此，即使抛开对整体经济的影响，就国有企业的效率而论国有企业的效率的话，现有的财政力量也已经难以支撑如此庞大的盘子。90年代的第一轮债转股背景下，就有专家估计，"要使国有企业基本具备在市场上平等竞争的条件，国家至少需要投入2万亿—2.5万亿元，其中包括：① 基本解除企业的不良债务（主要指国有企业所欠银行贷款中的逾期贷款，呆滞贷款和呆账贷款），大约需要6 000亿元；② 在清理不良债务的基础上，补充资金不足，并使严重老化和过时的生产设备得到起码的改造，大约需要1.8万亿元。除此之外，在今后的发展与改革过程中，为了解决对老职工养老欠账和安置富余人员，以及为加强国家亟须办，但因财源无着无法办的事来，还需数万亿元"①。即使不论财政对国有企业投入这笔庞大资金对整体经济的影响如何，从财政收入的两个渠道，即税收和国债上来考察。从税收方面来看，要增加税收，要么提高现有税种的税率，要么开增新的税种，但在当时的情况下，由于我国税制结构主要以流转税为主体税种，而在通货紧缩的情况下，消费者需求弹性又较大，这就使得提高现有税种的税率所增加的税收负担将大部分落到企业身上，这样，国有企业在还未获得财政投入之前，就需先承担增加税收的负担，再考虑到从税收到财政投入之间的行政管理损耗，答案显然是得不偿失的。除非对国有企业和非国有企业采取差别的税率，即对非国有经济实行高税率，而对国有经济实行低税率，甚至是零税率、负税率，但这样的一种做法，从理论上来看，无疑有违于市场公平竞争的原则，会引发经济效率的严重损失，最后国家财政也将得不偿失。从实践上看，1949年以后，我们在这方面也是有过惨痛的教训的。要增加新的税种，同样面临各种制约：首先，如果考虑预算外收入和制度外收入，实际上我

---

① 《收缩战线、集中力量、保证重点——"国有经济的战略性改组"课题阶段研究报告二》，载《证券时报》社编《证券经济论集》，中国经济出版社，1996年，第96页。

国的财政收入水平总体上并不低(否则的话,也难以解释我国各级政府在经济中发挥的重大现实作用——政府的活动能力总是与其拥有的财力相当的),因而进一步增加针对个人的税种,以图进一步改变国民收入分配的格局,可能会引致经济效率的扭曲,比如,进一步的消费需求不足等。另外,由于技术和制度建设尚不完善等方面的原因,增加对个人的总体税负的努力也会因现有利益格局而受到制约。再从国债方面的情况来看,债务依存度已经很高,要进一步提高债务筹资的数量根本上还是取决于经常性收入在国民收入中的比例的提高,因为国债的偿付根本上是要归结到税收的,在税收比例不能进一步提高的情况下,通过国债来提高财政收入水平的进一步努力已经是极其有限的。

(2) 这样,在国家财力不足的情况下,唯有依靠国有资产结构的战略性调整,才是化解目前问题的唯一客观的途径。我们应本着"有退有进"的原则,使一部分国有营利性企业退出竞争性领域,并将这部分资产的套现所得投向社会公共需要部门,如社会保障基金理事会。通过加强公共需要部门的管理能力,为整体社会经济的发展创造一个更好的环境,也为营利性企业的进一步发展奠定一个更为坚实的社会经济基础。事实上,我们抓住了近20多年来国民储蓄率较高、资本市场迅猛发展的有利时机,通过资本运作,逐渐地在进行国有资产管理结构的战略性转变。国务院国资委作为国务院特设机构,自2003年成立以来,大力推动国有央企兼并重组,减少国有企业家数。作为首任国资委主任,早在2003年时李荣融就提出"到2010年把央企总数缩减至100家以内"的目标,而当年央企总数高达196家。在战略性调整顺利完成以后,一方面可以引导国有资本更多投向关系国家安全、国民经济命脉的重要行业和关键领域,优化国有资本重点投资方向和领域,另一方面可以增强基础科学研究、教育、公共卫生等社会改革需要领域,使国有资产管理步入一个适应社会主义市场经济要求的良性轨道,提升经济整体功能和效率。

(3) 虽然,从客观上看,财政状况和国有资本已无法支持现有的战线过长的营利性国有经济;从理论上看,营利性国有经济也应大部退出一般性竞争领域,而保留的国有企业也宜逐渐改组为多元持股主体的非国有控股混合制股份公司;因此,无论就现实还是规范理论的角度而论,国有营利性企业从竞争性领域中的退出,是一个必然的客观进程。但是,国有营利性企业退出一般竞争性领域也并非是一蹴而就的,而是有阶段性的。

这是因为,尽管国民收入分配格局的变化使得潜在的民间资本已得到很大程度的扩充,现代企业制度,资本市场等制度组织形态也日趋成熟,但是面对庞大的国有营利性资产(包括65%左右的负债)的盘子,社会其他资本的承接力要想一步到位还是不足的。因此,为了保证国民经济能够在改革中继续保持较高的增长速度,使人民群众的物质生活水平不断地得以改善,就有必要不仅是维持,而且要提高现实生产力的水平,而不能使现实的生产力产生真空期,这就决定了国有资产从竞争性领域的转出是有阶段性的。这样的一个阶段性要求决定了我们对营利性国有资产管理的改革要作出区别的对待,即对按照阶段性要求应予转出的国有资产具体设计好减持、变现、调整的方案;而对于按照阶段性要求需要继续维持存在的国有企业则仍应设法提高其内部效率,并对之可能引起的裁判员越位问题尽可能地加以一定程度的改进。这方面的努力将主要通过两个方面来实现:一是通过对现有国有企业进一步深化现代企业制度改造和全面地进行国有资产重组,在提高现有企业效益的同时,逐步减少国有经济在竞争性领域中的比例,而在这一过程中,又能够使得微观经济的效率有所提高;二是通过进一步改革国有资产管理体制,使得在国有营利性企业仍然占有较大比例的情况下,裁判员越位问题仍然能够得以渐进的改善。

第二节　国有资产战略性结构调整的路径

一、营利性国有资产的内部调整

具体来说,这一层次的改革有如下四个方面。

(一)通过减少国有营利性企业的数量,将资源集中于做大做强一些有发展潜力的大型特大型国有企业之上

据国务院国有资产监督管理委员会统计,2003年我国国有企业总户数为15万户,比1998年减少8.8万户。经过这样的调整,国有小型企业和亏损企业的数量大幅缩减。从中央企业方面来看,自2003年4月国资委成立至2005年4月的2年间,国资委直属的中央企业的数量已经从196家减少为177家,其中,销售收入超过5 000亿元的企业有3家,企业利润达到300亿元以上的有4家;而中央企业的最终调整目标是保留80—100家,并培养30—50家具有国际竞争力的大公司大企业集团①。央企总数在2010年8月首任国资委主任李荣融退休之时只剩下123家,到2013年3月央企数量减至115家;至2015年,央企数量减至106家,2018年央企名录中企业为97家;2019年11月,央企数量减至95家。

(二)将营利性国有资产向基础产业和支柱产业集中

据国务院国有资产监督管理委员会统计,2003年全国国有企业分布在基础性行业的资产为11.4万亿元,占全部国有企业资产总额的53.5%,比1998年的33.6%增加了近20个百分点;分布在煤炭、石油石化、冶金、电力、邮电通信五大行业的资产为7.1万亿元,占全部资产总额的33.3%,比1998年的27.3%提高了6个百分点。2017年,中央国有企业资产总额76.2万亿元,负债总额51.9万亿元,国有资本及权益总额16.2万亿元,资产负债率68.1%。2017年,地方国有企业资产总额107.3万亿元,负债总额66.6万亿元,国有资本及权益总额34.1万亿元,资产负债率62%。根据《国务院关于2018年度国有资产管理情况的综合报告》,2018年,中央国有企业资产总额80.8万亿元、负债总额54.7万亿元、国有资本权益总额16.7万亿元,平均资产负债率67.7%。2018年,地方国有企业资产总额129.6万亿元、负债总额80.3万亿元、国有资本权益总额42.0万亿元,平均资产负债率62.0%。在紧紧围绕服务国家战略、健全国有资本合理流动机制的方针指导下,国有资本向关系国家安全、国民经济命脉和国计民生的重要行业和关键领域、重点基础设施集中,向前瞻性、战略性产业集中。国有企业分布在基础产业和支柱产业的资产比例又有所提高。

---

① 《人民日报》,2005年3月15日。

(三) 实行主辅分离,减员增效

国有企业由于历史原因,普遍存在着企业办社会的问题,以中央企业为例,其中 8.1% 属于辅业资产,相关的,职工中近 1/3 属于辅业单位职工①。因此,营利性国有企业结构调整的又一个重要内容,就是实行主辅分离,减员增效,将辅业资产及相关人员分离出去,以达到做强主业,搞活辅业,既提高国有企业的竞争力,又妥善解决职工的就业和保障问题。为此,有关政府部门对此项改革措施提供了一系列优惠的配套措施,比如,2002 年原国家经贸委等八部委下发了《关于国有大中型企业主辅分离辅业改制分流安置富余人员的实施办法》(即"859 号文"),提出"改制企业可以用国有净资产支付解除职工劳动关系的经济补偿金等,由此造成的国有资产减少,按规定程度报批后冲减国有资本"。截至 2004 年 9 月底,全国实施主辅分离的国有大中型企业 775 家,涉及改制企业 2 639 户,涉及富余人员 70.8 万人②。国务院高度重视剥离企业办社会职能,《政府工作报告》多次做出部署,要求加快解决国有企业办社会负担和历史遗留问题,"对企业办社会职能应交尽交、能交则交、不交必改"。2017 年 3 月国务院国资委、财政部共同举办的剥离国有企业办社会职能和解决历史遗留问题工作培训会议,强调要充分发挥考核导向作用、加快完善具体实施办法、规范分离移交流程、挂牌督导大型独立工矿区综合改革试点并积极稳妥多渠道分流安置职工等。

(四) 清产核资,核销不良资产,夯实企业资本金

通过清产核资,将应该核销的国有企业不良资产予以核销,从而夯实企业的资本金,甩掉历史包袱,使企业轻装上阵。据有关报道,2004 年中央企业共申报核销资产损失 3 178 亿元人民币,这相当于 9.2 万亿资产总额的 4.2%,3.2 万亿净资产的 9.9%,加上财政部已经核准的近 1 000 亿元损失,中央企业核销资产损失共计 4 000 多亿元③。核销资产的损失一般由财政列支负担。近年来,政府有关部门一直重视国有企业不良资产的处置和核销工作,规范国有企业应收账款损失认定的判断标准和处置程序,2011 年国家税务总局出台了《企业资产损失所得税税前扣除管理办法》。各个地方政府也加大核销破产国有企业债务,大大改善了国有经济整体运行质量。

二、营利性国有资产退出一般竞争性领域的基本问题研究

总结本书前面对营利性国有资产退出一般竞争性领域的各方面论述,对营利性国有资产的退出方向和退出节奏我们有如下三个方面的结论。

(一) 关于营利性国有资产的退出方向问题

1. 对于中小型的国有企业而论

一方面,根据本书前面所论述的现代企业制度理论可知,由于它们更适宜于采用古典企

---

① 陈元主编《国有资产管理体制改革研究》,中国财政经济出版社,2004 年,第 42 页。
② 石东:《"管""放"悖论重现》,《财经》2005 年 2 月第 1 期。
③ 童颖:《国企不良资产核销必须问责》,《上海证券报》2005 年 3 月 8 日 A3 版。

业的企业制度模式来经营,因此从规范理论上而言,它们不适宜于采用现代企业制度,当然也就包括**国有企业模式Ⅱ**和国有控股、国有资本参股等所有权与经营权相分离的现代企业制度模式;将这些企业通过各种方法改制为家族制、合伙制和股东数量有限的有限责任公司等私营企业是符合基本的理论方向的。

另一方面,从非国有资本的承载力上来看,也是具有现实的可能性的。2002年民营经济(主要是私营经济)占CDP比重约48.5%,上缴税收比重接近37%,占全社会投资比重40.3%,占全社会就业总量42%。据全国工商联数据统计,2002年,工商联会议中企业资产总额在50亿元以上的有15家,营业收入1.2亿元以上的1 582家,民营企业注册资本总额达2.8万亿元①。私营资本大规模参与中小型国有企业改制的能力在当时已经初步具备。至2012年,从投资总量占比看,民间投资占全国固定资产投资比重已连续5年超过60%,最高时候达到65.4%;尤其是在制造业领域,民间投资的比重超过八成,民间投资已经成为投资的主力军。不仅如此,我国65%的专利、75%以上的技术创新、80%以上的新产品开发是由民营企业完成的。据全国工商联统计,城镇就业中,民营经济的占比超过了80%,而新增就业贡献率超过了90%。民营经济作为国民经济的生力军成为就业的主要承载主体。2019年8月,国家统计局发布新中国成立70周年经济社会发展成就系列报告,报告显示,新中国成立以来,我国法人单位数量快速增长,市场活力不断激发。特别是改革开放以来,私营企业数量显著增长,占全部企业数量的比重达79.4%②。从经济的贡献看,截至2017年年底,我国民营企业的数量超过2 700万家,个体工商户超过了6 500万户,注册资本超过165万亿元,民营经济占GDP的比重超过了60%。显然,民营经济撑起了我国经济的"半壁江山",参与国有企业的改制具备较充分的条件。

2. 对于大型和特大型的国有企业而论

一方面,同样根据本书前面所论述的现代企业制度理论可知,由于它们适宜于从事社会化大生产的特征,因此改制为古典企业模式或接近于古典企业模式的私营企业是不合适的,这些企业的改制路线应是:原有企业模式→国有企业模式Ⅱ→国有控股股份制公司→多元持股主体的国有资本参股股份制公司(见图16.1)。

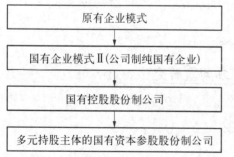

图16.1 国有大型、特大型企业改制路线图

另一方面,私营资本要独自全面私有化国有大型、特大型企业的现实能力也是远远不足的。比如,中国石油、中国石化这样的特大型国有企业,单下属的股份公司的总股本都在1 000亿股以上,以上述之私营企业的统计数据来看,承载能力还是有限。相关联的是,由于MBO一般也是指向将企业私有化,因此作为一种同样的私有化努力,MBO并不符合大型、特大型国企的改制方向。

私营企业(包括国有企业的管理层)想要独自私有化大型、特大型国有企业的一种努力是,尽管自身的资本金可能远远不足,但通过"超常规"的融资手段,有时不排除也可勉力做

---

① 陈元主编《国有资产管理体制改革研究》,中国财政经济出版社,2004年,第40页。
② 安蓓、陈炜伟:《70年我国私营企业数量占比增至近八成》,新华网,2019年8月26日。

到。这样的一种做法固然也可能有成功之可能,但对社会整体而言,无疑是不利的。在正常的市场条件下,市场主体的活动当然可以通过借助于融资手段,但这种手段是会受到自有资本金的制约的;因为自负盈亏的银行知道,当借贷者没有资本金或与融资额相比自有资本金很少时,贷款是存在巨大风险的——具体而言,当借贷者自身投入的资本大于借贷资金或于借贷资金差不多时,借贷者因为自身的资本所面临的投资风险,因而会按照正常的商业规律,比较小心谨慎,而捆绑在一起的银行资金也就有了同样的安全保证;但我们不难设想,如果借贷者投入的自身资本只有比如几十万元,最多不过几百万元,而借贷银行资本达到上亿,甚至几十、几百亿时,他对于全部投资的风险态度;甚至更有甚者,骗取银行资金然后逃之夭夭的可能性。由于我们的银行体制仍在机制转换的过程中,因此通过银行环节,基于自负盈亏的要求,自觉控制借贷者资本金和借贷资金的比例往往不是做得很好,再加上一些所谓的"民营资本高手"通过种种所谓的"财技"规避金融监管,掏空被其控股的原国有公司或国有控股公司(其实,最终除了掏空公司的其他中小股东外,往往是通过这些中间的公司载体,也掏空国有银行),这就会把银行的风险进一步引向社会,导致更大的社会风险。像较远的南德公司案,前述的恒通案、德隆案、健力宝案都是这方面的典型例子①。2019年中信国安的掏空则与混改有关,疑点重重的混改使得公司股东得以通过交叉持股、股权质押、担保等多种手段,在混改过程中逐渐把资产内部化、把国企私有化,最终导致公司被掏空。这给民营企业参与混改的复杂"财技"以规避监管同样敲响了警钟。总之,在大多数的情况下,以极大的杠杆比进行的"超常规民营化",必然扭曲参与主体的行为规范,对于社会造成极其不利的影响。

从更大的视角而言,我们改革开放的一个根本目的就是要建立一个"产权明晰"的社会,也即如本书前面所解释过的那样,一个根据个人的贡献获得收益的社会——一个既分配公平同时也因为分配公平而有效率的社会,而绝非不择手段私有化的社会。在某些方面,如果私有化的目标不符合理论规范的方向,私有化的过程也根本违反了"产权明晰"②的公平和效率要求,那么私有化的合理性又究竟何在呢?

所以,作为本书反复论述的结论,国有大型、特大型企业的改革方向应是大型、特大型的公众公司这样一种公有制的新实现形式。

我们对"改制"应该做一个全面的理解,不宜把"改制"就理解为"私有化";如上所述,国有企业应根据其规模和适应社会化大生产的特征的不同,分为两种"改制":适应古典企业模式来经营的企业可改为私营企业或私营的有限责任公司;适应社会化大生产的大型和特大型国有企业则应改制为多元持股主体的公众公司。我们也不应把"民营"简单地理解为"私营"。改革国有企业(特别是大型、特大型国有企业)的主要依靠力量更应该着眼的是我国的全体国民,那些日益富裕起来的,有着投资的能力和欲望的人民群众;而不仅仅是整体负债率依然很高的少数私营企业主。

(二) 退出的节奏问题

(1) 从改进国有企业治理结构,提高企业治理绩效的角度考虑,根据本书前面对国有企

---

① 可参见[案例 8.8]的典型分析。
② 把"明晰产权"等同于私有化,显然是一种不全面的理解。

业治理结构演进过程的分析,我们不难得到这样的结论:从长远的改革最终目标来看,大型、特大型的国有企业应该改革成为国有参股的多元持股主体股份制上市公司,不仅充分发挥"用手投票"机制的功能,也充分发挥"用脚投票"机制的功能。由此出发,我们同样不难得出这样的结论:一方面,由于国有企业的内部治理结构的改革尚还非常不充分,因此事实上通过改善国有企业的内部治理结构,建立和完善现代企业制度,从而改善国有企业的治理绩效的空间还很大;另一方面,由于我国的资本市场建设尚还不完善,要达到一个有较高定价效率的市场还有很长的路要走①,在此期间要发挥"用脚投票"机制的功能,在一定程度上还有借助境外市场。所以,总的来看,国有资本从这些企业退出的步伐,从完善企业治理结构的角度而言,不必过急。

(2) 从社会公平的角度来考虑,经营性国有资产的退出过程如果没有完善的监督保障机制,必然会导致某些强势利益集团借退出机制捞取好处,从而导致社会的不公。如我们前面所指出的那样,国有企业所有权改革的目的在于建立一个产权明晰,即财产权利受到很好保护的社会,以构成市场交易得以展开的基础,从而为一个高效的市场经济社会奠定基础。那种不顾过程中的严重社会不公,急于达至私有化目的的思路,不仅如本书反复论述的那样,在目的选择上是有问题的,而且就过程本身而言,也有悖于建立一个具有良好产权保护机制社会的根本目的。事实上,过程的正义性绝不是不重要的,恰恰相反,如果没有一个正义的过程,比如像俄国霍多尔可夫斯基等那样的财阀借所有权改革之际进行疯狂的掠夺,那只能把一个社会引导到动再分配的脑筋,而非动创造性生产的脑筋的路径上去,这就与我们意图通过保护产权,从而实现激励兼容的目标完全背道而驰了。所以,总的来看,考虑到过程公平性的重要意义,在国有企业的过程中,如果有违社会公平的程度过大,则有关的退出过程必须充分考虑公平方面的长期效应,有序推进。

(3) 从转移一部分经营性国有资产到非经营性国有资产领域(如社会保障基金等资产)的角度考虑,按照本书已经反复进行过的论述,从规范理论的角度出发,这种转移是必须要进行的。但是,在具体的节奏控制上,也不宜于过急。比如,减持一部分国有股,并相应将减持所得充实社会保障基金的有关工作,从长期来看,一定是要逐渐进行的,非如此,不足以使我们拥有一个充足的社会保障基金,以应付未来将会产生的城市化、老龄化、结构改革中可能的摩擦性失业等问题的挑战;但一些年来在境内市场的几次试点表明,受制于也已形成的利益格局,这一工作在境内 A 股市场并不能够一蹴而就。这就需要我们切实地考虑利益格局的现状,寻求适当的改革路径,以使改革的成本最小化,同样不宜操之过急。

[案例 16.1] 国有股减持的试点过程

早期,在地方层面上曾有过减持国有股的做法,因为当时并没有所谓流通股与非流通股之划分(上海市场的"老八股"就都是全流通的),国有股没有流入市场只是因为国有股的主管部门没有决定将其流入市场,而非其没有流通权。1993 年嘉丰股份曾减持过国有股,以

---

① 事实上,如我们前面所论述过的那样,即使像德国、日本这些发达国家的资本市场的定价功能也尚还很不完全,并因此导致这些国家的企业外部治理较差,并构成了形成"德国病""日本病"的一个重要原因,具体可参见《中国证券市场监管理论与实践》(庄序莹著,中国财政经济出版社,2001 年)。

后有一些公司也曾利用 IPO 或配股的机会做过减持。后来,出于维持股票价格水平的考虑,中国证监会成立后,做出了国家股和法人股暂不上市流通的规定,后来又有转配股暂不上市流通的规定(转配股的规定在 2000 年后取消),这就为国有股日后在 A 股市场的流通难埋下了伏笔。

根据十五届四中全会的有关精神,中央层面的减持国有股并转而充实社保基金的改革从 1999 年开始(在更早一点的时候,申能等公司已经通过国有股回购等方法变相进行了国有股减持,对市场进行了试探),1999 年 10 月中国嘉陵和黔轮胎两家公司进行了国有股配售,价格分别为 4.5 元和 4.8 元。当时不少观点认为,嘉陵公司和黔轮胎公司国有股变现的定价过高,其股价并因此产生短暂下跌。但是,在其后的一年中该两股的价格大幅上扬,远远超过了当时配售价格,达到将近翻倍的水平。

鉴于这样的情况,2001 年 6 月国务院进一步颁布了《减持国有股筹集社会保障资金管理暂行办法》。然后,烽火通信等股在 IPO 中按 10% 的比例进行国有股减持(在香港地区上市之国企股至今为止坚持这样的做法)。后来,由于恰逢市场大跌,出于证券监管部门维持股价水平的强烈要求,该年 10 月,管理层宣布在境内市场暂停该操作办法,但股市下跌的步伐并没有停止。

2002 年 1 月,在证监会的主导下,公布了国有股减持政策的阶段性研究成果,市场进一步下跌,该方案于是未能实行。

2002 年 6 月,鉴于市场情况,国务院决定暂停在境内股票市场减持国有股的试点,认为"在相当长的时间内,难以制定出系统的、市场广泛接受的国有股减持实施方案"。

2005 年 5 月股权分置改革再次启动,核心是非流通股股东根据各自不同的情况,向流通股股东提供为取得流通权的对价。为稳定市场预期,监管者提出股权分置改革的本质是要把不可流通的股份变为可流通的股份,真正实现同股同权。解决股权分置问题后,可流通的股份不一定就要实际进入流通,它与市场扩容没有必然联系。2007 年,股权分置改革基本完成,结束了上市公司两类股份、两种价格并存的历史,强化了上市公司各类股东的共同利益基础,为完善市场定价功能和资源配置功能、减持国有股和推进市场创新发展创造了基础条件。

总之,经营性国有资产的退出过程,如果确定确有必要,也应该有序进行,不宜操之过急。

三、营利性国有资产退出一般竞争性领域的具体路径

党的十五届四中全会以来,我们已经确立了公共财政的思想,提出了国有经济"有所为,有所不为"的国有经济战略调整的构想。遵照这一思想,国有资产管理改革的方向也就明确了。在明确了国有资产管理的改革方向后,我们所面临的问题就是如何寻找一条适宜的途径来完成这样的改革,而这又必须考虑现有的利益格局的制约和技术资源条件的制约。

国有营利性企业的退出主要可考虑以下五条途径。

(一) 国有股回购

国有股回购即通过含有国有股权的上市公司向国家回购一部分该公司的国有股份并予以注销的方法,使得国家获得一部分现金,而上市公司中的国有股权则相应减少。值得指出的是,国家通过国有股权回购所取得的现金原则上应转用于社会保障基金等非营利性国有资产的构建上,而不应再投入到营利性国有企业中去,否则就失去了国有股回购的固有意义。但是,考虑到目前国有企业减困的客观现实与客观的利益格局的制约,在具体工作中将通过国有股回购所取得的部分现金投入到一些相关的营利性项目中去也是可以考虑的,但决不能是全部。

[案例16.2] 1999年,上海申能股份有限公司通过国家股回购减少了原有公司中国家股比例过高的股权结构,从长远来看有利于企业治理结构的进一步完善;由于总股本的减少,企业的每股盈利水平也有了较大的提高,真正实现了"多赢"的结果。

(二) 国有股变现

国有股变现即通过证券市场抛售一部分国有股变现,并转用于其他非营利性国有资产的建设项目中去。这一举措同时将大大有利于改变我国证券市场投机气氛过浓,资本资源配置效能较低的现状,使得市场在价格和价值基本吻合的基础上,真正发挥好资本资源的配置功能并为我国上市公司治理结构的真正改善扫清最大的障碍。与国有股回购问题一样,要明确的,是国有股变现的资金一般不宜再投入营利性项目中去,当然变现后的资金相当一部分还是可能以其他的途径回到资本市场上来的,比如社会保障基金的管理就必然要利用资本市场来展开。向市场中的投资者清楚地阐明这一点,就有利于维持市场应有的信心,顺利地完成这一势在必行的改革。

(三) 拍卖

对一些规模较小的国有企业可以通过公开拍卖的方式来作为一条退出的途径。公开的拍卖有利于保证国有资产从营利性企业退出过程中的社会公平。竞争产生的价格也有利于资源配置的效率。

(四) 破产

对那些资不抵债严重、财务状况严重恶化的国有企业应果断采取破产的措施,坚决止住出血点。在破产的问题上我们一些同志往往有一些误解,有的认为,破产会导致工人的下岗,从而影响社会的稳定,但问题是那些处于实际破产状况的企业,即使不破产,又能够给工人发出多少工资,即便国家给予补贴或"安定团结"贷款,那么负担无非是转移到财政或国有银行的身上,归根结底还是国家的负担,与其如此为什么不用这些钱来建设社会保障基金,并通过社会保障基金来解决下岗职工的问题呢。后一种作法无疑可以大大减少将资金投入到破产企业中去将会形成的种种浪费。还有的人认为,国有企业的破产将会拖累那些在这些企业中有着大量债权的国有银行,但问题是,这些该破不破的企业拖在那里,问题也不会消失。实际效果无非只是使得显性问题继续保持隐性化罢了,无补于现实问题的解决,而且拖下去窟窿只会越来越大。所以,从道理上来看,该破产的企业就实施破产,这是不容置疑的,在现实中破产难的根源还在于与破产问题相关的利益格局。

[案例16.3] 在各方面的努力下,对于破产问题的认识与实践在20世纪末都有了很大的推进。对广东国际信托投资公司、中农信公司、中国新技术创业投资公司、海南发展银行等金融机构都依法实施破产处理,中国建材总公司的破产案则是实业领域的一个较大案例。

(五)划拨

根据党的十六大文件精神,将要将一部分经营性国有资产划拨到社保基金,以充实基金的规模。与前述国有股减持变现后再将现金转拨给社保基金的方式所不同的是,该操作方法直接将资产(包括股权)直接划拨给社保基金管理。在同样充实社保基金的同时,这一方法有利于减低市场的短期压力,社保基金对国有企业的持股也有利于国企持股主体的多元化和改善国有企业的内部治理结构,是一举多得之举。其实,社保基金持有现金后,为保值增值也需要做一部分的股权投资,所以,与其变现以后,再拿现金买股票,直接通过划拨的方式持有股票也应是一个更为简明和节省交易费用的做法。

通过以上五个及其他可设想的途径,经营性国有资产在相当程度上逐渐退出一般竞争性领域,应是一个客观的趋势。

第三节 国有资产流失的防治

如前所述,国有资产流失不仅是对社会的公平,同时也是对社会效率的严重威胁,因此是国有资产管理中的一个重要问题。

要比较好地解决这一问题,就需要首先找到导致这一问题的原因,并分清轻重缓急,然后再对症下药。在这个过程中,同样重要的是,对于解决问题所必然会发生的各种直接和间接监管成本不能忽视,应纳入一体化的考虑中来。

一、国有资产流失的原因

考虑到现实中的监管成本,我们应把关注的重点置于那些导致国有资产严重流失的原因之上。

(一)国有产权不发生变动情况下,因治理结构问题所导致的国有资产流失

(1) 由于治理结构不完善,具体管理者疏于管理,甚至玩忽职守所导致的国有资产流失。

[案例16.4] 中川国际公司在其承建的乌干达项目中,由于各级相关领导的玩忽职守,不仅导致了事发当时的惨重损失,而且还继发了后续的一些不应有损失。

(2) 由于治理结构不完善,缺乏科学的投资决策和风险控制机制,具体管理者不顾风险,一意孤行导致重大损失。

[案例16.5] 中航油案

经政府批准,中国航油集团(新加坡)股份有限公司自2003年开始从事油品套期保值业务。然而,在此期间,公司总裁陈久霖擅自扩大业务范围,从事石油衍生品期权交易。由于对国际油价走势的错误判断,致使公司账面损失高达5.54亿美元。巨额国有资产如此轻易地流失,偶然之中有必然因素:中国航油集团公司的内部治理结构存在严重问题。"内部人控制"的情况相当严重,内部监督机制形同虚设。中航油新加坡公司基本上是陈久霖一人的"天下",董事会和监事会不过只是摆设。中航油新加坡公司的风险委员会曾明确规定,损失超过500万美元,必须向董事会报告。但是,陈久霖从未报告,集团公司也没有制衡的办法。

(3) 由于治理结构不完善,导致少数怀有不良意图的国有企业管理者利用各种关联交易手段,掏空国有企业。这方面的手段又可细分为两种:一是利用手中的权力使其他相关者得利,并因此收受贿赂,在许多已经广为报道的银行骗贷事件和基建建设分包工程中,相信我们都已经对此有了足够的了解;二是更进一步地设立受自己控制的机构,来掏空国有企业这种行为的危害更大。

[案例16.6] 开开案

上海开开实业股份有限公司原总经理张晨通过对外投资、关联交易、贷款担保和应收账款逐步侵吞国有资产近8亿元。2002年2到5月间,张晨通过上海和康、上海九豫和上海怡邦三家空壳公司收购了开开实业的18.52%股份,控制了开开,为以后的所作所为打下伏笔。在担任总经理的两年半的时间里,张晨利用开开实业向自己控股、参股的各个公司转出大量资金。在2003年,开开实业对茉织华(约旦)有限公司应收账款余额为3 315万元。截至2004年12月30日,开开实业为大洋服饰累计提供了7 050万元人民币的银行贷款担保和授信担保,而大洋服饰累计欠三毛派神款项1 899万元。同时,开开实业曾为上海怡邦担保

730万元。张晨与中国深圳彩电总公司(简称中深彩)高层董事交往密切。2003年,开开实业预付中深彩货款余额3 160万元,预付深圳联彩(原为张晨控制,后由中深彩收购)货款余额1 800万元。2003年10月,开开实业还向中深彩开具金额5 000万元的商业承兑汇票,但票据到了中深彩手中却不见了踪影。2003年12月底,开开实业出资1亿元取得广东中深彩融资担保投资有限公司40%股权,但是根据工商部门的登记地址却无法找到这家公司。此外,毕纳高地产公司也是张晨运作开开的一个棋子。不断投资设立新的公司,再与之进行关联交易,张晨转移出开开实业的大笔资产。一笔笔看似正常的企业往来,实则是张晨在幕后操纵的结果。开开实业的亏空是国有资流失的经典案例,今后应引以为鉴。

(二) 国有产权流动情况下,国有资产的流失

(1) 某些国企管理者通过在国有产权交易中与买方与不良资产评估机构的勾结,贱卖国有资产,并收受贿赂。这种情况,在早年开设中外合资企业的过程中就比较频繁地发生过。随着近年来国企改制过程的广泛展开,此一现象的发展,不容忽视。

(2) 某些国企管理者通过在国有产权交易中与买方与不良资产评估机构的勾结,将国有资产贱卖给自己。MBO等问题在最近引起社会强烈的反响,就表明了社会公众对这一方面问题的高度关注。

[案例16.7] 某市某旅游汽车出租公司在改制中贱卖牌照给本公司管理人员

某市某旅游汽车出租公司在由国有企业改制为民营企业的过程中,价值4 000多万元的223个出租车营运号牌,竟以223万元的"超低"价格转让给管理层人员。众所周知,出租车营运号牌是政府控制出租车市场的产物,因为资源稀缺而有了不菲的价值。在出租车企业改制中,这一价值本该由政府收回或重新面向市场拍卖。但是,这项市场价值可达4 000万元的资产,却仅以223万元的低价慷慨送出,导致国有资产的严重流失,与改制的初衷背道而驰。造成这种现象的根本原因在于,将改制作为终极目标、为改制而改制的行政"大跃进"思路,以及盘根错节的腐败成因。

(3) 某些"资本运作高手"通过收买股权控制原国有企业后,利用这一被控制的"平台",手段迭出,最终达到掏空企业,掏空银行的目的。这方面的情况,本书前面已经做了较为详细的介绍(可参见**恒通公司收购棱光公司案**等案例)。

(4) 套做。联合运用(一)(二)两方面的手法掏空国有企业。比如,某些国有企业的管理者在改制前的若干年中,就通过开设自己控制的关联公司并与自己担任管理者的国有企业进行关联交易的手法:一方面转移国有企业内的国有资产由自己占有,并为日后的MBO准备资金;另一方面通过这样的转移,也恰好达到了拉低国有企业利润,甚至做亏国有企业的目的,以利在日后的MBO中评估国有企业时,用收益法得到一个很低的评估价值,以低价收购国有资产。

(三) 国有非营利性企业资产的流失

(1) 在基础设施、事业、行政等国有资产管理与改革的过程中,某些具体管理者通过类似于上述企业中的掏空国有资产的手法掏空国有资产,导致国有资产流失。比如,在市政设施、医院、学校、行政机关的基建项目实施过程中,以及购买设备、服务的过程中,收受贿赂或有关管理者自己直接设立关联机构,进行关联交易,导致国有资产流失;又如,在行政事业单位分离后勤部门的改革中,贱卖国有资产等。

(2) 由于对加强国有非营利性资产管理的意义认识不足,投入不够,监管不力,导致森林被滥砍滥伐、珍稀动物被严重盗猎、水域被严重污染、珍贵文物遭到严重偷盗和破坏等非营利性国有资产严重流失的事件频繁发生。

(3) 将不应转为经营性资产的国有非经营性资产转为经营性资产,也是导致国有非经营性资产流失的一条重要原因。比如,将国有防护林砍伐后出卖,进行"保值增值",而出卖的收益又并非有全民拥有,而是相关部门的利益者得到大头,并最终导致农田、道路等被风沙毁坏的严重后果,就是典型的将非经营性国有资产非法转为经营性国有资产过程中所产生的国有资产流失现象。又如,将某些珍贵的自然、人文景观、文化古迹,以及为社会公众提供公共服务的教育文化场所,以盈利最大化为目标来经营,致使这些资产严重受损等。

二、防治国有资产流失

(1) 正确认识国有资产流失现象的危害性,从思想上对此高度重视。

① 要正确认识国有营利性资产流失的危害性,决不能认为:为了私有化及其快速实现,可以纵容国有资产通过各种渠道非法地流向个人的口袋。关于这一点,本书前面已经进行了反复的论证。

② 应正确认识国有非经营性资产流失的危害性,并对此切实加强监管。因为,如我们反复论述过的那样,非经营性国有资产管理状态的好坏,在相当程度上关系到我们是否能够切实贯彻科学发展观的精神,创建一个和谐发展的社会,真正做到以人为本。

(2) 通过加快建立现代企业制度,完善国有企业内部治理结构的步伐,从机制上遏制国有资产流失现象。如果按照本书前面所描绘过的那样建立起一个比较完善的企业内部治理结构,那么与上述的中川国际案、中航油案、开开案等类似性质的案例都将会大大降低发生的概率,那种管理层利用控制权为自己制定不应当之高额报酬和待遇的行为也将受到有效的遏制①。同时,如果金融系统的治理结构同样能够得以有效的改善的话,显然也将在遏制国有资产流失问题上,起到关键的作用。

(3) 在国有资产产权流动,特别是国有企业改制中,应通过公开、透明、高效的交易机制来确保交易价格的合理性。最理想的机制安排当然是一个完善的资本市场。即使受制于当前种种客观因素,我们还是应该要求,各种国资交易都应该至少通过产权交易等进行公开的

---

① 在国有企业内部治理结构尚不完善的情况下,作为过渡措施,对国有企业高管的薪酬,国有营利性资产监管部门应制定一些具有一定刚性的标准和原则,比如在分配基数中必须充分扣除资产可能的减值因素,扣除土地等自然资源增值的数额等。

场内竞价。

（4）有关部门要加强对会计师事务所、资产评估事务所等中介机构的监管力度，使得国有资产的交易价值能够尽可能地得到正确的评估。

（5）国有资产监管部门（包括地方国有资产监管部门）应加强和相关金融监管部门的信息沟通，并通过正在逐渐完善的征信系统，防止某些个人或机构通过收购兼并等"资本运作"、"空手套白狼"式地套取和掠夺国有资产。

（6）国有资产监管部门应更好地做好清产核资等国有资产管理基础工作，并逐渐完善国有资本金预算制度，提高国有资本收益上缴公共财政比例，2020年提高到30%，以更好地监管遏制国有资产流失。

（7）应建立和完善国有非经营性资产的监管体系，加强对国有非经营性资产流失现象的管理，采取有效措施将国有非经营性资产随意转为经营性国有资产。

（8）应推进国有资产监管的立法进程，使防止国有资产流失工作更为制度化。鉴于国有资产管理面很广，涉及的问题很多，性质也都不尽相同，所以如果难以立刻制定一部全面的《国有资产管理法》的话，应先就国有资产管理的某一经验较为成熟的方面立法，逐渐推进。

总之，防治国有资产流失是一项系统性的工程，要做好这项工作需要我们具有一个比较良好的基础环境，如比较完善的资本市场，以及会计、资产评估机制等。由于我们在这些方面尚不完善，因此尽管我们通过上述一些较具现实可操作性的办法能够在一定程度上解决问题，但不应该将可能改进的结果设想得过于理想——进一步的改进有赖于改革的整体推进，而不仅仅是国资部门一家的单兵突进。同时，我们在关注防治国有资产流失问题时，也要正确处理好防治国有资产流失与改革与发展之间可能的矛盾，要正确处理好两者之间的关系，不可偏废。

习　题

【思考题】

1. 如何认识国有资产管理的战略性结构调整？
2. 为什么从长远来看国有企业应逐渐退出一般竞争性领域？
3. 加强非经营性国有资产管理的意义何在？
4. 为什么要转移一部分国有营利性资产至国有非营利性资产管理领域？
5. 国有营利性资产的内部调整应如何进行？
6. 国有营利性资产退出的方向上应如何考虑？
7. 在国有营利性资产退出的节奏考虑上应把握哪些因素？
8. 为什么在国有营利性资产的退出过程中，必须维护过程的正义性？
9. 国有营利性资产退出一般竞争性领域的具体路径有哪些？
10. 应如何认识国有资产流失的危害性？
11. 国有资产流失的原因有哪些？
12. 如何防治国有资产流失？

第十七章

国有资本向养老体系注资的规模及可持续性

2013年11月15日《中共中央关于全面深化改革若干重大问题的决定》公布,提出到2020年,国有资本收益上缴公共财政比例将提高至30%,这意味着我们一贯强调的减持一部分国有股,并相应将减持所得充实社会保障基金的工作迈出了实质性的步伐。

从长期来看,国有资本向养老体系注资使我们拥有一个充足的社会保障基金,以应付未来将会产生的城市化、老龄化、结构改革中可能的摩擦性失业等问题的挑战,要循序渐进。政府掌握更大规模的国有资本资金,将对经济运行造成极大的影响。国有资本资金的使用途径有多种选择,可以投向生产领域,也可以投向社保等民生领域,政府在这两种使用方向上的选择不仅影响国有资产改革进程,而且将对社会经济和福利产生巨大影响。

第一节 国有资本最优使用途径的比较分析

国有资产改革已不仅仅是解决国有企业经营效率的问题,而是围绕国有资产战略布局和国家战略层面财政体系的重构。调整国有资本布局要做的基础工作首要就是将国有资产资本化,委托专业投资机构运营。只有国有资产资本化了,国有资本才能自由进入关系国家经济命脉、急需发展的行业,同时又能保证政府对企业不产生直接干预,保证企业独立的市场地位。

国有资产改革中提出了两大目标:国有企业做强做优做大与国有资本布局调整。但是,人们对这两个概念的理解往往混为一谈,在谈到"国有经济有进有退"时,往往误解为"国有企业有进有退"。要澄清的是,"有进有退"指的是国有资本投向的调整;而企业的天职则是做强做优做大。这是两个不同的范畴,在公司制度下并不矛盾。就是说,企业追求做强做优做大并不受股东成分和股权结构的影响;国有资本从哪些行业或企业的进退也不受个别企业的牵制。

一、现阶段关系国民经济命脉的领域

国有资本发挥作用的领域应当是国家特别需要,而非公资本无意或无力进入的领域。

"国有经济控制国民经济命脉"是中央认定的国有经济的定位。如果说,进入21世纪前实践这一使命,就是使国有资本大举进入重大基础设施、基础原材料、能源开发、重要服务业、重要制造业,为工业化奠定基础的话,今天制约经济社会发展的瓶颈、关系"国民经济命脉"的领域已经转向某些社会产品,如医疗保障、养老保障、住房保障等;制约国家竞争力的重要因素,则是科技投入不足、技术进步相对缓慢、科技创新能力不强、企业竞争力不强。此时,大量国有资本连同收益仍滞留在一般制造业,就践行"控制国民经济命脉"的使命而言,已经没有太大意义。目前,一方面在传统制造业中过量的国有资本制造新的过剩产能,会形成对非公资本严重的挤出;另一方面,在基础科学研究、重大科技专项、中小企业融资、新兴产业发展、重要基础设施,以及公租房、义务教育、社会保障等"关系国民经济命脉"领域,国有资本的作用没有充分发挥,而政府发展资金不足甚至需要通过地方融资平台解决。因此,部分国有资本从一般性产业退出,转而充实那些更加重要的行业和领域,将产生双赢效果,大大提高国家整体资本配置效率。

二、国有资本的使用对于私人投资的影响

国有资本的使用会对经济产生显著影响,使用途径或投向的不同对经济的影响也大相径庭国有资本往哪些领域投放,能够取得正面效果、取得的正面效果更高?目前西方关于国有资产运用及其运用效果的研究,主要集中在关注基础设施投资或公共部门固定资产投资在国民经济发展中的作用,并做了不少实证研究。如有研究运用 VAR 方法研究了美国公共投资(1956—1997)对私人投资的影响,研究结论表明所有类型的公共投资都对私人投资产生了正的影响。电力投资和天然气设备,运输和机场设施以及自来水供给系统的投资的收益率最高,分别是 16.1% 和 9.7%。其次是教育和医疗。Yang(2006)再次运用 1965—1997 年西班牙地区数据进行研究,此次研究他将公共投资区分为生产性公共投资(道路、机场、铁路等)和社会公共投资(教育和医疗投资),研究认为:(1)在不考虑溢出效应下:生产性公共投资挤入了私人投资,教育投资也是挤入了私人投资,但是医疗卫生投资对私人投资不生产影响。(2)考虑溢出效应:生产性公共投资的挤入效应更大,其他变量和不考虑溢出效应情况相比变化不大。使用印度 1980—2003 年数据分析印度公共投资对经济的影响,可以发现除农业外,其他产业内的公共投资对私人投资产生正向影响,即公共投资和私人投资成互补关系,这种互补关系在制造业部门最为显著,其次是基础设施投资部门,服务业最不明显。制造业部门公共投资每增加 1%,短期内私人部门投资增加 0.5%,长期内增加 5%;然而基础设施投资每增加 1%,私人部门投资仅增长 0.5%,并且具有时滞效应。服务业部门公共投资每增加 1%,私人投资增加 0.4%。同时,他们也发现基础设施投资和其他部门私人投资之间呈现出交叉互补关系,基础设施部门的私人投资每增加 1%,农业部门的公共投资增加 0.2%(但是具有一年的时滞),制造业部门的公共投资增加 0.1%,服务业部门的公共投资增加 0.7%。通过对南非 1875—2001 年基础设施投资的和经济增长的实证分析,可以得出生产性的公共投资能促进私人投资的发展的结论。

三、我国国有资本转投社保领域的社会总效率水平

在中国现实经济之中,除了非经营性公共资本之外,在生产领域存在着大规模的经营性国有资产,并与私人资本共同构成了生产性资本。以中国上市公司股权结构为例,根据国资委数据统计,截至2018年,中央企业控股上市公司股份市值达11.1万亿元。同时,非上市企业中还存在着大规模的经营性国有资产。由于经营性国有资产实际上起到了与私人资本同样的作用,因此,我们可以将经营性国有资产与私人资产同时作为经济中的资本总量,分析国有资产对经济均衡和私人消费的影响作用。

大量文献以代际交叠模型(OLG模型)为基本理论工具对资本积累进行研究。有研究者(Diamond,1965)首先利用代际交叠模型分析经济增长中的竞争均衡,以及政府债务的影响效应,该文假设资本与消费品可以无成本直接替换,相当于老年人可以按照重置成本将资产出售给年轻人(Tobin's Q=1)。在这种假设下,储蓄与投资相等,这也是初期离散型时间模型对资产定价的基本特点。后来的研究开始在代际交叠模型中考虑产品市场和劳动力市场之外的股权市场,不再将资本品与储蓄品假设为直接替换,而是假设两代人之间通过股权市场交易资产所有权。在这种情况下,如果股权价格和重置成本相同,股权交易不会影响经济均衡,而如果股权价格和重置成本之间存在差异,则会对经济均衡带来影响。有学者(Huffman,1985)在代际交叠模型中引入了消费品与投资品的转换函数,认为在一定条件下,股权价格可能与重置成本存在差异,造成储蓄和投资不等。储蓄和投资偏离条件下资本积累的研究,为我们分析国有资产对经济均衡的影响提供了理论方法,因为在代际交叠经济中,国有资产永久存续的特征实际上相当于在私人储蓄之外存在着额外改变资本积累的渠道。有学者(Magill and Martine,2002)研究了代际交叠模型中股权市场对经济均衡的影响,在假设股权交易存在摩擦成本,即股权价格低于重置成本进而造成储蓄大于投资的条件下,得出如果不考虑摩擦成本的稳态资本存量小于黄金律水平,摩擦成本将使经济在黄金律水平均衡,反之,经济均衡点不发生变化的分析结论。有专家(Abel,1999)提出如果改革美国目前对养老保险基金余额全部投资国债的管理办法,允许将部分养老保险基金余额投资到企业中购买公有资本,之后可以从公有资本收入中获得资金以补充每期的养老金开支。由于美国养老保险基金持有的公共资本规模很低,设置了一个专门的约束条件,将养老保险基金持有的公有资产规模限制在总资本规模的3%,并解出了均衡经济的增长路径。该研究结论为我国国有资本转投社保领域的研究提供了一个很好的思路。

考虑到国有资本资金投入生产领域或社保系统将造成资本、储蓄和消费的代际变化,我们采用代际交叠的 OLG 模型来分析问题,即将国有资本划转政策计入模型,国有资本的用途在投资和注入社保系统之间选择,不计入财政一般收支系统[①]。假设国有资本利润上缴直

[①] 在现阶段,政府作为国有资本的实际管理运作者,有管理者和监督者合于一人的现实问题,资金使用时事实上可能存在三种投向:投入生产领域、投入社保系统、弥补财政收支差额。新时期国有资本资本化改革实际上要求政府完全退出生产干预,运用资本市场资金管理的方法来运作国有资本,国有资本在生产领域的投资等同于私人资本,其边际效益与私人资本的边际效益一致。此外,国有资本若用以弥补财政收支差额,势必造成公共财政软约束现象,不利于财政资金使用效率的提高和对财政资金使用的监管。因此,本文考虑国有资本资金使用途径时,不考虑用于财政开支的弥补,严格限制国有资本资金只在投入生产领域和社保领域之间抉择。当然,这需要一系列制度建设。

接划转入养老系统,则利润上缴率即为划转率。此外,基本养老保险为退休人口提供基本需求的保护。因此,作出如下设定:(1)社会保障基金有独立机构实行统一管理统一调度,不考虑分级管理;(2)假设基金管理没有成本;(3)实行现收现付制;(4)国有资本投入生产领域的运作模式与私人资本一致,与私人资本取得同样的边际收益。

研究关心的重点是,国有资本资金可以投入生产领域进行再投资,也可以投入社会保障领域,这两种途径到底何者在社会总效率水平上更优。因此,国有资本运营收入划拨社保体系的划拨率 φ 的取值非常重要。$\varphi=0$ 时,国有资本运营收入不投入养老系统,而全部进行生产领域再投资;$\varphi=1$ 时,国有资本运营收入全部投入养老系统。因此,我们将比较 φ 取不同值时经济中各个变量的取值,然后将各种状况进行对比,以找出在社会总效率水平上更优的国有资本资金使用途径。

比较国有资本划转前后的经济变量,研究发现划拨后老人的消费和年轻人的消费都得到了提升,总消费水平一并提高,而且划拨率越大,消费水平提高幅度越大。这是由于国有资本划转入养老系统,增加了老人的养老金收入(替代率得到很大幅度的增加),年轻人的工资率虽然有所下降,但下降的幅度非常小,财富的代际转移效应很低,因此老人与年轻人的境况都得到改善。这里总消费水平的上升就是国有资本划拨政策提高社会福利的说明。实证结果说明,国有资本资金的使用途径应当向社保体系倾斜,国有资本注资于社保领域所带来的社会福利水平的增加超过全部将国有资本用于生产再投资。

但是,从私人资本存量上我们可以发现,随着国有资本划拨率的增加,私人资本存量在不断下降。划拨率在34%—35%是私人资本变化的临界值,当划拨率达到35%的时候,私人资本存量由正数转变成负数,这间接说明了国有资本最优划拨率的存在。当低于最优划拨率时,总体而言人们的福利水平得到改善;高于最优划拨率时,国有资本对私人资本的挤出将导致福利境况下降。这也说明,虽然国有资本的最佳投向是社保领域,但存在一个适宜的"度"的问题,越过临界点后反而造成不必要的损失。综合而言,国有资本资金的运用应当是两种领域的搭配使用。

综上,通过构建一个简单的代际交叠模型,可以研究对国有资产的投资途径如何选择进行分析。根据国有资产管理以社会效率或社会福利最大化的目标,确定国有资本的投资途径并非简单地以"保值增值"为导向。在本章的模型框架下,我们比较了国有资本向生产领域投资和向社保领域投资的福利效果,研究发现,国有资本向社保领域投资相比单一向生产领域投资是个更优的途径。但是,国有资本向社保的投资存在一个"度"的问题,在本章框架下我们计算出的临界点为34%。当超过这个划转的临界点时,向社保继续进行投资划转将会使社会福利下降,造成不必要的资金浪费。

因此,国有资本的最优投资途径应是一个混合投资方案,而且要注意不能过度投向社保,因为这并不都能带来经济效率的提升。我们要以社会效益最大化为目标,关注投资行为的机会成本问题。

第二节 国有资本向养老体系注资的规模

从1949年到20世纪90年代初期,我国实行的是以计划指令为主导的计划经济体制。

在此期间,机械制造、钢铁等资本密集型的重工业是国民经济发展的重点,为了保障国民经济发展有充足的资金,我国采取了"高积累、低消费"的分配政策,实行了"低名义工资"的工资政策,通过降低居民工资的方式来积累建设资金,把本应由职工享有的养老金作为企业利润的一部分上缴国家,用于投资和经济建设。最终这些劳动力再生产所需的劳动资料,也就是养老金权益,被凝结在了国有资产中。旧有的由国家承诺的城镇职工养老保险制度与之相适应,工作期间的职工通过低工资政策对国有资产积累产生贡献,退休后国家承诺负担其养老保障,"贡献-负担"相匹配。随着养老保险制度向部分积累制改革,出现了"老人"账户无资金积累及"中人"账户资金积累严重不足的局面,而根据"贡献-负担"匹配的原则,凝结在国有资产中的养老金权益理应向贡献积累的人群进行转移。

一、补偿对象的确定

哪些人群应当是接受国有资本补偿或转移的对象呢?计划经济时期城镇职工的养老体系大致分三块:国有企业养老体系、集体企业养老体系和国家机关事业单位的养老体系。这三大养老体系中只有国有企业和集体企业的养老制度向部分积累制进行了改革,因此:首先,我们确定只有国有企业和集体企业的职工才是考虑用国有资本进行补偿的对象;其次,只有在"低名义工资"政策实施期间,劳动力再生产所需的劳动资料才凝结于国有资产,而该政策与旧有的养老制度相对应。因此,我们明确国有资本定向补偿养老金的对象,应是在原养老制度施行时期在国有企业和集体企业工作过的职工。

1. "老人"和"中人"的界定

我国养老制度改革有三个里程碑式的文件,分别是《国务院关于企业职工养老保险制度改革的决定》(国发〔1991〕33号)《国务院关于建立统一的企业职工基本养老保险制度的决定》(国发〔1997〕26号)和《国务院关于完善企业职工基本养老保险制度的决定》(国发〔2005〕38号),其中(国发〔1997〕26号)文件首次把我国职工分为"老人""中人"和"新人",规定了他们各自的养老金计发办法。由此,国内外学者纷纷以1997年末为我国新老养老保险制度的交界点。本书也采用这种区分方法,以1997年末为新旧养老保险制度转换的时间节点。根据文件规定内容,1997年及以前退休的人员称为"老人",仍按旧有养老制度规定享受养老金待遇。由于1997年及以前退休的城镇职工参加工作时间至少在1942年及以后,根据第二章介绍的传统养老保险体系的覆盖范围,考虑到计划经济时期的城镇企业的经济类型,可以认定1997当年及以前退休的城镇企业退休职工均为国企或集体企业职工,属于旧有养老制度覆盖的人员,应全部纳入了养老系统保障范围。1997年及以前工作,1998年及以后退休的人员称"中人",最后一批中人为1997年参加工作的城镇企业职工,根据1997年全国城镇企业职工就业状况,98%的就业人员在国有企业及集体企业就业。为了简化分析,本书忽略其他类型企业的就业,假设1997年以前工作的"中人"全部就业于国有企业和集体企业,考虑到1997年以前的经济体制发展状况,这一假设应该可以成立。因此,"老人"和"中人"均在传统体制下在国企或集体企业工作过,形成了对国有资产的积累贡献。由此,本书考察的国有资本对凝结于国有资产中养老金权益进行定向注资的对象——在原养老制度施行时期在国有企业和集体企业工作过的职工——就是养老保险中所谓的"老人"和中人"。

其中"老人"已全部处于养老体系的保障范围,而"中人"是否被纳入了养老系统的保障范围,应该看其是否按国家规定,个人缴费和视同缴费年限超过 15 年。

2. 国有企业下岗"脱保"职工的界定

除了纳入养老系统保障范围的"老人"和"中人",符合"中人"规定,1997 年以前参加工作、1998 年以后退休的还有一类特殊人群,即国有企业下岗职工,也对国有资产积累做出过贡献,同样在国有资产中凝结了一部分养老金权益。现实情况是,国有企业下岗职工不仅没有得到相当于他们之前贡献值的养老金权益,而且相当一部分人由于未参保或中断缴费而脱离了养老保险体系,成为下岗"脱保"职工。最需要养老保障的人却被排除在了养老体系之外。因此,除了现行养老体系保障范围内的"老人"和"中人"凝结于国有资产中的养老金权益应该由国有资本定向补偿,现行养老体系保障范围之外的国企下岗"脱保"职工也应该得到国有资本在养老金上的定向补偿。

因此,国有资本在养老方面的定向补偿对象应是三类人群:养老保险的"老人""中人"、国企下岗"脱保"职工。具体总结如表 17.1 所示。

表 17.1 国有资本对养老金补偿的对象

"老人"	养老制度改革前就已经退休,其退休后获得的养老金权益没有相应的资金积累。因为其工作时所产生的统筹资金被凝结在固定资产中,而当时又没有建立个人账户,所以也无个人账户资金积累。因此,国有企业及集体企业"老人"的全部养老金收益形成了国有资本对其的历史欠账。	现行养老体系
"中人"	在养老制度改革前的工作时期产生了被凝结在国有资产中的养老统筹资金,视同缴费年限(改革前工龄)划定了"中人"养老制度改革前对统筹资金产生贡献的时间。因此,国有企业及集体企业的"中人"与视同缴费年限(改革前工龄)对应的过渡养老金也理应由包含其贡献的国有资本弥补。	保障范围之内
国企下岗"脱保"职工	在养老制度改革前的工作时期也产生了被凝结在国有资产中的养老统筹资金,其与贡献对应的养老金权益也理应由国有资本负担。	现行养老体系保障范围之外

明确国有资本对养老金权益应该加以补偿的对象后,接下来需要确定国有资本注资对象的人数及人口分布特征,为注资规模的测算做准备。

二、国有资本应偿养老金债务规模的测算

在应补偿对象人口测算的基础上,就分别测算出于现行养老体系保障范围内、对国有资产积累有过贡献的城镇职工国有资本应偿养老金债务规模,和现行养老体系保障范围之外、而对国有资产积累做出贡献的国企下岗"脱保"职工的国有资本应偿养老金债务规模。我国现行养老制度内职工分为"老人""中人"和"新人",根据本文测算的要求,现行养老体系内只有"老人"和"中人"涉及本文测算范围。由于国企职工下岗大致集中在 1997—2004 年,根据(国发〔1997〕26 号)文件的规定,若下岗职工处于养老制度保障内,绝大部分国企下岗职工应当属于"中人",因此使用精算模型测算养老金债务时,国企下岗"脱保"职工的养老金债务测算公式应与"中人"类似,对"老人"和"中人"设定精算模型即可。

在养老金发放的方法上,根据国发〔1997〕26 号和国发〔2005〕38 号文件,享受养老金权

益的职工可以分为"老人""中人"及"新人"。笼统地讲,"老人"指改革前参加工作,并于改革前就已经退休的职工。"中人"指改革前参加工作,改革后才退休的参保职工;"新人"则指改革后才参加工作的参保职工。根据国发〔2005〕38号文件的精神,"老人"仍按国家原来的规定发给老人养老金,同时执行养老金调整办法。"中人"先发放基本养老金,基本养老金由基础养老金和个人账户养老金组成,对于缴费年限超过15年的,再另外发放过渡养老金。对"新人"而言,其养老金则只有"个人账户养老金"和"基础养老金"组成。表17.2总结了三类职工的养老金计发方法:

表17.2 三类职工的养老金计发方法

职工分类	养老金计发方法
新人	基本养老金＝基础养老金＋个人账户养老金
	基础养老金＝(职工退休上一年度当地职工平均工资＋本人指数化月平均缴费工资)÷2×退休时缴费年限×1%
	个人账户养老金＝退休时个人账户储存额÷本人退休年龄相对应的计发月数
中人	基本养老金＝基础养老金＋个人账户养老金,缴费满15年(含视同缴费年限)额外发放过渡养老金
	过渡养老金＝职工退休时上一年度当地职工平均工资×职工本人平均缴费工资指数×改革时已缴费年限(含视同缴费年限)×过渡养老金计发系数
老人	按养老金改革前原有规定发放

其中,"老人"作为制度改革前就已经退休的老职工,其退休后获得的养老金权益没有相应的资金积累。因为其工作时所产生的统筹资金被凝结在固定资产中,而当时又没有建立个人账户,所以也无个人账户资金积累。因此,国有企业及集体企业"老人"的全部养老金收益形成了国有资本对其的历史欠账。

对"中人"而言,过渡养老金的规定是对其在养老制度改革前,工作时期产生的被凝结在固定资产中的统筹资金的弥补,视同缴费年限(改革前工龄)划定了"中人"养老制度改革前对统筹资金产生贡献的时间。因此,国有企业及集体企业的"中人"与视同缴费年限(改革前工龄)对应的过渡养老金也理应由包含其贡献的国有资本弥补。

"新人"由于在养老制度改革后参加工作,没有形成对凝结在固定资产中的统筹资金的贡献,因此本文在计算国有资本应弥补的养老金债务时,并不计算"新人"部分的内容。

我们根据设定的精算模型和假设进行研究,得到以下的观点。

(一)现行养老体系内的国有资本应偿债务规模

1."老人"国有资本应偿养老金债务规模

根据前文建立的精算模型和数据设定,本书对2010—2042年间"老人"应偿养老金债务规模进行了测算。表17.3和图17.1给出了具体的测算数据和债务规模的各年变化情况,其中2010—2012年的债务额本文采用真实工资增长率计算,因此债务金额没有高、中、低之分。从表17.3和图17.1中可以看到,国有资本应偿"老人"养老金债务规模的最高峰出现在近年,根据高、中、低不同工资增长率的设定,高峰出现时间稍微有所不同。在8%的工资增长率下,"老人"债务规模在2015年达到高峰为2 381.7亿元;6%和4%的工资增长率下,"老人"债务规模在 2012 年就已达到高峰为 2 345.71 亿元。此后逐年下降,随最后一名"老人"的去世而消失。要注意的是,即使高峰期已过或将过,"老人"债务规模在未来相当长的一段时间里仍维持高点,考虑到同期其他应偿债务的存在,国有资本的应偿债务压力应该说不轻,具体这部分的测算见下一章。

表 17-3 2010—2042 各年国有资本应偿"老人"养老金债务额

年 份	"老人"人数(人)	应付养老金总额(亿元)		
		工资增长率 8%(高)	工资增长率 6%(中)	工资增长率 4%(低)
2010	11 735 113		2 110.98	
2011	11 213 397		2 249.44	
2012	10 676 904		2 345.71	
2013	10 127 064	2 367.31	2 331.71	2 296.11
2014	9 567 699	2 379.69	2 308.66	2 238.70
2015	8 999 781	2 381.70	2 275.86	2 173.21
2016	8 426 935	2 372.83	2 233.29	2 100.00
2017	7 852 409	2 352.56	2 180.92	2 019.44
2018	7 279 363	2 320.45	2 118.80	1 931.97
2019	6 711 508	2 276.36	2 047.29	1 838.26
2020	6 151 800	2 220.06	1 966.63	1 738.88
2021	5 602 616	2 151.27	1 877.03	1 634.32
2022	5 068 883	2 070.90	1 779.73	1 525.95
2023	4 554 964	1 980.03	1 676.06	1 415.11
2024	4 064 472	1 879.89	1 567.36	1 303.14
2025	3 599 140	1 771.21	1 454.54	1 190.87
2026	3 161 109	1 655.21	1 338.84	1 079.41
2027	2 754 028	1 534.34	1 222.41	970.50
2028	2 377 854	1 409.55	1 106.10	864.75
2029	2 033 068	1 282.30	991.11	763.02
2030	1 723 669	1 156.73	880.62	667.60
2031	1 440 979	1 028.91	771.53	575.97
2032	1 193 560	906.79	669.73	492.34
2033	974 664	787.88	573.59	414.91
2034	780 684	671.46	481.12	342.97
2035	615 483	563.25	397.52	279.05
2036	472 635	460.21	319.91	221.14
2037	350 132	362.75	248.37	169.06
2038	246 881	272.14	183.53	123.02

续表

年 份	"老人"人数(人)	应付养老金总额(亿元)		
		工资增长率8%(高)	工资增长率6%(中)	工资增长率4%(低)
2039	178 223	209.03	138.85	91.65
2040	124 195	154.99	101.40	65.91
2041	75 778	100.62	64.84	41.50
2042	34 880	49.28	31.28	19.72

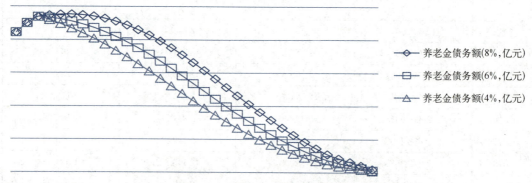

图 17.1　2010—2042 各年"老人"应偿养老金债务变化情况

2. "中人"国有资本应偿养老金债务规模

根据对"中人"应偿债务规模的精算模型的设定,得到各年每单位视同缴费年限的过渡养老金,进而计算出"中人"的应偿过渡养老金,本书计算出的 2010—2077 年"中人"总的国有资本应偿过渡养老金债务规模情况如表 17.4 和图 17.2 所示。我们可以从图 17.2 中得出直观结论,"中人"的应偿债务在 2050—2060 年达到高峰,按 8% 工资增长率计算出的最高债务额为 55 814.3 亿元,而按 4% 工资增长率计算出的同期最低债务额为 20 146.7 亿元,国有资本负担相差一倍有余。总体而言,2040—2070 年是"中人"应偿债务的高峰期,这是由于"中人"全部进入退休期带来的养老负担突然加重,2070 年之后"中人"应偿债务迅速下降,随着最后年份"中人"的去世而消失。

表 17.4　2010—2077 年各年"中人"国有资本应偿养老金债务

年 份	人数合计(人)	应偿过渡养老金(亿元)		
		工资增长率8%(高)	工资增长率6%(中)	工资增长率4%(低)
2010	115 124 669		2 616.307 296	
2011	114 758 511		6 396.873 824	
2012	114 357 454		7 891.908 341	
2013	114 357 454		7 891.908 341	
2014	113 433 974	10 709.673 58	10 511.346 29	10 313.019
2015	112 905 379	12 144.124 19	11 698.506 47	11 261.218 04

续表

年份	人数合计(人)	应偿过渡养老金(亿元)		
		工资增长率8%(高)	工资增长率6%(中)	工资增长率4%(低)
2020	109 430 214	10 762.826 33	9 442.806 729	8 264.059 19
2030	96 653 213	25 464.710 73	18 532.525 8	13 406.075 84
2040	112 550 233	55 814.256 28	33 694.739 74	20 146.699 33
2050	643 764 032	447 004.035 7	232 372.797 5	119 301.767 4
2060	229 658 371	287 567.974 3	119 453.719 8	119 453.719 7
2070	35 996 531	62 559.515 65	21 556.271 01	7 278.462 604
2077	94 686	73.206 111 24	22.131 067 52	6.539 743 297

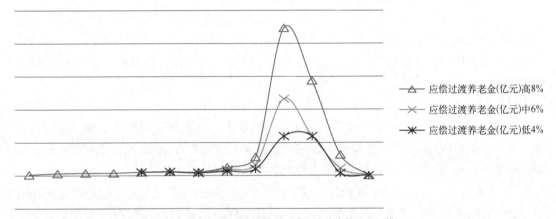

图 17.2 2010—2077 年"中人"应偿过渡养老金规模

(二) 现行养老体系外的国有资本应偿债务规模

1. 国企下岗"脱保"职工应偿债务的测算范围

国发〔1997〕26号文件规定,在该决定实施前参加工作,实施后退休且缴费年限累计满15年的人员,在发给基础养老金和个人账户养老金的基础上,再发给过渡性养老金。决定实施后到达退休年龄但缴费年限累计不满15年的人员,不发给基础养老金;个人账户储存额一次性支付给本人,终止基本养老保险关系。

《中共中央、国务院关于切实做好国有企业下岗职工基本生活保障和再就业工作的通知》(中发〔1998〕10号)和《关于加强国有企业下岗职工管理和再就业服务中心建设有关问题的通知》(劳社部发〔1998〕8号)文件规定,凡属于国有企业下岗职工,进入本企业再就业服务中心或类似机构后,由再就业服务中心(包括类似机构或代管科室)负责为其缴纳养老保险费。下岗职工被其他用人单位录用后,由用人单位继续为其缴纳养老保险费。下岗职工自谋职业的,可以以个人身份参加养老保险,到社保机构缴纳养老保险费。对下岗职工无论以何种方式实现再就业或不再就业,过去的连续工龄和养老保险缴费年限与以后的缴费年限合并计算,达到国家法定退休年龄时,可以按照国有企业职工同样的方法,享受相应养老保险待遇。

未参保的原国有、集体企业职工,与企业解除劳动关系后,从事个体经营或灵活就业的,本人提出书面申请并提供与原单位存在劳动关系原始证明材料和原职工档案,经劳动保障行政部门审核后,可对原在企业工作期间未缴纳养老保险费的时间进行补缴。建立个人账户后连续缴费满5年以上的,其在原国有、集体企业工作符合国家和省规定的连续工龄,经劳动保障行政部门认定后可视同缴费年限。

由上述文件可知,国企下岗职工无论是否再就业,享受养老保险待遇的前提是符合养老保险缴费的规定要求:

(1) 继续缴纳养老保险费;

(2) 缴费年限满15年才可获得过渡养老金;

(3) 没有连续缴纳养老保险费,需要补缴的人员,需建立个人账户连续缴费满5年才可将原工龄计入视同缴费年限,从而获得过渡养老金。

由于过渡养老金体现了国家对城镇职工在养老制度改革前,工作时期产生的被凝结在固定资产中的统筹资金的弥补,视同缴费年限(改革前工龄)划定了这部分人群在养老制度改革前对统筹资金产生贡献的时间。因此,本文在测算下岗"脱保"职工的应偿养老债务时,考虑了两部分:

(1) 下岗"脱保"职工本应获得的过渡养老金;

(2) 重新将下岗"脱保"职工纳入养老体系范围所要补缴的养老保险费。由于过渡养老金与视同缴费年限挂钩,因此必须满足对视同缴费年限认定的要求,即满足国家规定的最低缴费年限5年的养老保险费补缴,这部分费用也理应由国有资本弥补。

因此,本文测算下岗"脱保"职工的应偿养老债务的范围与前文"中人"的测算范围相比多了一块:除计算下岗"脱保"职工的过渡养老金债务之外,还计算了使本人群被重新纳入现行养老体系保障范围、从而可享受过渡养老金补偿的缴费金额,而此部分缴费金额也理应由国有资本补偿。对应的,本文计算下岗"脱保"职工的应偿过渡养老金债务时沿用"中人"的精算模型;计算应补缴费金额时按照现有规定计算。

2. 下岗"脱保"职工的应偿过渡养老金债务规模

根据前文对"中人"应偿过渡养老金债务规模的精算模型的设定,可以得到下岗"脱保"职工类似的精算模型。由此本文测算出了2010—2077年间下岗"脱保"职工国有资本应偿过渡养老金的规模,表17.5给出了主要年份的具体测算数字。

表17.5 2010—2077年下岗"脱保"职工应偿过渡养老金规模

2010	男	2 442 559
	女	2 350 805
	合计(人)	4 793 364
	应补贴过渡养老金(亿元)	68.598 492 36
2011	男	2 434 067
	女	2 346 879
	合计(人)	4 780 946
	应补贴过渡养老金(亿元)	92.316 759 17

续表

年份	性别/项目	比率	数值
2012	男		2 424 787
	女		2 342 538
	合计(人)		4 767 325
	应补贴过渡养老金(亿元)		245.819 547 8
2013	男		2 414 651
	女		2 337 736
	合计(人)		4 752 387
	应补贴过渡养老金(亿元)		314.991 978 4
2014	男		2 403 584
	女		2 332 422
	合计(人)		4 736 006
	应补贴过渡养老金(亿元)	高8%	384
		中6%	377
		低4%	369
2015	男		2 391 505
	女		2 326 536
	合计(人)		4 718 041
	应补贴过渡养老金(亿元)	高8%	461
		中6%	444
		低4%	427
2016	男		2 378 324
	女		2 320 014
	合计(人)		4 698 338
	应补贴过渡养老金(亿元)	高8%	547
		中6%	517
		低4%	488
2017	男		2 363 943
	女		2 312 780
	合计(人)		4 676 723
	应补贴过渡养老金(亿元)	高8%	320
		中6%	297
		低4%	276
2018	男		2 348 258
	女		2 304 750
	合计(人)		4 653 008
	应补贴过渡养老金(亿元)	高8%	372
		中6%	339

续表

		低4%	308
2019	男		2 331 153
	女		2 295 832
	合计(人)		4 626 985
	应补贴过渡养老金(亿元)	高8%	427
		中6%	382
		低4%	341
2020	男		2 312 511
	女		2 285 920
	合计(人)		4 598 431
	应补贴过渡养老金(亿元)	高8%	487
		中6%	427
		低4%	374
2030	男		2 012 676
	女		2 102 266
	合计(人)		4 114 942
	应补贴过渡养老金(亿元)	高8%	1 217
		中6%	885
		低4%	640
2040	男		44 507 802
	女		1 656 855
	合计(人)		46 164 657
	应补贴过渡养老金(亿元)	高8%	26 837
		中6%	16 201
		低4%	9 687
2050	男		22 755 765
	女		960 083
	合计(人)		23 715 849
	应补贴过渡养老金(亿元)	高8%	20 048
		中6%	10 422
		低4%	5 351
2060	男		6 981 856
	女		337 906
	合计(人)		7 319 762
	应补贴过渡养老金(亿元)	高8%	10 690
		中6%	4 441
		低4%	4 441

续表

2070	男		944 120
	女		50 628
	合计(人)		994 748
	应补贴过渡养老金(亿元)	高 8%	1 739
		中 6%	599
		低 4%	202
2076	男		120 299
	女		5 996
	合计(人)		126 295
	应补贴过渡养老金(亿元)	高 8%	135
		中 6%	41
		低 4%	12

与此类似,也可以计算出下岗"脱保"职工的应补缴养老保险费债务规模。

三、国有资本应补偿养老债务总规模

在分别对"老人""中人"和国企下岗"脱保"职工的人口分布和应偿养老金债务额进行测算之后,我们将各年补偿对象的人数进行加总,对应年份的三类人群的应偿养老金债务额也进行加总,得到2010—2077年所有"老人""中人"和国企下岗"脱保"职工的应偿养老金总债务规模。表17.6描述了主要年份的补偿对象人数和总债务,图17.3给出了直观图形,总体而言,国有资本应偿养老金债务的高峰期出现在2050—2060年。图17.4则分别给出了2011—2077年"老人""中人"、下岗"脱保"职工高中低三种养老债务规模,我们发现"中人"养老金债务形成了国有资本应偿养老金债务最主要的构成部分,且"中人"的偿付期高峰在2050年前后;债务额其次的是国企下岗"脱保"职工,其偿付高峰期在2040年前后;"老人"的应偿债务相比之下负担要轻得多。

表17.6　2010—2077年全部应补偿对象的应偿养老金总债务

年　份	人数合计(人)	应偿养老金总债务(亿元)		
		高 8%	中 6%	低 4%
2010	131 653 146.1	5 070.935 788		5 254.305 788
2011	130 752 853.9	8 738.630 583	—	
2012	129 801 682.9	10 483.437 89		
2013	129 236 905.2	10 574.210 32	10 538.610 32	10 503.010 32
2014	127 737 679.2	13 472.978 78	13 196.517 5	12 921.126 23
2015	126 623 201.1	14 986.729 51	14 418.359 28	13 861.824 46
2020	120 180 445	13 469.635 64	11 836.488 09	10 376.681 64
2030	102 491 824.4	27 837.956 26	20 298.492 81	14 714.118 99

续表

年 份	人数合计(人)	应偿养老金总债务(亿元)		
		高8%	中6%	低4%
2040	158 839 084.8	82 806.367 39	49 997.552 63	29 899.729 54
2050	667 479 880.7	467 052.181 2	242 794.725	124 652.455 5
2060	236 978 133.1	298 258.425 7	123 894.458 2	123 894.458 2
2070	36 991 279	64 298.656 85	22 155.530 75	7 480.802 313
2077	220 981	207.722 506 7	63.564 235 19	19.018 720 8

注：其中2010年养老金债务的高、低金额并不是按照8%、4%的工资增长率得来，而是2010年债务中的国企下岗"脱保"职工债务中，第五节计算的最高应补缴保险费金额和最低应补缴保险费金额。2010—2012年的"老人"与"中人"的应偿养老金计算中的工资增长率均采用实际工资增长率，因此该部分养老金没有高、中、低档。

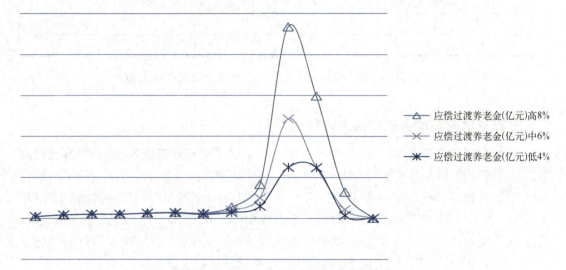

图 17.3 2010—2077 年总应偿养老金债务规模

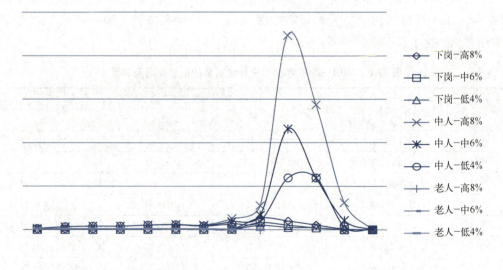

图 17.4 2011—2077 年"老人""中人"、下岗"脱保"职工高中低三种养老债务规模

第三节 国有资本向养老基金注资的可持续性分析

前文对国有资本应偿的养老金债务规模进行了测算,接下来要考虑的问题是:在未来各时点,国有资本资金是否足以弥补国有资产对特定人群的应偿养老金权益?国有资本向养老基金注资资金的来源途径主要有三种,分别是:国有资本经营收益;国有企业股份在资本市场中直接变现以取得资金;或是将上市国有企业股份取得的分红作为养老基金注资资金的来源。在此将对这三种途径进行评估,将国有资本资金与前文测算的应偿债务规模进行比较,从而评估国有资本向养老基金注资是否可持续。

一、国有资本经营收益的资金规模

自2007年开始,我国开始编制国有资本经营预算,记载国有资本收益和支出安排,国有资本收益形成了政府掌握的另一项收入来源。

国有资本收益是指国家以所有者身份依法取得的国有资本投资收益,具体包括:(1)应交利润,即国有独资企业按规定应当上交国家的利润,具体指国有企业税后利润(净利润扣除年初未弥补亏损和法定公积金);(2)国有股股利、股息,即国有控股、参股企业国有股权(股份)获得的股利、股息收入;(3)国有产权转让收入,即转让国有产权、股权(股份)获得的收入;(4)企业清算收入,即国有独资企业清算收入(扣除清算费用),国有控股、参股企业国有股权(股份)分享的公司清算收入(扣除清算费用);(5)其他国有资本收益。其中,"(1)应交利润"就是本文这里所说的"国有企业上缴利润"。

1. 国有资本经营收益的上缴比例规定

财政部于2010年颁发的《关于完善中央国有资本经营预算有关事项的通知》(财企〔2010〕392号)中,明确从2011年起,将预算覆盖范围由2010年的国资委监管企业(115家)和中国烟草局扩大到包括教育部、中国国际贸易促进委员会等部门下属企业等在内的652家企业。2010年确定的三类中央企业及上缴比例为:资源型企业征收比例为企业税后利润的10%,一般竞争性企业征收比例为5%,军工企业、转制科研院所企业暂缓3年上交或免交。2011年起,中央企业国有资本收益收取比例类型,由原先的三类调整到四类,即中国烟草总公司等15家第一类企业收取比例为企业税后利润的15%,中国铝业等78家第二类企业收取比例为10%,中国核工业集团等33家第三类中央企业收取比例为5%,纳入第四类的中国储备粮管理总公司和中国储备棉管理总公司继续免交国有资本收益。财政部在2014年发布《关于进一步提高中央企业国有资本收益收取比例的通知》(下称《通知》),对央企红利上缴进行了重新规定,将国有独资企业应交利润收取比例在现有基础上提高5个百分点。其中,中国烟草总公司红利上缴比例最高,已提升至25%。调整后的央企红利上缴比例为:第一类企业(仅为中国烟草总公司)为25%;第二类企业(包括中国石油天然气集团公司、中国移动通信集团公司等14家)为20%;第三类企业(包括中国铝业公司、宝钢集团有限公司等70家)为15%;第四类企业(包括中国核工业集团公司、中国航天科技集团公司等)为10%;第五类企业(中国储备粮管理总公司和中国储备棉管理总公司两家)免交当年应交利润。

2. 资本经营收益的使用状况

2010—2019年,我国中央国有资本经营预算实现收入逐年攀升,至2019年,中央国有资本经营收入预算数为1 638.11亿元,加上上年结转收入5.63亿元,2019年中央国有资本经营预算收入总规模为1 643.74亿元。央企利润收入最高的行业分别是第二类石油石化、电力、电信、煤炭等资源型企业、第一类为烟草企业,来自这两类行业的利润收入总额占中央国有资本经营预算收入总额的六成以上。

在国有资本收益的运用方面,自2010年以来,我国国有资本收益大多继续用于国有企业投资,用于民生等其他方面的资金比例很少,以2019年的国有资本收益的安排为例,根据财政部网站《关于2019年中央国有资本经营预算的说明》,2019年中央国有资本经营收入预算数为1 638.11亿元,2019年中央国有资本经营支出预算数为1 253.97亿元。其中,中央本级国有资本经营支出预算数为1 135.97亿元,具体安排如表17.7所示。

表17.7 2019年中央本级国有资本收益支出项目及结构

支 出 项 目	金 额	支出结构分类	占 比
1.国有企业资本金注入支出	386.67亿元	生产领域	76.43%
2.国有企业政策性补贴支出	82.07亿元		
3.金融企业国有资本经营预算支出	250亿元		
4.其他国有资本经营预算支出5.49	149.5亿元		
7.国有股减持收入补充社保基金支出	0.25亿元	民生领域	23.57%
8.解决历史遗留问题及改革成本支出	411.49亿元		

资料来源:根据财政部网站《关于2019年中央国有资本经营预算的说明》整理

从目前国有资本经营收益的收入规模和支出安排上可以看出,至少在短期之内,国有资本经营收益不可能有大幅度增加,且其安排绝大部分仍用于各类国有企业的生产领域支出,可用于养老基金补充的资金额非常有限,以2019年安排为例,只有0.25亿元用于补充社保基金的支出。因此,国有资本对应偿养老债务的弥补资金,至少现期不可能靠国有资本经营收益形成大的资金来源。

二、国有股份变现以弥补养老债务的可行性

1. 政策经验的回顾

将国有股份变现以用于养老及其他民生方面支出的观点由来已久。我国早在1994年就开始试点经营性国有资产转投向社会公益部门或准公益部门,称为国有股减持;而后在1999年正式提出,减持所得资金中一定部分充为社会保障资金,2001年暂停。在一篇讨论

上市公司国有股减持变现的方法的文章中,翟旭(2000)首次提出发行社会保障债券,作为国有股减持变现的资金来源。债券发行成功后,以筹集资金按上市公司平均或略高的每股净资产价格购买符合减持条件的国有股,变现金额用于社会保障体制建设。熊海斌、夏杰长(2000)同样是在试图解决国有股减持问题时,提出将应减持的国有股的大部分划拨给社保基金,然后让其在专门的"国有股法人股流通市场"中相机减持。陈淮(2000)认为,减持国有股的目标之一就是补充社会保障基金。陶严(2001)转引樊纲的提法,从社会保障体制改革的角度出发,结合国有股减持方法的研究,提出将上市公司的一部分国有股直接划拨给社会保障基金,以产权转移来实现部分国有股的减持。社会保障基金当年即可利用这部分资产所产生的利润支付职工的养老金,这样既充实了社会保障基金,又使国有股减持不通过交易而实现。长江证券国有股减持课题组(2001)第一次比较全面地分析了国有股减持的规模、社保基金缺口,并提出了减持以充实社保基金的基本思路。但是,国有股减持行为对股市造成了巨大冲击,因此这项政策在2001年暂停,此后2009年开始实行将国有股转持给社保基金理事会而非减持变现政策。

2. 国有股份变现与弥补养老债务的市场悖论

对国有股份变现的要求来源于增长的应偿养老债务,而养老债务规模是随着老龄化趋势的加重进一步增加的,老龄化的发展会影响到经济发展的各方面,包括一个国家的"经济晴雨表"——证券市场。国有股份变现必然要在证券市场完成,那么弥补养老债务——变现国有股份之间是否有可能存在市场的悖论呢? 也就是说,资本市场的发展与老龄化趋势是否存在关联,老龄化社会的到来会否对资本市场产生抑制作用?

相较其他国家,日本在人口基数、老龄化速度方面的问题与我们非常相似,而日本提前我国几十年进入老龄化社会,其发展历程和经验对我国的借鉴意义重大。日本的资本市场持续低迷,那么这种低迷与其老龄化进程是否相关? 根据日本 1970—2012 年的样本数据,运用 VAR 模型对资本市场与老龄化之间是否存在关联及其关联度进行实证分析(见图 17.5)。结果表明,当假设本期社会扶养比(DLDR)有一个正冲击时,日经指数(LN225)在当期就有一个反向的急剧变动,并缓慢增强,在第 8 期达到峰值(−1.401 8),之后逐渐减弱。这说

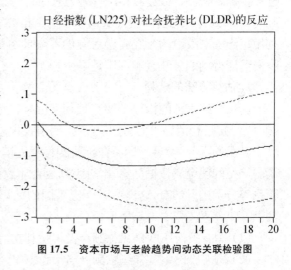

图 17.5 资本市场与老龄趋势间动态关联检验图

明,社会扶养比发生变动后将造成日本资本市场的反向冲击,该指标对资本市场有显著的抑制作用,且抑制作用持续效应长,即日本的老龄趋势对资本市场存在负面冲击,它们间的动态关联长达 8 期之久。

结论是:(1) 日本资本市场与老龄化趋势之间的确存在长期稳定关系(不能排除短期波动),两者间存在负面效应,这与日本进入老龄化社会后资本市场持续低迷的现实相符。(2) 两者间存在动态关联,老龄化趋势对日本资本市场的负面影响较大,持续影响的时间长

达8期。(3)日本的资本市场先于老龄化趋势反应,而市场消化老龄社会的负面冲击的时间很长,这对我们的借鉴作用很明显。

我国社会老龄化趋势越来越明显,考虑到我国人口基数和相较日本更加失衡的人口结构,一旦面临伴随着老龄社会的资本市场的长期低迷,通过国有股份变现以取得偿债资金对国有资产造成的损失很有可能会加大。由此,国有资本对应偿养老债务的补偿资金来源,只能部分来源于国有股的变现和减持。我们还要考虑国有股份分红。通过对国有股份分红资金的资金规模的测算,以评估其弥补应偿债务的可行性。

三、国有股份分红可得的资金规模

作为股利分配的一种重要方式,现金分红指的是上市企业将经营利润以现金的方式派发给投资者。从全球看,现金分红已有300多年的历史,我国上市公司的分红实践也有20年的历史,20年间中国证监会进行了多次分红制度的改革:1996年7月,证监会发布《关于规范上市公司若干问题通知》,对上市公司发放股利的程序进行了规范,保证了不同种类的股东具有同样形式和数量的股利政策,规范了股利发放的形式;2001年3月发布的《上市公司新股发行管理办法》,提出把现金分红作为上市公司再筹资的必要条件。随着股权分置改革的完成,2006年证监会出台了《证券公司证券发行管理办法》,规定上市公司发行新股必须符合"最近三年以现金或股票方式累计分配的利润不少于最近三年实现的年均可分配利润的20%"。2008年发布的《关于修改上市公司现金分红若干规定的决定》,对分红的指标进一步提高,要求"最近三年以现金方式累计分配的利润不少于最近三年实现的年均可分配利润的30%"。因此,我国证券市场中的上市公司包括国有上市公司的分红行为应是常态,利用每年国有股份的分红所得对应偿养老债务进行补充就成为可能,关键是未来各年国有股份可能得到的分红金额规模是多少。

1. 估算方法的选择

衡量分红水平的指标主要有股利支付率(分红总额/净利润总额)、股息率(每股分红金额/股价)、股利销售比率(分红总额/销售收入总额)和股利现金流比率(分红总额/经营活动中产生的现金流)等指标。在上述四种常见指标中,后两种指标中销售收入总额和经营活动中产生的现金流数据估算非常困难,因此本文倾向于采用前面两个指标,即股利支付率和股息率分别进行估算,这样可以得出不同的计算结果分别进行比较。本文采用的估算式有两个:

(1) 国有股份年度分红总额=当年股利支付率×当年国有企业净利润总额

(2) 国有股份年度分红总额=当年股息率×当年国有企业股票价格

2. 股利支付率方法的测算

利用股利支付率进行测算,则有:

> 国有股份年度分红总额=当年股利支付率×当年国有企业净利润总额

本书的测算基年为2010年,与国有资本应偿债务的存续时间一致,测算区间为2010—2077年。

为了简化分析,本书假设国有企业的股利支付率与市场的平均股利支付率保持一致。本书将通过对过往年度中股利支付率的状况进行总结,以往年股利支付率的平均值作为未来时点中的设定值,考虑到境内资本市场发展的时间还很短,因此本书同时将境内市场指标与境外市场进行对比,分别取境内、境外市场中的均值作为本书股利支付率的设定值。

表17.8 境内与境外市场1970—2010年间股利支付率比较   单位:%

市 场	1970—1979	1980—1989	1990—2000	2000—2004	2005—2010	2000—2010	2010
中国大陆（内地）	NA	NA	17.08	26.03	19.4	22.41	20.82
美 国	22.4	16.74	13.28	11.67	12.74	12.25	12.18
日 本	38.79	34.15	31.21	28.93	27.92	28.38	33.06
英 国	37.11	38.13	36.89	34.35	31.71	32.91	31.02
德 国	49.71	45.13	35.77	21.83	20.86	21.3	20.63
韩 国	NA	NA	27.58	18.46	17.9	18.16	15.21
中国香港	35.79	37.67	29.94	22.39	21.43	21.87	19.81
中国台湾	NA	NA	12.29	19.01	34.83	27.64	33.05
新加坡	34.47	35.14	27.97	20.86	22	21.48	20.76
巴 西	NA	NA	14.59	25.93	29.9	28.09	28.66
智 利	NA	NA	29.22	29.95	32.52	31.35	29.63
马来西亚	NA	NA	27.73	21.53	23.84	22.79	23.56

数据来源:何基报,《境内外上市公司分红的差异及原因实证研究》,深圳证券交易所研究报告,2012年

1990—2010年间我国境内市场中的股利支付率平均数为16.98%,其他国家市场中的股利支付率平均数为23.77%,因此本文设定的股利支付率分别取这两个值进行估算。

2002—2010年国有企业的净利润年平均增长率为28.38%。考虑到中央认定的国有经济的定位是"国有经济控制国民经济命脉",即使国有企业从一般竞争性领域退出,但以后年度中国有企业的净利润总额进一步上升应是常态,且增长速度应不致过缓。为了综合考虑国企净利润增长率对其红利金额的测算影响,本书以28.38%为测算的最高值、中值取其中位数14.2%、低值再取其中位数7.1%来分别测算。

根据前文公式,本文分别测算了2010—2077年各年国有企业净利润总额,以国内股利支付率不变、分高中低三档国有企业净利润总额增长率计算的国有企业股份红利金额,和以国外股利支付率为标准、分高中低三档净利润总额增长率计算出的红利金额。表17.9给出了2010—2077年,按国内平均股利支付率计算出的最低红利额,和按国外平均股利支付率计算出的红利最高规模。

表 17.9 2010—2077 年按股息支付率方法计算的最高红利规模和最低红利规模

年份	红利金额 按国内均值计算（亿元）最低规模	红利金额 按国外均值计算（亿元）最高规模	年份	红利金额 按国内均值计算（亿元）最低规模	红利金额 按国外均值计算（亿元）最高规模
2010	2 728.9	3 820.1	2044	28 107.8	18 663 228.0
2011	2 922.6	4 904.3	2045	30 103.4	23 959 852.1
2012	3 130.1	6 296.1	2046	32 240.8	30 759 658.2
2013	3 352.4	8 082.9	2047	34 529.9	39 489 249.2
2014	3 590.4	10 376.9	2048	36 981.5	50 696 298.1
2015	3 845.3	13 321.8	2049	39 607.2	65 083 907.5
2016	4 118.3	17 102.5	2050	42 419.3	83 554 720.4
2017	4 410.7	21 956.2	2051	45 431.1	107 267 550.0
2018	4 723.9	28 187.4	2052	48 656.7	137 710 080.8
2019	5 059.3	36 187.0	2053	52 111.3	176 792 201.7
2020	5 418.5	46 456.9	2054	55 811.2	226 965 828.5
2021	5 803.2	59 641.3	2055	59 773.8	291 378 730.6
2022	6 215.2	76 567.5	2056	64 017.7	374 072 014.4
2023	6 656.5	98 297.4	2057	68 563.0	480 233 652.1
2024	7 129.1	126 194.2	2058	73 431.0	616 523 962.5
2025	7 635.3	162 008.1	2059	78 644.6	791 493 463.1
2026	8 177.4	207 986.0	2060	84 228.3	1 016 119 307.9
2027	8 758.0	267 012.4	2061	90 208.5	1 304 493 967.5
2028	9 379.8	342 790.5	2062	96 613.3	1 674 709 355.5
2029	10 045.8	440 074.5	2063	103 472.9	2 149 991 870.5
2030	10 759.1	564 967.6	2064	110 819.5	2 760 159 563.4
2031	11 522.9	725 305.4	2065	118 687.7	3 543 492 847.5
2032	12 341.1	931 147.1	2066	127 114.5	4 549 136 117.6
2033	13 217.3	1 195 406.7	2067	136 139.6	5 840 180 947.8
2034	14 155.7	1 534 663.1	2068	145 805.5	7 497 624 300.8
2035	15 160.8	1 970 200.5	2069	156 157.7	9 625 450 077.3
2036	16 237.2	2 529 343.4	2070	167 244.9	12 357 152 809.3
2037	17 390.0	3 247 171.0	2071	179 119.3	15 864 112 776.6
2038	18 624.7	4 168 718.2	2072	191 836.8	20 366 347 982.5
2039	19 947.1	5 351 800.4	2073	205 457.2	26 146 317 540.0
2040	21 363.3	6 870 641.3	2074	220 044.6	33 566 642 457.8
2041	22 880.1	8 820 529.3	2075	235 667.8	43 092 855 587.4
2042	24 504.6	11 323 795.5	2076	252 400.2	55 322 608 003.1
2043	26 244.4	14 537 488.7	2077	270 320.6	71 023 164 154.4

3. 股息率方法的测算

按股息率方法估算国有股份分红额,有:

> 国有股份年度分红总额=当年股息率×当年国有企业股票价格

与前文一致,测算基年为 2010 年,测算区间为 2010—2077 年。表 17.10 给出了 12 个市场在 1970—2010 年的股息率情况,从水平上比较,境内市场显著低于境外各市场。以 2010 年为例,境内市场股息率仅为 0.55%,股息率不及美国和日本的三分之一,约为英国的四分之一和德国的二分之一,也显著低于韩国、中国香港、中国台湾、新加坡、巴西、智利和马来西亚。即使是按 2009—2010 年数值进行比较,我国也显著比其他国家(地区)市场低(见图 17.6)。1990—2010 年,我国大陆(内地)股息率的平均值为 0.71%,其他国家(地区)市场的股息率均值为 2.6%,本文由此设定股息率的高低值分别为 0.71%、2.6%。

表 17.10 我国和其他国家股息率比较(1970—2010)   单位:%

市场	1970—1979	1980—1989	1900—1999	2000—2004	2005—2010	2000—2010	2010
中国大陆(内地)	NA	NA	0.78	0.76	0.72	0.74	0.55
美 国	3.05	2.2	1.84	1.73	2.36	2.07	1.97
日 本	2.16	1.12	1.03	1.45	1.69	1.58	1.74
英 国	5.94	4.19	3.66	2.78	2.29	2.51	2.19
德 国	2.9	2.35	2.31	1.27	1.34	1.31	1.11
韩 国	NA	1.09	2.3	2.28	1.42	1.81	1.27
中国香港	7.12	5.58	3.77	2.1	2.08	2.09	1.56
中国台湾	NA	NA	1.1	2.16	3.04	2.64	2.23
新加坡	5.49	3.48	2.28	2.73	3.25	3.01	2.82
巴 西	NA	NA	2.61	3.63	2.79	3.17	2.65
智 利	NA	NA	4.05	3.52	4.08	3.83	4.47
马来西亚	NA	4.1	2.04	1.94	2.58	2.29	2.26

数据来源:何基报,《境内外上市公司分红的差异及原因实证研究》,深圳证券交易所研究报告,2012。

图 17.6 我国和其他国家股息率比较(2005—2010 年)

国企股票价格的确定我们可以用上市国企的总市值来表示。截至2010年年底,中央和地方国有资产管理系统持有市值约为13.7万亿元的上市国有公司的股份(马骏,2012),占当年证券市场总市值的51.4%。假设上市国有公司市值占证券市场总市值的比值不变,则我们大致可以用证券市场总市值的年增长率来估算上市国有公司市值在各年的变化情况。由于证券市场波动性强,本书按其波动状况分成了三组,剔除了极端情况下(最高增长率组别和最低增长率组别)的增长率,而只采用其中的中档增长率测算国有企业股份总市值的变动情况。

本书分别估算了2010—2077年各年国有股份市值,以国内股息率计算的国有企业股份红利金额,和以国外股息率为标准计算的国有企业股份红利金额(见表17.11)。

表17.11 2010—2077年间按股息率方法测算的国有股份市值及红利规模

年份	国有股份市值(亿元)	红利——按国内均值计算(亿元)	红利——按国外均值计算(亿元)
2010	137 000.0	972.7	3 562.0
2011	194 403.0	1 380.3	5 054.5
2012	275 857.9	1 958.6	7 172.3
2013	391 442.3	2 779.2	10 177.5
2014	555 456.6	3 943.7	14 441.9
2015	788 192.9	5 596.2	20 493.0
2016	1 118 445.8	7 941.0	29 079.6
2017	1 587 074.6	11 268.2	41 264.0
2018	2 252 058.8	15 989.6	58 553.6
2019	3 195 671.5	22 689.3	83 087.5
2020	4 534 657.8	32 196.1	117 901.1
2021	6 434 679.5	45 686.2	167 301.7
2022	9 130 810.1	64 828.8	237 401.1
2023	12 956 619.6	91 992.0	336 872.1
2024	18 385 443.2	130 536.6	478 021.5
2025	26 088 943.9	185 231.5	678 312.6
2026	37 020 211.4	262 843.5	962 525.5
2027	52 531 680.0	372 974.9	1 365 823.7
2028	74 542 453.9	529 251.4	1 938 103.8
2029	105 775 742.1	751 007.8	2 750 169.3
2030	150 095 778.0	1 065 680.0	3 902 490.3
2031	212 985 909.0	1 512 200.0	5 537 633.7
2032	302 227 004.9	2 145 811.7	7 857 902.2
2033	428 860 119.9	3 044 906.9	11 150 363.1
2034	608 552 510.1	4 320 722.8	15 822 365.3
2035	863 536 011.9	6 131 105.7	22 451 936.3
2036	1 225 357 600.9	8 700 039.0	31 859 297.6

续表

年 份	国有股份市值(亿元)	红利——按国内均值计算(亿元)	红利——按国外均值计算(亿元)
2037	1 738 782 435.7	12 345 355.3	45 208 343.4
2038	2 467 332 276.2	17 518 059.2	64 150 639.2
2039	3 501 144 499.9	24 858 125.9	91 029 757.0
2040	4 968 124 045.4	35 273 680.7	129 171 225.2
2041	7 049 768 020.4	50 053 352.9	183 293 968.6
2042	10 003 620 821.0	71 025 707.8	260 094 141.4
2043	14 195 137 945.0	100 785 479.4	369 073 586.6
2044	20 142 900 743.9	143 014 595.3	523 715 419.4
2045	28 582 776 155.6	202 937 710.7	743 152 180.1
2046	40 558 959 364.8	287 968 611.5	1 054 532 943.5
2047	57 553 163 338.7	408 627 459.7	1 496 382 246.8
2048	81 667 938 777.6	579 842 365.3	2 123 366 408.2
2049	115 886 805 125.5	822 796 316.4	3 013 056 933.3
2050	164 443 376 473.0	1 167 547 973.0	4 275 527 788.3
2051	233 345 151 215.2	1 656 750 573.6	6 066 973 931.6
2052	331 116 769 574.4	2 350 929 064.0	8 609 036 009.0
2053	469 854 696 026.1	3 335 968 341.8	12 216 222 096.7
2054	666 723 813 661.0	4 733 739 077.0	17 334 819 155.2
2055	946 081 091 585.0	6 717 175 750.3	24 598 108 381.2
2056	1 342 489 068 959.1	9 531 672 389.6	34 904 715 793.0
2057	1 904 991 988 852.9	13 525 443 120.9	49 529 791 710.2
2058	2 703 183 632 182.3	19 192 603 788.5	70 282 774 436.8
2059	3 835 817 574 066.7	27 234 304 775.9	99 731 256 925.8
2060	5 443 025 137 600.7	38 645 478 477.0	141 518 653 577.6
2061	7 723 652 670 255.3	54 837 933 958.8	200 814 969 426.7
2062	10 959 863 139 092.3	77 815 028 287.6	284 956 441 616.4
2063	15 552 045 794 372.0	110 419 525 140.0	404 353 190 653.7
2064	22 068 352 982 213.9	156 685 306 173.7	573 777 177 537.6
2065	31 314 992 881 761.5	222 336 449 460.5	814 189 814 925.8
2066	44 435 974 899 219.5	315 495 421 784.5	1 155 335 347 379.7
2067	63 054 648 381 992.5	447 688 003 512.1	1 639 420 857 931.8
2068	89 474 546 054 047.4	635 269 276 983.7	2 326 338 197 405.3
2069	126 964 380 850 693.0	901 447 104 039.9	3 301 073 902 118.1
2070	180 162 456 427 134.0	1 279 153 440 632.7	4 684 223 867 105.5
2071	255 650 525 670 103.0	1 815 118 732 257.7	6 646 913 667 422.7

续表

年 份	国有股份市值(亿元)	红利——按国内均值计算(亿元)	红利——按国外均值计算(亿元)
2072	362 768 095 925 876.0	2 575 653 481 073.7	9 431 970 494 072.8
2073	514 767 928 118 818.0	3 654 852 289 643.6	13 383 966 131 089.3
2074	730 455 690 000 602.0	5 186 235 399 004.3	18 991 847 940 015.7
2075	1 036 516 624 110 850.0	7 359 268 031 187.1	26 949 432 226 882.3
2076	1 470 817 089 613 300.0	10 442 801 336 254.5	38 241 244 329 945.9
2077	2 087 089 450 161 280.0	14 818 335 096 145.1	54 264 325 704 193.2

4. 对国有股份分红资金的两种估算结果的比较

通过两种计算方法得到的国有股份分红资金规模进行对比(见图 17.7),我们发现这两种方法计算出的分红资金额在最初五六年内差别不大,但随着时间推移,股息率计算法计算出的分红资金规模十分巨大,很有可能已经超过了合理范围。这应当与本书的设定有关。由于在股息率计算法下需要对证券市场总市值在未来时点的增长率进行设定,本书将我国自 1992 年以来的实际增长率剔除了过高值和过低值后,计算出平均增长率作为未来时点的假设增长率,并未考虑我国证券市场相比其他国家还处于发展的初期,快速增长的状况很有可能随着市场的成熟而逐渐放慢。此外,我国面临的人口老龄化进程将对经济造成一系列影响,证券市场所受的影响往往是负面的。

表 17.12 两种计算分红资金方法的计算结果比较

年 份	股息率方法计算的分红资金(亿元)		股利支付率方法计算的分红资金(亿元)	
	按国内均值计算	按国外均值计算	按国内均值计算	按国外均值计算
2010	972.7	3 562.0	2 728.881 27	3 820.112 355
2011	1 380.3	5 054.5	2 922.631 84	4 904.260 241
2012	1 958.6	7 172.3	3 130.138 701	6 296.089 298
2013	2 779.2	10 177.5	3 352.378 549	8 082.919 441
2014	3 943.7	14 441.9	3 590.397 426	10 376.851 98
2015	5 596.2	20 493.0	3 845.315 643	13 321.802 57
2016	7 941.0	29 079.6	4 118.333 053	17 102.530 14
2017	11 268.2	41 264.0	4 410.734 7	21 956.228 19
2018	15 989.6	58 553.6	4 723.896 864	28 187.405 75
2019	22 689.3	83 087.5	5 059.293 541	36 186.991 5
2020	32 196.1	117 901.1	5 418.503 383	46 456.859 69
2021	45 686.2	167 301.7	5 803.217 123	59 641.316 47
2022	64 828.8	237 401.1	6 215.245 539	76 567.522 09
2023	91 992.0	336 872.1	6 656.527 972	98 297.384 86
2024	130 536.6	478 021.5	7 129.141 458	126 194.182 7
2025	185 231.5	678 312.6	7 635.310 501	162 008.091 7
2026	262 843.5	962 525.5	8 177.417 547	207 985.988 2

续表

年份	股息率方法计算的分红资金(亿元)		股利支付率方法计算的分红资金(亿元)	
	按国内均值计算	按国外均值计算	按国内均值计算	按国外均值计算
2027	372 974.9	1 365 823.7	8 758.014 193	267 012.411 6
2028	529 251.4	1 938 103.8	9 379.833 2	342 790.534
2029	751 007.8	2 750 169.3	10 045.801 36	440 074.487 6
2030	1 065 680.0	3 902 490.3	10 759.053 25	564 967.627 1
2031	1 512 200.0	5 537 633.7	11 522.946 03	725 305.439 7
2032	2 145 811.7	7 857 902.2	12 341.075 2	931 147.123 5
2033	3 044 906.9	11 150 363.1	13 217.291 54	1 195 406.677
2034	4 320 722.8	15 822 365.3	14 155.719 24	1 534 663.092
2035	6 131 105.7	22 451 936.3	15 160.775 31	1 970 200.478
2036	8 700 039.0	31 859 297.6	16 237.190 36	2 529 343.373
2037	12 345 355.3	45 208 343.4	17 390.030 87	3 247 171.023
2038	17 518 059.2	64 150 639.2	18 624.723 06	4 168 718.159
2039	24 858 125.9	91 029 757.0	19 947.078 4	5 351 800.372
2040	35 273 680.7	129 171 225.2	21 363.320 97	6 870 641.318
2041	50 053 352.9	183 293 968.6	22 880.116 76	8 820 529.324
2042	71 025 707.8	260 094 141.4	24 504.605 04	11 323 795.55
2043	100 785 479.4	369 073 586.6	26 244.432	14 537 488.72
2044	143 014 595.3	523 715 419.4	28 107.786 68	18 663 228.02
2045	202 937 710.7	743 152 180.1	30 103.439 53	23 959 852.13
2046	287 968 611.5	1 054 532 943.5	32 240.783 74	30 759 658.17
2047	408 627 459.7	1 496 382 246.8	34 529.879 38	39 489 249.16
2048	579 842 365.3	2 123 366 408.2	36 981.500 82	50 696 298.07
2049	822 796 316.4	3 013 056 933.3	39 607.187 37	65 083 907.46
2050	1 167 547 973.0	4 275 527 788.3	42 419.297 68	83 554 720.4
2051	1 656 750 573.6	6 066 973 931.6	45 431.067 81	107 267 550
2052	2 350 929 064.0	8 609 036 009.0	48 656.673 63	137 710 080.8
2053	3 335 968 341.8	12 216 222 096.7	52 111.297 46	176 792 201.7
2054	4 733 739 077.0	17 334 819 155.2	55 811.199 58	226 965 828.5
2055	6 717 175 750.3	24 598 108 381.2	59 773.794 75	291 378 730.6
2056	9 531 672 389.6	34 904 715 793.0	64 017.734 17	374 072 014.4
2057	13 525 443 120.9	49 529 791 710.2	68 562.993 3	480 233 652.1
2058	19 192 603 788.5	70 282 774 436.8	73 430.965 82	616 523 962.5
2059	27 234 304 775.9	99 731 256 925.8	78 644.564 4	791 493 463.1
2060	38 645 478 477.0	141 518 653 577.6	84 228.328 47	1 016 119 308
2061	54 837 933 958.8	200 814 969 426.7	90 208.539 79	1 304 493 967
2062	77 815 028 287.6	284 956 441 616.4	96 613.346 11	1 674 709 355

续表

年 份	股息率方法计算的分红资金(亿元)		股利支付率方法计算的分红资金(亿元)	
	按国内均值计算	按国外均值计算	按国内均值计算	按国外均值计算
2063	110 419 525 140.0	404 353 190 653.7	103 472.893 7	2 149 991 871
2064	156 685 306 173.7	573 777 177 537.6	110 819.469 1	2 760 159 563
2065	222 336 449 460.5	814 189 814 925.8	118 687.651 4	3 543 492 847
2066	315 495 421 784.5	1 155 335 347 379.7	127 114.474 7	4 549 136 118
2067	447 688 003 512.1	1 639 420 857 931.8	136 139.602 4	5 840 180 948
2068	635 269 276 983.7	2 326 338 197 405.3	145 805.514 2	7 497 624 301
2069	901 447 104 039.9	3 301 073 902 118.1	156 157.705 7	9 625 450 077
2070	1 279 153 440 632.7	4 684 223 867 105.5	167 244.902 8	12 357 152 809
2071	1 815 118 732 257.7	6 646 913 667 422.7	179 119.290 9	15 864 112 777
2072	2 575 653 481 073.7	9 431 970 494 072.8	191 836.760 5	20 366 347 983
2073	3 654 852 289 643.6	13 383 966 131 089.3	205 457.170 5	26 146 317 540
2074	5 186 235 399 004.3	18 991 847 940 015.7	220 044.629 6	33 566 642 458
2075	7 359 268 031 187.1	26 949 432 226 882.3	235 667.798 3	43 092 855 587
2076	10 442 801 336 254.5	38 241 244 329 945.9	252 400.212	55 322 608 003
2077	14 818 335 096 145.1	54 264 325 704 193.2	270 320.627 1	71 023 164 154

相比而言,股利支付率方法计算的分红资金规模相对合理。要说明的是,表17.12中列出的股利支付率计算法下的两个分红资金规模,分别是本书设定参数下计算出的最低资金规模和最高资金规模。通常我们可以认定,只要前文计算出的国有资本应偿养老金债务规模落在这个区间内,通过国有股份分红方式产生的资金流即可满足国有资本弥补应偿养老金的需求。

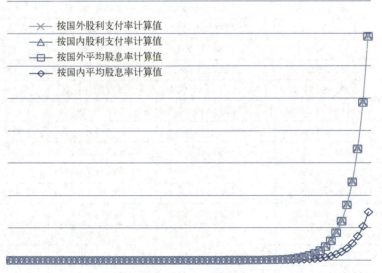

图 17.7　两种计算方法下的分红资金规模比较

四、国有资本向养老金注资的持续性评估

我们计算得到了所有国有资本应补偿对象的全部养老金债务,形成国有资本的资金支出;也测算出了国有股份分红资金规模,形成国有资本可用资金来源。表 17.13 将两部分测算结果进行了总结,分红资金规模和应偿养老金债务规模均只列出了最高值与最低值,我们将两方面的资金进行最高值与最高值的对比,最低值与最低值的对比,并计算了两者差额。

表 17.13 2010—2077 年国有资本应偿养老金规模和国有资本分红资金规模

年份	国有股份分红资金(亿元)		应偿养老金总债务(亿元)		差 额	
	最低规模	最高规模	最高规模	最低规模	最高规模	最低规模
2010	2 728.881 27	3 820.112 355	5 070.935 788	5 254.305 788	−1 250.773 433 4	−2 526.004 518
2011	2 922.631 84	4 904.260 241	8 738.630 583	8 738.630 583	−3 834.370 342	−5 815.998 743
2012	3 130.138 701	6 296.089 298	10 483.437 89	10 483.437 89	−4 187.348 591	−7 353.299 188
2013	3 352.378 549	8 082.919 441	10 574.210 32	10 503.010 32	−2 491.290 878	−7 150.631 77
2014	3 590.397 426	10 376.851 98	13 472.978 78	12 921.126 23	−3 096.126 8	−9 330.728 804
2015	3 845.315 643	13 321.802 57	14 986.729 51	13 861.824 46	−1 664.926 936	−10 016.508 82
2020	5 418.503 383	46 456.859 69	13 469.635 64	10 376.681 64	32 987.224 05	−4 958.178 258
2030	10 759.053 25	564 967.627 1	27 837.956 26	14 714.118 99	537 129.670 8	−3 955.065 736
2040	21 363.320 97	6 870 641.318	82 806.367 39	29 899.729 54	6 787 834.951	−8 536.408 567
2050	42 419.297 68	83 554 720.4	467 052.181 2	124 652.455 5	83 087 668.22	−82 233.157 86
2060	84 228.328 47	1 016 119 308	298 258.425 7	123 894.458 2	1 015 821 050	−39 666.129 74
2070	167 244.902 8	12 357 152 809	64 298.656 85	7 480.802 313	12 357 088 510	159 764.100 5
2077	270 320.627 1	71 023 164 154	207.722 506 7	19.018 720 8	71 023 163 946	270 301.608 4

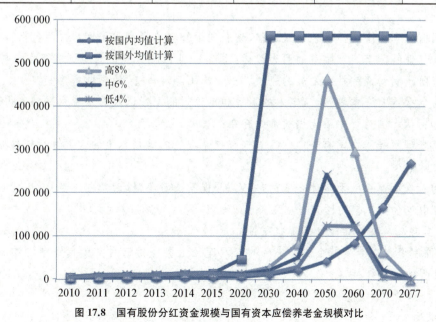

图 17.8 国有股份分红资金规模与国有资本应偿养老金规模对比

从表 17.13 的计算结果中可以看出，2010—2015 年国有股份分红资金的最高规模还无法覆盖应偿养老金的债务规模，但两者差额不大，差额的弥补完全可以通过国企上缴利润划转或其他方式解决。而且，这一逆差的状况从 2016 年开始得到扭转，以后各年中，分红资金与养老债务之间一直处于顺差，且顺差规模越来越大；相比二者的最低规模，最低规模下的分红资金到 2060 年还无法覆盖养老金债务。

为了便于有一个直观感受，我们制作了图 17.8，图中最上方的红线表示国有股份分红资金的最高规模值，基本处于最下方的蓝线表示分红资金的最低规模值。由于国有股份分红资金最高规模值在 2050 年之后上升数值很大，作图后影响对其他数值的观测，因此我们将 2050 年之后的值设定不变，不影响直观观测即可，真实数据仍以表 17.13 为准。从图中我们可以看到，在 2040—2060 年的应偿养老金债务高峰期，高、中、低三档规模的应偿养老金债务均高于分红资金的最低规模值，但也都低于分红资金的最高规模值。

我们可以判断，只要国有企业进一步提高市场盈利水平，加大股利支付比例，国有股份分红资金应大致可以覆盖应偿养老金债务，国有资本资金大致可以维持平衡并有能力在未来时点持续进行支付。当然，其中给我们的政策提示：一是有必要提高我国证券市场中国有上市公司的股利支付；二是需要进一步提高国有企业的盈利水平，促进国有企业改革发展。

习 题

【思考题】

1. 如何认识国有资本资金的使用途径？
2. 为什么国有资本投向生产领域，或投向社保等民生领域将对社会经济和福利产生巨大影响？
3. 国有资本资金选择哪种途径运作，最有利于社会总福利水平增加？为什么？
4. 如何理解国有资产改革的两大目标：国有企业做强做优做大与国有资本布局调整？
5. 现阶段制约经济社会发展的瓶颈、关系"国民经济命脉"的领域有哪些？
6. 为什么国有资本划转后，老人的消费和年轻人的消费以及总消费水平都能得到提升？
7. 如何认识国有资本最优划拨率的存在？
8. 怎样理解凝结在国有资产中的养老金权益理应向贡献积累的人群进行转移的理论基础和现实背景？
9. 为什么国有企业及集体企业的"中人"与视同缴费年限（改革前工龄）对应的过渡养老金也理应由包含其贡献的国有资本弥补？
10. 国有资本收益具体包括哪些项目？
11. 国有资本向养老基金注资资金的来源途径主要有哪三种？如何评估国有资本向养老基金注资的可持续性？

第十八章

国有资产管理体制

国有资产管理体制是指有关国有资产管理的各种制度安排的总和。随着国有资产管理实践的变化,国有资产管理体制也在发生相应的变化。如果国有资产管理体制的变化能够及时地适应国有资产管理实践的变化,那么就有助于国有资产管理效率的提高,并使国有资产管理工作对整体经济的发展作出更大的贡献;反之,国资产管理体制的变化如果跟不上发展了的形势,就势必会造成一系列负面的影响。因此,认真研究有关国有资产管理体制的有关理论,搞好国有资产管理体制改革的实践,意义是十分重大的。本章将就这一问题进行探讨。

第一节 国有资产管理体制的历史沿革

1949年以后,随着经济实践的变化,我国的国有资产管理体制的发展大致经历了以下三个阶段。

一、1979年以前计划经济下的国有资产管理体制

在这一时期的国有资产管理上,有以下五个特点。

(1) 由于存在着大量的国有资产,因此面对着客观的信息成本的制约,采取在一定程度上分权的管理方法是必然的选择。事实上,当时的国有资产管理就是通过中央各部的"条条"和各级地方政权的"块块"来分别加以管理的,但这种分权是计划体制下的分权,也就是说,部门的行为和地方各级政府的行为都是属于受命行为而非自主行为,即它们只有贯彻的权力,而无自主选择的权力。在这种情况下,依然由于决策反应链的过长,而导致决策和执行效率的低下。

(2) 在因国有资产管理而发生的利益的分割上,无论是"条条"还是"块块",都较之能够按照管理的实际业绩得到相应的利益激励。由于激励机制的不完善,也使得国有资产管理的效率趋于低下。

(3) 国有资产管理体制没有能够按照社会公共品和私人品的客观界限进行分割,结果使得许多部门和地方政府在国有资产的管理上,同时担负着满足社会公共需要之用的国有资产管理任务和满足个人需要为目的的国有资产管理任务,这也就是我们所说的"政企不分"。

(4) 没有能够分清国有的公共资产和地方拥有的公共资产的界限。在经济实践中公共资产根据其受益者范围的不同,是有着层次和级别之分的,满足全国性公共需要所需要的资财应归于国有资产,而那些只满足某些地方公众之公共需求的资产应归于地方性的公共资产,由于地方性的公共资产只满足部分国民的公共需要,因此无论从效率还是公平的角度而言,都没有理由让全体国民来为此出资,所以从道理上来讲,该类资产不应形成国有资产,也不应采取国有资产的形式来管理。但是,在当时绝对平均主义思想的影响下,国家财政实行统收统支、不允许地方利益和地方差别的存在,因而在当时的国有资产管理体制中,就将那些应属地方所有的资产也归入到国有资产管理的范围中来,在这样的管理体制下,对地方性公共资产的管理就难以取得很好的激励效果。

(5) 国有资产管理的目标不明,在当时,对企业国有资产的管理,存在着只讲产值不讲效益的问题,比如总是强调钢的产量要达到多少吨,粮的产量到达到多少公斤等。当然,由于缺乏市场制度的运作,确实也很难对企业效益的好坏作出确实的考察。在对非企业国有资产的管理上,由于错误地认为该领域是属于消费性的和应受到抑制的,因此除了国防等几个领域外,对许多公共设施的投入都严重不足,环境和资源的保护也远远没有搞好,更没有建立足够的社会保障基金等今天看来是必须的国有资产,这就使得国民经济的持续发展受到很大的影响。

二、1979—1998 年的国有资产管理体制改革

这一阶段改革总的特点是由于意识到旧有体制下国有资产管理的激励机制极不完善,因此试图以放权让利的形式来提高国有资产管理的效率,但随着放权让利的进行,又产生了另外的问题,这就是如何对分散了的国有资产管理中的利益主体进行良好的监督,避免某些个人或小团体获取不应得的寻租收益。在这一阶段,国有资产管理体制的改革正是围绕着这样两个问题及其矛盾展开的。由于缺乏对放权让利的规范约束界限的理论指导,使得在这一时期国有资产管理体制的建设中,仍然存在着不少的问题。下面就对这一时期国有资产管理体制的五个特点分别表述。

(1) 由于意识到传统计划体制下的国有资产管理体制缺乏足够的激励效能,因此从1970 年代后期开始,国家逐渐允许部门、地方和各级国有企业留下一部分的利润,并同时拥有将这部分利润再投资的在一定程度上的决策选择权,后来,当银行系统的资金急剧增加后,国家同样还允许部门、地方和企业拥有以银行贷款进行投资的一定程度上的决策选择权,这样,在国有资产的形成及其后日常的管理上,逐渐地使得部门、地方和企业有了一定的权力,国家也相应地放开了对各部门地区企业的公职收入和其他收入的限制,使得各相关利益主体能够相应地取得由分权所带来的利益。经过这样的改革,总的来看,因为激励效能的增强,使得国有资产管理的效率得到了不小的提高。

(2) 如何通过分权来提高激励的效能,和如何通过良好的监督机制来防止某些个人或利益集团获得不应有的好处,始终是国有资产管理体制改革上的一对矛盾。比如,在对企业国有资产的管理上,在第一步"利改税"中,即试图用利改税的方法实行政企分开,给企业以一部分权力和利益,但又试图通过55%的高额企业所得税,和企业所得调节税,来控制企业所得的利益。在承包制中,则是一方面通过承包的方法来放权让利,而另一方面又试图通过奖金税等办法,来控制企业承包者的所得。进入1990年代以后,对于国有营利性企业采取的是委托授权经营的方法,即通过国家国有资产管理部门,向各地方部门及下属企业层层委托授权的办法,来管理企业中的国有资产,以图实现激励与监督相结合的目标。最近更通过完善国有企业的现代企业制度改造,来达到这一目标,一些特殊的措施包括由国有资产管理部门直接向部分特大型和大型国有企业中派出特派员、财务总监或监事会主席等人员,以强化国家作为国有资产股东对国有资产管理的监督。在非企业国有资产的管理中,也存在着类似的问题。过度放权让利的结果使得这些部门获得了很大的寻租空间,乱收费的问题就是突出的表现。当前的费改税改革就是对此进行纠正的一个举措。

(3) 由于没有明确公共财政的指导思想,尽管作出了一些努力,但是对不同类型的国有资产管理划分还是不清晰的,没有能够针对不同类型国有资产管理的不同特点,采取不同的管理方法,并设立相应的管理机构。按照公共财政理论,对国有营利性资产和国有非营利性资产的管理是有很大区别的。前者的目标是指向企业利润的目标最大化,只要企业是以此目标来运行的,那么通过市场的作用,众多企业的合力将指向社会利益的最大化。但是,对国有非营利性资产的管理就不同了。我们是不能把这些非营利部门中的国有资产的保值增值作为直接的管理目标的,而是必须强调如何使这些部门中的国有资产管理工作能够最好地为全社会的利益服务。这样,国有营利性资产管理的绩效考核方法与国有非营利性资产管理的绩效考核方法就有着不小的差别,因此在管理的体制上也就有必要将二者区别开来,分别设立不同的管理制度和管理机构。另外,在国有非营利性资产的管理中,国有非营利性企业中的国有资产管理和行政事业部门中的国有资产管理以及环境、资源类的国有资产管理都有着各自不同的特点,因此也都有必要设置不同的制度和机构来分工进行管理。在这一阶段的国有资产管理改革中,尽管实质上通过设置国家国有资产管理局和各地的国有资产管理部门,并实质上负担起了对国有营利性企业中的国有资产管理,但针对国有非营利性资产进行管理的体制则尚未十分明确。

(4) 国有资产管理的目标仍然存在着问题。比之于1979年以前的国有资产管理,这一时期在针对营利性企业中的国有资产管理上,已经基本摆脱了过去只重产值、忽视效益的倾向,而转为以市场价格为导向来评判国有企业的经营绩效,在实行了**国有资产委托授权经营**(即国有资产管理主管部门将国有资产的具体运营权、收益权、处置权等委托给下属的某些大型国有控股公司或国有集团公司来行使,并按事先约定的考核指标对其经营的结果进行考核)后,不仅当期的净利润成为考核的指标,而且资产负债率等指标也都在考核之列,对于改制上市的国有企业而言,更增加了资本市场的评判机制;所以,可以说,在营利性国有资产管理的目标上,较之过去,已有了相当大的改进。在国有资产授权经营中,各地的国资管理部门也积极探索具体的实施模式,取得了不少经验。

[案例 18.1]　国有营利性资产管理体制的上海模式

　　自改革开放以来,上海始终站在全国经济发展的前列,其突飞猛进的势头引起多方的关注。上海的崛起,无疑与上海人民积极进行管理体制的创新和探索密不可分。对于国有资产管理体制的改革,上海以同样的热情,并结合自身情况,建立了一套有特点的管理模式。

　　早在国有企业改革初期,上海就摆脱了以"政治思维"来管理经济的束缚,将政府与国有企业的关系定位为出资人与受资人的关系,两者之间以委托代理来经营管理国有资产。1993年,上海撤销了设在财政局的国有资产管理局,成立国有资产管理委员会,以此拉开了国有资产管理体制改革的序幕。经过十多年的不断探索和改进,上海形成了有自身特色的"两级管理、三个体系、三个层次"的国有资产管理模式。

　　"两级管理"是指市、区(县)两级政府(含党的部门)各自对市属和区(县)属的国有资产进行管理,分别行使国有资产代表权。市国有资产管理委员会主任由市长担任,其成员主要由市委、市政府主管财政、资产和人事的部门负责人组成;各区(县)也按照这一模式组织国资委。"两级管理"明确了各级政府的管理权属,不但确保了国有资产出资者到位,也为充分调动各级政府投资和经营的积极性提供了前提条件。

　　"三个体系"指的是国有资产管理体系、运行体系和监督体系。其中,对于监督体系,上海进行了不懈的努力。对内,确立以董事会和监事会为主的权利分设、互相制衡的现代公司治理结构。董事会对企业的经营决策负责,监事会则全过程动态监控企业的各项日常运营和人员安排。对外,强调政府监督的作用,创立了市政府监督联席会议。通过联席会议,交流和沟通政府各部门掌握的监督情况,商讨有关国有资产监督政策、制度,处理重大的监督事项。在审计方面,除了政府审计外,还充分发挥中介机构的审计作用,达到内外审计相结合。

　　"三个层次"是上海国有资产管理模式中的核心内容。第一层次是国资委,作为国有资产所有权的总代表,在国资委之下设立国有资产管理办公室作为常设办事机构。国资委(办)遵循社会经济管理职能和国有资产所有者职能分离的原则,对全市国有经营性、非经营性和资源性资产进行全面的管理和监督。第二层次是40家授权的国有资产经营公司。具体可以分为三大类,即原主管局基础上组建的国有控股公司、授权经营国有资产的企业集团母公司和部分国有资产存量较大的区(县)国有资产管理部门。第三层次是由国有资产经营公司全资、控股和参股的1万多家企业。

　　"三个层次"管理模式的确立带来许多突出的优点。首先,国资委作为代表政府管理国有资产的专职机构,将管资产、管人和管事统一起来,大大提高了分类管理下的资产运营效率。其次,处于核心地位的国有资产经营公司使得政府同企业之间的关系发生了实质性变化。(1)授权经营公司以产权为纽带,与下属企业形成母子公司关系,明确了投资主体。(2)将行政管理局改制为资产经营公司,原有的政府经济管理职能转移给各市委办,资产运营职能由二级公司承担,在政府和企业之间形成了隔离带,确保政企分开。(3)授权经营公司通过资本经营以及战略规划、投资决策、产权代表管理等职能,进行产品、行业和企业组织结构的调整,提高资产运营效益。(4)通过建立各种责任制考核办法,使得授权经营公司承担起国有资产保值增值这个首要责任。(5)最后,各国有独资、控股和参股公司脱离了以前的被领导和下级的地位,享有企业法人地位,增加了企业活力。

然而,作为一种需要长期实行并且不断完善的体制,上海国有资产管理模式不可避免地存在着一些不足之处。最主要的矛盾出现在第二层次的国有资产经营公司。

国有资产经营公司大多数都是直接在原主管局基础上组建的,只是通过政府行为将原来的局属企业划归自己的子公司、行政局"翻牌"成公司,由原班人马管理同一块国有资产。因而,授权经营公司的行政管理色彩较重,而不是完全通过股权、管理市场化运作来对子公司行使出资者权利。这就使得一方面授权经营公司本身难以形成真正的法人治理结构,容易造成公司内部决策和运行的不完善和不科学,形成"内部人"控制的问题;另一方面,用行政的手段管理下属公司,与下属企业在资产产权、经营权限、投资决策、资产收益等方面处理的不规范,这些导致授权经营公司与下属企业的关系难以完全理顺。

[案例18.2] 国有营利性资产管理体制的深圳模式

处在改革开放最前沿的深圳,在探索国有资产管理体制改革方面也最早迈出了步伐。早在20世纪80年代初,深圳市就撤销了物资局、机械局、纺织局等专业经济管理部门,并于1987年组建了深圳市投资管理公司,专门对国有企业中的国有资产进行管理和监督。1992年9月,深圳成立了国有资产管理委员会,主要针对全市国有资产管理运作中的一些重大问题进行研究。国资委是一个议事机构,每季度召开一次会议,由市长担任主任,分管经济的副市长担任副主任。1993年10月,深圳市又成立了国有资产管理办公室作为国资委的办事机构。然而,国资办和投资公司实际上是两块牌子、一套人马。这种政企不分的做法一直持续到1996年3月,两个机构最终分离。随后,深圳市撤销了原来负责国有企业领导人任免工作的企业工委,组建了投资管理公司党委,负责其下属国有企业的党的工作。这样,管人和管资产相结合的思想开始产生了。1996年12月,深圳市增设了建设投资控股公司和商贸投资控股公司两家资产经营公司。前者负责建筑、安装和施工领域的国有资产,后者主要覆盖商业、贸易、旅游等领域的国有资产,而此前成立的市投资管理公司则负责管理公用事业、基础设施以及工业企业中的国有资产。

这样基本上形成了国有资产管理的三层架构:第一层是属于政府性质的深圳市国资委及其下属机构国资办,负责贯彻执行国有资产管理方面的法律法规、依法监督和确定国有控股公司的领导人选等行政职能;第二层是属于企业法人性质的三家国有资产经营公司,代表国家对授权范围内的国有资产行使资产收益、重大决策、选择经营者以及资本运作的职能;第三层是三家公司下属的国有企业,主要从事生产经营。这样一来,政府作为社会管理者的职能和作为国有资产所有者的职能分开了;政府对国有企业的行政管理职能和国有资产的运作职能分开了;国有资产的运营职能和企业的具体生产经营职能分开了。

然而,三层架构的建立、三种职能的分离却并没有使国有资产出资人代表完全发挥其应有的作用,深圳模式在实践中还存在一些缺陷:

在第一层面,负责国有资产管理的机构比较虚化。国资委实际上是一个议事机构,不是法定的部门机构,虽然权力很大,但决策效率较低,一些重大问题往往得不到及时研究和解决。在第二层面,三家资产经营公司行使职能既有缺位,又有越位。授权经营在这一层面比较普遍,授权经营的股权一般界定为国有股,由于国家对国有股与国有法人股实行不同的管理制度,受利益驱使,资产经营公司在行使股权时时而越位(比如过多干预企业具体的生产经营活动),时而缺位(比如对派出的产权代表监督不力)。在第三层面,一些派驻到企业的产权代表与经理层结成利益同盟,追求个人收入最大化,使得某些国有企业内部形成了一种新的内部人控制现象。所以,随着时间的推移,深圳市又重新开始进行了国资管理部门直接对国有公司持股的新改革。

[案例18.3] 国有营利性资产管理体制的辽宁模式

辽宁历来是我国重工业基地,集中了大量的国有企业,由于国有资产运营效率不高导致的负担也比较沉重,因而完善的国有资产管理体制的确立显得格外重要。辽宁省的国有企业改革始于1996年,并在1999年正式拉开帷幕。改革的重点是希望用一种不同于管理机关干部的模式来管理国有企业的领导班子,从出资人角度来为国企解困。辽宁首先成立了省委企业工委,主要行使资产管理中管人的权利,随后又成立辽宁省国有资产管理委员会。2000年4月,企业工委和国资委正式合署办公,专门负责省直属经营性国有资产的管理,形成国有资产管理体制中的第一层次,实现了管人、管事和管资产相统一。原来280余户大型企业和行政局转变而来的24家控股集团构成管理体制中的第二层次,进而投资、控股和参股第三层次的有法人主体地位的国有企业。这种三层构架和"两委归一"体制格局的形成,保证了政府正确行使出资人职责,为国有资产的保值增值奠定了基础。但是,应该看到,辽宁省的国有资产管理体制改革并不彻底,第二层次的公司不具备完全的法人资格,不但不能充分自由地进行资本运营,而且容易形成"内部人"控制。

但与此同时,对国有非营利性资产的管理目标上,却在某些领域存在着"泛市场化"的错误倾向。根据公共财政理论,我们知道,在处理不同的经济问题时,要根据客观实际的情况,选择不同的经济制度来加以处理,在公共品或具有很强公共品特性的混合物品的供给上是应该采取政府制度而非市场制度来处理的,政府制度的特征就是依靠用税收的形式向公众募集来的收入提供所有公众都可使用的物品或服务,在这一过程中是不应该再向个别的公众收取一定的费用的,但是在我国的国有资产管理中,却发生了行政事业单位等公共部门在国家拨付经费之外,再向公众收取某些费用的现象,这是极不正常的。这种做法一方面损害了公共品供给的效率,另一方面也为以权谋私的行为大开了方便之门,引起人民群众的严重不满,破坏社会的稳定,因此是必须纠正的。这样的一种现状,与把片面的保值增值国有资产管理目标引入到非营利公共部门中来是不无关系的。

(5)仍然没有很好地将地方性公共资产与国有资产的管理区分开来。尽管在改革开放后通过对地方的放权让利使各个地方形成了一些自己能够支配的财力,通过利用这些财力进行的投资提供了一批由本地区公众受益的地方性公共物品,但是我们仍然把这些资产归为国有资产来界定,这是值得探讨的。根据公共财政理论,通过地方税收等形式,聚集了某一地区人们的收入而形成的、为这一地区人们服务的公共物品应属于地方性的公共物品,出资者和受益者都是该地区中的特定人群而非全体国民,因此根据贡献和利益相对等的原则,这样形成的公共物品的公共产权应属于地方上的民众而非全体国民。这样的产权安排有利于管理效率的提高,能够更好地解决激励和信息问题。事实上,我国各个地方由地方财力支出形成的国有资产无论是其真正的受益者还是后续的管理者,都是与该地区相关的。

(6)在国有资产管理机构的设置上既有成绩又有问题。一方面,已经采取了不少措施将国有营利性企业的管理机构与有关行业的行政分列开来,以避免运动员与裁判员角色兼于一身的矛盾,比如,在中央一级,通过将原有的许多属于竞争行业管理的部门改组为国有大型独资公司,如电力部改组为国电总公司等,或者是将一些中央直属大企业归于经贸委等领导,而让国家计委等部门负责市场管理的方法,在一定程度上分离了运动员与裁判员的角色。但另一方面,在某些领域,这种分离还很不彻底,例如:这一时期电信、民航等部门就成为公众舆论所关注的政企急待分开的领域;许多地方政府既肩负着搞好本地国有企业的重任,又担负着本地市场裁判员的角色,如何克服其间的矛盾,同样是一个突出的问题。

三、1998年至今的国有资产管理体制改革

1998年以来我国明确了建设社会主义公共财政框架的改革基本方向,其实也就是明确了国有资产管理体制改革的基本指导思想。按照这一指导思想,在国有资产管理体制的设置上应将政府的公共管理职能与营利性国有资产的出资人的职能明确地分离开来。所以,随后两年,从国有营利性企业管理体制的改革看,主要是进一步深化了对国有企业的委托授权经营管理,同时在电信、民航等领域正在进行或将进行将裁判员和运动员职能分离开来的改革,并试图进一步通过加强竞争的各种举措以期对整体经济效率的提高提供帮助。从非营利性国有资产管理的改革来看,强化对有关单位的管理,通过"费改税"等改革收缩这些部门的部门利益空间,以使这些部门中的国有资产管理克服"泛市场化"的倾向,真正地为整体社会经济的利益服务,并对其中一些属于企业性质的职能部门进行了分离。

在党的十六大召开以后,我国的国有资产管理体制改革更是迎来了一个前所未有的崭新局面。随后的十七大报告、十八大报告和十九大报告均对完善各类国有资产管理体制和制度进行了战略性的部署。十九大更是提出要改革国有资本授权经营体制,从而加快国有经济布局优化、结构调整、战略性重组的具体目标。

(1)按照十六大报告的部署,经过几年的改革,出资人权利、义务和责任相统一,管资产与管人、管事相结合的国有资产监督管理体系初步形成。集中和具体的表现就是国务院国有资产监督管理委员会的成立和公布实施了《企业国有资产监督管理暂行条例》。

在原有的国有资产管理体制下,国有资产主管部门,比如前国有资产管理局,主要从事的是有关国有资产管理的清产核资、登记、评估等基础性的工作,或者也可称之为**静态的国有资产管理**。其特点是,摸清国有资产的家底,并且登记造册,以防止国有资产的遗失。但我们知道,一项资产存在的意义往往更在于它未来能够带给我们的收益(包括商业会计计量的和非商业会计计量的),所以,"管理资产"的含义也就绝不仅仅局限于保证它的不丢失,而更在于设法通过管理使之在将来创造更大的收益。后一种以创造未来价值为目的的国有资产管理也可称之为**动态的国有资产管理**,它体现着国有资产管理的最终意义。显而易见,在原有的国有资产管理体制下,国有资产主管部门进行动态的国有资产管理的能力是非常有限的,因为要实现让资产尽可能多地创造未来价值,那么国有资产主管部门就必须拥有两项最基本的权力。

① 国有资产管理的主管部门必须拥有对管理资产的具体人员进行人事安排和对其的绩效进行评价并进行相应的激励的权力,也就是"管人"权。因为要使资产能够很好地创造未来价值,就必须有合适的资产管理(不仅仅是静态管理,主要应是动态管理)人员来运作;而一旦发现有关的人员不能胜任,则必须将其及时免职。

② 如本书前面所述,要使资产在未来创造出最佳的效益,除了在企业层面上要做出一系列正确的资产运营决策外,在整个国有资产管理的战略结构中也必须跟随客观经济形势的变化做出相应的动态调整,这就需要国有资产主管部门拥有管理国有资产如何运行的决策权,而不仅仅是对资产存量的保有情况有发言权。也就是说要有"管事"权。

显然,只有将"管人""管事"和"管资产"密切地结合起来,"管资产"才会真正具备"管资产"的完整意义,而不仅仅停留在对资产的静态管理权上。

当然,"管人""管事"和"管资产"相结合绝不意味着,国有资产管理部门对企业内部的所有人事和具体管理事务进行事无巨细的管理,那就回复到1979年改革开放前的**国有企业模式Ⅰ**去了。所以,十六大报告又准确地将国有资产管理部门的角色准确地定位为"出资人",即股东。明确了这样的一个定位,事实上也就明确了国有资产管理部门的管理方法不是过去的行政命令式,而应该是符合现代企业制度管理范式的管理方式,也即本书在前述各章中已经反复论述过的"股东→董事会→公司管理层"这样的一种管理模式①。

在中央成立了国务院国有资产监督管理委员会后,很多地方一级的国有资产监督管理部门也相继成立或在紧锣密鼓地筹建之中。各级国有资产监督管理委员会的成立和《暂行条例》的制定实施,使得营利性国有资产的监管针对性大大加强,对所属企业的绩效考核更为有效,而且明确地将履行出资人的职能从政府的公共管理职能中明确地分离了出来。

(2) 在国有资产管理体制上突破了原有"统一所有、分级管理"的原则,确立了"国家统一所有,分级行使出资人职责"的原则、体制。按照分级行使出资人职责的原则,由中央和地方人民政府分别代表国家行使出资人职责。国务院代表国家对关系国民经济命脉和国家安全的大型国有出资企业、重要基础设施和重要自然资源等领域国有出资企业履行出资人职责;省级、市(地)级人民政府分别代表国家对国务院履行出资人职责以外的国有出资企业履行出资人职责。这样的改革更为科学地明确了中央和地方之间的国有资产管理职责,有利于激励相容,充分发挥各级政府在国有资产管理中的积极性,进一步提高国有资产管理的效能。

在现行的体制下,行政事业单位国有资产管理的职能仍由财政部负责。如何在行政事业单位的国有资产管理体制上也充分地体现"管资产与管人、管事相结合"的原则,是急待研究的重要课题,也是十九大报告所提出的要完善各类国有资产管理体制的题中之义。

第二节　我国现行国有资产管理体制面临的问题

我国的国有资产管理体制经过多年的改革,取得了很大的成绩,但与社会主义市场经济

---

① 具体可参见本书第四章、第九章、第十章、第十一章有关内容。

的要求相比，还有着一定的距离。主要的问题表现在以下八个方面。

(1) 目前的国有资产管理体制，还很不符合公共财政理论的要求。在这方面，最突出的问题在于我国国有资产中包含着大量的一般性竞争行业中的国有资产，这就使得在国有资产管理体制中，也必然要包含着相当一部分有关这些资产管理的制度设置，而根据社会主义市场经济的要求，在整个的国有资产管理体制中，是不应包含如此之多的该方面的内容的。

(2) 现行的国有资产管理体制，难以完全避免运动员和裁判员角色冲突的矛盾。尽管我们可以通过一系列改革措施，将政府作为市场管理者和国有企业股东之间的角色相对地分离开来，比如，将信息产业部的行政职能和中国电信的企业职能通过机构的改革分离开来，但是从根本上讲，从政府整体而言总是无法彻底摆脱身兼二职的客观处境，因此从利益规律上来看，很难设想出一个完善的制度安排，能够全面将两个角色功能分割开来。所以，较大幅度地减少国家在营利性企业中所拥有的国有产权的相对比例，是使自己不再处于身兼二职的处境中的一条基本途径。

(3) 在当前的国有资产管理体制中，地方政府既承担着市场管理者的任务，又由于国有资产的委托授权经营而实际上在被委托授权经营的国有企业中，有着很大的现实利益，因此在许多地方政府身上运动员和裁判员角色的矛盾冲突就更为突出。尽管在地方政府的内部，作为国有企业管理者角色的部门，与肩负市场管理任务的部门可能是分别设置的，但在地方政府这一层面上而言，在现行国有资产管理体制的构架下，突出地扶持本地的国有企业是一种必然的客观选择。我们经常看到的地方保护主义，就是明显的反映。

(4) 现有的从中央到地方的国有资产管理专管部门的工作重心，仍然置于国有营利性资产的管理之上，尚没有有效地形成对的国有非营利性资产管理进行有效的监督控制的有关制度安排，与此相关联，在国有资产管理的目标上，仍然不时地把仅适用于国有营利性企业的保值增值目标，作为全部国有资产管理的目标，这就必然使国有资产管理体制不能与整体社会经济发展的目标保持一致。

(5) 在现行的国有资产管理体制中，包含着许多实际上属于地方性公共资产的管理的内容，如果不能把国有资产管理的体制和地方性公共资产管理的体制做一个很好的区分的话，那么就很容易导致利益边界的不清晰，并从而引发效率公平上的一些问题。比如，土地资源的使用权在被出让前，无论从效率的角度还是公平的角度来考虑，都应该归属为国有资产，但在现行的土地管理制度下，一些地方土地使用权拍卖、批租所获实际利益中的相当一部分却是由本地居民所享受的，因此对这类资产应明确其国有资产的属性，并实行从中央到地方的一元化管理。又如，城市中的某些公用设施，如广场、公园等，由于主要受益者是地方上的居民，因此投资自然应依靠地方性税收来解决，形成的应该是属于地方性的公共资产。如果把这些资产都列入国有资产的管辖范围，那么激励机制就可能受到扭曲，配置效率就会降低。一种可能发生的情况是地方政府以各种方式对地方性公共设施进行超额的赤字投放，尽管这些公共设施从受益的角度讲，实际上是地方性的，但由于其名义上属于国有资产，因此地方投入的赤字就可以倒逼中央财政，这就会形成一系列的问题，降低国有资产的管理效率。

(6) 对国有非营利性资产进行管理的有关制度机构考核办法等还很不完善，这与社会主义市场经济的要求有着不小的差距，对于保证国民经济和社会的可持续发展是很不利的。

在现行的国有资产管理体制中,没有能明确地将国有营利性资产的管理体制与国有非营利性资产的管理体制在明确划分边界的基础上,分别相对独立地设置,就必然使这两块国有资产各自的管理特点产生互相混淆的情况,从而影响国有资产管理的整体效能。

(7) 在现行的国有资产管理体制下,形成了一个相对稳定的利益格局,对现行国有资产管理体制的较大变革都将会触及这一利益格局,因此无论是针对国有营利性资产管理有关体制的内部调整,还是国有营利性资产与国有非营利性资产之间的调整,都会受到基于利益关系的一定程度的阻力,这也是当前国有资产管理体制改革中所面临的难点之一。比如,随着国有资产管理体制的改革,某些原属于政府部门的单位将被划归企业的行列,直接面向市场。又如,随着国有资产管理体制的改革及其提出的新要求,势必要将一部分知识老化而又不愿进一步学习进取的国有资产管理人员分流出去,而引进具有较高知识水平和能力的适应新时期国有资产管理要求的人员,在这些过程中,都会产生一些利益矛盾,这就需要我们在改革国有资产管理体制中充分考虑这些问题。

(8) 缺乏足够的现代市场经济知识,也是妨碍国有资产管理体制改革的又一因素。一方面,是指在现行的国有资产管理体制下工作的有关人员的经济知识水平尚不能很好地适应国有资产管理体制深化改革的需要,因此在管理实践中就会出现效率过低的情况;另一方面,国有资产管理体制的改革,其实涉及社会中的每一个人,因此只有当人民群众的现代市场经济知识达到一定水平时,改革才能得以顺利地进行。从现状来看,这一水平显然是有待进一步提高的。如果一般民众仍然习惯以对那些本应由市场解决的问题要求政府参与解决的话,那么由公共选择所决定的国有资产管理的实证范围与实证目标就必然会与规范的要求有着一定的差距。但是我们知道,教育水平的提高又非一朝一夕,它既受着财力的制约,也受到文化、历史传统以及现实环境等方方面面的制约,所以我们不应低估改革的艰巨性和长期性。

第三节 国有资产管理体制的设置原则[①]

一、理想规范的国有资产管理体制

按照公共财政理论的规范要求,理想规范后的国有资产管理体制应具有以下五个特点。

(1) 在国有资产管理体制中,基本不包含以营利为目的的资产内容,国有资产序列中绝大部分包含的是为提供社会公共需要所必需的资产。

(2) 国有资产管理不再以一般以会计计量的保值增值为目标,而以最大限度地满足人民公共需要和最大限度地节省社会资源为目标。

(3) 分清全国性公共需要和地方性的公共需要,将那些提供全国性公共需要所必需的

---

① 鉴于各类国有资产管理体制的具体问题已经在本书前面对国有资产管理的各分类介绍中有了比较详细的叙述,因此在本节中将主要阐述国有资产管理体制设置的原则。

资产纳入国有资产管理的范围中来,而将提供地方性公共需要所必需的资产列入地方性公共资产管理的范围中去,从而构筑多层次的公共资产管理体系。

(4) 规范的国有资产管理体制从根本上来说,应该是一种民主的管理体制。在国有资产管理的监督考核上,应充分发展和完善民主的政治决策制度,无论从国有资产管理的形成还是到对国有资产管理业绩的评价,都必须依据最广泛的民意,因为国有资产是为提供社会公共需要形成的,因此有关国有资产管理的一切事务,都是和国家中的每一个公民息息相关的。

(5) 在国有资产管理体制的内部,应根据不同类型国有资产管理的不同特点,分别制定规章制度,设立相应的专门管理机构。比如,对自然垄断的国有企业的管理,和对行政单位中的国有资产的管理,其具体的方法、目的都是有所不同的,这就需要分别管理。

二、国有资产管理体制改革的原则步骤

要使得国有资产管理体制完全符合以上的五个要求,显然不是一蹴而就的。面临着客观经济环境的制约,国有资产管理体制的改革必须分步而行,这就需要我们在关注长远改革目标的同时,更加注重对现实管理体制的改进。就目前而言,对国有资产管理体制的改进,可以有以下三个主要的方面。

(1) 从国有营利性企业这一块来看:一方面,我们要使得相当部分的国有资产从这一领域中退出并转增非营利性国有资产;另一方面,如我们在本书前面探讨中所述的种种原因那样,在可预见的较长时间中,对营利性企业中的国有资产管理仍然是必需的,这就要求我们随着改革的进程,相应调整这方面的体制。目前可进行的改革有这样三个方面。

① 深化政企分开的改革。从最近几年来看,至少应做到政府的某一具体的职能部门不再承担市场管理和国有资产管理的双重职能。比如,信息产业部负责电信等信息产品与服务市场的监管之职,那么就不应再负责对电信企业中的国有股权等国有资产的管理之职;又如,民航局负责民航市场的监管之职,那么同样不应再就具体民航企业的内部管理工作提供指导。还要警惕的是,在改革的过程中,由于新的部门的设置,可能引起新的政企不分。比如,证监会等单位就不应过多地通过各种权力的设置过深地介入到有关证券企业的经营管理中去。在政府各部门的职能方向划清后,应将那些负有国有营利性资产管理之职的部门改组为国有控股公司或国有集团公司。

[案例 18.4]　民航局原来既负责民航业的行业管理之职,又要负责管理下属的各航空公司,存在严重的裁判员和运动员不分问题。现通过把重组后的几大航空公司都归入国资委旗下,民航局就能更清晰地定位自己的职责范围,做好民航业的裁判员工作了。

通过机构设置的改革,形成互相之间的利益制衡,既有利于国有企业现代企业制度改造的深化,也有利于政府分清裁判员与运动员的角色,从而带动国有资产管理效率的提高和经济效率的全面提高。事实上,国务院国有资产监督管理委员会的成立就是一个分离政府的

裁判员和运动员职能的非常有力的举措,它使得国资委专司运动员之职,并在相当程度上将原有很多部委兼行的运动员之职分离,从而使它们专注于做好裁判员工作。

深化政企分开的国有资产管理体制改革的另一重要课题是将地方政府作为市场监管者和国有营利性资产管理者的双重角色分离开来。地方政府的政企不分所造成的危害是不容低估的。除了本书曾提及的地方保护主义问题外,地方政府的政企不分问题还可能导致国家财政的肢解,影响国家的长治久安;而当地方企业经营不佳时,又导致倒逼中央财政的效应,如粤海企业等事件,大大降低国有资产的管理效率。现有国有资产管理体制中委托授权经营的办法,从减低信息成本,加强激励、监督的效率角度来看,无疑是合理的设想,在实践中也获得了较好的效果。从委托授权的层次上看,与地方行政机构的层次紧密挂钩,无疑就会产生一些弊端,地方性的国有企业集团往往缺乏足够的跨区域经营的有利条件,各地方的利益格局又对这样的一种努力构成制约。因此,如何通过适当的制度安排,解决好这一问题,也是国有资产管理体制改革的重要课题。

② 继续深化国有企业内部的改革,正如本书前面所述的那样,将尽可能多的国有企业改制为上市公司是一条效率较高的途径,为此,降低现有体制中国有企业上市的门槛是很有必要的。同时,保证上市的国有企业和其他上市公司在经营不善、资不抵债时及时破产也是很有必要的。通过充分的市场竞争来对国有企业内部的改制工作施加强大的压力和动力,并且让市场将那些改制不彻底、不成功的企业自然淘汰掉,是完善国有企业内部治理结构的有效途径。另外,通过对大型独资国有企业派出特派员、财务总监、监事会等形式,在权力制衡的制度安排下加强监督管理,也是可行的方法,所有有关这方面的规章制度和机构设置,都应随着实践的深化不断跟进。

③ 要结合国有资产管理的存量调整来提高国有营利性企业的管理效能,对那些长期经营不善的国有企业,应综合地利用各种方法,坚决地实施"关、停、并、转",止住出血点,对那些即使目前仍能营利,但从长远来看不适宜采用国有模式来经营的企业,也应尽早采用上市、拍卖、出售等方式,将国有资本抽离出来,转投于社会保障基金等急待加强的国有资产项目中去。通过这样的一个过程,可以有效地缩短国有营利性资产的战线,改善营利性国有资产的财务结构,从而为改善国有企业整体的治理结构创造良好的外部环境。在此改革的基础上,可考虑将现有的地方和部门的营利性国有资产管理机构,如国有资产管理局、国有资产管理委员会等,改组为国有控股公司或国有集团公司,并进行适当的归并,从而简化营利性国有资产的管理体系,提高管理的效率。

(2) 在目前尚还存在大量国有营利性资产需要管理的格局下,有必要通过适当的规章制度的设置和机构的分立,将国有资产管理中有关国有营利性资产管理与国有非营利性资产管理的内区分开来,各级财政和国有资产管理部门应区分两种类型的国有资产,分别编制预算,并相应制定不同的具体管理目标,设置不同的部门和人员来分别加以管理。在当前的国有资产管理体制中,对非营利公共部门中的国有资产管理,尚缺乏较为量化的考核标准,在投入和产出上存在较大的随意性,因此制定有关具体的考核标准,并充分地发挥民主监督机制的作用,是十分必要和紧迫的。

(3) 对当前国家行政和事业单位国有资产的管理上,要强化统一管理的制度规则,大大减少现有体制中自收自支的成分,实行国库统一收付制度,以切实提高这些部门的工作效率,最大限度地减少寻租行为的发生。还要强化政府采购制度的建设,使得国有资产的投入借助公平竞争的市场氛围下改善效率,从制度上避免贪污受贿行为的发生。还要进一步理清现有体制中行政事业单位的范围,将那些应属于企业性质的营利性单位和机构尽快推向市场,从而进一步优化国有资产的结构,更好地保证公共提供的效率和整体经济的效率。

习 题

【名词解释】

国有资产委托授权　经营静态的国有资产管理　动态的国有资产管理

【思考题】

1. 从我国国有资产管理体制的历史变革中,能够吸收哪些经验和教训?
2. 如何理解"管资产与管人、管事相结合"?
3. 如何理解对国有资产管理部门的"出资人"定位?
4. 如何理解"国家统一所有,分级行使出资人职责"的原则、体制?
5. 我国现行国有资产管理体制面临的问题有哪些?
6. 理想规范的国有资产管理体制应是怎样的?
7. 对现有国有资产管理体制的可行改进主要有哪些方面?

参 考 文 献

英文文献：

[1] Richard A. Musgrave and Peggy B. Musgrave: *Public Finance in Theory and Practice*, 5th Edition, McGRAW-HILL Book Company, 1989.

[2] James M. Buchanan: *Exploration into Constitutional Economics*, Texas A & M University Press, 1989.

[3] Paul Samuelson and William Nordhaus: *Economics* (13th edition), McGRAW-HILL Book Company, 1989.

[4] Gary S. Becker: *The Economic Approach to Human Behavior*, The University of Chicago Press, 1976.

[5] Robert P. Inman: "Markets, Governments, and the 'New' Political Economy," in *Handbook of Public Economics* (Vol. II), Elsevier, 1987.

[6] Alfred C. Pigou: *The Economics of Welfare*, Palgrave Macmillan Co. Ltd, 1957.

[7] James M. Buchanan and Marilyn R. Flowers: *The Public Finance: An Introductory Textbook* (6th Edition), Richard D. Irwin, 1987.

[8] Kenneth Joseph Arrow: *Social Choice and Individual Values* (2nd edition), Wiley, 1963.

[9] John Rawls: *A Theory of Justice*, Harvard University Press, 1971.

[10] Robert Nozick: *Anarchy, State and Utopia*, Basic Books, 1974.

[11] Paul A. Samuelson: "The Pure theory of Public Expenditure," *Review of Economics and Statistics* 36 (1954).

[12] John F. Nash: "Equilibrium Points in n-Person Games," *Proceedings of National Academy of Sciences* 36, No.1 (1950).

[13] Steve Smale: "The Prisoner's Dilemma and Dynamical Systems Associated to Non-Cooperative Games," *Economitrica* 48, No.7 (1980).

[14] Harold J. Demsetz: "The Private Provision of Public Goods," *Journal of Public*

Economics 13 (1970).

[15] Robert Axelrod: "The Emergence of Cooperation among Egoists," *American Political Science Review* 75, No. 2 (1981).

[16] Robert C. Mitchell and Richard T. Carson: *Using Surveys to Value Public Goods: The Contingent Valuation Method*, Resources for the Future, 1989.

[17] Richard C. Bishop and Thomas A. Heberlein: "Measuring Value of Extra Market Goods: Are Indirect Measures Biased?" *American Journal of Agricultural Economics* 61, No.5 (1979).

[18] Kenneth E. McConnell: "The Damages to Recreational Activities from PCBs in New Bedford Harbor," Report prepared by Industrial Economics, Inc., for the Ocean Assessment Division, National Oceanic and Atmospheric Administration, 1986.

[19] Charles River Associaties, Inc: *Benefits of Improving Visibility at Meas Verde National Park*, Charles River Associaties, Inc, 1981.

[20] V. Kerry Smith and William H. Desvousges: *Measuring Water Quality Benefits*, Norwell, Mass.: Kluwer-Nijhoff, 1986.

[21] Gary D. Lynne, Patricia Conroyk, and Frederick J. Prochaka: "Economic Valuation of Marsh Areas for Marine Production Processes," *Journal of Environmental Economics and Management* 8, No.2 (1981).

[22] Gregory M. Ellis and Anthony C. Fisher: "Valuing the Environment as Input", *Journal of Environmental Management* 25, No.2 (1987).

[23] Lester B. Lave and Eugene P. Seskin: *Air Pollution and Human Health*. Hohns Hopkins University Press for Resources for the Future, 1977.

中文文献:

[1] 哈维·S. 罗森:《财政学》(第二版),中国财政经济出版社,1992年。

[2] 安东尼·B. 阿特金森、约瑟夫·E. 斯蒂格里兹:《公共经济学》,上海三联书店,上海人民出版社,1994年。

[3] 恩格斯:《反杜林论》,《马克思恩格斯选集》(第3卷),人民出版社,1972年。

[4] 马克思:《资本论》(第1卷),《马克思恩格斯全集》,人民出版社,1980年。

[5] 亚当·斯密:《国民财富性质和原因的研究》,商务印书馆,1988年。

[6] 布罗姆利:《经济利益与经济制度——公共政策的理论基础》,上海三联书店,上海人民出版社,1996年。

[7] 萨缪尔森:《经济学》(第10版),商务印书馆,1979年。

[8] 奥尔森:《集体行动的逻辑》,上海三联书店,上海人民出版社,1995年。

[9] 科斯:《企业、市场与法律》,上海三联书店,1990年。

[10] 诺思：《制度、制度变迁与经济绩效》，上海三联书店，1991年。

[11] 布坎南：《公共财政》，中国财政经济出版社，1991年。

[12] 乔·B. 史蒂文斯：《集体选择经济学》，上海三联书店，上海人民出版社，1999年。

[13] 宋承先：《西方经济学》，复旦大学出版社，1995年。

[14] 蒋洪等：《财政学教程》，上海三联书店，1996年。

[15] 储敏伟、杨君昌：《财政学》，高等教育出版社，2000年。

[16] 毛程连：《财政学整合论》，复旦大学出版社，1999年。

[17] 毛程连：《国有资产管理新论》，上海财经大学出版社，2001年。

[18] 张帆：《环境与自然资源经济学》，上海人民出版社，1998年。

[19] 马克·J. 洛：《强管理者·弱所有者——美国公司财务的政治根源》，上海远东出版社，1999年。

[20] 窦长五、沈海军：《大宇财团领袖金宇中》，吉林大学出版社，1990年。

[21] 布鲁斯·瓦瑟斯坦：《大交易》，海南出版社，2000年。

[22] 盛庆琜：《功利主义新论——统合效用主义理论及其在公平分配上的应用》，上海交通大学出版社，1996年。

[23] 《证券时报》社：《证券经济论集》，中国经济出版社，1997年。

[24] 布莱恩·伯勒、约翰·希利亚尔：《大收购——华尔街股市兼并风潮》，海南出版社，1997年。

[25] 布坎南：《自由、市场与国家——80年代的政治经济学》，上海三联书店，1989年。

[26] 凯恩斯：《就业、利息和货币通论》，商务印书馆，1997年。

[27] 霍布斯：《利维坦》，商务印书馆，1996年。

[28] A. 迈里克·弗里曼：《环境与资源价值评估——理论与方法》，中国人民大学出版社，2002年。

[29] 杰里(Jehle, G. A.)、瑞尼(Reny, P. J.)：《高级微观经济理论：影印本》，上海财经大学出版社，2001年。

[30] 陈元：《国有资产管理体制改革研究》，中国财政经济出版社，2004年。

[31] 巴菲特：《巴菲特致股东的信：股份公司教程》，机械工业出版社，2004年。

[32] 李松森：《国有资本运营》，中国财政经济出版社，2004年。

[33] 周顺明：《国有资产经营预算》，湖北人民出版社，2004年。

[34] 李晓丹：《国有资产管理与经营》，中国统计出版社，2000年。

[35] 费方域：《企业的产权分析》，上海三联书店，上海人民出版社，1998年。

[36] 张维迎：《企业理论与中国企业改革》，北京大学出版社，1999年。

[37] 及聚声：《行政事业单位国有资产管理新模式》，经济管理出版社，2002年。

[38] 中国民营医疗机构协会：《中国医院并购进展报告》，2003年。

[39] 王振华：《英国(列国志)》，社会科学文献出版社，2003年。

[40] 黄少安：《国有资产管理概论》，经济科学出版社，2000年。

[41] E. E. 里奇、C. H. 威尔逊：《剑桥欧洲经济史(第五卷)——近代早期的欧洲经济组织》，经济科学出版社，2002年。

[42] 吴国庆：《法国》，社会科学文献出版社，2003年。

[43] 史忠良：《国有资产管理体制改革新探》，经济管理出版社，2002年。

[44] 刘淑兰：《主要资本主义国家近现代经济史》，中国人民大学出版社，1987年。

[45] 宋坚：《德国经济与市场》，中国商务出版社，2003年。

[46] 赵晓雷：《外国经济史简编》，华东师范大学出版社，1994年。

[47] 赵守日：《闯关：西方国有经济体制革命》，广东经济出版社，2000年。

[48] 纪朝钦、刘颖：《简明日本百科全书》，中国社会科学出版社，1994年。

[49] 薛誉华：《国有资本经营与资产管理》，中国财政经济出版社，1999年。

[50] 朱迪·丽丝：《自然资源分配、经济学与政策》，商务印书馆，2002年。

[51] 周天勇：《现代国有资产管理新模式——出资人制度与大企业国际竞争力》，中国财政经济出版社，2003年。

[52] 马林、李洁红：《世界通览 加拿大》，哈尔滨工程大学出版社，2004年。

[53] H. J. 哈巴库克、M. M. 波斯坦主编：《剑桥欧洲经济史(第六卷)——工业革命及其以后的经济发展：收入、人口及技术变迁》，经济科学出版社，2002年。

[54] 刘忠俊：《中国国有资产管理体制改革与创新》，经济科学出版社，2002年。

[55] 罗建钢：《委托代理：国有资产管理体制创新》，中国财政经济出版社，2004年。

[56] 乌尔里希·罗尔：《德国经济：管理与市场》，中国社会科学出版社，1995年。

[57] 张晖明、邓霆：《国有资本存量结构调整研究》，复旦大学出版社，1999年。

[58] 王伟中：《国际可持续发展战略比较研究》，商务印书馆，2000年。

[59] 缪合林、李宗轩：《国有资产管理与运营》，经济科学出版社，1997年。

[60] 潘岳：《国有资产管理教程》，经济科学出版社，1997年。

[61] 财政部网站：《2015年财政收支情况》，2016年1月29日。

[62] 潘妙丽、邓舒文：《混改潮起：养老金入市正当时》，《上海证券报》2015年4月。

[63] 曾璧钧、林木西：《新中国经济史》，经济日报出版社，1990年。

[64] 毛程连：《公共财政理论与国有资产管理》，中国财政经济出版社，2003年。

[65] 毛程连、庄序莹：《西方财政思想史》，经济科学出版社，2003年。

[66] 毛程连：《公共财政框架下国有资产管理理论的改进》，《财政研究》2002年第4期。

[67] 毛程连：《公共财政理论与国有资产管理的范围和目标》，《学术月刊》2002年第12期。

[68] 毛程连：《公共产品理论与国有资产管理体制的改革》，《当代财经》2002年第9期。

[69] 毛程连：《公共产品理论与国有资产管理的绩效评价》，《财经研究》2002年第5期。

[70] 毛程连：《论国有资产管理变革的客观路径——公共选择理论的一个应用》，《中央财经大学学报》2002年第9期。

[71] 毛程连：《国有股减持的约束条件与减持路径的分析》，《公共经济研究》第1卷第2期，2004年6月。

[72] 毛程连：《论公共财政理论视角下的国有资产管理》，《上海财经大学学报》2003年第6期。

[73] 毛程连：《公共财政与国有资产管理》，《上海财经大学学报》2001年第1期。

[74] 顾金俊：《大宇神话破产 留下思索多多》，《经济日报》2001年2月27日第6版。

[75] 陈济友：《意大利的林业生态建设概况》，《江西林业科技》2004年第1期。

[76] 汤亚美、高虹：《大宇破产给中国汽车上课》，《经济日报》2001年2月20日第14版。

[77] 刘颖：《高薪犯众怒 格拉索"落马"》，《金融时报》2003年9月19日。

[78] 植万禄、张艳丽：《杰克·韦尔奇引发CEO薪酬之争》，《北京青年报》2002年9月23日，转引自www.ccidnet.com/资讯中心/企业与人物。

[79] 《证券时报》社编《有限的国有资本难以支撑庞大的国有经济——"国有经济的战略性改组"课题阶段研究报告一》，载《证券经济论集》，中国经济出版社，1996年。

[80] 张宇哲：《国资预算北京试水》，《财经》2005年2月21日（总第127期）。

[81] 汪生科、陈欢：《国资经营预算改革九年》，《21世纪经济报道》2005年2月3日，第七版。

[82] 财政部国有资本金预算课题组：《国有资本金预算研究》，《经济研究参考》2000年第18期。

[83] 汪生科：《国资委向财政部说"不"？——国资经营预算话事权与4 000亿央企利润流向》，《21世纪经济报道》2004年11月11日第2版。

[84] 张宇哲：《中国国资委对地方国资部门职能和监管范围问题"倾向宽一点"》，《财经时报》2004年2月28日。

[85] 程明霞：《四万亿行政事业国资归属确定 财政部主导改革》，《经济观察报》2004年10月23日。

[86] 倪鹏翔：《最佳整体上市项目：中国船舶注资 舍小利逐大利》，《新财富》2008年3月。

[87] 陈永华：《对深化混合所有制改革的思考》，中央党校网，2015年1月29日。

[88] 李玉菊：《发展混合所有制须规范资产估值》，《人民日报》，2016年2月1日。

[89] 冯鹏程：《"国"之重器——国企改革与员工持股》，《证券市场周刊》2015年16期。

[90] 张富明：《矿业权吹响市场化号角》，《大陆桥视野》2004年第2期。

[91] 石东：《"管""放"悖论重现》，《财经》2005年2月第1期。

[92] 童颖：《国企不良资产核销必须问责》，《上海证券报》2005年3月8日A3版。

[93] 黄景安：《2002年中国国有资产总量增长的基本特征》，《国有资产管理》2003年8月。

[94] 沈莹、李寿生、李毅中等：《法国、芬兰国有资产管理考察报告》，《国有资产管理》2005年第1期。

[95] 劳佳迪、王山山：《中石化跑完混改第一程》，《中国经济周刊》2014年第37期。

[96] 胡家勇:《国有经济规模:国际比较》,《改革》2001年1月。

[97] 赴欧洲"国有资产管理体制"考察团:《瑞典、奥地利、法国国有资产管理体制的情况和启示》,http:// www.drcnet.com.cn。

[98] 戴安娜·贝·亨利克斯:《基金帝国——富达敛财的神话》,江苏人民出版社,2000年。

[99] 祝春亭:《从亿万到零——八佰伴兴衰揭秘》,汕头大学出版社,1998年。

[100] 纪肖鹏:《大宇破产置疑"韩国模式"》,《财经时报》2000年11月22日第9版。

[101]《决策失误奸佞当道财产被转移 安然自揭破产内幕》,http:// www.sina.com.cn,2002年2月4日。

[102]《世通公司破产的启示》,http:// business.sohu.com,2002年7月24日。

[103]《世通再爆20亿美元账目丑闻 假账总额达60亿》,http:// business.sohu.com,2002年8月9日。

[104] 陈兰君:《国企将奏响体制改革与产业结构改革"二重奏"》,中国金融新闻网,2016年1月25日。

[105]《世通公司前首席执行官获有罪裁决》,《财经》2005年第6期(总129期)。

[106] 范恒山:《事业单位改革:国际经验与中国探索》,中国财政经济出版社,2004年。

[107] 浅津:《国有资产的市场化经营》,经济科学出版社,1998年。

[108] 何宗渝、赵晓辉:《106家中国企业上榜2015〈财富〉世界500强》,新华网,2015年7月22日。

[109] 中共中央十五届四中全会文件。

[110] 中共十六大文件。

[111]《财经》杂志,1998—2019年各期。

[112] 周丽莎:《改制——国有企业构建现代企业制度研究》,中华工商联合出版社2019年。

[113] 闫华红:《国有企业分类考核评价体系的构建》,首都经济贸易大学出版社,2017年。

[114] 国务院国资委改革办:《企改革探索与实践 地方国有企业100例上下》,中国经济出版社,2017年。

图书在版编目(CIP)数据

国有资产管理学/庄序莹,毛程连主编. —2版. —上海:复旦大学出版社,2020.6
(博学. 财政学系列)
ISBN 978-7-309-13590-9

Ⅰ.①国… Ⅱ.①庄… ②毛… Ⅲ.①国有资产管理-中国-高等学校-教材 Ⅳ.①F123.7

中国版本图书馆 CIP 数据核字(2020)第 104580 号

国有资产管理学(第2版)
庄序莹　毛程连　主编
责任编辑/方毅超

复旦大学出版社有限公司出版发行
上海市国权路 579 号　邮编:200433
网址: fupnet@ fudanpress.com　http://www.fudanpress.com
门市零售: 86-21-65102580　团体订购: 86-21-65104505
外埠邮购: 86-21-65642846　出版部电话: 86-21-65642845
杭州日报报业集团盛元印务有限公司

开本 787×1092　1/16　印张 24.5　字数 580 千
2020 年 6 月第 2 版第 1 次印刷

ISBN 978-7-309-13590-9/F·2706
定价: 58.00 元

如有印装质量问题,请向复旦大学出版社有限公司出版部调换。
版权所有　侵权必究